張正明 主編
劉玉堂 執行主編

楚學文庫

楚系金文彙編

（上）

劉彬徽 劉長武 編著

長江出版傳媒
湖北教育出版社

圖書在版編目(CIP)數據

楚系金文彙編 / 劉彬徽，劉長武編著. —武漢 ：湖北教育出版社，2024.5

(楚學文庫)

ISBN 978－7－5564－4547－9

Ⅰ. ①楚… Ⅱ. ①劉… ②劉… Ⅲ. ①金文–彙編–中國–楚國(？ –前 223) Ⅳ. ①K877.33

中國國家版本館 CIP 數據核字(2023)第 111601 號

楚系金文彙編 CHUXI JINWEN HUIBIAN

出品人	方 平	**責任編輯**	孫艷魁 李晋陽
封面設計	蔡立國	**責任校對**	李慶華
美術編輯	李 楓 何亦明	**責任督印**	劉牧原

出版發行	長江出版傳媒	430070 武漢市雄楚大道 268 號
	湖北教育出版社	430070 武漢市雄楚大道 268 號
經銷	新華書店	
網址	http://www.hbedup.com	
印刷	湖北新華印務有限公司	
地址	武漢市硚口區長風路 31 號	
開本	787mm×1092mm 1/16	
印張	63.75	
字數	885 千字	
版次	2024 年 5 月第 1 版	
印次	2024 年 5 月第 1 次印刷	
書號	ISBN 978－7－5564－4547－9	
定價	330.00 元	

總　序

光陰荏苒，歲月不居，彈指間《楚學文庫》初版問世已近三十個春秋。驀然回首，當年的盛況仍歷歷在目：《楚學文庫》甫一亮相，即在北京召開了出版座談會與楚學研討會，著名學者季羨林、張岱年、何兹全、任繼愈、鄒衡、龐樸、黄展岳、俞偉超、黄景略、瞿林東、劉夢溪、王渝生、徐敏、白翠琴和主編張正明等先生欣然赴會，暢所欲言，對《楚學文庫》給予了高度評價，稱其『是本世紀楚文化研究成果的一次重要總結和集中展示』，爲『區域文化研究樹立了里程碑』，『對其他地域文化的研究必將産生强大的推動作用』。《光明日報》以《光彩神州，豐潤中華》爲題，整版刊發了與會學者的精彩發言。李學勤先生因故未能莅臨盛會，特意致函主編張正明先生，盛贊《楚學文庫》『不愧爲楚文化研究的集大成之作』。社會反響异常强烈，文化史學界更是好評如潮，雖多次重印，某些專著仍一書難求。

然而，自《楚學文庫》出版以來，有關楚文化的考古發現層出不窮，出土文獻聯翩而至，相關研究成果亦如雨後春笋，學術界對楚文化的認知已由量的積累上升到質的飛躍，加之初版《楚學文庫》已難以購全，因此，增補、修訂《楚學文庫》成爲學術界和廣大讀者的共同心願。湖北教育出版社審時度勢，毅然決然對《楚學文庫》進行增修，堪稱遠見卓識之舉！

相較於原版《楚學文庫》，增修版至少有如下優長。

一是體量增大，即所收專著數量增加。初版《楚學文庫》共有專著十八部，除《楚人的紡織與服飾》尊重作者意願未納入外，其他十七部全部納入增修版，并在此基礎上增加了三部專著，即張正明先生的《楚文化史》，劉彬徽、劉長武先生的《楚系金文彙編》和宋公文先生的《楚令尹制研究》，共計二十部。

其中，《楚系金文彙編》彌補了初版有簡帛文字研究而無銅器銘文研究的缺憾，與原《楚系簡帛文字編》可謂珠聯璧合，便於人們在一套叢書中得窺楚文字之全豹；《楚令尹制研究》不僅填補了楚令尹制度研究的空白，還爲楚官制研究向縱深推進提供了有益的借鑒，二書的重要意義不言而喻。尤其值得關注的是張正明先生《楚文化史》的收入，該書堪稱海内外第一部全面、系統、深入研究楚文化的精品力作，不僅在楚學界具有開榛辟莽之功，而且在中國區域文化乃至中華傳統文化研究領域享有盛譽，其影響力并未因時光流逝而消減。回想起一九八七年《楚文化史》横空出世，旋即在歷史文化學界掀起一股先睹爲快的熱潮，書中錦句如『從楚文化形成之日起，華夏文化就分成了北南兩支：北支爲中原文化，雄渾如觸砥柱而下的黄河；南支即楚文化，清奇如穿三峽而出的長江……』等，一時爲楚文化研究者和愛好者廣泛徵引傳誦，幾近『有井水處皆歌柳詞』之情狀。正是由於《楚文化史》一書思接千載，視通萬里，新意紛披，文采斐然，故雖屢屢再版，依然洛陽紙貴。此次其被納入增修版，與初版中的《楚史》相映生輝，更利於人們對楚國歷史文化的全面認識和整體把握。

二是内容增加，即每部專著都增添了新的内容。近三十年間，隨着湖北棗陽九連墩楚墓、河南新蔡葛陵楚墓、湖北宜昌萬福垴遺址等的發掘，尤其是湖北荆門郭店楚簡和上海博物館、清華大學、安徽大學珍藏的戰國竹簡等出土文獻陸續問世，極大地豐富了楚文化的内容。各位作者秉持精益求精的態度，對新資料悉心梳理、精細甄别，進而充實到原書相關部分，從而使原著更加豐滿。

三是精度更高，即匡謬正誤，推陳出新。隨着新材料的出現、新方法的運用和新技術手段的推廣，楚文化研究高潮迭起。增修版各位作者在充分吸收最新研究成果的基礎上，提出了一系列新的見解，糾正了原著中存在的謬誤，廓清了初版中某些模糊的認識，調整了不甚合理的結構，文字表述也更加準確、精煉和暢達。

人們常常以章太炎先生的『前修未密，後出轉精』來形容作品的初版和修訂版的差別，我們雖不敢如此自詡，但增修版的質量超越初版則是毋庸置疑的。時值《楚學文庫》初版問世二十九周年和主編張正明先生仙逝十八年之際，湖北教育出版社歷經九年艱苦細致的工作，鄭重推出《楚學文庫》增修版，充分體現出該社對學術的尊崇、對事業的執著和對楚文化研究一如既往的關心與支持，其中也飽含着對張正明先生的敬重和緬懷。

作爲忝列張正明先生門墻的弟子，我承蒙湖北教育出版社真誠而盛情的邀請，有幸主持了《楚學文庫》的增修工作。受命之日，我即摒弃其他瑣務，全身心恭奉其事，未敢有絲毫懈怠。因爲從某種意義上説，我把這項工作當作是恩師張正明先生布置的一次特殊作業，衹不過評判這次作業的不再是恩師，而是廣大熱心的讀者。

因我學識淺陋和能力有限，各位作者增修的時間也較爲倉促，增修版錯訛之處在所難免，誠望讀者諸君不吝指正。

劉玉堂

二〇二四年四月二十八日於武漢東湖之濱

編者獻辭*

楚學是一個正在開拓中的學術園地，從初辟草萊到蔚成氣象，還不滿半個世紀。

楚學的任務是對楚國的歷史和文化做多層面的、全方位的研究，需要衆多志士仁人爲它獻出智慧和辛勞。

楚學的對象自成一個博大精深的體系，從神話、傳説到信史，從石器時代、銅器時代到鐵器時代，從天文、曆法到地理，從物質形態的、精神形態的到制度和風俗，從民族、語言到文字，到玉帛到干戈，從科學到巫術，從老、莊的『玄覽』到屈、宋的『流觀』，從事象到模式，等等，凡上古文化涉及的一切，無所不包。衹靠一個學科或者幾個學科的力量，斷難窺其堂奥而得其神髓。

中國的古代文化是多元複合的，它的主體華夏文化是二元耦合的。所謂二元，就方位來説是北方與南方，就流域來説是黄河與長江，就代表性的始祖來説是黄帝與炎帝，就象徵性的靈物來説是龍與鳳，就學術的主流來説是儒家與道家，就風格的基調來説是雄渾、謹嚴與清奇、靈巧。早在先秦，就形成了這樣的格局。春秋戰國時代的華夏文化，北方以晋（韓、趙、魏）爲表率，南方則由楚獨領風騷。近數十年來，學術界論及中國古代文化，大抵重北輕南，重河輕江，重黄輕炎，重龍輕鳳，重儒輕道，總之，不免失之偏頗。要全面地認識中國古代文化，不可不研究楚學。

世界的古代文化更是多元複合的，它的主體即舊大陸的古代文化也是二元耦合的。這個二元，簡單地説來，就是西方與東方。從公元前六世紀中到公元前三世紀中，西方的希臘與東方的楚競輝齊光，宛如太極的兩儀。然而，近百餘年來，學術界論及世界古代文化，往往重西輕東，也不免有偏頗之失。要全面地認識世界古代文化，也不可不研究楚學。

我們奉獻給讀者的這套《楚學文庫》，結集了晚近的楚學專著，總計有書十八部。出齊之後，則非僅一斑，而足使讀者獲睹楚國歷史文化的全豹。

對於學術問題，見仁見智是正常的現象。我們的編纂宗旨是擇善而取，不拘流派，不分門户，不求千口一腔。各部專著分開來看，都自成一家言。整套文庫合起來看，則可謂：『紛總總其離合兮，斑陸離其上下。』

《楚學文庫》編委會

*本文系一九九五年版《楚學文庫》編者獻辭。

總目

前　言

楚系金文即楚系青銅器銘文，是楚系文字資料中和簡帛文字同樣重要的兩大類資料之一。從時空範圍看，楚系金文從西周晚期以降至戰國晚期的每個時段都有發現，而楚系簡帛文字的年代主要爲戰國中晚期，尚未見戰國以前的資料。楚系金文出土地以江漢淮地域爲中心，其範圍東至海濱，北至昔日齊、晋、秦域的山東、山西、陝西省境，西、南則至川、粤，遠比簡帛文字出土地域爲廣。從内容看，它提供了簡帛文字所未見的一些重要史料，在探討楚系文字乃至兩周文字演變規律和不同時期文字特徵方面可與簡帛文字相得益彰。楚系金文文字的數量雖少於簡帛文字，但若與東周時代他系金文相比較，它又是文字數量最多的一系，其對古文字研究、古史研究及其他多學科研究的價值是顯而易見的。因此，對楚系金文資料做基礎性整理研究具有十分重要的意義。

楚系金文作爲我國周代金文的一個有機組成部分，前輩學者早有研究。其中影響最著者如郭沫若《兩周金文辭大系圖録考釋》一書，『考證現存金文之年代先後，成一有系統之編年史料』，『按國别異同分類，成一有組織之國别史料』，這是對我國金文資料進行科學整理的經典之作。容庚《金文編》是金文字書的經典之作。《殷周金文集成》則是金文資料集大成之作。在上世紀八十年代文化熱和地域文化熱興起之後，隨着出土文字資料的大增，區域性文字研究蔚然成風，楚系文字研究蒸蒸日上。筆者有志於楚系金文研究始於上世紀八十年代初，其後在拙著《楚系青銅器研究》（湖北教育出版社一九九五年）一書有專章論述。在此前後，其他地域相繼有《秦銅器銘文編年集釋》（一九九〇年）和《吴越文字彙編》（一九九八年）等書問世，而作爲區域金文中數量最多且重要的楚系金文，無疑也應有專書之作。筆者有意於此久矣。今得湖北教育出版社鼎力支持、資助，乃有是書之成。本書集銘文、釋文、圖象、字表四個部分於一體，且按年代先後爲序。這種四個部分齊備并以年代先後爲序的區域金文彙編，在目前尚屬少見。撰編這樣的工具書，看似簡單，實則頗爲繁難，不僅要力争各項資料之齊全和吸收古文字考釋的最新成果，更要注重考古學研究最新成果，使其相對年代序列做得儘量準確些，需要將史學、考古學、古文字學等多學科結合起來研究。吾以近古稀之年來從事這一有意義的工作，雖已盡力而爲，仍可能有疏漏失誤之處，祈盼讀者方家指正。

以上是原版的『前言』。此書出版至今已歷十餘年，廣受各界歡迎，引用率較高，表明本書在商周金文類工具書中發揮了較大的作用，經得起長久時間的檢驗。此次推出新版，在體例上作了調整，内容上作了增補，詳見本書『凡例』，此不贅言。

凡例

一、本書輯録楚國和屬於楚文化系統（簡稱楚系）的青銅器銘文、圖象。所收資料截止於二〇〇八年。此後新見資料在附録《楚季編鐘及其他新見楚銘銅器研究》與《楚系金文補述》兩文内略作增補。

二、彙編以器目表爲綱。器目表編號、正文編號、簡注編號和字表編號完全相同，以便於檢索。編號順序的體例不同於以往按不同器類和字數多少排序，也不同於按不同地域編序的方式，而采取按器物銘文的年代早晚排序，將楚系金文分爲西周、東周一至七期予以排序（本書東周七期以楚國滅亡爲下限）。爲此，本書援引拙著《楚系青銅器研究》一書所言：『必須首先緊緊抓住年代學這一基礎研究工作』，使本書『成一有系統的編年史料』，這更有助於史學、考古學、古文字學等多學科的研究。彙編按年代早晚爲序，突破了以往將東周即春秋戰國時代分爲春秋早中晚戰國早中晚六期的分期慣例，沿用拙著《楚系青銅器研究》一書分爲七期（春秋四期、戰國三期）的創新體例（該書内已作充分論證）。

三、彙編器目表用漢字大寫數字編序號，下列器名、件數、每件字數、頁碼。爲便於器類研究，又用阿拉伯數字編學術分類號，即用六角括號列出三個數字附於器名下（器類少的則不足三個）。一般第一個數字代表青銅器主人名或特定名稱，第二個代表某類器，第三個代表某個器。根據『名從主人』原則，依作器者或受器者定器名，無器主名者，則采用其他特定方式命名。

四、一器有多件者，若每件的銘文字數和内容基本相同，爲節省篇幅，一般衹選取其中一件或二件保存完好的予以收録，其餘則予以省略，并衹計其中一件的字數。一件中銘文相同的幾處，按一處計銘文字數。個别的如曾侯乙編鐘六十四件銘文内容豐富，爲已失傳兩千多年的樂律學珍貴文獻，則全部按樂律學體例重新編號照録。

五、彙編正文分爲四項：（一）銘文拓片（摹本）。（二）釋文（儘可能地按拓片、摹本的行款排列其旁，便於讀者對照識讀）。（三）圖象（照片、綫圖）。（四）著録、年代、出土時間地點、説明等必備的文字。圖象有此書初版時拍攝或收集的照片與繪製的綫圖，有采自文獻或友人提供者，對後者特加以説明。

六、彙編突破了以往金文字編無簡注的慣例，新增簡注體例，以有助於學術界掌握金文的研究進展狀況。正文簡注依器物編號對該器的年代推斷、銘文考釋及相關問題作出簡要的考證，對尚存争議的問題則以己意酌定。本次新版亦作了少量校補。

七、部分不屬於楚國的他國、他地青銅器及銘文，主要據其器形（形制、紋飾）和字形具楚文化特徵而予以收録。蔡、曾等小國之金文在春秋早中期還未楚化者不予收録。曾侯乙編鐘銘文全收拓片和摹本。若干巴蜀、越式青銅器上的文字具楚風者酌情收録。

八、字表的單字編列略依許慎《説文解字》卷一—卷十四體例和已出版的各類字編共見的體例。不同之處在於：凡在本書内出現音義相同、字形也相近的字則合併到一處排列。楚系金文中的疑難字，古文字學界多有考釋，本書以己意擇其一家之言而從之，不再另列待釋字。

九、附録部分附有和楚系金文相關的資料：（一）曾侯乙墓編鐘鐘架和挂件上的文字。（二）曾侯乙墓編磬銘文。（三）楚貨幣文字（因彙編正文有天平衡杆、砝碼、量器文字，與貨幣有關，故附入貨幣文字）。另收録兩篇相關研究論文及《補述》一文。

十、引書凡用簡稱者，請參閲『參考書目』部分。『參考書目』中已列論著，在行文中引用時不再詳列出版信息。

十一、鑒於書中内容的特殊性，本書采用繁體竪排。

楚系金文彙編

一　器目表

編號	器名	件數	每件字數	頁碼
西周時期				
一	楚公冡鐘〔1.1.1〕	1	14	四一
二	楚公冡鐘〔1.1.2〕	1	14	四二
三	楚公冡鐘〔1.1.3〕	1	16	四三
四	楚公冡鐘〔1.1.4〕	1	16	四四
五	楚公冡鐘〔1.1.5〕	1	18	四五
六	楚公冡戈〔1.2〕	1	5	四六
七	楚公逆鐘〔2.1〕	1	35	四七
八	楚公逆鐘〔2.2〕	6	68	四八

東周一期（公元前七七〇—前六七〇年）

九	楚季苟盤〔3〕	1	18	五二
一〇	楚嬴盤〔4.1〕	1	24	五三
一一	楚嬴匜〔4.2〕	1	21	五四
一二	樊君鬲〔5〕	1	10	五五
一三	中子化盤〔6〕	1	19	五六
一四	申公彭宇簠〔7〕	2	32	五七
一五	考叔䏠父簠〔8.1〕	2	30	五八
一六	公孫䏠父匜〔8.2〕	1	29	五九
一七	楚王領鐘〔9〕	1	19	六〇

一八	郘侯戈〔10〕	1	7	六一
東周二期（公元前六七〇—前六〇〇年）				
一九	邛仲嬭南鐘〔11〕	1	27	六三
二〇	樊君夔盆〔12.1〕	1	11	六四
二一	樊君夔匜〔12.2〕	1	18	六五
二二	曾孟嬭諫盆〔13〕	1	12	六七
二三	子諆盂〔14〕	1	13	六八
二四	鄎子行盆〔15〕	1	10	六九
二五	楚子⿰見受簠〔16〕	3	19	七〇
二六	上鄀公簠〔17〕	1	36	七一

二七	鄴伯受簠〔18.1〕	1	26	七二
二八	鄴子伯受鐸〔18.2〕	1	6	七三
二九	仲[illegible]鼎〔19〕	1	21	七四
三〇	以鄧繁鼎〔20.1〕	1	25	七六
三一	以鄧匜〔20.2〕	1	29	七七
三二	以鄧戟〔20.3〕	2	①5 ②4	七八
三三	克黃𪔂〔21〕	2	4	七九
東周三期（公元前六〇〇—前五三〇年）				
三四	王子昃鼎〔22〕	1	31	八一
三五	王子嬰次爐〔23.1〕	1	7	八二

三六	王子嬰次鐘〔23.2〕	1	19	八三
三七	楚屈叔沱戟〔24.1〕	1	19	八四
三八	楚屈叔沱戟〔24.2〕	1	7	八五
三九	鄝子妝戈〔25〕	1	5	八六
四〇	楚屈子赤目簠〔26〕	1	31	八七
四一	王子申盞蓋〔27〕	1	17	八八
四二	楚王酓審盞〔28〕	1	6	八九
四三	㾿子敢盞〔29〕	1	33	九〇
四四	暘子盘、匜、鈚〔30〕	各1	27 20 20	九一
四五	暘子斨戈〔31〕	1	5	九四

四六	邷子盤〔32〕	1	22	九五
四七	鄝叔義行戈〔33〕	1	6	九六
四八	楚屈喜戈〔34〕	1	5	九七
四九	章子𨛭尾戈〔35〕	1	11	九八
五〇	鄓子戈〔36〕	1	8	九九
五一	發孫虜鼎〔37.1〕	1	22	一〇〇
五二	發孫虜簠〔37.2〕	1	22	一〇一
五三	鄧子盤〔38〕	1	存15	一〇二
五四	王子午𪔂〔39.1〕	7	84	一〇四
五五	王子午戟〔39.2〕	2	6	一〇七

五六	王孫誥鐘〔40.1〕	26	113	一〇八
五七	王孫誥戟〔40.2〕	2	6	一一一
五八	王孫遺者鐘〔41〕	1	117	一一二
五九	楚叔之孫倗鼾〔42.1.1〕	2	8	一一五
六〇	倗之鼾蓋〔42.1.2〕	1	4	一一六
六一	倗鬻鼎、飤鼎〔42.1.3〕	3	4	一一七
六二	倗濜鼎〔42.1.4〕	1	8	一一八
六三	倗浴鼎〔42.1.5〕	1	21	一一九
六四	鄬子倗簋〔42.2〕	2	存6	一二〇
六五	倗簠〔42.3〕	2	3	一二一

六六	鄬子倗尊缶〔42.4〕	2	6	一二二
六七	鄬子倗浴缶〔42.5.1〕	2	10	一二三
六八	倗浴缶〔42.5.2〕	2	3	一二四
六九	倗之盤〔42.6〕	1	4	一二五
七〇	倗之匜〔42.7〕	1	4	一二六
七一	倗之矛〔42.8〕	1	4	一二七
七二	倗之戈〔42.9〕	1	24	一二八
七三	孟縢姬浴缶〔43〕	2	22	一二九
七四	鄬仲姬丹盤、匜〔44〕	各1	各34	一三〇
七五	敬事天王編鐘〔45〕	9	44存42	一三二

七六	𪒠鎛鐘〔46.1〕	8	77	一三四
七七	𪒠鈕鐘〔46.2〕	9	79	一三八
七八	鄬子辛戈〔47〕	1	13	一四一
七九	曾子原魯簠〔48〕	1	18	一四二
八〇	上鄀府簠〔49〕	1	32	一四三
八一	楚子适鼎〔50〕	1	6	一四五
八二	王孫霝簠〔51〕	1	8	一四六
八三	楚子棄疾簠〔52〕	1	12	一四七
八四	王子啓疆鼎〔53〕	1	8	一四八
八五	慍兒盞〔54〕	1	8	一四九

八六	鄧公乘鼎〔55〕	1	16	一五〇
八七	鄧鯇鼎〔56〕	1	5	一五一
八八	緒兒缶〔57〕	1	28存23	一五二
八九	子湯鼎〔58〕	1	14	一五三
九〇	褱鼎〔59〕	1	15	一五四
九一	楚茷鼎〔60〕	1	5	一五五
九二	鄬子受鐘〔61.1〕	鈕鐘9 鎛鐘8	28	一五六
九三	鄬子受升鼎〔61.2〕	2	6	一五八
九四	鄬子受鬲〔61.3〕	1	6	一五九
九五	鄬子受戟〔61.4〕	2	6	一六〇

一〇五	鄧尹疾鼎〔70〕	1	6	一七五
一〇六	鄧子午鼎〔71〕	1	身6蓋7	一七六
一〇七	蔡侯朱缶〔72〕	1	5	一七七
一〇八	⿰鬲攴鼎〔73.1〕	1	4	一七八
一〇九	⿰鬲攴盞〔73.2〕	1	6	一七九
一一〇	永陳尊缶蓋〔74〕	1	5	一八〇
一一一	平王之定鐘〔75〕	1	12	一八一
一一二	鄬子大簠〔76〕	1	6	一八二
一一三	申文王簠〔77〕	1	27	一八三
一一四	仲姬敦〔78〕	1	5	一八四

一一五	叔姜簠〔79〕	1	19	一八五
一一六	王子申匜〔80〕	1	6	一八六
一一七	鄭臧公之孫鼎〔81〕	1	47	一八七
一一八	與兵壺〔82〕	1	79	一八九
一一九	曾孫法鼎〔83.1〕	1	6	一九二
一二〇	曾都尹法簠〔83.2〕	2	7	一九三
一二一	曾大师鼎〔84〕	1	7	一九四
一二二	曾少宰黄仲酉諸器〔85〕	5	各9	一九五
一二三	曾仲器座〔86〕	1	8	一九六
一二四	曾仲姬壺〔87〕	1	6	一九七

一二五	蔡公子義工簠〔88〕	1	8	一九八
一二六	丁兒鼎蓋〔89〕	1	32	一九九
一二七	蔡侯申鼾〔90.1.1〕	1	6	二〇〇
一二八	蔡侯申䵼〔90.1.2〕	7	6	二〇一
一二九	蔡侯申飤鼎〔90.1.3〕	9	6	二〇二
一三〇	蔡侯申頭鼎〔90.1.4〕	1	6	二〇三
一三一	蔡侯申簋〔90.2〕	8	6	二〇四
一三二	蔡侯申簠〔90.3〕	4	6	二〇五
一三三	蔡侯申方壺〔90.4〕	2	6	二〇六
一三四	蔡侯申尊缶〔90.5〕	2	6	二〇七

一三五	蔡侯申方尊缶〔90.6.1〕	2	6	二〇八
一三六	蔡侯申方鑑〔90.6.2〕	2	6	二〇九
一三七	大孟姬盥缶〔90.7.1〕	1	10	二一〇
一三八	蔡侯申盥缶〔90.7.2〕	1	6	二一一
一三九	蔡侯申盤〔90.8〕	1	6	二一二
一四〇	蔡侯申匜〔90.9〕	1	6	二一三
一四一	蔡侯申編鐘〔90.10.1〕	9	82 存 81	二一四
一四二	蔡侯申編鎛〔90.10.2〕	8	82 存 81	二一六
一四三	蔡侯申戈〔90.11〕	3	6	二二〇
一四四	蔡侯朔戟〔91〕	1	6	二二一

一四五	蔡侯産戈〔92.1〕	4	6	二二二
一四六	蔡侯産劍〔92.2〕	3	6	二二三
一四七	蔡侯産劍〔92.3〕	1	存5	二二四
一四八	蔡公子頒戈〔93〕	1	6	二二五
一四九	蔡公子果戈〔94〕	3	6	二二六
一五〇	蔡公子加戈〔95〕	2	6	二二七
一五一	蔡公子從戈〔96〕	2	6	二二九
一五二	蔡公子從劍〔97〕	2	6	二三〇
一五三	蔡公子戈〔98〕	1	6	二三一
一五四	蔡公子姬安浴缶〔99〕	1	9存7	二三二

一五五	蔡侯劍〔100〕	1	7	二三三
一五六	舒城九里墩鼓座〔101〕	1	151	二三四
一五七	浴缶〔102〕	1	2	二四一
一五八	子可期戈〔103〕	1	5	二四二
一五九	曾侯昃戈〔104.1〕	1	6	二四三
一六〇	曾侯昃戈〔104.2〕	1	6	二四四
一六一	曾子遻簠〔105.1〕	2	6	二四五
一六二	曾子遻缶〔105.2〕	1	6	二四六
一六三	曾侯遻戟〔105.3〕	5套13件	6	二四七
一六四	曾侯郕鼎〔106.1〕	1	6	二四九

一六五	曾侯邸簠〔106.2〕	1	5	二五〇
一六六	曾侯邸戈〔106.3〕	7	5或6	二五二
一六七	曾侯邸戟〔106.4〕	11套23件	5或6	二五三
一六八	曾侯邸殳〔106.5〕	3	6	二五五
一六九	荊篙鐘〔107〕	1	12	二五六
東周五期（公元前四五〇—前三八〇年）				
一七〇	楚王酓章戈〔108.1〕	1	20存18	二五八
一七一	楚王酓章劍〔108.2〕	1	14	二五九
一七二	楚王酓章作曾侯乙鐘〔108.3〕	2	①34 ②21	二六〇
一七三	楚王酓章作曾侯乙鎛〔108.4〕	1	31	二六四

一七四	曾侯乙編鐘〔109.1〕	64	3至85	二六五
一七五	曾侯乙建鼓〔109.2〕	1	5	四一七
一七六	曾侯乙編磬銅架〔109.3〕	1套	7	四一八
一七七	曾侯乙鼎〔109.4〕	21	7	四一九
一七八	曾侯乙鬲〔109.5〕	10	7	四二五
一七九	曾侯乙簋〔109.6〕	8	7	四二六
一八〇	曾侯乙簠〔109.7〕	4	7	四二八
一八一	曾侯乙豆〔109.8〕	3	7	四二九
一八二	曾侯乙匕〔109.9〕	4	7	四三一
一八三	曾侯乙大尊缶〔109.10〕	2	7	四三四

一八四	曾侯乙聯禁大壺〔109.11〕	1套3件	7	四三五
一八五	曾侯乙提鏈壺〔109.12〕	2	7	四三六
一八六	曾侯乙方鑑缶〔109.13〕	2套4件	7	四三七
一八七	曾侯乙盤尊〔109.14〕	1套2件	7	四三九
一八八	曾侯乙過濾器〔109.15〕	1	5	四四一
一八九	曾侯乙勺〔109.16〕	3	7	四四二
一九〇	曾侯乙浴缶〔109.17〕	4	7	四四三
一九一	曾侯乙圓鑑〔109.18〕	2	7	四四五
一九二	曾侯乙盤、匜〔109.19〕	2	7	四四六
一九三	曾侯乙三足匜〔109.20〕	1	7	四四七

一九四	曾侯乙斗〔109.21〕	1	7	四四八
一九五	曾侯乙取暖器〔109.22〕	1套3件	7	四四九
一九六	曾侯乙鈎形器〔109.23〕	1	7	四五〇
一九七	曾侯乙鹿角立鶴〔109.24〕	1	7	四五一
一九八	曾侯乙戈〔109.25〕	38	6	四五二
一九九	曾侯乙戟〔109.26〕	2套6件	6	四五三
二〇〇	四字鳥篆戈〔110〕	1	4	四五六
二〇一	車軎〔111〕	1	3	四五七
二〇二	旟作戈〔112〕	2	4	四五八
二〇三	析君戟〔113〕	1套2件	7	四五九

二〇四	挪君戟〔114〕	1套2件	4	四六〇
二〇五	昭王之諻鼎〔115.1〕	1	7	四六一
二〇六	昭王之諻簋〔115.2〕	2	7	四六二
二〇七	闇尹鼎〔116〕	1	6	四六三
二〇八	⿰化阝子升嬭鼎〔117〕	1	8	四六四
二〇九	⿰化阝子昃鼎〔118〕	2	6	四六五
二一〇	醋祓想之簠〔119〕	1	6	四六六
二一一	⿰女㐬朱姬簠〔120〕	1	9	四六七
二一二	⿰化阝子孟青嬭簠〔121〕	1	8	四六八
二一三	王子造匜〔122〕	1	6	四六九

二一四	蒙字戈、劍〔123〕	3	1	四七〇
二一五	王作劍〔124〕	1	4	四七一
二一六	陽庶劍〔125〕	1	4	四七二
二一七	郆戈〔126〕	1	1	四七三
二一八	子睸戈〔127〕	1	5	四七四
二一九	鄴之戈〔128〕	1	4	四七五
二二〇	楚王孫漁戟〔129〕	1套2件	6	四七六
二二一	番中戈〔130〕	1	8	四七八
二二二	卲之飤鼎〔131.1〕	1	4	四七九
二二三	卲之方豆〔131.2〕	2	4	四八〇

二二四	坪夜君成鼎〔132.1〕	1	7	四八一
二二五	坪夜君成戈〔132.2〕	3	6或7	四八二
二二六	坪夜君成戟〔132.3〕	4套12件	6或7	四八五
二二七	王孫名戟〔133〕	1	6	四八九
二二八	朧王戈〔134〕	1	7	四九〇
二二九	周陽戈〔135〕	1	4	四九一
二三〇	許之戈〔136〕	1	4	四九二
二三一	許公戈〔137〕	1	4	四九三
二三二	藝君戈〔138〕	1	4	四九四
二三三	盛君縈簠〔139〕	1	6	四九五

二三四	新造戟〔140.1〕	1	6	四九六
二三五	新造矛〔140.2〕	1	6	四九七
二三六	王孫豕戈〔141〕	1	6	四九八
二三七	玄膚戈〔142〕	1	4	四九九
二三八	玄翏戈〔143〕	1	6	五〇〇
二三九	玄鏐戟〔144〕	6	5	五〇一
二四〇	距末器〔145〕	2	16存15	五〇二
二四一	銖戈〔146〕	1	3	五〇三
東周六期（公元前三八〇—前三〇〇年）				
二四二	𦉜書尊缶〔147〕	1	48	五〇五

二四三	曾姬無卹壺〔148〕	2	39	五〇六
二四四	鄂君啓節〔149〕	5	舟節164 車節148	五〇八
二四五	王命龍節〔150.1〕	6	9	五一三
二四六	王命虎節〔150.2〕	3	5或4	五一七
二四七	王命車節〔150.3〕	1	5	五一九
二四八	正陽鼎〔151〕	1	2	五二一
二四九	燕客銅量〔152〕	1	59	五二二
二五〇	南君戈〔153〕	1	7	五二四
二五一	隴公戈〔154〕	1	3	五二五
二五二	長沙戈〔155〕	2	2	五二六

二五三	鄓戈〔156〕	1	4	五二七
二五四	郪之新造戈〔157〕	2	4	五二八
二五五	邟公戈〔158〕	1	存8	五二九
二五六	陳往戈〔159.1〕	1	2	五三〇
二五七	陳往戟〔159.2〕	1	8	五三一
二五八	戠之王戈〔160〕	1	4	五三二
二五九	宜章矛〔161〕	1	2	五三三
二六〇	舊縣編鐘〔162〕	6	存6	五三四
二六一	郊郢鐸〔163〕	1	4	五三五
二六二	武王之童戈〔164〕	4	5	五三六

二六三	⿰爿咸戈〔165〕	1	4	五三七
二六四	君字車軎〔166〕	2	1	五三八
二六五	王字刻刀〔167〕	6	1	五三九
二六六	新陽戈〔168〕	1	2	五四〇
二六七	敚作戈〔169〕	1	5	五四一
東周七期（公元前三〇〇—前二二三年）				
二六八	中陽鼎〔170〕	1	13	五四三
二六九	壽春鼎〔171〕	1	9	五四四
二七〇	造府鼎〔172〕	1	存7	五四五
二七一	⿰月盒鼎〔173〕	1	7	五四六

二七二	東陵鼎〔174〕	1	6	五四七
二七三	石夆刃鼎〔175〕	1	3	五四八
二七四	巨⿱艹恒鼎〔176〕	2	①7 ②4	五四九
二七五	楚王酓前鐈鼎〔177.1〕	1	19	五五〇
二七六	楚王酓前匜鼎〔177.2〕	1	12	五五二
二七七	楚王酓前簠〔177.3〕	3	13或14	五五三
二七八	楚王酓前盤〔177.4〕	1	12	五五五
二七九	太子鼎〔178.1〕	2	5	五五六
二八〇	太子鎬〔178.2〕	1	6	五五七
二八一	楚王酓忎鼎〔179.1〕	2	①64 ②62	五五八

二八二	楚王酓忎盤〔179.2〕	1	29	五六三
二八三	冶秦勺〔179.3〕	2	7	五六四
二八四	匕〔179.4〕	4	7	五六五
二八五	車飾〔179.5〕	1	7	五六六
二八六	太后脰官鼎〔180〕	1	9	五六七
二八七	王后少府鼾〔181.1〕	2	9	五六八
二八八	王后少府鼎〔181.2〕	1	9	五六九
二八九	王后六室簠〔181.3〕	8	9	五七〇
二九〇	王后六室豆〔181.4〕	6	9	五七一
二九一	王后六室缶〔181.5〕	2	9	五七二

二九二	王后六室鎬〔181.6〕	2	9	五七三
二九三	大府簠〔182.1〕	1	4	五七四
二九四	大府敦〔182.2〕	1	5	五七五
二九五	大府鎬〔182.3〕	1	17	五七六
二九六	集𦑱大鼎〔183.1〕	1	16	五七七
二九七	集𦑱小鼎〔183.2〕	1	7	五七八
二九八	集𦑱鼎〔183.3〕	1	2	五七九
二九九	集脰鼎〔184.1〕	3	7	五八〇
三〇〇	集脰鎬〔184.2〕	1	7	五八二
三〇一	集脰方爐〔185〕	1	7	五八三

三〇二	集醻鼎〔186.1〕	1	7	五八四
三〇三	集醻盉〔186.2〕	1	7	五八五
三〇四	集醻爐〔186.3〕	1	7	五八六
三〇五	集䊢鼎〔187.1〕	1	7	五八七
三〇六	集䊢甗〔187.2〕	1	存8	五八八
三〇七	集□甗〔188〕	1	8	五八九
三〇八	集既方爐〔189〕	1	8	五九〇
三〇九	辻銍匜〔190〕	1	7	五九一
三一〇	𢔶字大鼎〔191.1〕	1	1	五九二
三一一	客豊𢔶鼎〔191.2〕	4	3	五九三

三一二	君夫人鼎〔192〕	1	5	五九四
三一三	大右人鑑〔193〕	1	3	五九五
三一四	羕陵公戈〔194〕	1	14	五九六
三一五	楚高缶〔195〕	6	5	五九七
三一六	子𢭏戈〔196〕	1	9	五九八
三一七	大武闢兵戈〔197〕	1	4	五九九
三一八	䋣湯劍〔198〕	1	4	六〇一
三一九	郲竝戈〔199〕	1	6	六〇二
三二〇	王孫𤞷戈〔200〕	1	11	六〇三
三二一	襄城公戈〔201〕	1	11	六〇四

三二二	大府銅牛〔202〕	1	4	六〇五
三二三	楚尚車轄〔203〕	1	2	六〇六
三二四	郢大府銅量〔204〕	1	7	六〇七
三二五	陳郢銅量〔205〕	1	14	六〇八
三二六	分囟益砝碼〔206〕	5	3	六〇九
三二七	間益砝碼〔207〕	10	2	六一〇
三二八	王字衡杆〔208〕	2	①1 ②7	六一一
三二九	賢子環權〔209〕	6	5	六一二
三三〇	楚王燈〔210〕	1	2	六一三
三三一	龍陽燈〔211〕	1	4	六一四

三三二	𨛜陵君豆〔212〕	2	①52 ②30	六一五
三三三	𨛜陵君鑑〔213〕	1	35	六一八
三三四	余訓壺〔214〕	1	2	六二〇
三三五	李徛壺〔215〕	1	2	六二一
三三六	郿駒壺〔216〕	1	10	六二二
三三七	苛意匜〔217〕	1	5	六二三
三三八	陵陽壺〔218〕	1	2	六二四

二 正 文

西周時期

一　楚公豦鐘〔1.1.1〕

楚公豦（家）自鑄錫（鍚）鐘，孫=（孫孫）子=（子子）其永寶。

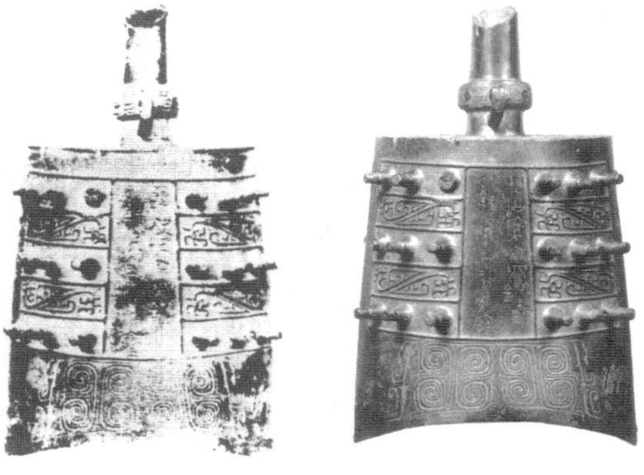

著録　《集成》；《集成釋文》；《集成引得》。編號42。以下『著録』項凡録此三書者僅標示《集成》與編號。凡在三書內已著録之楚系金文，一般不再另出著録。銘文拓片引用《集成》《集成釋文》，釋文參考《集成釋文》《集成引得》及相關論著，以己意酌定。

年代　楚國國君熊渠，在位年代約當西周夷王、厲王之際，即公元前八七八年前後。

出土時間地點　傳世器。

説明　現藏日本京都泉屋博古館。圖象來自《大系》圖編、《泉屋》圖版。左采《大系》，右采《泉屋》，二圖象爲同一器。

二　楚公冡鐘〔1.1.2〕

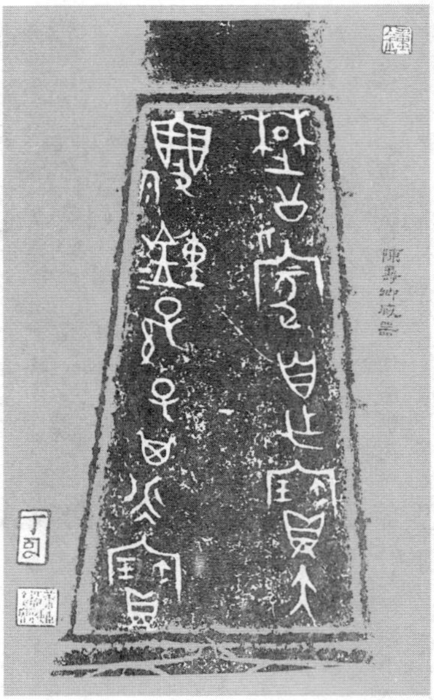

楚公冡（家）自乍（作）寶大𩁹（林）鐘，孫子其永寶。

著録　《集成》43

年代　同前。

出土時間地點　同前。

説明　同前。

三　楚公豪鐘〔1.1.3〕

楚公豪（家）自乍（作）寶大
𡫹（林）鐘，孫＝（孫孫）子＝（子子）其永寶。

著録　《集成》44
年代　同前。
出土時間地點　同前。
説明　同前。

四　楚公豪鐘〔1.1.4〕

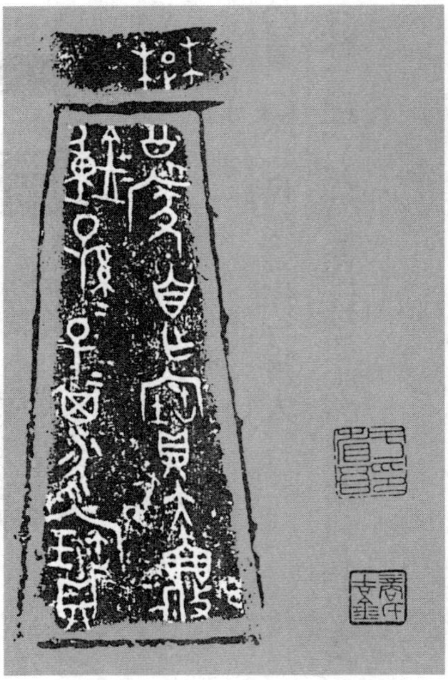

楚公豪（家）自乍（作）寶大𣪘（林）鐘，孫=（孫孫）子=（子子）其永寶。

著録　《集成》45

年代　同前。

出土時間地點　同前。

説明　現下落不明。圖象來自《大系》圖編。

五　楚公冢鐘〔1.1.5〕

楚公冢（家）自乍（作）寶大面（林）龢鐘，孫＝（孫孫）子＝（子子）其永寶用。

著録　羅西章：《陝西周原新出土的青銅器》，《考古》一九九九年第四期。

年代　同前。

出土時間地點　一九九八年陝西周原遺址出土。

說明　現藏陝西周原博物館。銘文拓片爲王輝先生請羅西章先生幫助提供，圖象來源見著録。最後一字爲陽文。

六　楚公冢戈〔1.2〕

楚公冢（家）秉戈

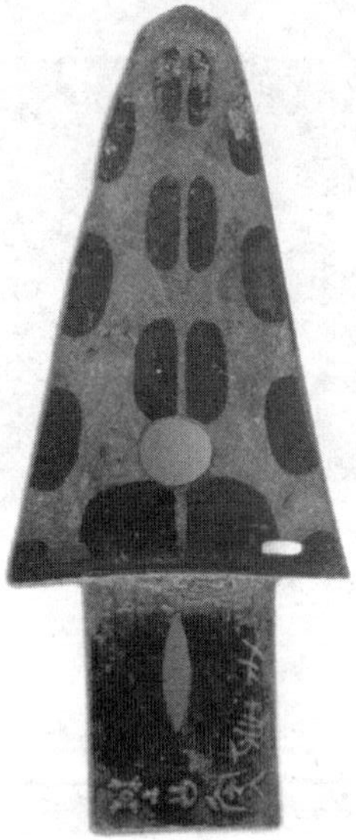

著錄　《集成》11064

年代　同前。

出土時間地點　一九五九年湖南長沙收集。

說明　現藏湖南博物院。圖象來自《文物》一九五九年第十二期。

七　楚公逆鐘〔2.1〕

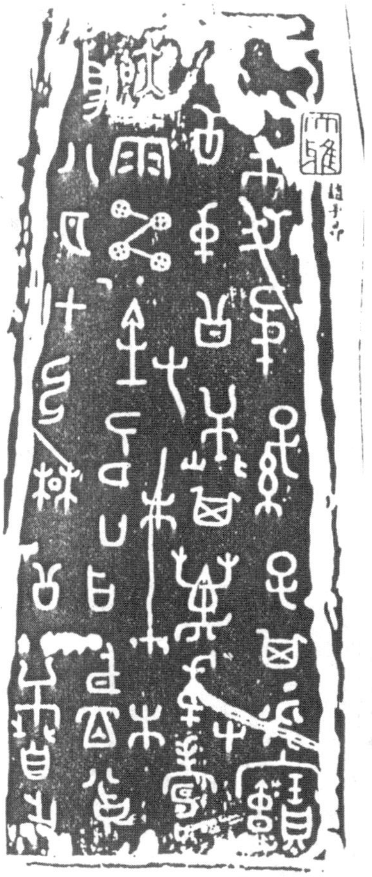

唯八月甲申，楚公逆自乍（作）
大靁（雷）鐘，氒（厥）名曰：盉（龢）面（林）
鐘。楚公逆其萬年壽，
[用]保厥邦，孫子其永寶。

著録　《集成》106
年代　楚國國君熊鄂（前七九九—前七九一年）。
出土時間地點　一一一三年出土於湖北嘉魚太平湖。
説明　現下落不明。

八 楚公逆鐘〔2.2〕

鉦間

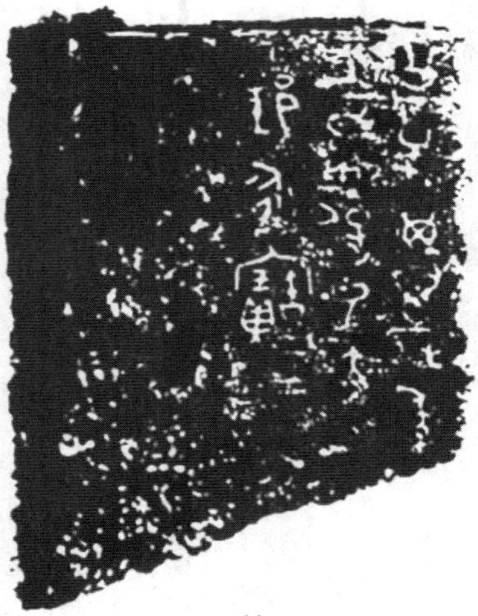

左鼓

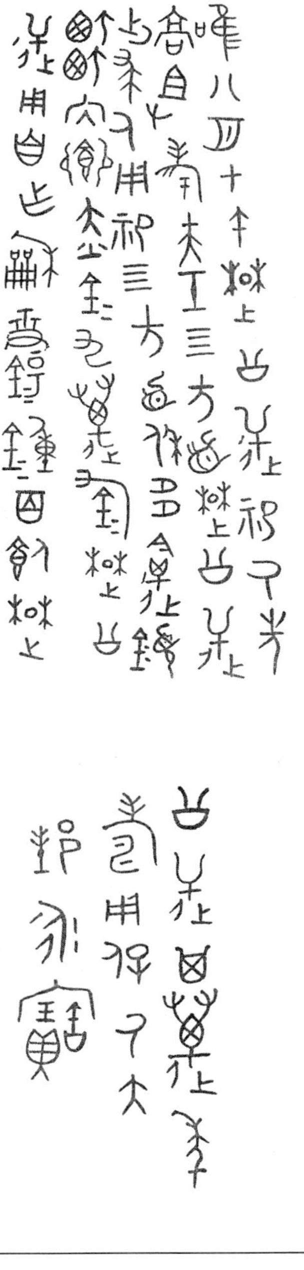

唯八月甲午，楚公逆祀氒（厥）先高旻（祖）考，夫工四方首。楚公逆出，求氒（厥）用祀四方首。休，多遹（擒）。鎮⿱⿰囟虫⿰囟虫內（入）鄉（饗）赤金九萬鈞。楚公逆用自乍（作）龢燮錫鐘百飤（肆）。楚公逆其萬年壽，用保氒（厥）大邦，永寶。

楚公逆鐘六件

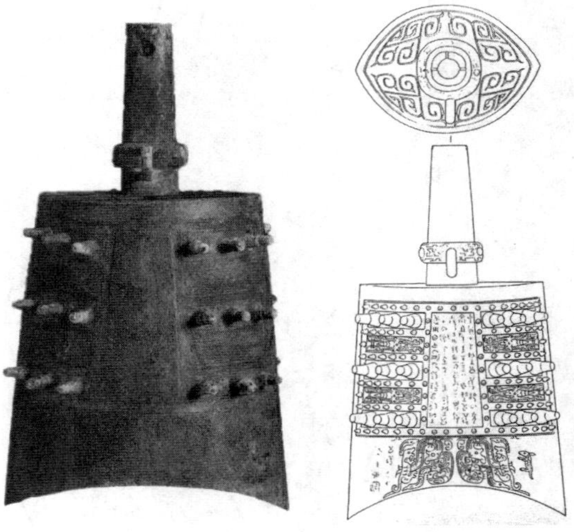

六件之一

著録　山西省考古研究所、北京大學考古學系：《天馬—曲村遺址北趙晋侯墓地第四次發掘》，《文物》一九九四年第八期；《晋侯墓文物》；劉緒：《晋侯邦父墓與楚公逆編鐘》，《長江流域青銅文化研究》（高崇文、安田喜憲主編），科學出版社二〇〇二年；《銘圖集成》15500

年代　同前。

出土時間地點　一九九三年山西天馬—曲村遺址晋侯墓出土。

説明　現藏山西博物院。圖象來自《晋侯墓文物》和《文物》一九九四年第八期。其中一件有銘文六十八字。

東周一期（公元前七七〇——前六七〇年）

九　楚季苟盤〔3〕

楚季苟乍（作）嬶（羋）
隮（尊）賸（媵）盥般（盤），其
子=（子子）孫=（孫孫）永寶用亯（享）。

著錄　《集成》10125

年代　東周一期。

出土時間地點　傳世器。

說明　現藏吉林大學考古與藝術博物館。

一〇 楚嬴盤〔4.1〕

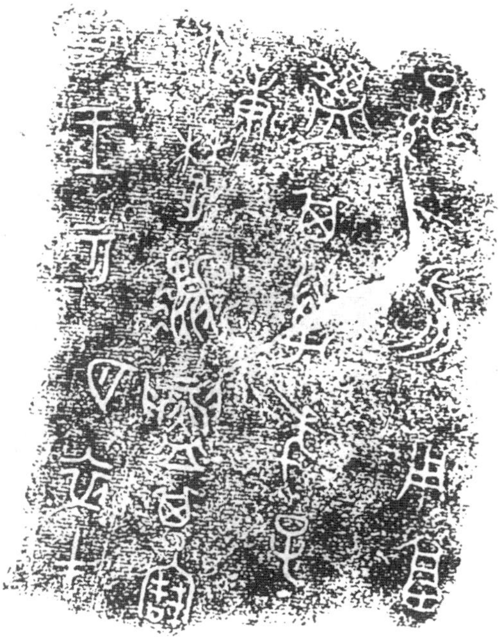

隹（唯）王正月初吉
庚午，楚嬴鑄其寶
盤，其萬年子子
孫孫永用享。

著録 《集成》10148

年代 同前。

出土時間地點 同前。

説明 現藏英國倫敦大英博物館。圖象來自《通考》下册附圖八四二。

二一 楚嬴匜〔4.2〕

隹（唯）王正月初吉
庚午，楚嬴鑄
其盄（匜），其萬年
子孫永用享。

著録 《集成》10273

年代 同前。

出土時間地點 同前。

説明 現藏英國倫敦大英博物館。圖象來自《通考》下册附圖八五六。

一二　樊君鬲〔5〕

樊君乍（作）叔嬴、𦉢（羋）賸（媵）器寶䵼。

著録　《集成》626

年代　同前。

出土時間地點　同前。

説明　現下落不明。圖象來自《銘圖集成》。

一三　中子化盤〔6〕

中子化用保
楚王，用正（征）梠（吕）。
用𢍰（擇）其吉金，
自乍（作）盤（盜）盤。

著録　《集成》10137
年代　同前。
出土時間地點　同前。
説明　現下落不明。

一四　申公彭宇簠〔7〕

隹（唯）正十又一月辛子，申公彭宇自作鬳匠（簠），宇其釁（眉）壽萬年無疆，子子孫孫永寶用之。

著録　《集成》4611

年代　同前。

出土時間地點　一九七五年河南南陽西關煤場出土。

説明　現藏河南南陽市博物館。圖象來自《銘圖集成》。參見《中原文物》一九八二年第一期。

一五　考叔脂父簠〔8.1〕

隹（唯）正月初吉丁亥，
考叔脂父自乍（作）
[阝尊]（尊）[匚古]（簠），其[𦥑冖頁]（眉）壽
萬年無疆，子子
孫孫永寶用之。

著録　《集成》4608
年代　同前。
出土時間地點　一九六九年湖北枝江王家崗出土。
説明　現藏湖北省博物館。參見《文物》一九七二年第三期。

一六　公孫瘖父匜〔8.2〕

隹（唯）正月初吉庚
午，寅（塞、息）公孫瘖父
自乍（作）盥盘（匜），其釁（眉）
壽無疆，子子孫孫永
寶用之。

著録　《集成》10276
年代　同前。
出土時間地點　同前。
説明　同前。

一七　楚王領鐘〔9〕

正面

背面

隹（唯）王正月初吉丁亥，楚王領（囏）自乍（作）鈴鐘，其聿（律）其言（音）。

著録　《集成》53
年代　楚國國君熊囏（堵敖）（前六七六—前六七二年）。
出土時間地點　不明。
説明　現藏日本某私人處。

一八 郘侯戈〔10〕

郘侯之䧅（造）戈五（？）百（？）

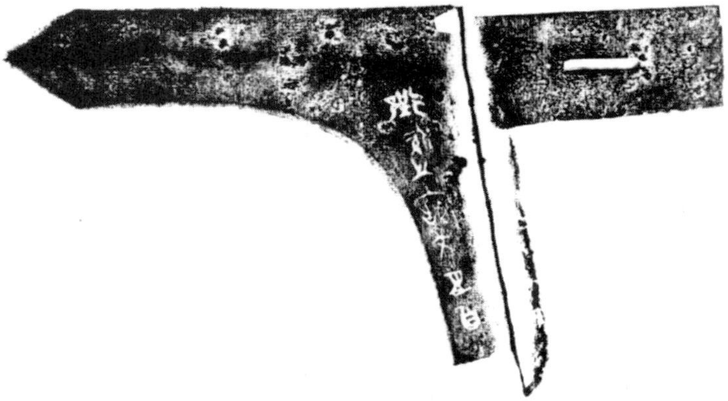

著録 《集成》11202

年代 東周一期。

出土時間地點 傳世器。

説明 現下落不明。

東周二期（公元前六七〇——前六〇〇年）

一九 邛仲嬭南鐘〔三〕

隹（唯）正月初吉丁亥，楚王賸（媵）邛（江）仲嬭（羋）南龢鐘，其釁（眉）壽無疆，子孫永保用之。

著録 《集成》72

年代 東周二期。

出土時間地點 宋代出土於浙江錢塘。

説明 現下落不明。

二〇　樊君夔盆〔12.1〕

樊君夔用其
吉金自乍（作）
寶盆。

著録　《集成》10329

年代　同前。

出土時間地點　一九七八年河南信陽出土。

説明　現藏河南博物院。圖象來自《文物》一九八一年第一期。

二二　樊君夔匜〔12.2〕

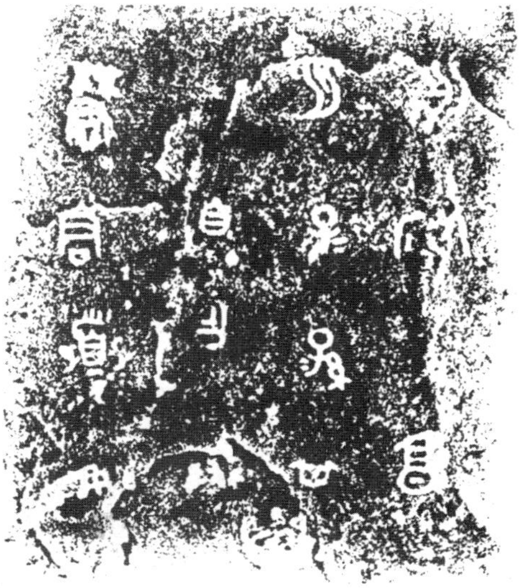

樊君夔用
□自乍（作）盥
它（匜），子子孫孫其
永寶用享。

樊君夔用
□自乍（作）盥
它（匜），子子孫孫其
永寶用享。

著録 《集成》10256

年代 同前。

出土時間地點 傳湖南長沙楊家山出土。

説明 現藏湖南博物院。圖象來自新版《楚銅研》第六〇六頁。參見《考古》一九六三年第十二期。

二二　曾孟嬭諫盆〔13〕

曾孟嬭（芈）諫乍（作）䵼（饗）盆，
其眉壽用之。

著録　《集成》10332
年代　同前。
出土時間地點　清代光緒年間湖北襄陽出土。
説明　現藏湖北襄陽市博物館。參見《江漢考古》一九八〇年第一期。

二三 子諆盂〔14〕

隹（唯）子⿱亓言（諆）鑄
其行⿱⿱𦥑冖于（盂），子
孫永壽
用之。

隹（唯）子⿱亓言（諆）鑄
其行⿱⿱𦥑冖于（盂），子
孫永壽
用之。

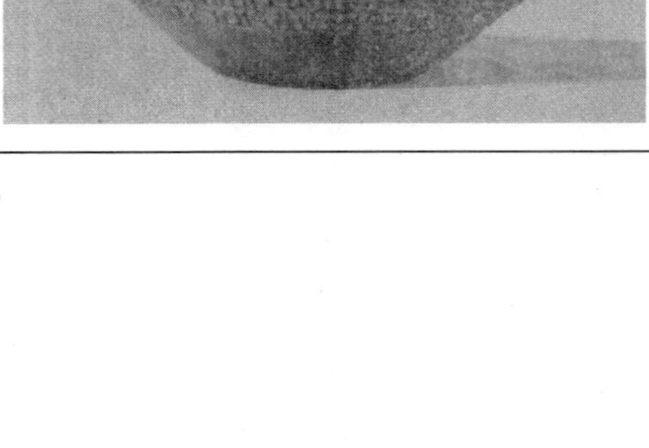

著録 《集成》10335

年代 同前。

出土時間地點 一九七五年河南潢川磨盤山出土。

説明 現藏河南信陽博物館。圖象來自《文物》一九八〇年第一期。

二四　鄎子行盆〔15〕

鄎(息)子行自乍(作)
飤盆，永寶之。

著録　《集成》10330
年代　同前。
出土時間地點　一九七五年湖北隨縣鰱魚嘴出土。
説明　現藏湖北省博物館。參見《江漢考古》一九八〇年第一期。

二五　楚子⿰見爰簠〔16〕

隹（唯）八月初吉庚申，
楚子⿰見爰鑄其飤
匿（簠），子孫永保之。

著録　《集成》4575–4577
年代　同前。
出土時間地點　傳世器。
說明　共三件，兩件器殘。其二現藏美國納爾遜美術陳列館。圖象來自《大系》圖編。

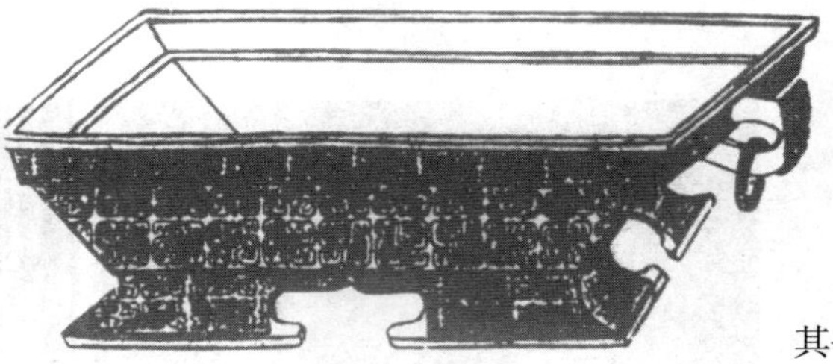
其一

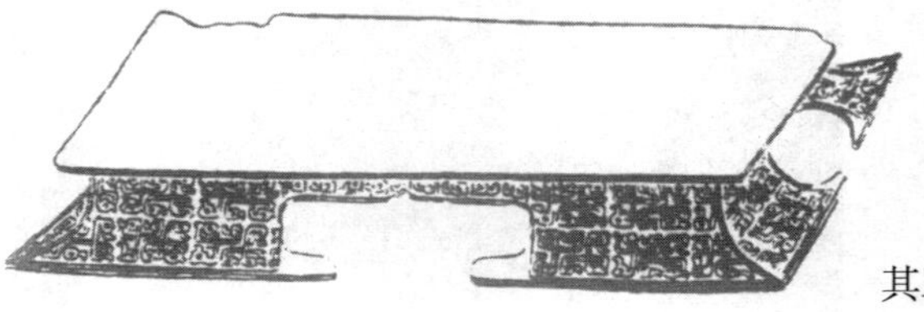
其二

二六　上鄀公簠〔17〕

隹（唯）正月初吉丁亥，
上鄀公睪（擇）其吉金鑄
叔嬭（羋）番妃賸（媵）匿（簠），其
眉壽萬年無諆（期），
子子孫孫永寶用之。

著録　《淅川下寺春秋楚墓》。
年代　同前。
出土時間地點　一九七九年河南淅川下寺 M8 出土。
說明　現藏河南省文物考古研究院。圖象來源見著録。

二七　鄬伯受簠〔18.1〕

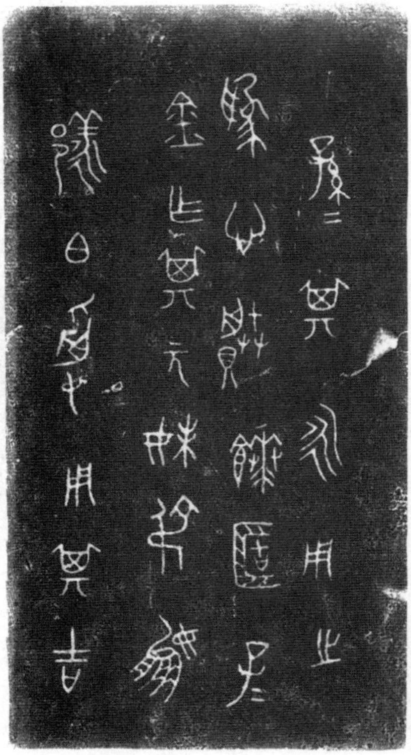

鄬白（伯）受用其吉
金乍（作）其元妹叔嬴
爲心賸（媵）鍊匿（簠），子子
孫孫其永用之。

著録　《集成》4599
年代　同前。
出土時間地點　一九七〇年湖北江陵岳山出土。
説明　現藏湖北荆州博物館。參見《文物》一九八二年第十期。

二八　鄝子伯受鐸〔18.2〕

鄝子白

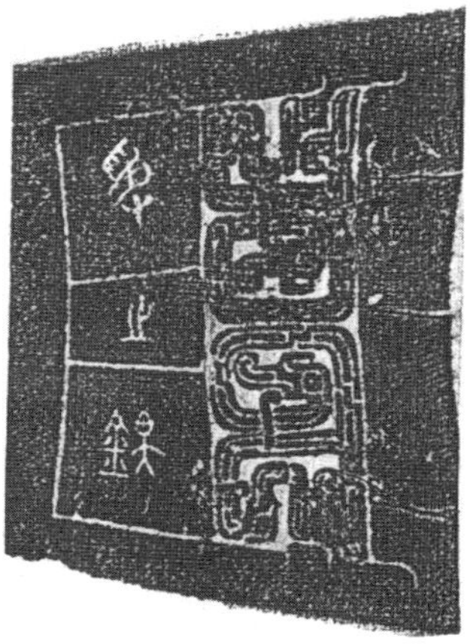

受之鋘（鐸）

正面

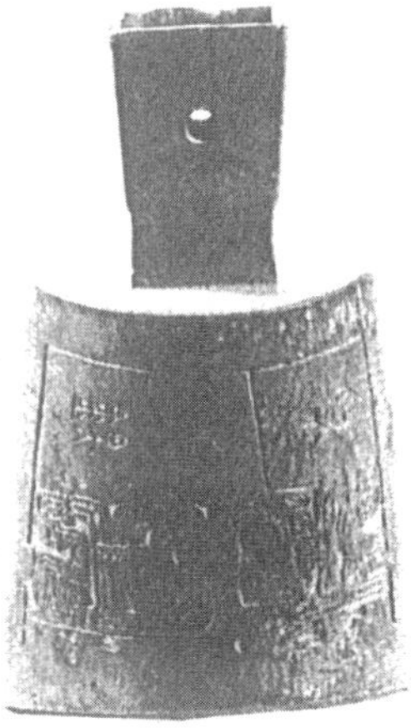

背面

著録　董全生、張曉軍：《從金文羕、祁看古代的養國》，《中原文物》一九九六年第三期。

年代　同前。

出土時間地點　一九九三年河南桐柏出土。

説明　現藏河南南陽市文物考古研究所。圖象來自《中原文物》一九九七年第四期。

二九　仲𪒠鼎〔19〕

隹（唯）正月初吉乙亥，
樊季氏孫中（仲）
𪒠（羋）𢍰（擇）其吉金
自乍（作）嗇（碩）沱（瓿）。

著録 《集成》2624；《銘圖集成》2240

年代 同前。

出土時間地點 傳世器。

説明 現藏上海博物館。蓋銘在蓋口沿，文同器腹内銘。拓片來自《上博刊》第五期，圖象來自《銘圖集成》。

三〇　以鄧繁鼎〔20.1〕

隹（唯）正月初吉丁亥，
楚叔之孫吕（以）鄧，
羼（擇）其吉金鑄其
鲦（繁）鼎，永寶用之。

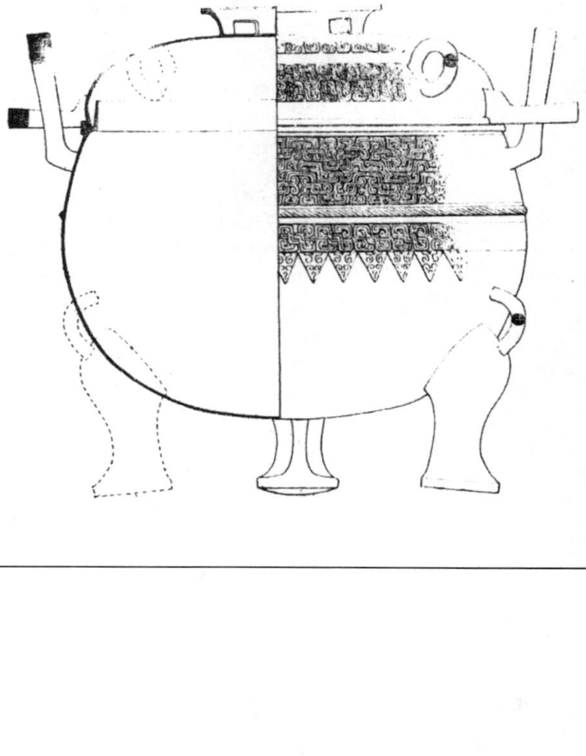

著録　《淅川下寺春秋楚墓》。
年代　約前六二〇—前六〇〇年。
出土時間地點　一九七九年河南淅川下寺 M8 出土。
説明　現藏河南省文物考古研究院。圖象來源見著録。

三一 以鄧匜〔20.2〕

會（沫）與（匜），子子孫孫永寶用之。
羴（擇）其吉金，鑄其
楚叔之孫以鄧
隹（唯）正月初吉丁亥，

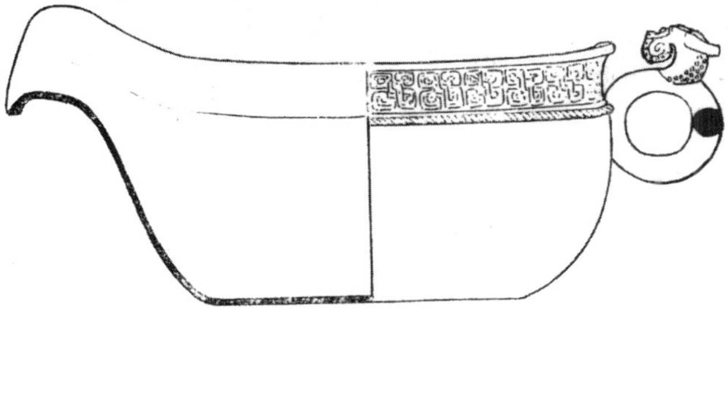

著録 同前。
年代 同前。
出土時間地點 同前。
說明 同前。

三二　以鄧戟〔20.3〕

其一

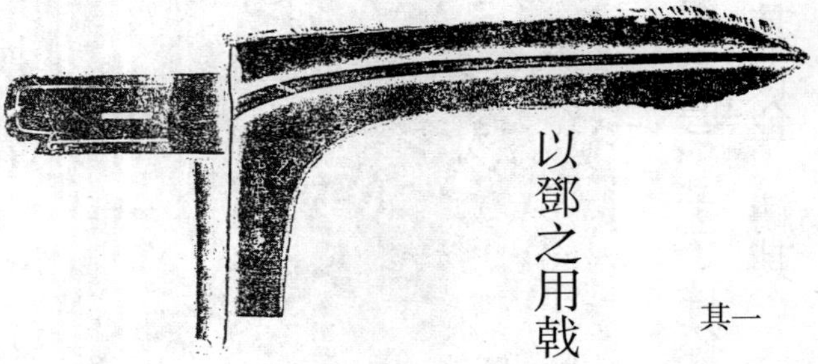

以鄧之用戟

其二

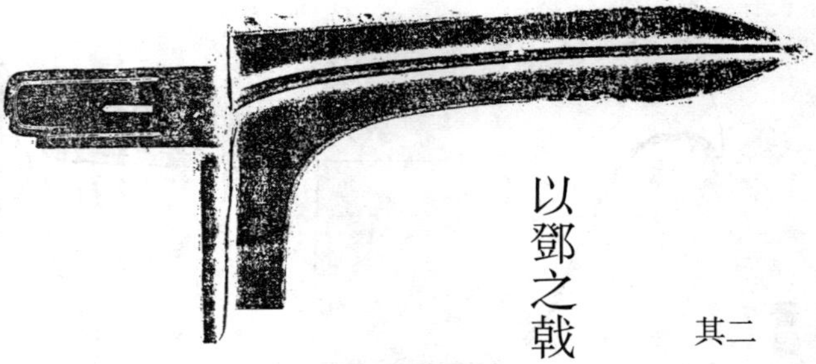

以鄧之戟

著録　同前。

年代　同前。

出土時間地點　同前。

説明　現藏河南省文物考古研究院。有兩器。戈和矛組合爲戟，矛無銘。

三三　克黃𪔁〔21〕

克黃之盟（𪔁）

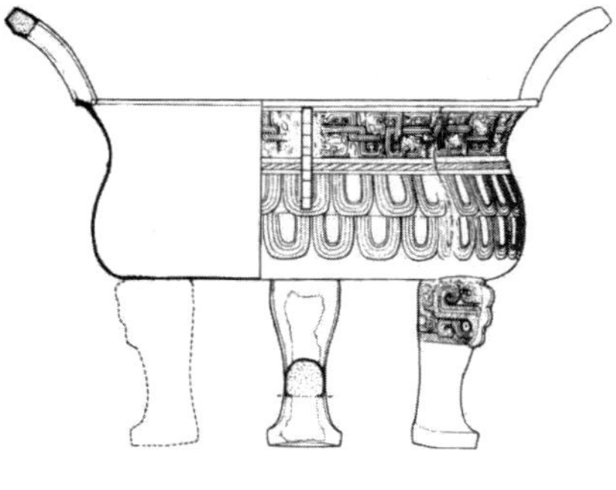

著録　河南省文物研究所等：《淅川縣和尚嶺春秋楚墓的發掘》，《華夏考古》一九九二年第三期。

年代　約？—前六〇五年。

出土時間地點　一九九〇年河南淅川和尚嶺M1出土。

説明　現藏河南博物院、河南省文物考古研究院。拓片承曹桂岑先生提供，圖象來自《淅川和尚嶺與徐家嶺楚墓》。

東周三期（公元前六〇〇—前五三〇年）

三四　王子昃鼎〔22〕

隹（唯）正月初吉丁亥，王子昊（昃）睪（擇）其吉金自乍（作）飤鼾，其眉壽無諆（期），子子孫孫永保用之。

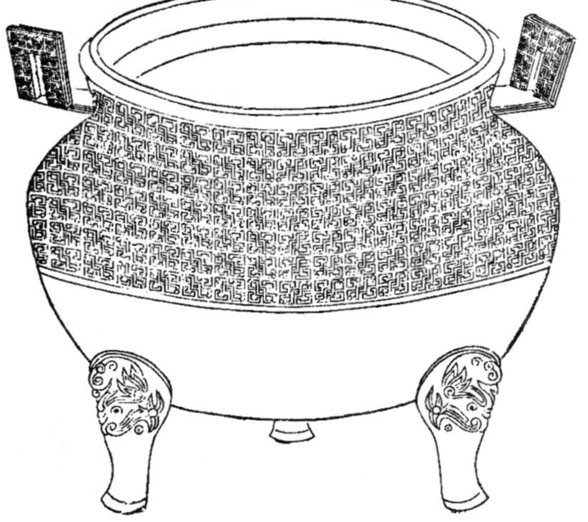

著録　《集成》2717

年代　約前五九七—前五七五年。

出土時間地點　傳世器。

説明　現下落不明。拓片與圖象來自《考古圖》卷一。

三五　王子嬰次爐〔23.1〕

王子㚅（嬰）次之庶（炒）盧（爐）

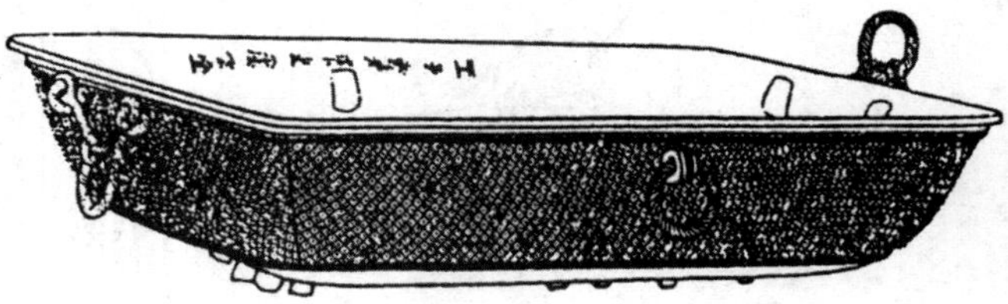

著録　《集成》10386

年代　約前五九七—前五七〇年。

出土時間地點　一九二三年河南新鄭李家樓出土。

説明　現藏中國國家博物館。圖象來自《新鄭彝器》。

三六　王子嬰次鐘〔23.2〕

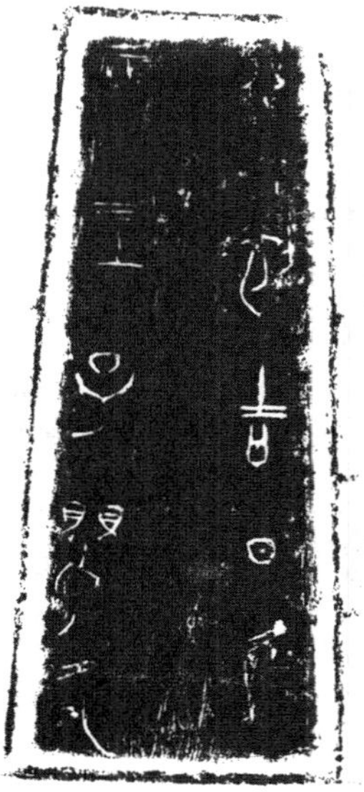

八月初吉，日隹（唯）辰，王子嬰次

自乍（作）□鐘，永用匽（宴）喜（饎）。

著録　《集成》52

年代　同前。

出土時間地點　傳世器。

説明　現藏故宮博物院。圖象來自《音樂大系·北京卷》。

三七　楚屈叔沱戟〔24.1〕

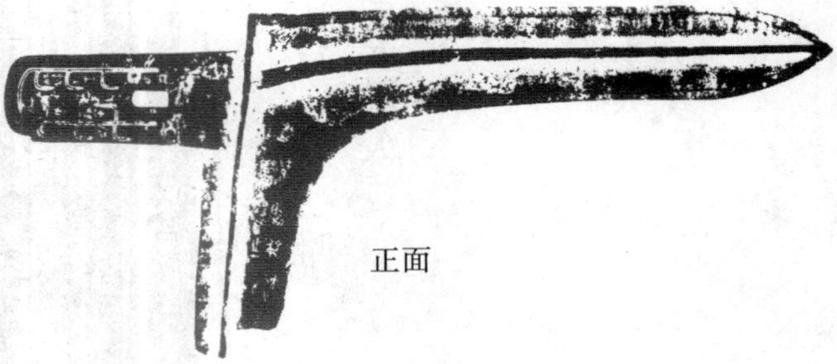

正面

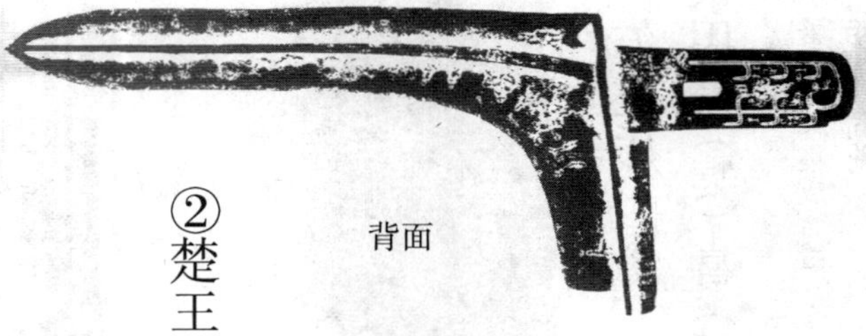

背面

①楚屈叔沱屈□之孫，（正面胡部）

②楚王之元右。王鐘（背面內部）

③□筆於缶。（正面內部）

著録　《集成》11393

年代　東周三期。

出土時間地點　傳世器。

説明　現下落不明。可能爲屈蕩之戟（前五九七年前後）。

三八　楚屈叔沱戟〔24.2〕

楚屈叔沱之元用

楚屈叔沱之元用

著録　《集成》11198

年代　同前。

出土時間地點　湖南收集。

説明　現藏湖南博物院。拓片來自《楚銅研》，爲一件戟的兩種拓本。參見《湖南刊》第一集。

三九　鄝子妝戈〔25〕

鄝（蓼）子妝之用

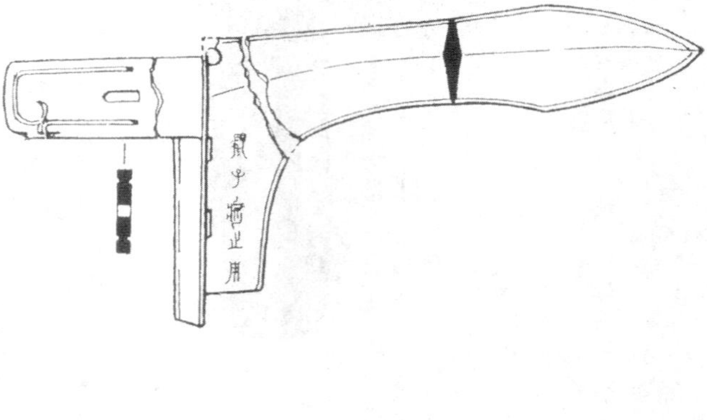

著録　《淅川下寺春秋楚墓》。

年代　同前。

出土時間地點　一九七七年河南淅川下寺 M36 出土。

説明　現藏河南省文物考古研究院。圖象來源見著録。

四〇 楚屈子赤目簠〔26〕

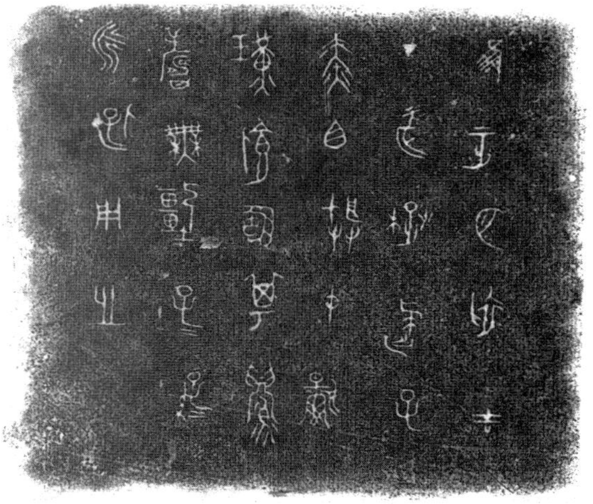

隹（唯）正月初吉
丁亥，楚屈子
赤目媵中（仲）嬭（羋）
璜飤匿（簠），其眉
壽無疆，子=孫=
永保用之。

著録 《集成》4612

年代 同前。

出土時間地點 一九七五年湖北隨縣鰱魚嘴出土。

説明 現藏湖北省博物館。參見《江漢考古》一九八〇年第一期。

四一　王子申盞蓋〔27〕

王子申作嘉孎（羋）
盞盂，其眉壽
無碁（期），永保用之。

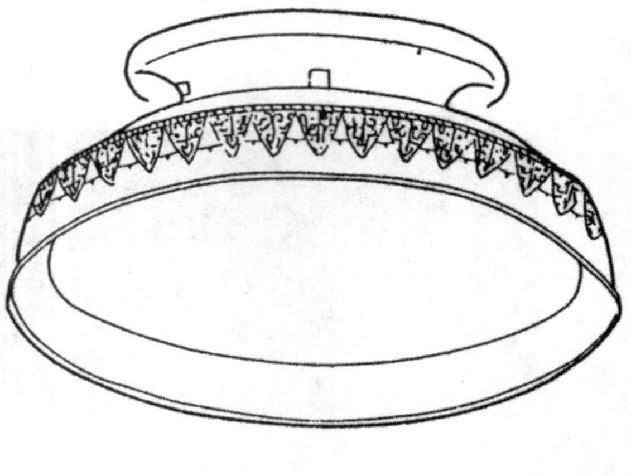

著録　《集成》4643
年代　楚共王世（前五九〇—前五六〇年）。
出土時間地點　傳世器。
説明　現下落不明。圖象來自《大系》圖編。

四二　楚王酓審盞〔28〕

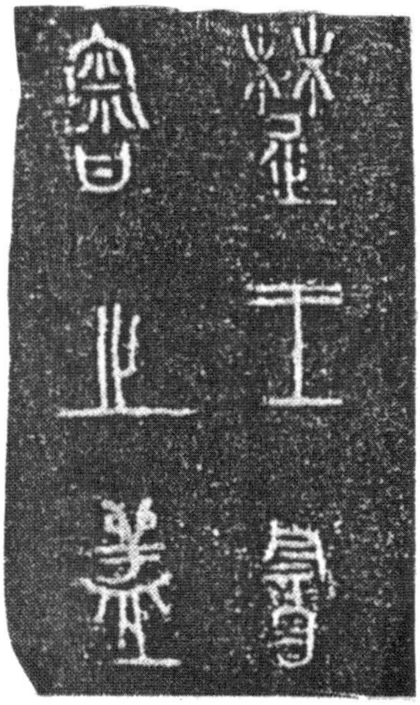

楚王酓（熊）審之盂

著録　李學勤：《楚王酓審盞及有關問題》，《中國文物報》一九九〇年五月三十一日，收入其《走出疑古時代》一書（遼寧大學出版社一九九四年）。

年代　楚共王晚年。

出土時間地點　不詳。

說明　現藏美國大都會博物館。圖象來自《銘圖集成》。

四三　狺子敢盞〔29〕

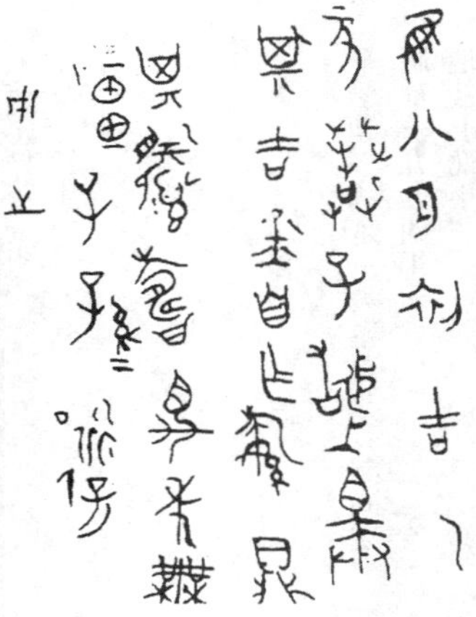

佳（唯）八月初吉乙
亥，⿱艹⿱言廾（狺）子敢⿱罒⿱土廾（擇）
其吉金自乍（作）⿸广縣鼎，
其眉壽萬年無
疆，子子孫孫永保
用之。

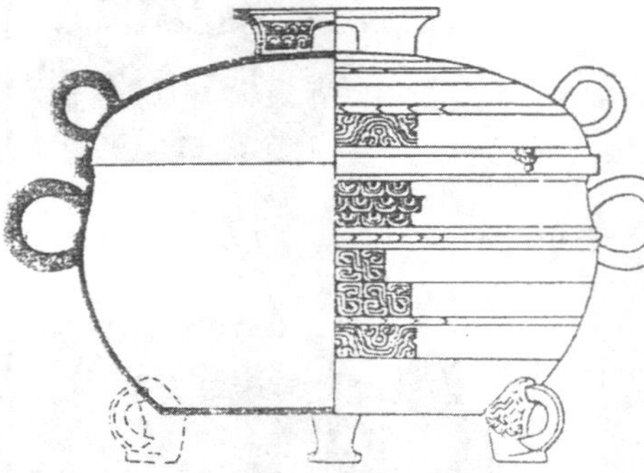

著録　張昌平：《襄陽縣新發現一件銅盞》，《江漢考古》一九九三年第三期。
年代　東周三期。
出土時間地點　一九九〇年湖北襄陽老館鋪出土。
說明　現藏湖北省博物館。摹本采自《楚圖典》，綫圖來源見著録。

四四　鴋子盤、匜、鈚〔30〕

銅盤銘文

隹(唯)正月咸(一之日)辛亥，鴋(唐)子
中(仲)瀕兒睪(擇)其吉金
鑄其御盤，子子
孫孫永宝(寶)用之。

銅匜銘文

隹(唯)正月咸(一之日)己未，鴋(唐)
子中(仲)瀕兒睪(擇)
其吉金鑄其
御逾(沬)畀(匜)。

銅鈚銘文

隹（唯）正十月初吉丁亥，鴋（唐）子中（仲）瀕羿（擇）其吉金鑄其御鈚。

著録 鄖縣博物館：《湖北鄖縣肖家河出土春秋唐國銅器》；黃旭初、黃鳳春：《湖北鄖縣新出唐國銅器銘文考釋》。同刊《江漢考古》二〇〇三年第一期。

年代 同前。

出土時間地點 二〇〇一年湖北鄖縣肖家河出土。

說明 現銅盤、銅匜藏湖北鄖陽博物館，銅鈚藏湖北省博物館。圖象來源見著録。

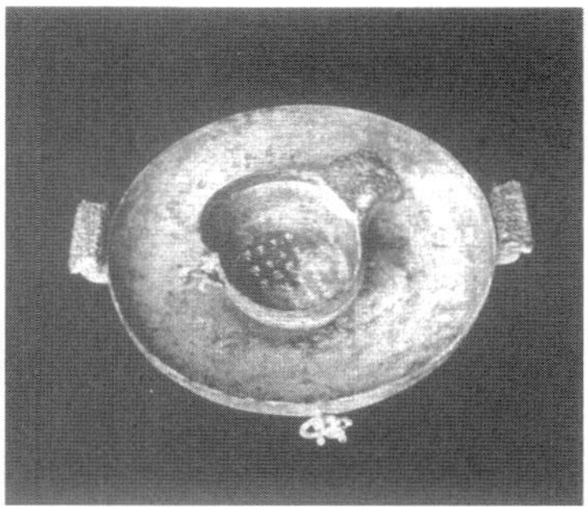

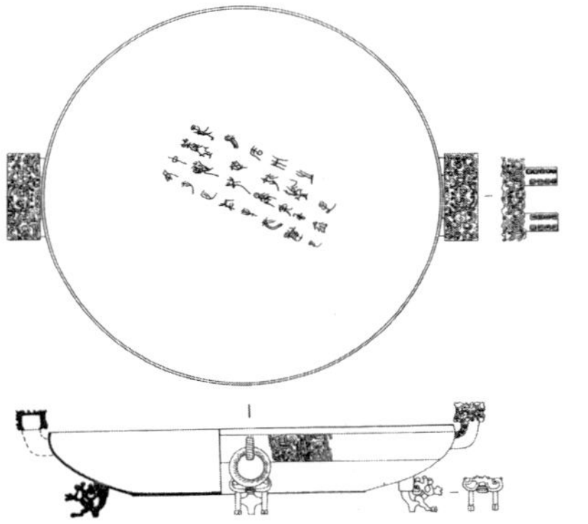

鴋子盤

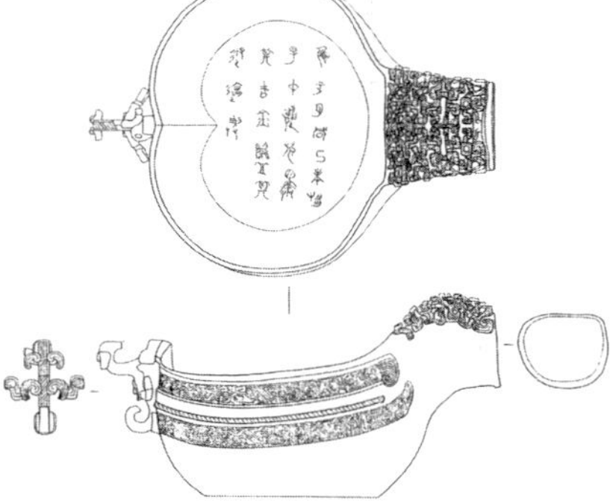

鴋子匜

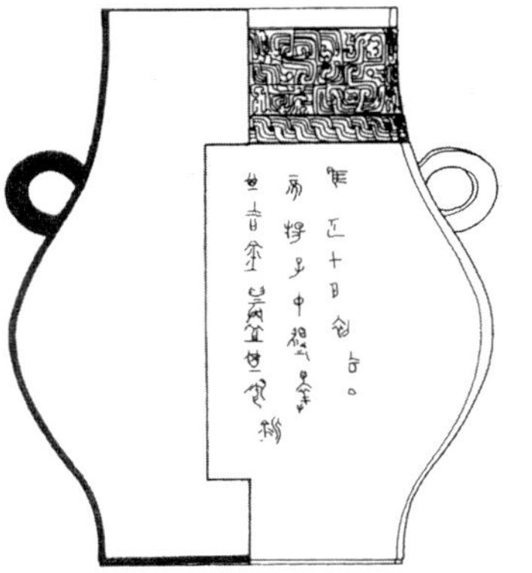

鴋子鈚

四五　犅子斨戈〔31〕

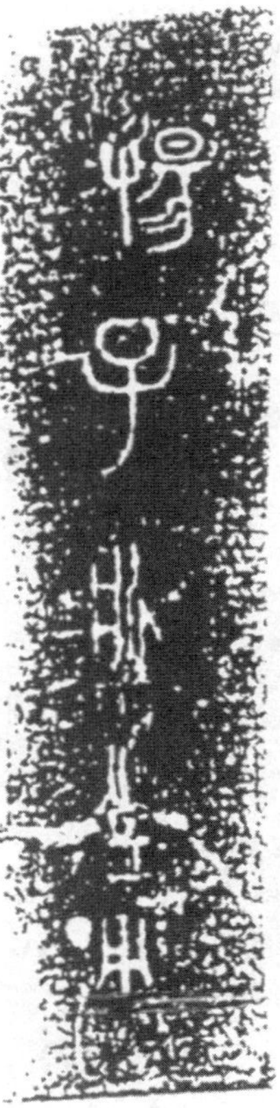

犅（唐）子斨之用

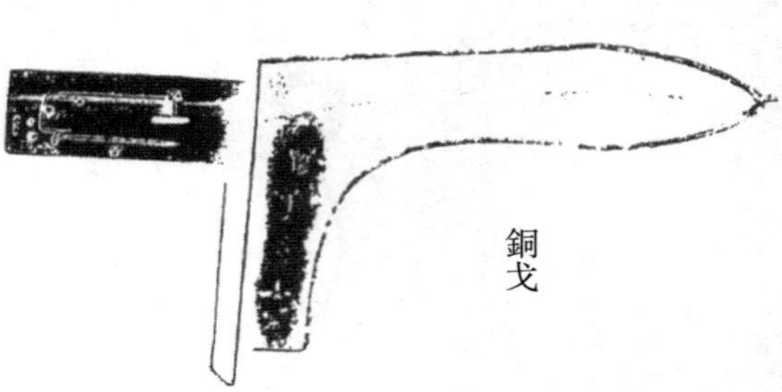

銅戈

著録　湖北省文物考古研究所等：《湖北鄖縣喬家院春秋殉人墓》，《考古》二〇〇八年第四期。

年代　東周三期前段。

出土時間地點　二〇〇六年湖北鄖縣喬家院 M4 出土。

說明　同出有銅鼎二、簠二、浴缶二、盞一、盤一、匜一及其他器物，銅鼎、盞、浴缶均爲楚式器。圖象來源見著録。

四六　邵子盤〔32〕

隹（唯）正月初吉乙
亥，邵子裁（緘）睪（擇）其
吉金鑄其盥
盤，子孫用之。

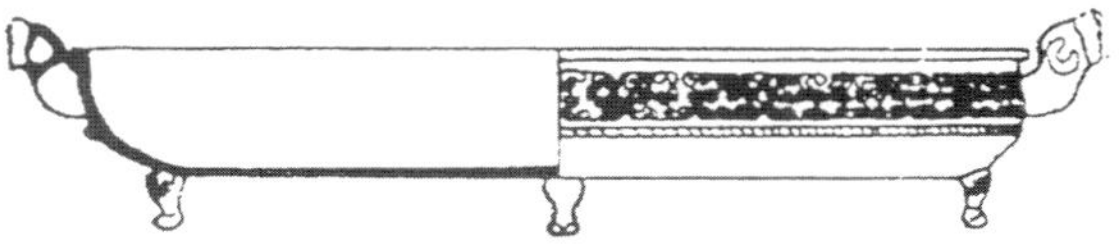

著録　郭勝斌：《湘江下游楚文化早期遺存探索》，《湖南省博物館四十周年紀念論文集》，湖南教育出版社一九九六年；張春龍、胡鐵南、向開旺：《湖南出土的兩件東周銅器銘文考釋》，《中國歷史文物》二〇〇四年第五期。

年代　東周三期。

出土時間地點　一九九三年湖南汨羅高泉山M1出土。

説明　拓片承郭勝斌、張春龍先生提供，圖象來源見著録。

四七　鄝叔義行戈〔33〕

鄝（蓼）叔義行之用

著録　郭勝斌：《岳陽出土三件銘文銅器的相對年代與文化性質兼及高泉山M1墓主的族屬》，《湖南省博物館館刊》第四輯，岳麓書社二〇〇七年。

年代　同前。

出土時間地點　二〇〇四年湖南汨羅司法局M1出土。

説明　現藏湖南長沙博物館。

四八　楚屈喜戈〔34〕

楚屈喜之用

著録　林麗霞、王鳳劍：《南陽市近年出土的四件春秋有銘銅器》，《中原文物》二〇〇六年第五期。

年代　同前。

出土時間地點　二〇〇六年左右河南南陽城區出土。

説明　現藏南陽市文物考古研究所。圖象來源見著録。報導的其他三件爲：養子曰鼎、許子敦、彭無所簠，均爲楚系有銘青銅器，詳參本書附録五。

四九　章子鄭尾戈〔35〕

章子鄭尾其元金爲其效戈

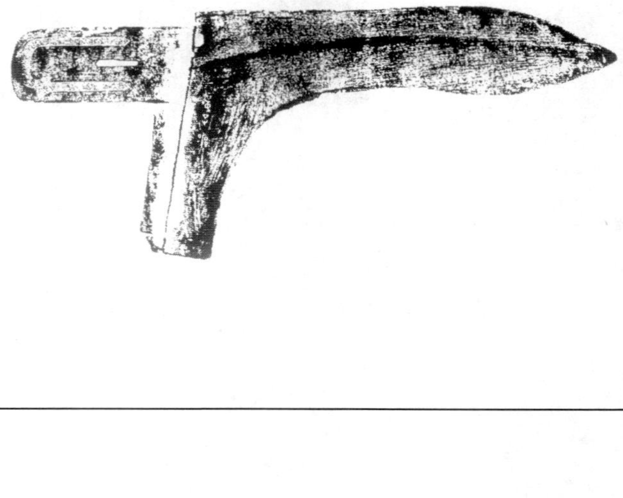

著録　《集成》11295；黄錫全：《湖北出土兩件銅戈跋》，《江漢考古》一九九三年第四期。
年代　同前。
出土時間地點　一九八一年湖北枝江收購。
説明　現藏湖北省文物總店。

五〇　鄬子戈〔36〕

鄬子誰臣之元允戈

著録　《集成》11253；黄錫全：《湖北出土兩件銅戈跋》，《江漢考古》一九九三年第四期；張亞初：《集成引得》序言。

年代　同前。

出土時間地點　一九九〇年前後出土於湖北江陵原五三農場。

説明　現藏湖北荆州博物館。

五一　發孫虜鼎〔37.1〕

蓋銘

器銘

隹（唯）正月初吉丁亥，發孫虜睪（擇）余吉金自乍（作）飤鼎，永保用之。

著録　張光裕：《新見『發孫虜鼎』及『郳凡伯怡父鼎』小記》，《徐中舒先生百年誕辰紀念文集》。

年代　同前。

出土時間地點　一九九六年見於香港香江古肆。

説明　圖象來源見著録。

五二　發孫虜簠〔37.2〕

隹（唯）正月初吉丁亥，發孫虜睪（擇）其吉金自乍（作）飤匿（簠），永保用之。

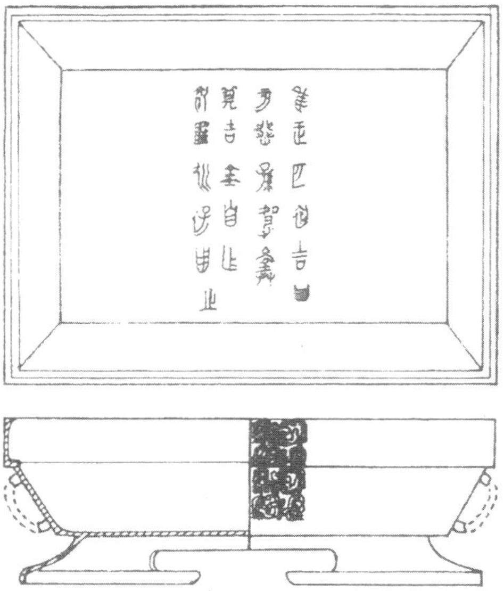

著録　徐正國：《湖北棗陽市博物館收藏的幾件青銅器》，《文物》一九九四年第四期。
年代　同前。
出土時間地點　一九九〇年前後湖北棗陽收集。
説明　現藏湖北棗陽市博物館。圖象來源見著録。

五三 鄧子盤〔38〕

著録 《銘圖集成》14494；劉昌銀：《鍾祥出土的鄧子盤》，《江漢考古》一九九三年第四期。

年代 同前。

出土時間地點 一九八八年湖北鍾祥黄土坡墓地出土。

説明 現藏湖北鍾祥市博物館。拓片原承該館原館長周代偉提供，今采用《銘圖集成》拓片、圖象、摹本。

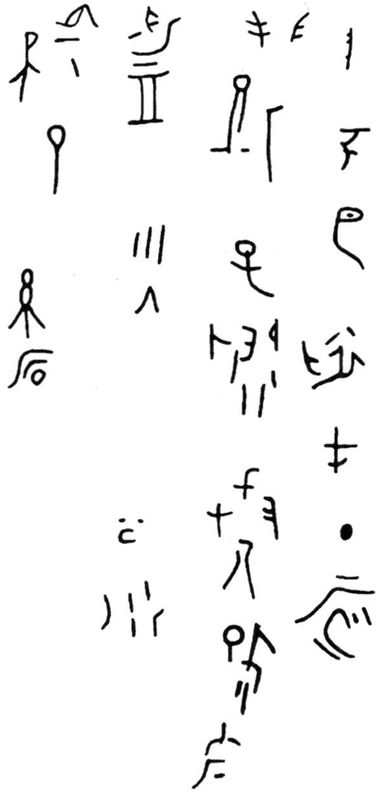

隹（唯）正月初吉丁亥，
鄧子與媵叔曼
盥盤，眉壽無
諆（期），子子孫孫永寶。

五四　王子午鼎〔39.1〕

著録　《集成》2811；《淅川下寺春秋楚墓》。

年代　公元前五五八—前五五二年。

出土時間地點　一九七八年河南淅川下寺 M2 出土。

説明　現藏河南博物院、河南省文物考古研究院。摹本來自《古文字研究》第九輯，中華書局一九八四年。圖象來源見著録。器蓋有倗銘四字，另列。

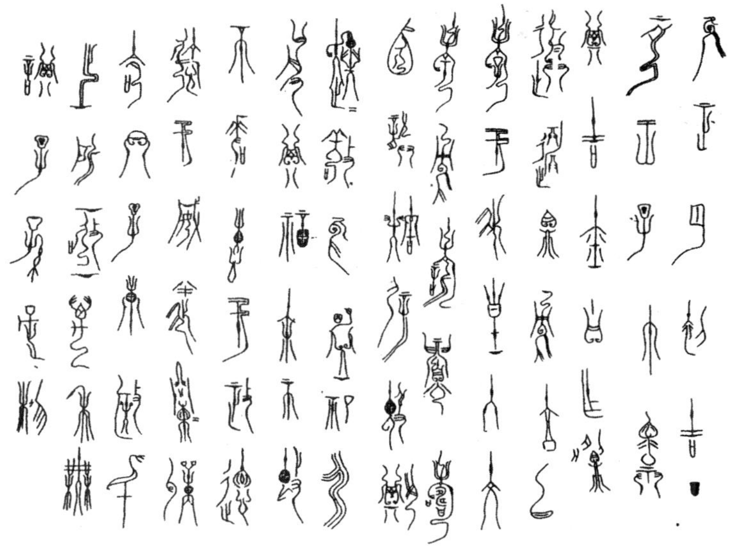

隹（唯）正月初吉丁亥，王子午𢍰（擇）其吉金，自乍（作）𪔁𨘉（彝）𪒠鼎，用享以孝，于我皇且（祖）文考，用旂（祈）眉壽，𥁰（溫）龏（恭）䵹（舒）屖（遲），敃（畏）期（忌）趩趩（翼翼），敬氒（厥）盟祀，永受其福。余不敃（畏）不差，惠于政德，惄（淑）于威義（儀），闌闌（簡簡）獸獸（肅肅），命（令）尹子庚，殹（緊）民之所亟（極），萬年無諆（期），子孫是制。

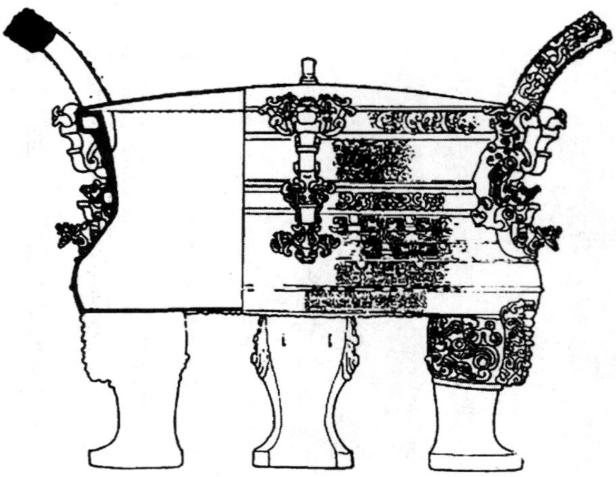

M2：38

M2：36

五五　王子午戟〔39.2〕

其一

其二

王子午
之行戟

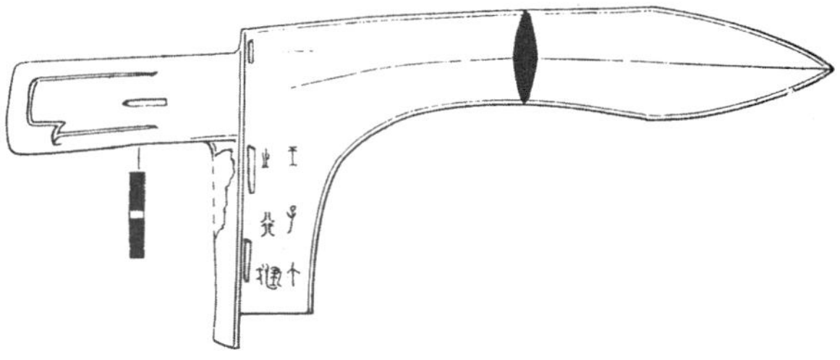

著録　《淅川下寺春秋楚墓》。
年代　同前。
出土時間地點　同前。
説明　現藏河南省文物考古研究院。圖象來源見著録。

五六　王孫誥鐘〔40.1〕

11 號鐘銘文 a

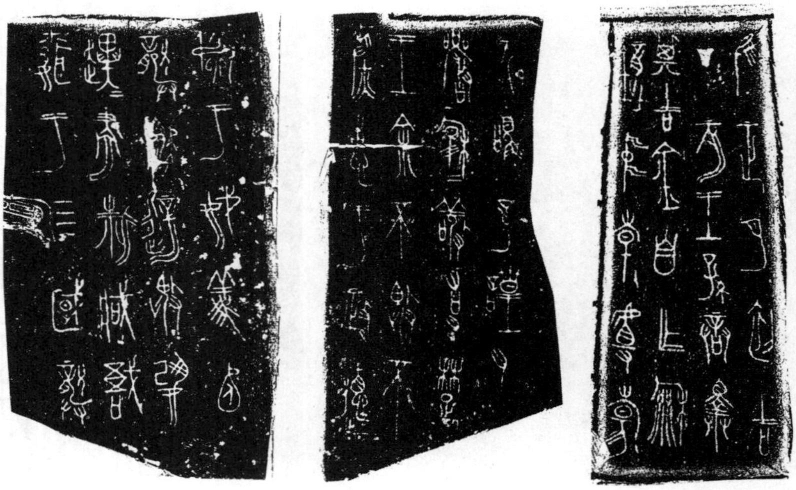

背面右鼓　　正面左鼓　　正面鉦部

佳（唯）正月初吉
丁亥，王孫亯（誥）睪（擇）
其吉金自乍（作）龢
鐘。中軌（翰）叡（且）旸（揚），
元鳴孔諻。又（有）
嚴穆穆，敬事楚
王。余不斁（畏）不
羕（差），惠于政德，

惄（淑）于威義（儀），昷（慍）
龏（恭）猒（舒）逹（遲），斁（畏）嬰（忌）
趩趩（翼翼），肅折（哲）臧（臧）戜（武），
聞于四國。龏（恭）

11 號鐘銘文 b

正面右鼓　　背面左鼓　　背面鉦部

氒（厥）㬎（盟）祀，永受
其福，武于戎
攻（功），誨（謀）憖（猷）不（丕）飤（飭）。
闌闌（簡簡）龢鐘，用匽（宴）
以喜，以樂楚
王、者（諸）侯、嘉賓，
及我父𧡧（兄）、者（諸）
士。趩趩（諻諻）趣趣（熙熙），邁（萬）年
無具（期），永保鼓之。

著録 同前。

年代 東周三期。

出土時間地點 同前。

説明 現藏河南博物院。圖象來源見著録。11號鐘有一百一十三字。

11號鐘正面拓片

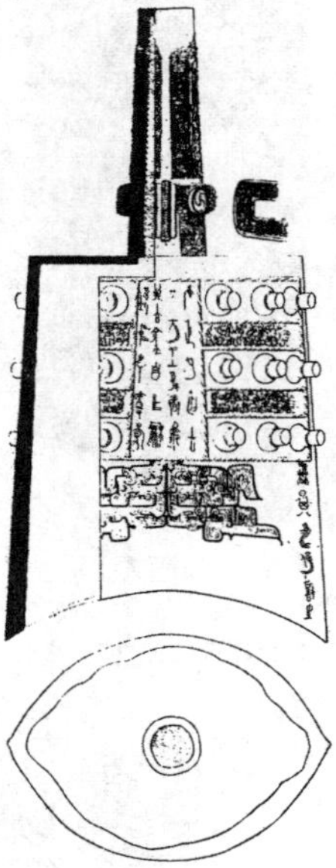

11號鐘綫圖

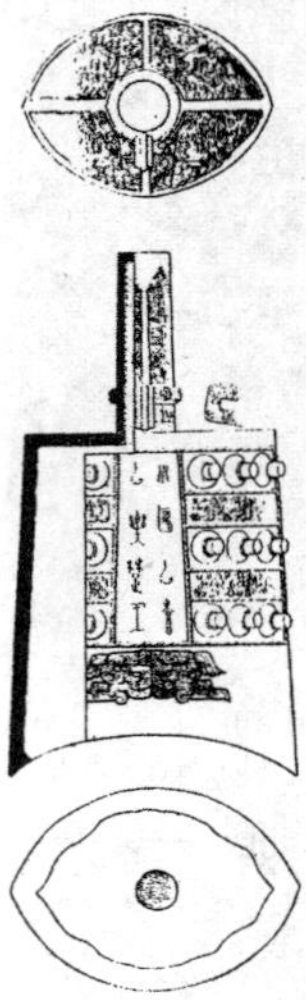

20號鐘綫圖

其中較大的八件圖象

五七　王孫誥戟〔40.2〕

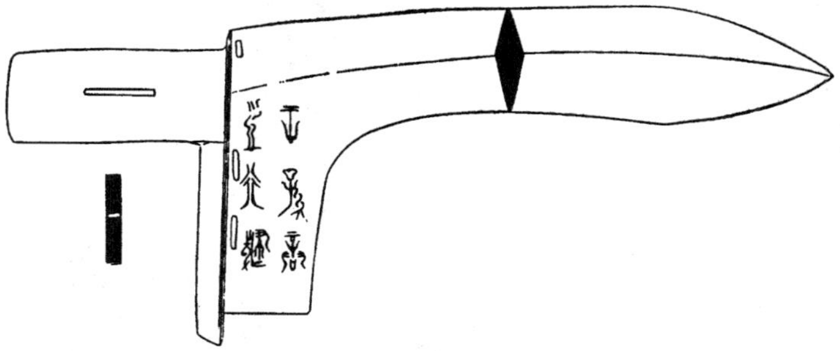

王孫昇（誥）之行戟

著録　同前。
年代　同前。
出土時間地點　同前。
說明　現藏河南博物院、河南淅川縣博物館。綫圖來源見著録。

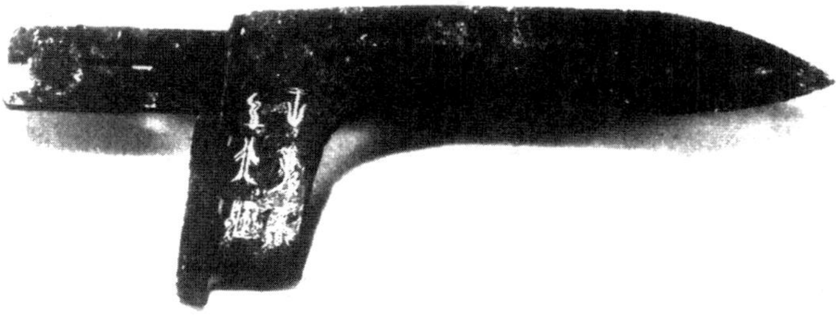

五八　王孫遺者鐘〔41〕

正面

①隹（唯）正月初吉丁
亥，王孫遺者羿（擇）
其吉金，自乍（作）龢
鐘。中謝（翰）戲（且）䲨（揚），元

②嗚子（孔）煌（諻）。用享昌（以）
孝，于我皇且（祖）文
考，用旛（祈）眉壽。余

⑥年無諆（期）。枼（世）萬孫
子，永保壴（鼓）之。

③盄（慍）龏（恭）猒屖（舒遲），敳（畏）嬰（忌）趩趩（翼翼），肅悊（哲）聖武，惠于政德，忠（淑）于威

④義（儀），誨（謀）猷（猷）不（丕）飤（飭）。闌闌（簡簡）龢鐘，用匽（宴）吕（以）喜，用樂嘉賓父甡（兄）及我朋友。余恁

⑤訇心，征（延）永余德（德），龢溺民人。余尃（敷）旬于國。皝皝（諻諻）趣趣（熙熙），萬

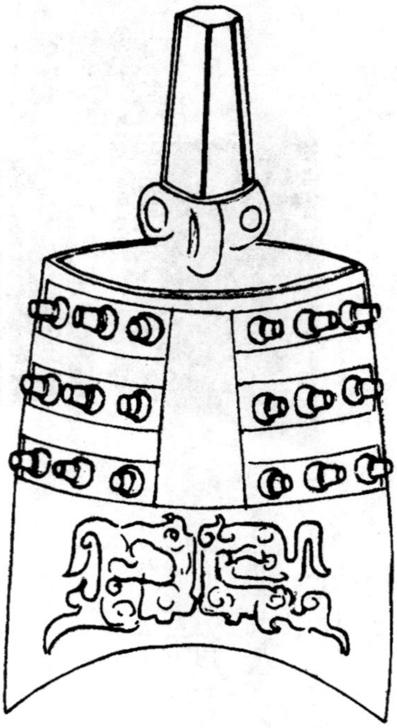

著録　《集成》261

年代　同前。

出土時間地點　清代光緒年間出土於湖北宜都。

説明　現藏美國舊金山亞洲美術博物館。圖象來自《大系》圖編。

五九　楚叔之孫倗鼾〔42.1.1〕

楚叔之孫
倗之飤䵼（鼾）

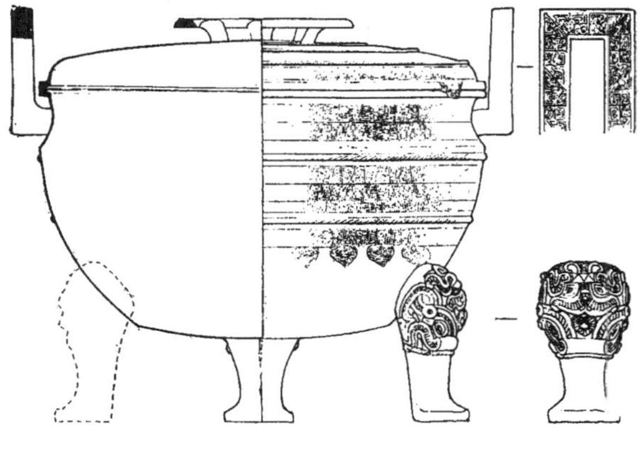

著録　《淅川下寺春秋楚墓》。
年代　？——前五四八年。
出土時間地點　一九七八年河南淅川下寺M1出土。
説明　現藏河南博物院。圖象來源見著録。

六〇 倗之䵼蓋〔42.1.2〕

倗之遷䵼

倗之遷䵼

著録 同前。

年代 同前。

出土時間地點 一九七八年河南淅川下寺 M2 出土。

説明 此爲王子午䵼蓋上的銘文。

六一　倗⿱繁鼎鼎、飤鼎〔42.1.3〕

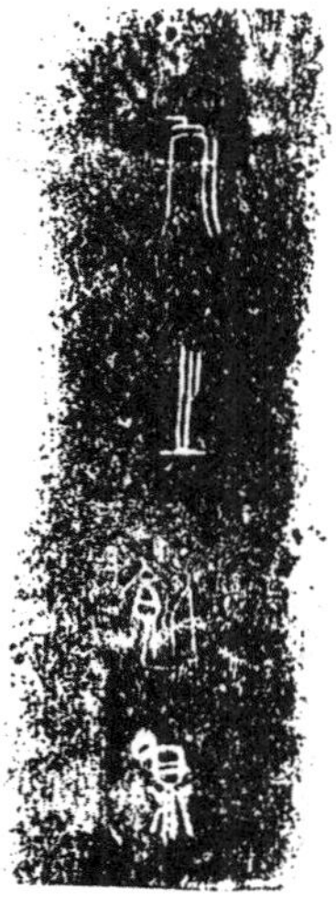

倗之飤鼎

倗之飤⿱繁鼎

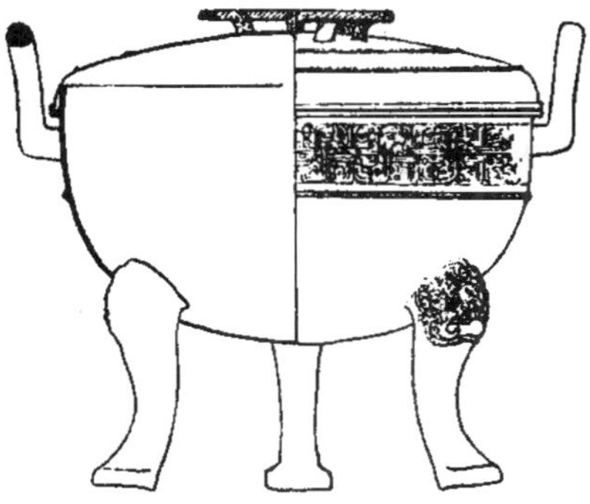

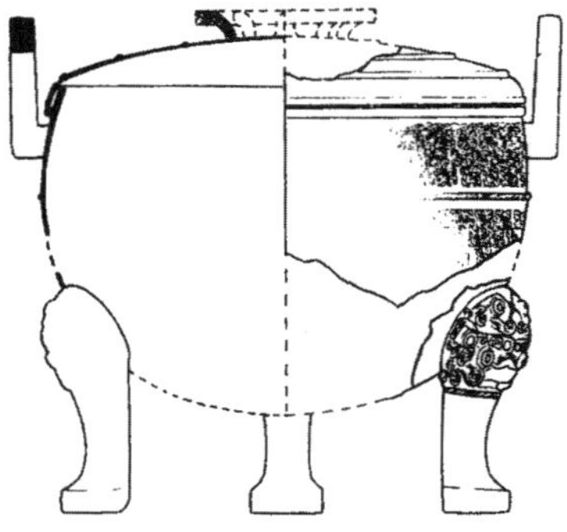

著録　同前。

年代　同前。

出土時間地點　一九七八年河南淅川下寺 M2 出土⿱繁鼎鼎二件，M3 出土飤鼎一件。

説明　現藏河南博物院。

圖象來源見著録。

六二　倗⿰氵⿱妻皿鼎〔42.1.4〕

楚叔之孫倗之⿰氵⿱妻皿（湯）鼎

著録　同前。
年代　同前。
出土時間地點　一九七八年河南淅川下寺 M2 出土。
説明　現藏河南博物院。圖象來源見著録。

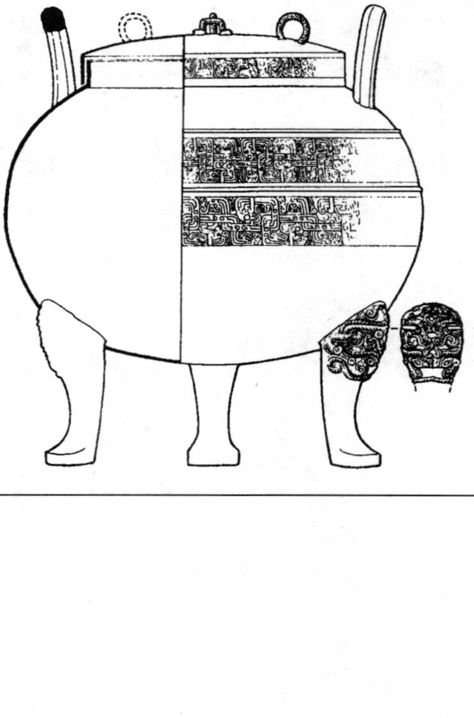

六三　倗浴鼎〔42.1.5〕

楚叔之孫倗睪（擇）其吉金自乍（作）浴（浴）𩰫（鬲），眉壽無諆（期），永保用之。

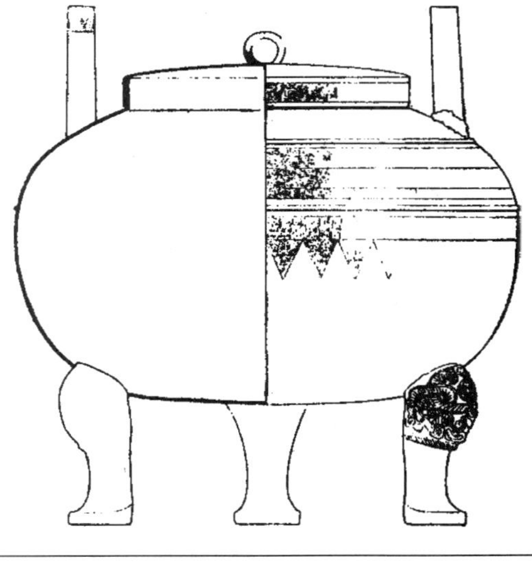

著録　同前。
年代　同前。
出土時間地點　一九七八年河南淅川下寺 M3 出土。
説明　現藏河南省淅川縣博物館。圖象來源見著録。

六四　鄬子倗簋〔42.2〕

楚叔[之]
孫鄬(鄢、蔿、薳)[子]
倗之[簋]

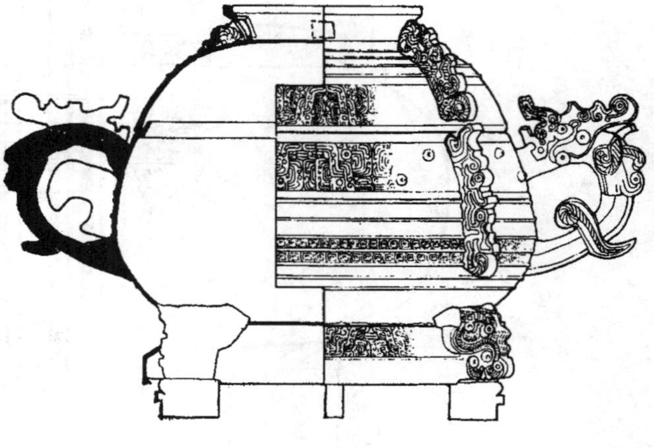

著録　同前。
年代　同前。
出土時間地點　一九七八年河南淅川下寺 M2 出土。
説明　現藏河南博物院。圖象來源見著録。

六五　倗簠〔42.3〕

倗之匿（簠）

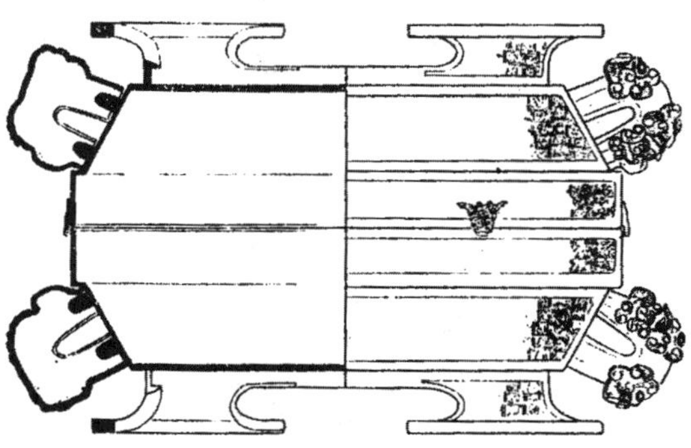

著錄　同前。

年代　同前。

出土時間地點　一九七八年河南淅川下寺 M1 出土。

說明　現藏河南博物院。圖象來源見著錄。

六六　𨞜子倗尊缶〔42.4〕

𨞜（鄬）子倗
之隮（尊）缶

著録　同前。
年代　同前。
出土時間地點　一九七八年河南淅川下寺 M2 出土。
説明　現藏河南省淅川縣博物館。圖象來源見著録。

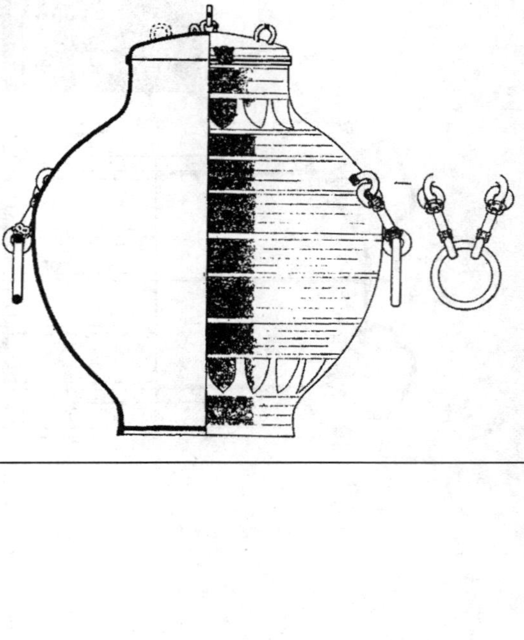

六七　鄬子倗浴缶〔42.5.1〕

器蓋銘文

楚叔之孫鄬（鄬）子倗之浴（浴）缶

器口銘文

楚叔之孫鄬（鄬）子倗之浴（浴）缶

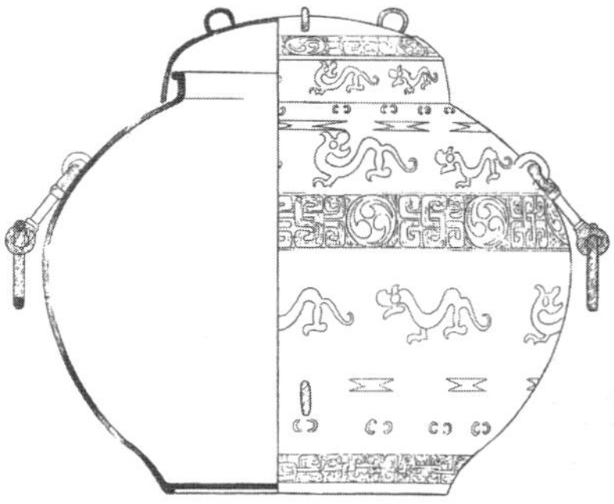

著録　同前。
年代　同前。
出土時間地點　同前。
説明　現藏河南博物院。
圖象來源見著録。

六八　倗浴缶〔42.5.2〕

倗之缶

器口沿銘文

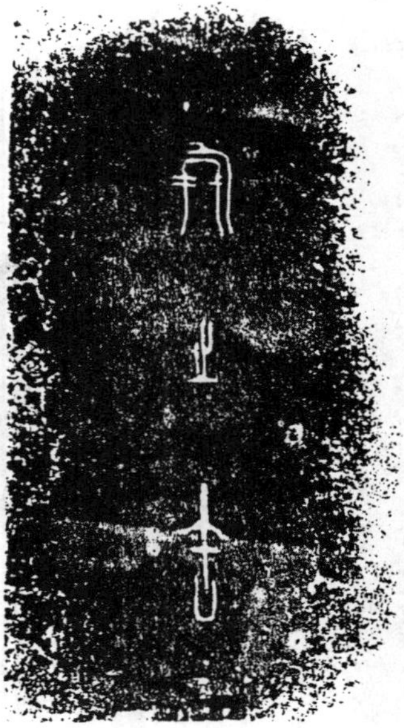

倗之缶

器蓋銘文

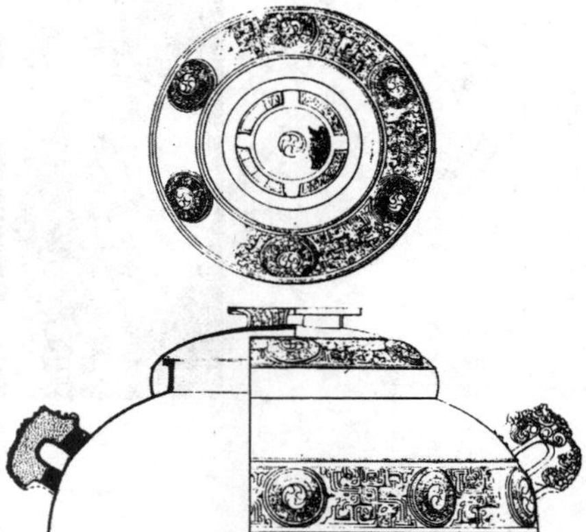

著録　同前。

年代　同前。

出土時間地點　一九七八年河南淅川下寺 M3 出土。

説明　現藏河南省淅川縣博物館。圖象來源見著録。

六九　倗之盤〔42.6〕

倗之盥盤

著録　同前。
年代　同前。
出土時間地點　一九七八年河南淅川下寺 M2 出土。
説明　現藏河南博物院。

七〇 倗之匜〔42.7〕

倗之盥盤

著録 同前。

年代 同前。

出土時間地點 同前。

說明 器形爲匜，銘文鑄爲『盤』。現藏河南博物院。

七一　倗之矛〔42.8〕

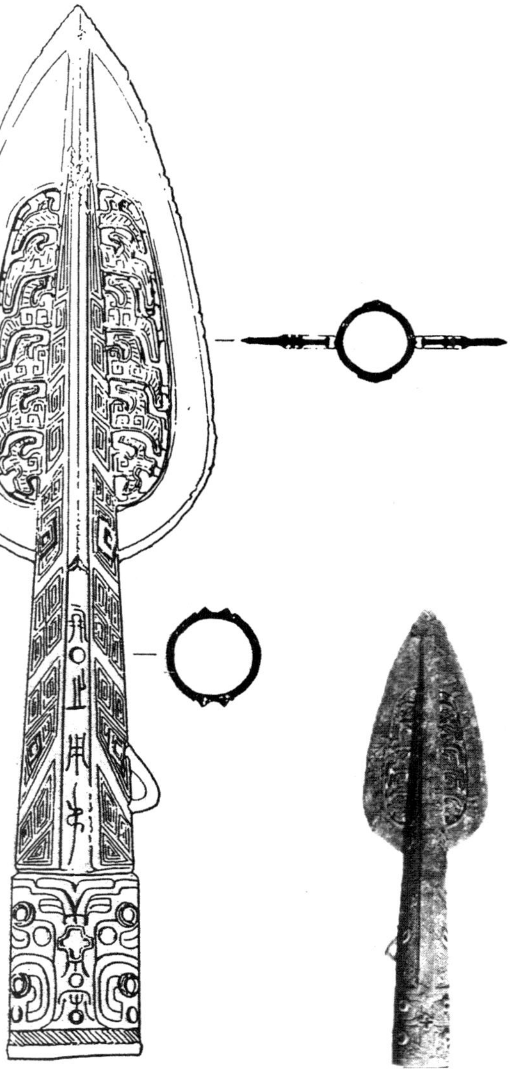

倗之用矛

著録　同前。

年代　同前。

出土時間地點　同前。

説明　現藏河南省文物考古研究院。綫圖來源見著録。

七二　倗之戈〔42.9〕

正面内部

背面内部

正面胡部

②命，倗用⿱炎女（燮）不廷，陽利

③□□⿰鬳攵□唯□□□

①新命楚王⿰弊飧，雁（膺）受天

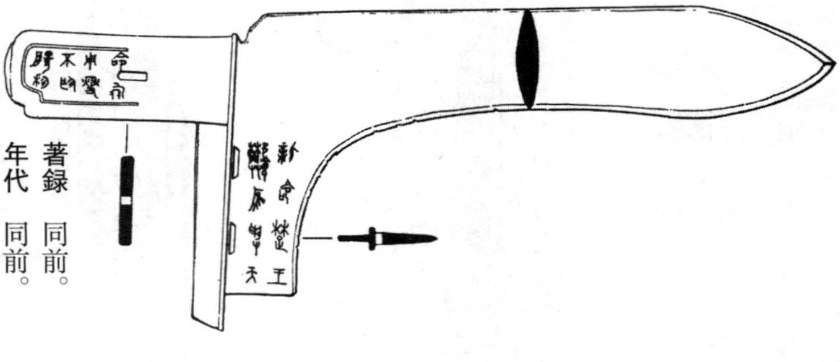

著録　同前。

年代　同前。

出土時間地點　同前。

説明　現藏河南博物院。圖象來源見著録。

七三　孟滕姬浴缶〔43〕

蓋内銘文

隹(唯)正月初吉丁亥，孟
賸(滕)姬睪(擇)其吉金自乍(作)
浴(浴)缶，永保用之。

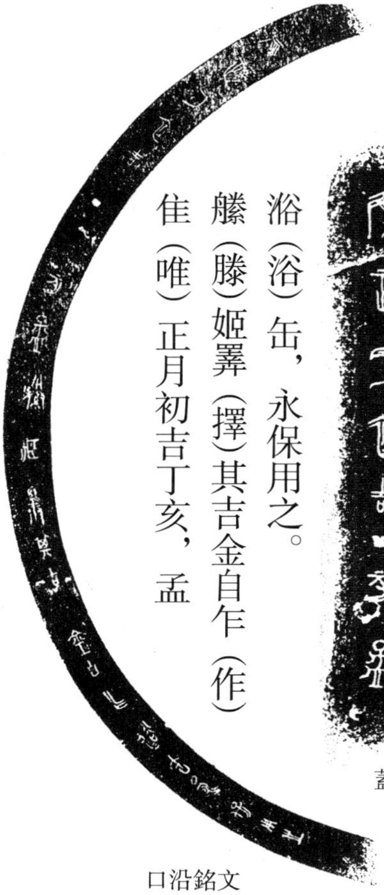

口沿銘文

隹(唯)正月初吉丁亥，孟賸(滕)姬睪(擇)其吉金自乍(作)浴(浴)缶，永保用之。

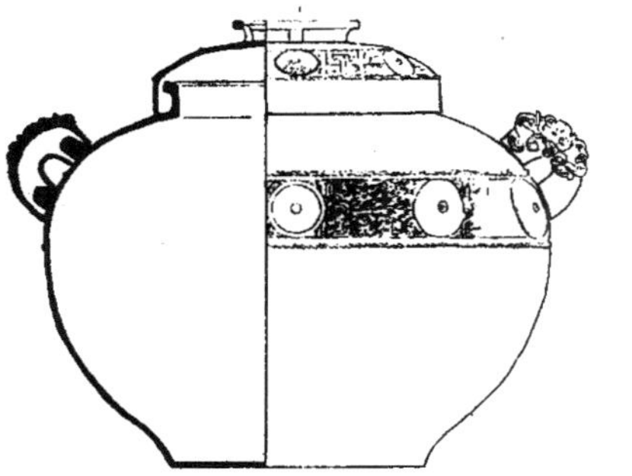

著録　同前。

年代　東周三期。

出土時間地點　一九七八年河南淅川下寺M1出土。

説明　現藏河南博物院。圖象來源見著録。

七四　鄬仲姬丹盤、匜〔44〕

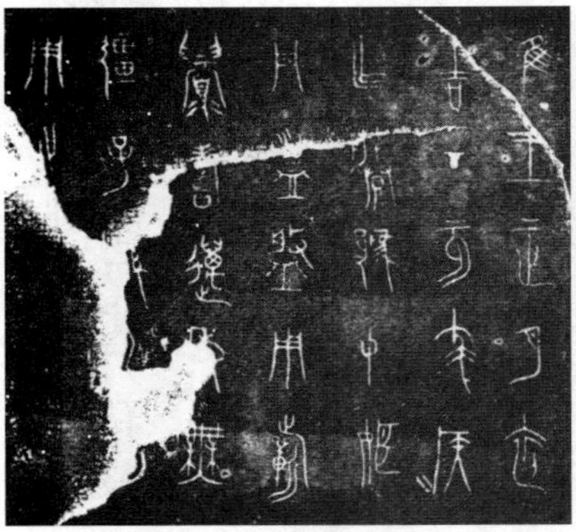

隹（唯）王正月初
吉丁亥，蔡侯
乍（作）媵鄬中（仲）姬
丹盥盤，用旛（祈）
眉壽，邁（萬）年無
疆，子子孫孫永保
用之。

隹（唯）王正月初
吉丁亥，蔡侯
乍（作）媵鄬中（仲）姬
丹盦（沬）蛊（匜），用旛（祈）
眉壽，邁（萬）年無
疆，子子孫孫永保
用之。

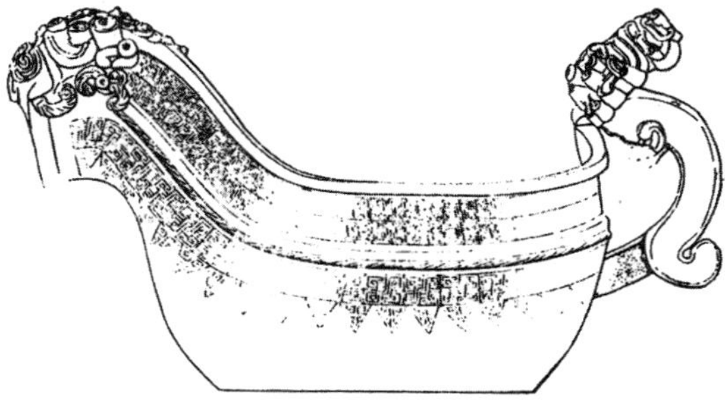

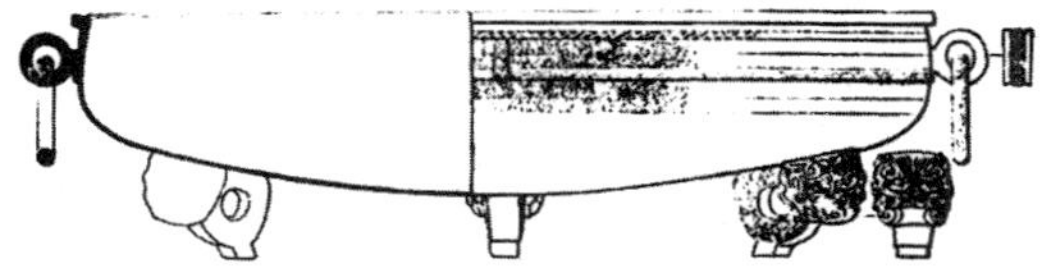

鄬仲姬丹匜、盤綫圖

鄬仲姬丹匜照片

著録 同前。

年代 同前。

出土時間地點 一九七八年河南淅川下寺 M3 出土。

説明 現藏河南淅川縣博物館。綫圖來源見著録。

七五　敬事天王編鐘〔45〕

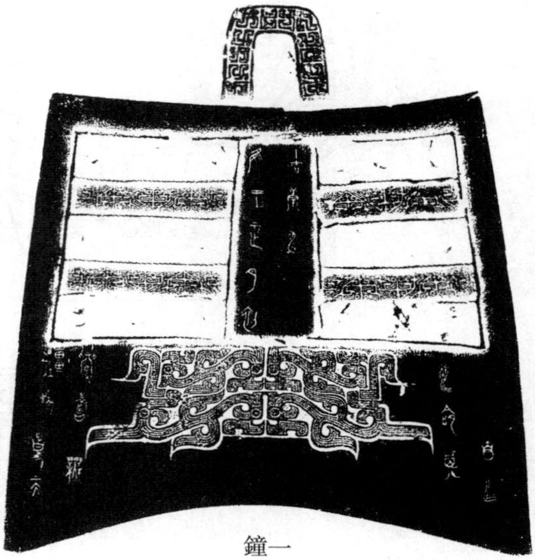

鐘一

隹（唯）王正月初吉庚申，□□自乍（作）永（詠）命（鈴）。其眉壽無疆。敬事天

著録　《集成》73-81；《淅川下寺春秋楚墓》。

年代　同前。

出土時間地點　一九七八年河南淅川下寺M1出土。

説明　現藏河南省文物考古研究院。共九件，器主名均被鏟刮。鐘一鐘二存四十二字，兩鐘合爲一篇。

鐘二

王，至于父
甠(兄)，以樂君
子。江漢
之陰陽，
百歲之外，
以之大行。

七六　𪒠鎛鐘〔46.1〕

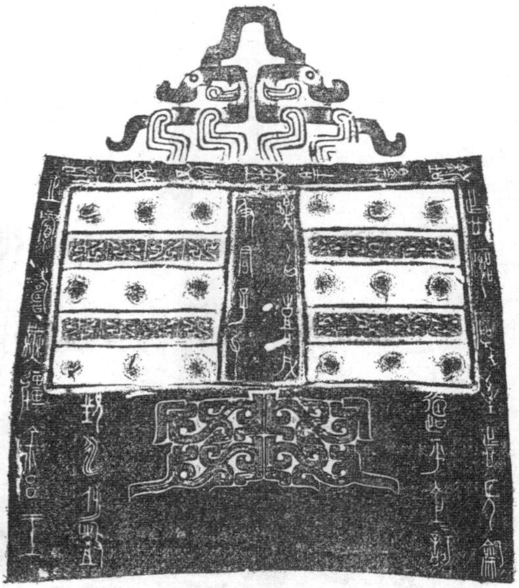

正面

背面

著録　《淅川下寺春秋楚墓》。

年代　同前。

出土時間地點　一九七九年河南淅川下寺M10出土。

説明　現藏河南博物院。八件之一（M10:73），此件有銘文七十七字，同其鈕鐘七十九字銘文比較，應缺一『其』字一『男』字（釋文已補）。

正面上沿 ⿰黽敫⿱罒幷（擇）吉金，鑄其⿰言反（反）

背面上沿 鐘。[其]音⿱亡⿰月凡（贏）少（小）戠（則）⿰方昜（蕩），龢

背面左沿 平均（韻）煌（諻），霝色若華。朼（批）

正面右沿 者礧（礱）磬，舌（吹）者長⿰龠于（竽），

正面右鼓 ⿺辶會（合）奏倉倉（鎗鎗）。訶（歌）

正面鉦部 樂目（以）喜，凡（汎）及君子父

正面左鼓 ⿰虫兄（兄），永保鼓

正面左沿 之，眉壽無疆。余呂王

背面右沿 之孫，楚成王之⿱明示（盟）僕，

背面右鼓 [男]子之慹（臬）。

背面鉦部 余不貣（特）甲天之下，余

背面左鼓 臣兒難得。

⑥凡（汎）人（及）君子父蚘（兄）

④歧（批）者礭（鬵）磬，舌（吹）者長觓（竽），

③平均（韻）詵（諻），霝色若華。

正面

背面

①黭羼（擇）吉金鑄其反鐘。

②其音贏（羸）少（小）則湯（蕩）。龢

⑤迨（合）奏倉［倉］（鎗［鎗］）。謌（歌）樂自喜，

説明　八件之二（M10:78）。

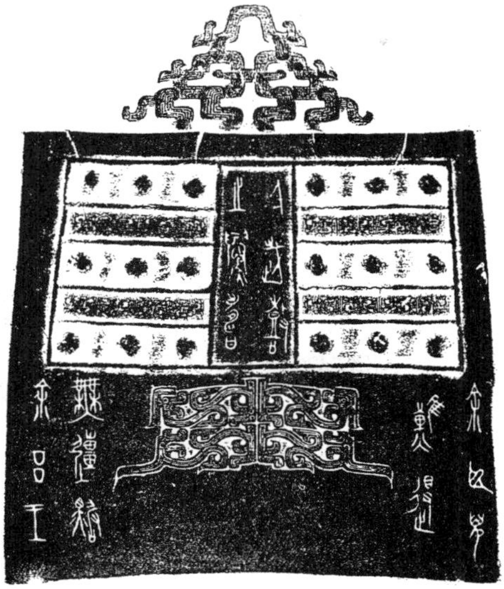

⑫余臣兒難得。

⑦千歲鼓之，眉壽

⑧無疆。黬余呂王

正面

⑩僕，男子之埶（臬）。余

⑨之孫，楚成王之盟（盟）

⑪不貣（特）甲天之下，

背面

說明 八件之三（M10:79）。

七七 鄦鈕鐘〔46.2〕

正面

背面

著録 同前。

年代 同前。

出土時間地點 同前。

説明 現藏河南淅川縣博物館。分别爲九件中的M10:70、M10:67、M10:69，三鐘合爲一篇銘文，有七十九字。

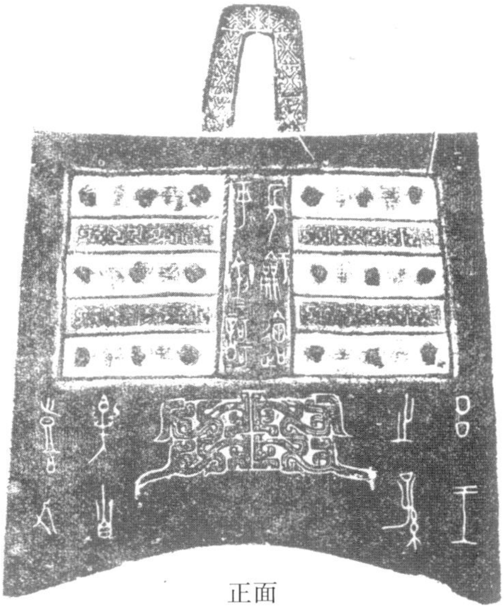

正面

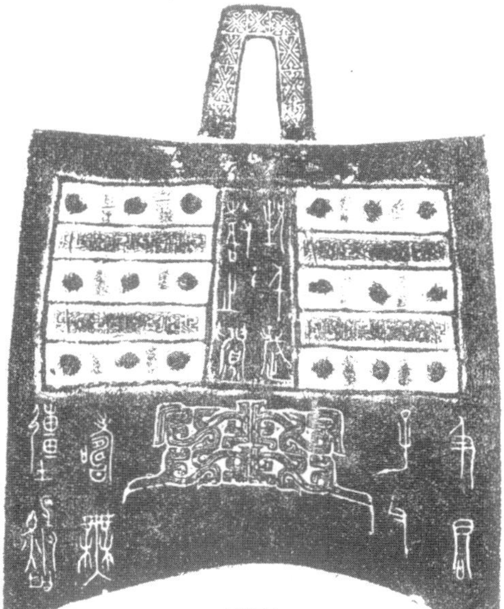

背面

正面

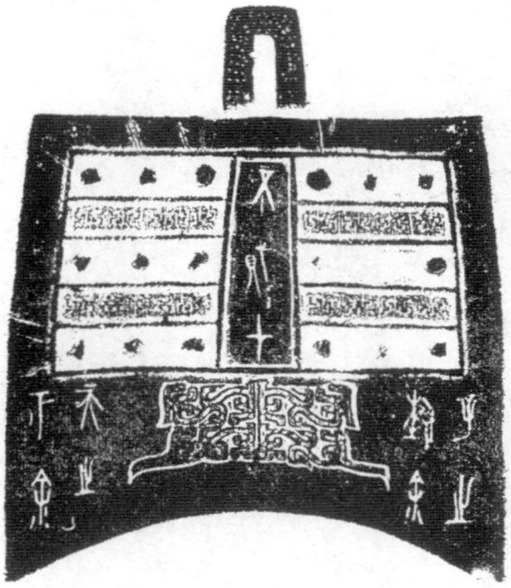

背面

⿱敢土（⿰黑敢）𦐖（擇）吉金，鑄其反鐘，其音贏（贏）少（小）則湯（蕩），
龢（和）平均（韻）誂（諻），霝色若華。𢼸（批）者矞磬，舌（吹）者
長𥎦（竽），逾（合）奏倉倉（鎗鎗）。謌（歌）樂自喜，凡（汎）
及君子父蚘（兄）。千歲鼓之，眉壽無疆。⿰黑敢吕王之孫，
楚成王之盟僕，男子之埶（臬）。余
不貣（特）甲天之下，余臣兒難得。

七八　鄬子辛戈〔47〕

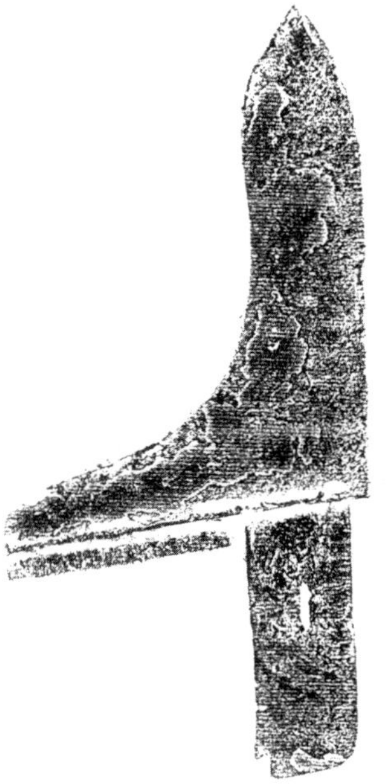

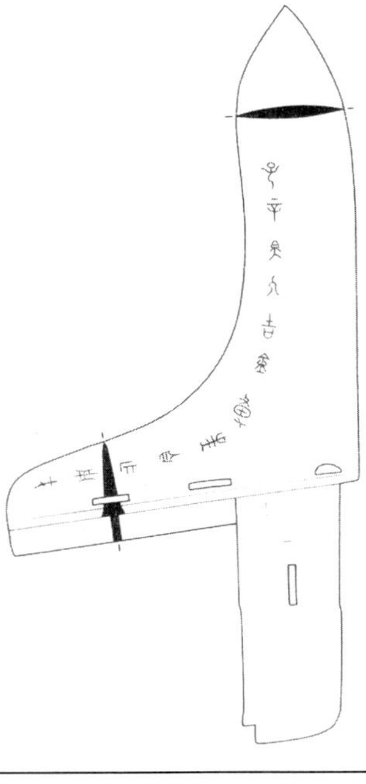

[⿰化阝]（鄬）子辛羼（擇）卑（其）吉金尃（鏞）皇，自作用戈。

著録　《淅川和尚嶺與徐家嶺楚墓》。
年代　東周三期（可能晚至東周四期）。
出土時間地點　一九九〇年河南淅川徐家嶺 M3 出土。
説明　現藏河南省文物考古研究院。圖象來源見著録。

七九　曾子原魯簠〔48〕

邍（原）魯爲孟姬鄬鑄媵匡（簠）。
佳（唯）九月初吉庚申，曾子

著録　《集成》4573
年代　東周三期。
出土時間地點　一九七五年湖北隨縣鰱魚嘴出土。
説明　現藏湖北隨州市博物館。存器身，拓片及圖象來自《曾國青銅器》三八三頁。

存器的器身

八〇　上鄀府簠〔49〕

器銘

隹（唯）正六月初吉丁亥，
上鄀府睪（擇）其吉
金鑄其𩰫匿（簠）。
⿰其凡（其）眉壽無記（期），子子
孫孫永寶用之。

著録　《集成》4613

年代　同前。

出土時間地點　一九七二年湖北襄陽山灣出土。

説明　現藏湖北襄陽市博物館。參見《江漢考古》一九八三年第一期。

蓋銘

八一　楚子适鼎〔50〕

楚子适
之飤⿸广緐

著録　《集成》2231
年代　同前。
出土時間地點　一九七四年湖北當陽赵家湖出土。
説明　現藏湖北宜昌博物館。參見《江漢考古》一九八三年第一期。

八二　王孫⿱雨焱簠〔51〕

王孫⿱雨焱（飈）乍（作）
⿰蔡阝（蔡）姬飤⿷匚古（簠）

著録　《集成》4501

年代　同前。

出土時間地點　一九七五年湖北當陽曹家崗出土。

説明　現藏湖北當陽市博物館。參見《考古學報》一九八八年第四期。

八三　楚子棄疾簠〔52〕

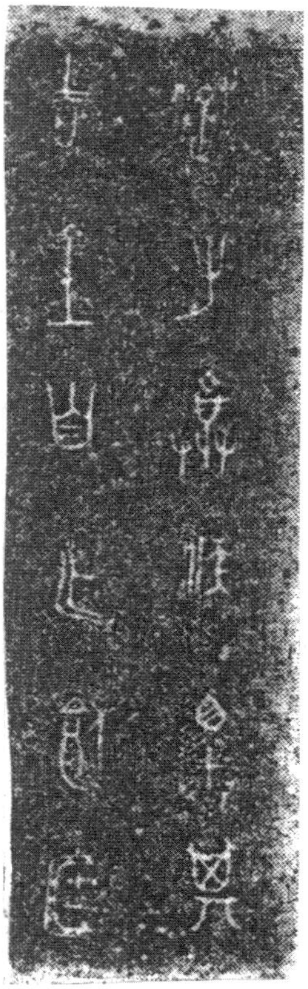

楚子棄疾睪（擇）其
吉金自乍（作）飤匿（簠）

著録　《楚圖典》。
年代　前五六〇—前五二九年。
出土時間地點　一九七〇年河南南陽西關出土。
説明　現藏河南南陽市博物館。

八四 王子啓疆鼎〔53〕

蓋

王子啓疆
自乍（作）飤緐

器

王子啓疆
自乍（作）飤緐

著録 《三代》卷十一第二十八頁。
年代 東周三期。
出土時間地點 傳世器。
説明 《集成》未收。現下落不明。

八五　慍兒盞〔54〕

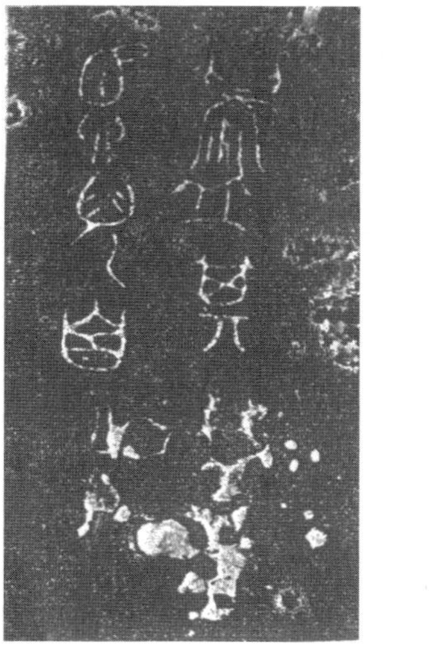

器内銘

鑄其盞盂
慍兒自乍(作)

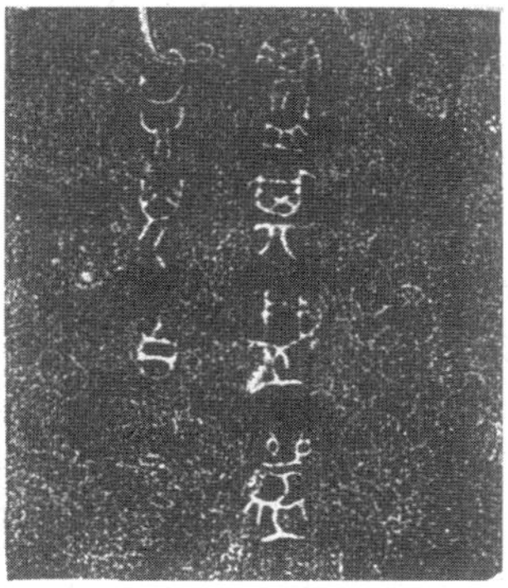

器蓋銘

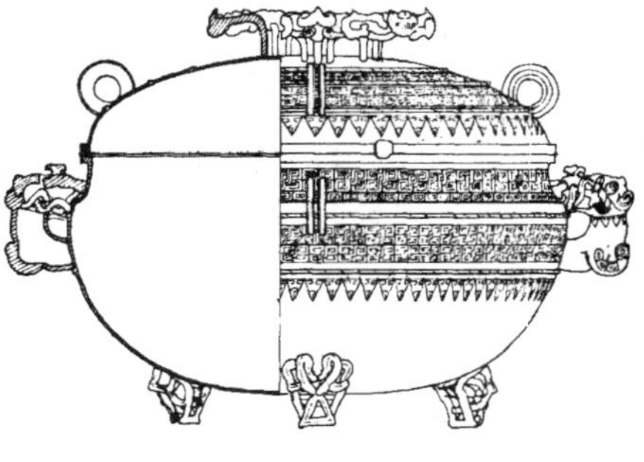

著録　岳陽市文物工作隊：《湖南省岳陽縣鳳形嘴山一號墓發掘簡報》，《文物》一九九三年第一期。

年代　同前。

出土時間地點　一九八六年湖南岳陽鳳形嘴山M1出土。

説明　現藏湖南岳陽市博物館。圖象來源見著録。

八六　鄧公乘鼎〔55〕

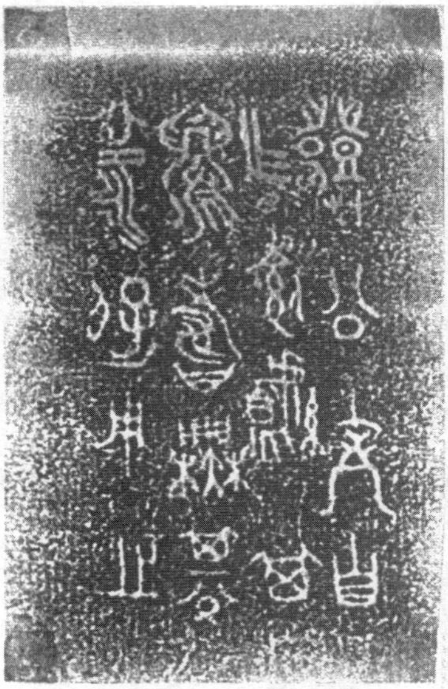

鄧公乘自
乍（作）飤䵼，其
眉壽無朞（期）
羕（永）保用之。

著録　《集成》2573

年代　同前。

出土時間地點　一九七四年湖北襄陽山灣出土。

説明　現藏湖北省博物館。參見《江漢考古》一九八三年第一期。

八七　鄧鯇鼎〔56〕

登（鄧）鯇之飤鼎

著録　《古文字研究》第十三輯，中華書局一九八六年，第二五七頁。

年代　同前。

出土時間地點　湖北京山出土。

説明　現藏湖北荆州博物館。

八八　緒兒缶〔57〕

隹（唯）正月初冬吉，蒍（緒）兒睪（擇）［其］吉□□□□罍（？），眉壽無期，子子孫孫永保用之。

著録　陳千萬：《蒍兒罍及鄀國地望問題》，《考古與文物》一九八八年第三期。

年代　同前。

出土時間地點　一九七七年湖北穀城出土。

説明　現藏湖北襄陽市博物館。圖象來源見著録。

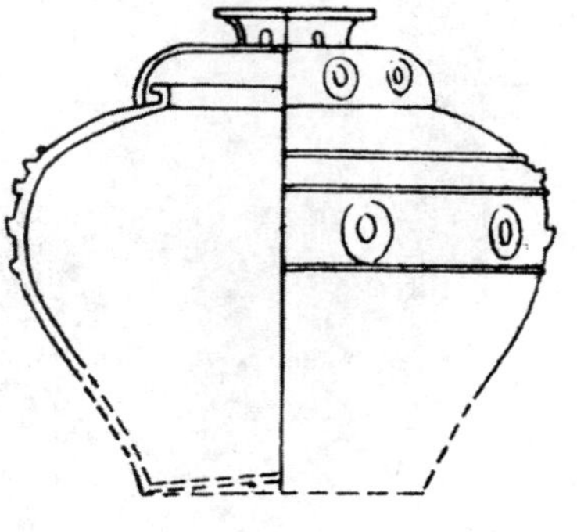

八九　子湯鼎〔58〕

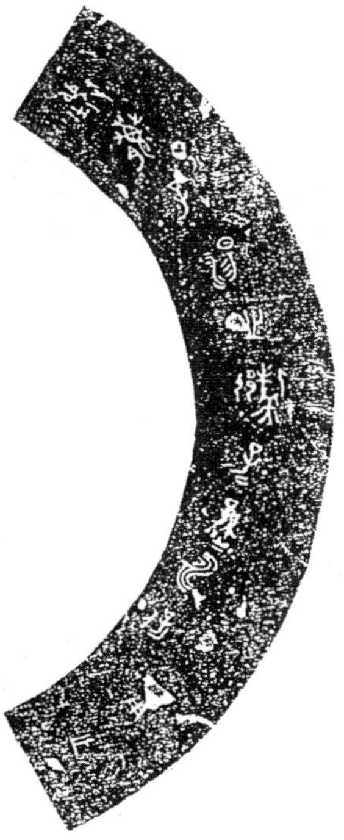

襄賻子湯之鬻，子=（子子）孫=（孫孫）永保用之。

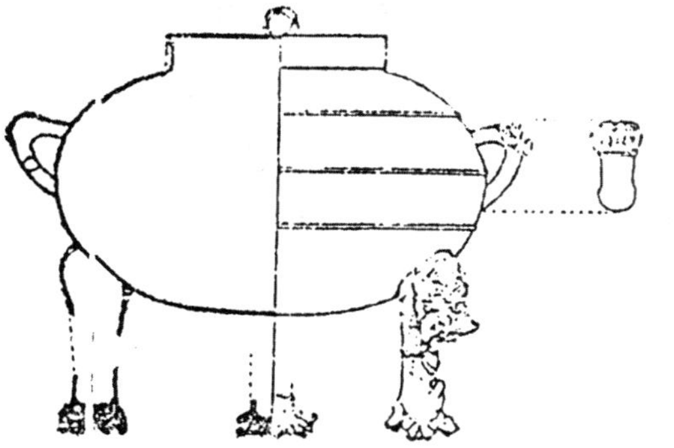

著録　《楚圖典》，第一一頁（楊德標文）。

年代　同前。

出土時間地點　一九八六年安徽六安九里溝出土。

説明　現藏安徽省皖西博物館。圖象來自范毓周：《關於子湯鼎的幾個問題》，《南方文物》一九九七年第四期。

九〇 褱鼎〔59〕

褱自乍（作）飤⿰石鼎⿰鼎它，其眉壽無㫷（期），永保用之。

著録 《集成》2551

年代 同前。

出土時間地點 傳世器。

説明 現藏上海博物館。圖象來自《通論》。

九一　楚莜鼎〔60〕

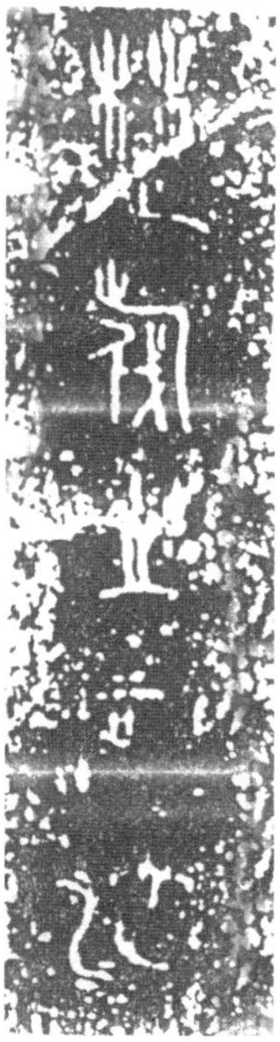

⿰方皮（莜）之石（⿰石鼎）沱（⿰鼎它）

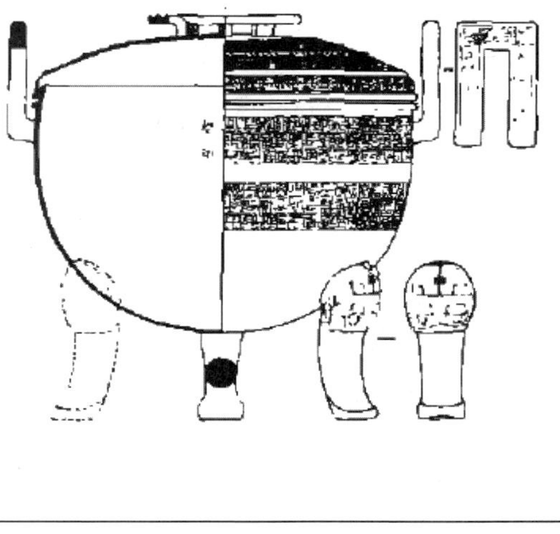

著録　湖北省文物考古研究所：《湖北麻城市李家灣春秋楚墓》，《考古》二〇〇〇年第五期。

年代　約前五七四年前後。

出土時間地點　一九九四年湖北麻城李家灣 M70 出土。

説明　現藏湖北省博物館。圖象來源見著録。

九二 鄎子受鐘〔61.1〕

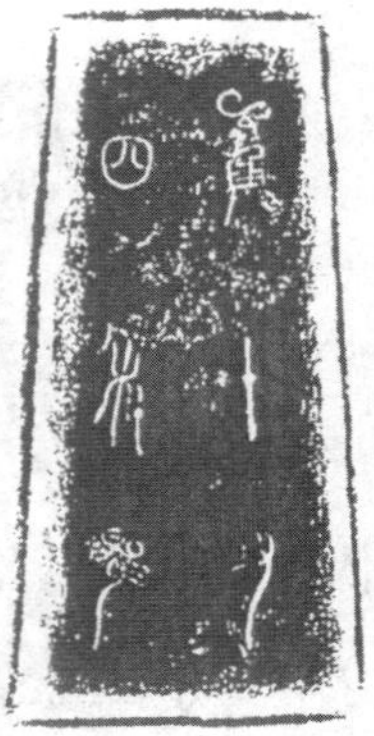

①隹（唯）十又四年曑（三）

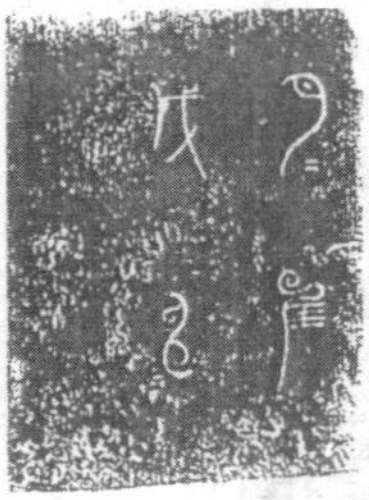

②月，月隹（唯）戊申，

③亡[illegible]（作）昧𣈶（爽），

④[illegible]（鄎）子受作[illegible][illegible]（彝）

⑤訶（歌）鐘，其永

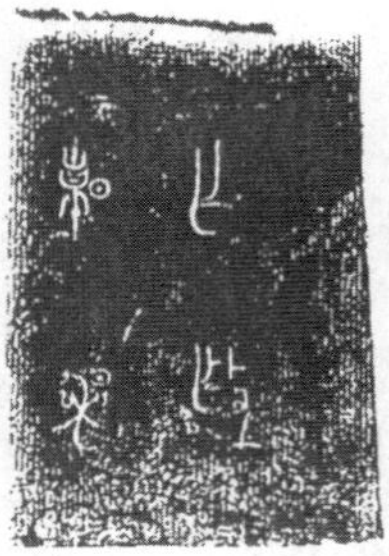

⑥配氒（厥）休。

著録　河南省文物研究所等：《淅川縣和尚嶺春秋楚墓的發掘》，《華夏考古》一九九二年第三期。

年代　前五四六年。

出土時間地點　一九九〇年河南淅川和尚嶺M2出土。

説明　現藏河南博物院。拓片采《東周鳥篆文字編》一四一號。圖象來源見著録。

鎛鐘之一

鈕鐘之一

鈕鐘之二

九三 鄬子受升鼎〔61.2〕

M9:18

M9:9

⿰化阝（鄬、蔿）子受之䵼登（⿰鼎升）

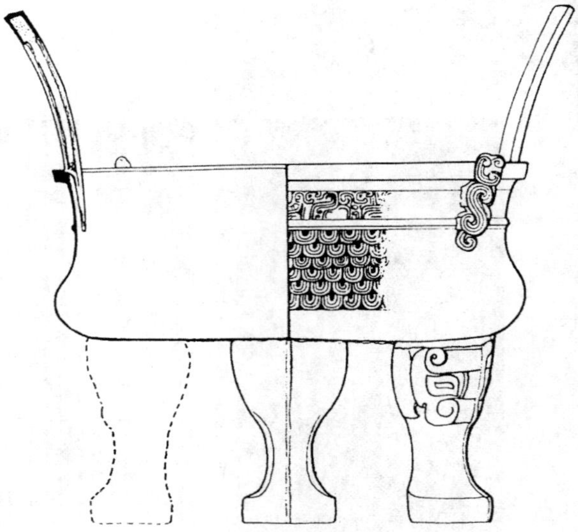

M9:9

著録 《淅川和尚嶺與徐家嶺楚墓》。

年代 東周三期。

出土時間地點 一九九〇年河南淅川徐家嶺 M9 出土。

説明 現藏河南省文物考古研究院。圖象來源見著録。

九四　鄬子受鬲〔61.3〕

⿰化阝（鄬）子受之䰜鬲

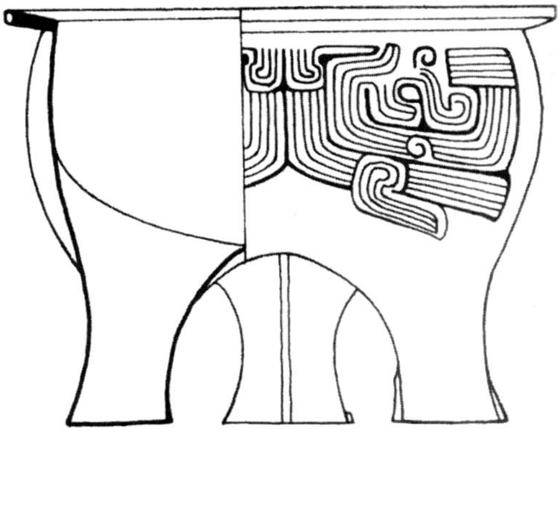

著録　同前。
年代　同前。
出土時間地點　同前。
説明　同前。

九五　鄬子受戟〔61.4〕

佖（鄬）子受之用戟

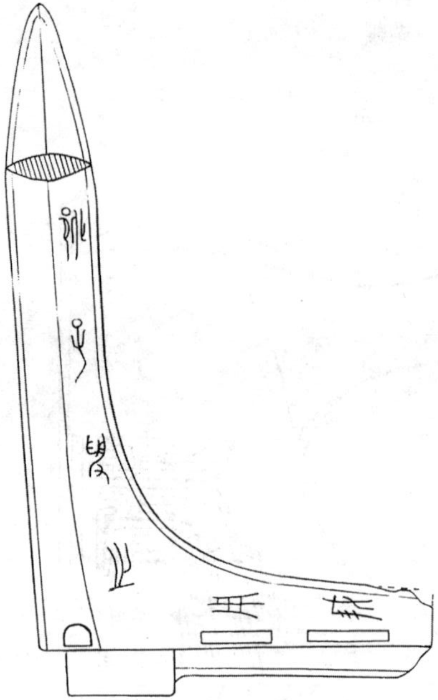

著錄　同前。

年代　同前。

出土時間地點　一九九〇年河南淅川徐家嶺 M3 出土。

説明　同前。

九六　子璋鐘〔62〕

①隹（唯）正十月初
吉丁亥群子
②斨子₌璋₌（子璋子璋）睪（擇）
其吉金自
③乍（作）龢鐘，用
匽（宴）以喜，用
④樂父跣（兄）者（諸）
士，其眉壽
⑤無期，子子孫孫
永保鼓之。

正面

背面

鐘一銘文

著録　《集成》113–119；《銘圖集成》15324–15330

年代　同前。

出土時間地點　傳世器。

説明　現藏上海博物館三件，臺北故宮博物院一件，另三件下落不明。鐘一有銘文四十六字。圖象來自《大系》圖編。

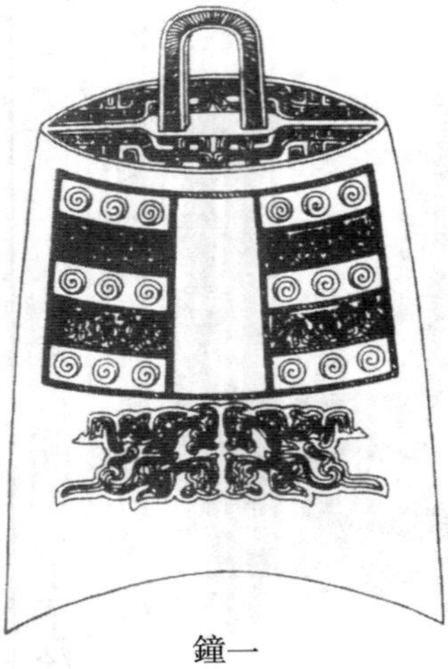

鐘一

鐘二

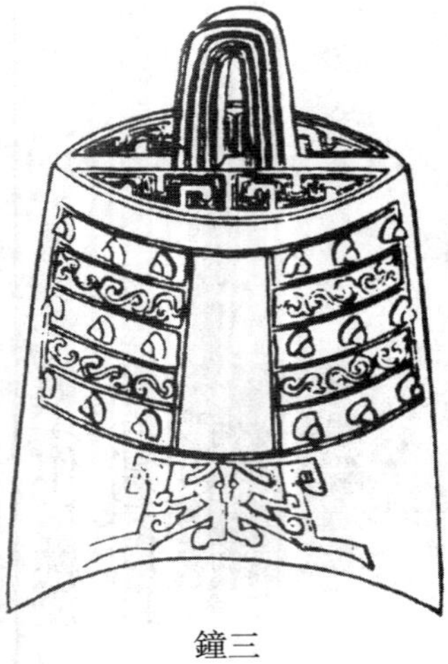

鐘三

九七　番子成周鐘〔63〕

一號鐘正面銘文

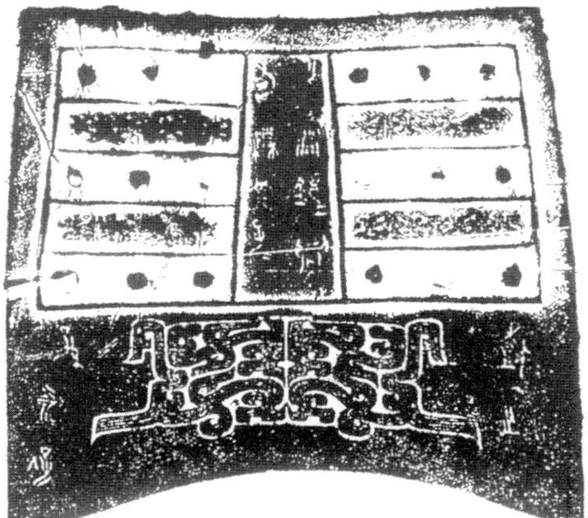

二號鐘正面銘文

著録　《音樂大系・河南卷》；趙世綱：《固始侯古堆出土樂器研究》，《楚文化研究論集》第五集，黄山書社二〇〇三年。

年代　東周三期晚期。

出土時間地點　一九七八年河南固始縣侯古堆墓葬出土。

説明　現藏河南博物院。據趙世綱文，鎛鐘、鈕鐘共十七件，可分爲四組，多不相同。一、二號鐘銘文合爲一篇，有三十一字。

隹（唯）正月初吉丁亥，番（潘）子——正面鉦部

成周睪（擇）——正面左鼓

其吉金自——正面右鼓　以上爲一號鐘，以下爲二號鐘

乍（作）龢鐘，眉壽無期，子子——正面鉦部

孫孫永保——正面左鼓

鼓之。——正面右鼓

九八　許公買簠〔64.1〕

器銘

隹（唯）王正月
初吉丁亥，
無（許）公買䍐（擇）
氒（厥）吉金，自
乍（作）飤匿（簠），㠯（以）
旟（祈）眉壽，永
命無彊（疆）。子子
孫孫永寶用之。

著録　《集成》4617；《銘圖集成》5965

年代　前五四六—前五二三年。

出土時間地點　一九八三年以前武漢市文物商店收集。

説明　現藏湖北武漢博物館。圖象來自《銘圖集成》。

蓋銘

九九　許公買簠〔64.2〕

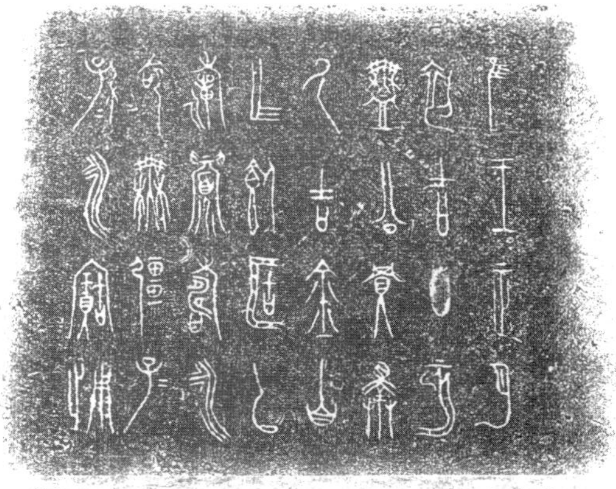

隹（唯）王正月初吉丁亥，盬（許）公買羼（擇）氒（厥）吉金，自乍（作）飤匿（簠），㠯（以）旂（祈）眉壽，永命無彊（疆）。子子孫孫永寶用之。

著録　吴曉松、洪剛：《盬公買簠》，《中原文物》二〇〇四年第一期。
年代　同前。
出土時間地點　一九七六年湖北黄州出土。
説明　現藏湖北黄冈市博物館。圖象來源見著録。

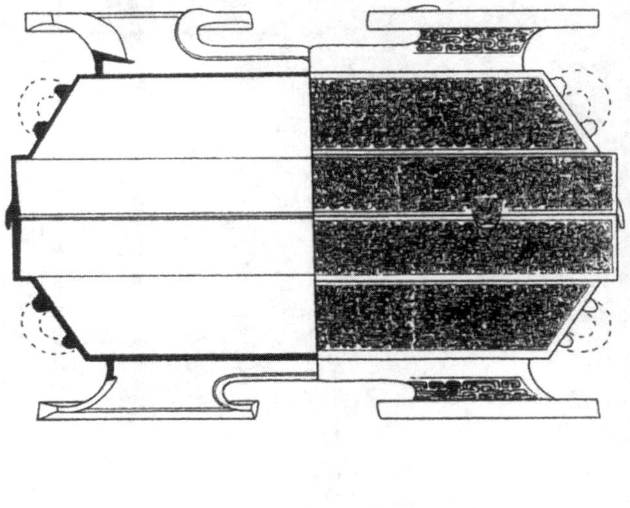

東周四期（公元前五三〇——前四五〇年）

一〇〇 楚子夜鄴敦〔65〕

楚子夜（？）
鄴之飤□

著錄 《集成》4637
年代 東周四期。
出土時間地點 一九七三年湖北襄陽山灣 M33 出土。
說明 現藏湖北省博物館。參見《江漢考古》一九八三年第二期。

一〇一　子季嬴青簠〔66〕

子季嬴青睪（擇）其
吉金，自乍（作）飤匿（簠）。
眉壽無諆（期），子子孫孫
羕（永）保用之。

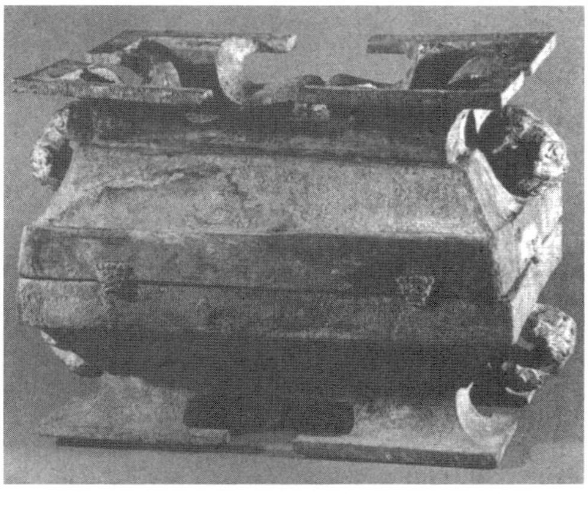

著録　《集成》4594
年代　同前。
出土時間地點　同前。
説明　同前。

一〇二 襄王孫盞〔67〕

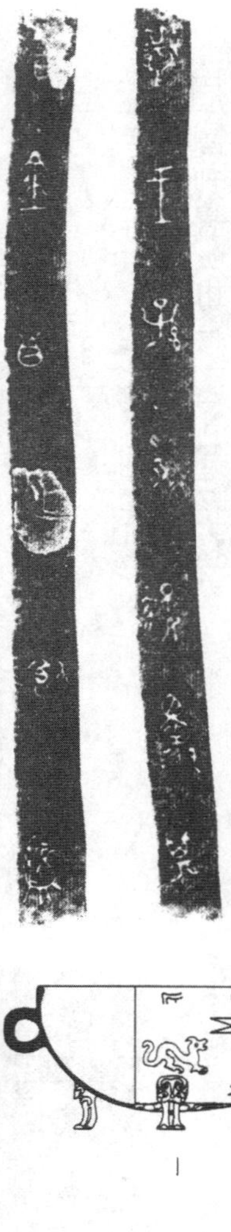

鄴（襄）王孫□嬭（芈）睪（择）其
吉金，自作飤盞。

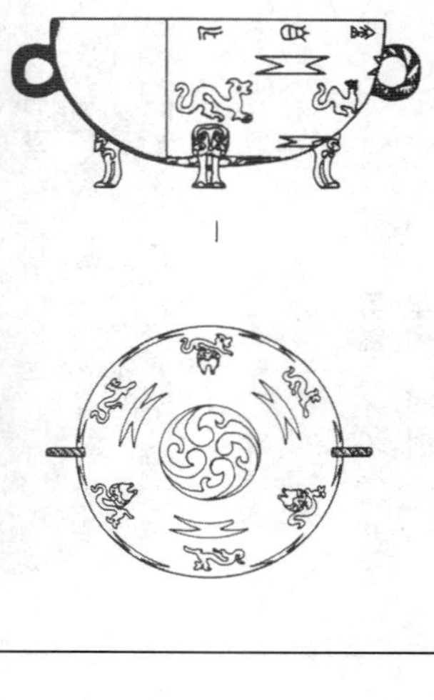

一

著録 熊北生、李廣安：《湖北穀城過山出土春秋有銘銅盞》，《文物》二〇〇二年第一期。
年代 同前。
出土時間地點 一九九七年湖北穀城征集。
説明 現藏湖北穀城縣博物館，器蓋佚。圖象來源見著録。

一〇三　楚叔之孫途爲盉〔68〕

楚叔之孫途爲之⿰金盉（盉）

著録　《集成》9426

年代　同前。

出土時間地點　一九八〇年江蘇吴縣何山出土。

説明　現藏江蘇蘇州吴文化博物館。圖象來自《楚圖典》。參見《文物》一九八四年第五期。

一〇四 中子鬟浴缶〔69〕

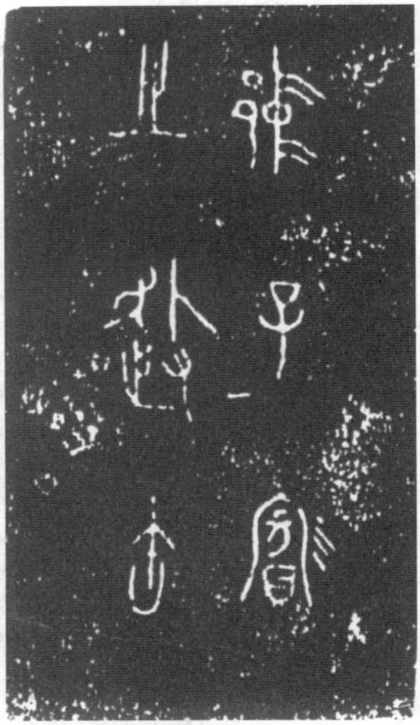

⿰中阝（中）子⿰⿱穴貝彡（鬟）之⿺走支（赴）缶

著録 《集成》9995
年代 同前。
出土時間地點 一九八三年湖北穀城出土。
説明 現藏湖北襄陽市博物館。參見《江漢考古》一九八五年第三期。

一〇五　鄧尹疾鼎〔70〕

鄧尹疾
之沰盜

著録　《集成》2234
年代　同前。
出土時間地點　湖北襄陽山灣出土。
説明　現藏湖北襄陽市博物館。參見《江漢考古》一九八八年第三期。

一〇六　鄧子午鼎〔71〕

鄧子午之飤鐈

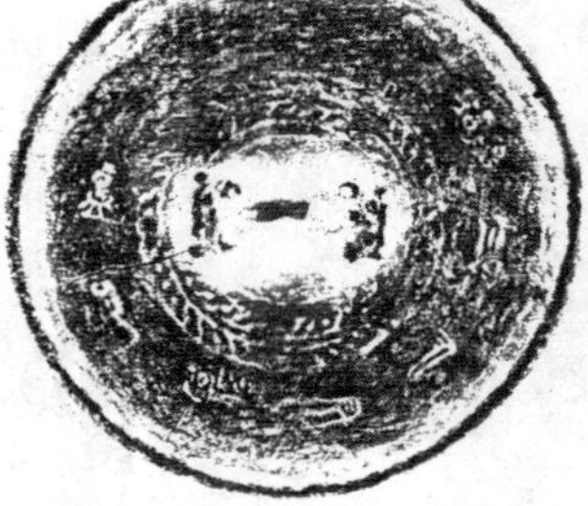

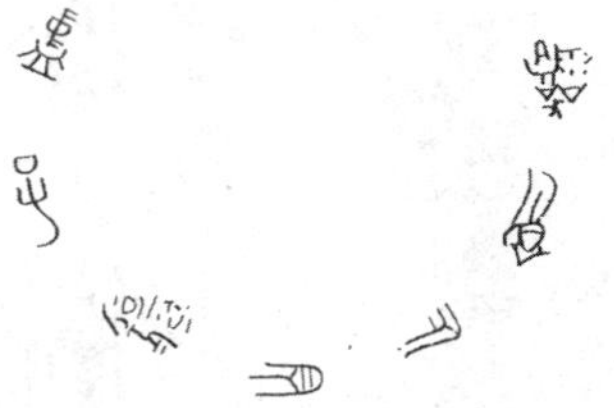

盅（中）子䛄（詩）自乍（作）飤鐈

著錄　《集成》2235、2286

年代　同前。

出土時間地點　湖北武漢收集。

說明　現藏湖北武漢博物館。蓋銘有七字銘文附於此，不另編號。

一〇七 蔡侯朱缶〔72〕

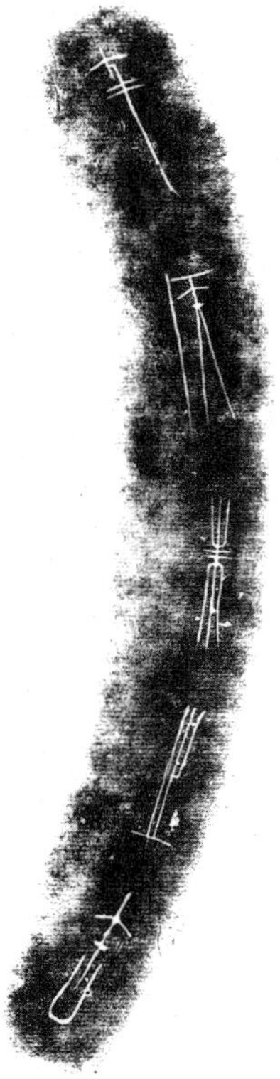

蔡侯朱之缶

著録 《集成》9991

年代 前五二一年前後。

出土時間地點 一九五八年湖北宜城出土。

説明 現藏湖北省博物館。參見《文物》一九六二年第十一期。

一〇八　𢾅鼎〔73.1〕

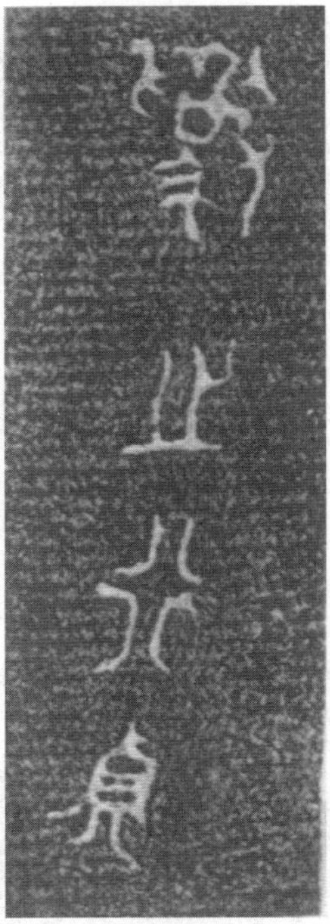

𢾅之行鼎

著録　《集成》1990

年代　東周四期。

出土時間地點　一九七六年湖北隨縣東郊出土。

説明　現藏湖北省博物館。拓片及圖象來自《江漢考古》一九八三年第一期。

一〇九　䣄盞〔73.2〕

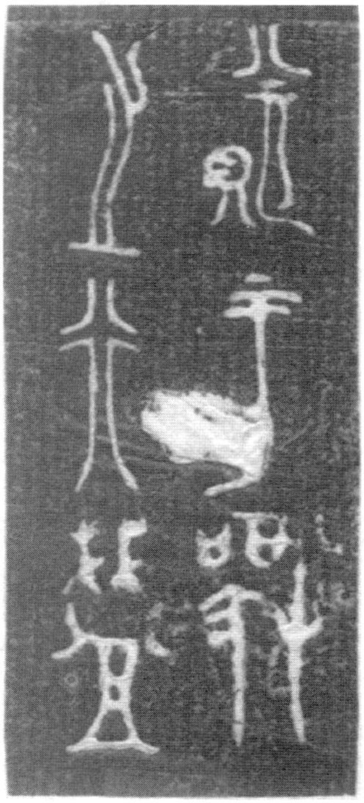

盼（賓）于䣄

之行盞

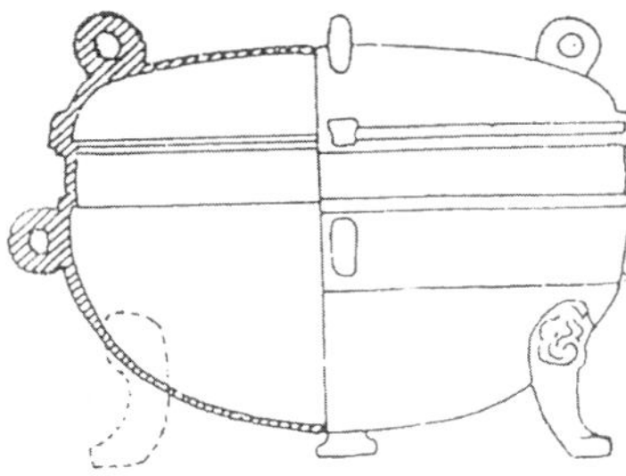

著録　《集成》4636

年代　同前。

出土時間地點　同前。

説明　同前。

一一〇 永陳尊缶蓋〔74〕

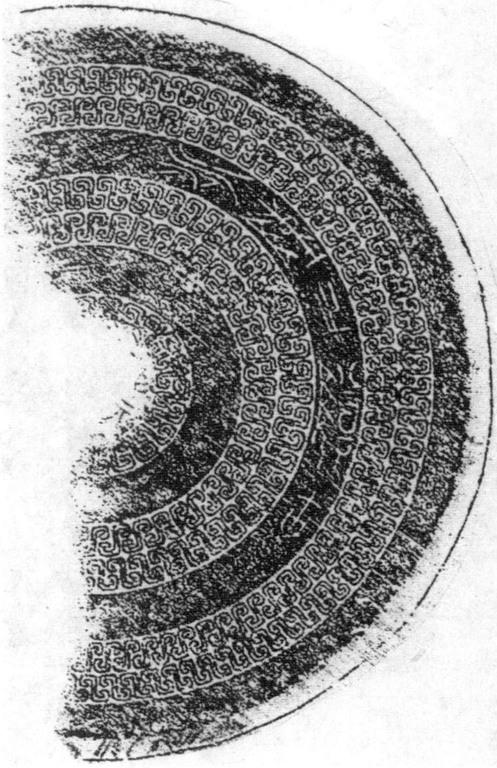

永陳之隩（尊）缶

著録 枝江縣博物館：《湖北枝江關廟山一號春秋墓》，《江漢考古》一九九〇年第一期。

年代 同前。

出土時間地點 一九八七年湖北枝江出土。

説明 現藏湖北枝江市博物館。圖象來源見著録。

二一一 平王之定鐘〔75〕

秦王卑命（鉦部）

競（景）坪（平）王之定救秦戎（左鼓）

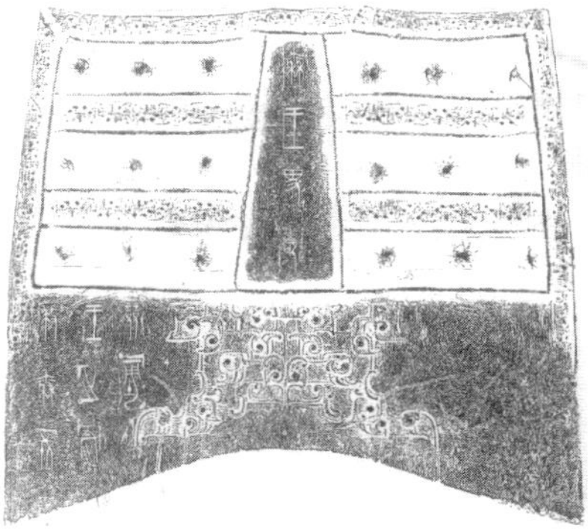

著録 《集成》37

年代 楚昭王世（前五一五—前四八九年）。

出土時間地點 一九七三年湖北當陽季家湖出土（後改屬枝江縣）。

說明 現藏湖北宜昌博物館。參見《文物》一九七四年第六期。

一一二　鄬子大簠〔76〕

倗（鄬）子大之飤𠤳（簠）

倗（鄬）子辛之飤𠤳（簠）

器銘

蓋銘

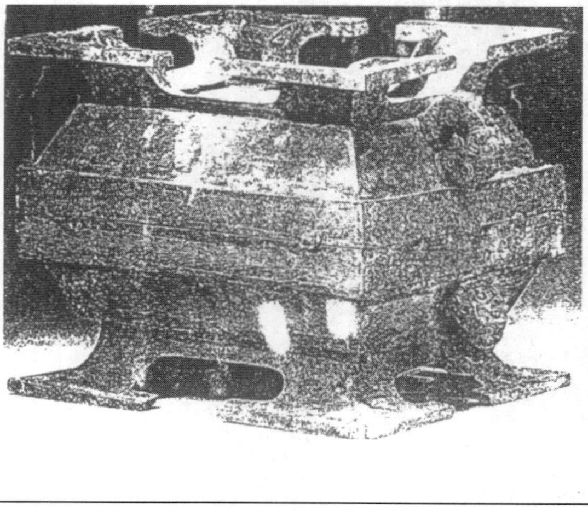

著録　李學勤：《海外訪古續記（四）》，《文物天地》一九九三年第二期；李零：《化子瑚與淅川楚墓》，《文物天地》一九九三年第六期。

年代　東周四期。

出土時間地點　可能爲一九八九年河南淅川和尚嶺楚墓盜掘出土。

説明　見於國外拍賣行，現下落不明。圖象來源見著録。

一一三　申文王簠〔77〕

隹（唯）正十月初吉庚午，紳（申）文王之孫州桒（賁），𢍰（擇）其吉金自作飤匡（簠），永保用之。

著録　黄錫全：《申文王之孫州桒簠銘文及相關問題》，二〇〇四年十一月中國古文字學會第十四次年會論文（已收入《古文字研究》第二十五輯，中華書局二〇〇四年）。

年代　同前。

一一四　仲姬敦〔78〕

中（仲）姬彥（？）之盞

蓋内銘

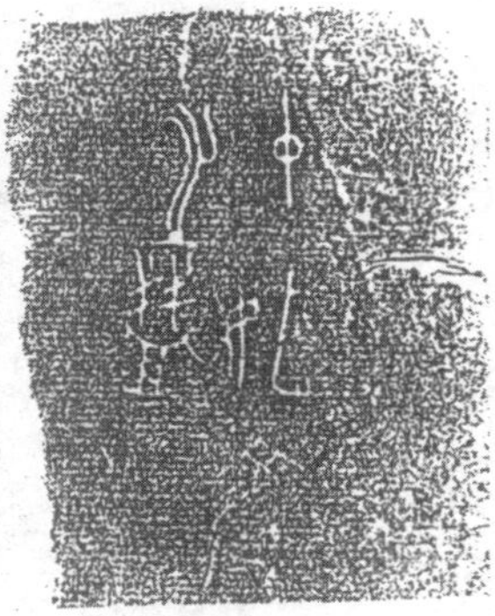

中（仲）姬彥（？）之盞

器内銘

著錄　《楚圖典》，第四四頁。

年代　同前。

出土時間地點　一九九〇年河南淅川和尚嶺M2出土。

說明　現藏河南博物院。拓片承曹桂岑先生提供，圖象來源見著錄。

一一五　叔姜簠〔79〕

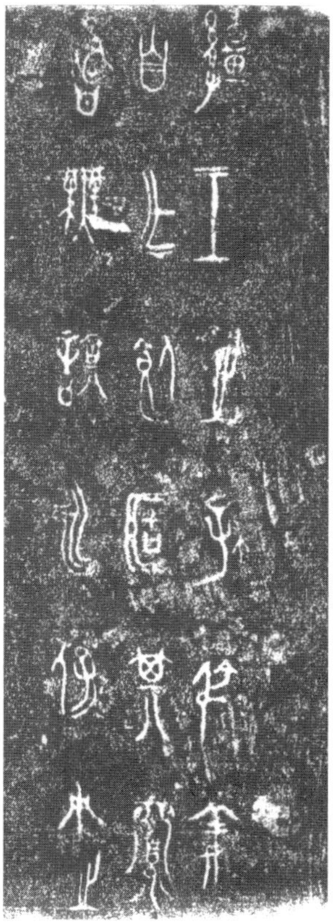

紳（申）王之孫叔姜
自乍（作）飤匿（簠），其眉
壽無諆（期）永保用之。

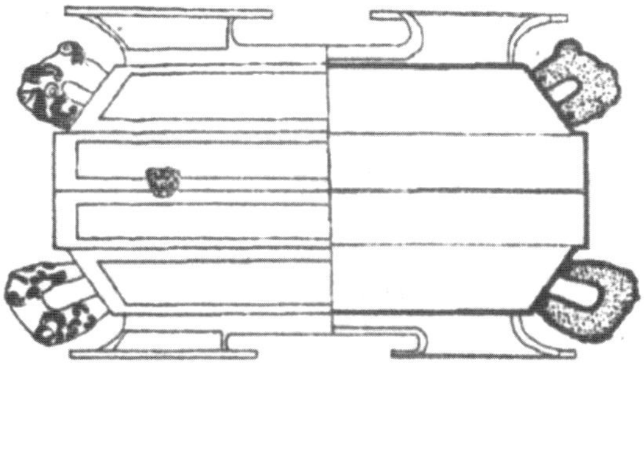

著録　鄖陽地區博物館：《湖北鄖縣肖家河春秋楚墓》，《考古》一九九八年第四期。

年代　同前。

出土時間地點　一九九〇年湖北鄖縣出土。

説明　現藏湖北十堰博物館。圖象來源見著録。

一一六 王子申匜〔80〕

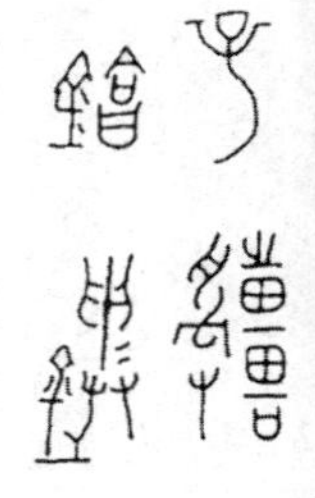

王子紳（申）
之鐬鉼（匜）

著録 陳昭容：《（臺北）故宮新收青銅器王子繒匜》，《中國文字》新廿五期，臺北藝文印書館一九九九年。

年代 東周四期，下限爲楚惠王八年（前四七九年）。

説明 現藏臺北故宮博物院。圖象來源見著録。

一一七 鄭臧公之孫鼎〔81〕

器蓋

隹（唯）正六月吉日隹己，余鄭臧公之孫，余剌之疫子慮，作鑄𪔂彝，以爲父母。其遲（徙）于下都曰：『烏嘑（呼），哀哉！剌叔剌夫人，萬世用之。』

著録　襄樊市博物館：《湖北襄陽團山東周墓》，《考古》一九九一年第九期。

年代　東周四期。

出土時間地點　一九八八年湖北襄陽團山出土。

説明　現藏湖北襄陽市博物館。圖象來源見著録。器腹銘少一字。該鼎爲楚式鼎，故歸入楚系金文。釋文引自黄錫全、李祖才：《鄭臧公之孫鼎銘文考釋》，出處見著録。

器腹

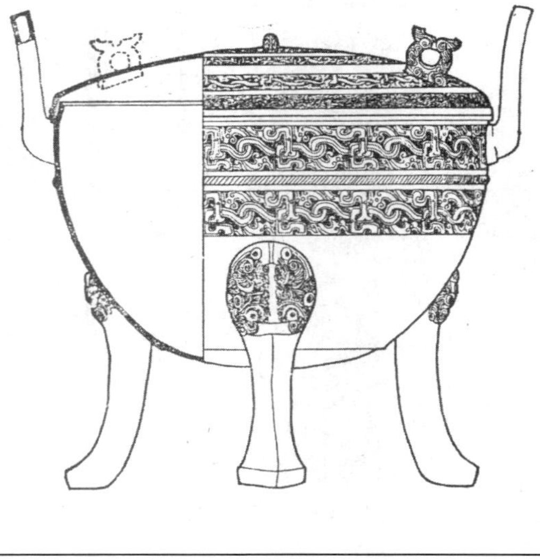

一一八　與兵壺〔82〕

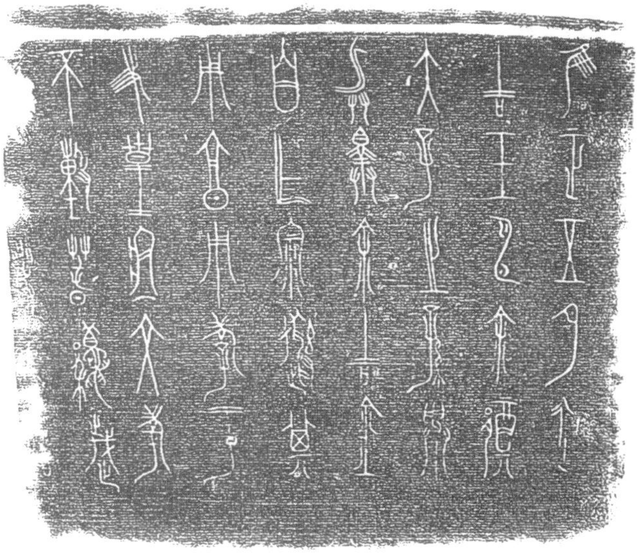

器内壁 a

隹（唯）正五月初
吉壬申，余鄭
大（太）子之孫與
兵，羼（擇）余吉金，
自乍（作）宗遴（彝），其
用享用孝于
我皇俎（祖）文考，
不（丕）敹（陳）萅（春）龝（秋）歲

著録　《銘圖集成》12445；王人聰：《鄭大子之孫與兵壺考釋》，《古文字研究》第二十四輯，中華書局二〇〇二年。

年代　同前。

出土時間地點　不明。

説明　原藏香港徐氏藝術館，現不知所歸。圖象來自《銘圖集成》。壺蓋銘文不全。

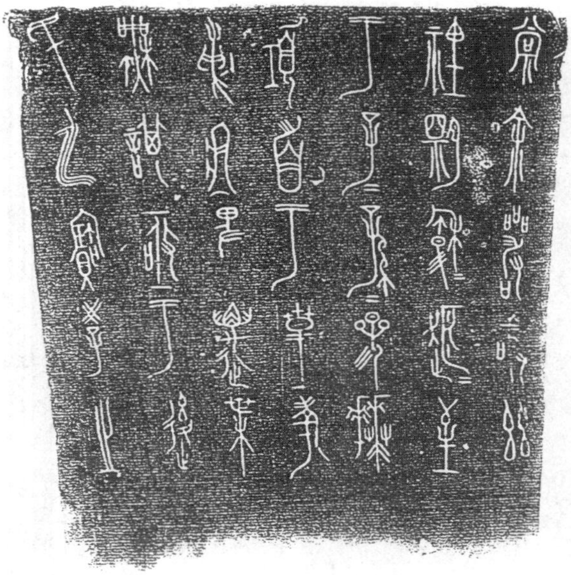

器内壁 b

⿱尚示（嘗）。余嚴敬幺（玆）
禋⿱明示，穆=（穆穆）趣=（熙熙），至
于子=（子子）孫=（孫孫）。參𢷎（拜）
項（頴）首于皇考
剌（烈）俎（祖），卑（俾）邁茉（萬世）
無諆（期），亟（極）于遂（後）
民，永寶季（教）之。

壺蓋

一一九　曾孫法鼎〔83.1〕

曾孫宔（法）之脰（廚）鼎

蓋内

曾孫宔（法）之脰（廚）鼎

器腹

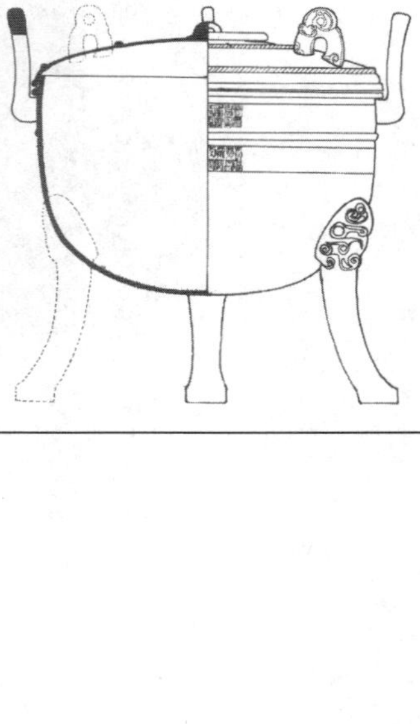

著録　隨州市博物館：《湖北隨州市安居鎮發現春秋曾國墓》，《江漢考古》一九九〇年第一期。

年代　同前。

出土時間地點　一九八八年湖北隨州汪家灣出土。

説明　現藏湖北隨州市博物館。拓片和照片承左德田先生提供，綫圖來源見著録。

二二〇　曾都尹法簠〔83.2〕

蓋、器同銘

曾都尹定（法）之行匿（簠）

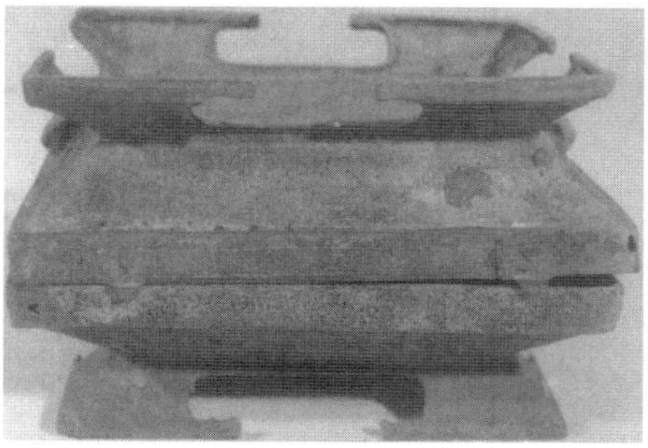

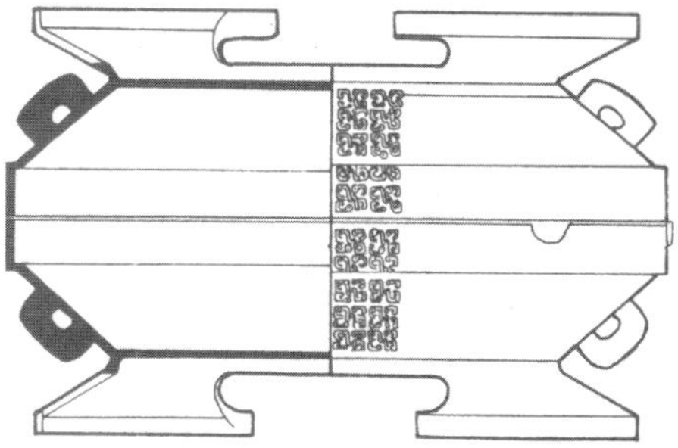

著録　同前。
年代　同前。
出土時間地點　同前。
説明　同前。

二二一　曾大师鼎〔84〕

曾大帀（師）奠（鄭）之脰（廚）鼎

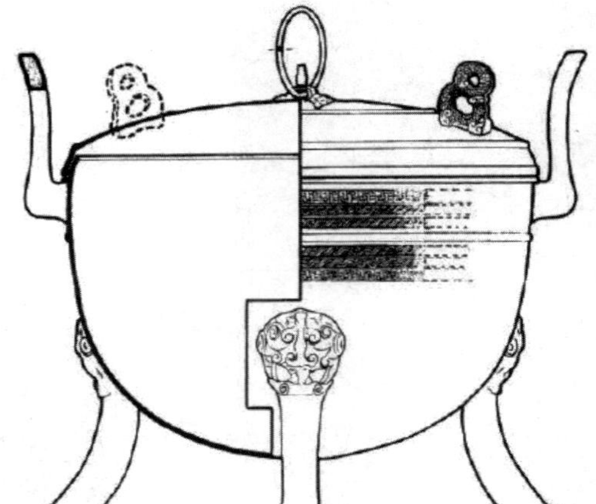

著録　《淅川和尚嶺與徐家嶺楚墓》。

年代　同前。

出土時間地點　一九九〇年河南淅川和尚嶺M1出土。

說明　現藏河南博物院。圖象來源見著録。

一二二　曾少宰黃仲酉諸器〔85〕

1. 鼎

曾少宰黃中（仲）酉之行鼎

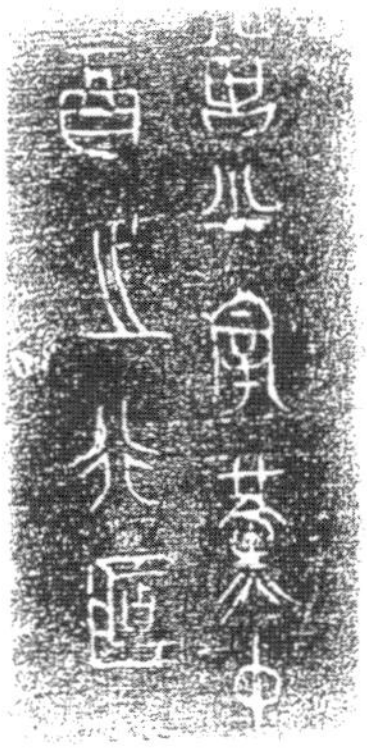
2. 簠

曾少宰黃仲酉之行匿（簠）

3. 壺

曾少宰黃仲酉之行盂（壺）

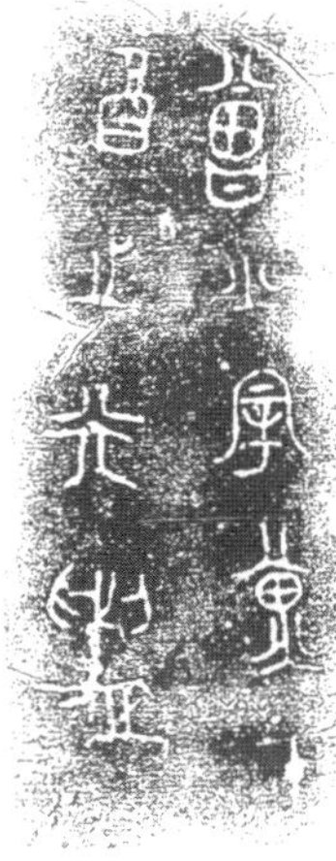
4. 匜

曾少宰黃仲酉之行𥁰（匜）

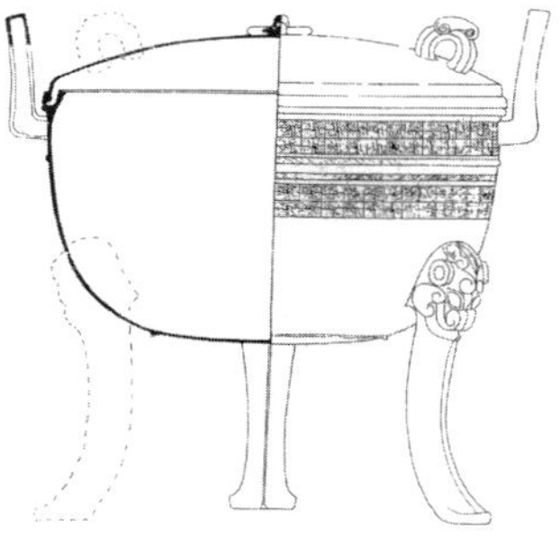
鼎

著録　《曾國青銅器》。

年代　同前。

出土時間地點　一九九四年湖北隨州市石油公司東風油庫M1出土。

説明　現藏湖北隨州市博物館。圖象來源見著録。同銘器還有銅甗、銅盤（僅末字不同）。

二二三 曾仲器座〔86〕

曾中（仲）㑥（鄢）君腫之且（祖）埶（藝）

著録 《楚圖典》，第二〇七頁（曹桂岑文）。

年代 同前。

出土時間地點 一九九〇年河南淅川和尚嶺M2出土。

説明 現藏河南博物院。拓片承曹桂岑先生提供。

一二四　曾仲姬壺〔87〕

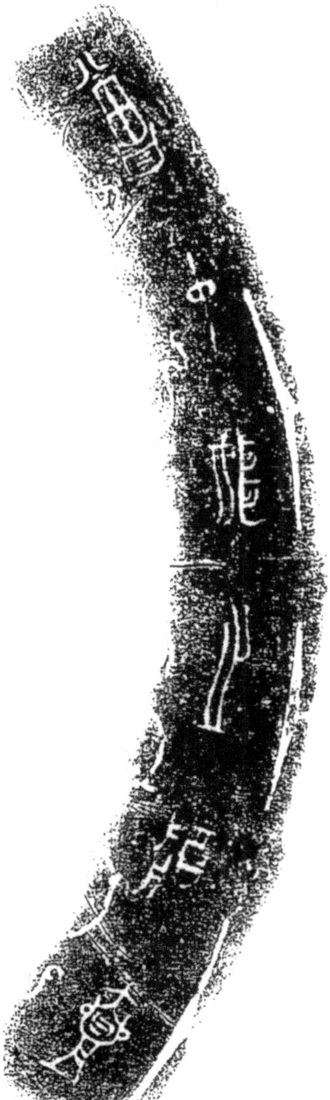

曾中（仲）姬之⿸疒酉（醬）壺

著録　《曾國青銅器》。

年代　同前。

出土時間地點　一九九四年湖北隨州市石油公司東風油庫M3出土。

説明　現藏湖北隨州市博物館。

一二五　蔡公子義工簠〔88〕

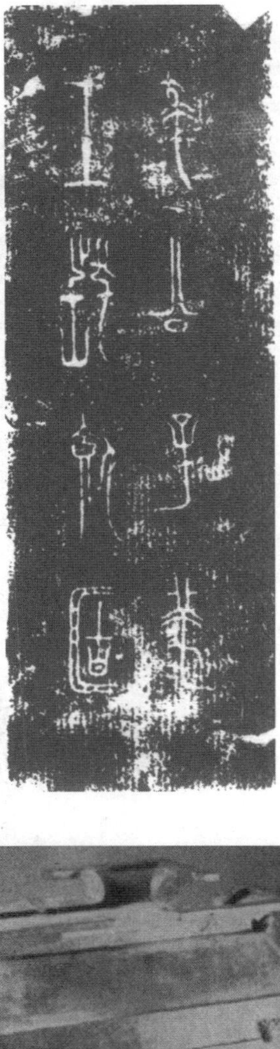

蔡公子義
工之飤匿（簠）

著録　《集成》4500
年代　同前。
出土時間地點　一九六六年河南潢川高稻場出土。
説明　現藏河南博物院。圖象來自《文物》一九八〇年第一期。

二二六　丁兒鼎蓋〔89〕

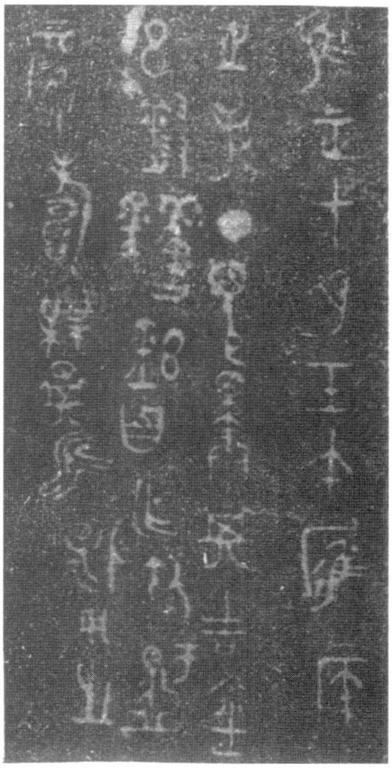

隹（唯）正十月壬午，雁（應）侯
之孫丁兒羼（擇）其吉金
玄鏐鑪鋁，自乍（作）飤盤，
眉壽無𠀠（期），永保用之。

著録　尹俊敏、劉富亭：《南陽市博物館藏兩周銘文銅器介紹》，《中原文物》一九九二年第二期。
年代　同前。
出土時間地點　河南南陽收集。
説明　現藏河南南陽市博物館。僅存器蓋。

二二七　蔡侯申鼾〔90.1.1〕

蔡侯紳（申）
之飤鼾

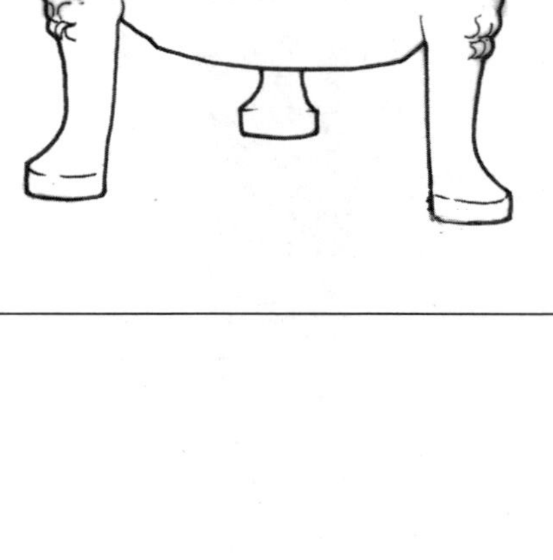

著録　《集成》2216

年代　蔡昭侯世（前五一八—前四九一年）。

出土時間地點　一九五五年安徽壽縣蔡侯墓出土。

説明　現藏中國國家博物館。壽縣出土文物參見《蔡侯墓》一書，下同。

一二八　蔡侯申鼎〔90.1.2〕

蔡侯紳（申）之飤鼎

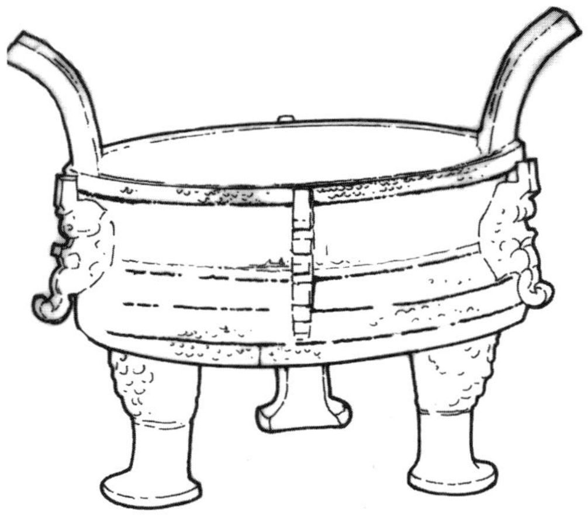

著録　《集成》2215

年代　同前。

出土時間地點　同前。

説明　現藏中國國家博物館、安徽博物院。

一二九　蔡侯申飤鼎〔90.1.3〕

蔡侯紳（申）之飤鼎

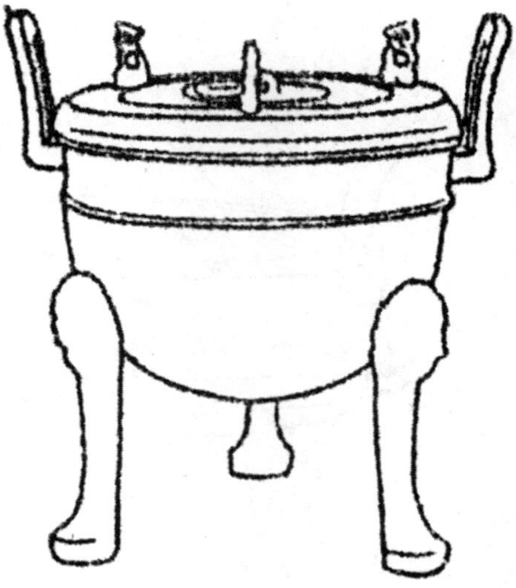

著録　《集成》2217–2221
年代　同前。
出土時間地點　同前。
説明　現藏安徽博物院。

一三〇 蔡侯申頭鼎〔90.1.4〕

蔡侯申
之頭（廚）鼎

著錄 《集成》2222
年代 同前。
出土時間地點 同前。
説明 同前。

一三一　蔡侯申簋〔90.2〕

其一

其二

其三

蔡侯紳（申）之䵼簋

八件之一

著録　《集成》3592–3599

年代　同前。

出土時間地點　同前。

説明　現藏中國國家博物館、安徽博物院。

一三二　蔡侯申簠〔90.3〕

其一

其二

其三

蔡侯紳（申）
之飤匿（簠）

四件之一

著録　《集成》4490–4493

年代　同前。

出土時間地點　同前。

説明　現藏安徽博物院。

一三三　蔡侯申方壺〔90.4〕

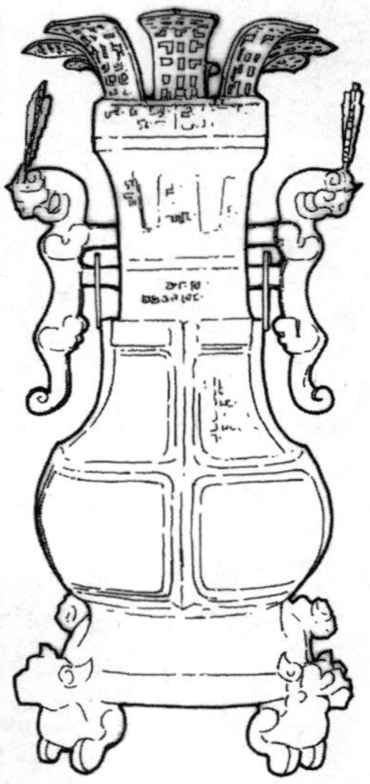

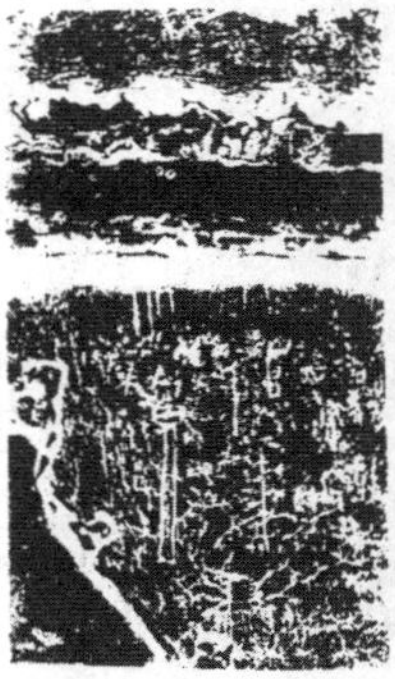

蔡侯紳（申）之飤壺

著録　《集成》9573–9574

年代　同前。

出土時間地點　同前。

説明　現藏中國國家博物館、安徽博物院。

一三四　蔡侯申尊缶〔90.5〕

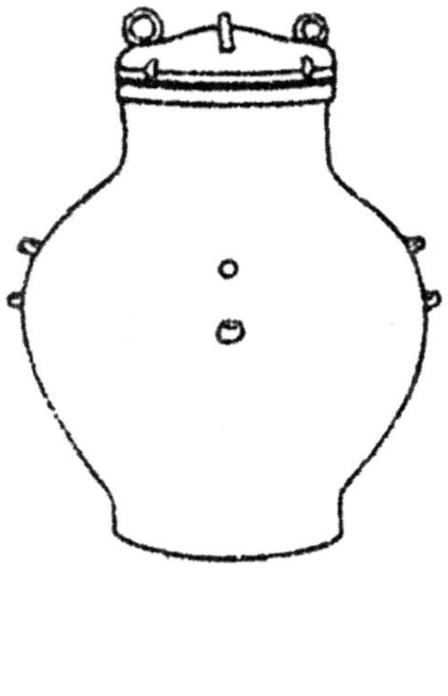

蔡侯申之隮（尊）缶

著録　《集成》9994

年代　同前。

出土時間地點　同前。

説明　現藏安徽博物院。

一三五　蔡侯申方尊缶〔90.6.1〕

蓋内銘

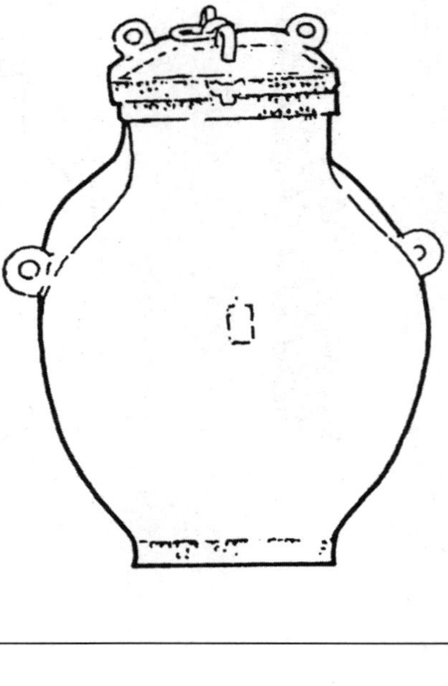

蔡侯申之隮（尊）缶

器口銘

蔡侯申之隮（尊）缶

著録　《集成》9993

年代　同前。

出土時間地點　同前。

説明　現藏中國國家博物館、安徽博物院。

一三六　蔡侯申方鑑〔90.6.2〕

蔡侯申之尊鑑

著録　《集成》10290
年代　同前。
出土時間地點　同前。
説明　同前。

一三七　大孟姬盥缶〔90.7.1〕

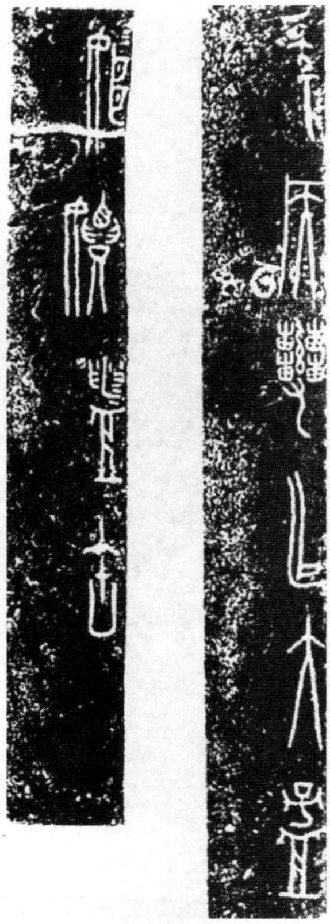

蔡侯申作大孟姬媵盥缶

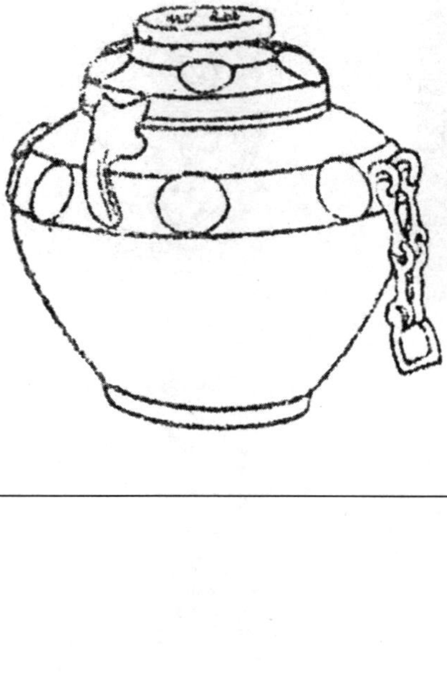

著録　《集成》10004

年代　同前。

出土時間地點　同前。

説明　現藏安徽博物院。

一三八 蔡侯申盥缶〔90.7.2〕

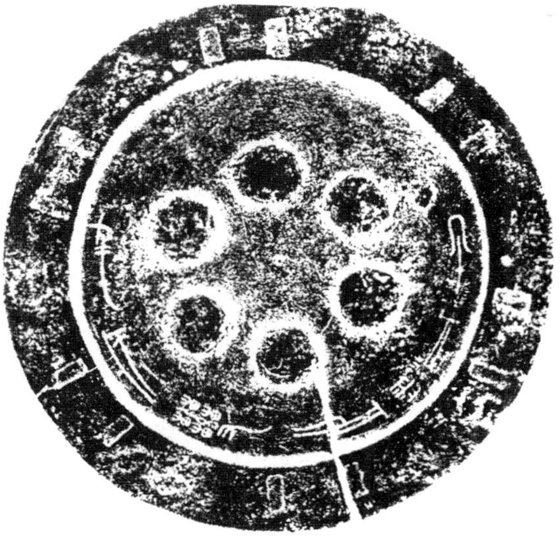

蓋内銘

蔡侯申之盥缶

口沿銘

著録 《集成》9992

年代 同前。

出土時間地點 同前。

説明 同前。

一三九　蔡侯申盤〔90.8〕

蔡侯申之尊盥（盤）

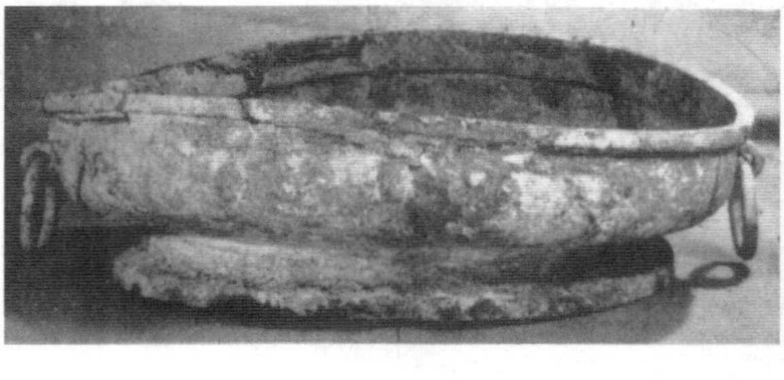

著録　《集成》10072

年代　同前。

出土時間地點　同前。

説明　同前。

一四〇　蔡侯申匜〔90.9〕

蔡侯申之盥鉈（匜）

著録　《集成》10189
年代　同前。
出土時間地點　同前。
説明　同前。

一四一　蔡侯申編鐘〔90.10.1〕

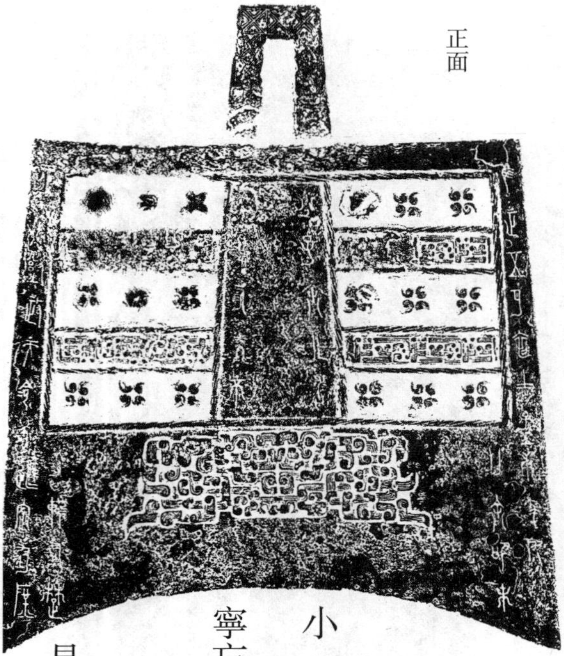

正面

隹（唯）正五月初吉孟庚，蔡侯［申］曰：余唯（雖）末小（少）子，余非敢寧忘，有虔不易，𨌲（佐）右（佑）楚王，隺隺豫政，天命是遥，定均庶

著録　《集成》210—218

年代　同前。

出土時間地點　同前。

説明　現藏安徽博物院。此件有銘文八十二字，存八十一字。

邦，休有成慶，既恖（聰）于心，延（誕）中

呼（厥）譓（德），均（君）好（子）

大夫，建我邦國，

豫命（令）祇祇，不㥶（愆）

不貣（忒），自乍（作）

歌鐘，元鳴無期，子孫鼓之。

背面

一四二　蔡侯申編鎛〔90.10.2〕

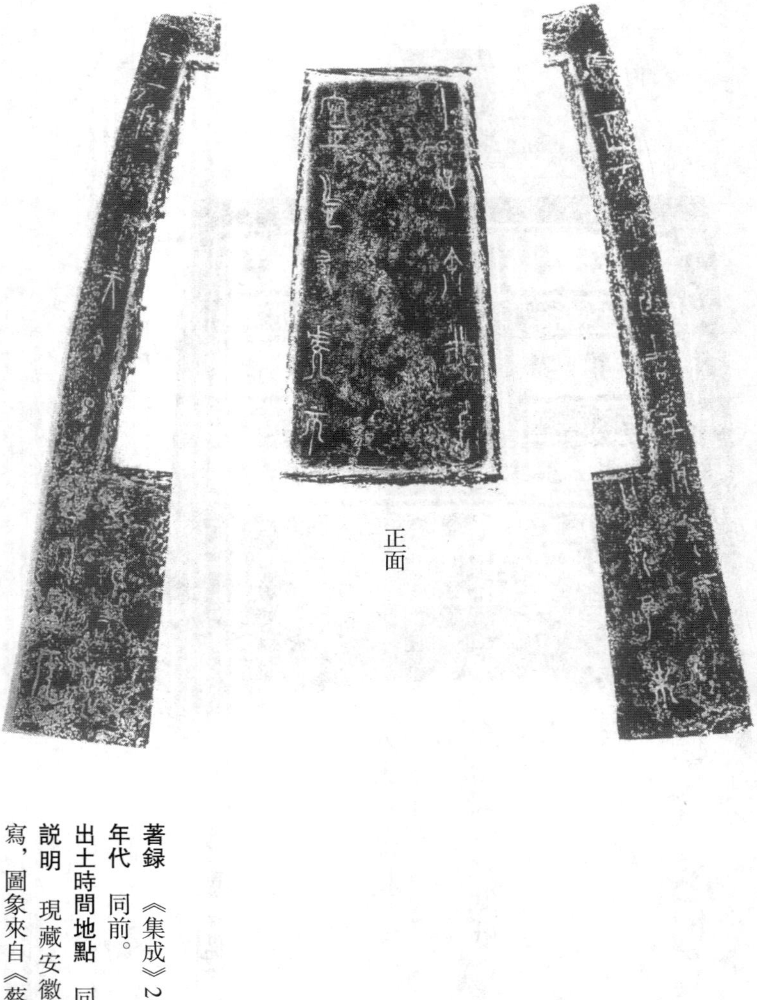

正面

著録　《集成》219–222

年代　同前。

出土時間地點　同前。

説明　現藏安徽博物院。孫稚雛摹寫，圖象來自《蔡侯墓》。此件有銘文八十二字，存八十一字。

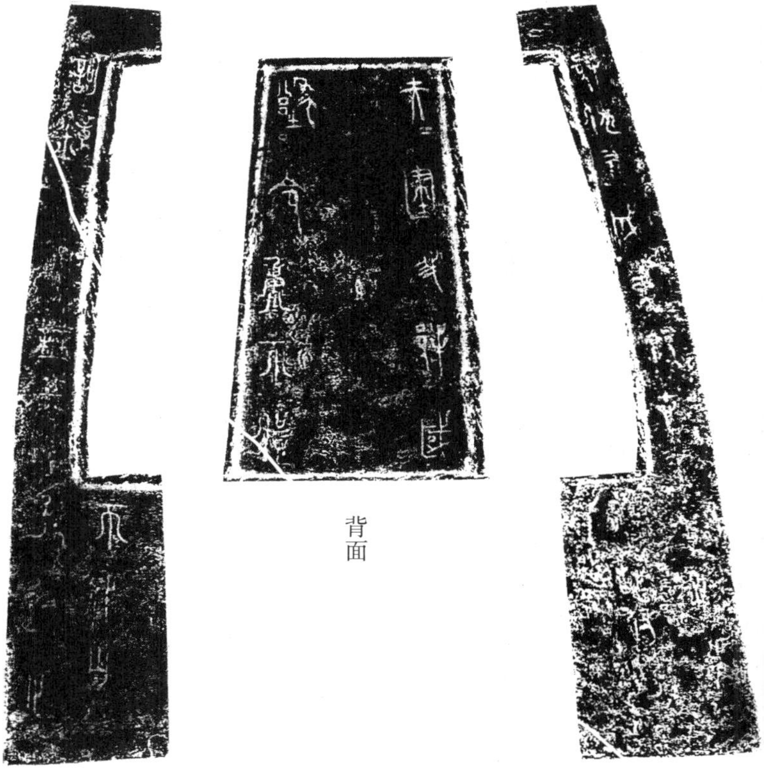

背面

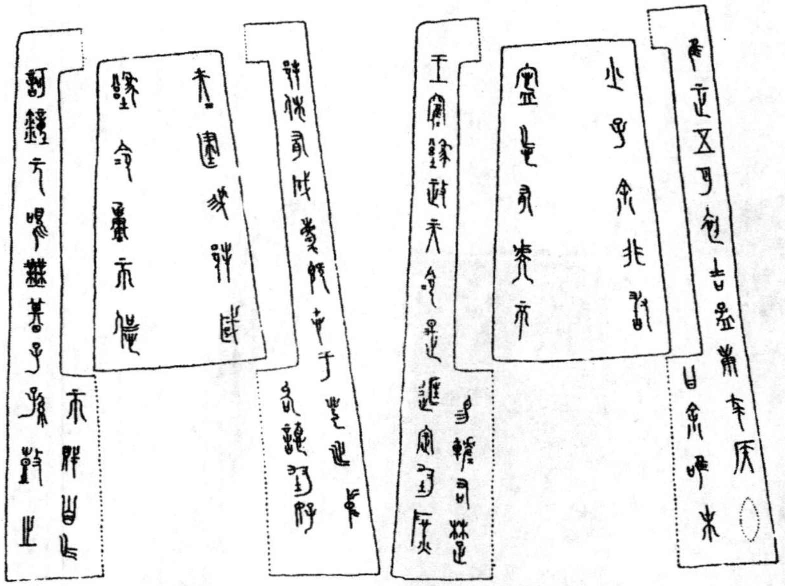

佳（唯）正五月初吉孟庚，蔡侯［申］
曰：余唯（雖）末
小（少）子，余非敢
寧忘，有虔不
易，轄（佐）右（佑）楚
王，隺隺豫政，天命是遅，定均庶
邦，休有成慶，既悤（聰）于心，延（誕）中
呼（厥）諶（德），均（君）好（子）
大夫，建我邦國，
豫命（令）祇祇，不偲（愆）
不貣（忒），自乍（作）
歌鐘，元鳴無期，子孫鼓之。

蔡侯申鎛（八件之一）

一四三　蔡侯申戈〔90.11〕

蔡侯紳（申）
之用戈

蔡侯紳（申）
之行戈

蔡侯紳（申）
之用戈

著録　《集成》11140–11141

年代　同前。

出土時間地點　同前。

説明　現藏中國國家博物館、安徽博物院。《集成》少收一件，但收有另墓一件。

一四四　蔡侯朔戟〔91〕

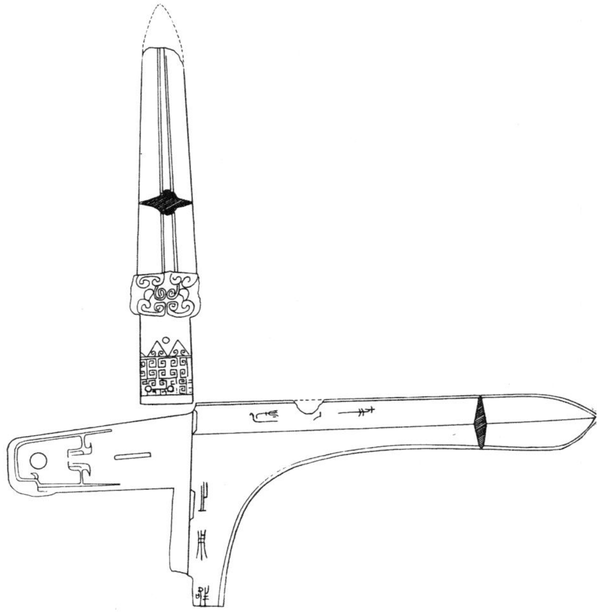

蔡侯朔之用戟

著録　《集成》11150

年代　蔡成侯世（前四九〇—前四七二年）。

出土時間地點　一九八〇年安徽舒城九里墩出土。

説明　現藏安徽博物院。圖象來源見著録。

一四五　蔡侯産戈〔92.1〕

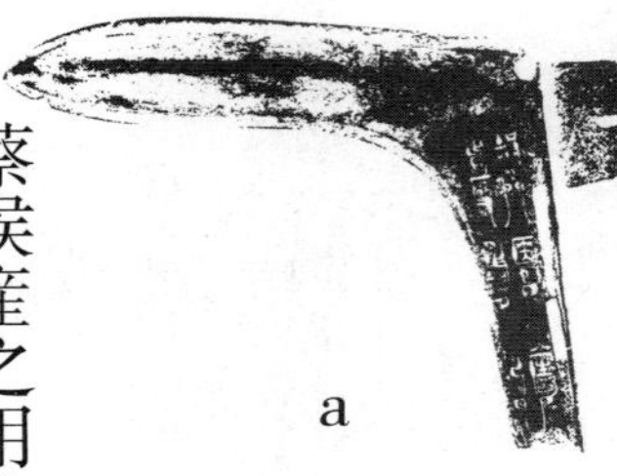

蔡侯産之用戈

a

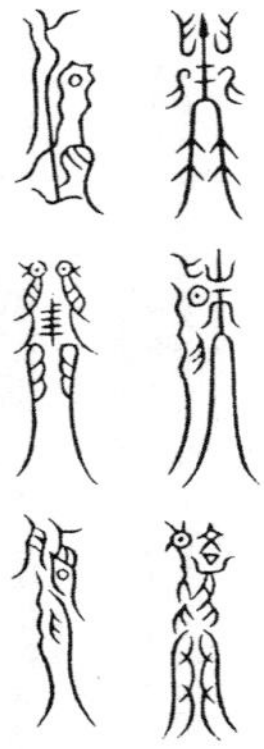

蔡侯産之用戈

b

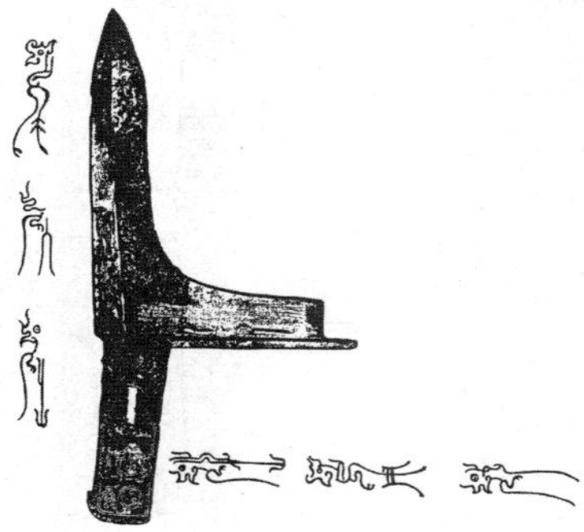

蔡侯産之用戈

c

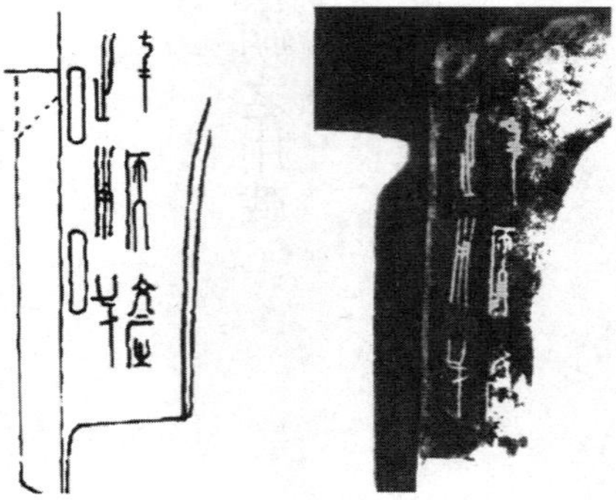

蔡侯産之用戈

d

著録　《集成》11143–11144；《東周鳥篆文字編》；《銘圖集成》16838

年代　蔡聲侯世（前四七一—前四五七年）。

出土時間地點　a 故宮收集；b 宋代出土；c 安徽壽縣出土；d 一九九七年安徽六安出土。

説明　現藏地：a 故宮博物院；b 不明；c 臺北故宮博物院；d 安徽皖西博物館。

一四六　蔡侯産劍〔92.2〕

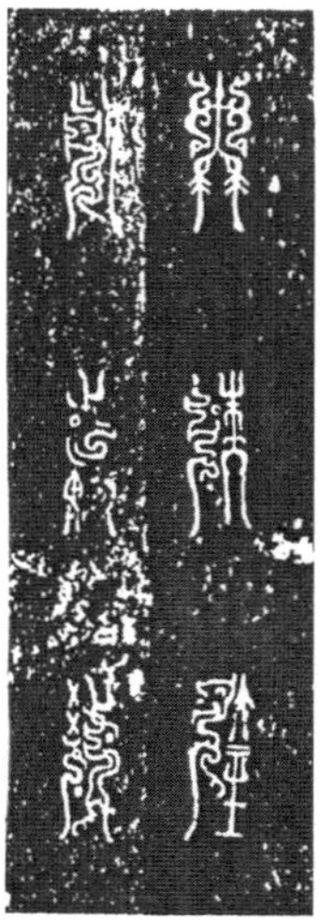

蔡侯産
乍（作）畏（威）效（教）

1

蔡侯産
乍（作）畏（威）效（教）

2a

蔡侯産
之用劍

3

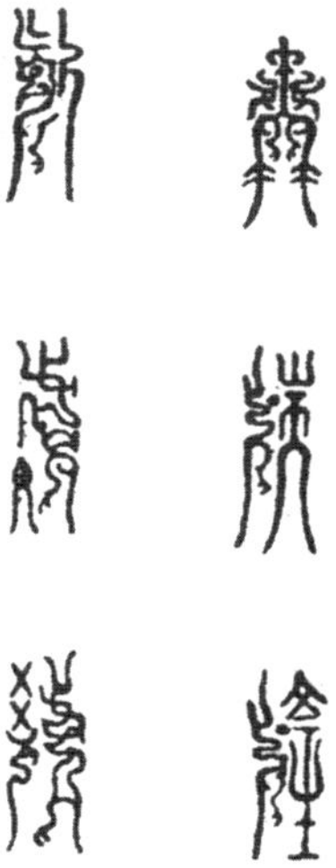

蔡侯産
乍（作）畏（威）效（教）

2b

著録　《集成》11602–11604；《東周鳥篆文字編》。

年代　同前。

出土時間地點　一九五八—一九五九年安徽淮南蔡家崗趙家孤堆出土。

説明　現藏安徽博物院。

一四七　蔡侯産劍〔92.3〕

蔡侯産［之］用劍

著録　《集成》11587

年代　同前。

出土時間地點　不明。

説明　現藏英國洛貝脱氏。圖象來源見著録。

一四八　蔡公子頒戈〔93〕

蔡公子頒
之用

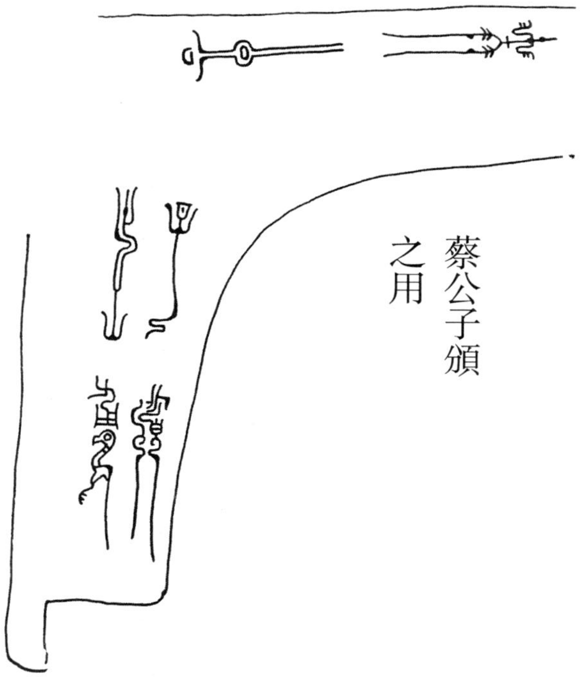

著錄　《東周鳥篆文字編》。
年代　東周四期。
出土時間地點　一九九一年見於香港古玩肆。
說明　現下落不明。

一四九　蔡公子果戈〔94〕

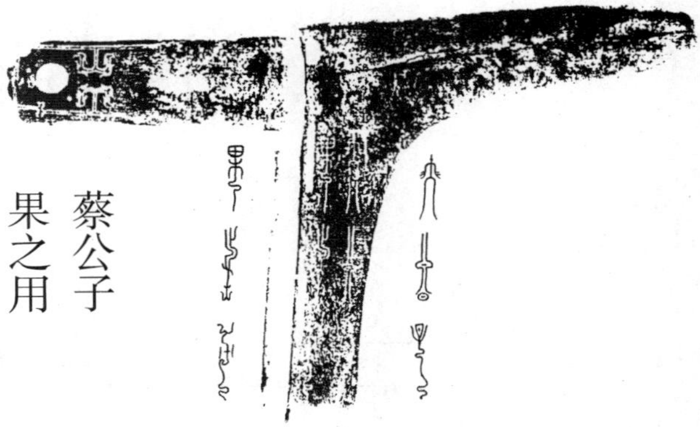

蔡公子果之用

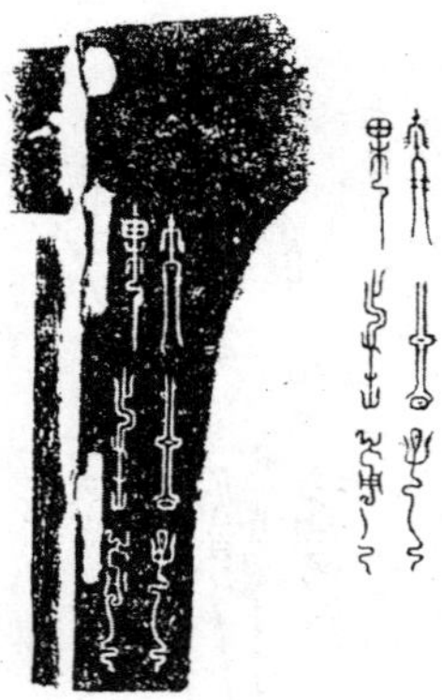

蔡公子果之用

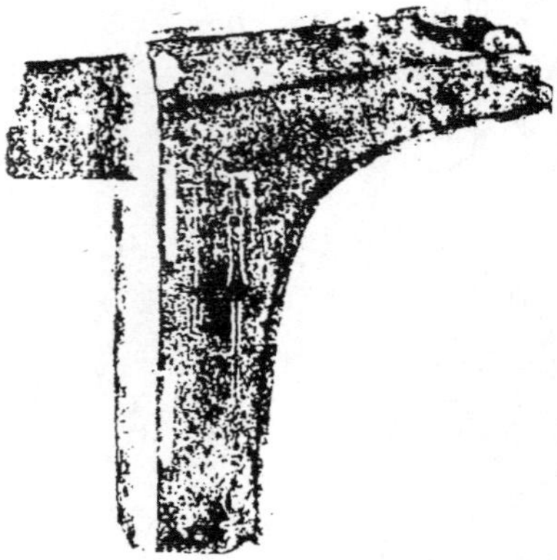

蔡公子果之用

著録　《集成》11145-11147
年代　同前。
出土時間地點　安徽壽縣出土。
説明　上海博物館藏一件。

一五〇　蔡公子加戈〔95〕

蔡公子
加之用

著録　《集成》11148–11149
年代　同前。
出土時間地點　不詳。
説明　上海博物館藏一件。

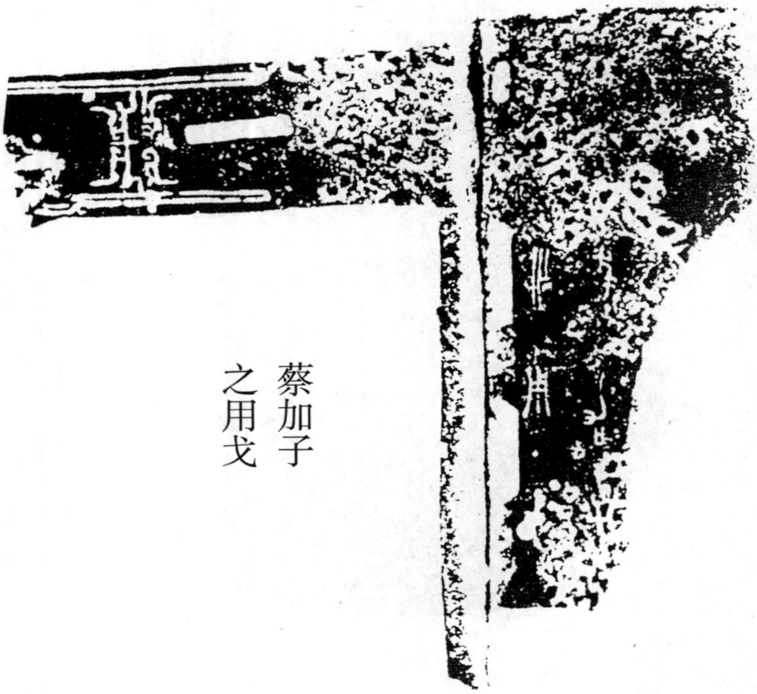

蔡加子之用戈

一五一　蔡公子從戈〔96〕

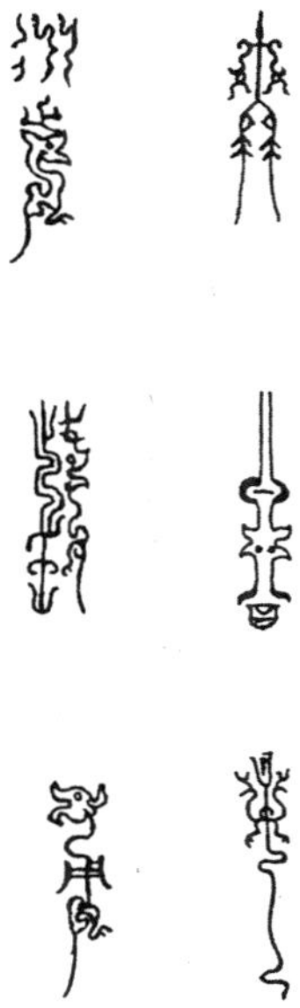

蔡公子
從之用

a

蔡公子
從之用

b

著録　《東周鳥篆文字編》。

年代　同前。

出土時間地點　不詳。

説明　現a存臺北故宮博物院；b下落不明。圖象來自《銘圖集成》。

a

一五二　蔡公子從劍〔97〕

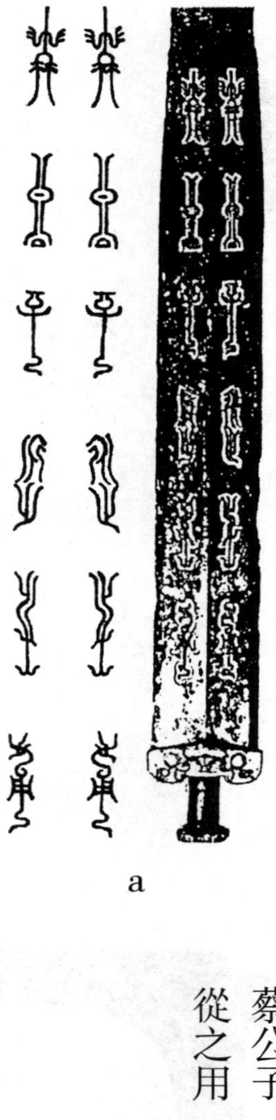

蔡公子從之用

蔡公子從之用

a

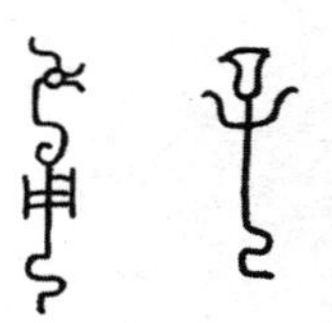

蔡公子

從之用

b

著錄　《東周鳥篆文字編》。

年代　同前。

出土時間地點　a安徽壽縣出土；b不詳。

說明　b爲鐵劍。現a在芝加哥賽芝威克處；b在日本。

一五三　蔡公子戈〔98〕

蔡公子
□之用

著録　韓自强：《近年所見銘文兵器》，《楚文化研究論集》第五集，黄山書社二〇〇三年。

年代　同前。

出土時間地點　不詳。

説明　私人收藏。

一五四　蔡公子姬安浴缶〔99〕

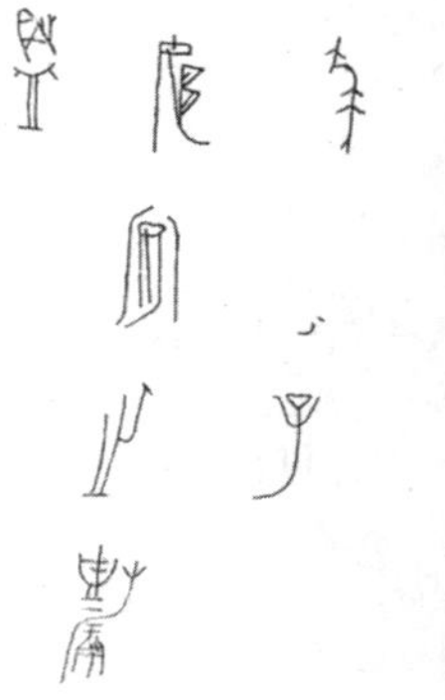

蔡［公］子□
姬安之鬳
□

著録　《集成》10001
年代　同前。
出土時間地點　一九七三年湖北襄陽蔡坡 M4 出土。
説明　現藏湖北省博物館。圖象來自《楚圖典》。

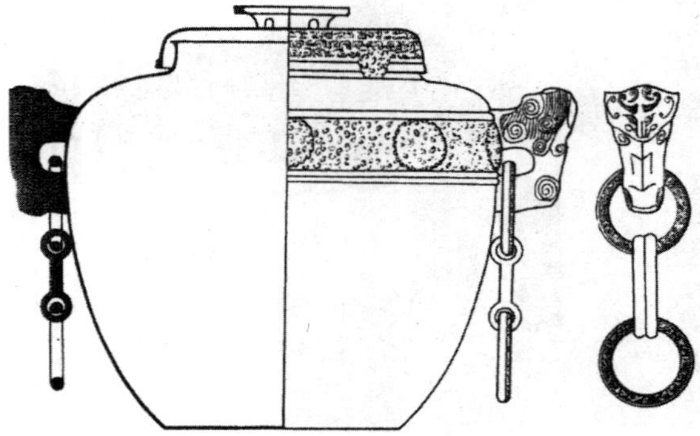

一五五　蔡侯劍〔100〕

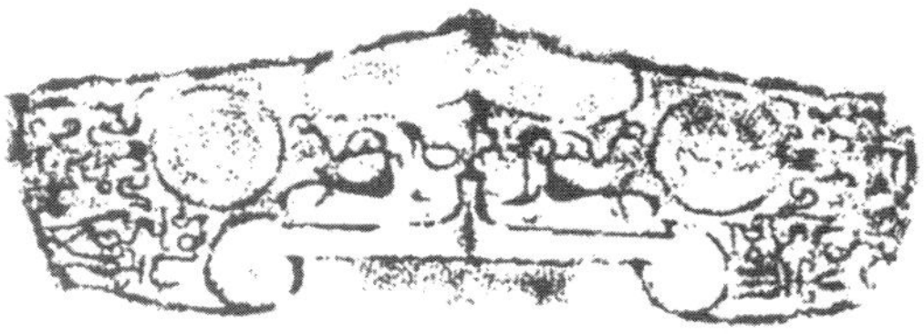
劍格正面

劍格背面

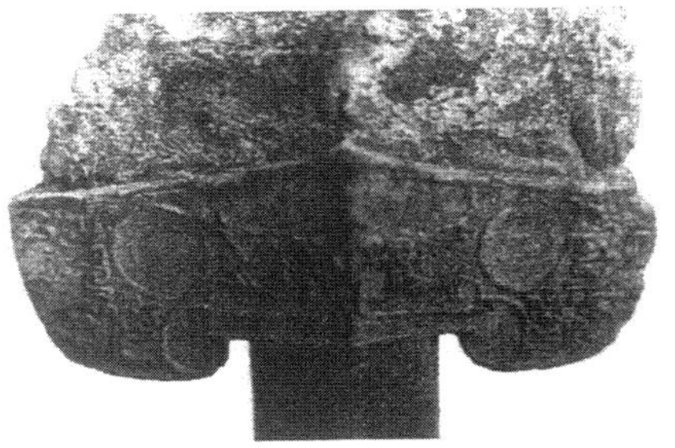
正面

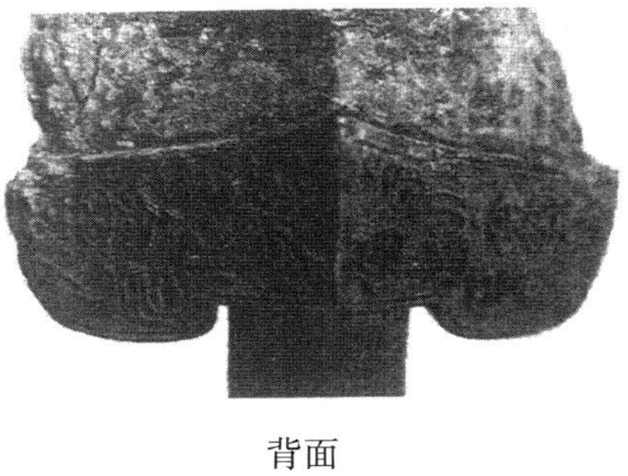
背面

蔡侯□之隹（唯）用僉（劍）

著録　秦士芝：《江蘇盱眙出土的蔡侯劍》，《文物》二〇〇三年第四期。

年代　東周四期後段。

出土時間地點　一九九三年江蘇盱眙農民挖掘出土。

説明　現藏江蘇盱眙縣博物館。圖象來源見著録。

一五六　舒城九里墩鼓座〔101〕

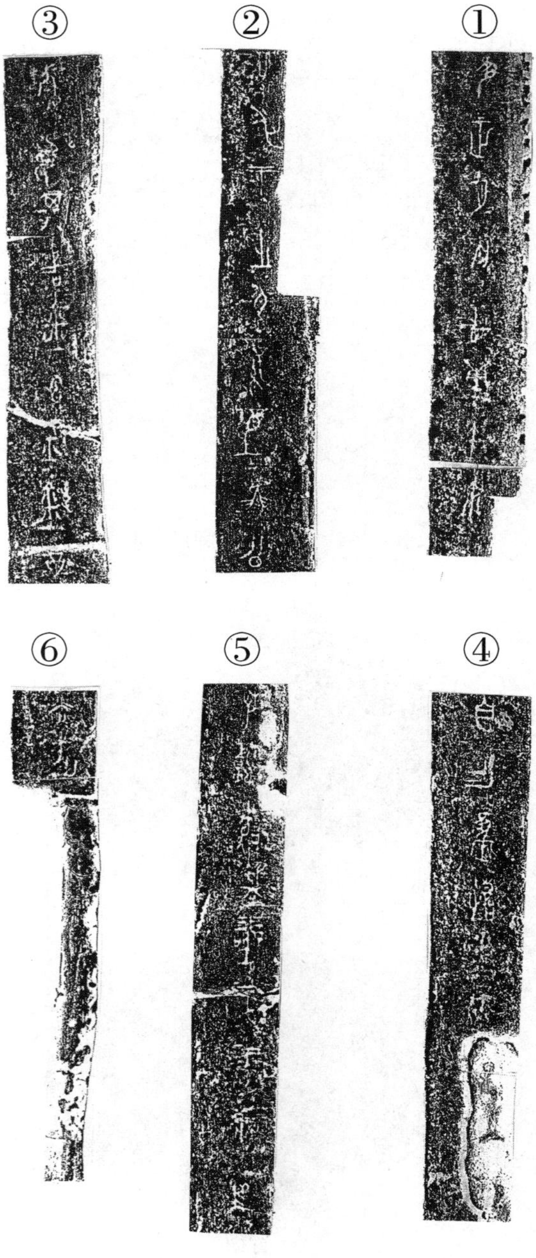

著録　《集成》429

年代　東周四期。

出土時間地點　一九八〇年安徽舒城九里墩古墓出土。

説明　上圈九十八字，下圈五十三字。現藏安徽博物院。參見《考古學報》一九八二年第二期。

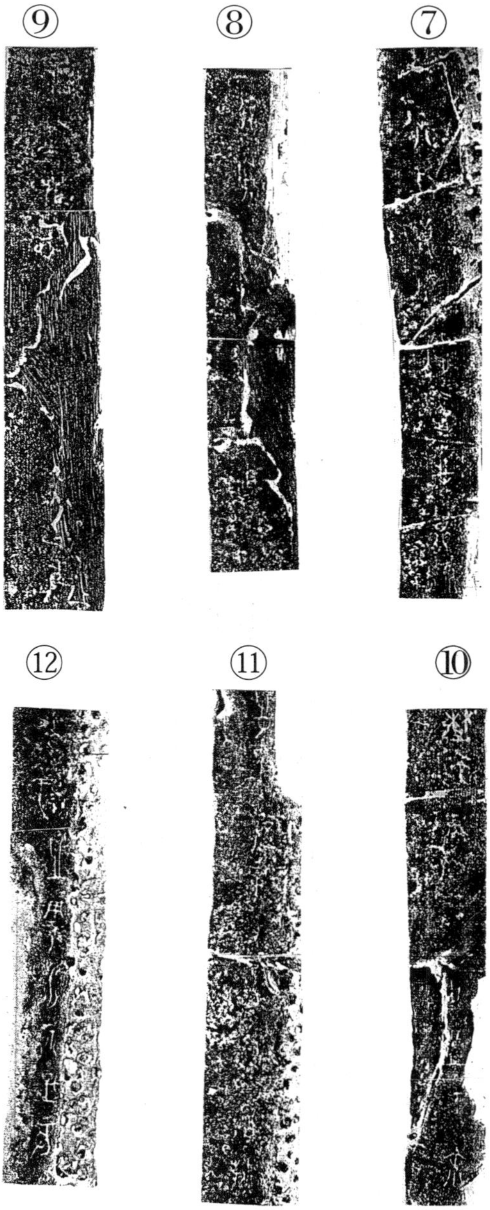

上圖拓片

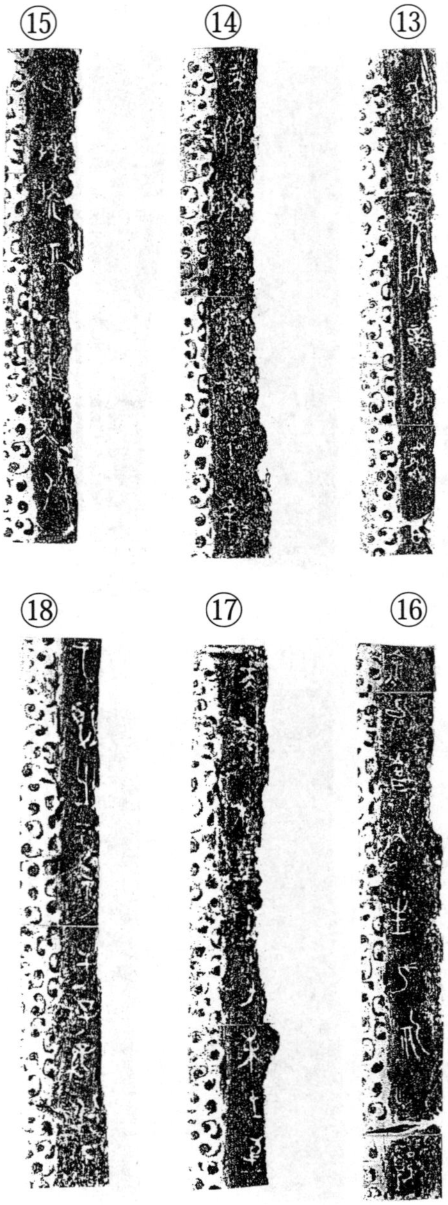

下圈拓片

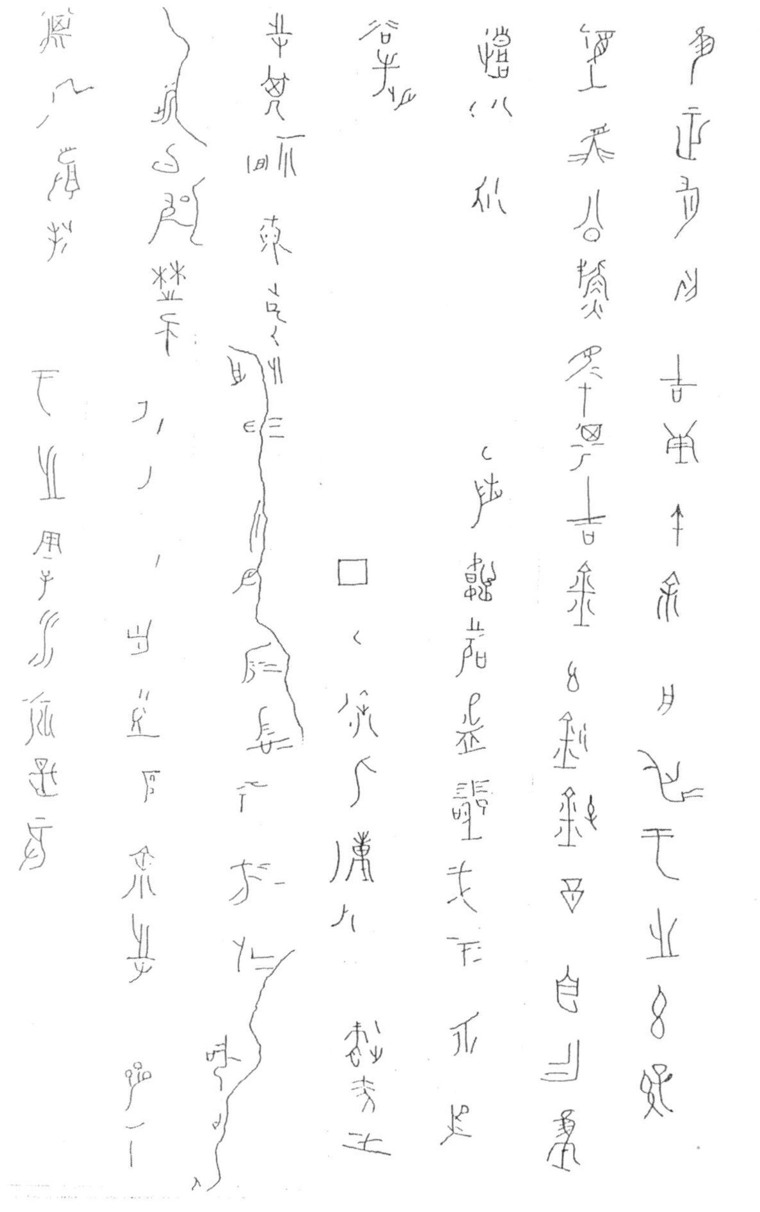

上圈摹本

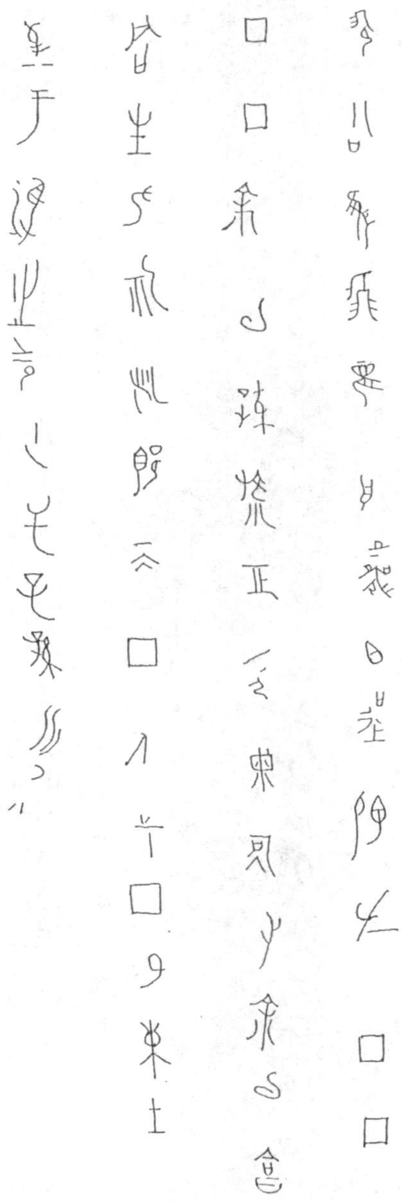

下圈摹本

隹（唯）正月初吉庚午，余受（？）氒（厥）于之玄孫
童（鐘）鹿（離）公魰，擇其吉金，玄鏐鈍（純）吕（鋁），自乍（作）隼（晋）
鼓，命從若愷，咣□聞于□。□□
谷，逆（迎）□郐（徐？）人陳人□却（去）蔡，□
寺（持）其神□。□□□□□□□□□□
□□以□楚帀（師），□□□山之下。余寺□參，□
□□□□□□于之雩。水□是孜

上圈釋文

□公隻（獲）飛龍，曰夜白。□即揰□□
□□。余以共旒（毓）示，□□庶□。余以會（會）
同生（姓）九禮，□□大夫朋友。□□于東土，
至于淮之上，世萬子孫永寶。

下圈釋文

一五七　浴缶〔102〕

浴（浴）缶

著録　湖北省博物館：《襄陽山灣東周墓葬發掘報告》，《江漢考古》一九八三年第二期。

年代　同前。

出土時間地點　一九七二—一九七三年出土於湖北襄陽山灣。

説明　現藏湖北省博物館。圖象來源見著録。

一五八 子可期戈〔103〕

子可⿰其丮（期）之用

著録 《集成》11072

年代 同前。

出土時間地點 安徽壽縣出土。

說明 原爲梁上椿舊藏，現下落不明。

一五九　曾侯昃戈〔104.1〕

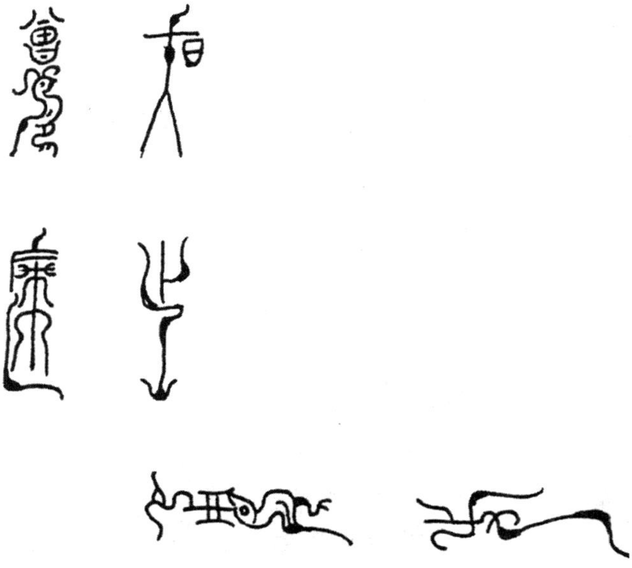

昃之用戈
曾侯

著録　《東周鳥篆文字編》。
年代　同前。
出土時間地點　不明。
説明　傳入香港，現下落不明。

一六〇　曾侯昃戈〔104.2〕

昃之用戈
曾侯

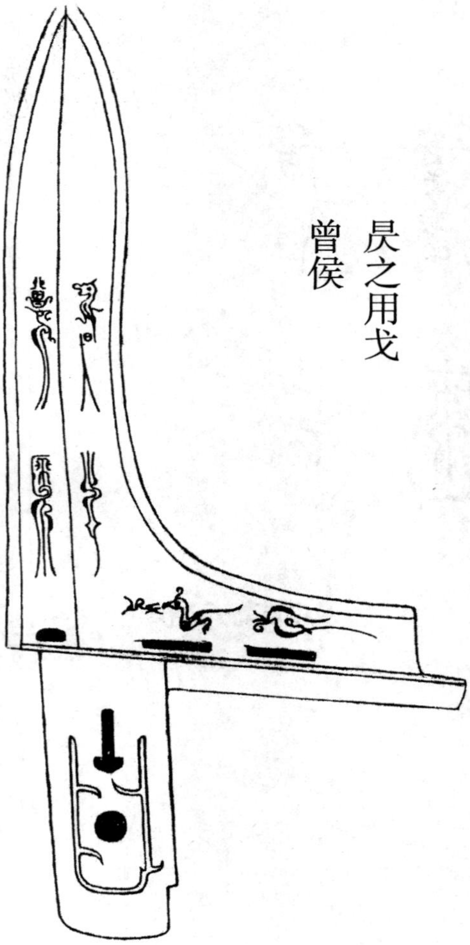

著錄　《曾國青銅器》。

年代　同前。

出土時間地點　二〇〇三年湖北襄陽梁家老墳出土。

說明　現藏湖北省博物館。綫圖承韓楚文先生提供。

一六一　曾子遇簠〔105.1〕

其一

曾子遇之行匡（簠）

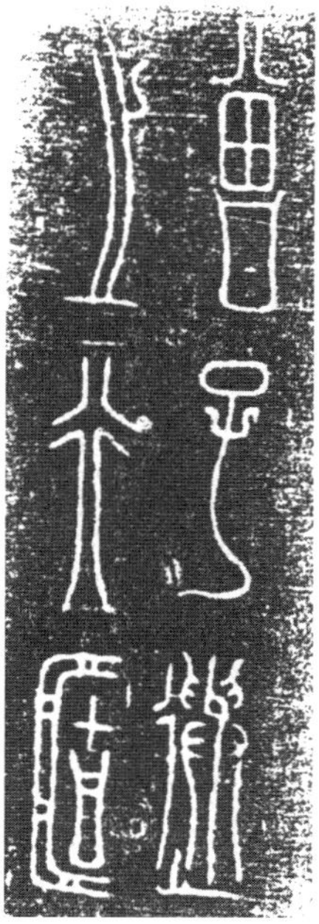

其二

曾子遇之行匡（簠）

著録　《集成》4488–4489

年代　前四五〇年前後。

出土時間地點　傳世器。

説明　其一現藏江蘇蘇州博物館；其二器物佚。圖象來自《曾國青銅器》。

其一

一六二　曾子遇缶〔105.2〕

曾子遇之行缶

著録　《集成》9996

年代　同前。

出土時間地點　傳世器。

説明　器物佚。

一六三　曾侯遝戟〔105.3〕

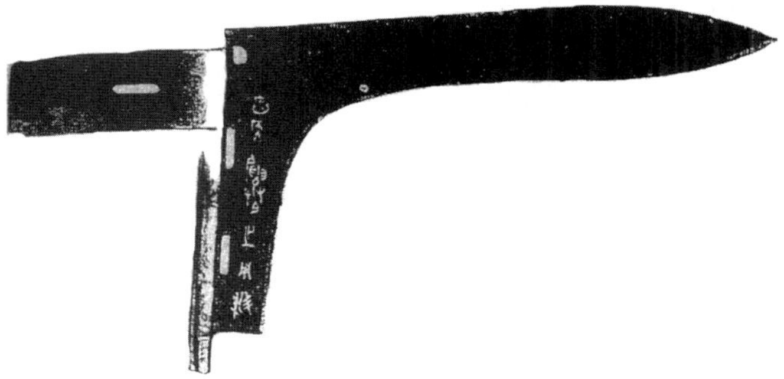

曾侯遝之用戟

雙戈戟

著錄　《集成》11178–11181

年代　同前。

出土時間地點　一九七八年湖北隨州曾侯乙墓出土。

說明　現藏湖北省博物館。雙戈戟兩套，三戈戟三套。

曾侯遻之行戟

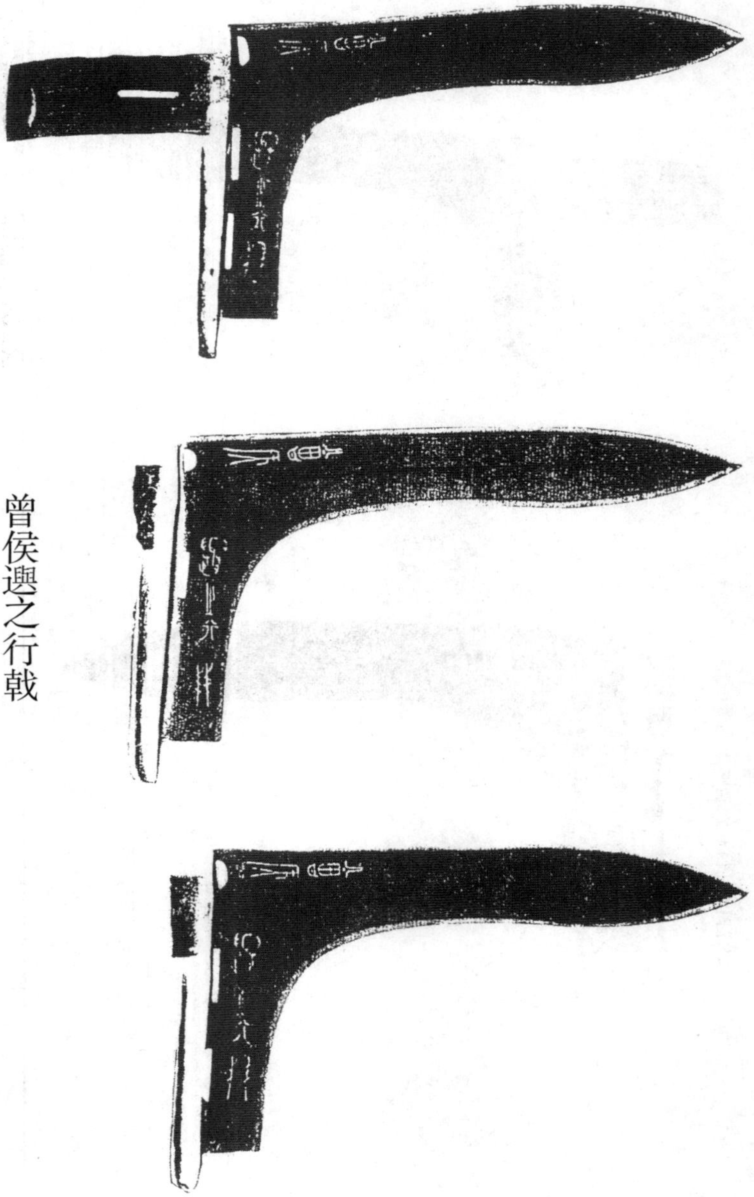

三戈戟

一六四　曾侯邸鼎〔106.1〕

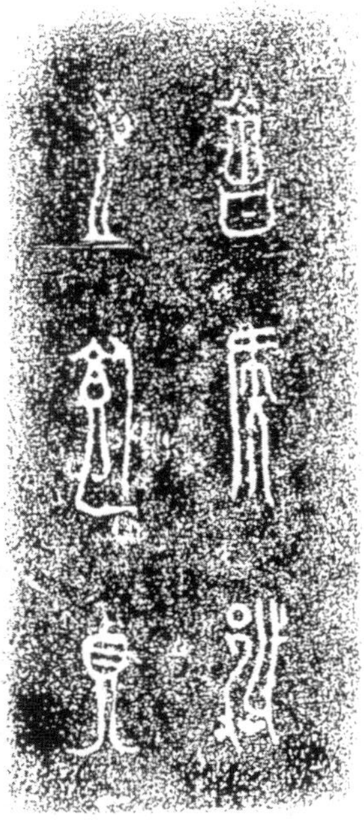

曾侯邸
之飤鼎

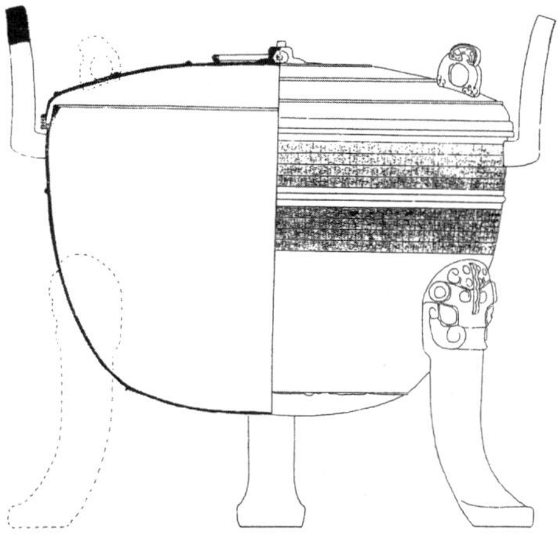

鼎

著録　《曾國青銅器》。
年代　東周四期。
出土時間地點　一九九四年湖北隨州市石油公司東風油庫 M3 出土。
説明　現藏湖北隨州市博物館。圖象來源見著録。

一六五　曾侯郕簠〔106.2〕

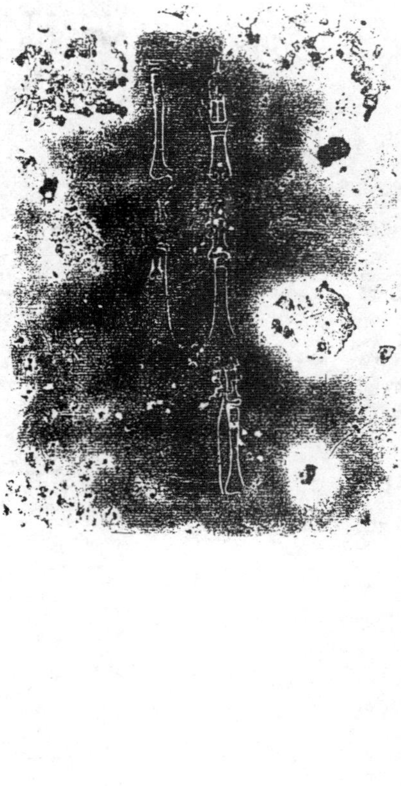

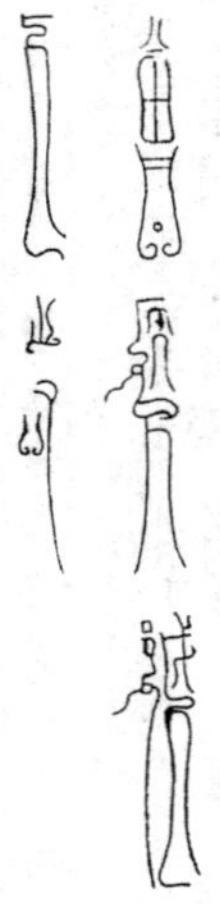

曾侯郕乍（作）時（持）

著録　韓自强、劉海洋：《近年所見有銘銅器簡述》，《古文字研究》第二十四輯，中華書局二〇〇二年。

年代　同前。

出土時間地點　不詳。

説明　私人收藏。圖象來自《曾國青銅器》。

一六六　曾侯郕戈〔106.3〕

其一

曾侯郕乍（作）時（持）

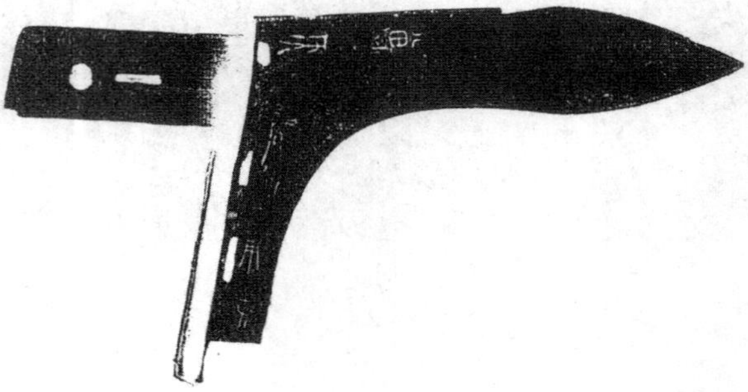

其二

曾侯郕之用戈

著錄　《集成》11094–11095、11174
年代　似應早於前四五〇年，暫入東周四期。
出土時間地點　一九七八年湖北隨州曾侯乙墓出土。
說明　現藏湖北省博物館。

一六七　曾侯邸戟〔106.4〕

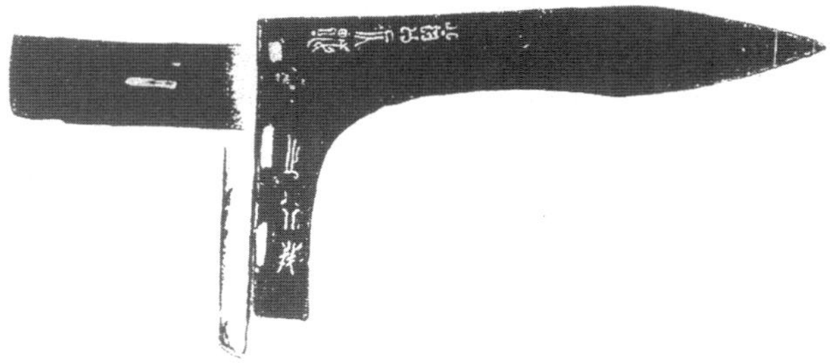

雙戈戟

曾侯邸之行戟

著録　《集成》11175–11177、11097–11098

年代　同前。

出土時間地點　同前。

説明　現藏湖北省博物館。每戈字數不等。雙戈戟十套、三戈戟一套。

曾侯郕乍（作）時（持）

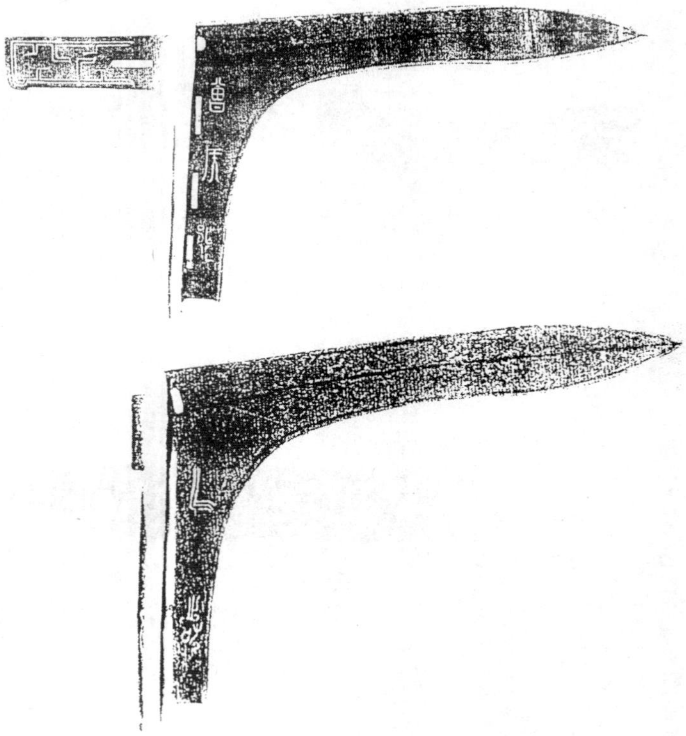

雙戈戟

一六八　曾侯郕殳〔106.5〕

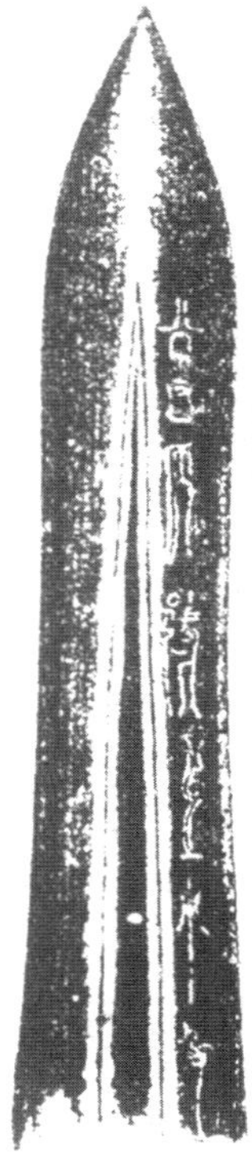

曾侯郕之用殳

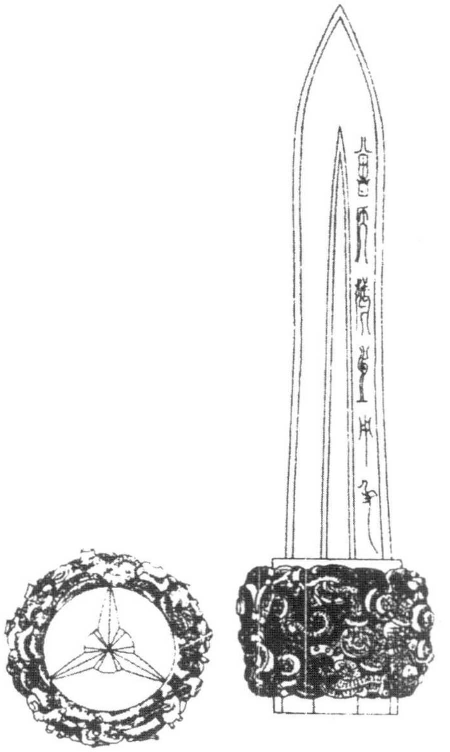

著録　《集成》11567

年代　同前。

出土時間地點　同前。

説明　現藏湖北省博物館。圖象來源見著録。

一六九　荆篙鐘〔107〕

隹（唯）𠛱（荆）篙（曆）屈柰，晉人救戎於楚競（境）。

著録　《集成》38
年代　東周四期
出土時間地點　一九五七年河南信陽長臺關楚墓出土。
説明　現藏中國國家博物館。圖象來自《青銅全集》（一〇）。

東周五期（公元前四五〇—前三八〇年）

一七〇　楚王酓章戈〔108.1〕

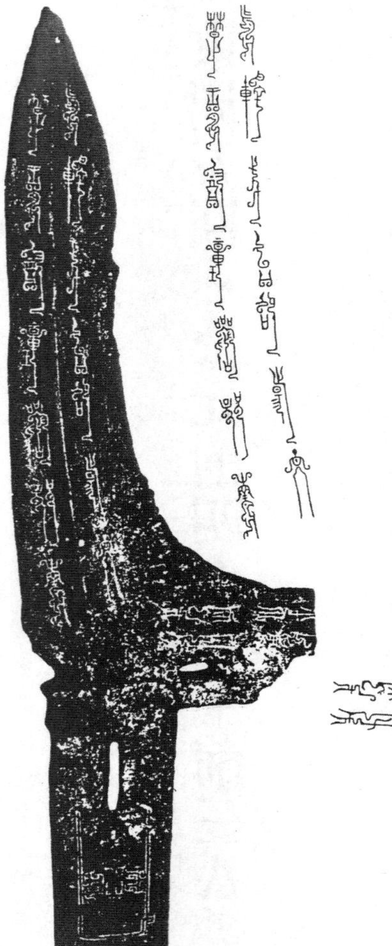

乍（作）䡾戈，以邵（昭）𣄰（揚）文武之［刺］。
楚王酓（熊）璋嚴龍（恭）南戉用［自］

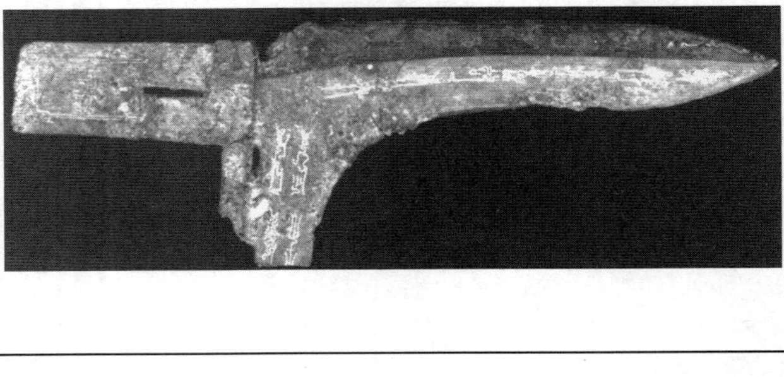

著録　《集成》11381
年代　楚惠王世（前四八八—前四三二年）。
出土時間地點　傳安徽壽縣出土。
説明　現藏故宮博物院。

一七一　楚王酓章劍〔108.2〕

楚王酓（熊）章爲從□
士鑄劍，用［行用］征。

著録　《集成》11659
年代　同前。
出土時間地點　一九三三年安徽壽縣朱家集出土。
説明　現藏故宮博物院。圖象來自《楚釋》。

一七二　楚王酓章作曾侯乙鐘〔108.3〕

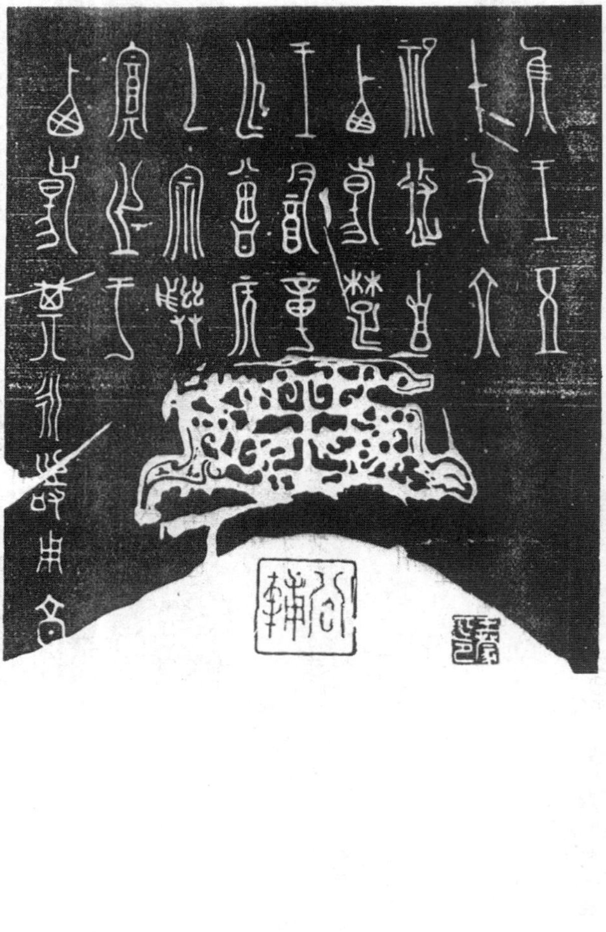

著録　《集成》83-84

年代　楚惠王五十六年（前四三三年）。

出土時間地點　傳世器。

説明　現器物佚。拓本引自《輯證》。

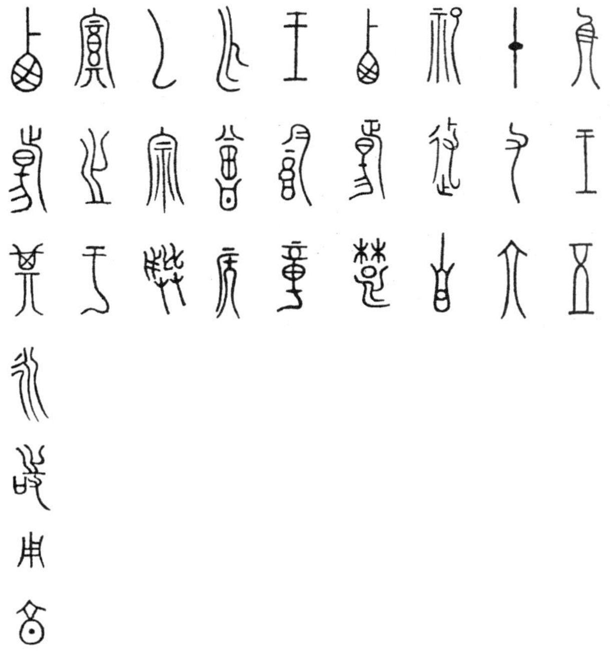

隹（唯）王五十又六祀，返自西陽，楚王酓（熊）章作曾侯乙宗彝，寞之于西鴋（陽），其永持用享。

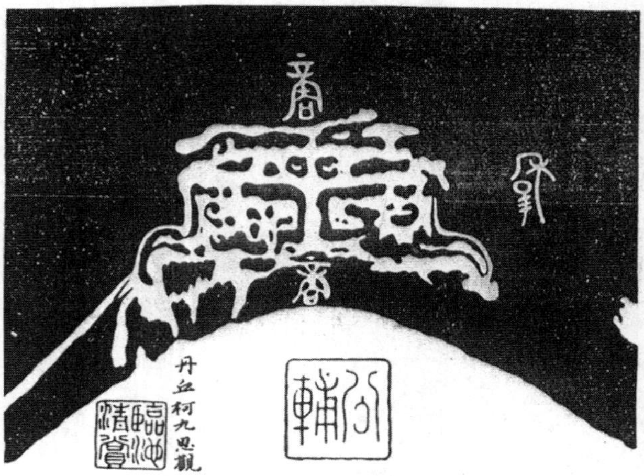

穆

商

商

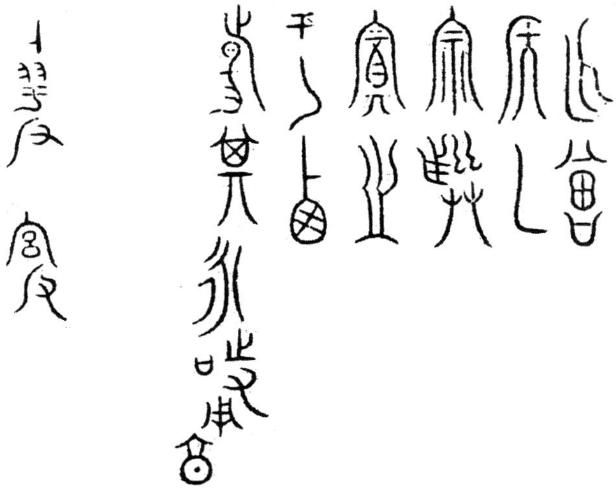

乍（作）曾
侯乙
宗彝，
寘之
于西
鴋（陽），其永時（持）用享。

少孚（羽）反　宮反

說明　僅存摹本的後半部分文字。

一七三　楚王酓章作曾侯乙鎛〔108.4〕

隹（唯）王五十又六祀，返自西⿰方昜（陽），楚王酓（熊）章乍（作）曾侯乙宗彝，寘之于西陽，其永時（持）用享。

著録　《集成》85

年代　同前。

出土時間地點　一九七八年湖北隨州曾侯乙墓出土。

説明　現藏湖北省博物館。圖象來自《曾侯乙墓》。

一七四　曾侯乙編鐘〔109.1〕

曾侯乙編鐘全景

著録　《集成》286–349；《曾侯乙墓》。

年代　下限爲公元前四三三年。

出土時間地點　同前。

説明　鐘架刻文與青銅構件銘文見本書附録一。各鐘編號順序采用崔憲《曾鐘銘校釋》一書的樂律學序列（起於最低音，止於最高音）重新編排。拓片和摹本采用《集成》，全景圖來自《曾侯乙墓》。

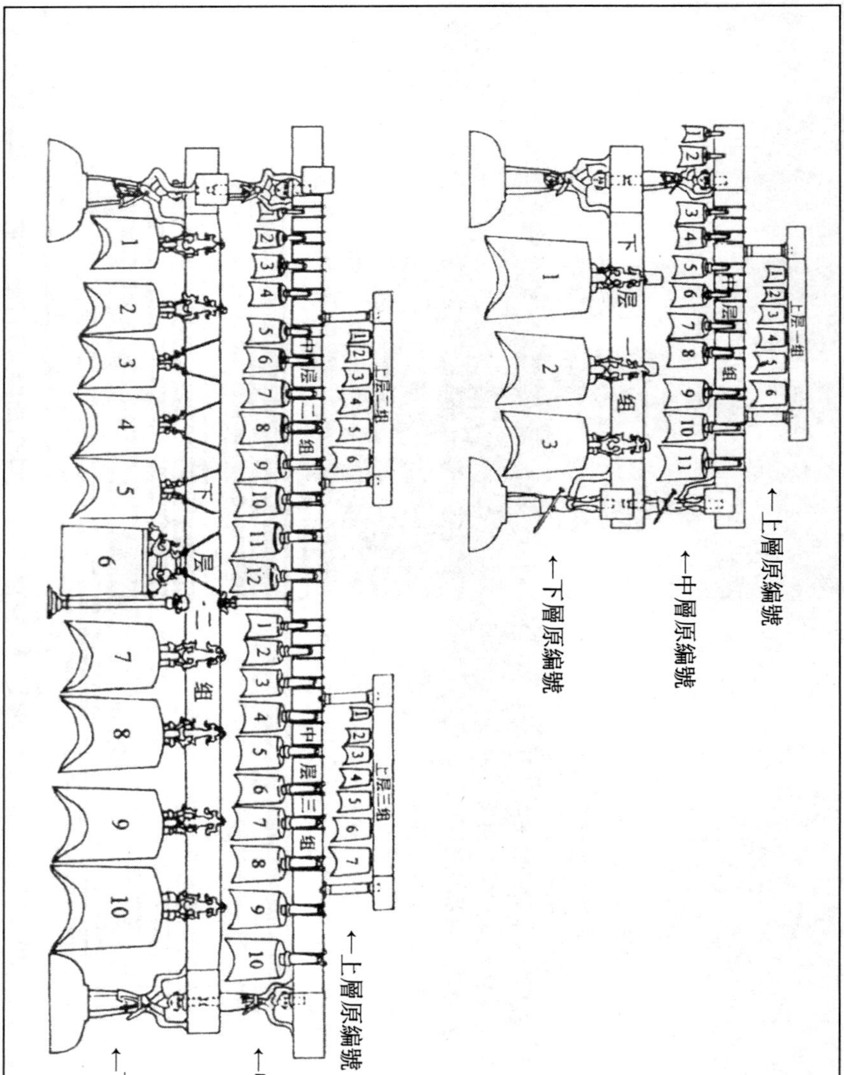
←上層原編號
←中層原編號
←下層原編號
上层一组
中层一组
下层一组
上层二组
中层二组
下层二组
上层三组
中层三组
←上層原編號
←中層原編號
←下層原編號

	上一組							中一組												下一組									
原編號:	1	2	3	4	5	6		1	2	3	4	5	6	7	8	9	10	11		1	2	3							
本書編號:	64	63	62	61	60	59		45	44	43	42	41	40	39	38	37	36	35		1	2	7							
	上二組							中二組												下二組									
原編號:	1	2	3	4	5	6		1	2	3	4	5	6	7	8	9	10	11	12	1	2	3	4	5	6	7	8	9	10
本書編號:	58	57	56	55	54	53		34	33	32	31	30	29	28	27	26	24	25	23	12	11	10	9	8		6	5	4	3
	上三組							中三組																					
原編號:	1	2	3	4	5	6	7	1	2	3	4	5	6	7	8	9	10												
本書編號:	52	51	50	49	48	47	46	22	21	20	19	18	17	16	15	14	13												

曾侯乙編鐘上、中、下層出土編號和本書編號對應表

正面

背面

曾侯乙編鐘下層大型長枚甬鐘

正面

背面

曾侯乙編鐘中層長枚甬鐘

曾侯乙無枚甬鐘

曾侯乙短枚甬鐘

正面

背面

曾侯乙鈕鐘

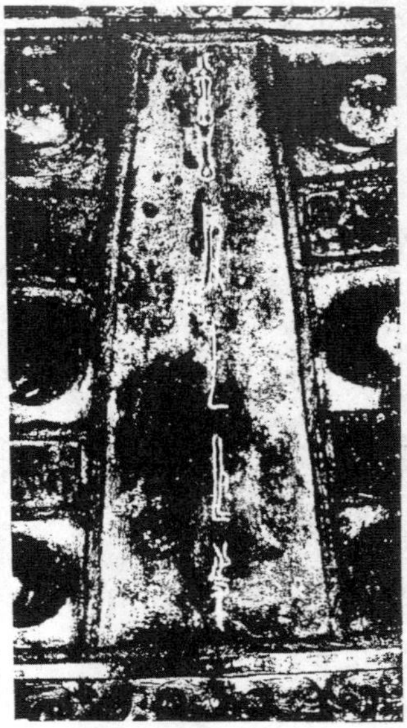

14號編鐘（中三9）

曾侯乙作寺（持）

17號編鐘（中三6）

曾侯乙作時（持）

説明　全部甬鐘一面鉦部有相同的五字銘文。

1號鐘（原下一1）

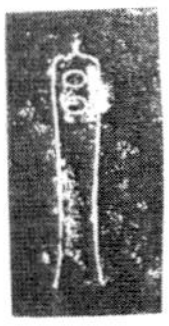

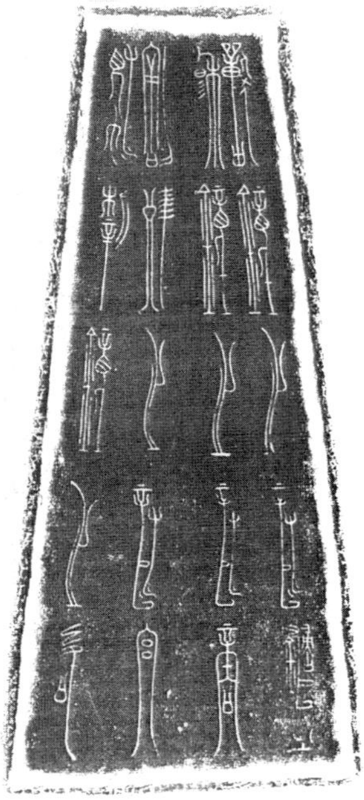

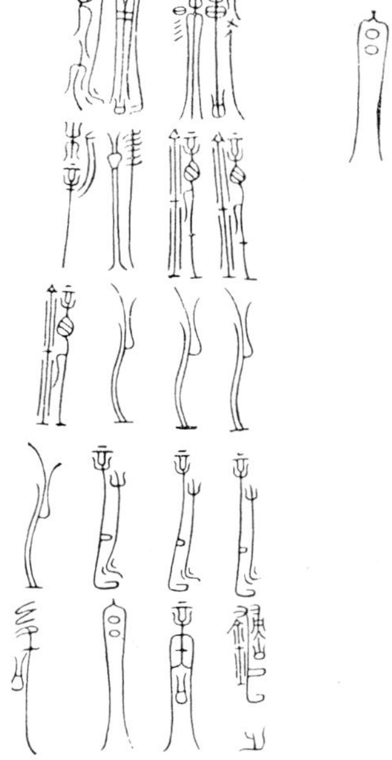

正面鉦部

宮

獸鐘之湆歸，
穆鐘之湆商，
割（姑）肄（洗）之湆宮，
濁新鐘之徵。

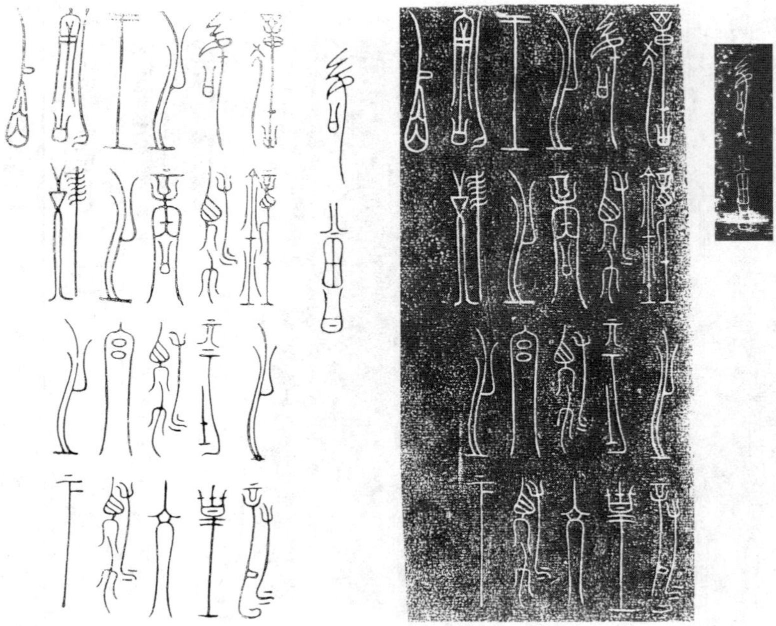

正面右鼓

徵曾
獸鐘之滘
徵，濁坪皇
之商，濁文
王之宮，濁
割（姑）肂（洗）之下
角。

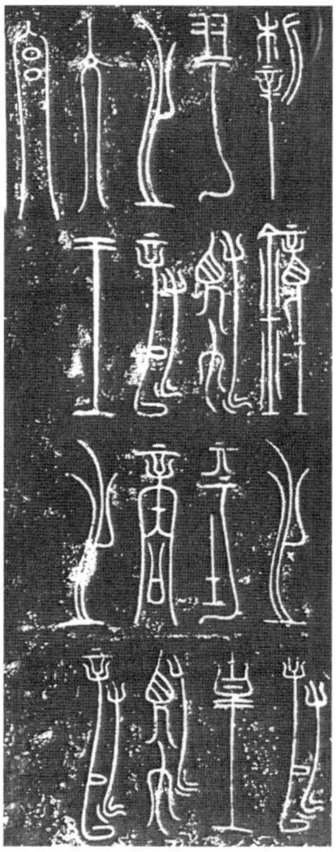

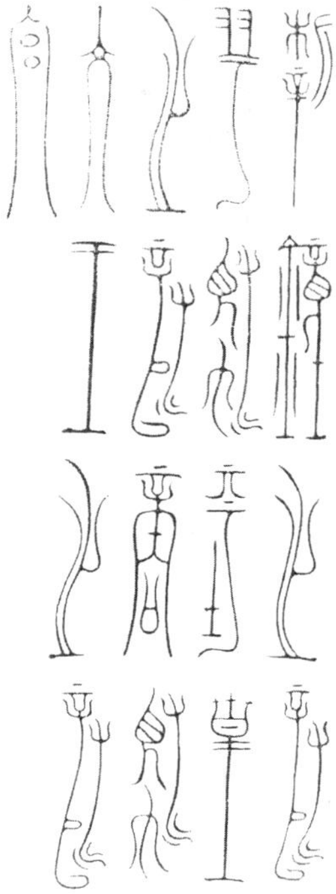

正面左鼓

新鐘之濇
羿（羽），濁坪皇
之濇商，濁
文王之濇
宮。

説明 此1號鐘銘文中『宮』和『徵曾』是標音名，其餘的則爲樂律關係的記録，讀序爲鉦部→右鼓→左鼓。這也是此鐘至64號鐘銘文的體例，即凡是祇有一或二字都爲標音名，位於鐘體的正面或背面，樂律記録在正面或背面，讀序爲鉦部→正鼓→右鼓→左鼓，自此以下不再説明。

2 號鐘（原下一2）

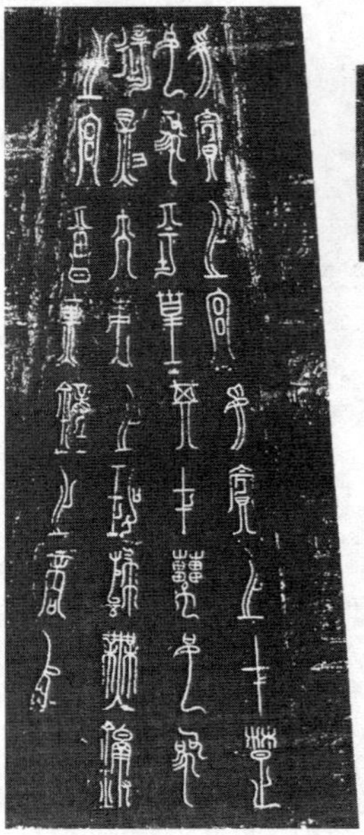

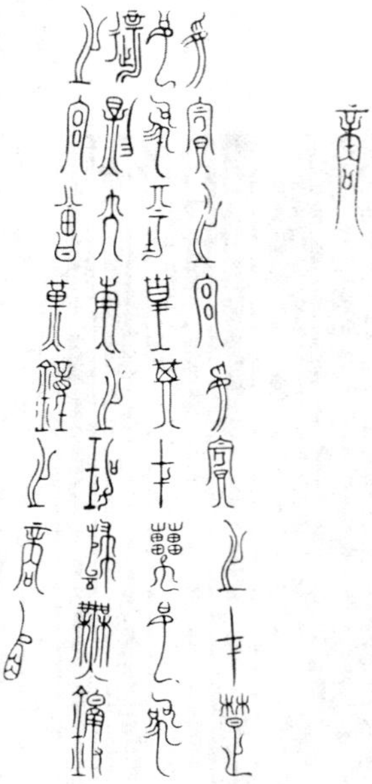

商

妥(蕤)賓之宮。妥(蕤)賓之才(在)楚
号(號)爲坪皇，其才(在)紳(申)号(號)爲
遅(夷)剘(則)。大(太)族(簇)之珈䪻，無鐸(射)
之宮曾，黄鐘之商角。

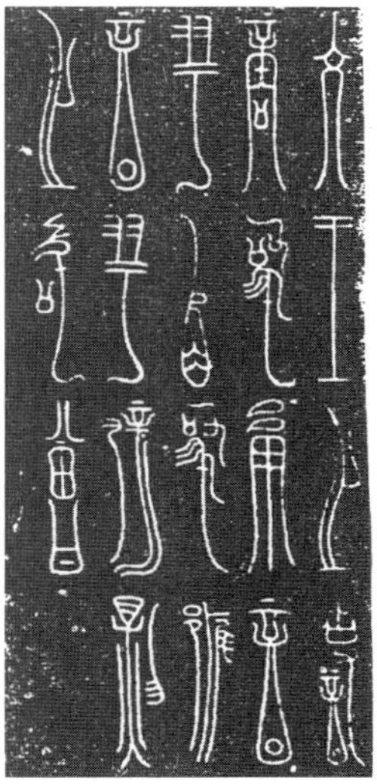

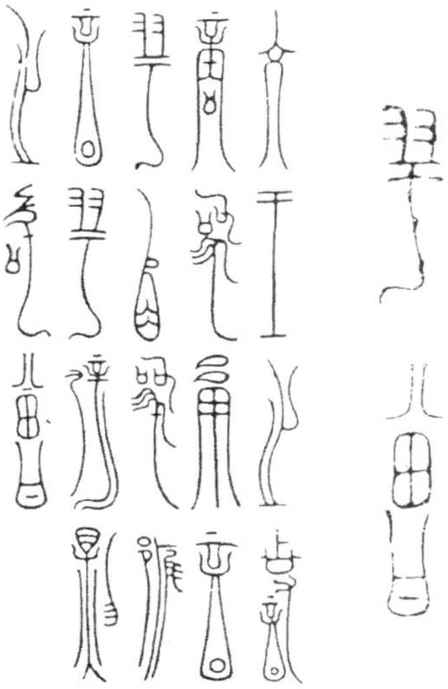

羿（羽）曾

文王之許（變）商，爲韋音羿（羽）角，爲𨟻（應）音羿（羽）。犀（夷）則之徵曾。

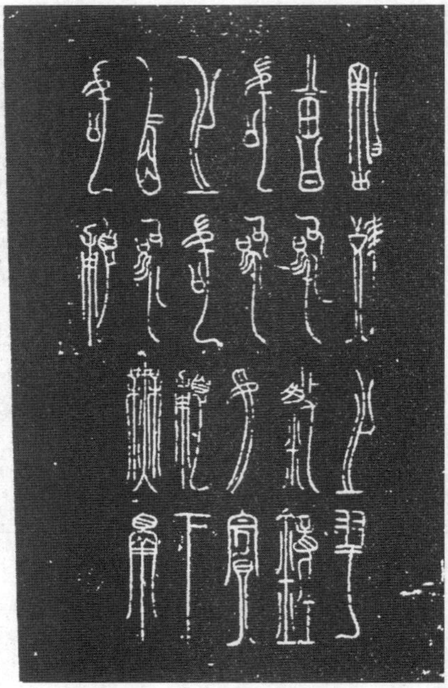

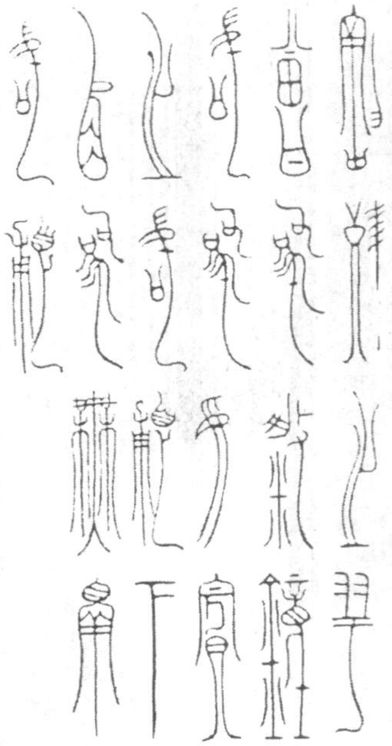

姑洗之羽
曾，爲槃鐘
徵，爲妥（蕤）賓
之徵顛下
角，爲無睪（射）
徵顛。

3號鐘（原下二10）

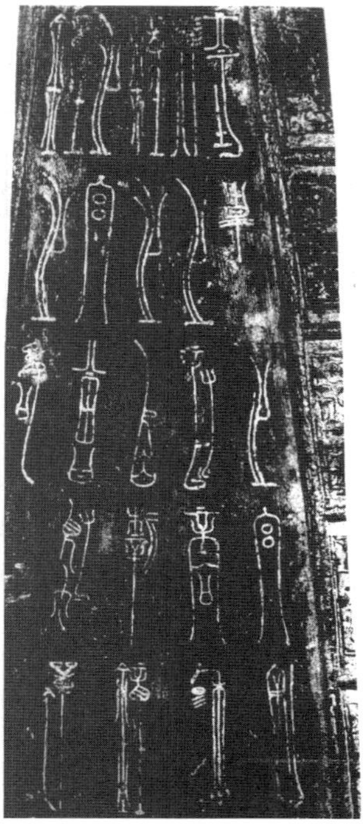

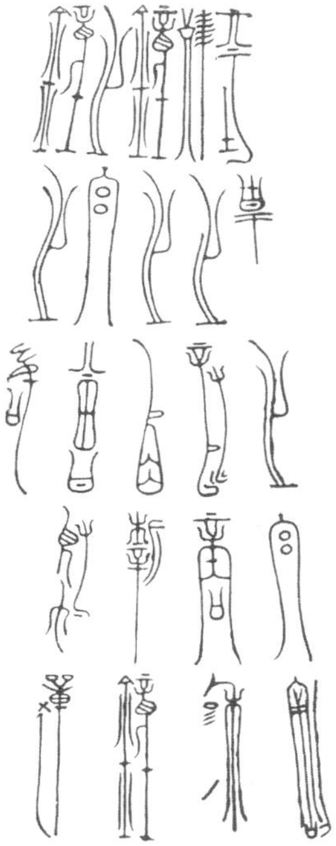

商

坪皇之宮。姑洗之濇商，穆鐘之角，新鐘之宮曾，濁獸（獸）鐘之徵。

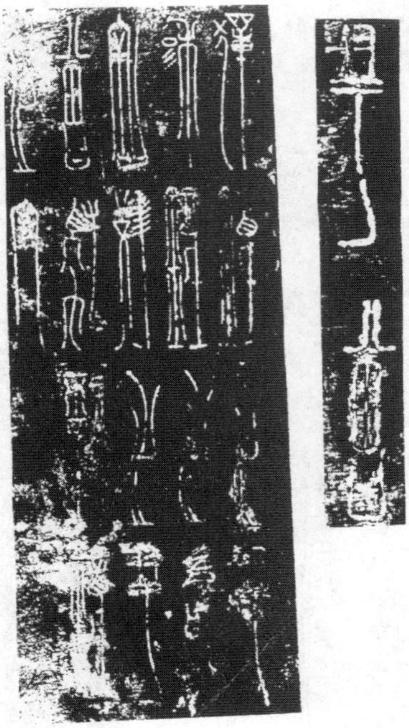

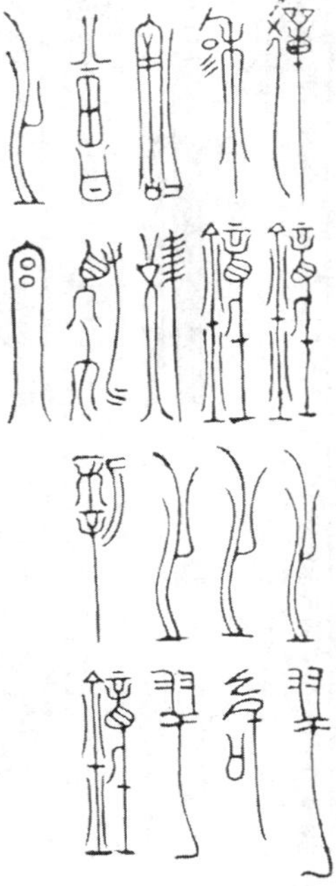

羽曾

獸鐘之羽，穆鐘之徵，姑洗之羽曾，濁新鐘之宮。

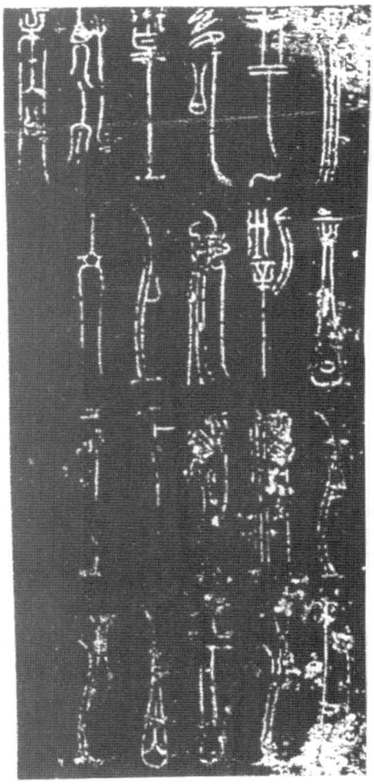

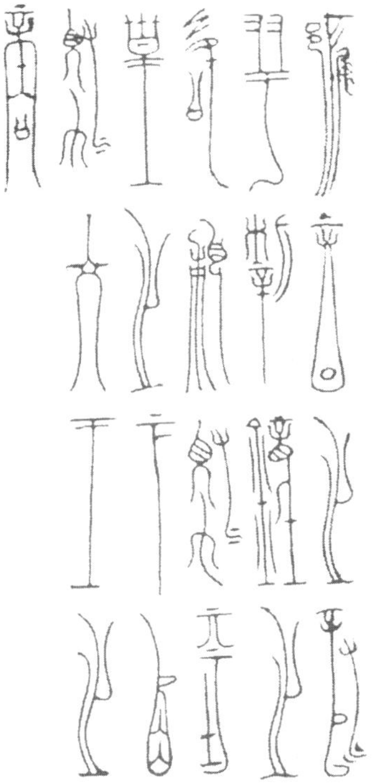

應音之涫
羽，新鐘之
徵顀。濁坪
皇之下角，
濁文王之
商。

4號鐘（原下二|9）

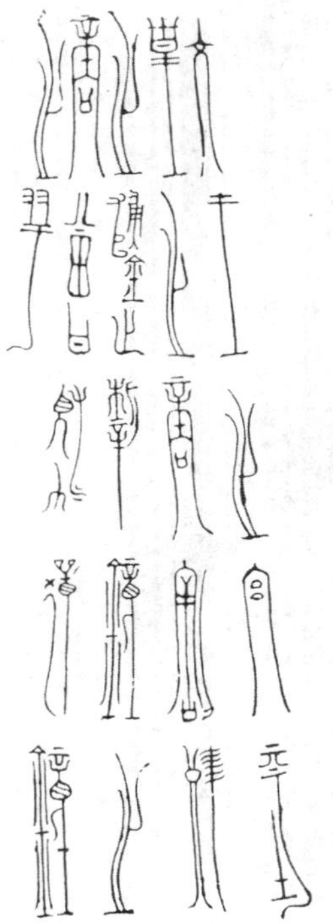

[金歸]

文王之宮，坪皇之商，姑洗之[金歸]，新鐘之商曾，濁獸鐘之羽。

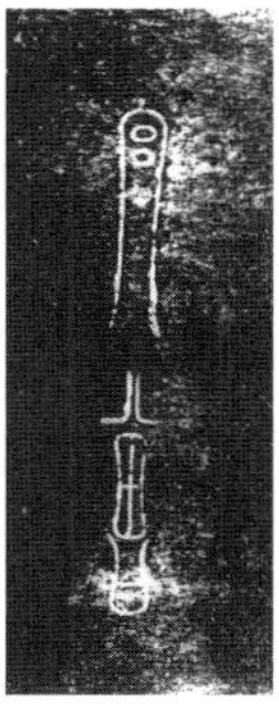

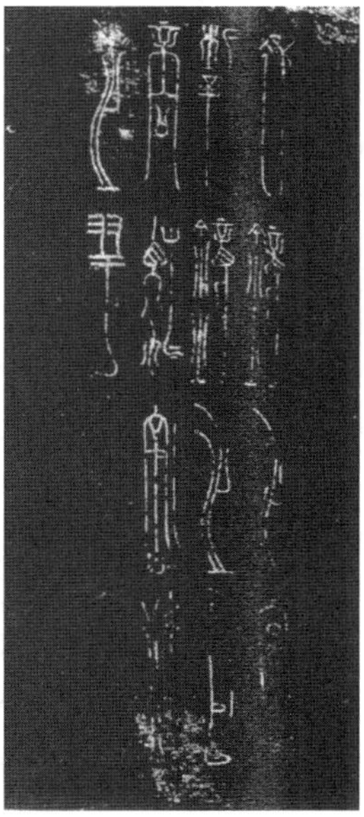

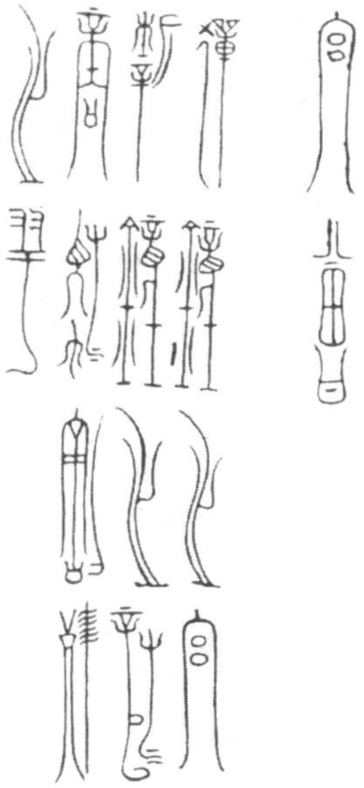

宮曾

獸鐘之宮，新鐘之渻商，濁姑洗之羽。

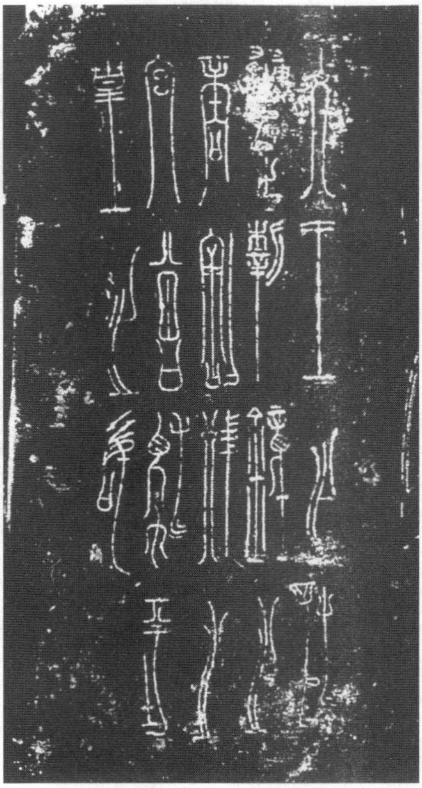

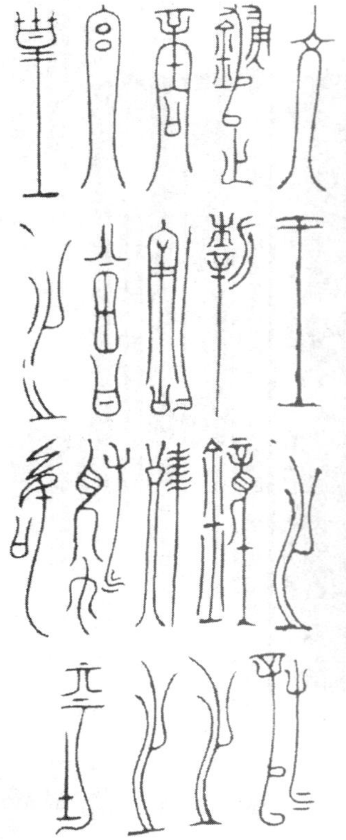

文王之淯

䶃，新鐘之

商，姑洗之

宫曾，濁坪

皇之徵。

5號鐘（原下二8）

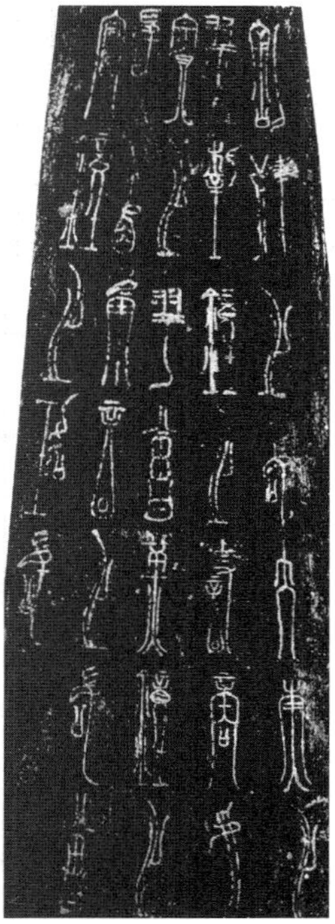

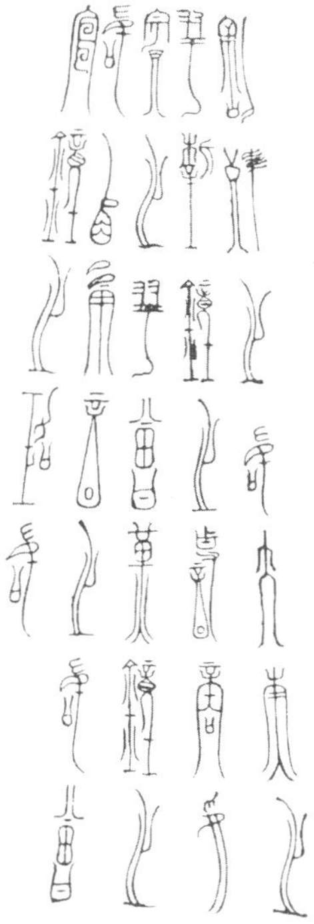

徵

姑洗之徵。太簇之羽，新鐘之變商，妥（蕤）賓之羽曾，黃鐘之徵角，韋音之徵曾，宣鐘之珈徵。

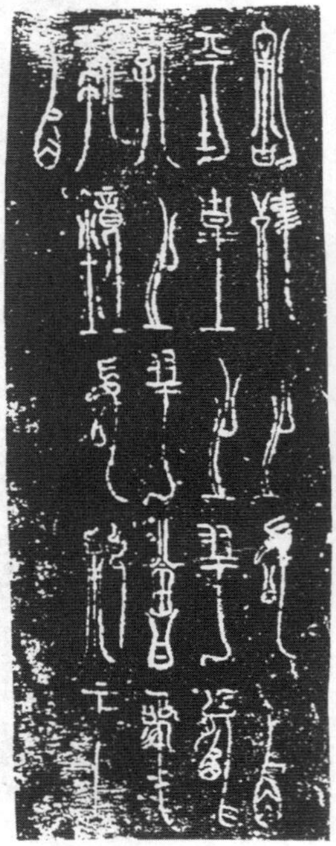

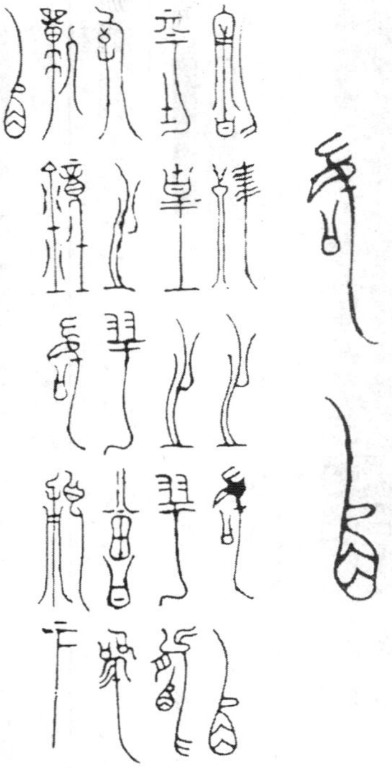

徵角

姑洗之徵角。坪皇之羽，嬴孠之羽曾，爲獸鐘徵顛下角。

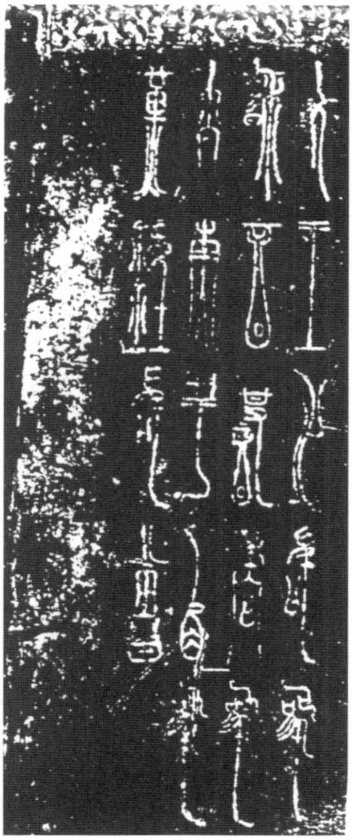

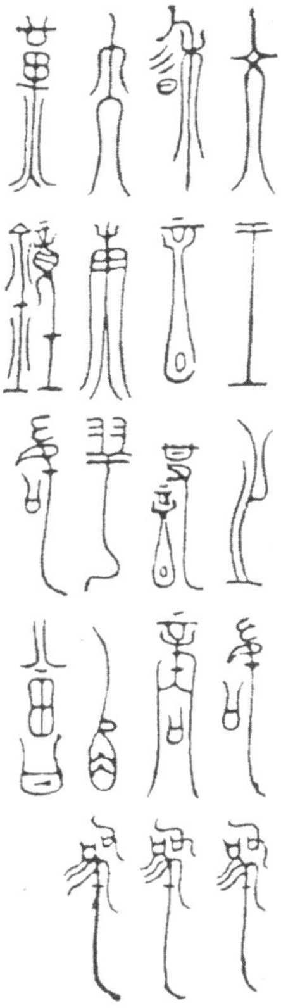

文王之徵，爲穆音變商，爲太簇羽角，爲黃鐘徵曾。

6號鐘（原下二7）

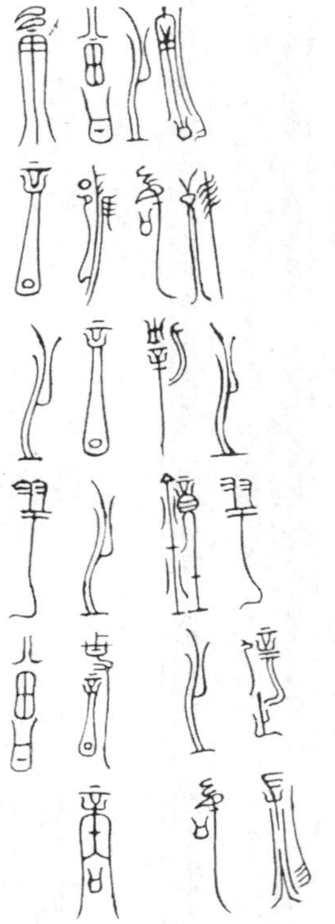

羽

姑洗之羽。遲（夷）則之徵，新鐘之徵曾，應音之變商，韋音之羽曾。

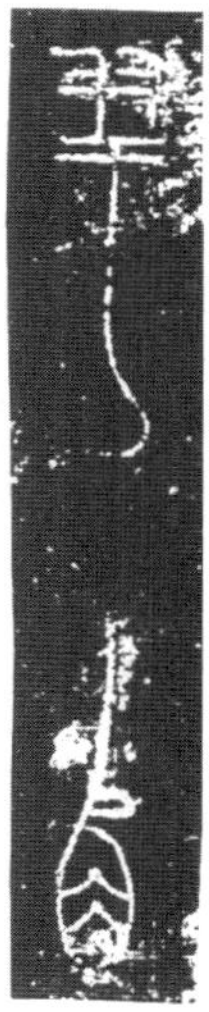

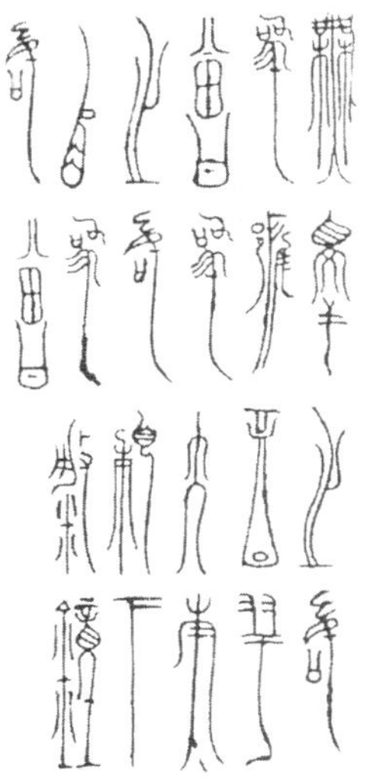

羽角

無睪（射）之徵，爲應音羽曾，爲太簇之徵顧下角，爲槃鐘徵曾。

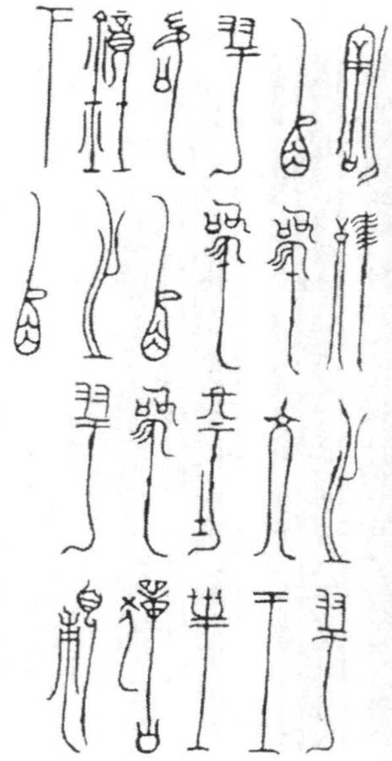

姑洗之羽角。爲文王羽，爲坪皇徵角，爲獸鐘之羽顧下角。

7號鐘（原下一3）

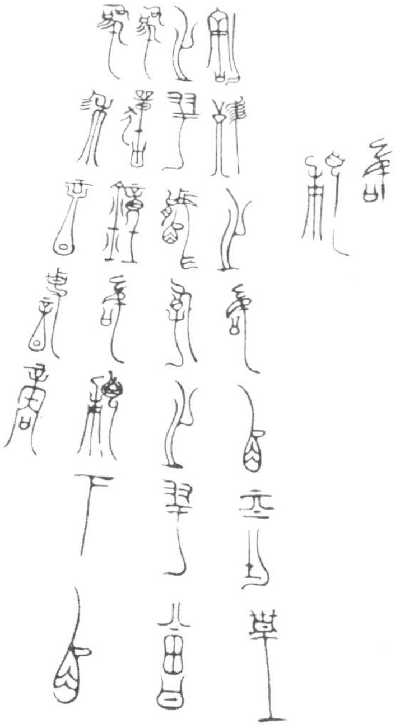

徵

顧

姑洗之徵角。坪皇之羽，贏孚之羽曾，爲獸鐘徵顧下角，爲穆音變商。

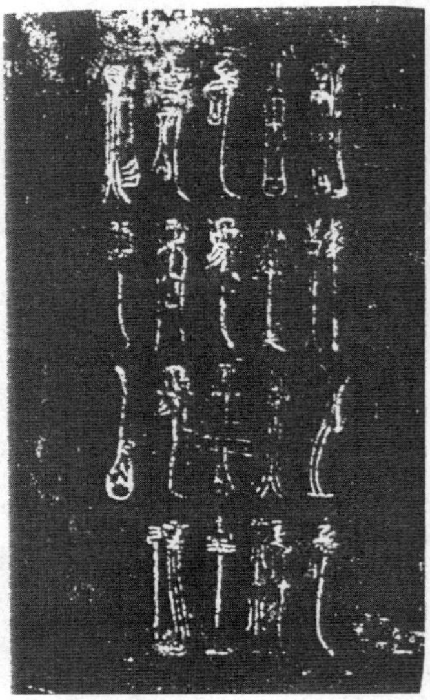

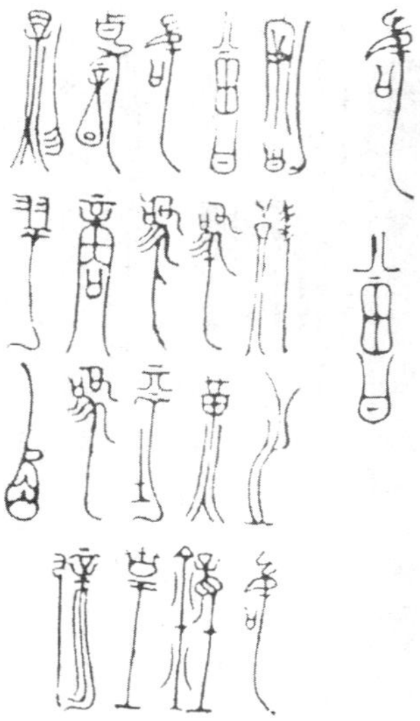

徵曾

姑洗之徵曾，爲黃鐘徵，爲坪皇變商，爲犀（夷）則羽角。

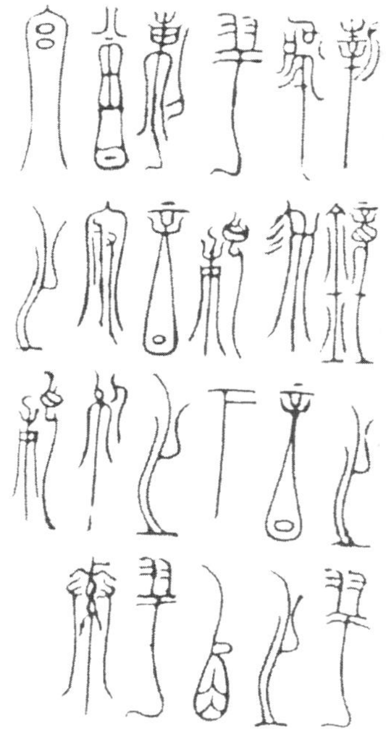

新鐘之羽，為穆音之羽顛下角。剌音之羽曾，㝒（附）於秦（索）宮之顛。

8 號鐘（原下二15）

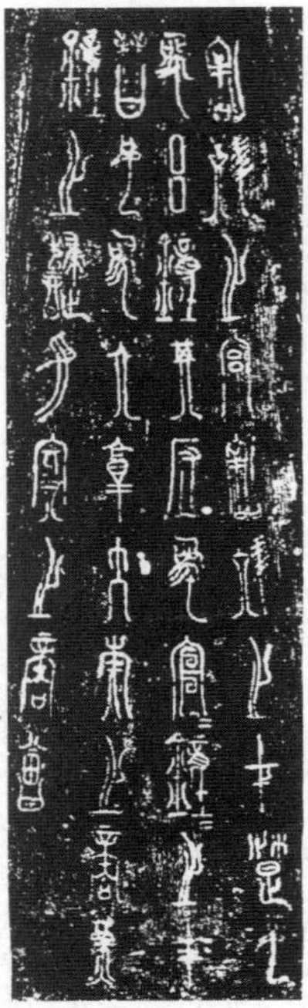

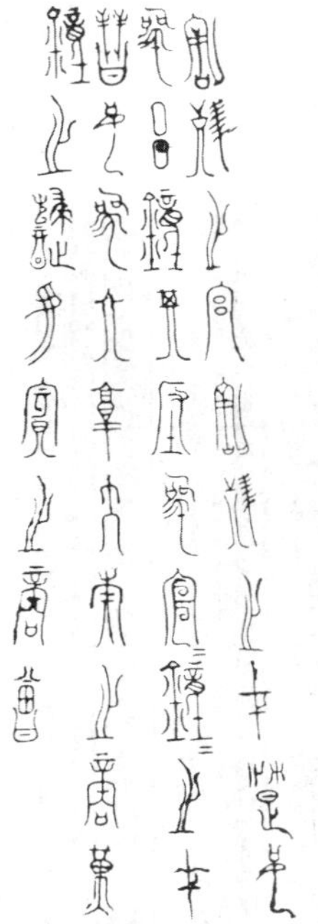

宮

姑洗之宮。姑洗之在楚号（號）爲吕鐘，其坂（反）爲宣鐘，宣鐘之在晉号（號）爲六亭（墉）。太簇之商，曾鐘之鐍，妥（蕤）賓之商曾。

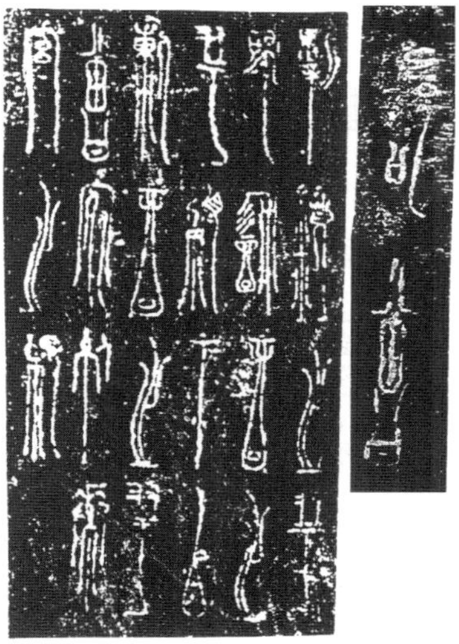

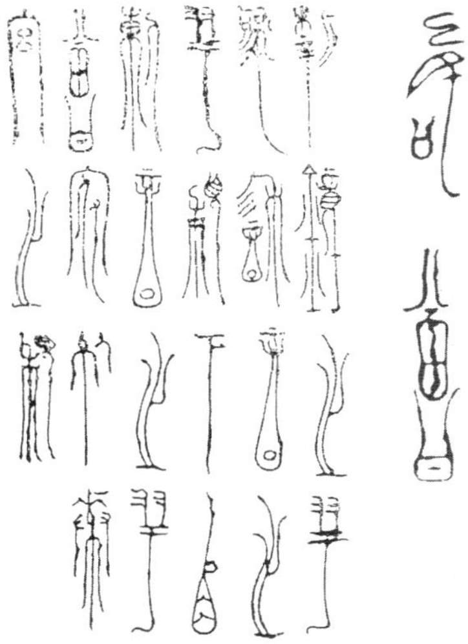

徵曾

新鐘之羽，爲穆（穆）音之羽顛下角。剌音之羽曾，符（附）於秦（索）宮之顛。

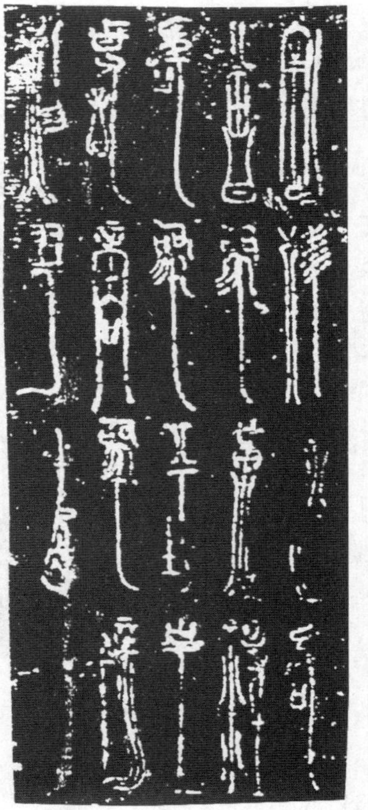

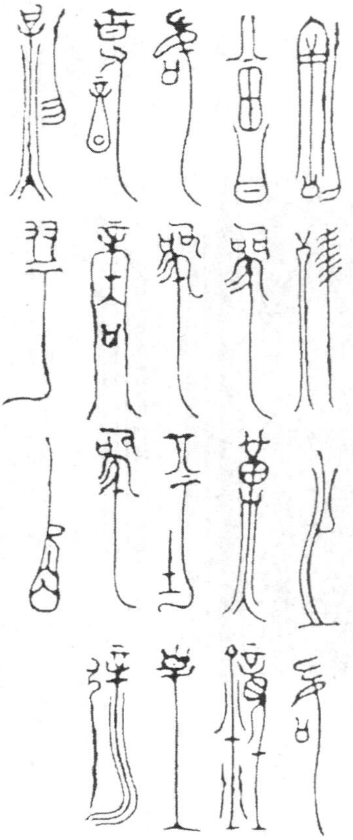

姑洗之徵曾，爲黃鐘徵，爲坪皇變商，爲屖（夷）則羽角。

9 號鐘（原下二—4）

商

妥（蕤）賓之宮。妥（蕤）賓之在楚号（號）爲坪皇，其在申号（號）爲遅（夷）則。太簇之珈歸，無鐸之宮曾，黄鐘之商角。

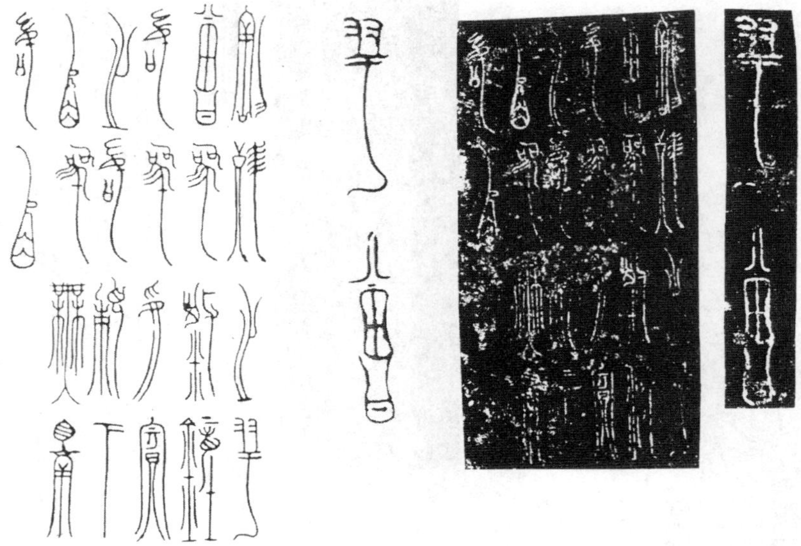

羽曾

姑洗之羽
曾，爲槃鐘
徵，爲妥（蕤）賓
之徵顚下
角，爲無睪（射）
徵角。

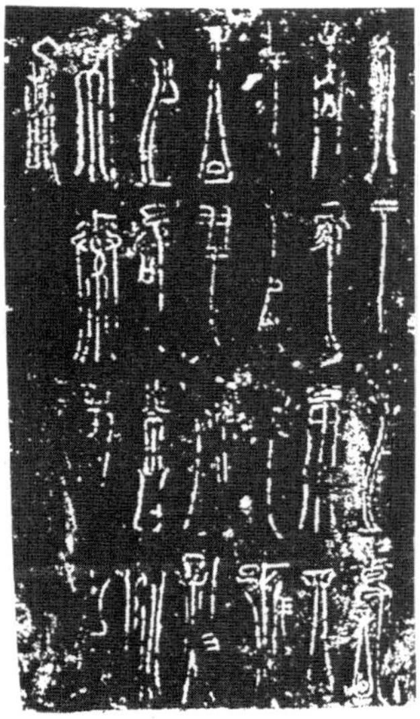

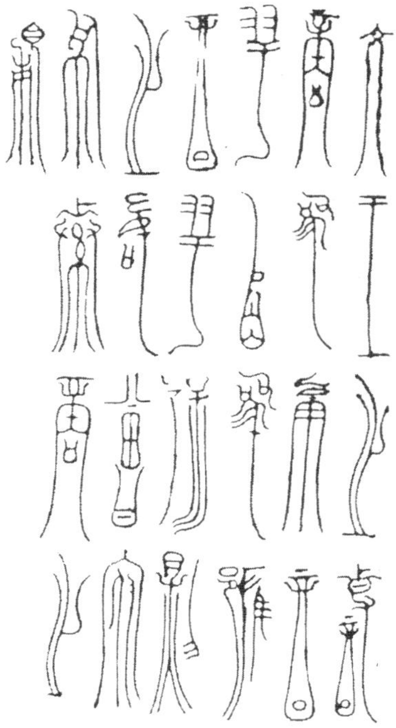

文王之變商，爲韋音羽角，爲應音羽。屖（夷）則之徵曾，符（附）於索商之顚。

10號鐘（原下二3）

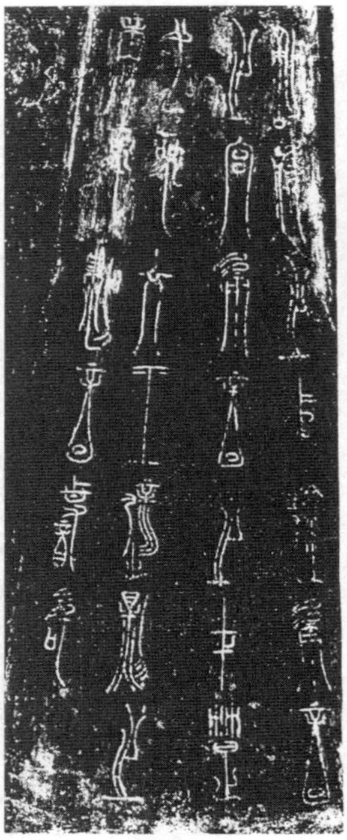

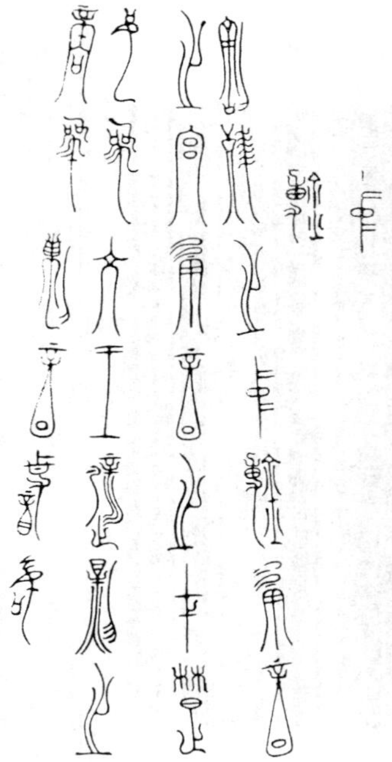

中

鎛

姑洗之中鎛。韋音

之宮。韋音之在楚

号（號）爲文王。遅（夷）則之

商，爲剌音變徵。

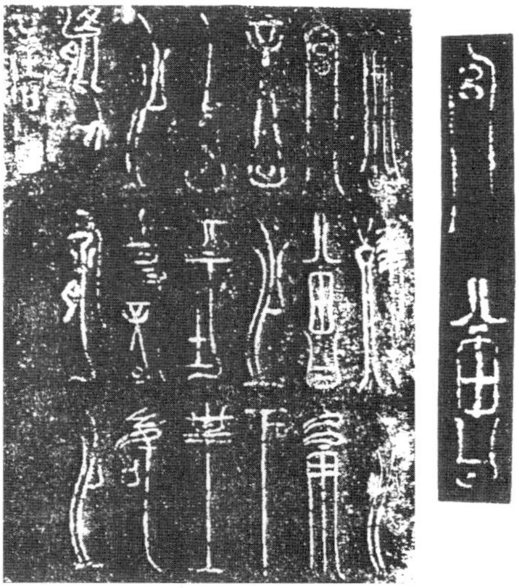

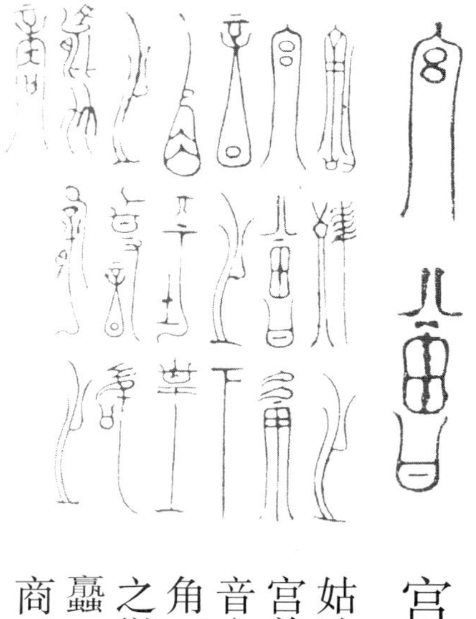

宮曾

姑洗之宮曾。韋音之下角，坪皇之變徵，蠃(𣎆)孠之商。

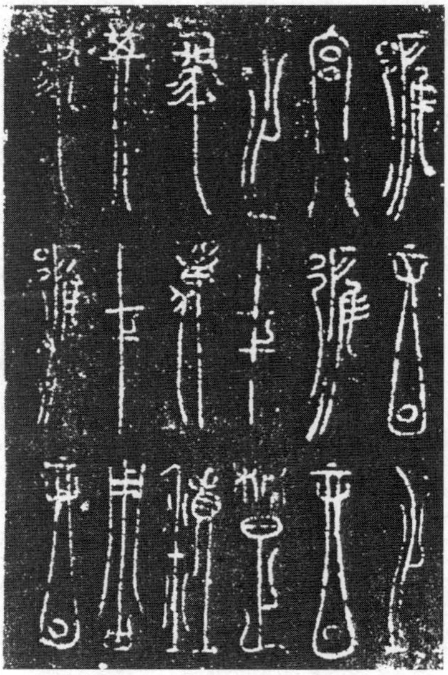

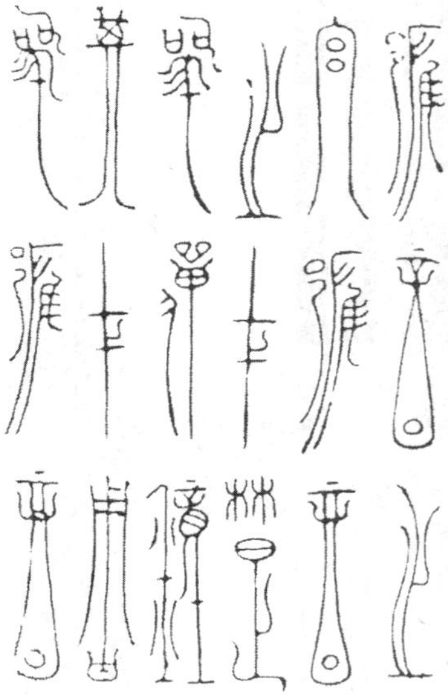

應音之宮。應音之在楚爲獸鐘，其在周爲應音。

11號鐘（原下二2）

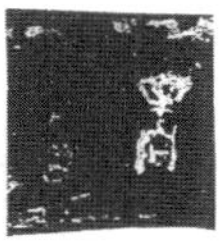

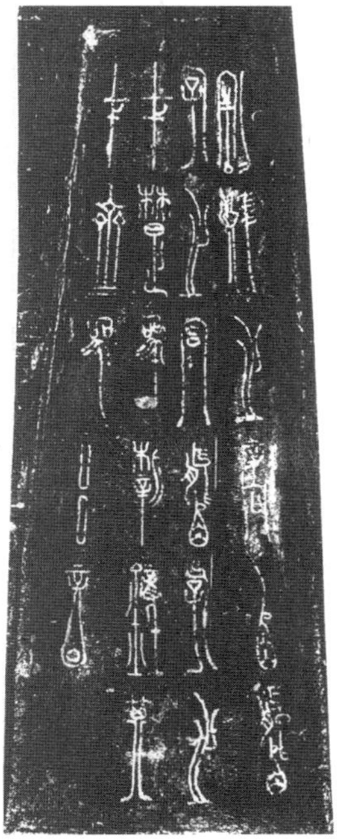

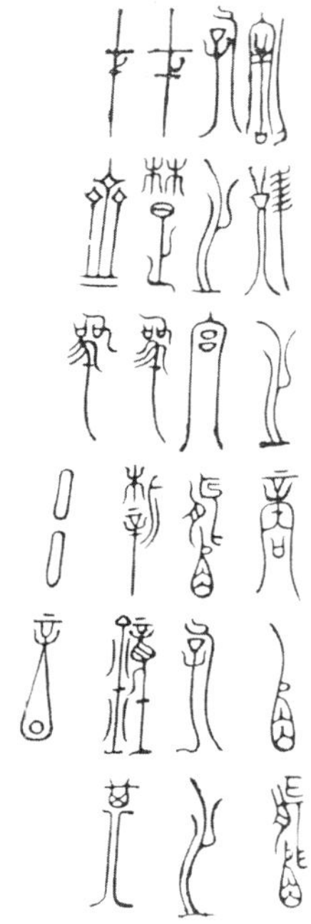

商角

姑洗之商角。嬴孠之宮。嬴孠之在楚爲新鐘，其在齊爲呂音。

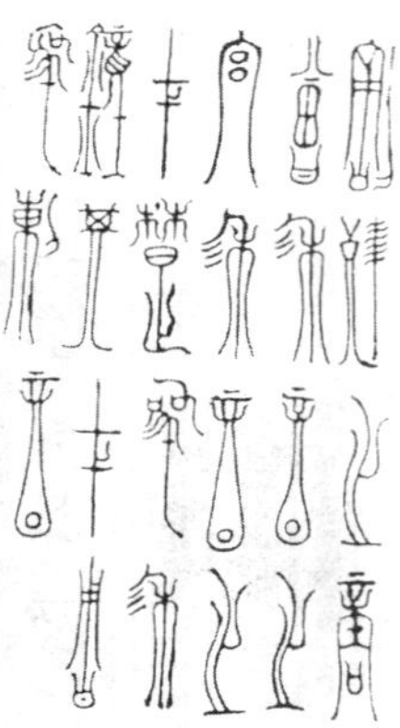

商曾

姑洗之商曾。穆音之宮。穆音之在楚爲穆鐘。其在周爲剌音。

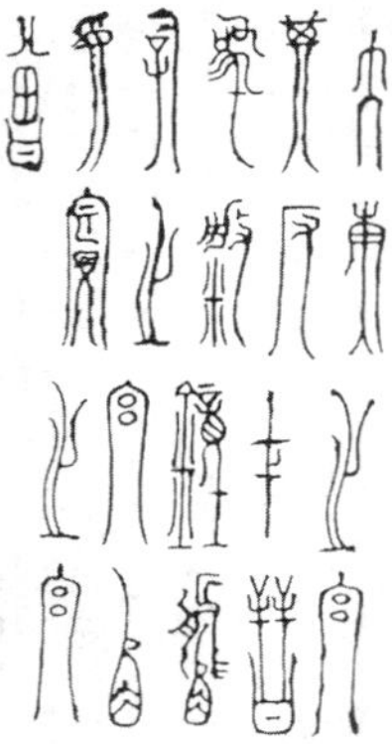

太簇之宮，其反在晉爲槃鐘。嬴孠之宮角，妥（蕤）賓之宮曾。

12號鐘（原下二1）

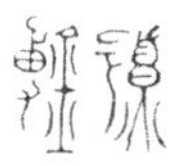

鄦鎛

姑洗鄦鎛。穆音之羽，
赢孠之羽角，犀（夷）則之
羽曾，應鐘之變宮。

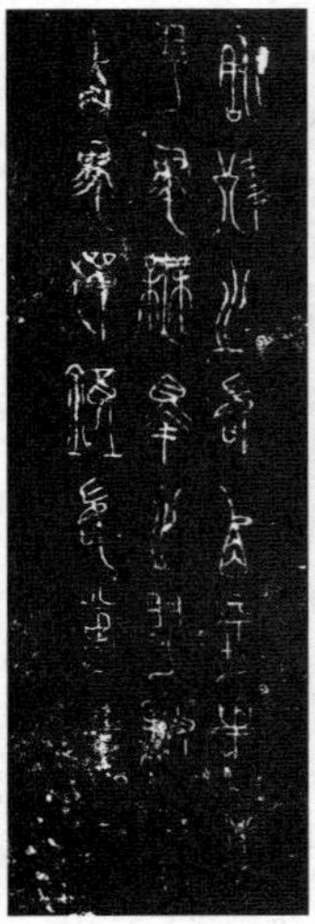

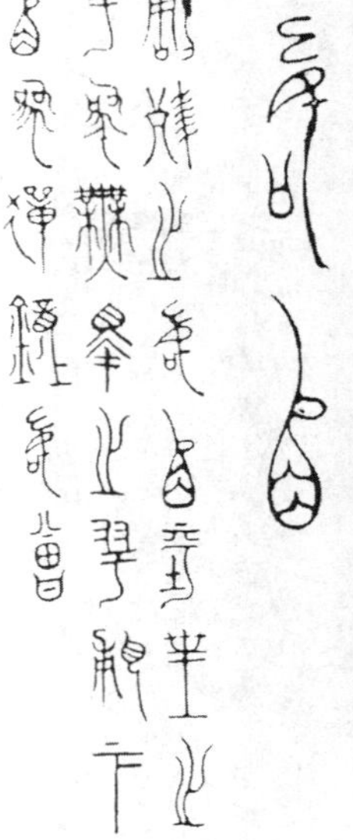

徵角

姑洗之徵角。坪皇之羽，爲無睪（射）之羽顛下角，爲獸鐘徵曾。

妥（蕤）賓之羽，爲穆音羽角，爲剌音變商，爲獸鐘之徵顛下角。

13號鐘（原中三10）

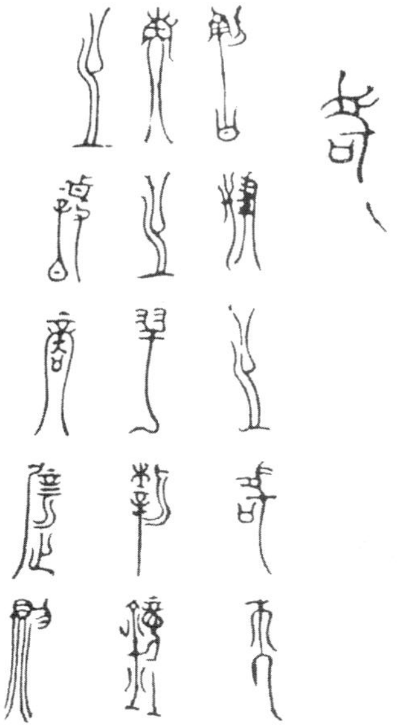

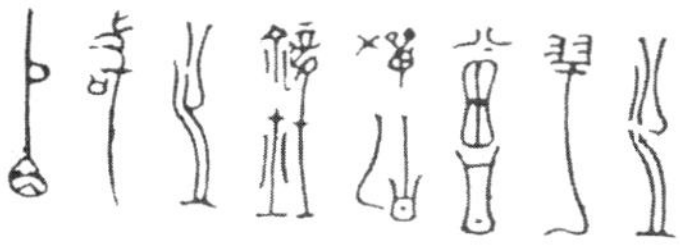

徵

姑肆（洗）之徵。夫（太）簇之羽，新鐘之變商，遅（夷）則

之羽，曾獸鐘之徵角。

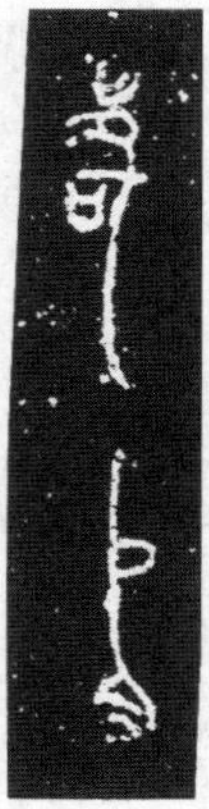

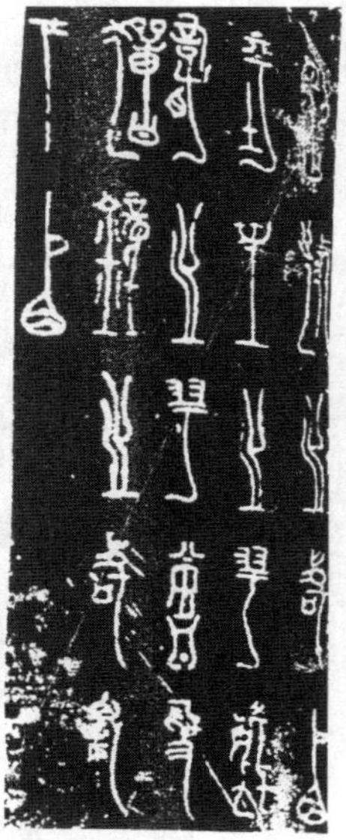

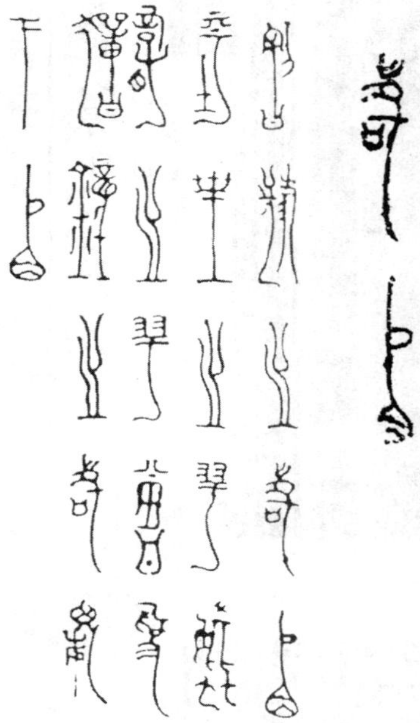

徵角

姑肆（洗）之徵角。坪皇之羽，贏（嬴）脬之羽曾，爲獸鐘之徵顧下角。

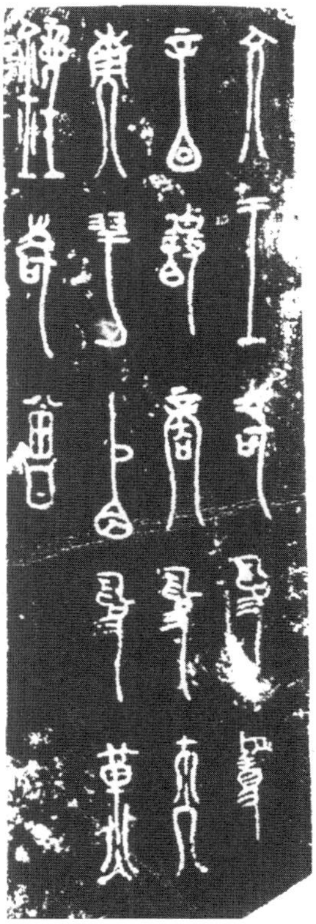

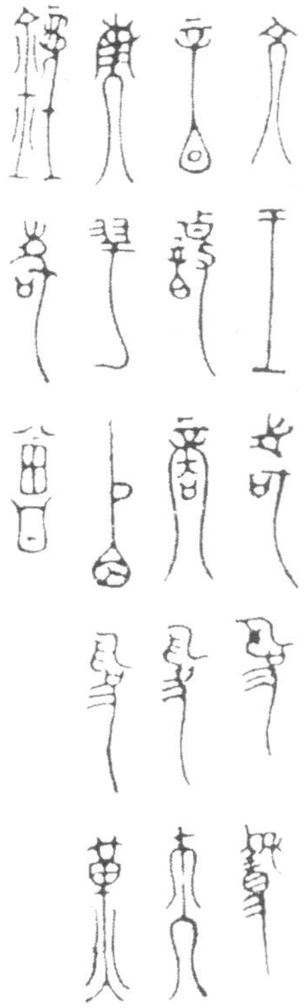

文王徵，爲穆音變商，爲夫（太）簇羽角，爲黃鐘徵曾。

14 號鐘（原中三9）

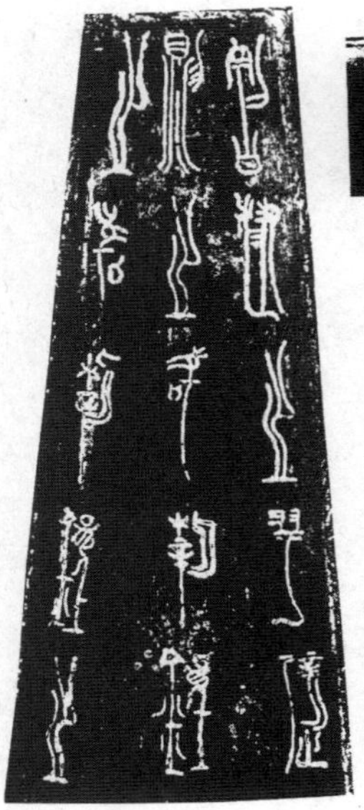

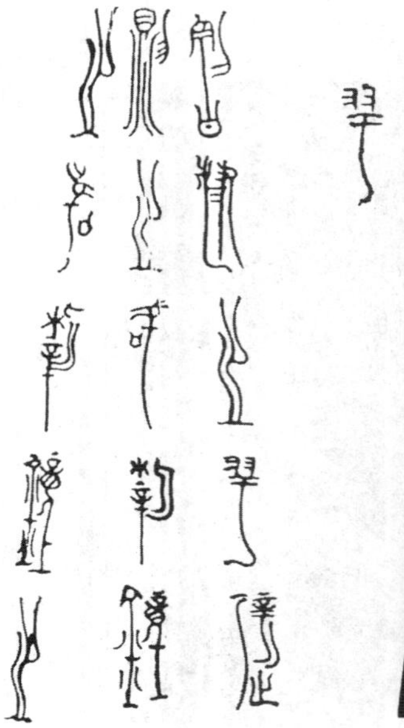

羽

姑肄（洗）之羽。遟（夷）
則之徵，新鐘
之徵，新鐘之

徵，曾應音之變，商韋音之羽曾。

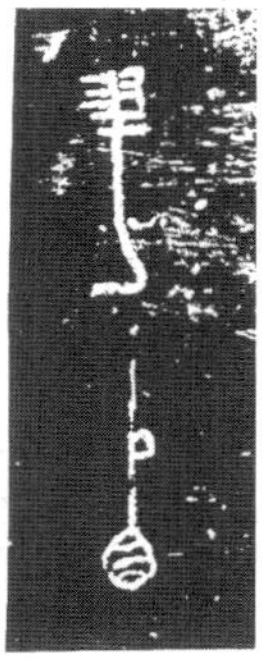

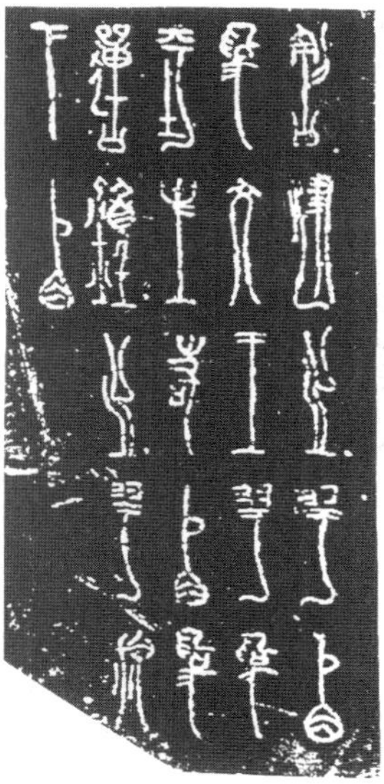

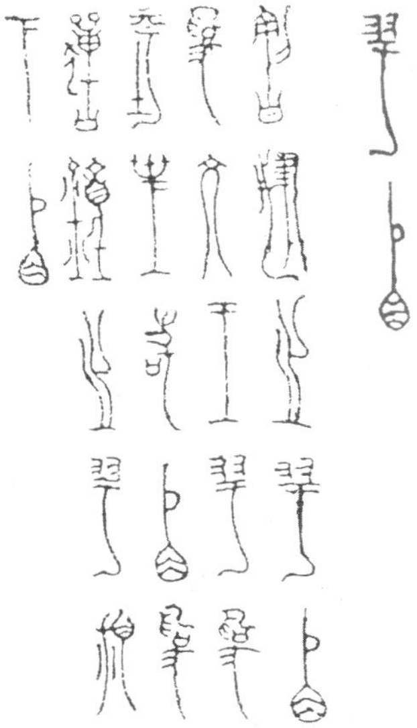

羽角

姑肆（洗）之羽角，爲文王羽，爲坪皇徵角，爲兽鐘之羽顚下角。

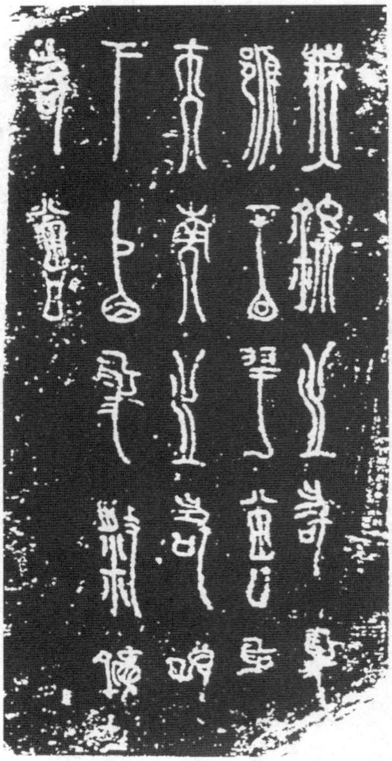

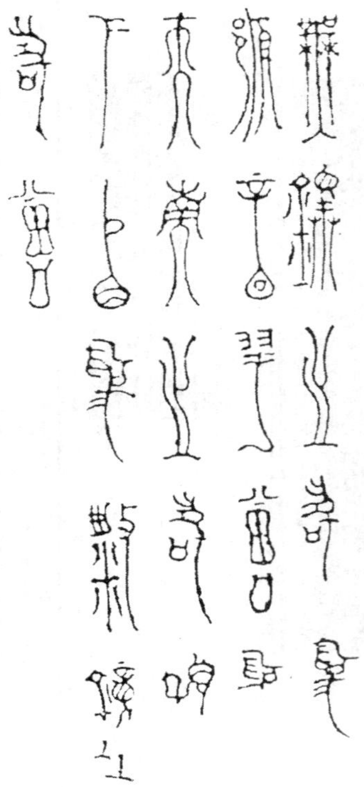

無鐸（射）之徵，爲應音羽曾，爲夫（太）簇之徵顧下角，爲槃鐘徵曾。

15號鐘（原中三8）

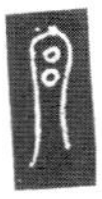

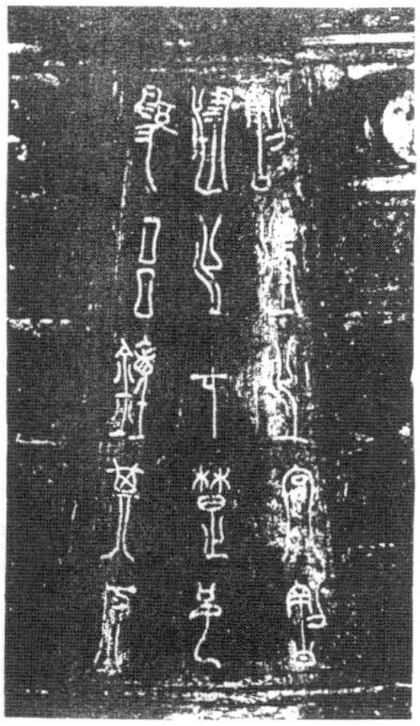

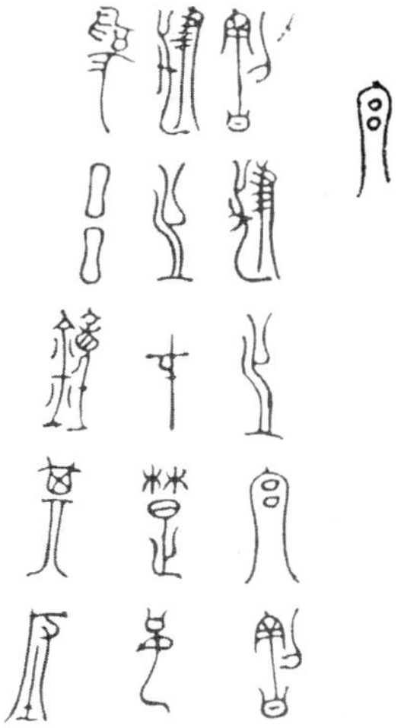

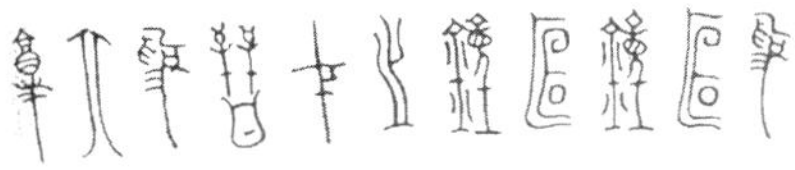

宫

姑洗之宫。姑洗之在楚号（號）為吕鐘，其坂（反）為亘（宣）鐘，亘（宣）鐘之在晉為六𩫏（墉）。

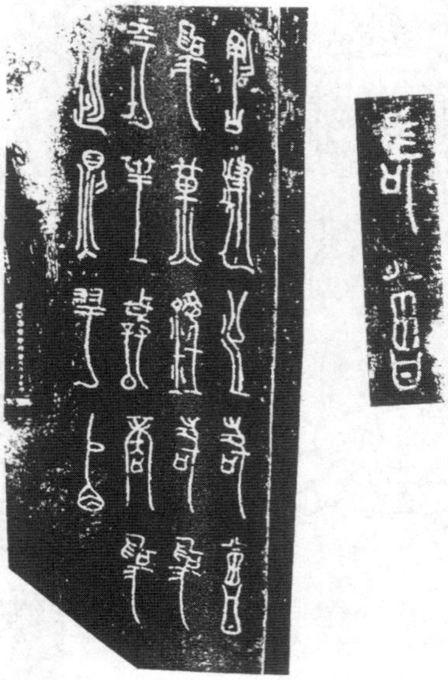

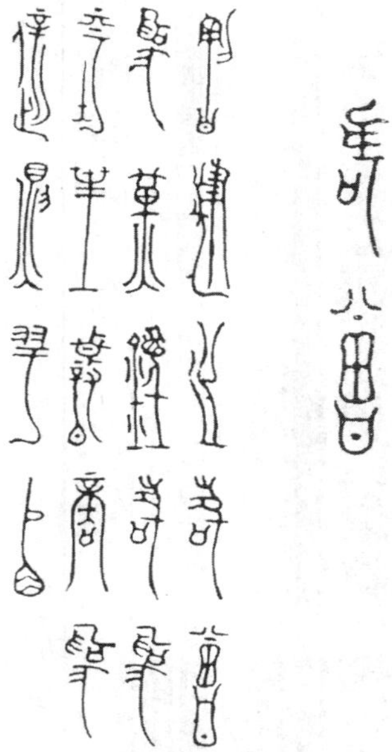

徵曾

姑洗之徵曾，爲黃鐘徵，爲坪皇變商，爲遲（夷）則羽角。

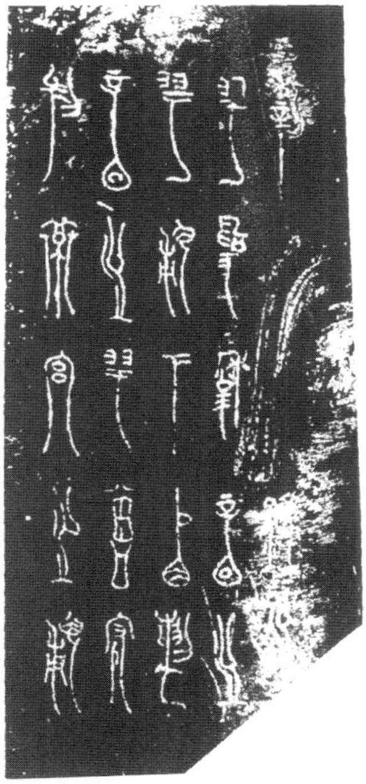

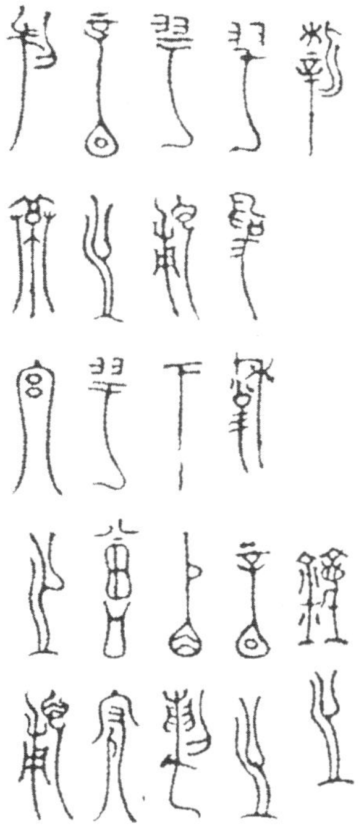

新　鐘之
羽，爲穆音之
羽顫下角。剌
音之羽曾，疛（附）
於索宮之顫。

16 號鐘（原中三7）

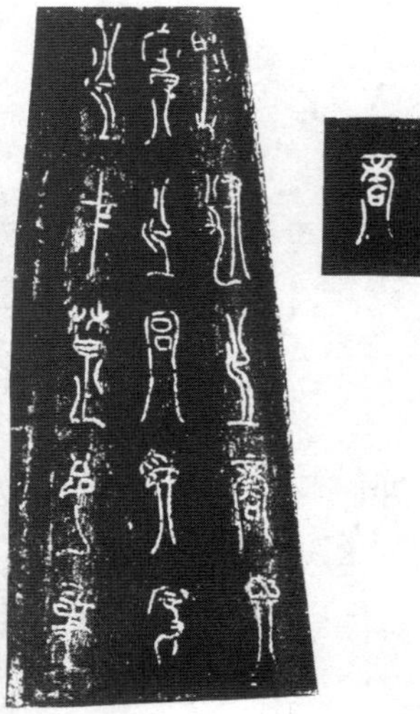

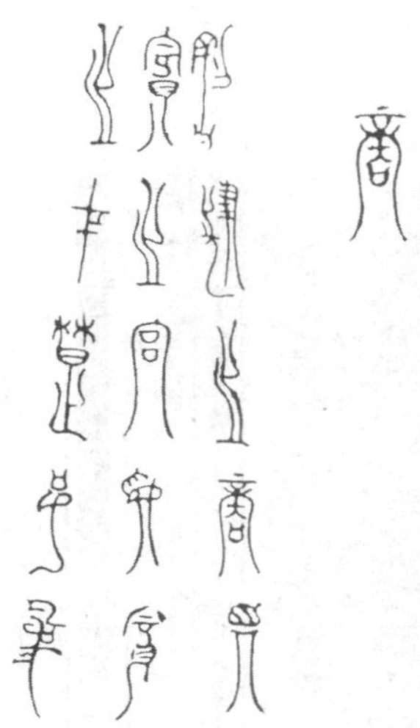

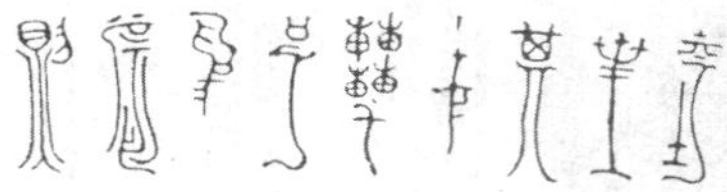

商

姑洗之商。妥（蕤）賓之宮。妥（蕤）賓之在楚号（號）爲

坪皇。其在申号（號）爲遲（夷）則。

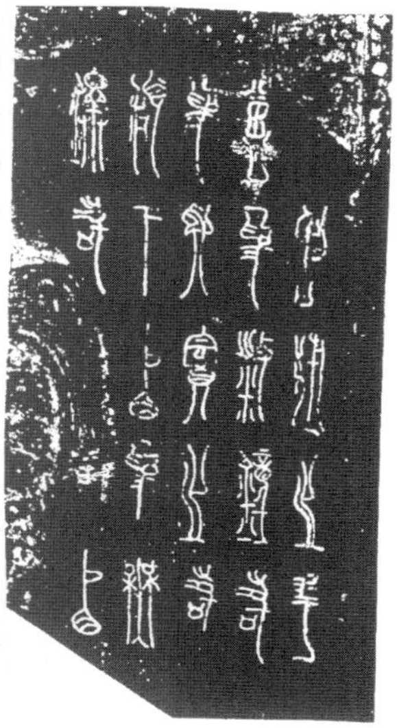

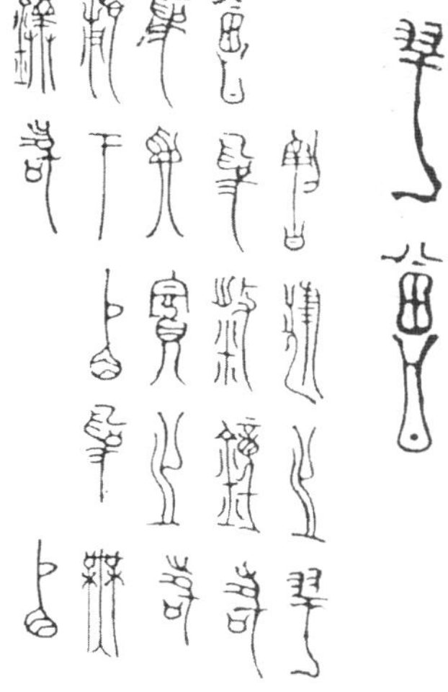

羽曾

姑洗之羽曾，爲槃鐘徵，爲妥（蕤）賓之徵顛下角，爲無鐸（射）徵　角。

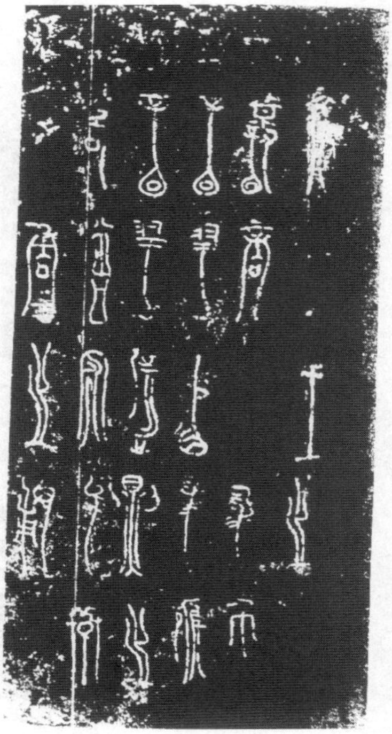

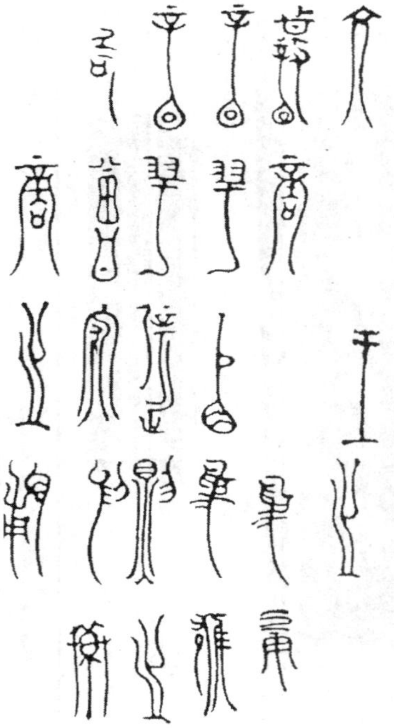

文 王之
變商，爲韋
音羽角，爲應
音羽。遟（夷）則之
徵曾，㝴（附）於索
商之顀。

17 號鐘（原中三6）

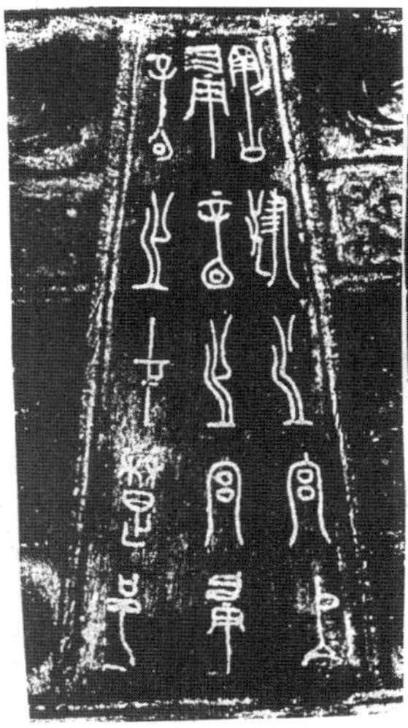

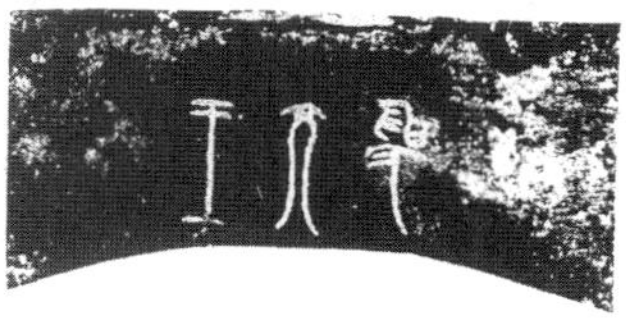

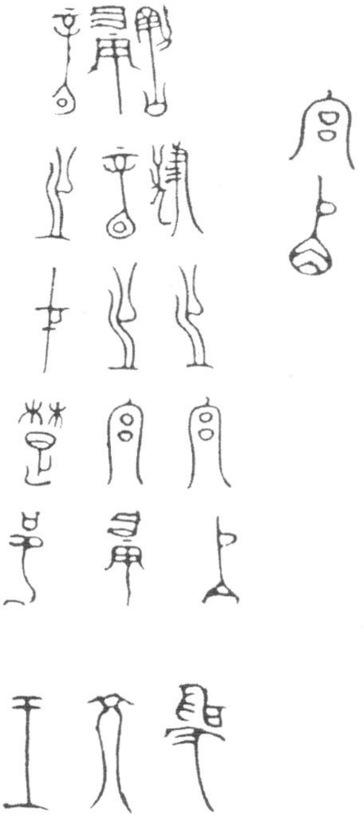

宮角

姑洗之宮角。　爲
韋音之宮。韋　文
音之在楚号（號）　王。

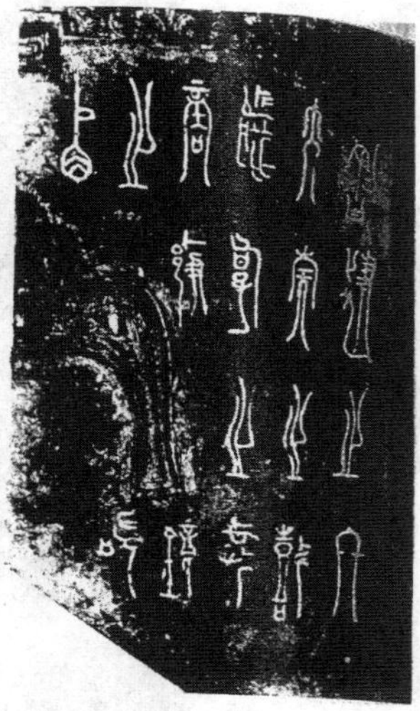

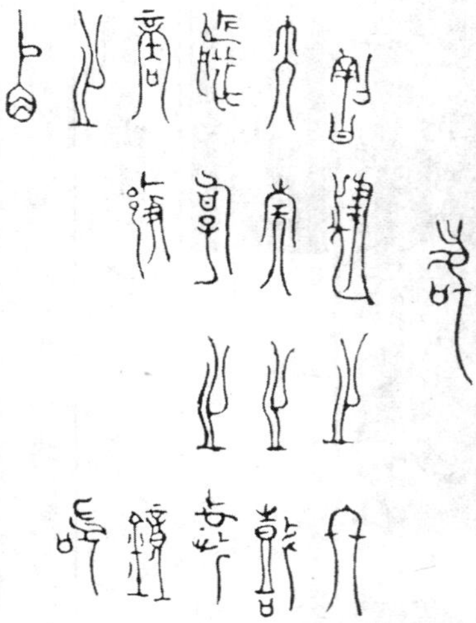

徵

姑洗之冬（終），太簇之鼓，𣎆（羸）孠之變商，應鐘之徵角。

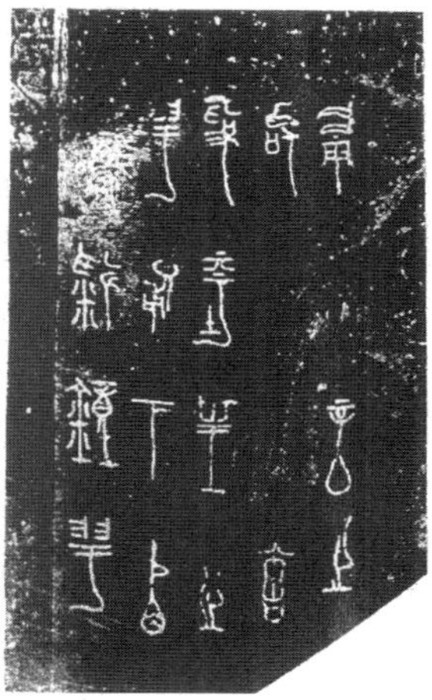

韋音之
徵曾，
爲坪皇之
羽顧下角，
爲槃鐘羽。

18號鐘（原中三5）

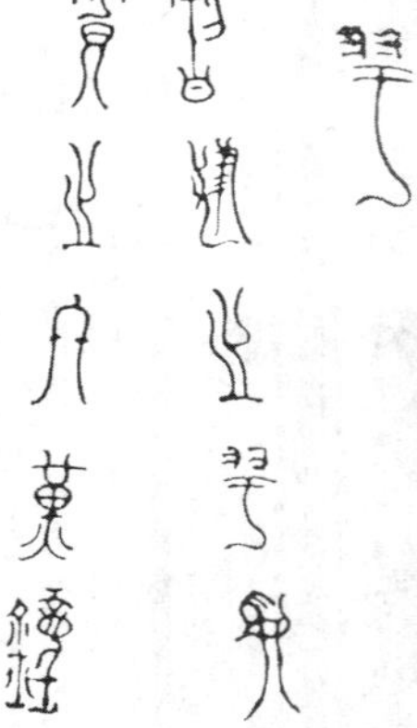

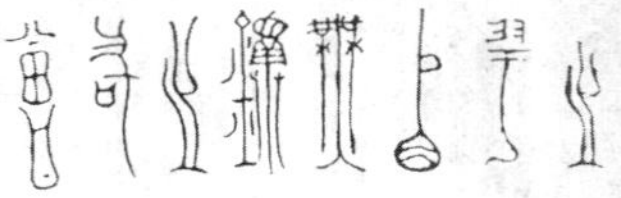

羽

姑洗之羽。妥（蕤）賓之終，黃鐘之羽角，無鐸（射）之徵曾。

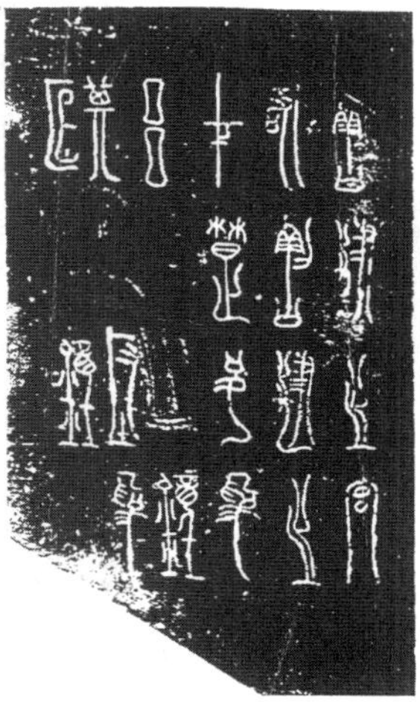

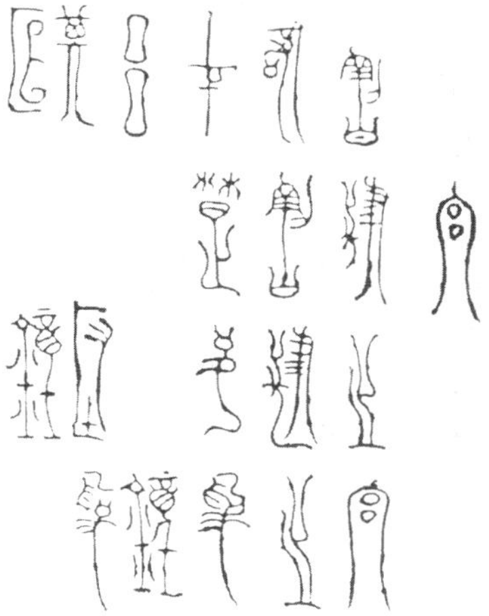

宮

姑洗之宮
㡣。姑洗之
在楚号（號）爲
吕　鐘，
其　坂（反）爲
亘（宣）　鐘。

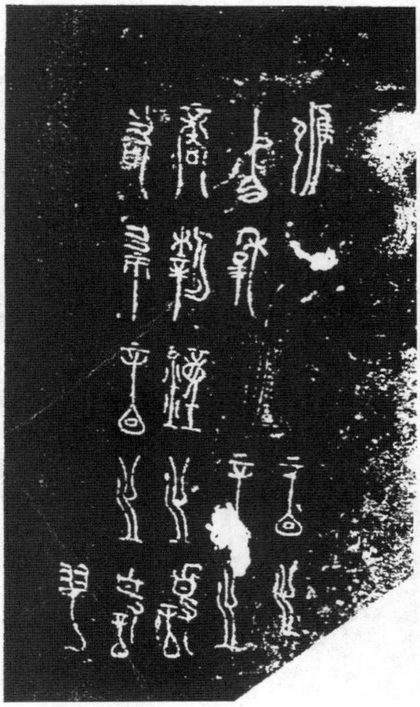

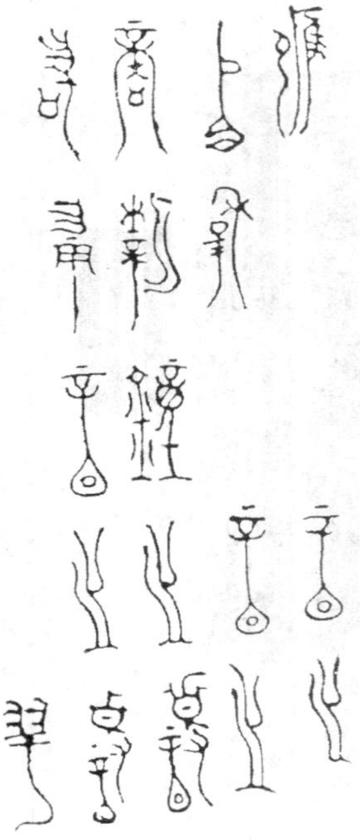

應　音之
角，穆　音之
商。新鐘之變
徵，韋音之變
羽。

19 號鐘（原中三4）

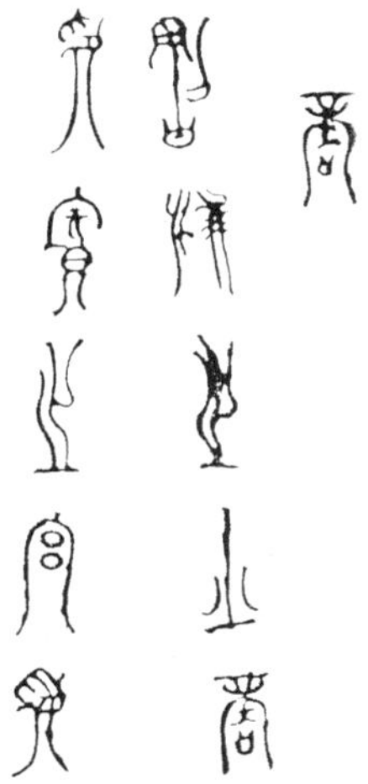

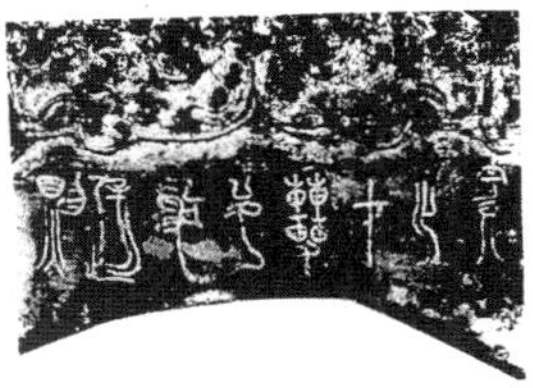

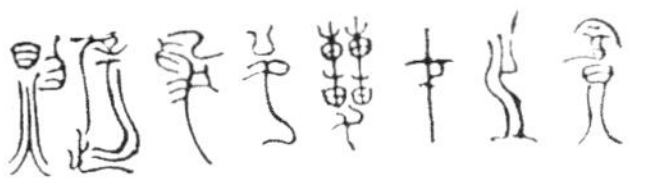

商

姑洗之少商。

妥（蕤）賓之宮。妥（蕤）賓之在申号（號）爲遅（夷）則。

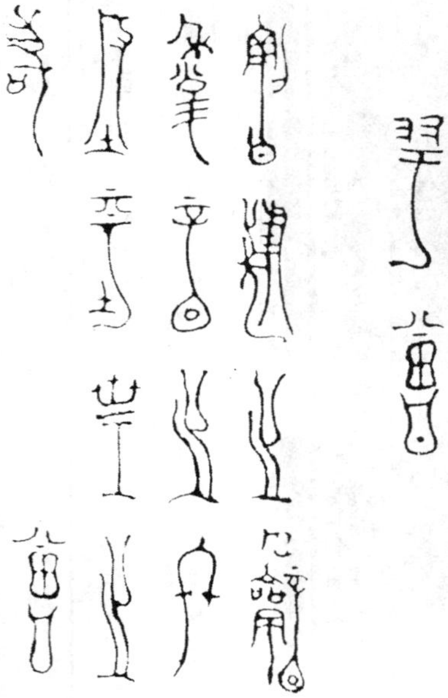

羽曾

姑洗之鸙，穆音之終坂(反)，坪皇之徵曾。

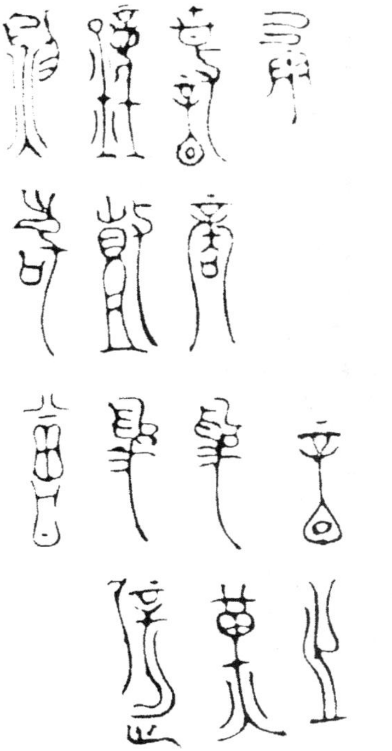

韋　音之
變商，爲黃
鐘鼓，爲遅（夷）
則徵曾。

20 號鐘（原中三3）

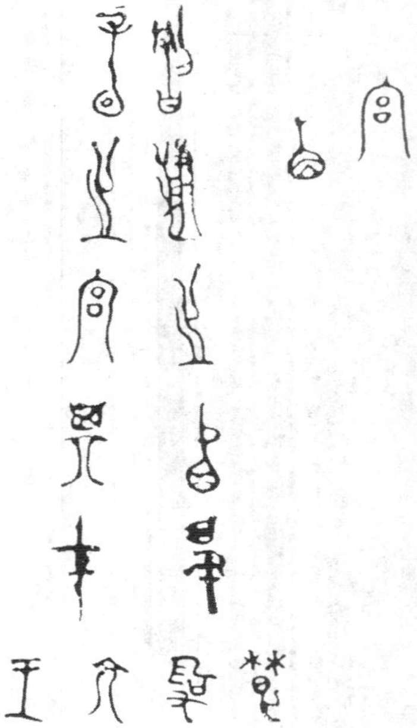

宮

角

姑洗之角。韋

音之宮。其在

楚爲文王。

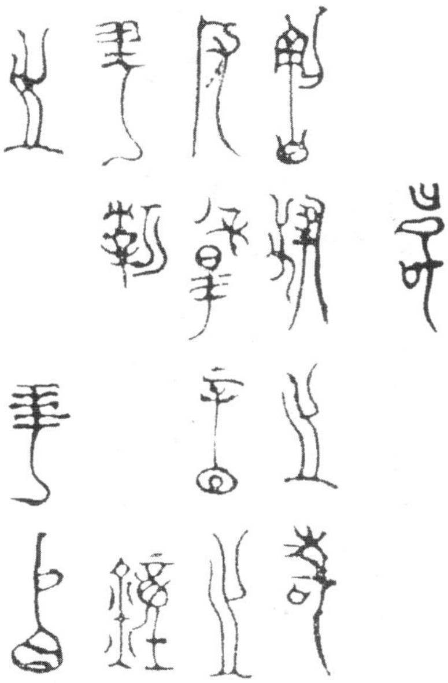

徵

姑洗之徵反。穆音之羽，新鐘之羽角。

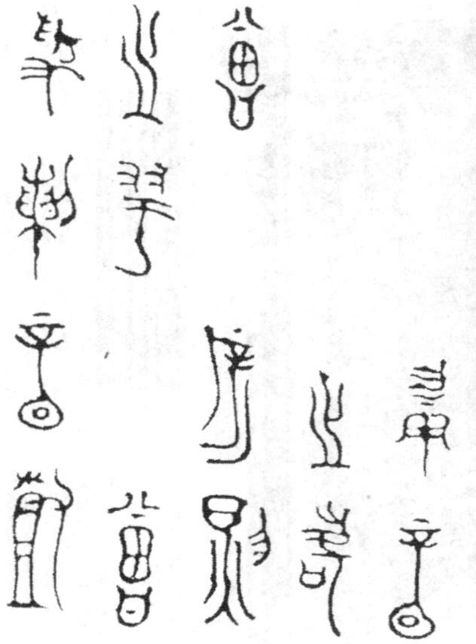

韋音之徵曾，屖(夷)則之羽曾，爲剌音鼓。

21 號鐘（原中三2）

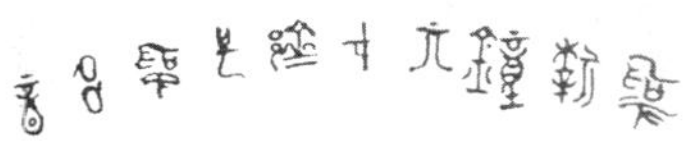

商

角

贏孠之宮。贏孠之在楚号（號）

爲新鐘，丌（其）在齊号（號）爲呂音。

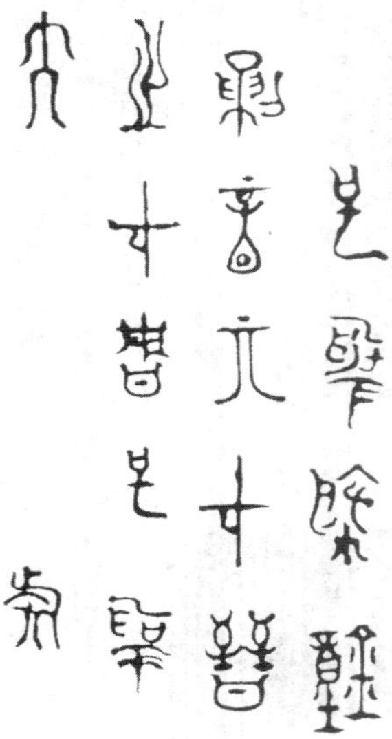

商曾

号（號）爲槃鐘。剌音。亓（其）在晉之在周号（號）爲太簇

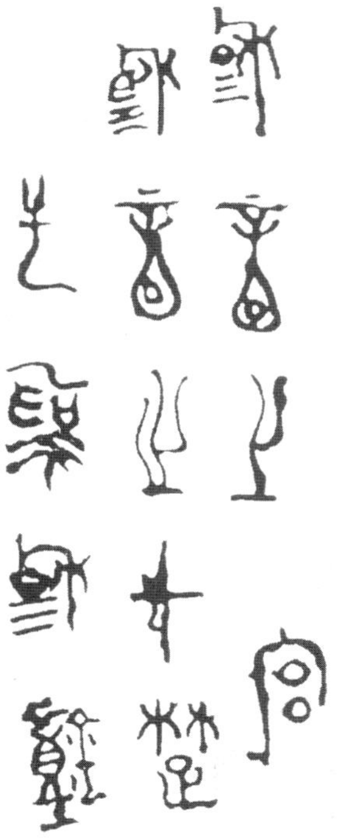

穆音之　宮。
穆音之在楚
号（號）爲穆鐘。

22號鐘（原中三1）

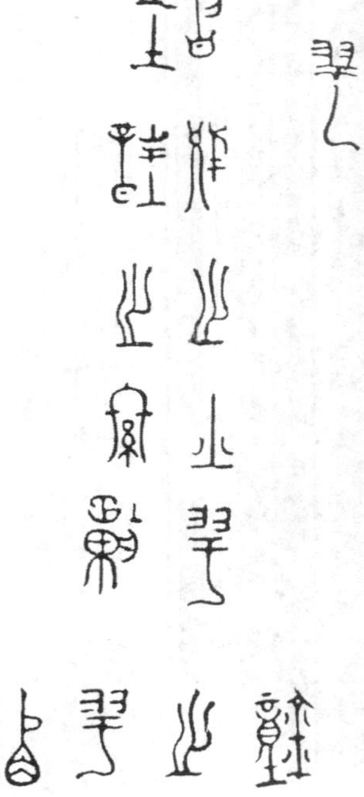

羽

姑洗之少羽。

坪謯（皇）之終，獸

鐘之羽角。

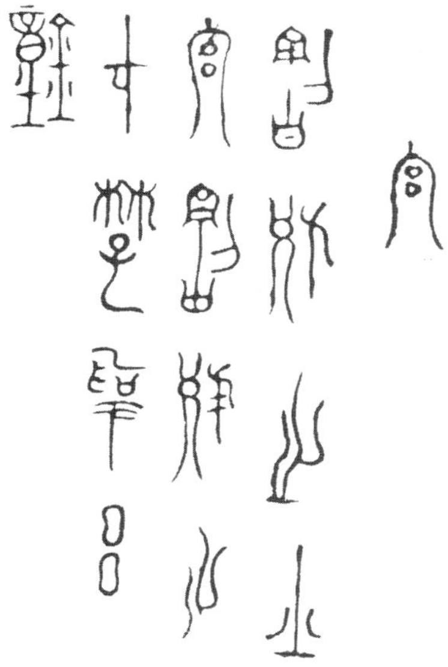

宮

姑洗之少宮。姑洗之在楚爲呂鐘。

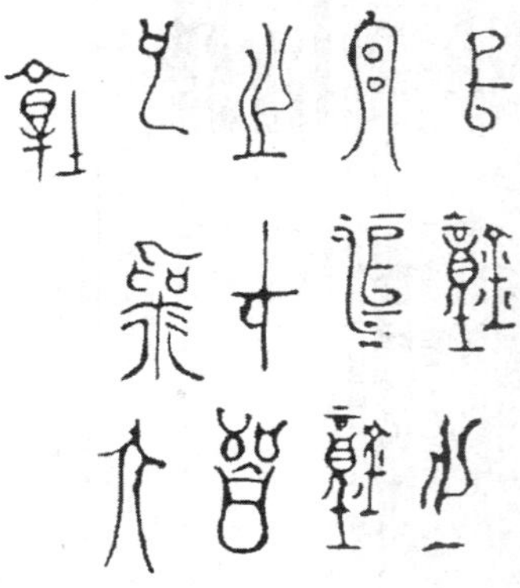

亘（宣）鐘之
宮。洹（宣）鐘
之在曾
号（號）爲六
⿰亯土（墉）。

23 號鐘（原中二12）

商

坪皇之宮，姑洗之歆商，穆鐘之角，新鐘之宮，曾濁獸鐘之徵。

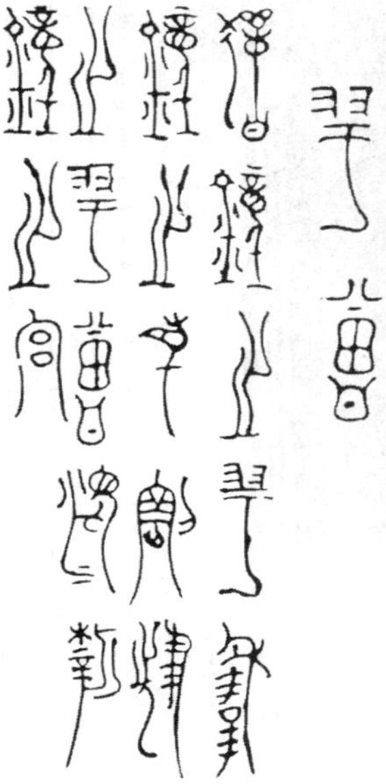

羽曾

獸鐘之羽，穆鐘之徵，姑洗之羽曾，濁新鐘之宮。

應音
之壴（鼓），新鐘之
徵顚，濁坪皇
之下角，濁文王之商。

24號鐘（原中二10）

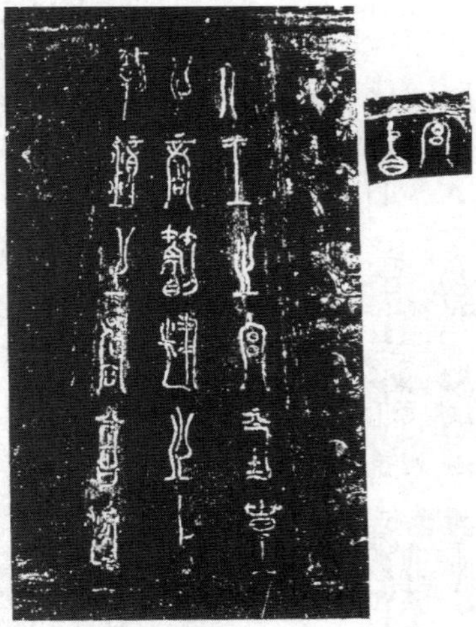

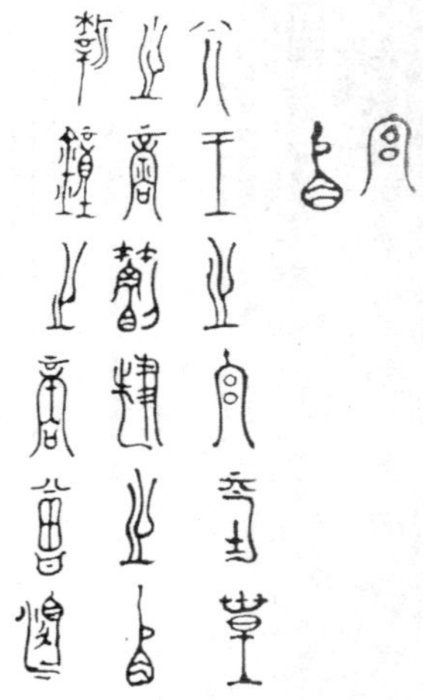

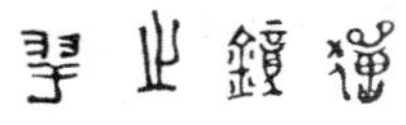

宮
角

文王之宮，坪皇　　獸
之商，割（姑）洗之角，鐘
新鐘之商曾，濁　　之
羽。

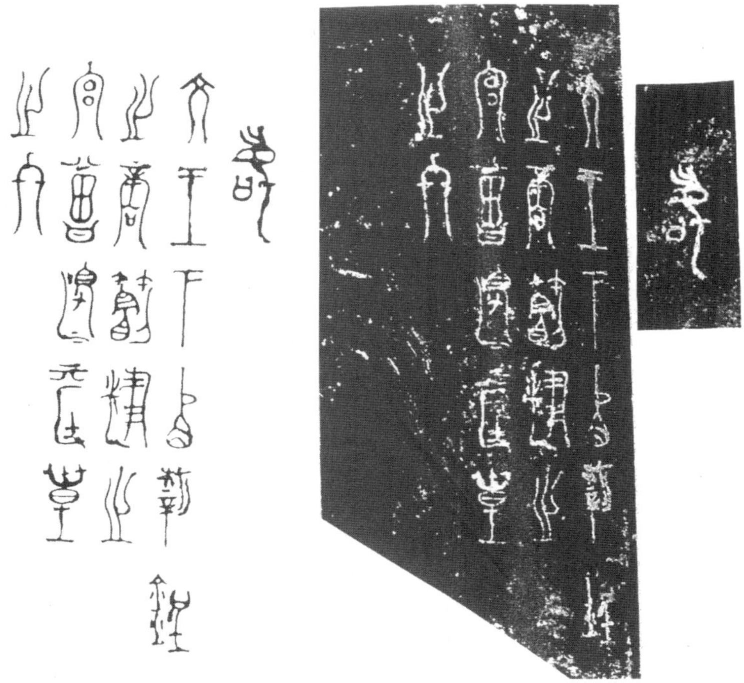

徵

文王下角，新鐘之商，割（姑）洗之宮曾，濁坪皇之終。

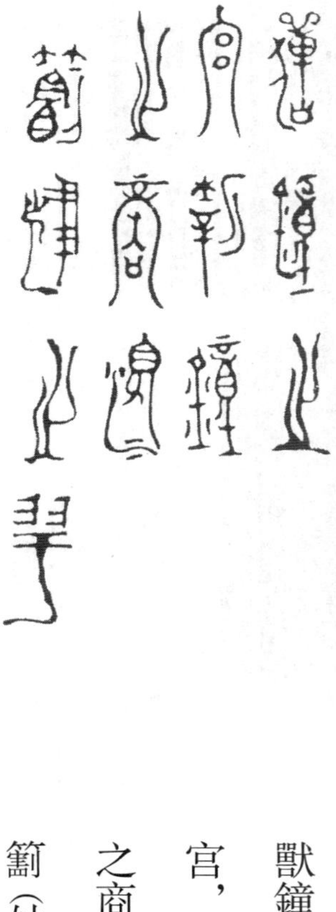

獸鐘之宮，新鐘之商，濁割（姑）洗之羽。

25號鐘（原中二11）

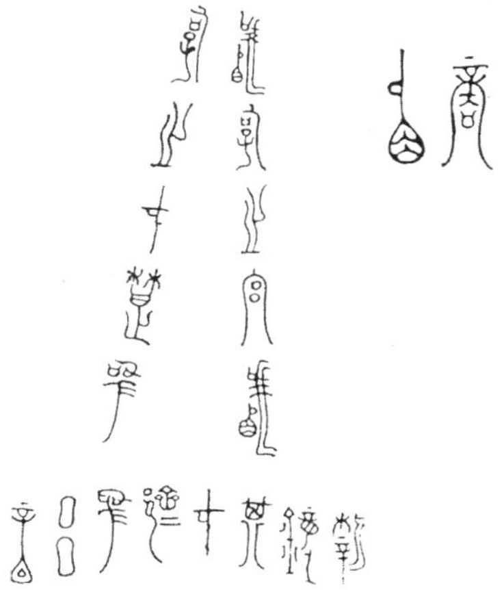

商

角

嬴孠之宮。嬴

孠之在楚爲

新鐘，其在齊爲呂音。

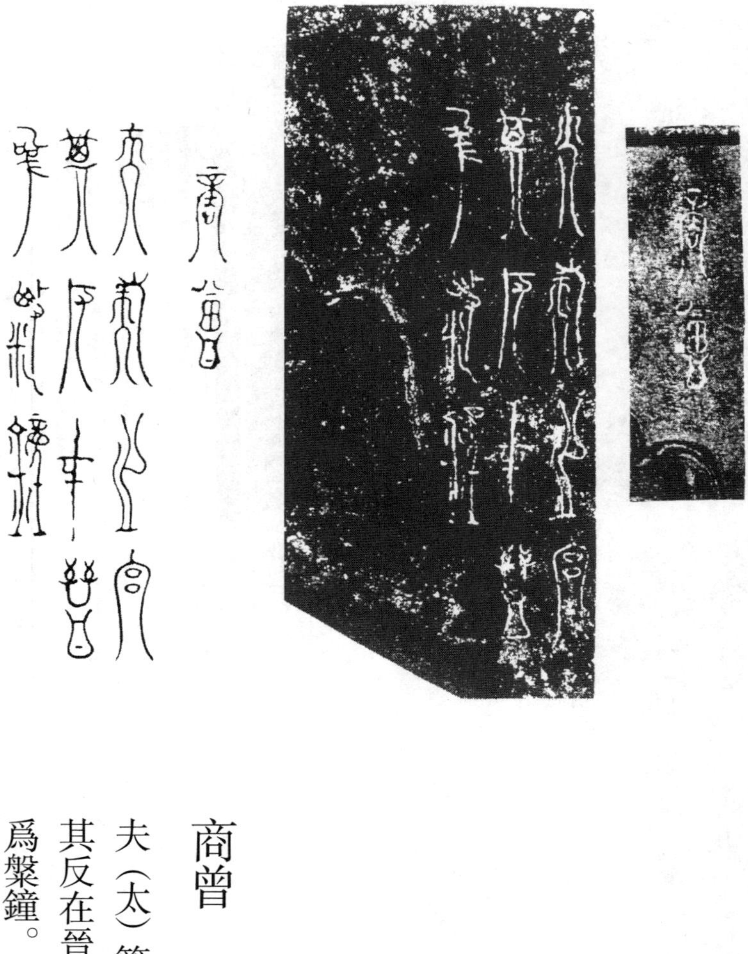

商曾

夫（太）簇之宮。

其反在晉

爲槃鐘。

穆　音
之宮。　穆
音之在楚爲
穆鐘，其在周
爲剌音。

26號鐘（原中二9）

徵

姑洗之徵。穆鐘之羽，新鐘之羽頔，濁獸鐘之宮。

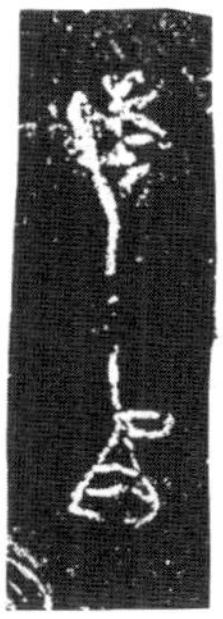

徵角

坪皇之壴（鼓），姑洗之徵角，濁獸鐘之下角。

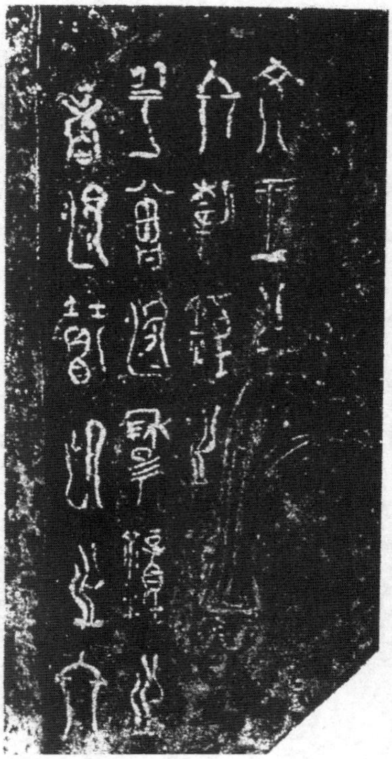

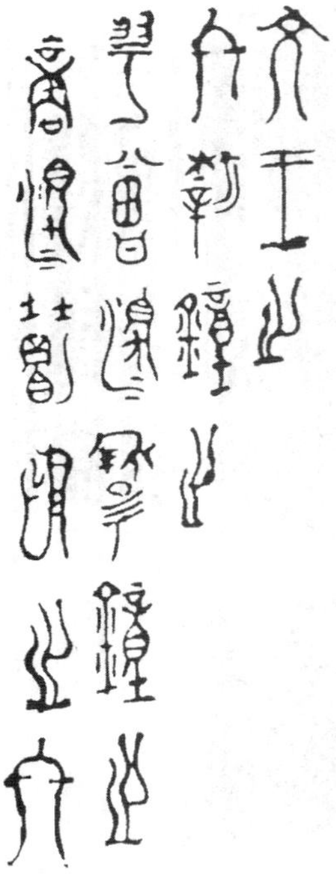

文王之

終，新鐘之

羽曾，濁穆鐘之

商，濁姑洗之終〔宮〕。

27號鐘（原中二8）

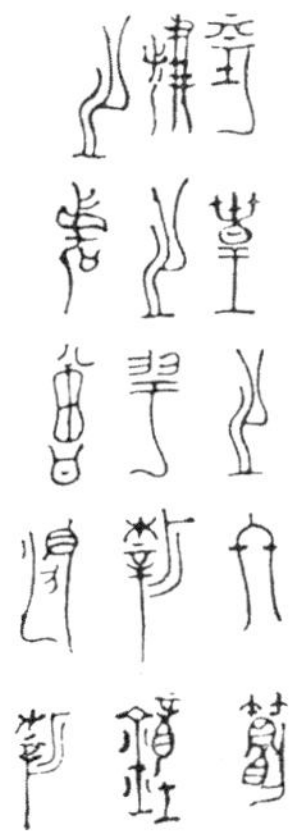

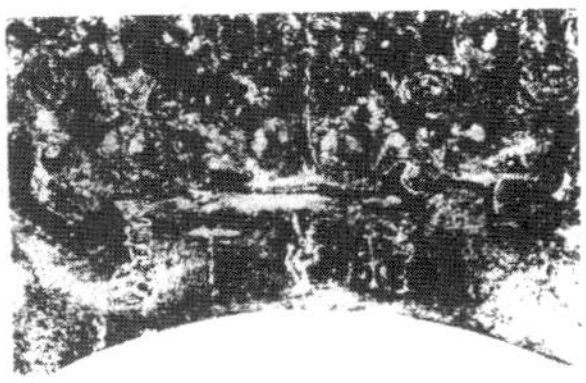

羽

坪皇之終，姑洗之羽，新鐘之徵曾，濁新鐘之下角。

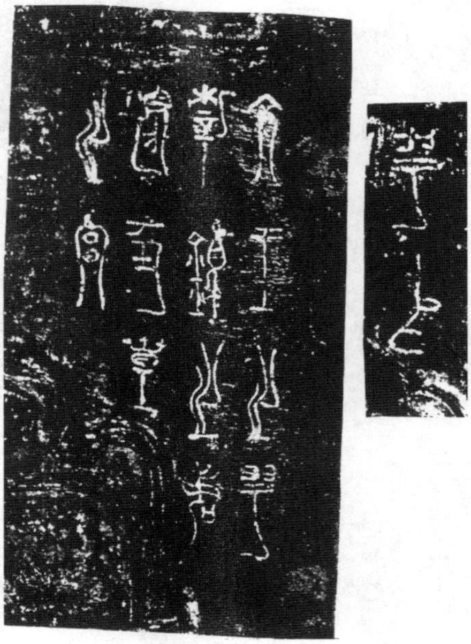

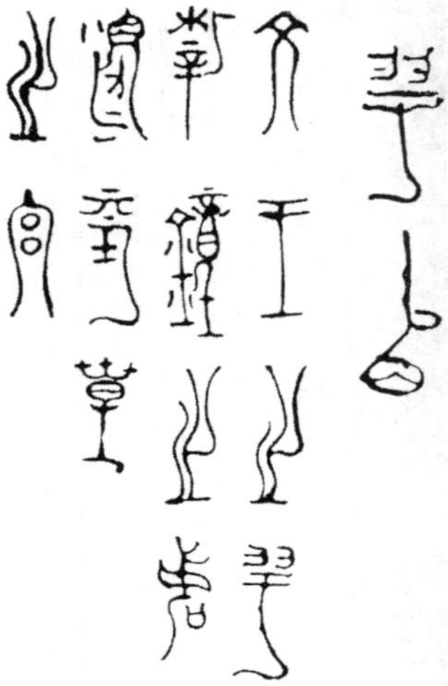

羽角

文王之羽，
新鐘之徵，
濁坪皇
之宮。

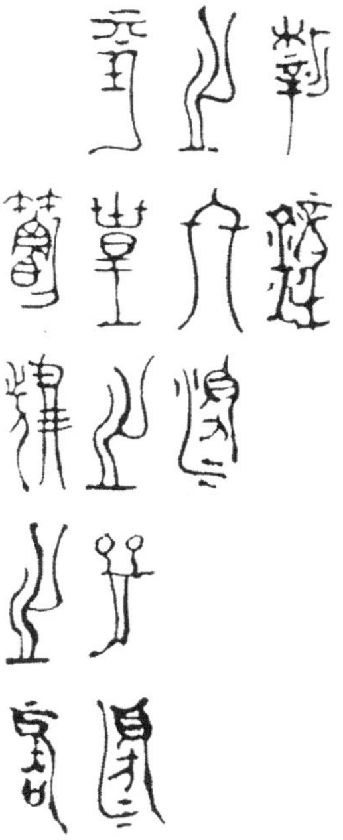

新鐘

之終，濁

坪皇之巽，濁

姑洗之商。

28 號鐘（原中二7）

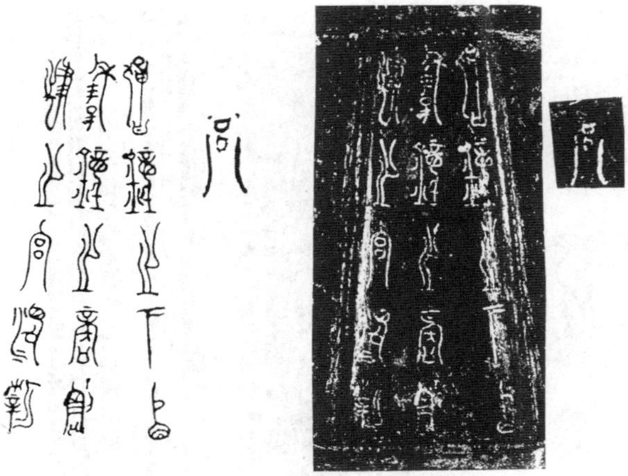

宮

獸鐘之下角，穆鐘之商，姑洗之宮，濁新

鐘之終。

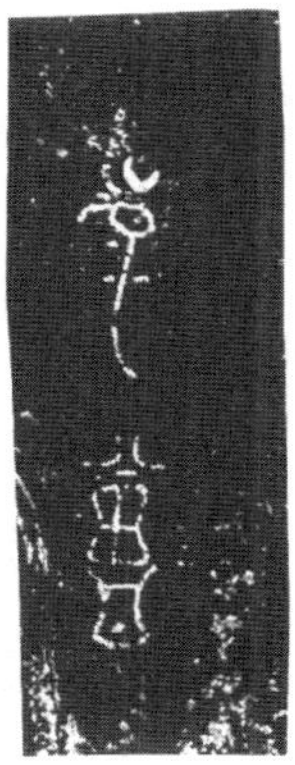

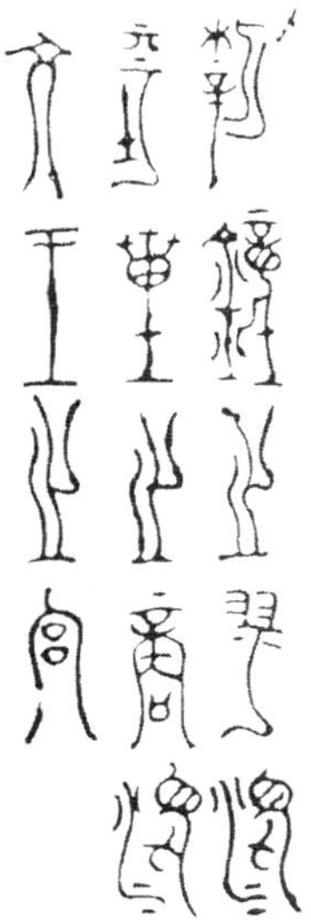

徵曾

新鐘之羽，濁坪皇之商，濁文王之宮。

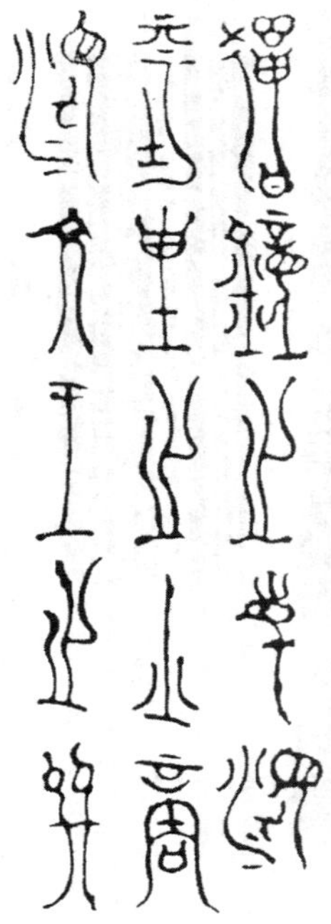

獸鐘之徵，濁
坪皇之少商，
濁文王之巽。

29 號鐘（原中二一6）

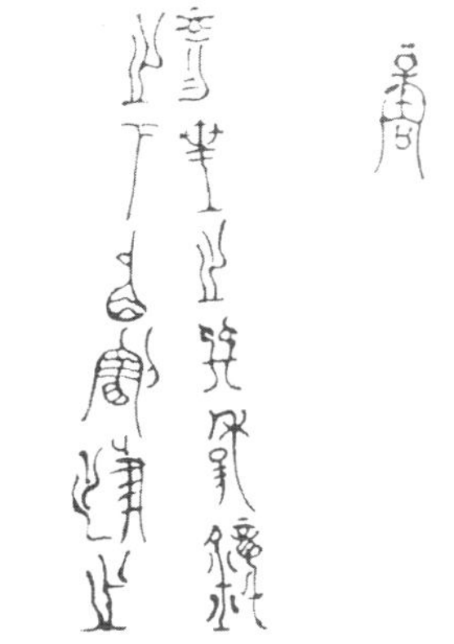

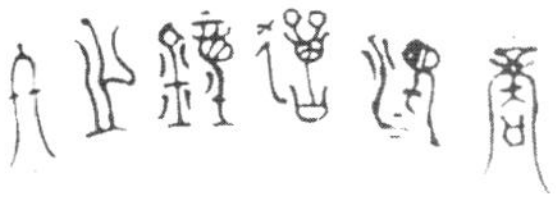

商

坪皇之巽，穆鐘

之下角，姑洗之

商，濁獸鐘之終。

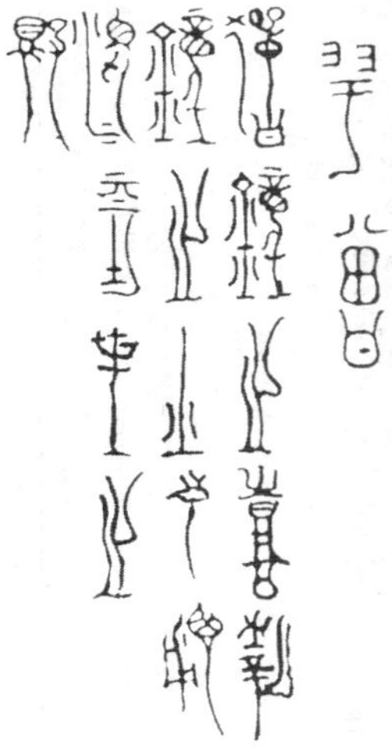

羽曾

獸鐘之壴（鼓），新鐘之少徵顧，濁坪皇之駛。

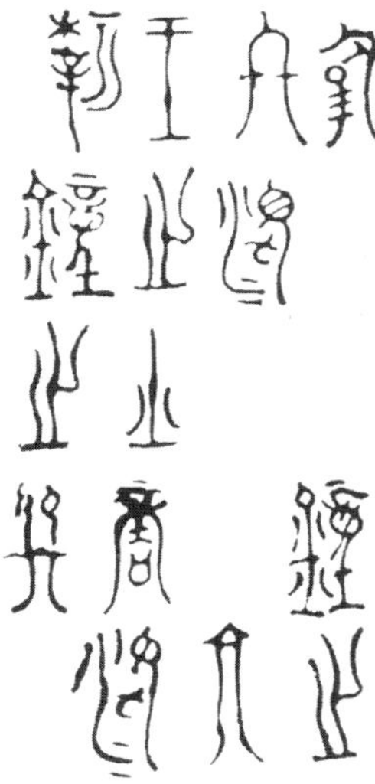

穆　鐘之
終，濁　文
王之少商，濁
新鐘之巽。

30 號鐘（原中二5）

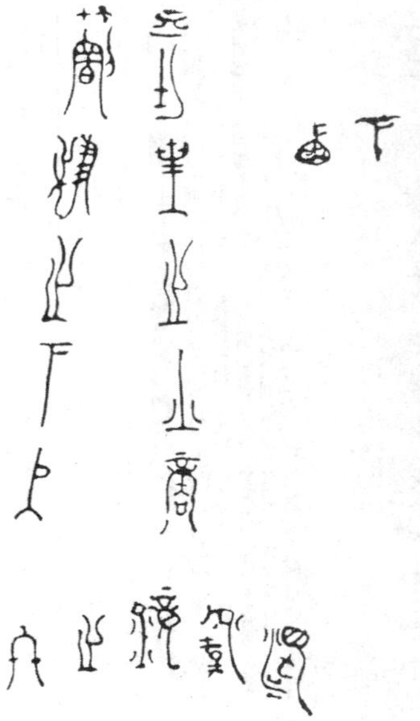

下角

坪皇之少商，
姑洗之下角，

濁穆鐘之終。

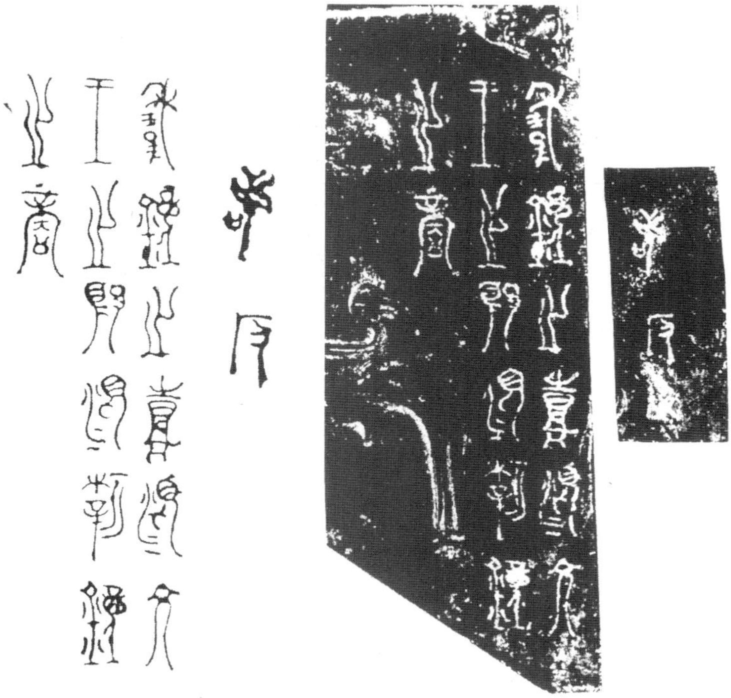

徵反

穆鐘之壴（鼓），濁文王之鴃，濁新鐘之商。

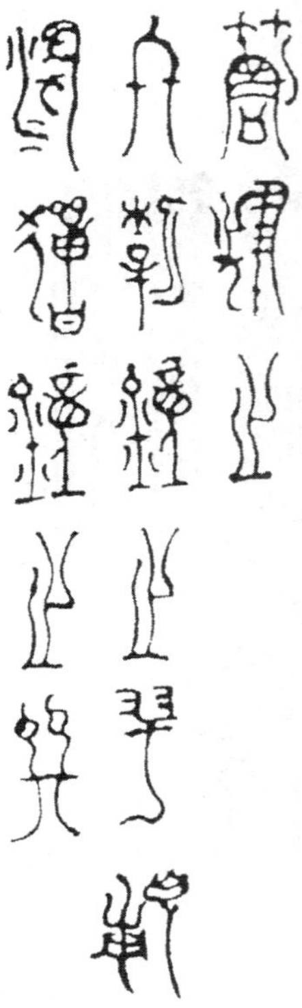

姑洗之
終，新鐘之羽顧，
濁獸鐘之巽。

31號鐘（原中二4）

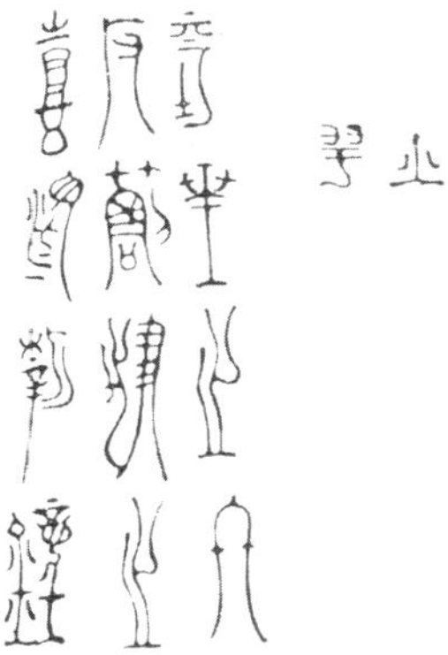

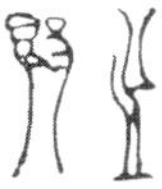

少羽

坪皇之終之反，姑洗之鴃。壴（鼓），濁新鐘

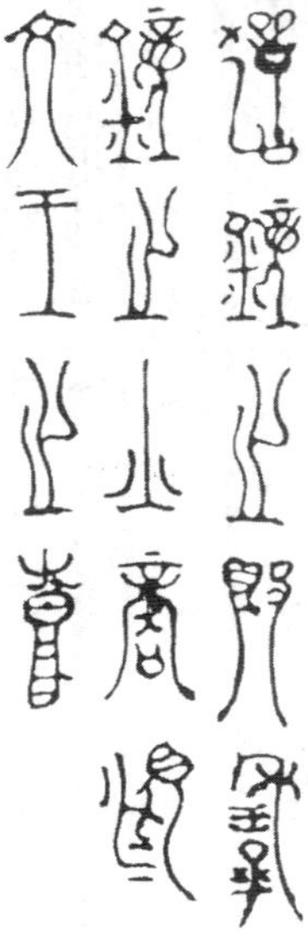

宮反

穆鐘之鴃，穆鐘之少商，濁文王之壴（鼓）。

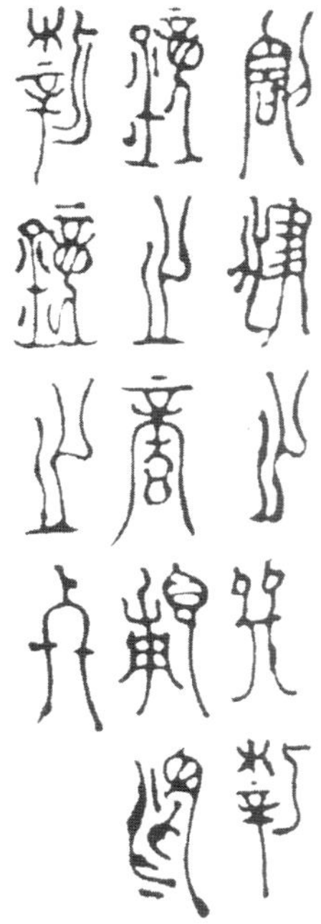

姑洗之巽，新鐘之商顧，濁新鐘之終。

32 號鐘（原中二|3）

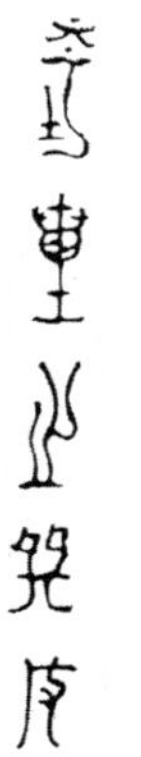

少商

坪皇之巽反，姑洗之少商。

羽曾

獸鐘之壴（鼓）反，濁新鐘之巽反。

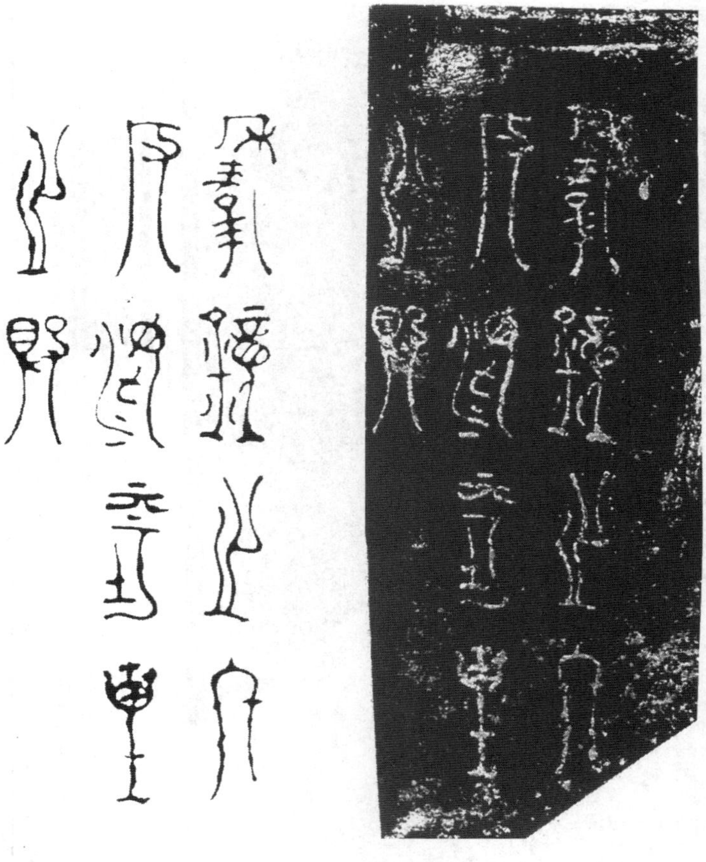

穆鐘之終反，濁坪皇之鴃。

33 號鐘（原中二2）

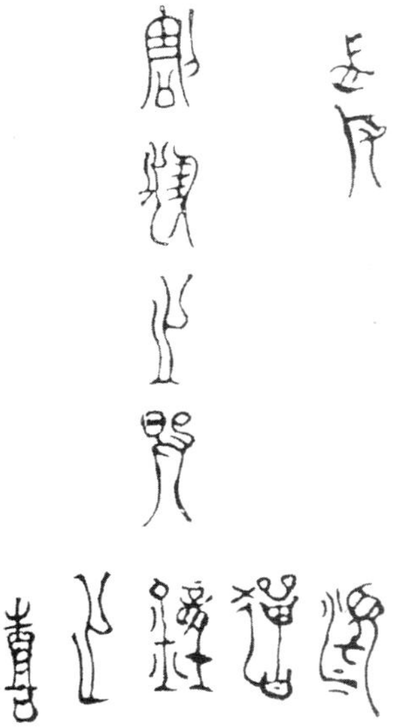

角反

姑洗之鴃，

濁獸鐘之壴（鼓）。

徵反

穆鐘之壴（鼓）反，濁獸鐘之巽。

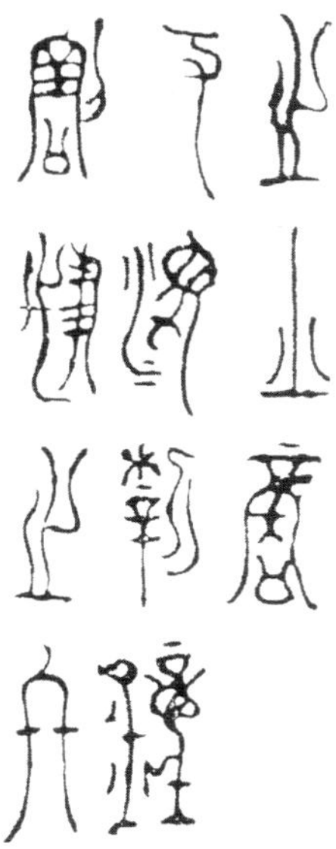

之少商。反，濁新鐘姑洗之終

34號鐘（原中二1）

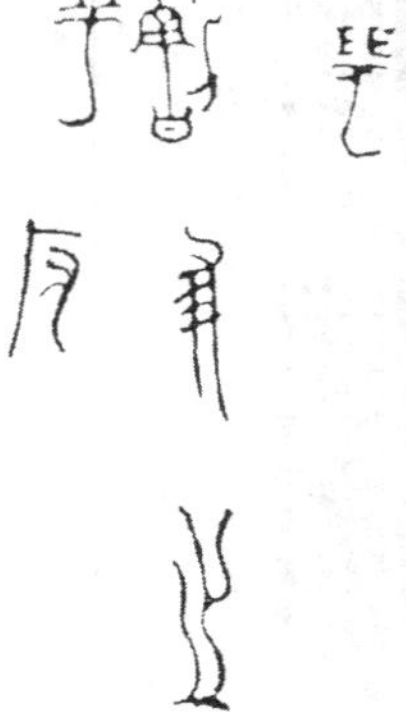

羽

姑聿（洗）之

羽反。

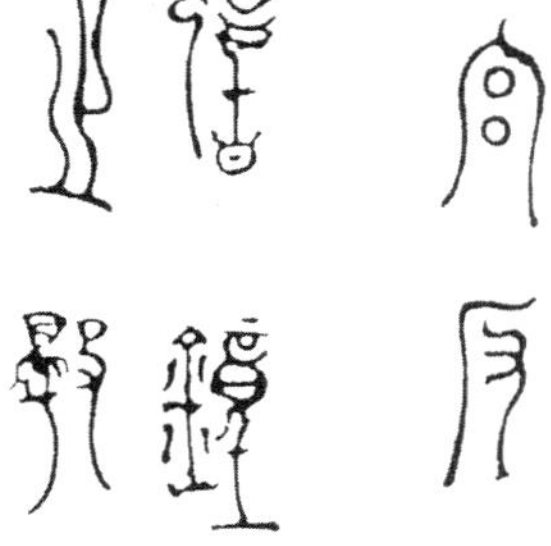

宮反
獸鐘
之鴃，

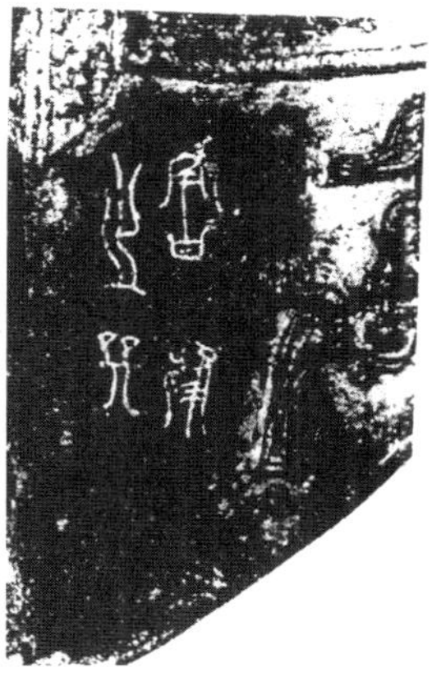
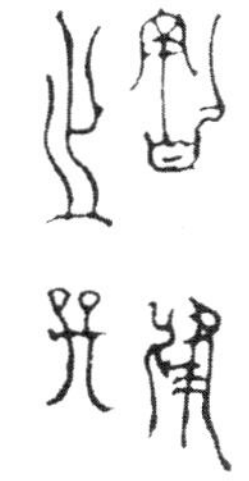

姑洗
之巽。

35 號鐘（原中一11）

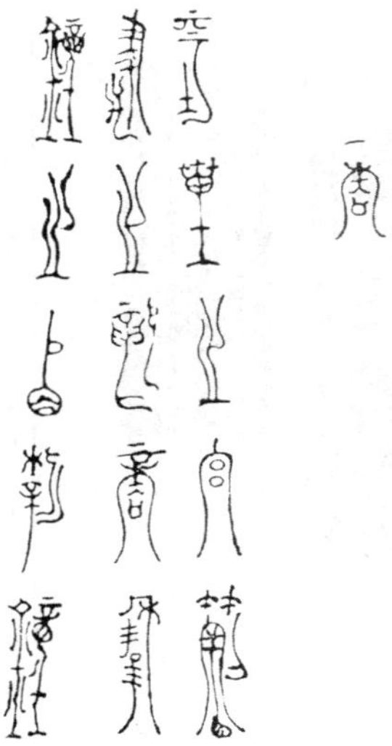

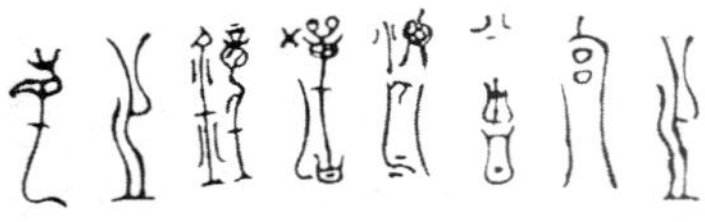

商

坪皇之宮。姑洗之歆商，穆鐘之角，新鐘之宮，曾濁獸鐘之徵。

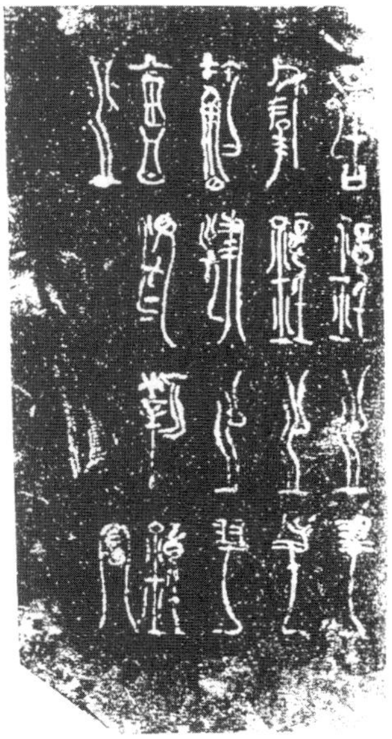

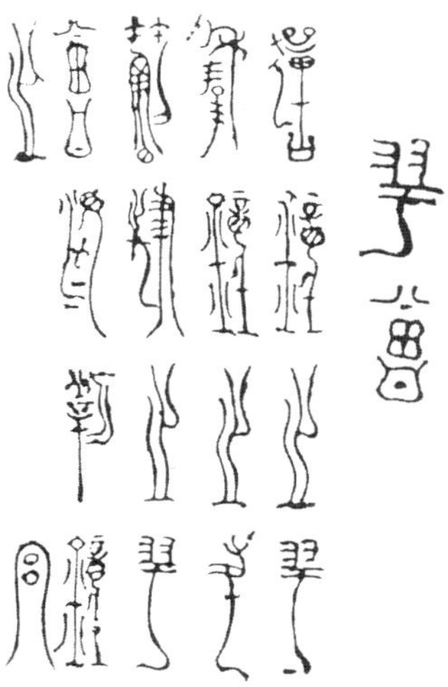

羽曾

獸鐘之羽，穆鐘之徵，姑洗之羽曾，濁新鐘之宮。

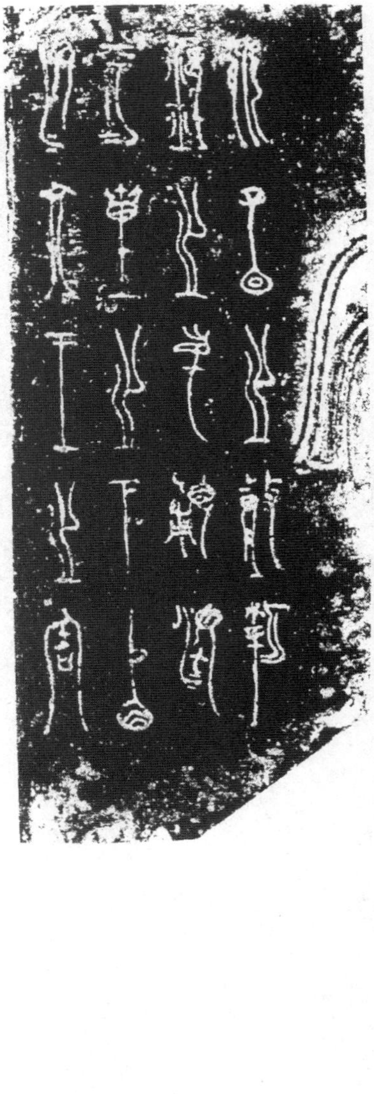

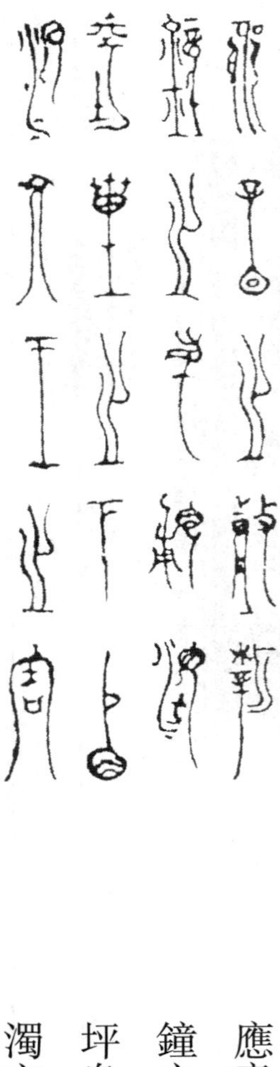

應音之鼓，新鐘之徵頔。濁坪皇之下角，濁文王之商。

36 號鐘（原中一10）

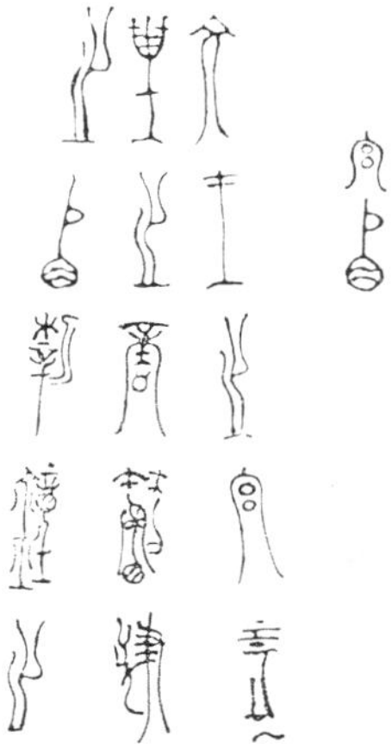

宮角

文王之宮，坪皇之商，姑洗之角，新鐘之

商，曾濁獸鐘之羽。

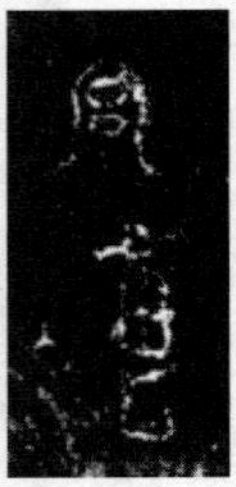

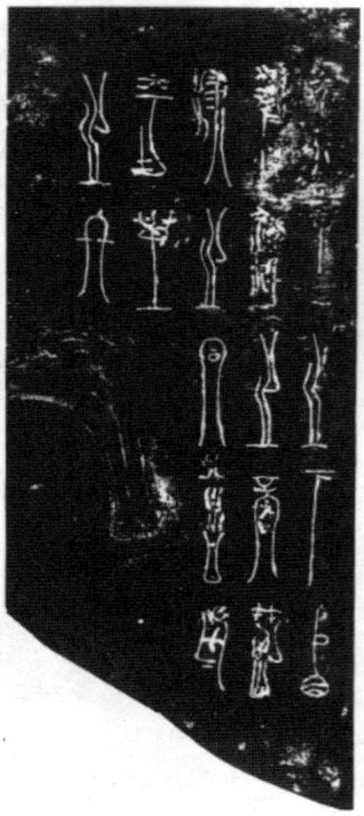

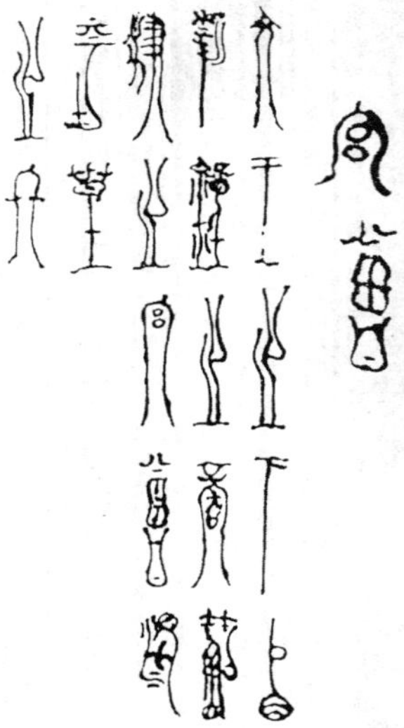

宮曾

文王之下角，新鐘之商，姑洗之宮曾，濁坪皇之終。

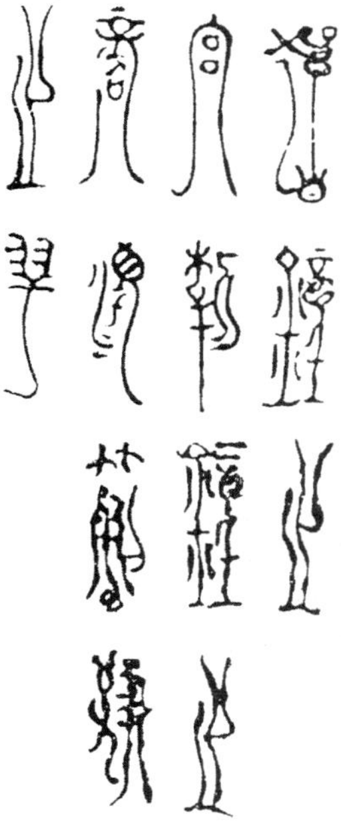

獸鐘之宮，新鐘之商，濁姑洗之羽。

37 號鐘（原中一9）

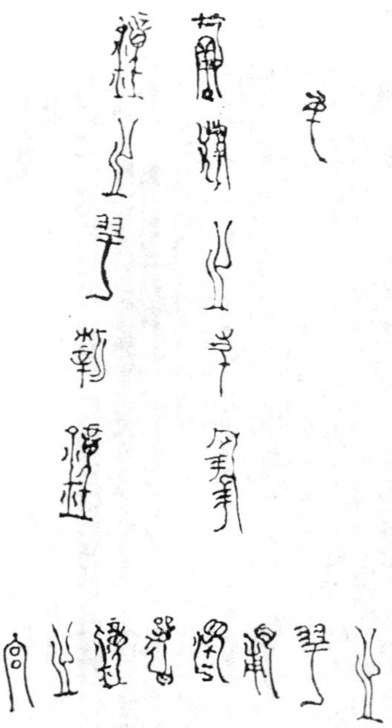

徵

姑洗之徵。穆鐘之羽，新鐘

之羽，頵濁獸鐘之宮。

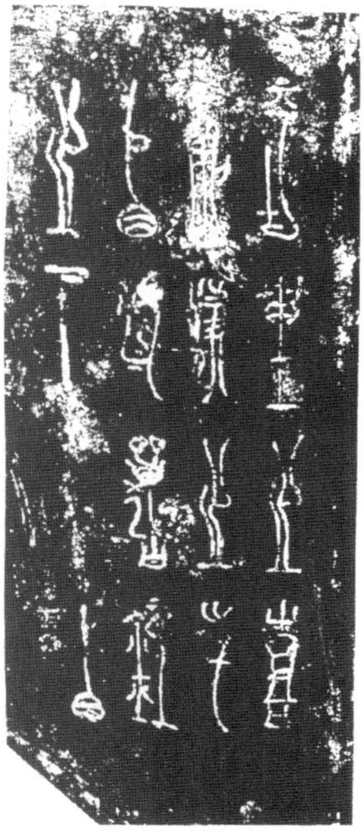

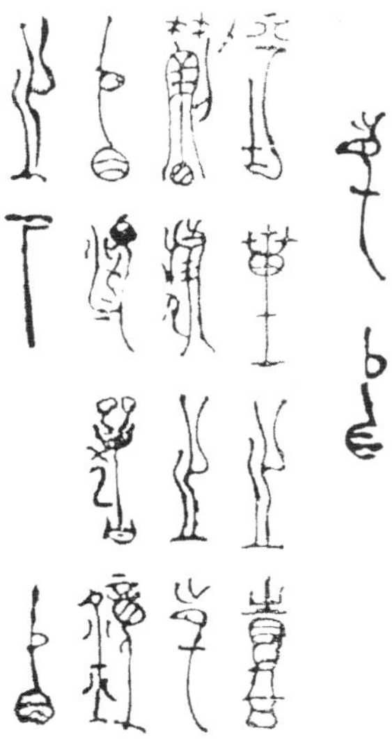

徵角

坪皇之壴（鼓），姑洗之徵角，濁獸鐘之下　角。

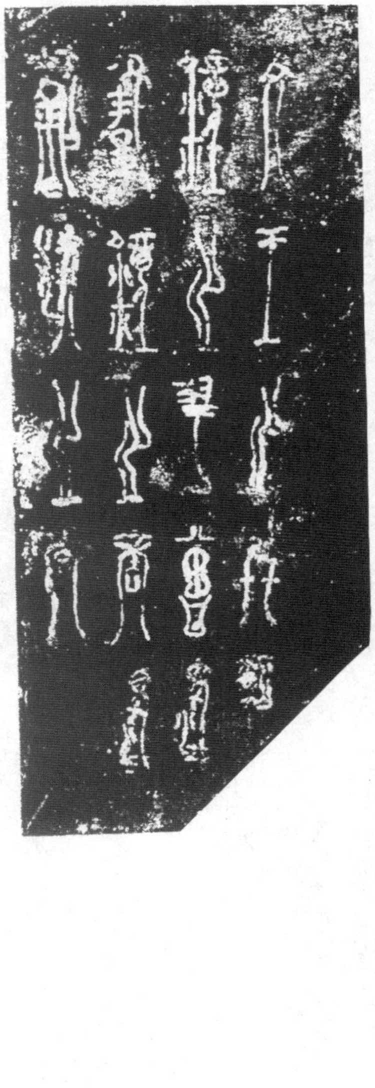

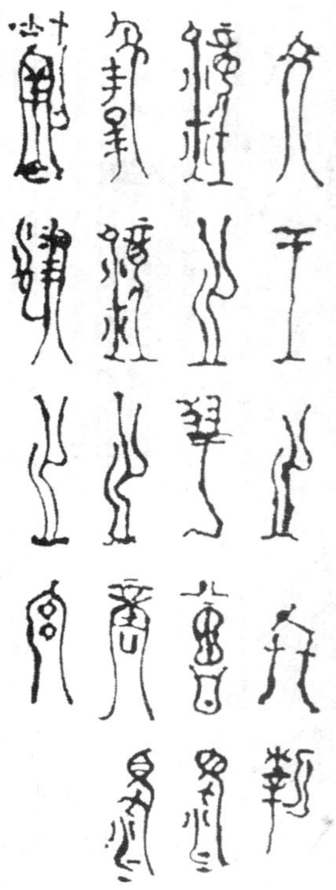

文王之終，新鐘之羽曾，濁穆鐘之商，濁姑洗之宮。

38號鐘（原中一8）

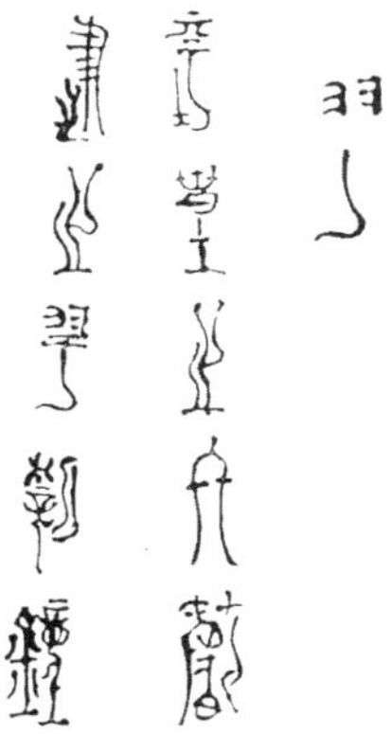

羽

坪皇之終，姑

洗之羽，新鐘

之徵曾，濁新鐘之下角。

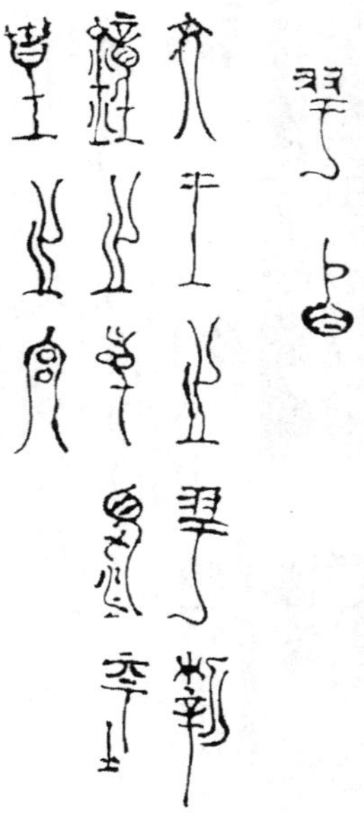

羽角

文王之羽，新鐘之徵，濁坪皇之宮。

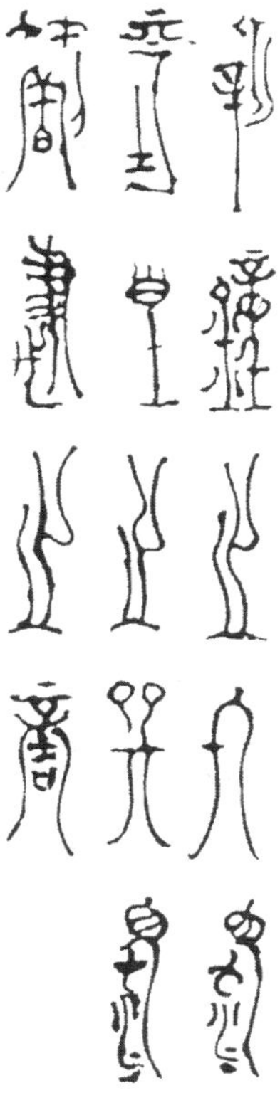

新鐘之終，濁坪皇之巽，濁姑洗之商。

39 號鐘（原中一7）

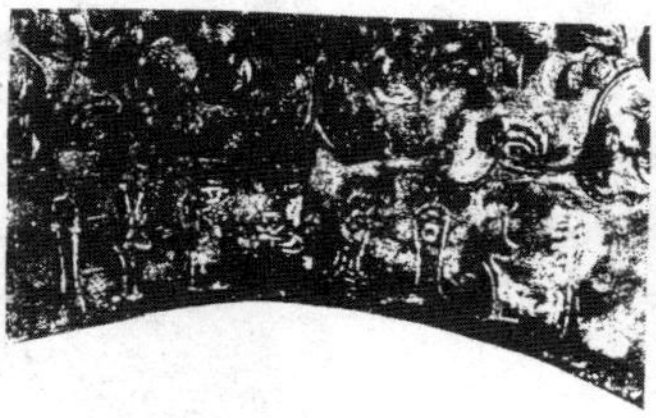

宮

獸鐘之下角，

穆鐘之商，姑

洗之宮，濁新鐘之終。

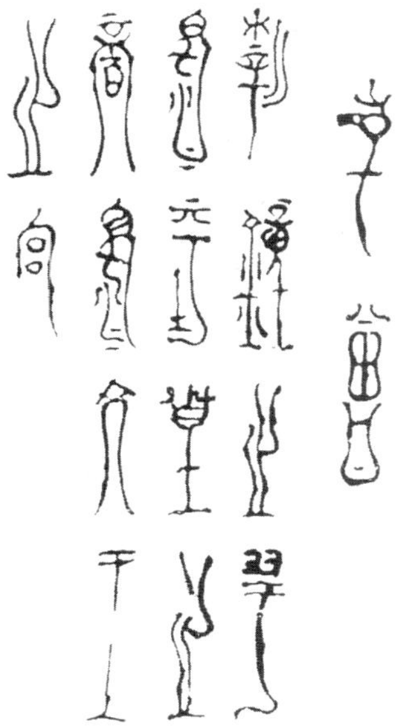

徵曾

新鐘之羽，濁坪皇之商，濁文王之宮。

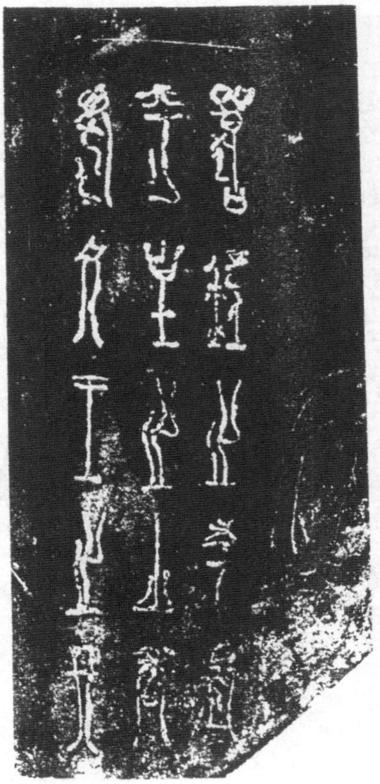

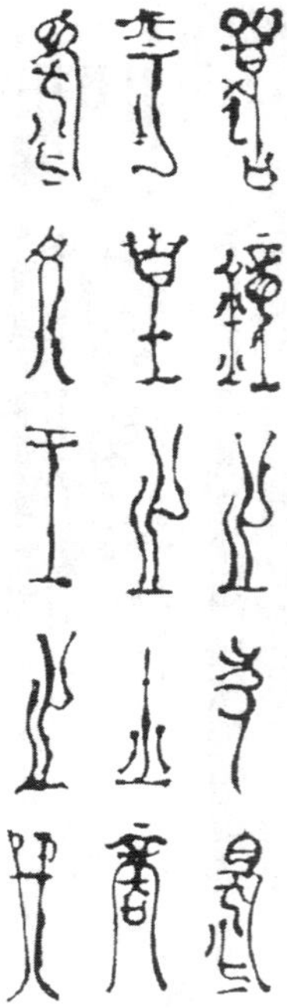

獸鐘之徵，濁坪皇之少商，濁文王之巽。

40號鐘（原中一6）

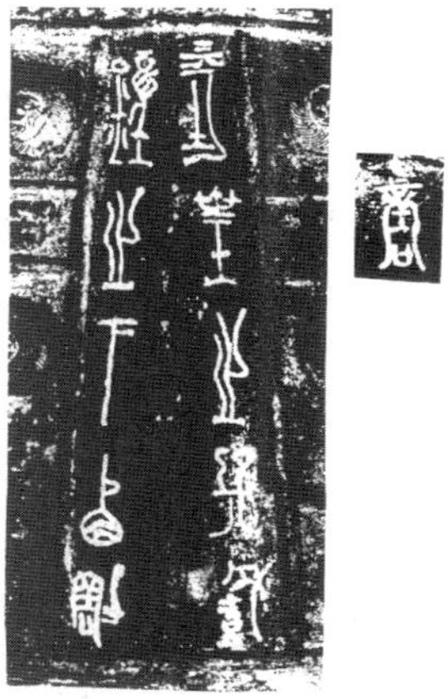

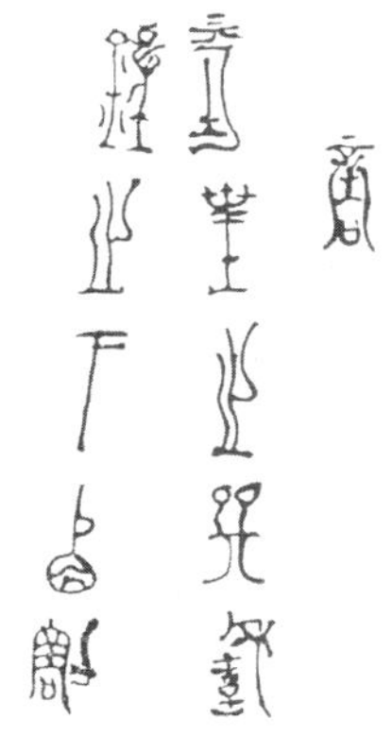

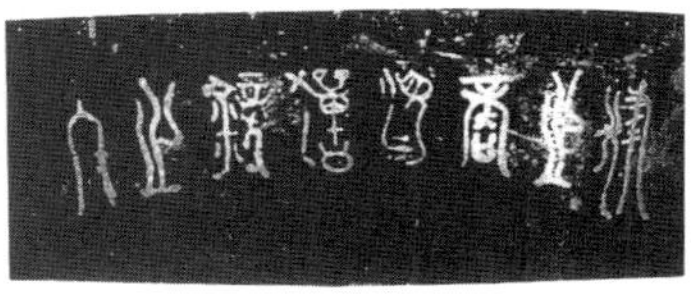

商

坪皇之巽，穆鐘之下角，姑洗之商，濁獸鐘之終。

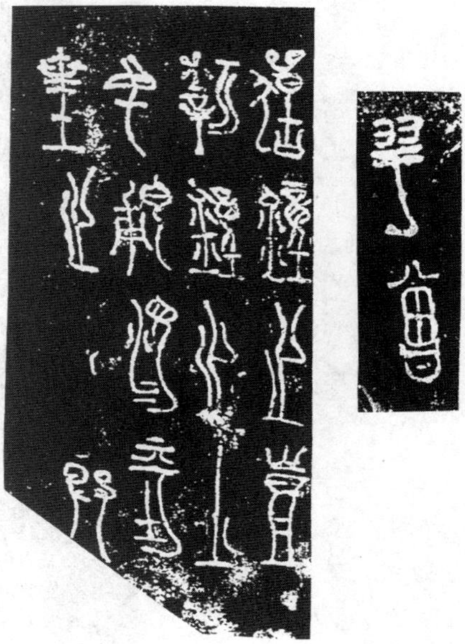

羽曾

獸鐘之壴（鼓），

新鐘之少

徵顀，濁坪

皇之 鴃。

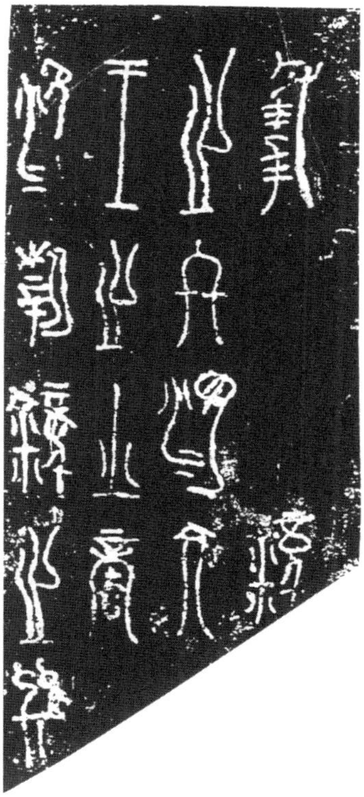

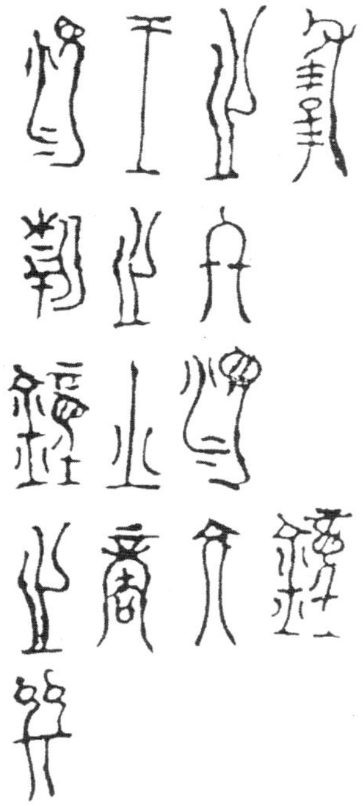

穆　鐘

之終，濁文王之少商，濁新鐘之巽。

41號鐘（原中一5）

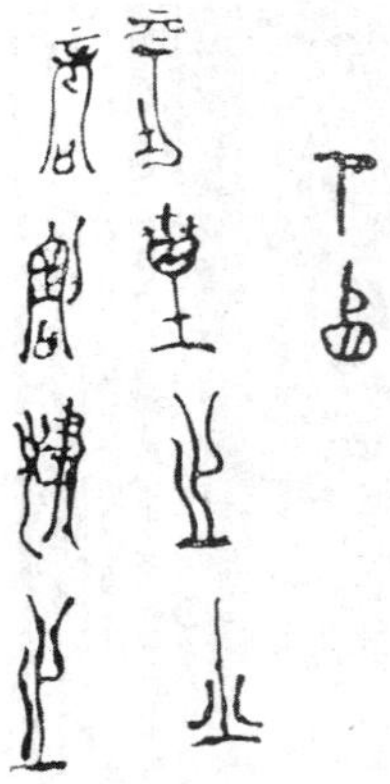

下角

坪皇之少商，姑洗之

下角，濁穆鐘之終。

徵反

穆鐘之壴（鼓），
濁文王之
鴃，濁新鐘
之商。

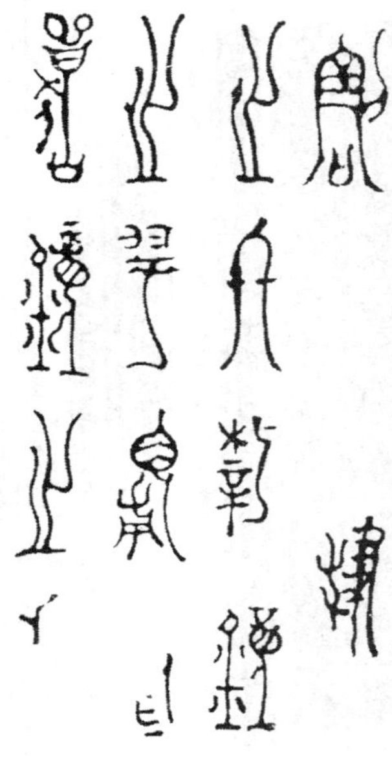

姑洗之終，新鐘之羽顧，濁獸鐘之［巽］。

42號鐘（原中一4）

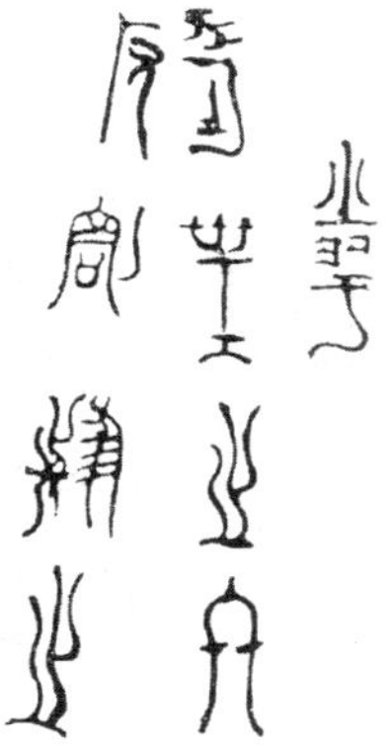

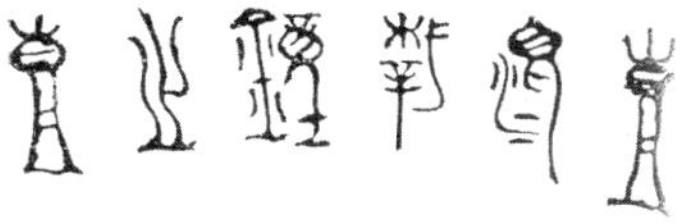

少羽

坪皇之終

反，姑洗之

壴（鼓），濁新鐘之壴〔缺〕。

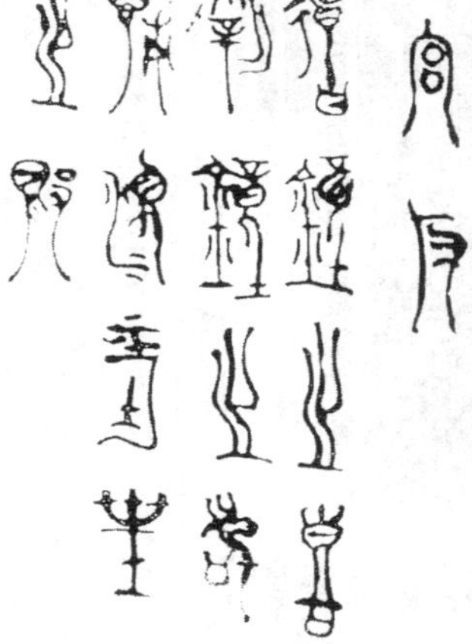

宫反

獸鐘之壴〔鴃〕，新鐘之徵〔商〕頔，濁坪皇之鴃〔徵頔〕。

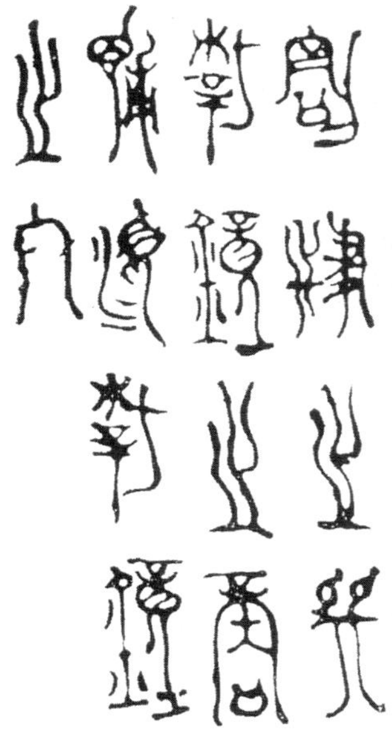

姑洗之巽，新鐘之商䩳，濁新鐘之終。

43 號鐘（原中一3）

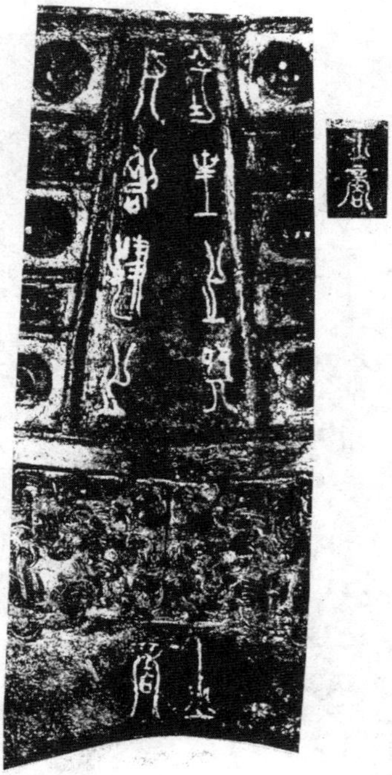

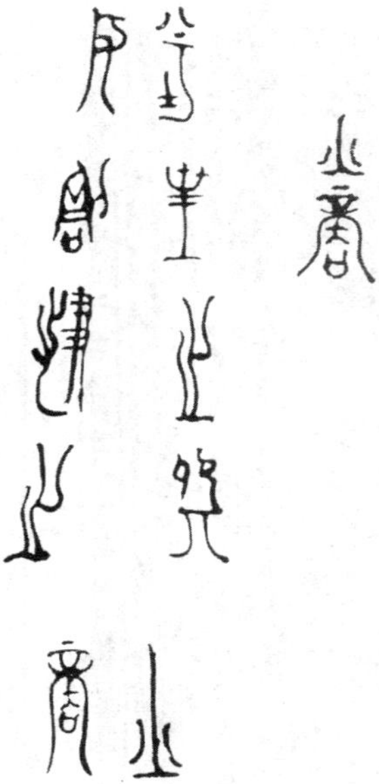

少商

坪皇之巽　少

反，姑洗之　商。

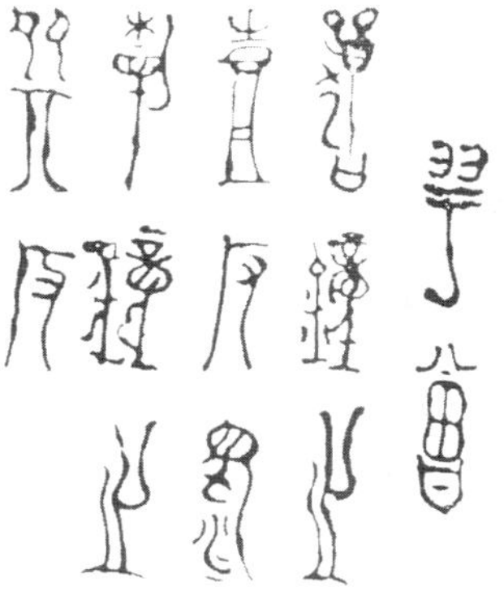

羽曾

獸鐘之

壴(鼓)反，濁

新鐘之

巽反。

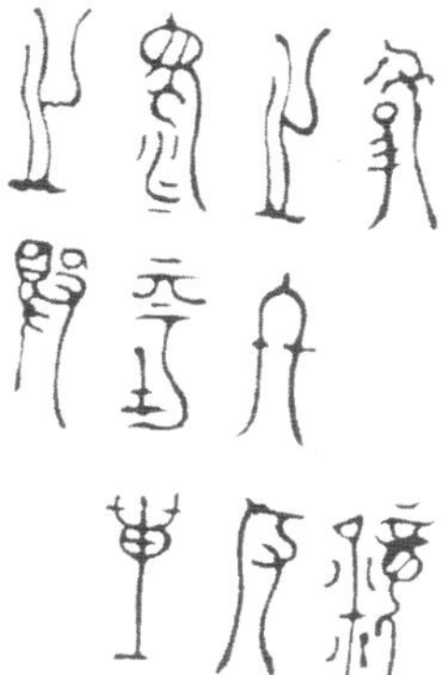

穆　鐘

之終反，

濁坪皇

之缺。

44 號鐘（原中一2）

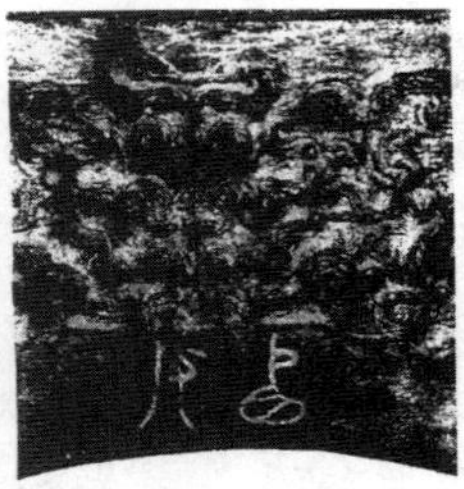

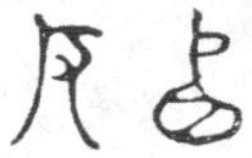

角反

角反

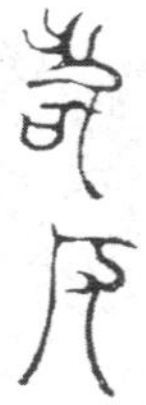

徵反

徵反

45 號鐘（原中一1）

羽反

羽反

宮反

宮反

46號鐘（原上三7）

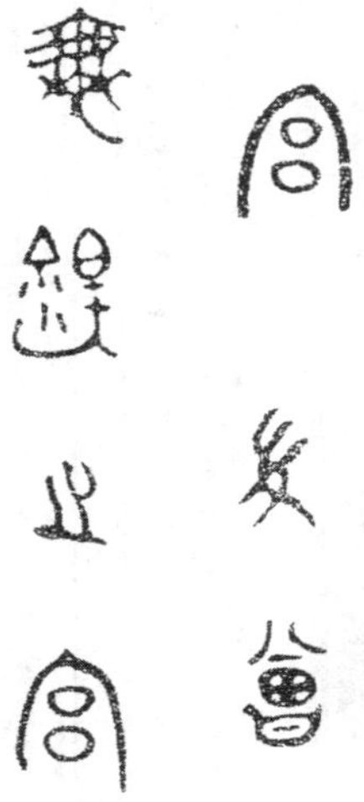

宮　徵曾

无鐸（射）之宮

47 號鐘（原上三6）

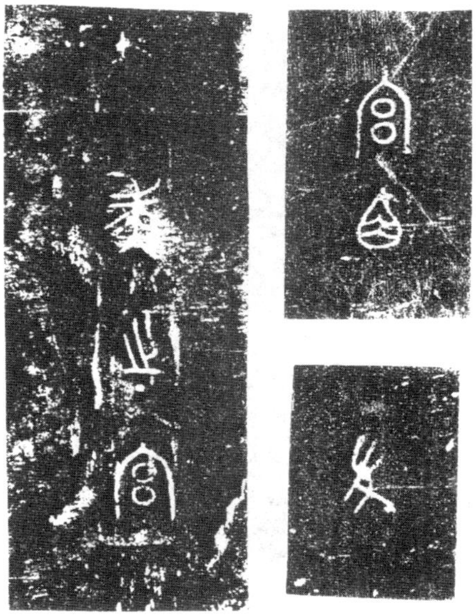

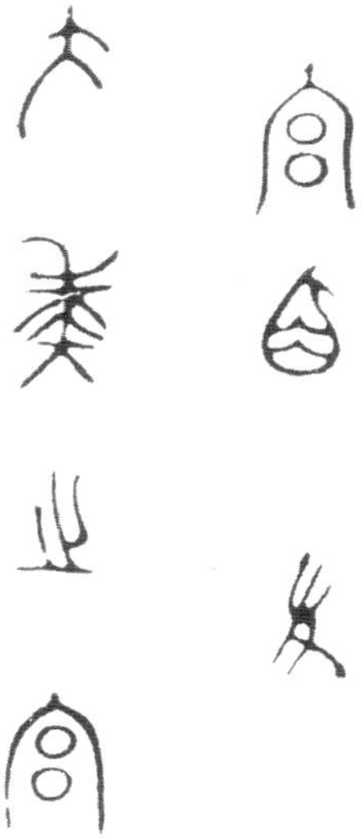

宮角　徵

太簇之宮

48號鐘（原上三5）

宮曾

徵角

妥（蕤）賓之宮

49 號鐘（原上三 4）

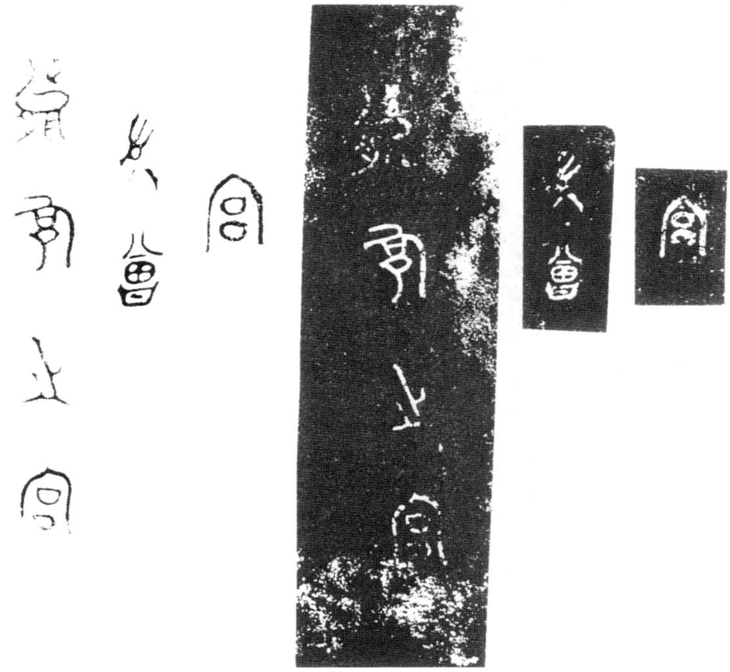

宮

徵曾

嬴孠之宮

50 號鐘（原上三3）

宮角

徵

穆音之宮

51號鐘（原上三2）

宮曾

徵角

52 號鐘（原上一1）

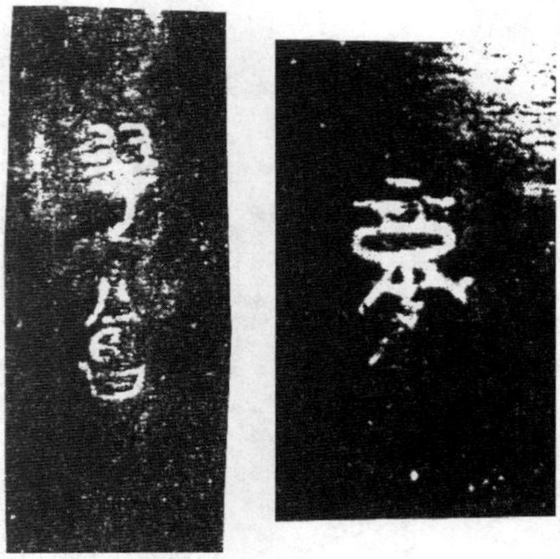

商

羽曾

53號鐘（原上二6）

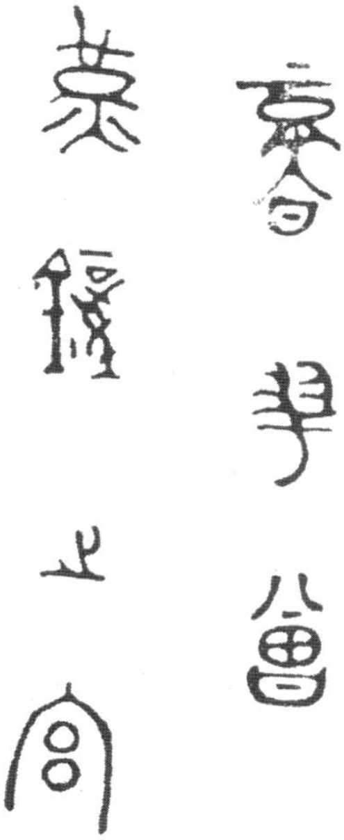

商　羽曾

黃鐘之宮

54 號鐘（原上二1 5）

羽　商角

姑洗之宮

55號鐘（原上二4）

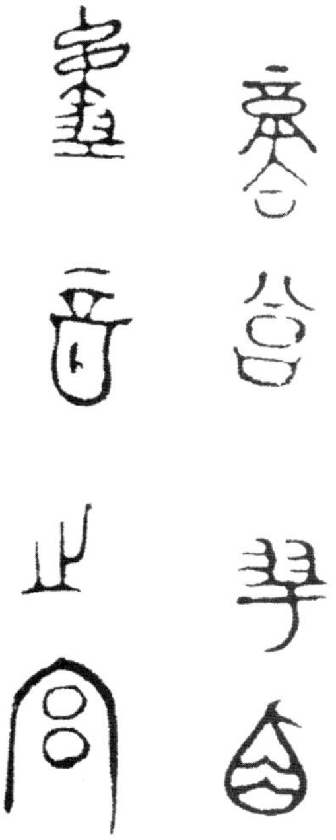

商曾　羽角

韋音之宮

56號鐘（原上二3）

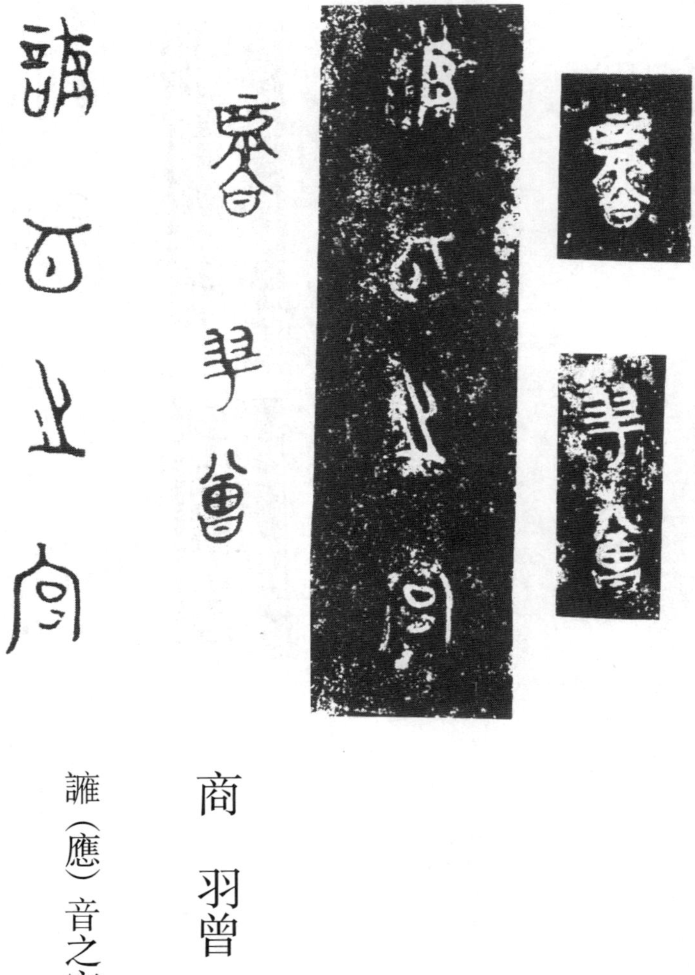

商　羽曾

譙（應）音之宮

57 號鐘（原上二2）

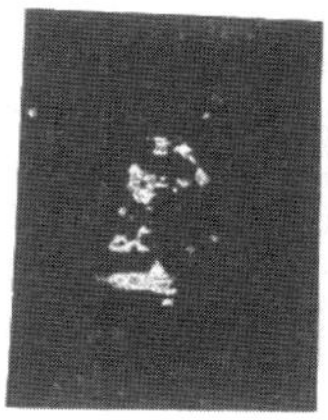

商角

羽

58號鐘（原上二1）

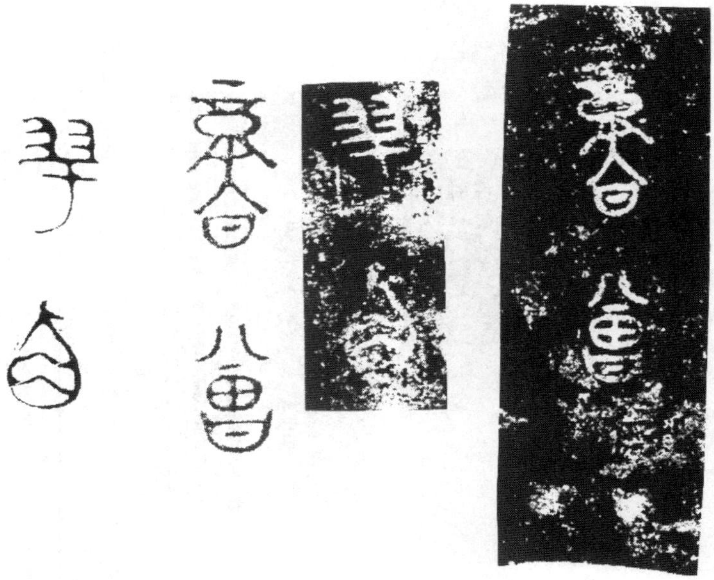

商曾

羽角

59號鐘（原上一6）

宮曾

宮

60號鐘（原上一5）

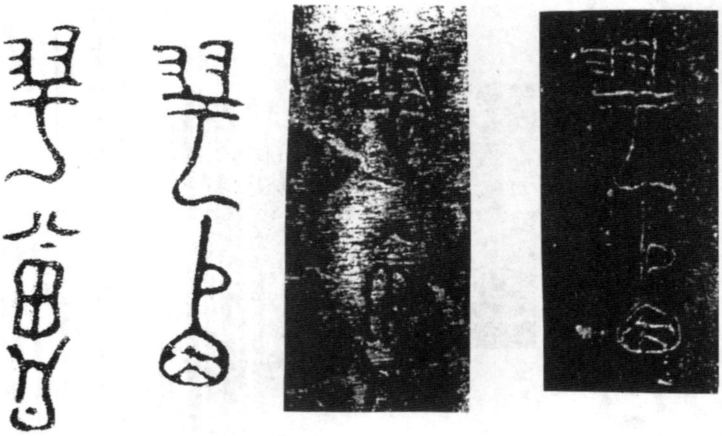

羽角

羽曾

61 號鐘（原上一4）

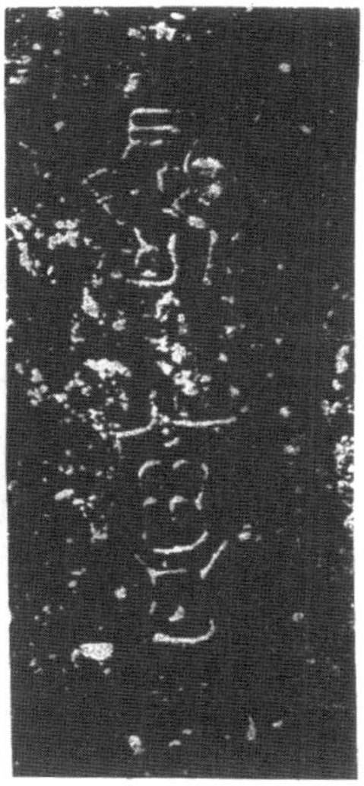

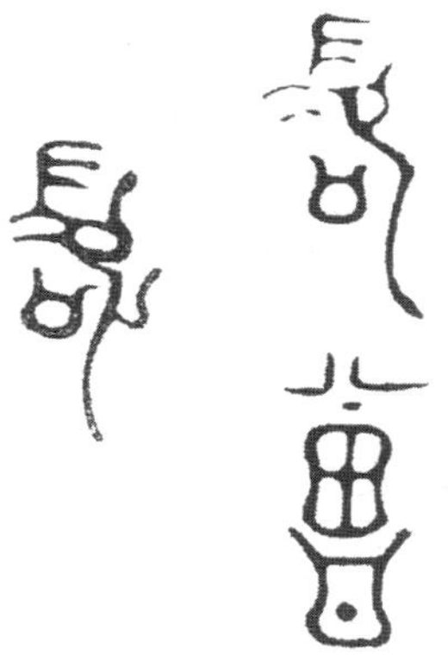

徵曾

徵

62 號鐘（原上一3）

商角

商曾

63號鐘（原上—2）

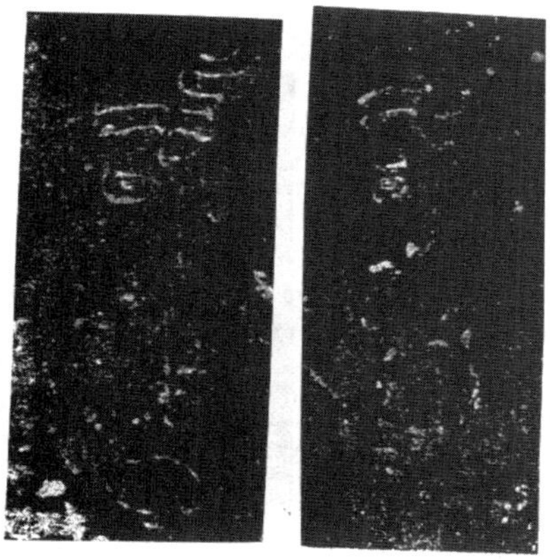

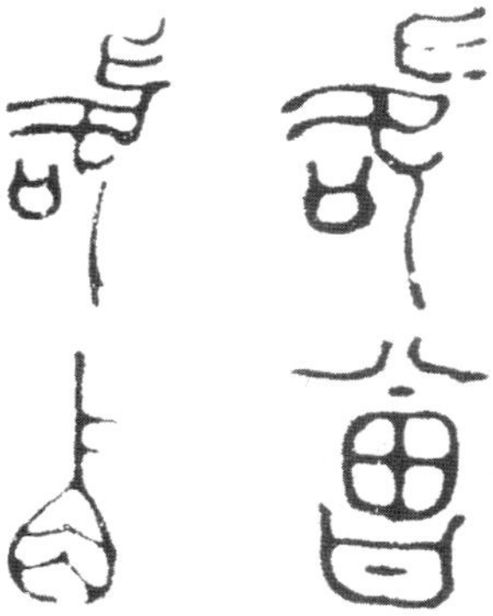

徵曾

徵角

64 虢鐘（原上一1）

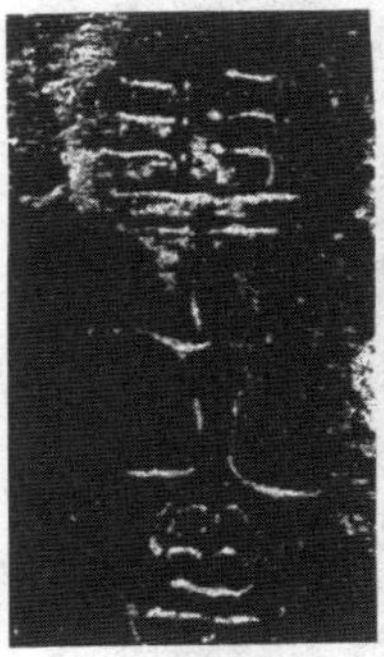

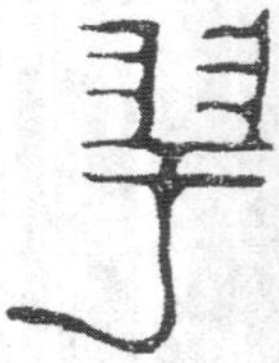

羽

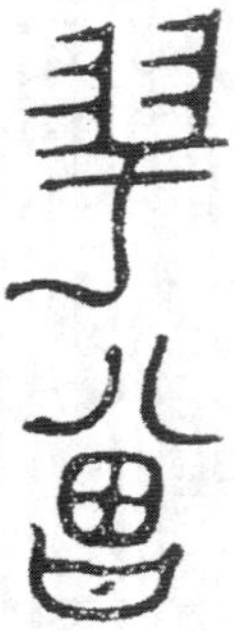

羽曾

一七五　曾侯乙建鼓〔109.2〕

曾侯乙乍時

著録　《曾侯乙墓》。

年代　同前。

出土時間地點　同前。

説明　現藏湖北省博物館。青銅鼓座中心圓柱的口沿内圈刻『曾侯乙乍時』五字。

一七六　曾侯乙編磬銅架〔109.3〕

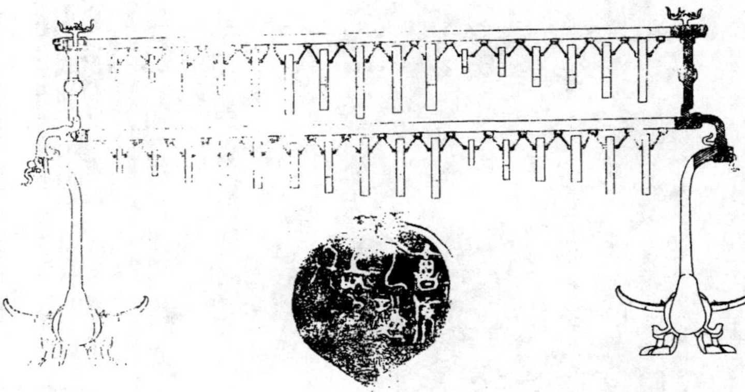

曾侯乙詐時用終

著錄　同前。

年代　同前。

出土時間地點　同前。

説明　現藏湖北省博物館。青銅磬座怪獸口吐長舌，舌面上鑄有『曾侯乙詐時用終』七字銘文。

一七七　曾侯乙鼎〔109.4〕

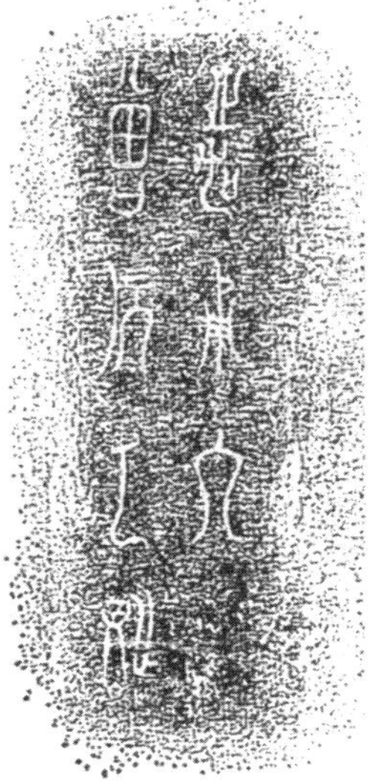

中室97

曾侯乙許時用終

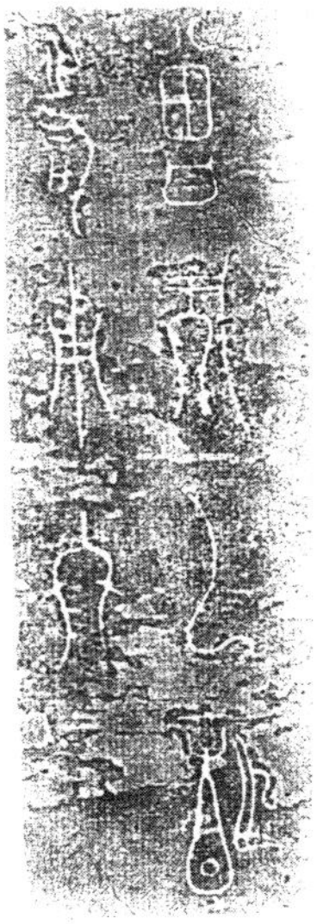

中室96

曾侯乙許時用終

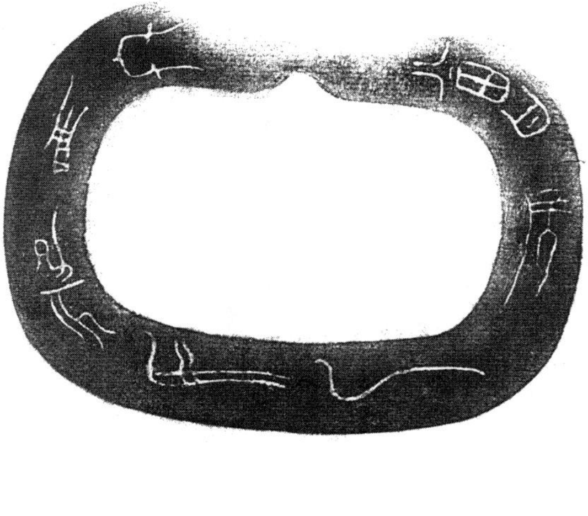

曾侯乙乍時用終

著錄　《集成》2290—2295；《曾侯乙墓》。

年代　同前。

出土時間地點　同前。

説明　現藏湖北省博物館。有銘鼎爲十九件。

曾侯乙鑊鼎及鼎鈎

説明 鑊鼎二件。

曾侯乙詐時用終

中室89

曾侯乙詐時用終

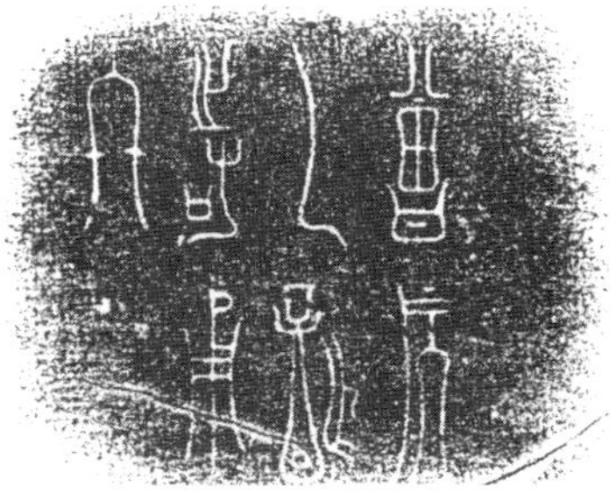

中室90

曾侯乙升鼎

説明 升鼎共九件。

曾侯乙詐
時用終

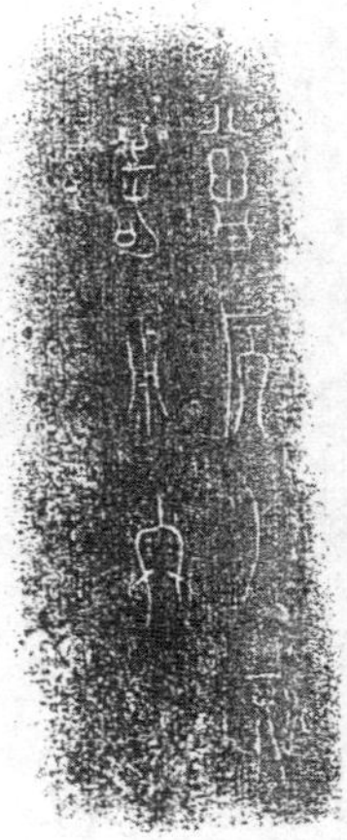

器蓋

曾侯乙詐
時用終

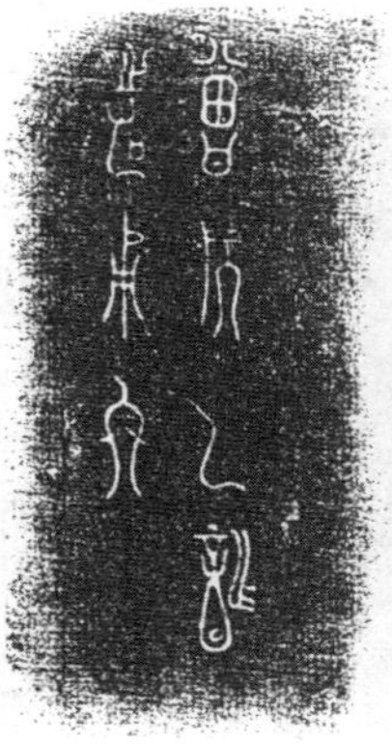

器身

器鉤

器身

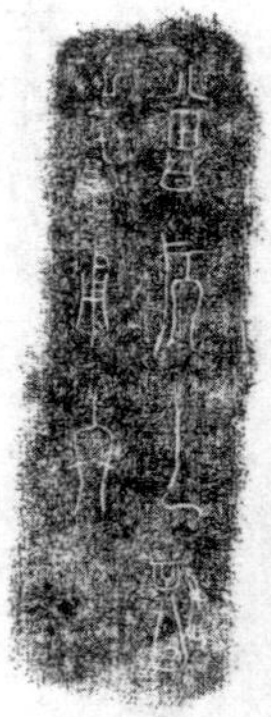

器蓋

曾侯乙臥牛鈕蓋鼎

說明 臥牛鈕蓋鼎共五件。

曾侯乙
詐時用終

器蓋

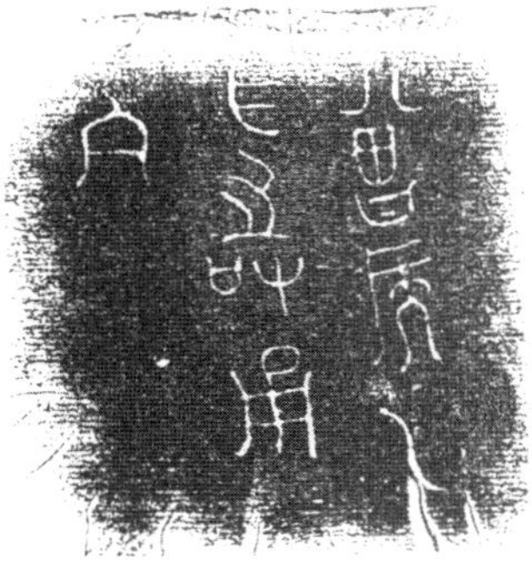

曾侯乙
詐時用
終

器身

三環鈕蓋鼎

曾侯乙詐
時用終

器蓋

曾侯乙詐
時用終

器身

四環鈕蓋鼎

三環鈕蓋鼎

四環鈕蓋鼎

說明 各一件。

曾侯乙詐時用終

器身肩部

曾侯乙詐時用終

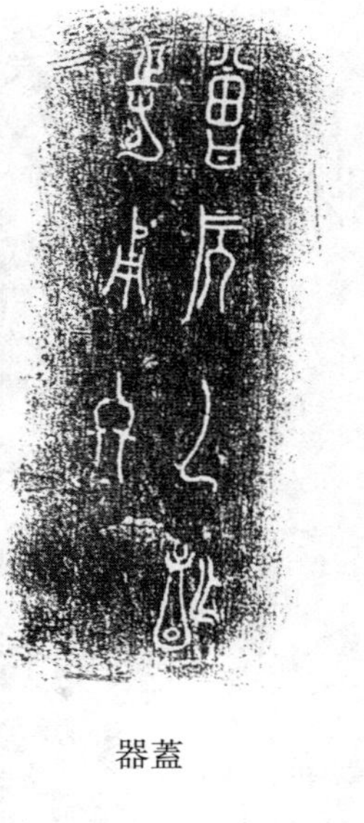

器蓋

曾侯乙小口鼎

說明 小口鼎一件。應爲水器。

一七八　曾侯乙鬲〔109.5〕

曾侯乙詐時用終

曾侯乙鬲

著録　《集成》577

年代　同前。

出土時間地點　同前。

説明　現藏湖北省博物館。

一七九　曾侯乙簋〔109.6〕

曾侯乙詐時用終

器蓋

器身

著錄　《集成》3636–3643

年代　同前。

出土時間地點　同前。

説明　同前。

曾侯乙詐時用終

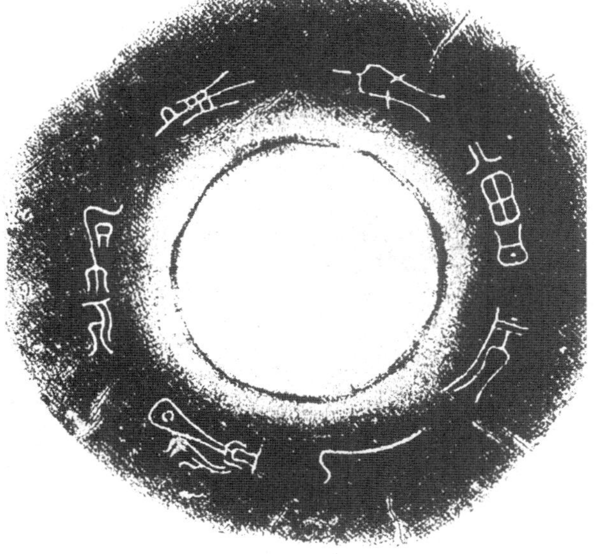

此爲另一件簋蓋銘文

曾侯乙簋

一八〇 曾侯乙簠〔109.7〕

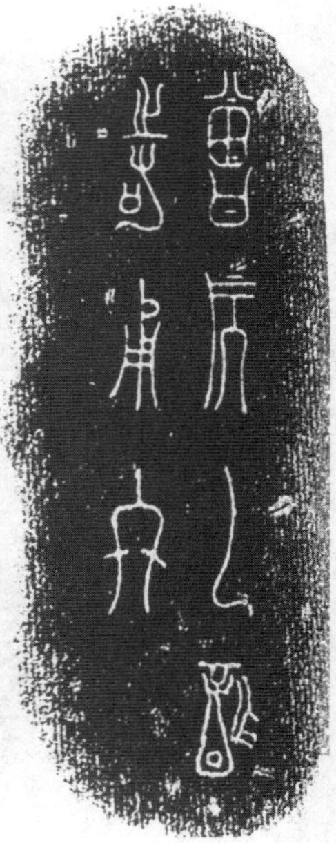

器蓋

器身

曾侯乙許時用終

著録 《集成》4495–4496

年代 同前。

出土時間地點 同前。

説明 同前。

一八一　曾侯乙豆〔109.8〕

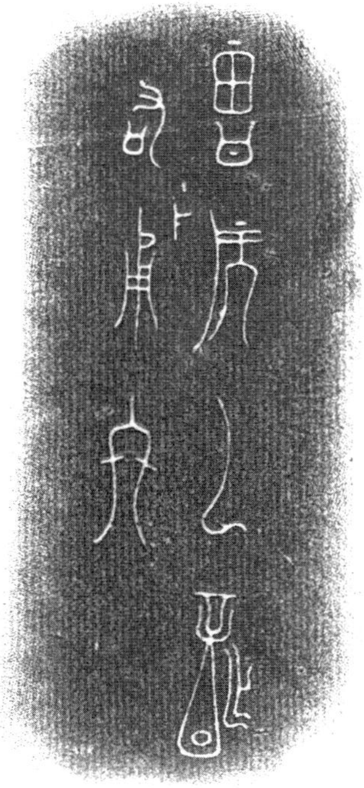

曾侯乙詐時用終

曾侯乙蓋豆

著録　《集成》4670–4671；《曾侯乙墓》。

年代　同前。

出土時間地點　同前。

説明　同前。

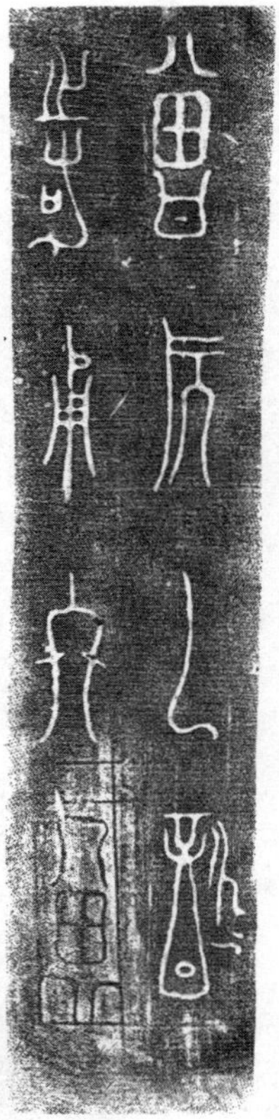

曾侯乙詐時用終

曾侯乙盤豆

一八二　曾侯乙匕〔109.9〕

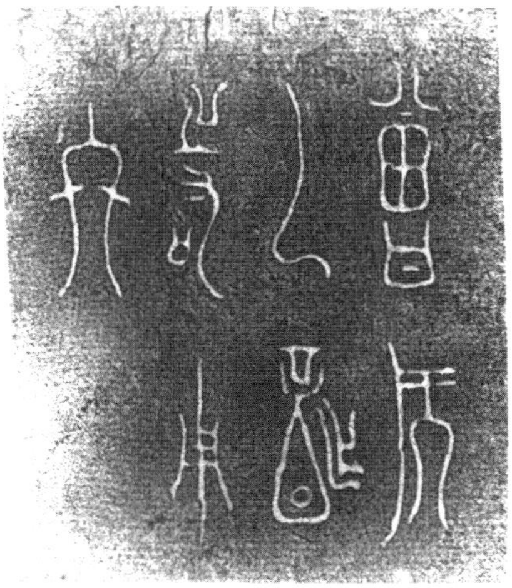

曾侯乙許時用終

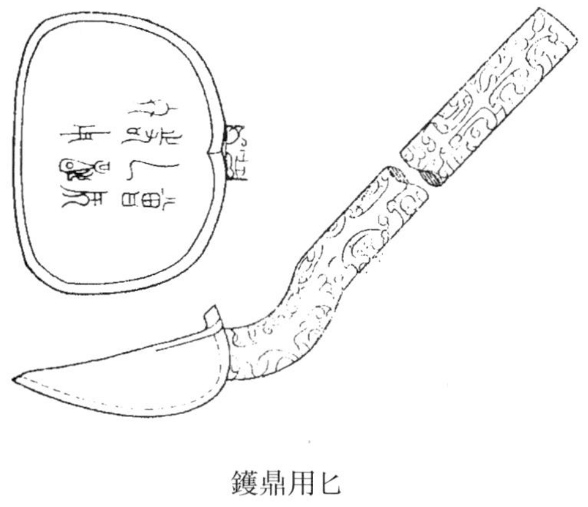

鑊鼎用匕

著錄　《集成》974；《曾侯乙墓》。
年代　同前。
出土時間地點　同前。
說明　現藏湖北省博物館。綫圖來自《曾侯乙墓》。

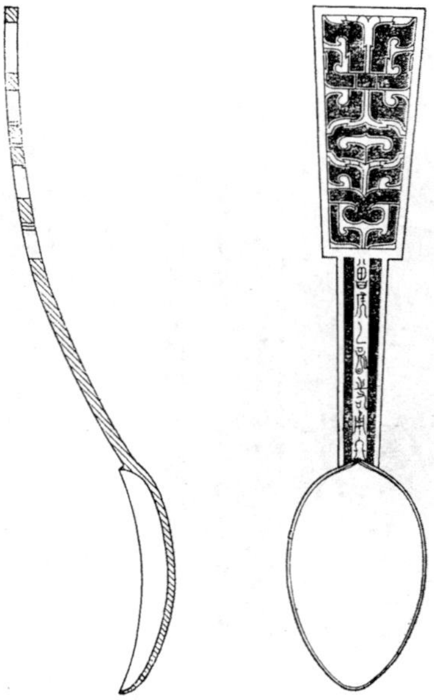

曾侯乙詐時用終

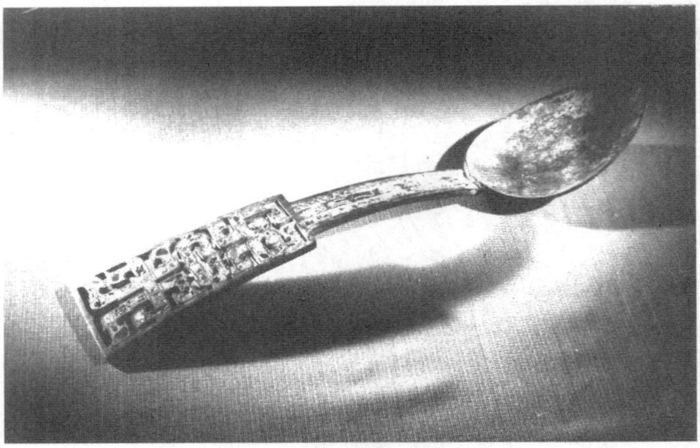

升鼎用匕

曾侯乙詐時用終

銅鬲用匕

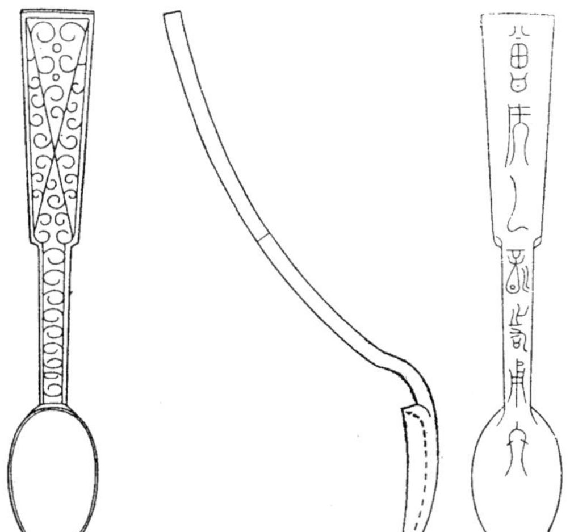

正面　側面　背面

一八三　曾侯乙大尊缶〔109.10〕

曾侯乙詐
時用終

著錄　《集成》9998

年代　同前。

出土時間地點　同前。

説明　現藏中國國家博物館、湖北省博物館。

一八四　曾侯乙聯禁大壺〔109.11〕

曾侯乙詐時用終

著錄　《集成》9582

年代　同前。

出土時間地點　同前。

說明　現藏湖北省博物館。壺二件，銅壺座（禁）一件。

一八五　曾侯乙提鏈壺〔109.12〕

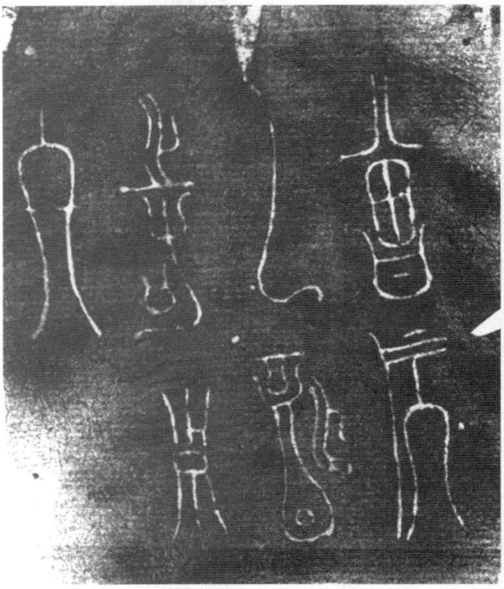

曾侯乙詐時用終

著録　《集成》9581

年代　同前。

出土時間地點　同前。

説明　現藏湖北省博物館。

一八六　曾侯乙方鑑缶〔109.13〕

方尊缶蓋部銘文

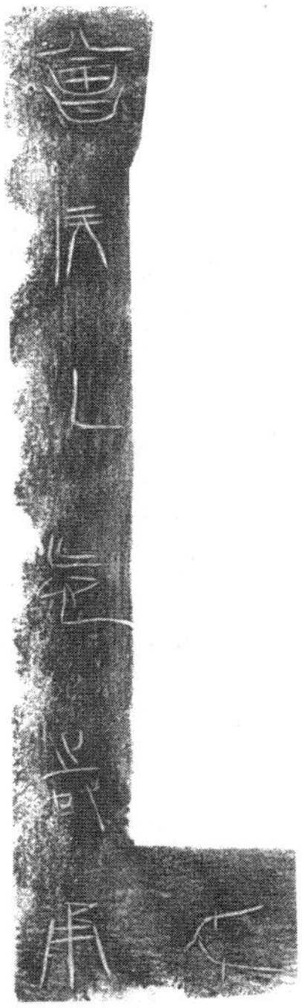

曾侯乙怎（作）時用終

方鑑蓋内銘文

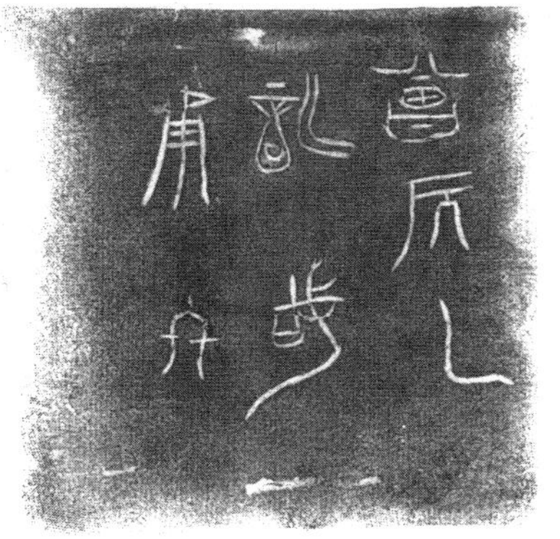

方鑑内壁銘文

曾侯乙許時用終

著録　《集成》10000

年代　同前。

出土時間地點　同前。

説明　現藏中國國家博物館、湖北省博物館。

下爲方鑑内之方尊缶

一八七 曾侯乙盤尊〔109.14〕

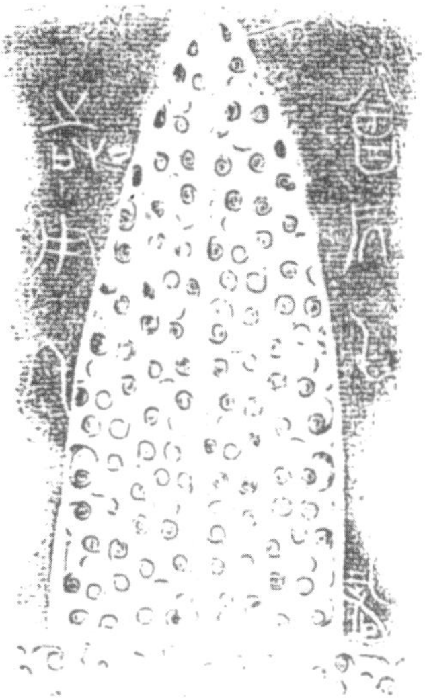

曾侯乙詐

時用終

尊上銘文

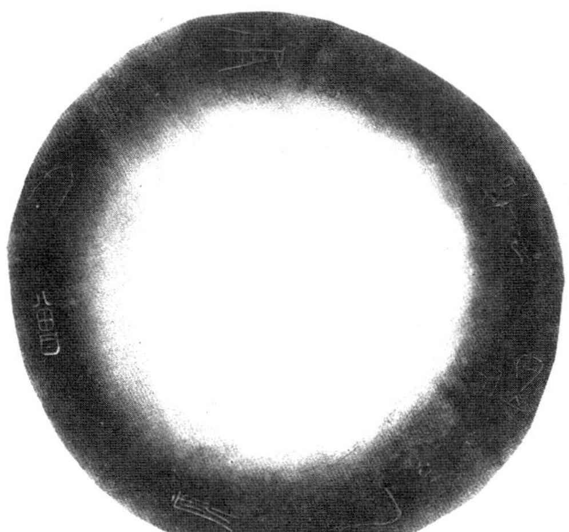

曾侯乙詐時用終

盤内底銘文

著録 《曾侯乙墓》。

年代 同前。

出土時間地點 同前。

説明 現藏湖北省博物館。盤内底原鑄有『曾侯遐』銘文，經打磨後改刻曾侯乙銘文。

下爲分置狀

一八八　曾侯乙過濾器〔109.15〕

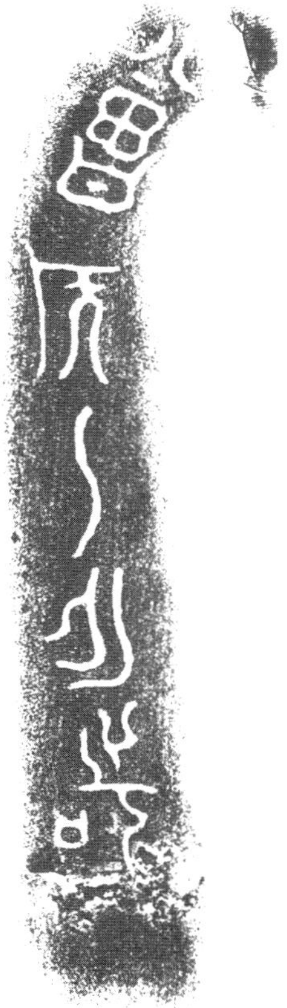

曾侯乙乍(作)時

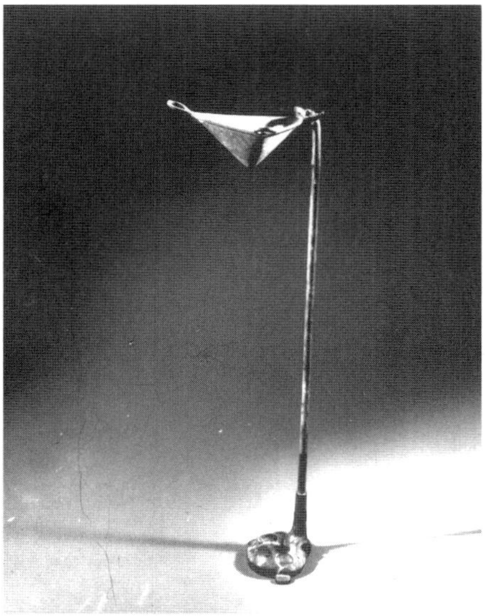

著録　《集成》10348

年代　同前。

出土時間地點　同前。

説明　現藏湖北省博物館。

一八九 曾侯乙勺〔109.16〕

曾侯乙詐時用終

著録 《集成》9929–9930

年代 同前。

出土時間地點 同前。

說明 現藏湖北省博物館。圖象來自《曾侯乙墓》。

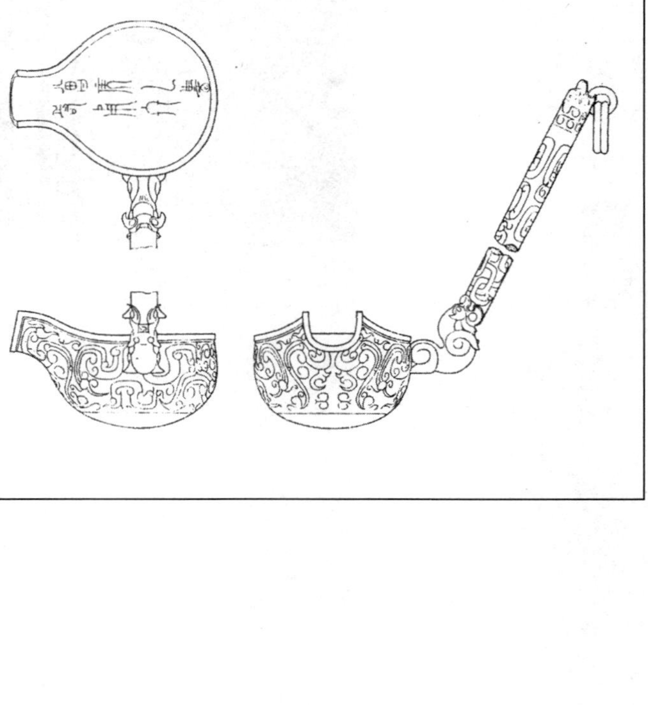

一九〇　曾侯乙浴缶〔109.17〕

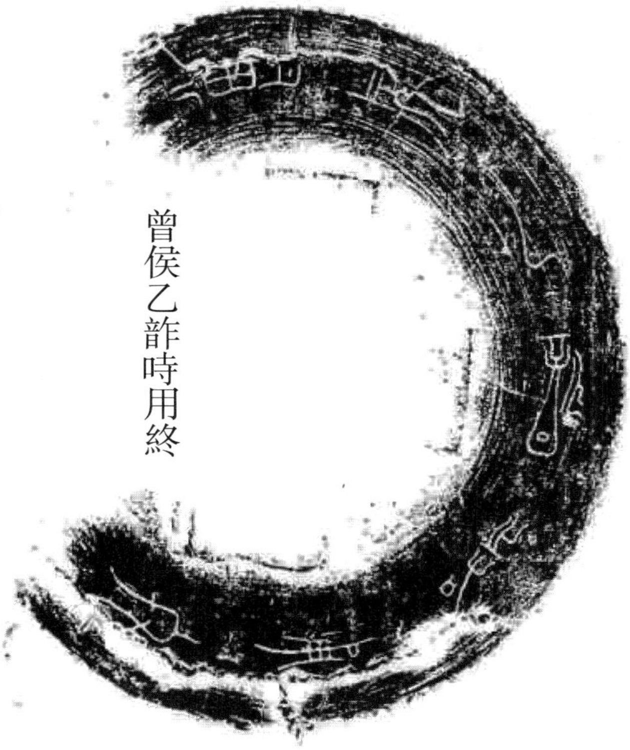

曾侯乙詐時用終

著録　《集成》9999；《曾侯乙墓》。

年代　同前。

出土時間地點　同前。

説明　現藏湖北省博物館。

其中二件

一九一　曾侯乙圓鑑〔109.18〕

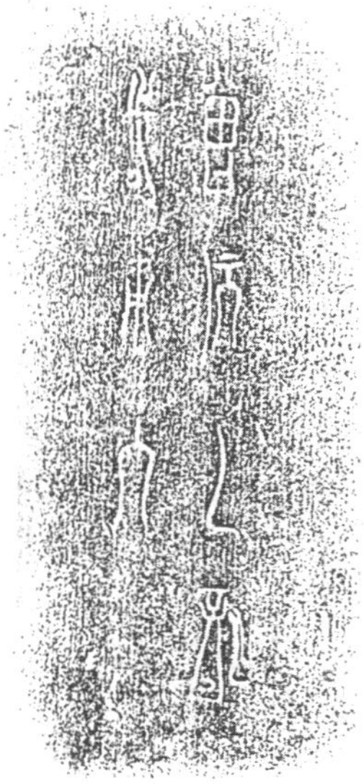

器銘

曾侯乙詐
時用終

蓋銘

曾侯乙詐
時用終

著錄　《集成》10292

年代　同前。

出土時間地點　同前。

說明　同前。

一九二　曾侯乙盤、匜〔109.19〕

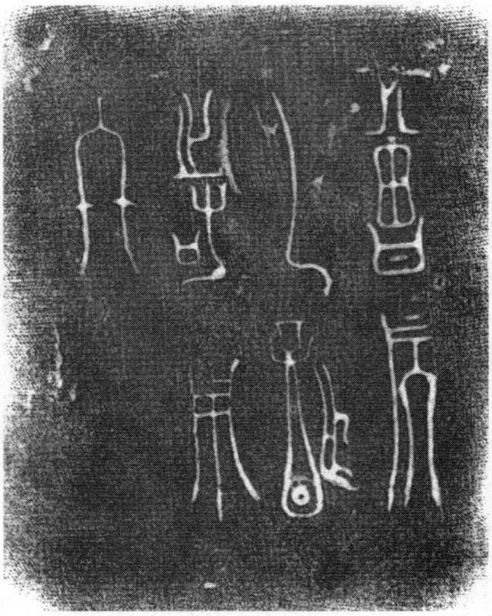

盤銘

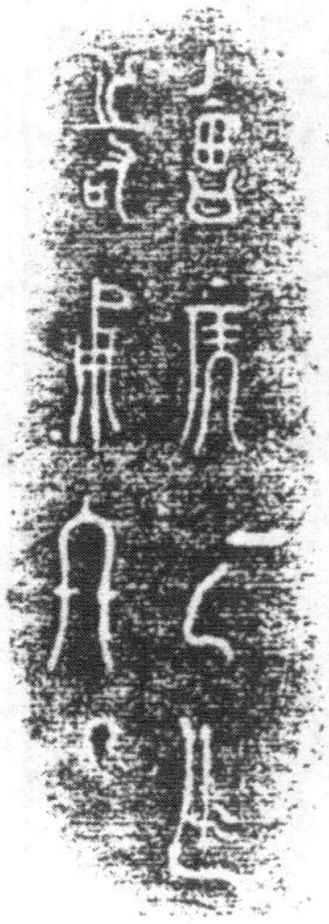

匜銘

曾侯乙詐
時用終

著錄　《集成》10077、10198
年代　同前。
出土時間地點　同前。
説明　同前。

一九三 曾侯乙三足匜〔109.20〕

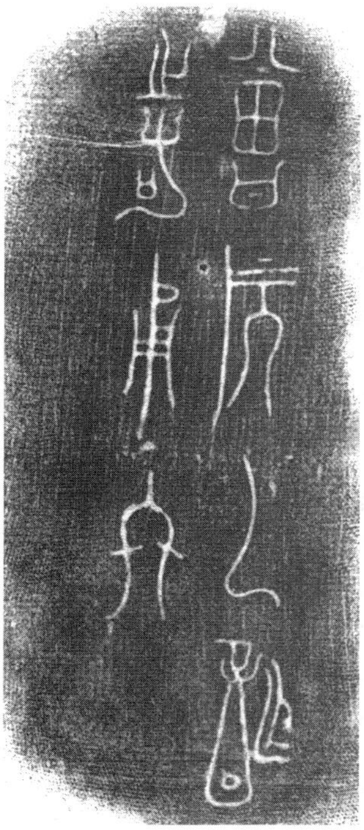

曾侯乙詐畤用終

著録 《集成》10197
年代 同前。
出土時間地點 同前。
説明 同前。

一九四　曾侯乙斗〔109.21〕

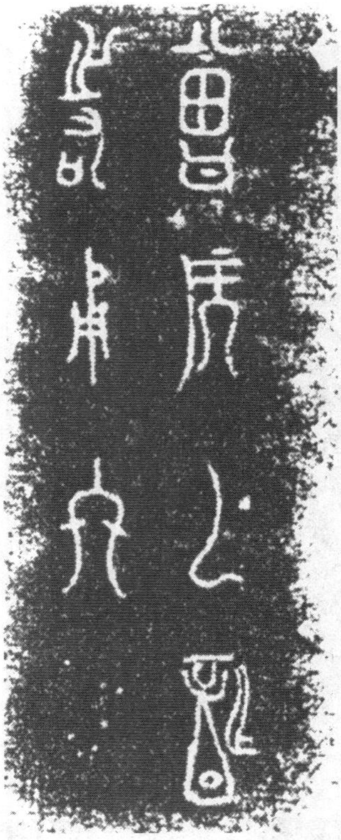

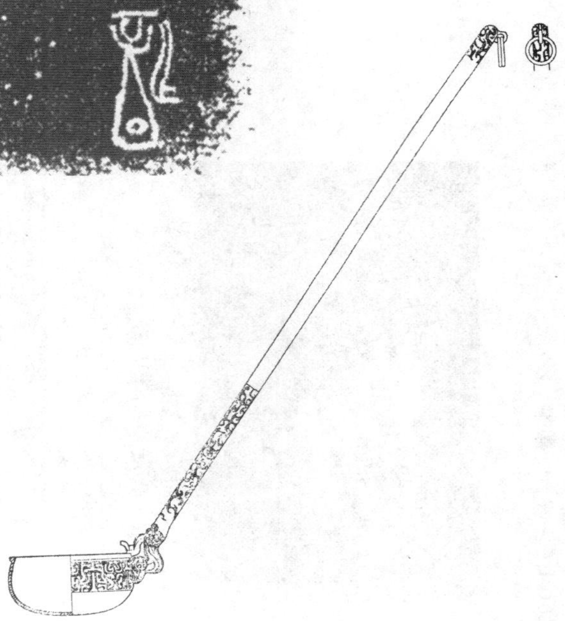

曾侯乙詐時用終

著錄　《集成》930

年代　同前。

出土時間地點　同前。

說明　現藏湖北省博物館。圖象來自《曾侯乙墓》。

一九五　曾侯乙取暖器〔109.22〕

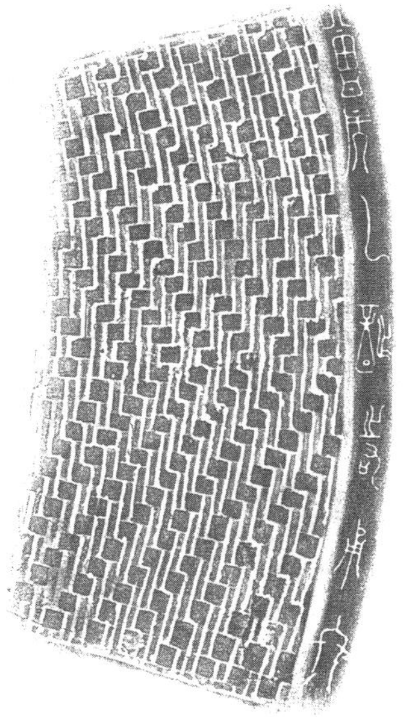

箕

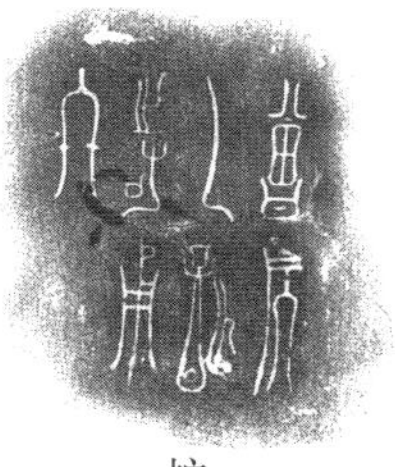

炉

漏鏟

曾侯乙許時用終

著錄　《集成》10387、10398–10399

年代　同前。

出土時間地點　同前。

説明　現藏湖北省博物館。

一九六 曾侯乙鈎形器〔109.23〕

曾侯乙詐時用終

著録 《集成》10455
年代 同前。
出土時間地點 同前。
説明 同前。

一九七　曾侯乙鹿角立鶴〔109.24〕

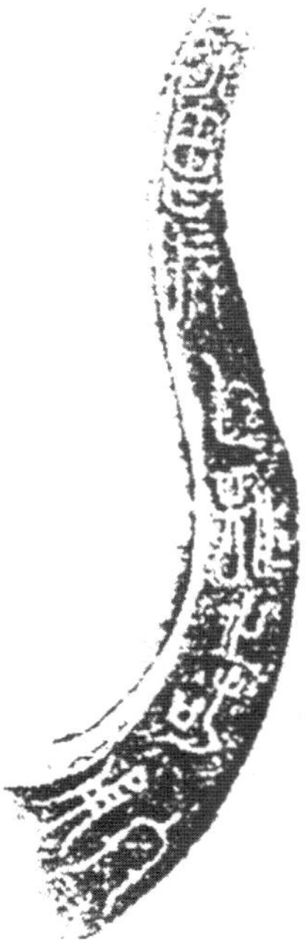

曾侯乙詐時用終

著録　《集成》10439

年代　同前。

出土時間地點　同前。

説明　現藏湖北省博物館。或認爲此乃懸鼓之架。

曾侯乙鹿角立鶴

一九八　曾侯乙戈〔109.25〕

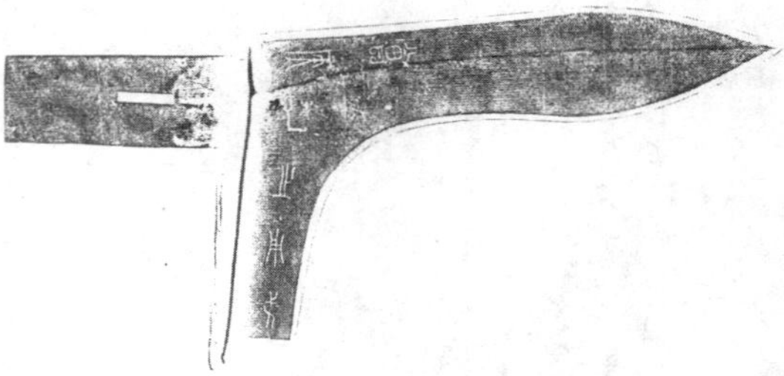

曾侯乙之用戈

曾侯乙之寢戈

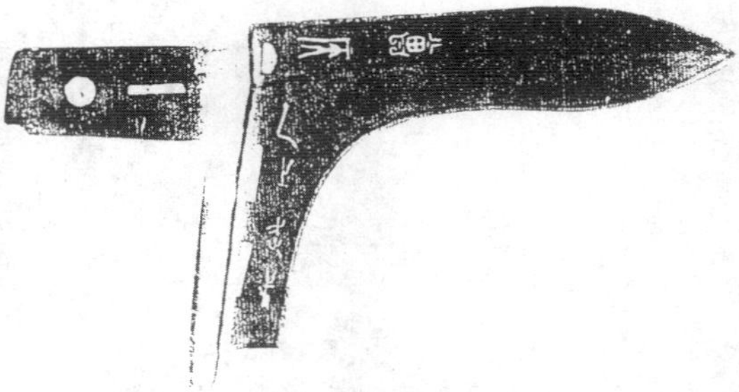

曾侯乙之走戈

著録　《集成》11167–11171

年代　同前。

出土時間地點　同前。

説明　現藏湖北省博物館。

一九九　曾侯乙戟〔109.26〕

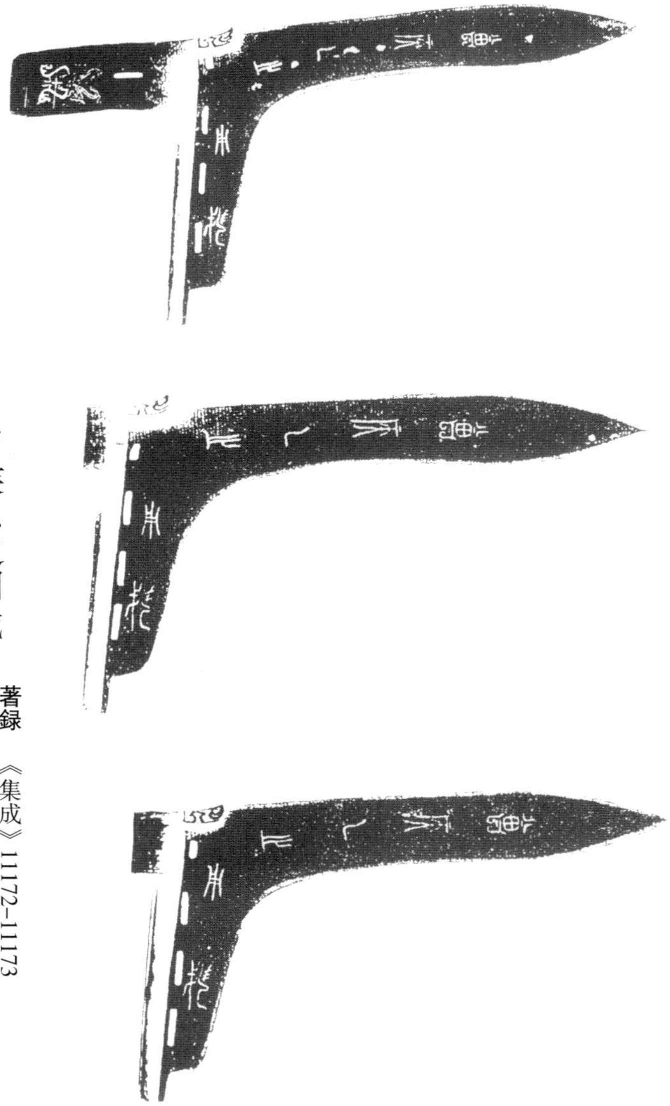

三戈戟 a

曾侯乙之用戟

著錄　《集成》11172–11173

年代　同前。

出土時間地點　同前。

説明　現藏湖北省博物館。圖象來自《曾侯乙墓》。

曾侯乙之用戟

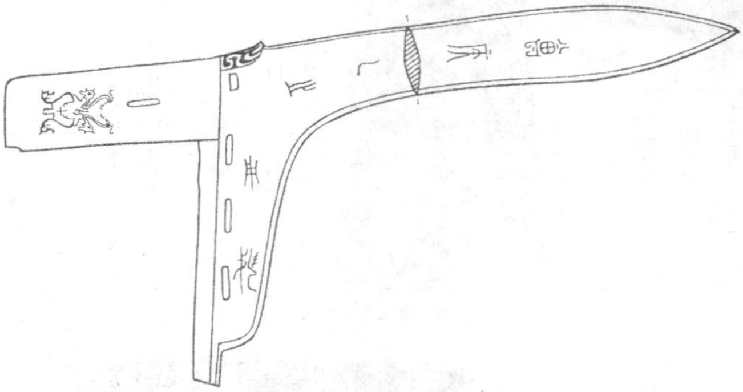

三戈戟 a（第一個戈頭的綫圖）

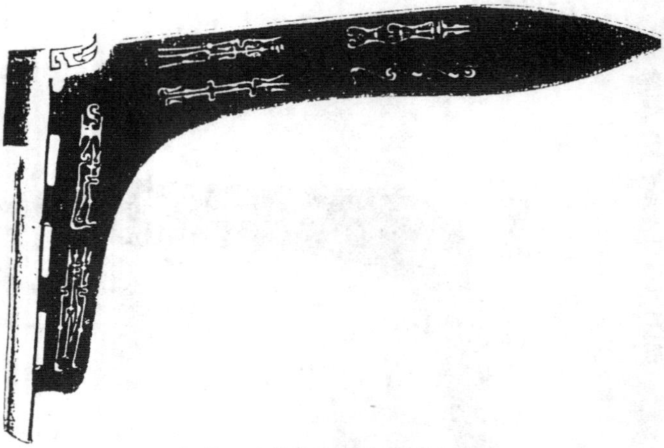

三戈戟 b（其中一個戈頭的拓片）

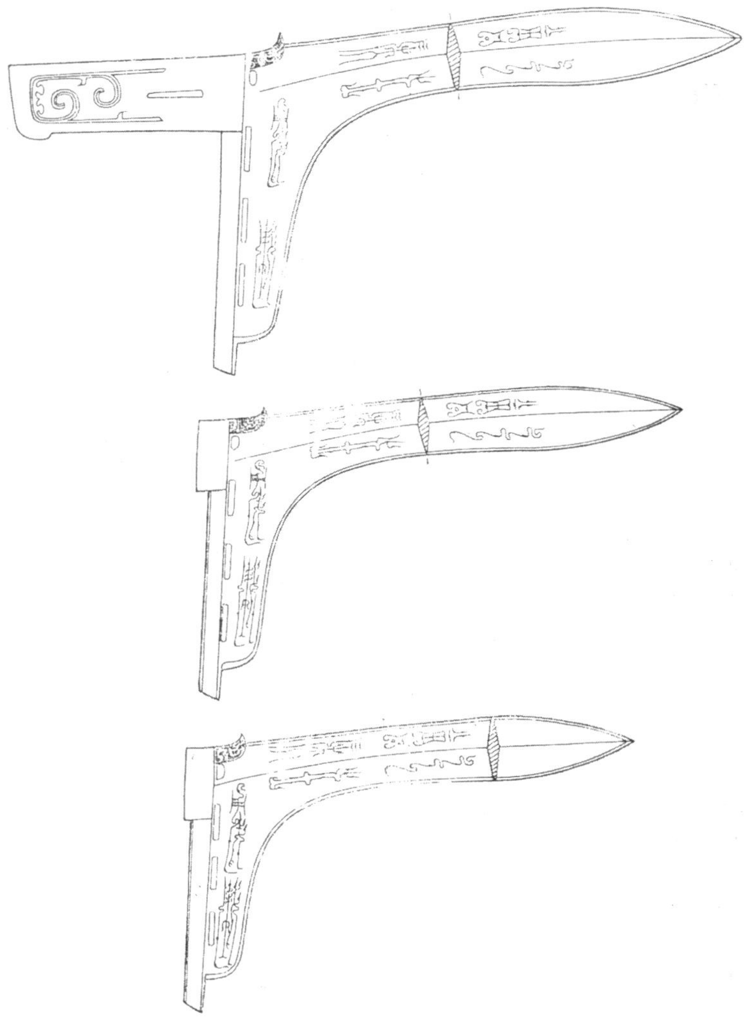

三戈戟 b（三個戈頭的綫圖）

二〇〇 四字鳥篆戈〔110〕

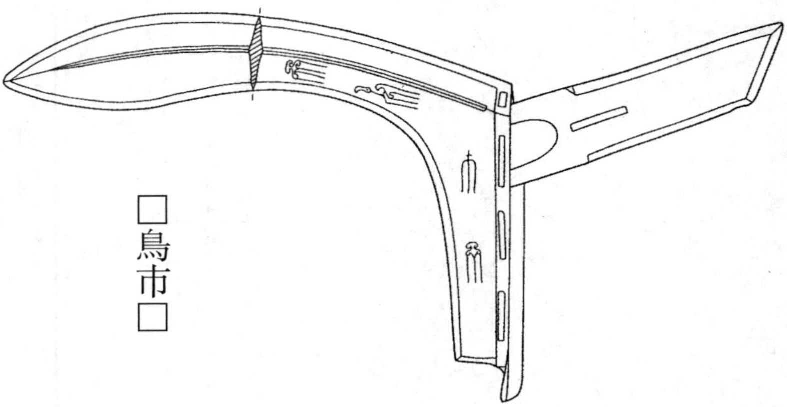

□鳥市□

著録 《曾侯乙墓》。

年代 春秋戰國之際。

出土時間地點 同前。

説明 現藏湖北省博物館。圖象來源見著録。

二〇一 車軎〔三〕

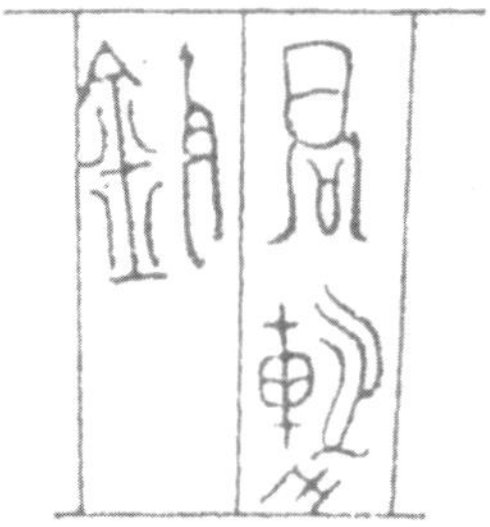

君軲（廣）

鉺

著録 《集成》12025

年代 下限爲公元前四三三年。

出土時間地點 同前。

説明 現藏湖北省博物館。摹本及圖象來自《曾侯乙墓》。

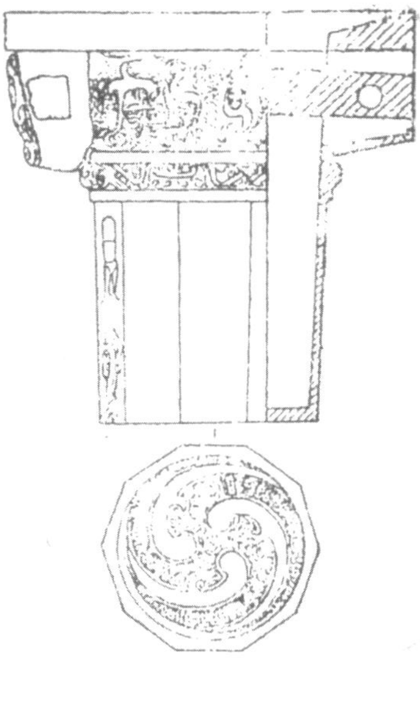

二〇二 ⿰方⿱𠂉昜作戈〔112〕

⿰方⿱𠂉昜（陽）乍（作）𢦚（拱）戈

著録 《集成》11047

年代 東周五期。

出土時間地點 同前。

説明 現藏湖北省博物館。

二〇三　析君戟〔113〕

斨（析）君墨（黑）脣
之郜（造）鉾（戟）

著録　《集成》11214
年代　同前。
出土時間地點　同前。
説明　現藏湖北省博物館。其第二個戈頭有銘文七字。

二〇四　挪君戟〔114〕

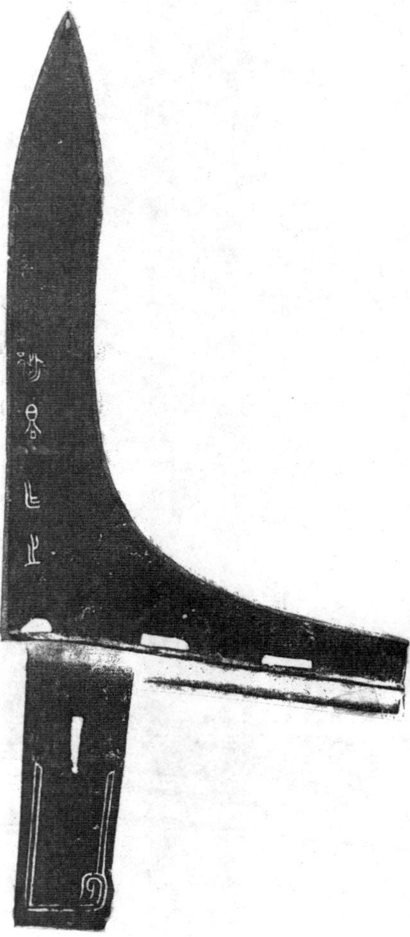

挪君乍（作）之

著録　《集成》11048

年代　同前。

出土時間地點　同前。

説明　現藏湖北省博物館。其第一個戈頭有銘文四字。

二〇五　昭王之諻鼎〔115.1〕

卲（昭）王之諻
之饋鼎

著録　《集成》2288
年代　同前。
出土時間地點　傳世器。
説明　現下落不明。

二〇六　昭王之諻簋〔115.2〕

卲（昭）王之諻
之盧（薦）廄（簋）

著録　《集成》3634–3635

年代　同前。

出土時間地點　傳世器。

説明　現一藏上海博物館。圖象來自《銘圖集成》。

二〇七　閽尹鼎〔116〕

閽（陰）尹膞
之𩞁（厨）鼎

著録　《淅川和尚嶺與徐家嶺楚墓》。
年代　東周五期前段。
出土時間地點　一九九〇年河南淅川和尚嶺 M2 出土。
説明　現藏河南博物院。圖象來源見著録。

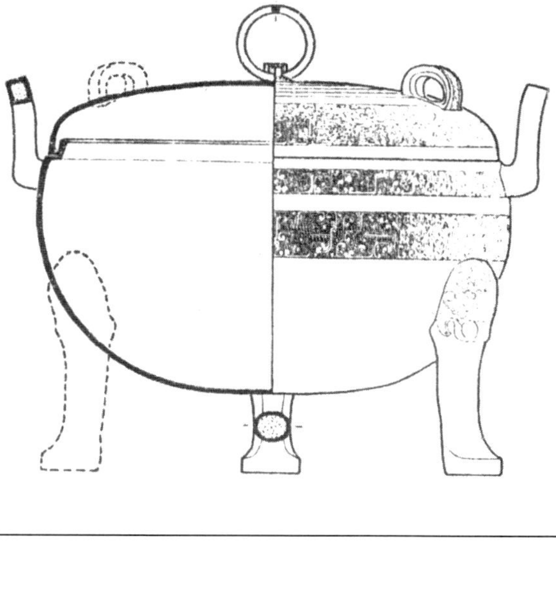

二〇八　𨛜子升嬭鼎〔117〕

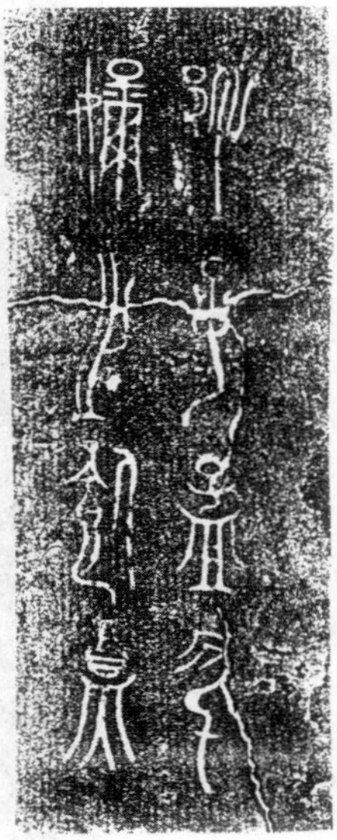

器蓋

器腹

𨛜（蔿）子孟升
嬭（芈）之飤鼎

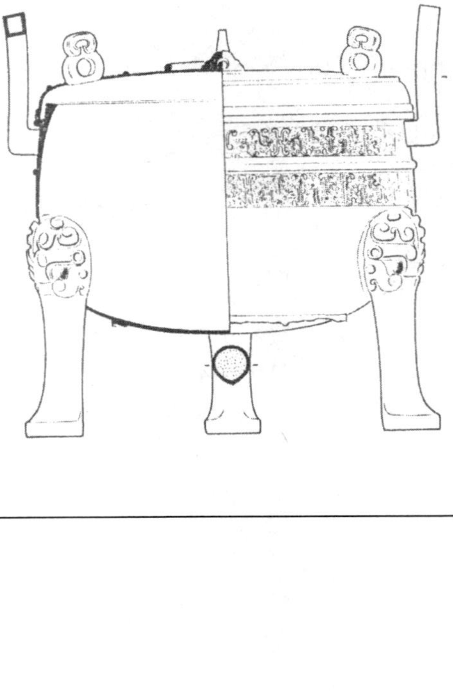

著録　同前。
年代　東周五期。
出土時間地點　一九九〇年河南淅川徐家嶺 M3 出土。
説明　現藏河南省文物考古研究院。圖象來源見著録。

二〇九　⿰化阝子昃鼎〔118〕

器蓋

器腹

⿰化阝（蔿）子昃

之飤鐈（鼎）

著録　同前。

年代　同前。

出土時間地點　一九九一年河南淅川徐家嶺 M10 出土。

説明　現藏河南省文物考古研究院。圖象來源見著録。出土二件，此爲其中之一。

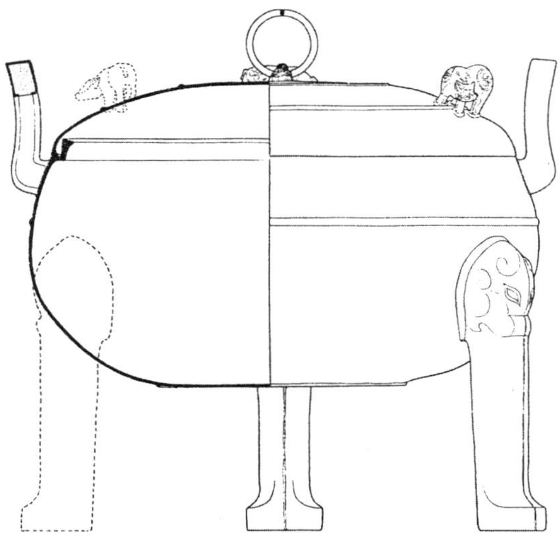

二一〇　醓祓想之簠〔119〕

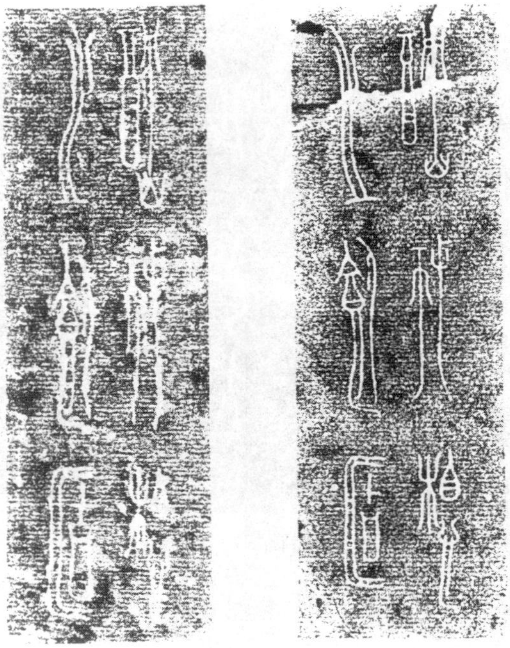

醓祓想
之飤𠤳（簠）

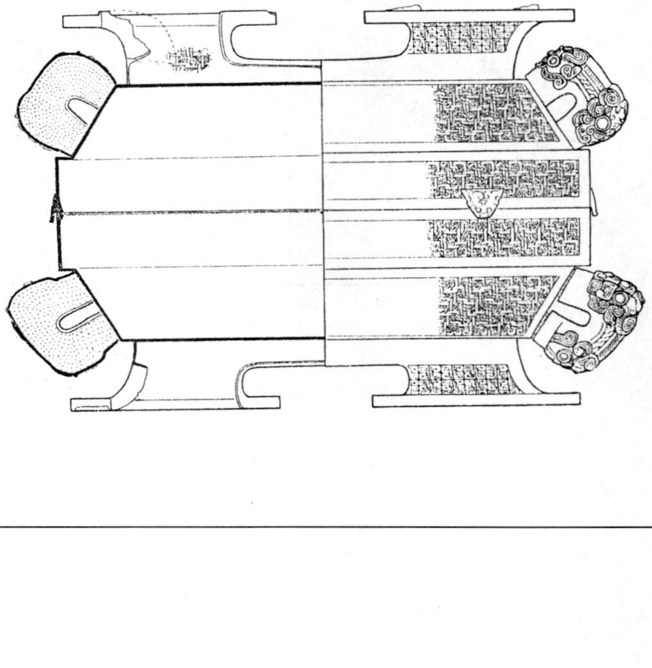

著録　同前。
年代　同前。
出土時間地點　同前。
説明　現藏河南省文物考古研究院。圖象來源見著録。

二一一 㛍朱姬簠〔120〕

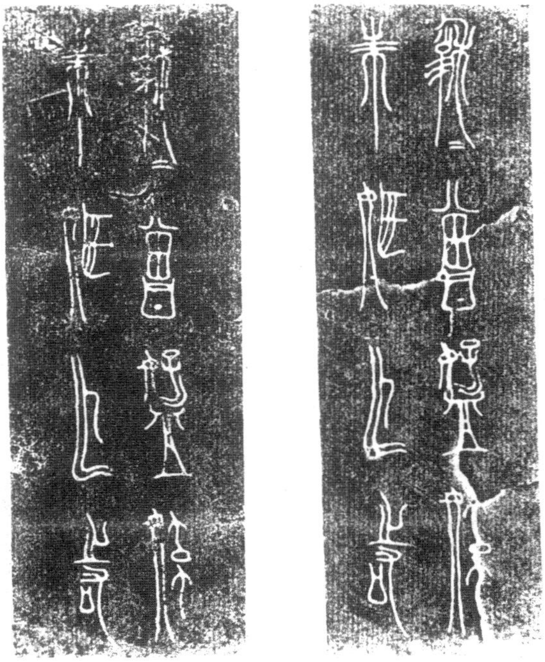

穆=(穆穆)曾嬬(孟)㛍(毓)

朱姬乍(作)㫘(持)

著録 同前。

年代 同前。

出土時間地點 一九九〇年河南淅川徐家嶺 M9 出土。

説明 同前。

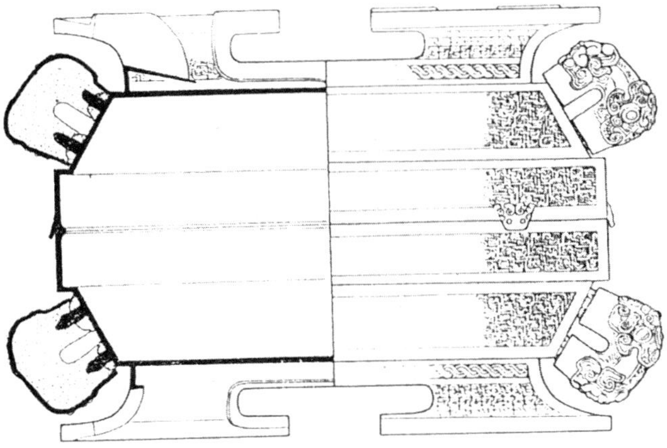

二二二　倗子孟青嬭簠〔121〕

器身

倗（鄬）子孟青嬭（羋）之飤匿（簠）

器蓋

倗（鄬）子孟嬭（羋）青之飤匿（簠）

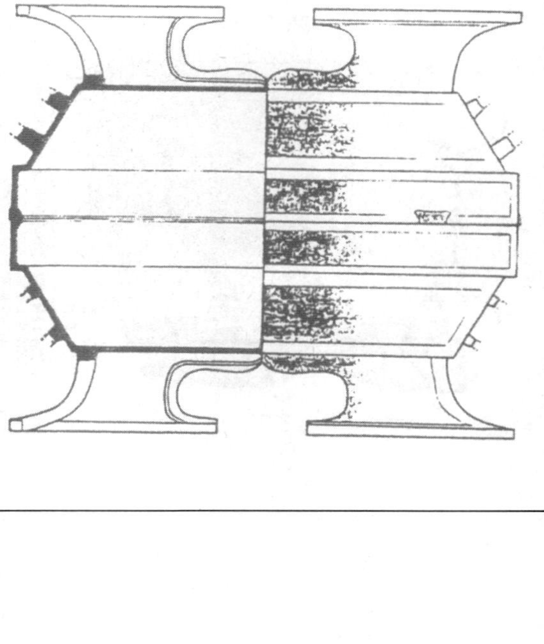

著録　同前。

年代　同前。

出土時間地點　一九九〇年河南淅川徐家嶺 M1 出土。

説明　同前

二一三 王子造匜〔122〕

王字（子）造
⿱止䖵（之）逾（沬）盥（匜）

著録 《通論》第六八頁；《總集》6806；《東周鳥篆文字編》。
年代 同前。
出土時間地點 清宫舊藏，出土時地不明。
説明 現藏臺北故宫博物院。圖象來自《通論》。

二一四　蒙字戈、劍〔123〕

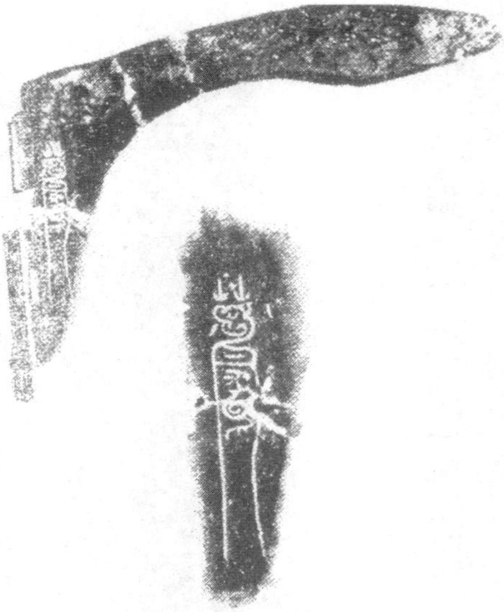

蒙字戈

1

蒙字戈

2a

蒙字劍

2b

著録　1. 沂水縣文物管理站：《山東沂水縣發現戰國銅器》，《考古》一九八三年第九期。2. 韓自强、馮耀堂：《安徽阜陽地區出土的戰國時期銘文兵器》，《東南文化》一九九一年第二期；韓自强主編：《阜陽・亳州出土文物文字篇》，阜陽市大方印務公司印發，二〇〇四年。

年代　同前。

出土時間地點　1爲一九八二年山東沂水發現；2a爲一九七四年安徽臨泉城關廢品收購站收集；2b爲一九七四年安徽潁上廢品倉庫收集。

説明　1現藏山東沂水縣博物館；2a現藏安徽臨泉縣博物館；2b現藏安徽阜陽市博物館。

二一五　王作劍〔124〕

王乍（作）□君

著録　古湘：《湘潭縣出土戰國鳥篆銘文銅劍》，《湖南刊》第四集。

年代　戰國早期。

出土時間地點　一九六三年湖南湘潭易俗河鎮縣一中出土。

説明　現藏湖南博物院。

二一六　陽庶劍〔125〕

㫙（陽）庶用劍

著録　曹錦炎：《㫙庶劍小考》，《楚文化研究論集》第五集，黄山書社二〇〇三年。
年代　東周五期。
出土時間地點　不詳。
説明　現藏臺北某氏。正面、反面字同，均爲四字。

二一七 䢵戈〔126〕

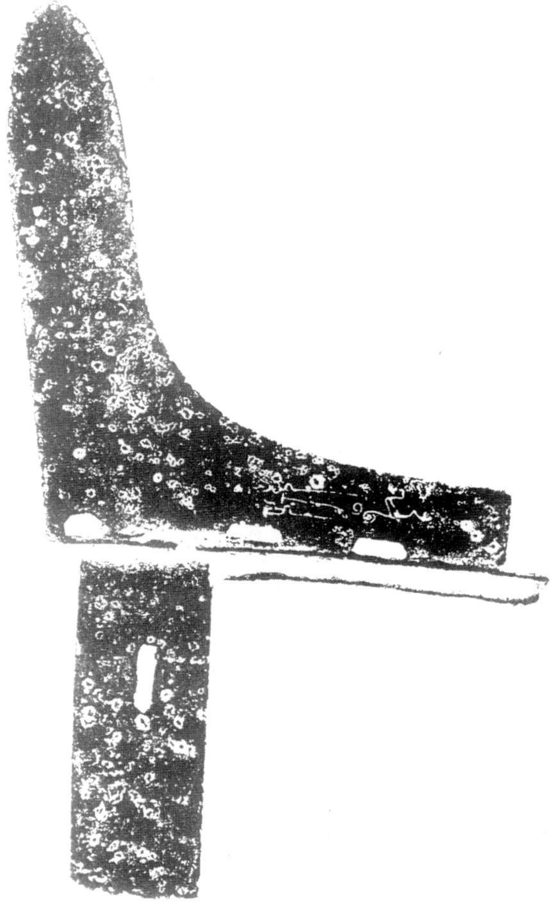

䢵（鄖）

著録 《集成》10912

年代 同前。

出土時間地點 不明。

説明 現藏故宫博物院。

二一八　子眀戈〔127〕

子眀（瞿）之用戈

著錄　《集成》11100

年代　同前。

出土時間地點　一九三五年安徽壽縣出土。

說明　現藏上海博物館。

二一九　䣄之戈〔128〕

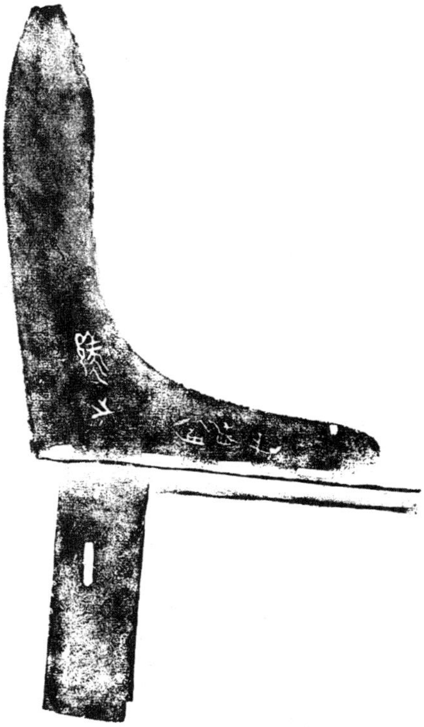

䣄之寶戈

著錄　《集成》11027

年代　同前。

出土時間地點　一九七五年湖北荊州雨臺山楚墓出土。

説明　現藏湖北荊州博物館。參見《雨臺山楚墓》。

二三〇　楚王孫漁戟〔129〕

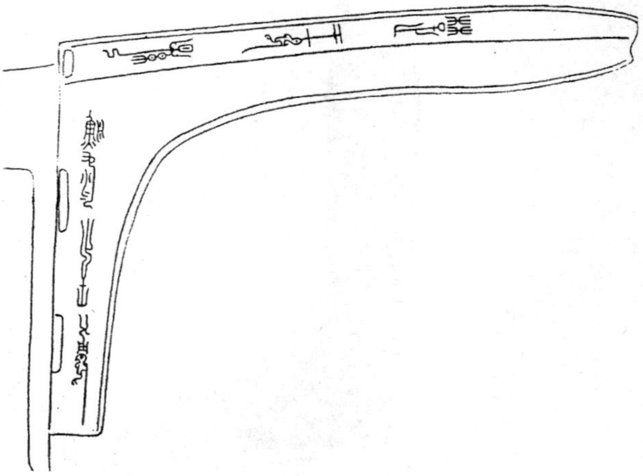

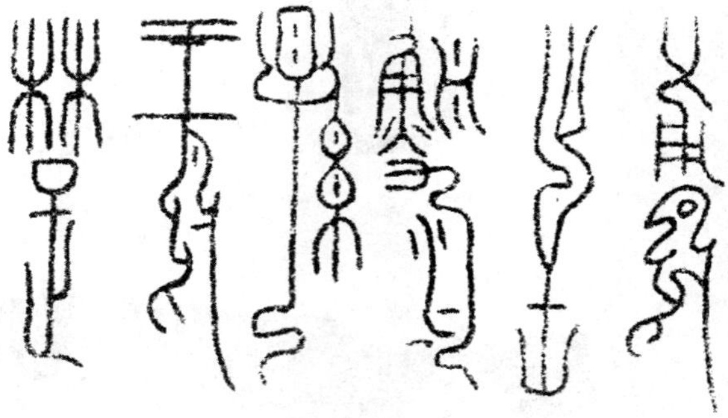

楚王孫⿱⿰氵⿰魚舟又（漁）之用

雙戈戟的第一個戈頭

著録　《集成》11152–11153

年代　同前。

出土時間地點　一九五八年湖北荆州長湖南岸出土。

説明　現一藏中國國家博物館，一藏湖北省博物館。綫圖及拓片來源見著録，摹本來自《文物》一九六三年第三期。

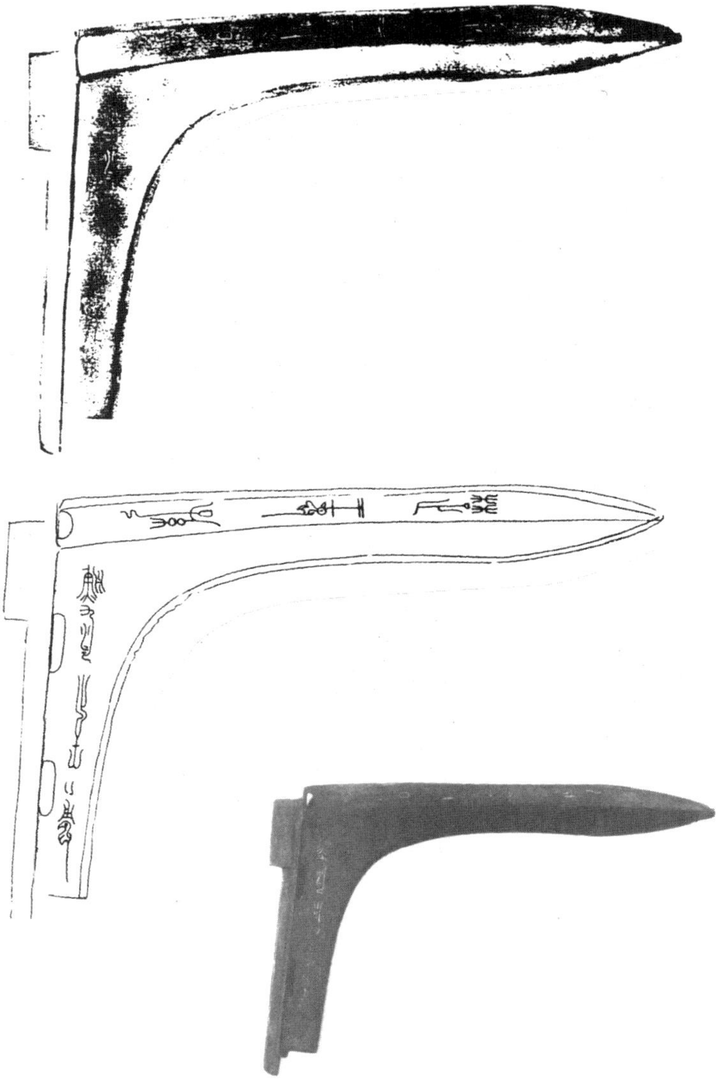

雙戈戟的第二個戈頭

二三一　番中戈〔130〕

番中作白（伯）皇之散（造）戈

著録　《集成》11261

年代　同前。

出土時間地點　一九七八年湖北當陽金家山楚墓出土。

説明　現藏湖北宜昌博物館。參見《文物》一九八〇年第一期。

二三二　卲之飤鼎〔131.1〕

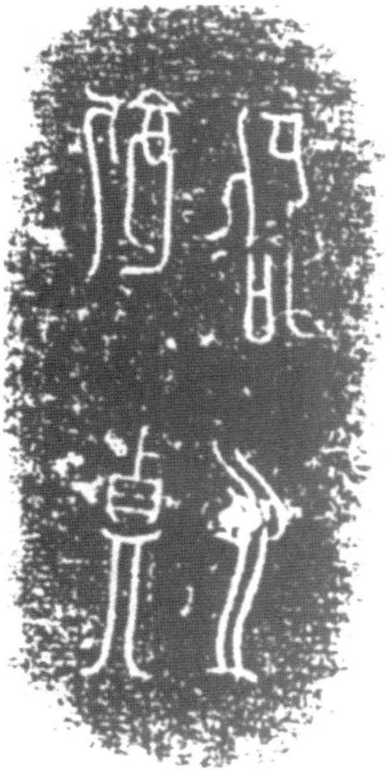

卲（昭）之
飤鼎

著録　《集成》1980

年代　同前。

出土時間地點　一九八〇年四川新都出土。

説明　現藏四川博物院。圖象來自《文物》一九八一年第六期。

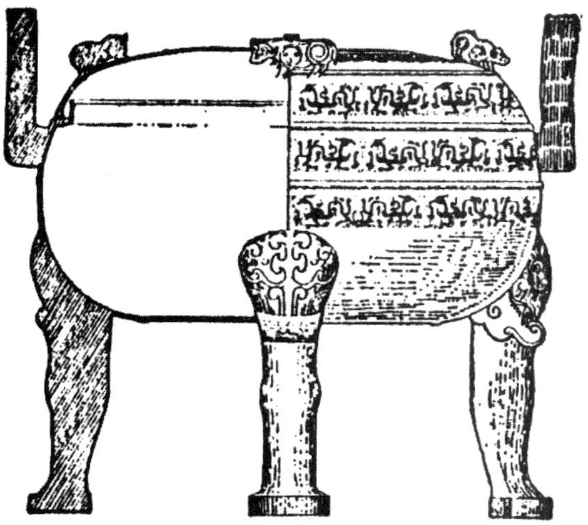

二二三　卲之方豆〔131.2〕

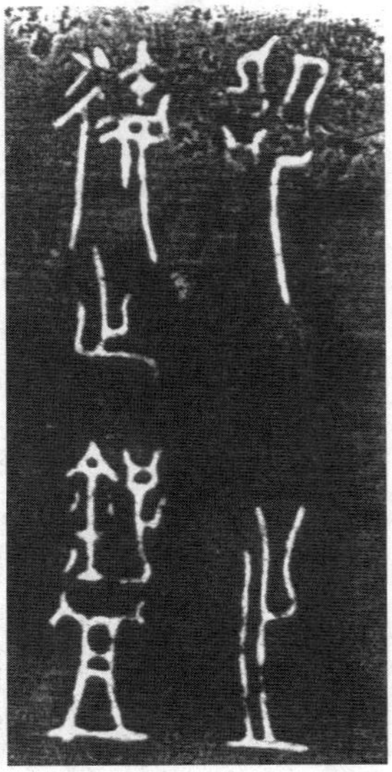

卲（昭）之
迲（御）鋊（？）

其一

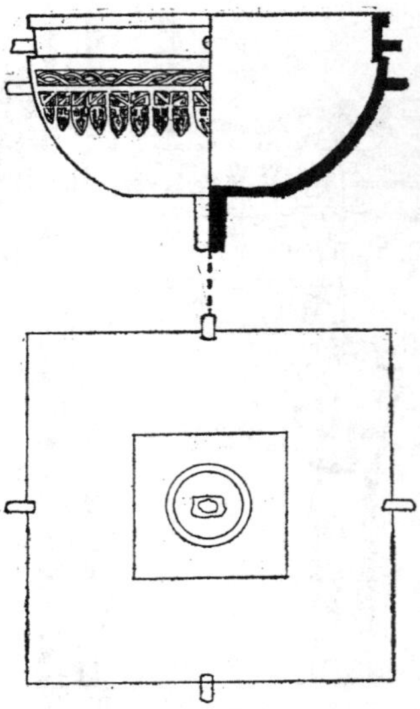

其二

著録　《集成》4660–4661

年代　同前。

出土時間地點　一九七五年湖北隨縣均川出土。

説明　現藏湖北隨州市博物館。綫圖來自《江漢考古》一九八六年第二期。

二二四 坪夜君成鼎〔132.1〕

坪（平）夜（輿）君城（成）之載鼎

著録 《集成》2305

年代 同前。

出土時間地點 傳世器。

説明 現下落不明。

二二五　坪夜君成戈〔132.2〕

坪（平）夜（輿）君成之用戈

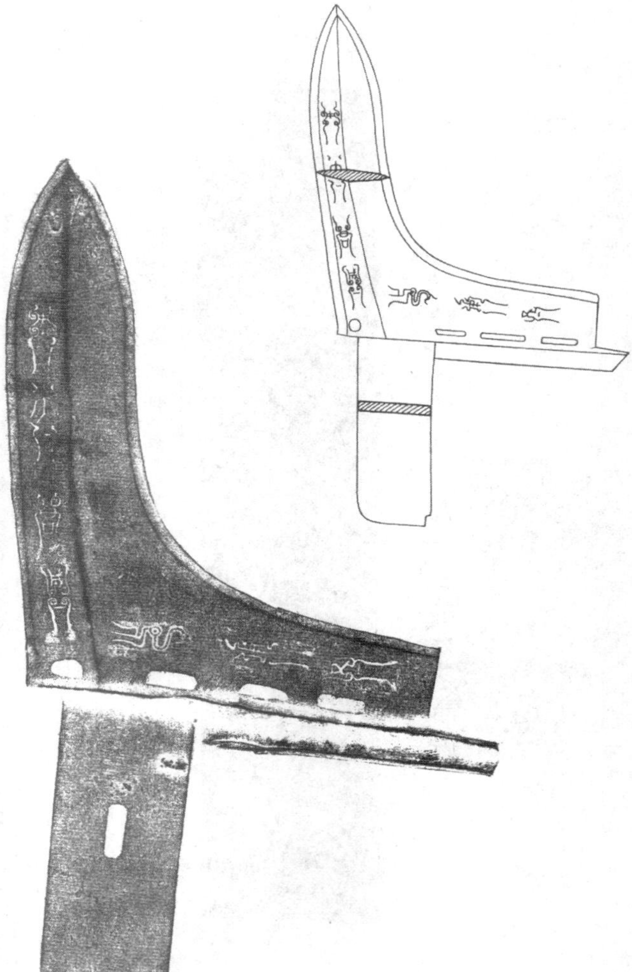

其一（N：180）

坪（平）夜（輿）君成之用戈

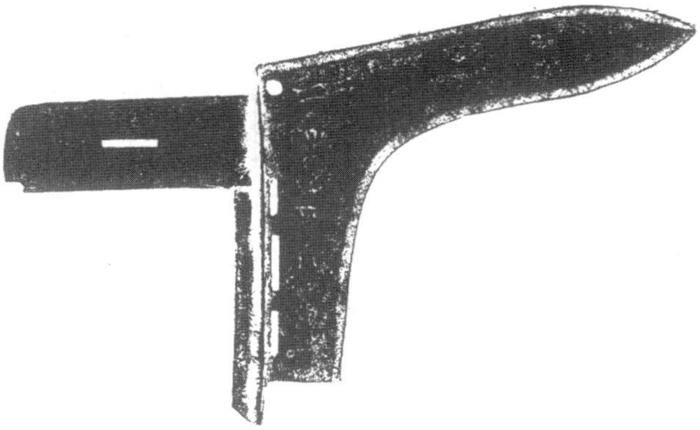

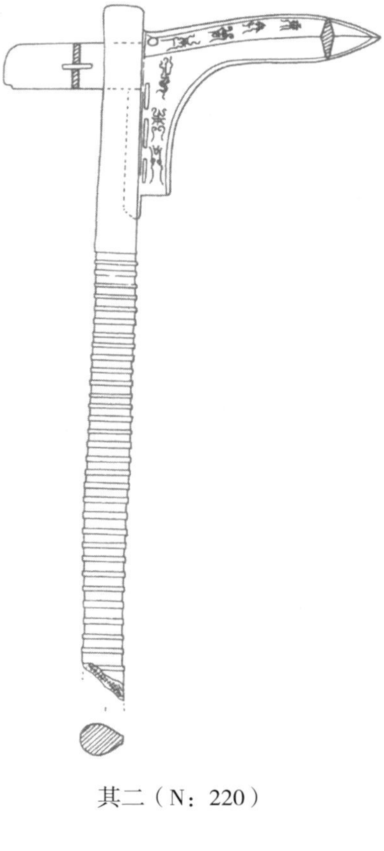

其二（N：220）

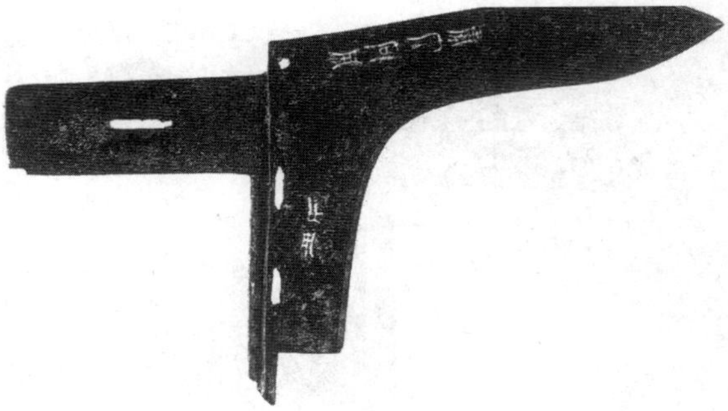

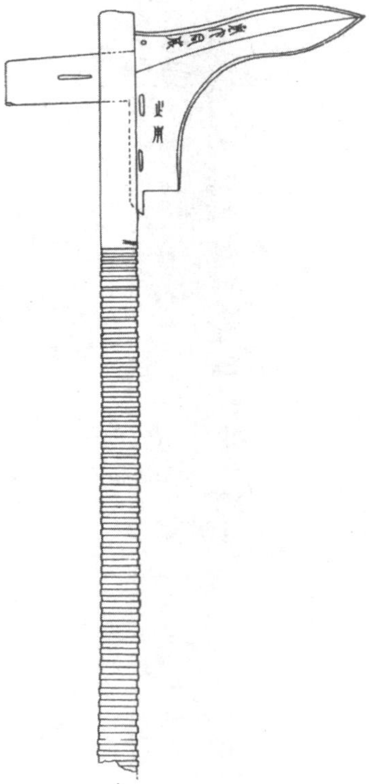

其三（N：127）

坪（平）夜（輿）君成之用

著録　河南省文物考古研究所：《新蔡葛陵楚墓》，大象出版社二〇〇三年。

年代　同前。

出土時間地點　一九九四年河南新蔡出土。

説明　現藏河南省文物考古研究院、中國文字博物館。圖象來源見著録。

二三六　坪夜君成戟〔132.3〕

坪（平）夜（輿）君成之用

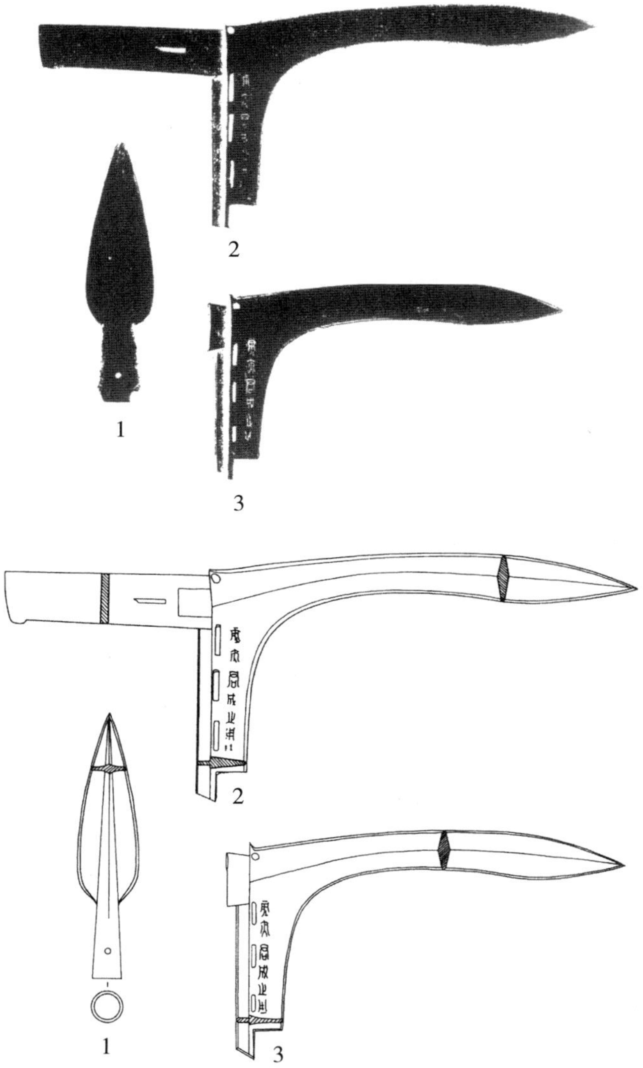

1. 矛（N：2）　2. 有内戈（N：18）　3. 無内戈（N：240）

青銅多戈戟其一

坪（平）夜（輿）君成之用戟

2

1

3

1. 矛（N：230）　2. 有内戈（N：241）　3. 無内戈（N：242）

青銅多戈戟其二

坪（平）夜（輿）君成之用戟

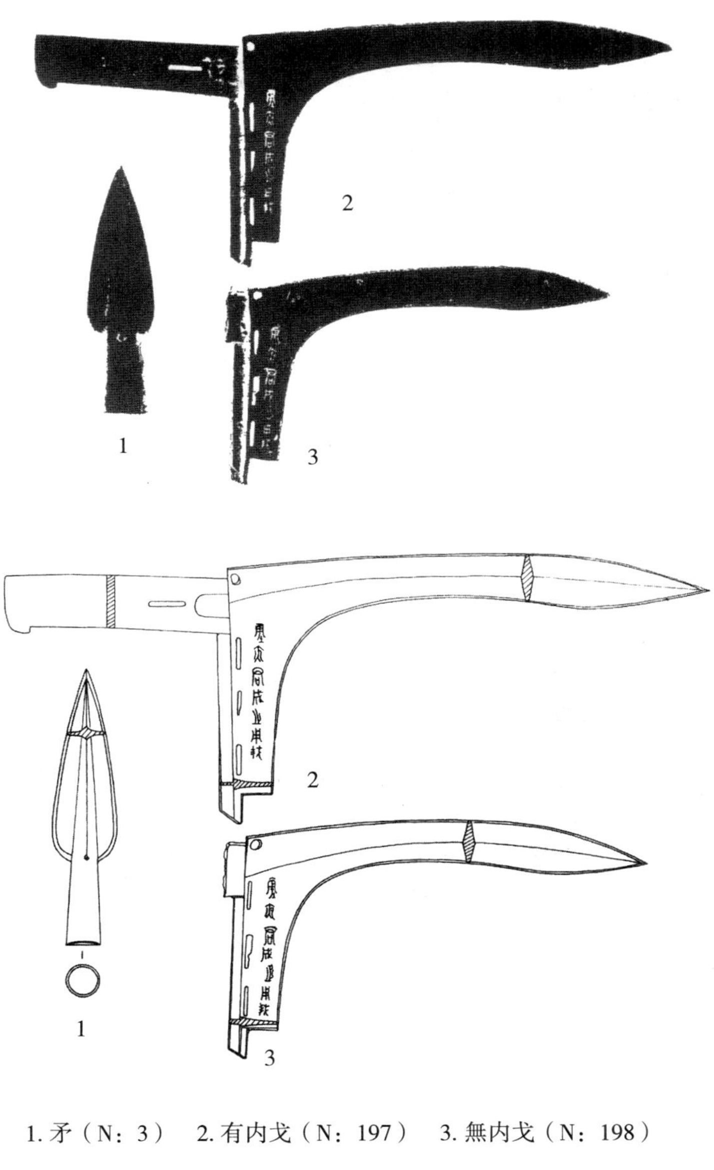

1. 矛（N：3） 2. 有内戈（N：197） 3. 無内戈（N：198）

青銅多戈戟其三

坪（平）夜（輿）君成之用戟

著録 同前。
年代 同前。
出土時間地點 同前。
説明 現藏河南省文物考古研究院。圖象來源見著録。

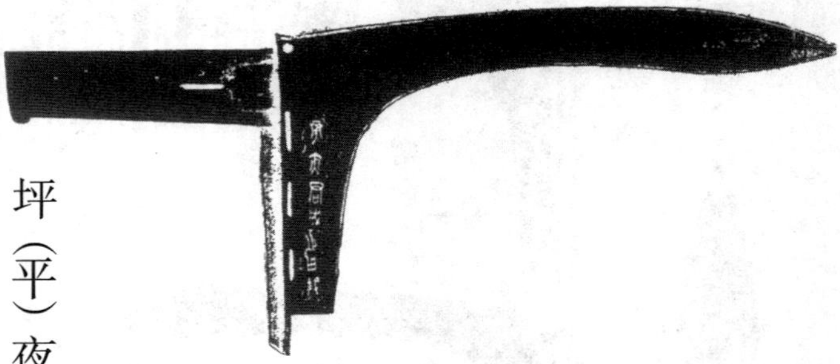
2

1

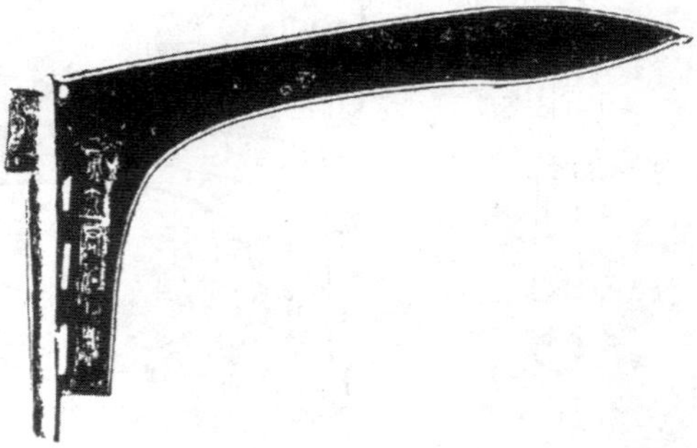
3

1. 矛（N：1）　2. 有内戈（N：10）　3. 無内戈（N：239）

青銅多戈戟其四

二三七　王孫名戟〔133〕

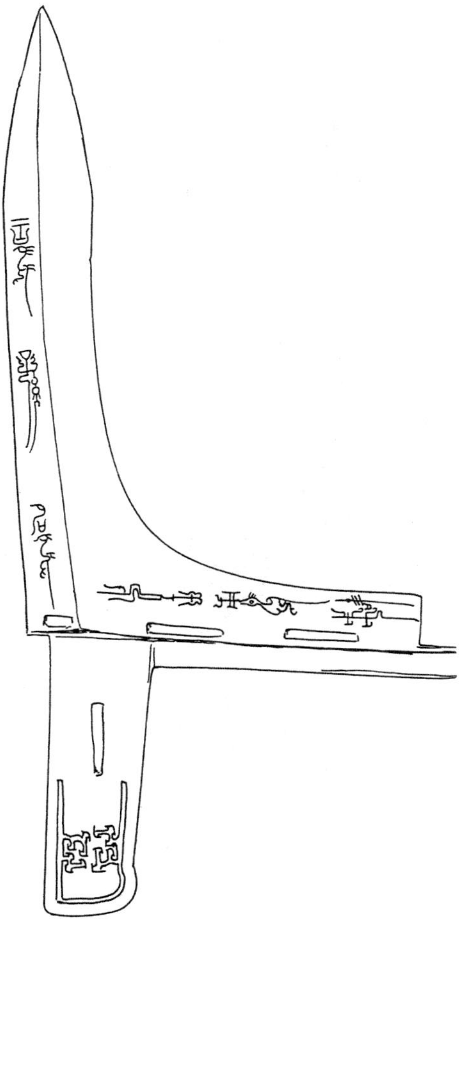

王孫名之用戟

著録　《東周鳥篆文字編》。

年代　同前。

出土時間地點　不明。

説明　現藏香港某氏。圖象來源見著録。

二二八 ⿰虎龍王戈〔134〕

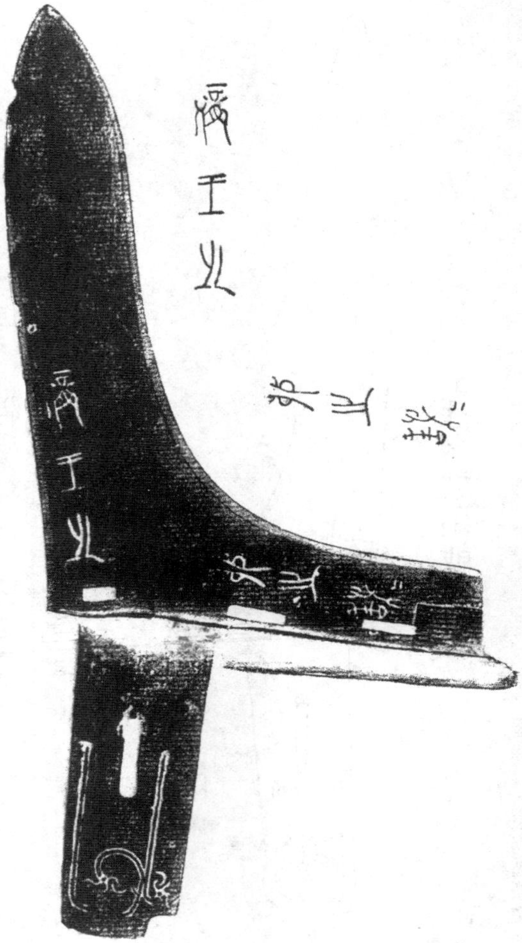

⿰虎龍（龔、共）王之卯之造戈

著録 韓朝、劉海洋：《新見楚國銘文兵器》，《南方文物》二〇〇四年第四期。

年代 同前。

出土時間地點 不明。

説明 現爲私人藏品。

二二九　周陽戈〔135〕

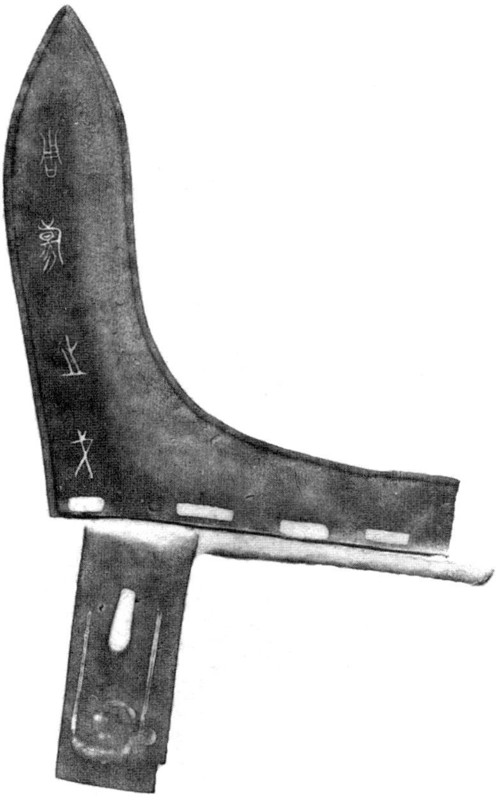

周⿰方⿱𠂉昜（陽）之戈

著録　《集成》11043

年代　同前。

出土時間地點　一九七五年湖北荆州雨臺山楚墓出土。

説明　現藏湖北荆州博物館。參見《雨臺山楚墓》。

二三〇 許之戈〔136〕

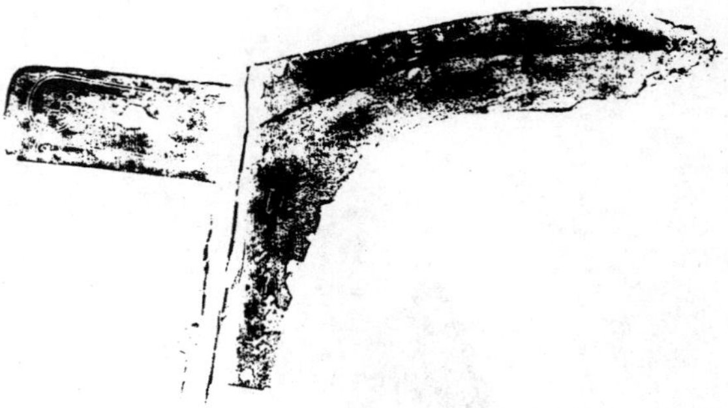

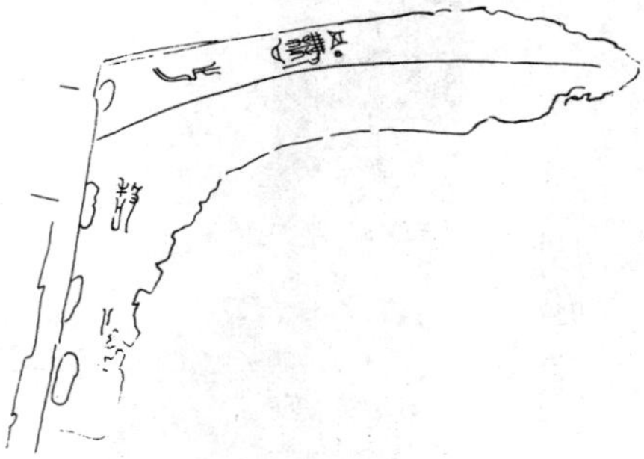

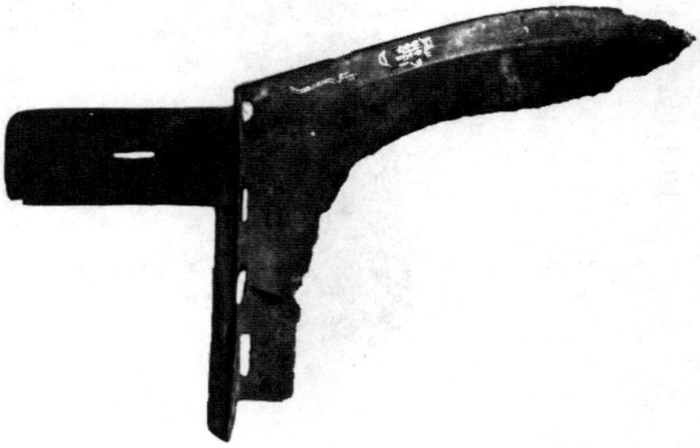

鄦（許）之散（造）戈

著録　《集成》11045

年代　同前。

出土時間地點　一九七八年湖北當陽金家山楚墓出土。

説明　現藏湖北宜昌博物館。綫圖來源見著録。參見《文物》一九八〇年第一期。

二三二　許公戈〔137〕

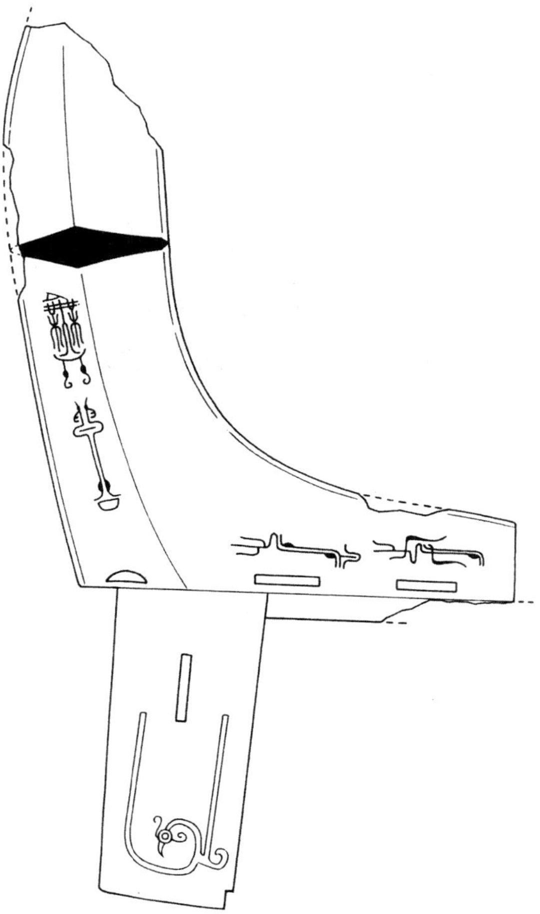

⿱無曰（許）公之戈

著録　《淅川和尚嶺與徐家嶺楚墓》。

年代　同前。

出土時間地點　一九九〇年河南淅川徐家嶺M9出土。

説明　現藏河南省文物考古研究院。圖象來源見著録。

二三二　藝君戈〔138〕

藝君凡寡（造）

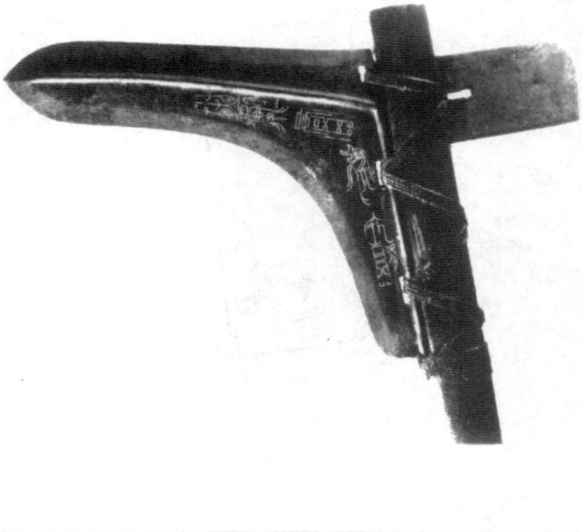

著録　《集成》11026
年代　同前。
出土時間地點　一九七一年湖北荆州拍馬山楚墓出土。
説明　現藏湖北荆州博物館。參見《考古》一九七三年第三期。

二二三　盛君縈簠〔139〕

盛君縈
之御匠（簠）

著錄　《集成》4494

年代　同前。

出土時間地點　一九八一年湖北隨州擂鼓墩 M2 出土。

説明　現藏湖北隨州市博物館。圖象來自《文物》一九八五年第一期。

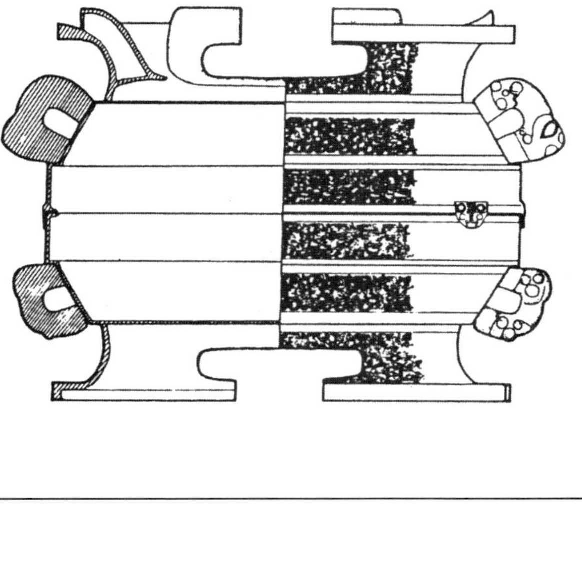

二三四　新造戟〔140.1〕

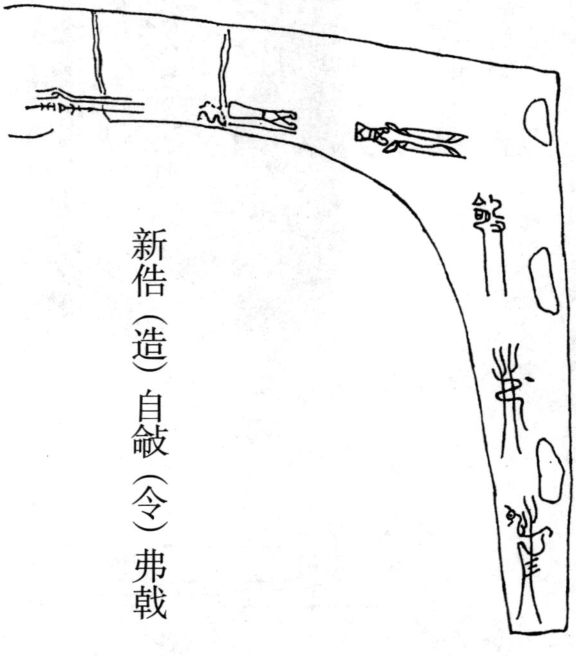

新佶（造）自敓（令）弗戟

著録　《集成》11161

年代　同前。

出土時間地點　一九五五年湖北南漳出土。

説明　現藏湖北襄陽市博物館。參見《文物》一九六二年第十一期。

二三三五　新造矛〔140.2〕

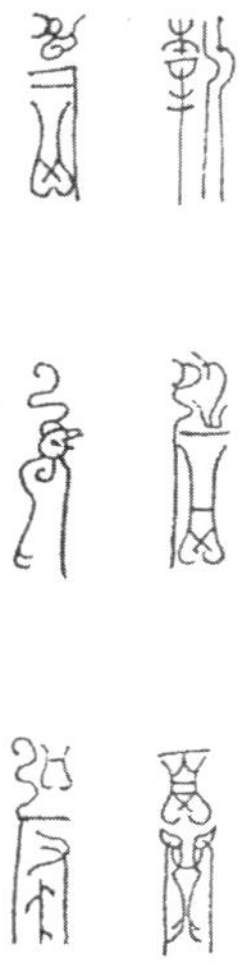

新告（造）自
司（詞）乍（作）敄（矛）

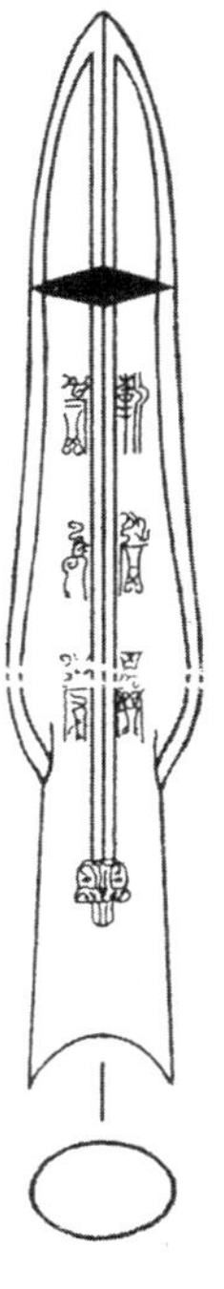

著録　劉彬徽：《楚系金文訂補（續）》，《楚文化研究論集》第五集，黃山書社二〇〇三年。

年代　同前。

出土時間地點　二十世紀九十年代湖南辰溪徵集。

説明　現藏湖南懷化市博物館。摹本與圖象均承向開旺先生提供。

二三六 王孫家戈〔141〕

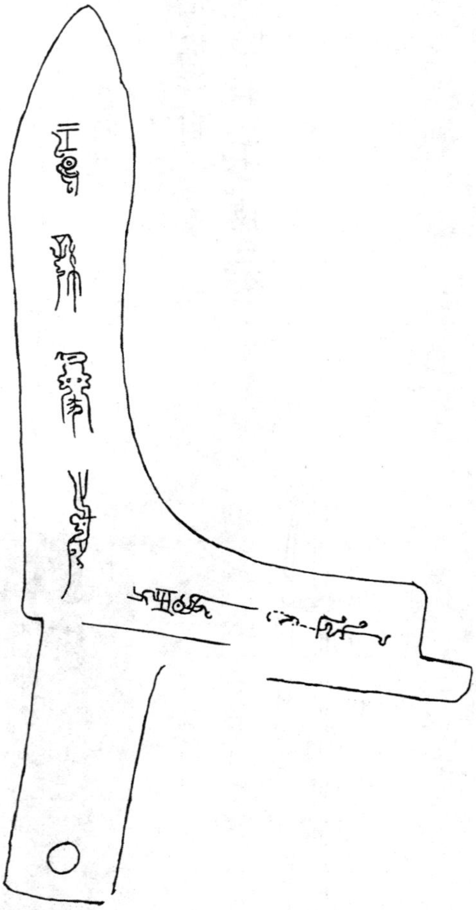

王孫家（？）之用戈

著録《東周鳥篆文字編》。
年代 同前。
出土時間地點 不明。
説明 傳入香港。圖象來源見著録。

二三七　玄膚戈〔142〕

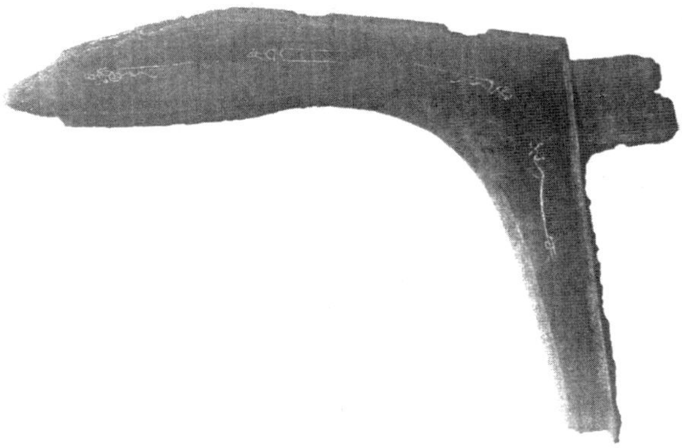

玄膚（鏞）之用

著録　陳松長：《湘鄉新出土錯金鳥篆銘文小考》，《楚文化研究論集》第五集，黄山書社二〇〇三年。

年代　同前。

出土時間地點　一九九三年湖南湘鄉鋁廠出土。

說明　現藏湖南博物院。

二三八　玄翏戈〔143〕

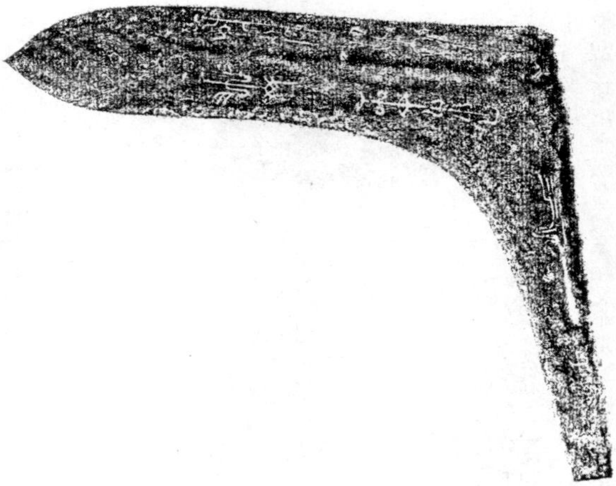

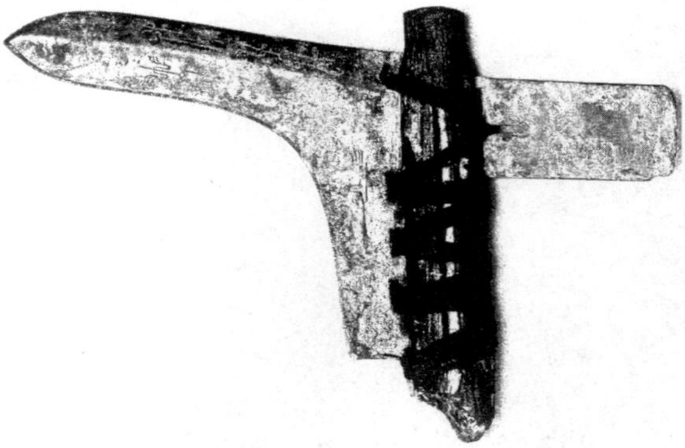

玄翏（鏐）夫（鈇）鋁之用

著録　湖南省博物館、香港中文大學文物館：《中國古代銘刻文物》，二〇〇一年印發。

年代　同前。

出土時間地點　不明。

説明　現藏香港中文大學文物館。圖象來源見著録。

二三九　玄鏐戟〔144〕

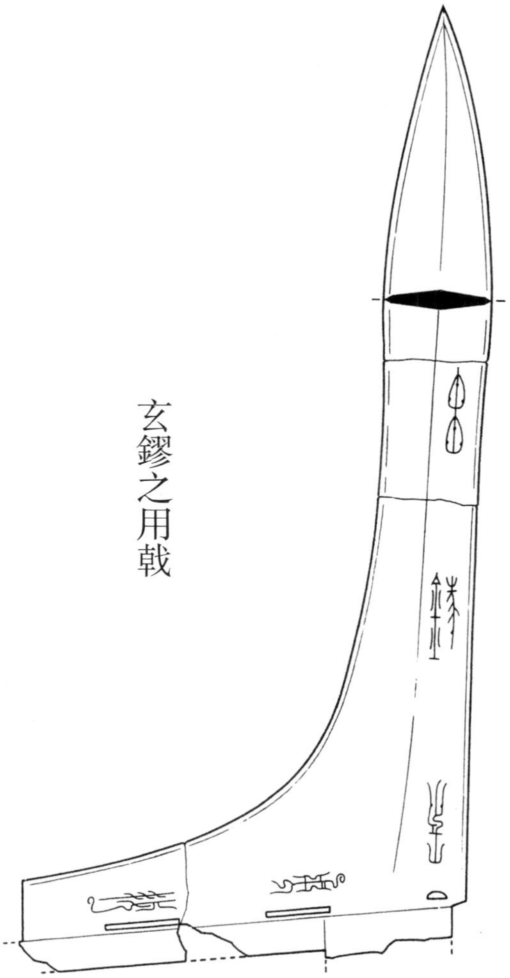

玄鏐之用戟

著録　《淅川和尚嶺與徐家嶺楚墓》。

年代　同前。

出土時間地點　一九九一年河南淅川徐家嶺 M10 出土。

説明　現藏河南省文物考古研究院。圖象來源見著録。六件皆殘。

二四〇　距末器〔145〕

𢘆(悍)乍(作)距末，用差(佐)商國。

光張上[下]，四堯是蜅(備)。

著録　陳松長：《湖南常德新出土銅距末銘文小考》，《文物》二〇〇二年第十期。

年代　同前。

出土時間地點　一九九九年湖南常德德山出土。

説明　現藏湖南博物院。兩件合爲一篇銘文。

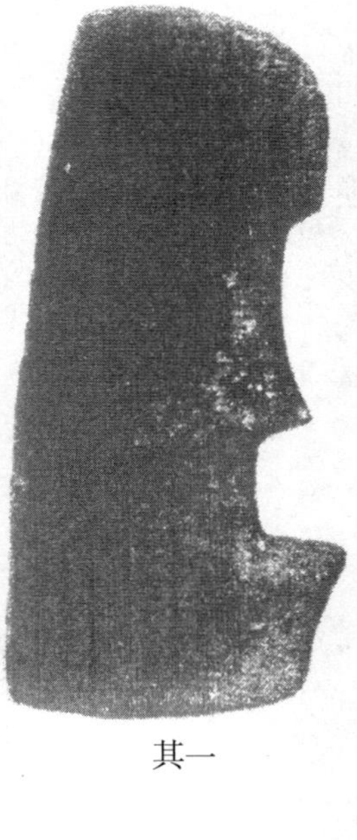

其一

其二

二四一 秼戈〔146〕

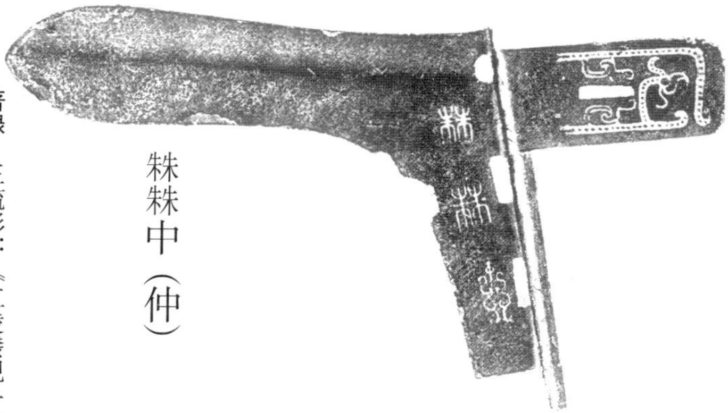

秼秼中（仲）

著録 王毓彤：《江陵發現一件春秋帶銘夔紋戈》，《文物》一九八三年第八期。

年代 同前。

出土時間地點 不明。

説明 一九七九年湖北荆州博物館購藏。

東周六期（公元前三八〇—前三〇〇年）

二四二　䜌書尊缶〔147〕

器腹

正月季旾（春）元日己丑，余畜孫書也斁（擇）其吉金以乍（作）鑄𨥑（缶），以祭我皇祖，盧（吾）以斦（祈）眉壽。䜌書之子孫，邁（萬）枼（世）是寚（寶）。

器蓋

正月季旾（春）元日己丑

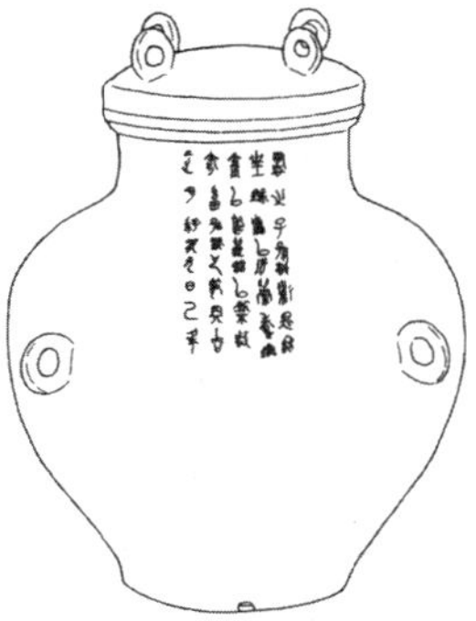

著録　《集成》10008

年代　東周六期。

出土時間地點　傳世器。

説明　現藏中國國家博物館。圖象來自《文物》一九九〇年第十二期。

二四三　曾姬無卹壺〔148〕

壺一

壺二

隹（唯）王廿（二十）又六年，聖（聲）趄（桓）之夫人曾姬無卹（恤），虎（吾）宅兹漾陵蒿閒（間）之無嗎（匹），甬（用）乍（作）宗彝（彝）尊壺，後嗣用之，職（職）才（在）王室。

著録　《集成》9710-9711

年代　楚宣王二十六年（前三四四年）。

出土時間地點　傳一九三三年安徽壽縣出土。

説明　現藏臺北故宮博物院。綫圖來自《大系》，照片來自《曾國青銅器》。

兩件之一

兩件之一

二四四　鄂君啓節〔149〕

舟節

著録　《集成》12110–12113；《銘圖集成》19178–19182

年代　前三二三年。

出土時間地點　一九五七年、一九六〇年兩次出土於安徽壽縣。

説明　現藏中國國家博物館、安徽博物院。國博存車節、舟節各一件。圖象來源見著録。

大司馬卲（昭）𨛫（陽）敗晉帀（師）於襄陵之𢧢（歲），夏𡰝之月，乙
亥之日，王凥（處）於蔵郢之遊宮，大攻（工）尹脽目（以）王命，命
集尹怊（悼）糯、裁（織）尹逆、裁（織）敂（令）阢爲鄢（鄂）君啓之𢉖（府）
賦（僦）鑄
金節。屯三舟爲一舿（䑸），五十舿（䑸），𢧢（歲）罷（一）返。自鄢（鄂）市，
逾沽（湖），
让（上）灘（漢），就肩，就芸昜（陽），逾灘（漢），就邽，逾夏，内（入）邔（溳），
逾江，就
彭射（澤），就松（樅）昜（陽），内（入）濾（瀘）江，就爰陵，让（上）江，
内（入）湘，就䐑（誓），就
𨛦（洮）昜（陽），内（入）灅（耒），就鄗（郴），内（入）澬（資）、沅、澧、
潹，让（上）江，就木閘（關），就郢。
見其金節則母（毋）政（徵），母（毋）舍（予）㮒（饌）飤，不見其金節則政（徵）。
女（如）載馬、牛、羊，目（以）出内（入）閘（關），則政（徵）於大𢉖（府），
母（毋）政（徵）於閘（關）。

車節

大司馬卲（昭）鄬（陽）敗晉帀（師）於襄陵之戢（歲），夏层之月，乙亥之日，王凥（處）於蔵郢之遊宮，大攻（工）尹脽㠯（以）王命命集尹卲（悼）𥻗、裁（織）尹逆、裁（織）敂（令）阬爲鄂（鄂）君啓之賡（府）賦（僦）鑄金節。車五十乘，戢（歲）罷（一）返。母（毋）載金、革、黽箭，女（如）馬、女（如）牛、女（如）德（犆），屯十㠯（以）堂（當）一車，女（如）檜（擔）徒，屯二十檜（擔）㠯（以）堂（當）一車，㠯（以）毀於五十乘之中。自鄂（鄂）市，就昜（陽）丘，就邡（方）城，就象禾，就梄（柳）焚（棼），就鯀（繁）昜（陽），就高丘，就下蔡（蔡），就居鄛（巢），就郢。見其金節則母（毋）政（徵），母（毋）舍（予）椽（饌）飤，不見其金節則政（徵）。

車節

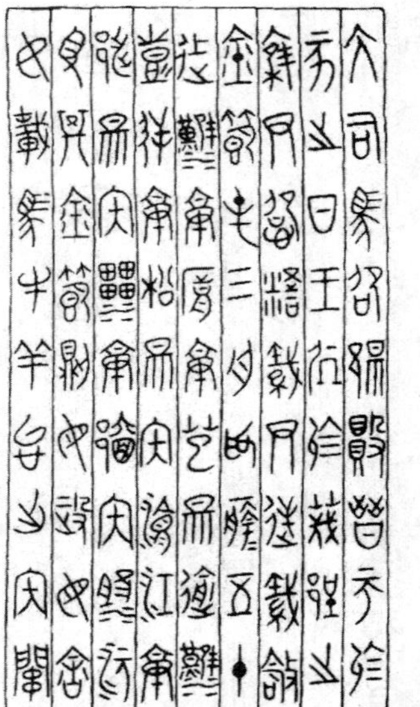

舟節

二四五　王命龍節〔150.1〕

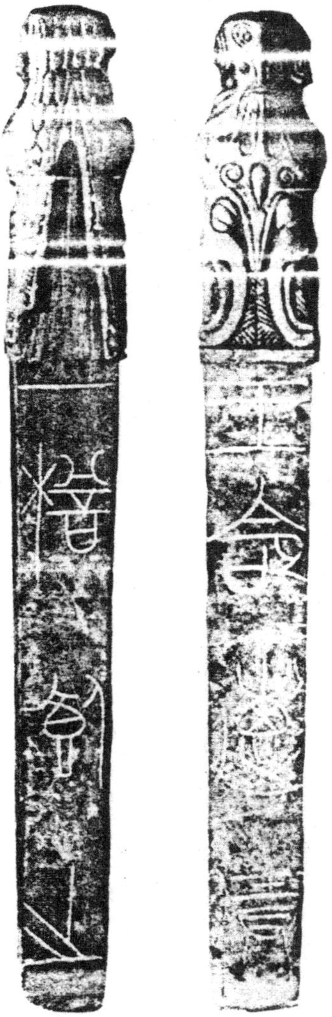

其一

王命命遽（傳）賃，一檐（擔）飤之。

著録　《集成》12097–12102

年代　東周六期。

出土時間地點　傳世五件；一九四六年湖南長沙市郊出土一件。

説明　現藏故宮博物院、上海博物館、中國國家博物館各一件。

王命命遖（傳）賃，
一檐（擔）飤之。

其二

王命命遡（傳）賃，
一檐（擔）飤之。

其三

王命命遡（傳）賃，
一檐（擔）飤之。

其四

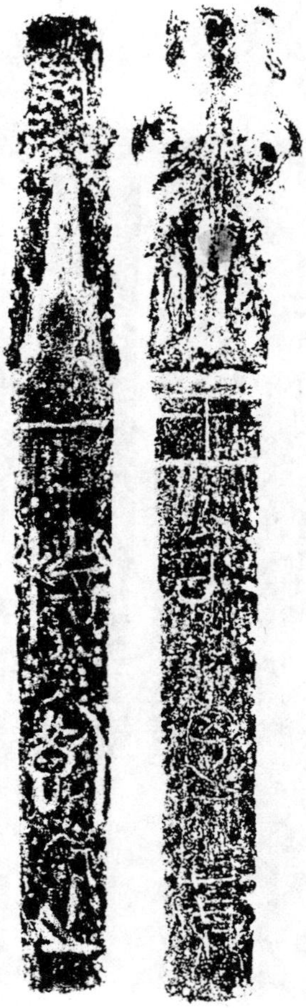

王命命遽（傳）賃，一檐（擔）飤之。

其五

王命命遽（傳）賃，一檐（擔）飤之。

其六

二四六　王命虎節〔150.2〕

其一

其二

王命命傳賃

王命傳賃

著録　《集成》12094–12096

年代　同前。

出土時間地點　其一不明；其二傳安徽壽縣出土；其三一九八五年湖南長沙收集。

說明　現藏故宫博物院、中國國家博物館、湖南博物院各一件。

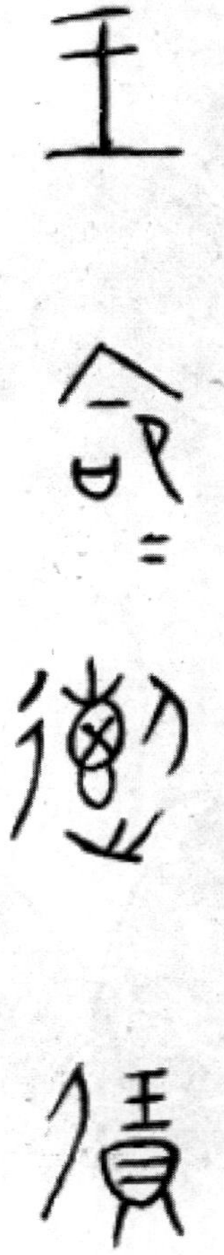

王命命傳賃

其三

二四七 王命車節〔150.3〕

正面

背面

王命命車駐（馹）

著録 《南越王墓》。

年代 同前。

出土時間地點 一九八三年廣東廣州象崗南越王墓出土。

説明 現藏廣東廣州西漢南越王博物館。圖象來源見著録。

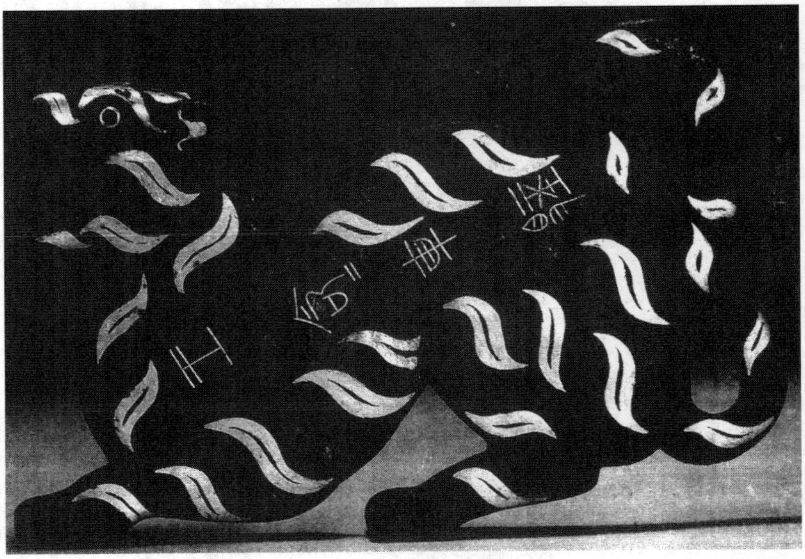

二四八　正陽鼎〔151〕

正昜（陽）

著録　《集成》1500

年代　同前。

出土時間地點　一九五八年湖南常德德山楚墓出土。

説明　現藏湖南博物院。參見《考古》一九六三年第九期。

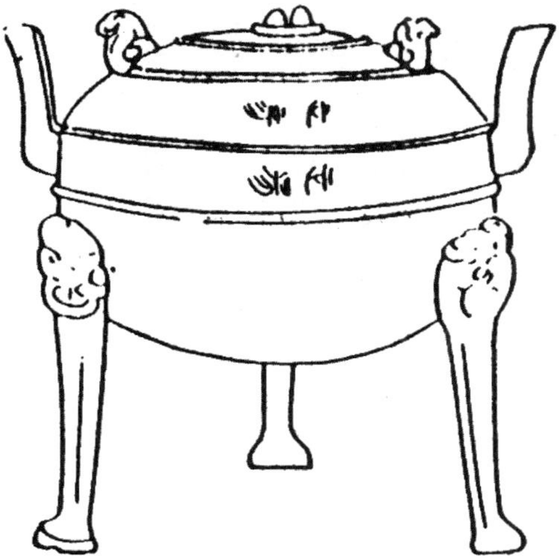

二四九　燕客銅量〔152〕

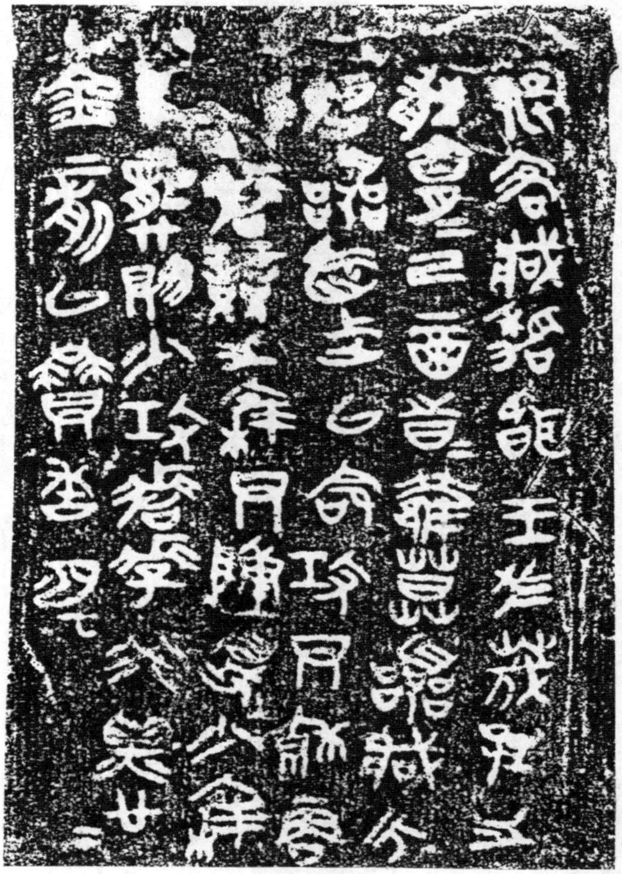

著錄　《集成》10373

年代　同前。

出土時間地點　一九八四年湖南長沙收集。

説明　現藏湖南博物院。參見《江漢考古》一九八七年第二期。

郾（燕）客臧嘉聞（問）王於蒧郢之
戢（歲）亯（享）月己酉之日，⿰罷阝（羅）莫囂（敖）臧帀（師）、
連囂（敖）屈尘（上），以命攻（工）尹穆丙、
攻（工）差（佐）競之，集尹陳夏、少集
尹龏（龔）賜、少攻（工）差（佐）李癸，鑄二十
金削，以賹杏爵。

二五〇　南君戈〔153〕

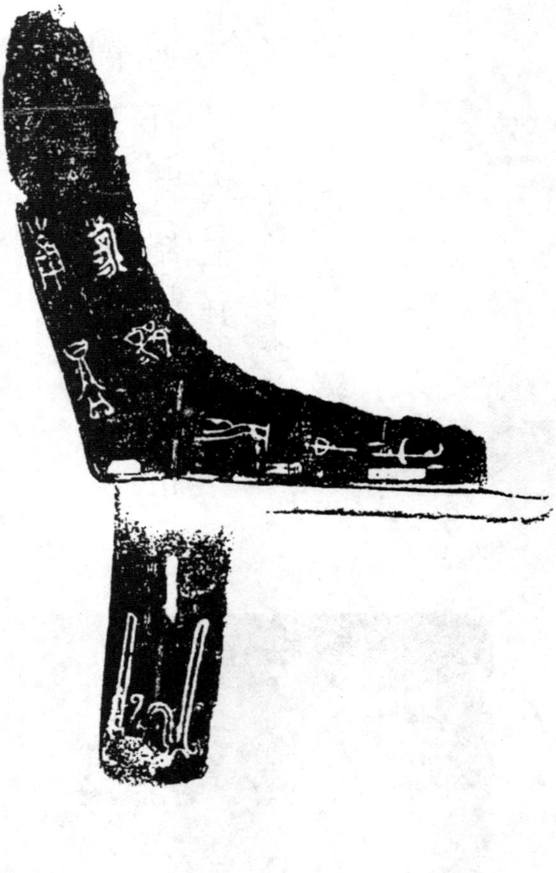

南君旟（陽）邘之中戈

著録　湖北省文物考古研究所：《江陵九店東周墓》，科學出版社一九九五年。

年代　同前。

出土時間地點　一九八一—一九八九年湖北荆州九店楚墓出土。

説明　現藏湖北省文物考古研究院。

二五一　隴公戈〔154〕

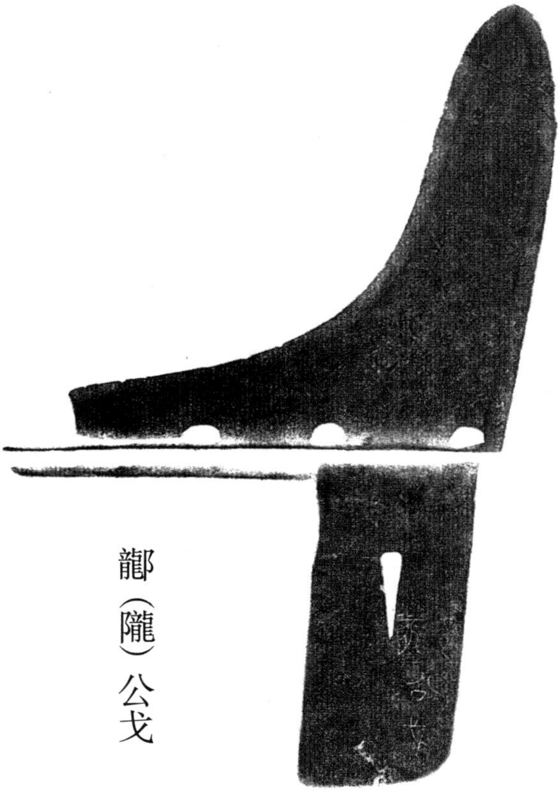

龏（隴）公戈

著録　《集成》10977

年代　同前。

出土時間地點　一九七五年湖北荆州雨臺山楚墓出土。

説明　現藏湖北荆州博物館。參見《雨臺山楚墓》。

二五二　長沙戈〔155〕

長𨛗（沙）

收集一件

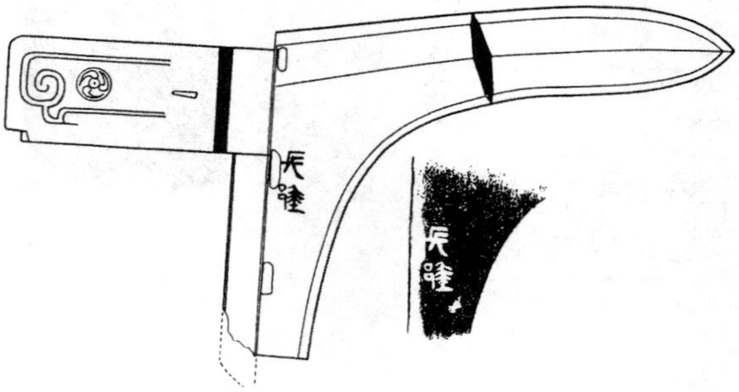

出土一件

著録　《集成》10914–10915；收集一件，見周世榮：《湖南楚墓出土古文字叢考》，《湖南刊》第一集，岳麓書社一九八二年；出土一件，見《長沙楚墓》。

年代　同前。

出土時間地點　湖南博物院收集一件；一九七四年湖南長沙識字嶺M1出土一件。

說明　現藏湖南博物院。圖象來源見著録。

二五三　鄚戈〔156〕

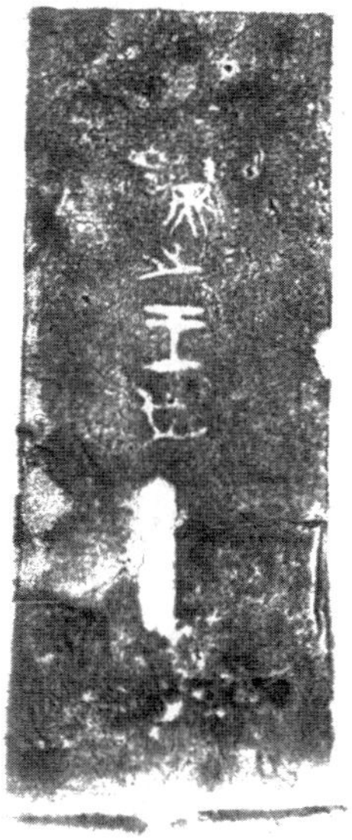

鄚（？）之王戈

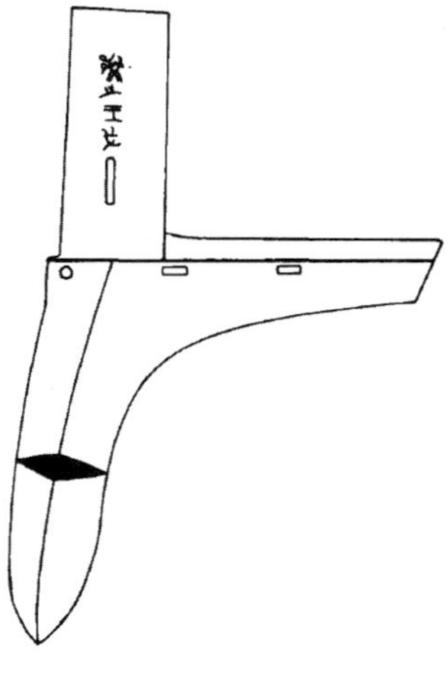

著録　向開旺：《懷化地區出土的幾件戰國銅兵器》，《湖南刊》第七集，《求索》一九九九年增刊。

年代　同前。

出土時間地點　一九九三年湖南黔陽黔城出土。

説明　圖象來源見著録。

二五四　𨚕之新造戈〔157〕

其一

其二

𨚕之
新部（造）

著録　《集成》11042；《録遺》566；周世榮：《湖南楚墓出土古文字叢考》，《湖南刊》第一集，岳麓書社一九八二年。

年代　同前。

出土時間地點　其一爲傳世器；其二爲湖南長沙近郊出土。

説明　現其一器物佚；其二藏湖南博物院。圖象來自《湖南刊》第一集（原稱邦之新都戈，應改釋爲𨚕之新造戈）。

二五五　邟公戈〔158〕

郊（邟）公卲（昭）僺爲郊（邟）貽（造）王（？）□

著録　韓朝、劉海洋：《新見楚國銘文兵器》，《南方文物》二〇〇四年第四期。
年代　同前。
出土時間地點　不明。
説明　私人收藏。

二五六　陳往戈〔159.1〕

陳㞷（往）

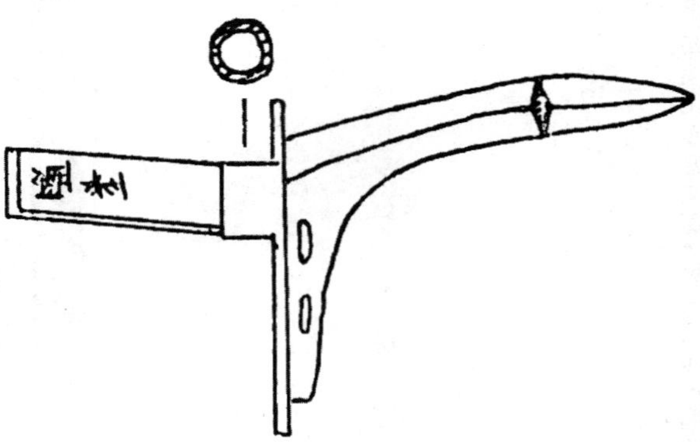

著録　《集成》10924

年代　同前。

出土時間地點　一九八二—一九八三年湖北大冶市鄂王城遺址采集。

説明　現藏湖北大冶市博物館。圖象來自《江漢考古》一九八三年第三期。

二五七　陳往戟〔159.2〕

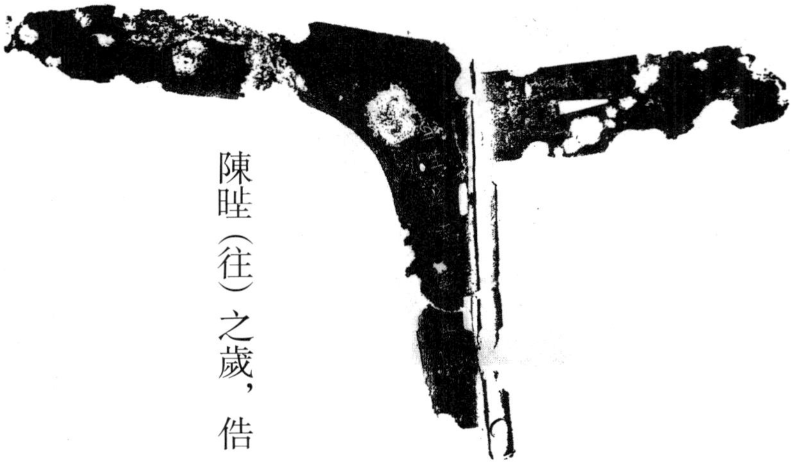

陳眭（往）之歲，告（造）𢉼（府）之戟

著録　《集成》11251，《録遺》578

年代　同前。

出土時間地點　傳世器。

説明　現下落不明。

二五八　戠之王戈〔160〕

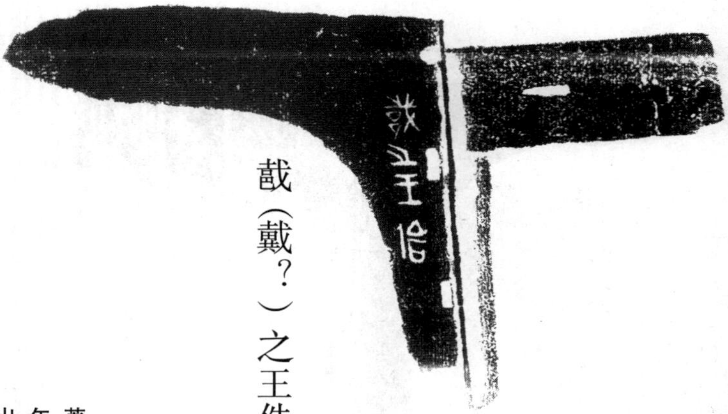

戠（戴？）之王告（造）

著録　韓朝、劉海洋：《新見楚國銘文兵器》，《南方文物》二〇〇四年第四期。

年代　同前。

出土時間地點　不明。

説明　私人收藏。

二五九　宜章矛〔161〕

宜章

著録　《集成》11474

年代　同前。

出土時間地點　一九五五年湖南長沙左家公山 M21 出土。

説明　現藏湖南博物院。參見《長沙楚墓》。

二六〇　舊縣編鐘〔162〕

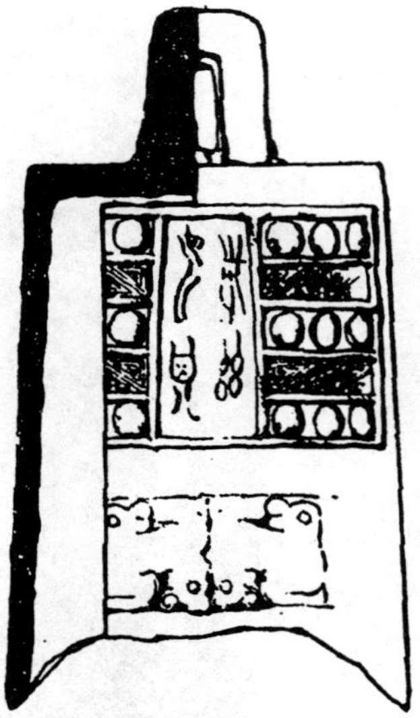

□茲□其（其一鉦部）

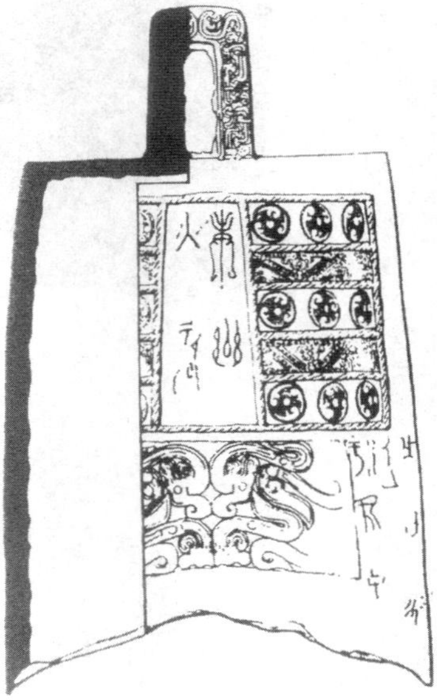

康樂□□（其二正面鉦部）

□保眉□（其二背面鉦部）

著録　河南省文物研究所等：《河南省葉縣舊縣一號墓的清理》，《華夏考古》一九八八年第三期。

年代　同前。

出土時間地點　一九八六年河南葉縣舊縣 M1 出土。

説明　圖象來源見著録。存六件，銘文多被銼去。

二六一 郊郢鐸〔163〕

郊（鄢）郢逹鐸

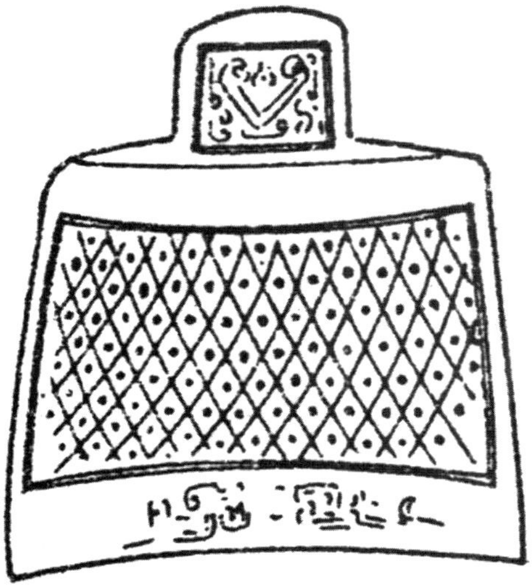

著録 《集成》419
年代 同前。
出土時間地點 不明。
説明 現藏故宮博物院。

二六二　武王之童戈〔164〕

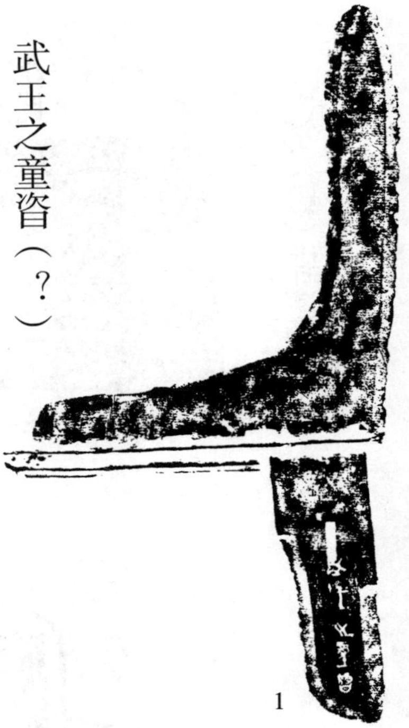

1

武王之童眘（？）

2

3

4b（摹本放大）

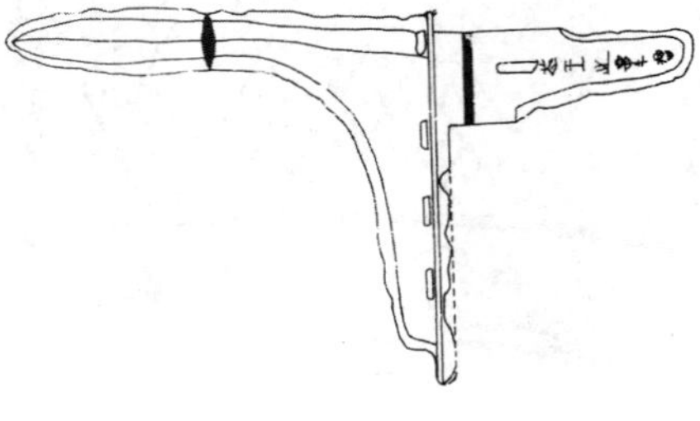

4a

著録　《集成》11102–11104；向開旺：《湖南懷化出土一件『武王』銅戈》，《文物》一九九八年第五期。

年代　同前。

出土時間地點　第四件爲一九九三年湖南中方收集。

説明　現藏湖南博物院、懷化市博物館。圖象來源見著録。

二六三 ⿸疒或戈〔165〕

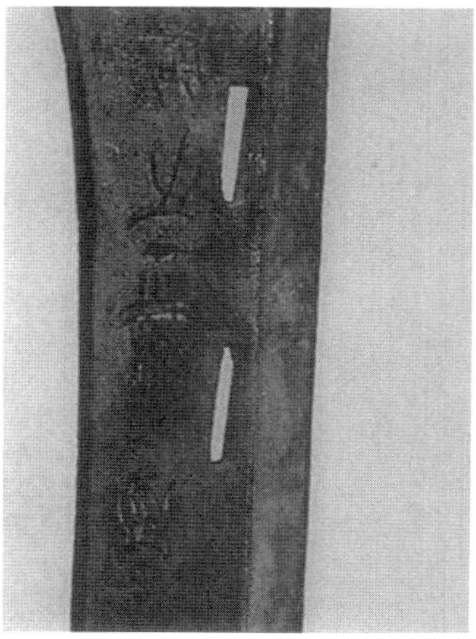

⿸疒或（⿸疒臧）之無咎

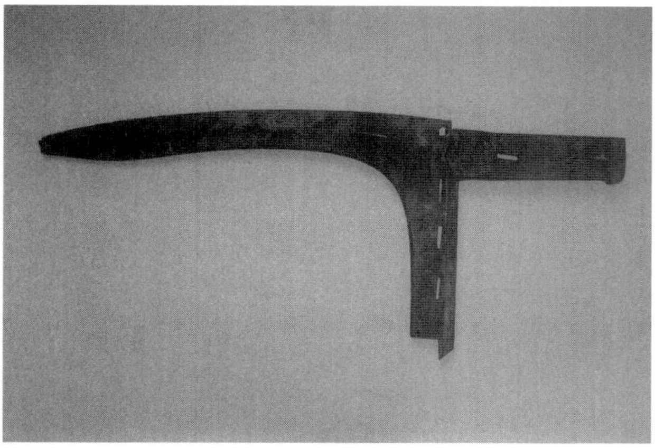

著録 劉森淼：《戰國楚『⿸疒臧之舞佑』銘文戈考略》，《武漢文博》二〇〇三年第四期。
年代 同前。
出土時間地點 二〇〇二年湖北新洲李集鎮三善灣 M1 出土。
説明 現藏湖北武漢博物館。拓片、照片均承劉森淼先生提供。

二六四　君字車軎〔166〕

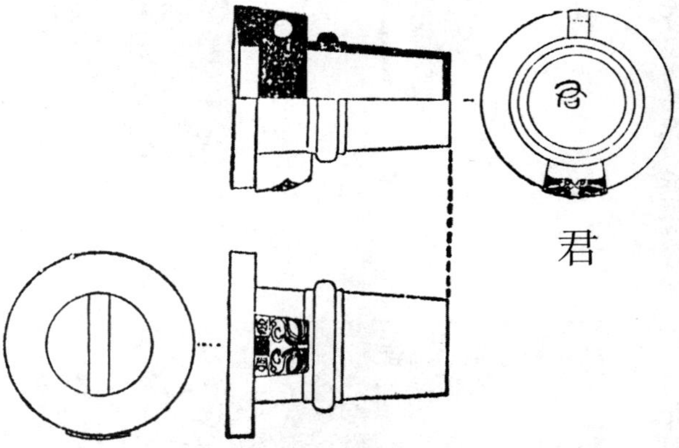

著録　湖北省荊州地區博物館：《江陵天星觀一號楚墓》，《考古學報》一九八二年第一期。

年代　同前。

出土時間地點　一九七八年湖北荊州天星觀 M1 出土。

説明　現藏湖北荊州博物館。圖象來源見著録。

二六五　王字刻刀〔167〕

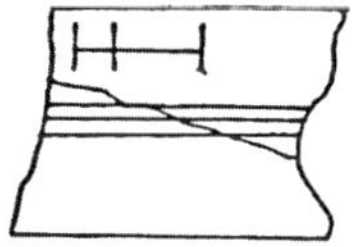

王

a

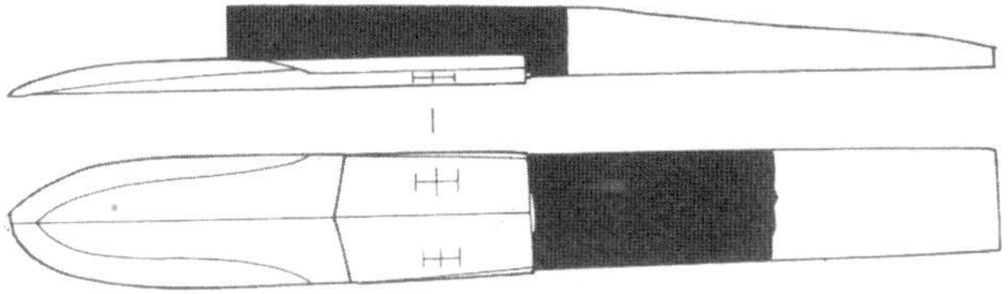

王

b

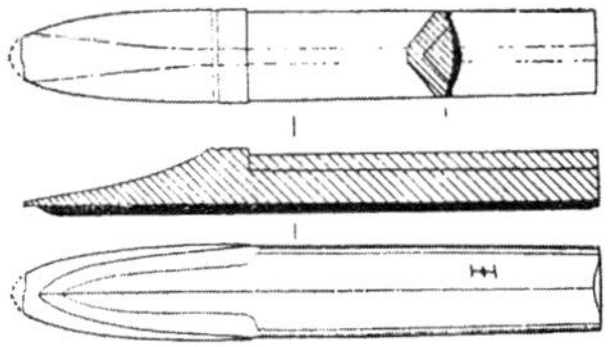

王

c

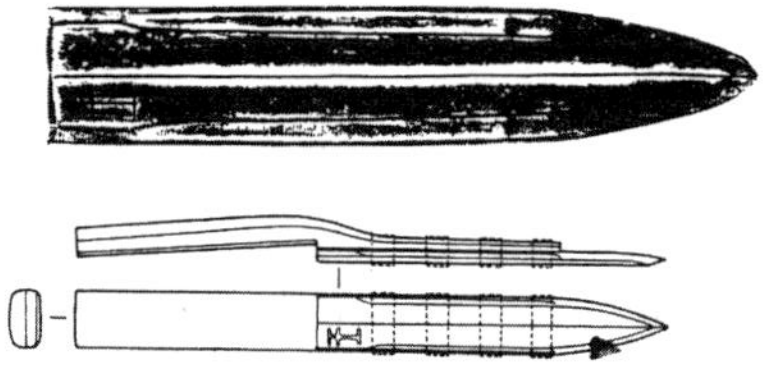

王

d

著録　a 湖北省博物館：《楚都紀南城的勘查與發掘（下）》，《考古學報》一九八二年第四期。b 湖北省荆州博物館：《荆州天星觀二號楚墓》，文物出版社二〇〇三年。c 湖北省荆沙鐵路考古隊：《包山楚墓》，文物出版社一九九一年。d《集成》11819；湖北省文物考古研究所：《江陵望山沙冢楚墓》，文物出版社一九九六年。

年代　同前。

出土時間地點　a 一九七五—一九七六年湖北荆州紀南城三〇號臺基出土一件，已殘；b 二〇〇〇年湖北荆州天星觀 M2 出土二件；c 一九八六年湖北荆門包山 M2 出土一件；d 一九六五年湖北荆州望山 M1 出土二件。

説明　現藏湖北荆州博物館、湖北省博物館。圖象來源見著録。一九五八—一九五九年安徽淮南蔡家崗 M2 所出王字刻刀之爲周王或楚王難定，故未收。

二六六　新陽戈〔168〕

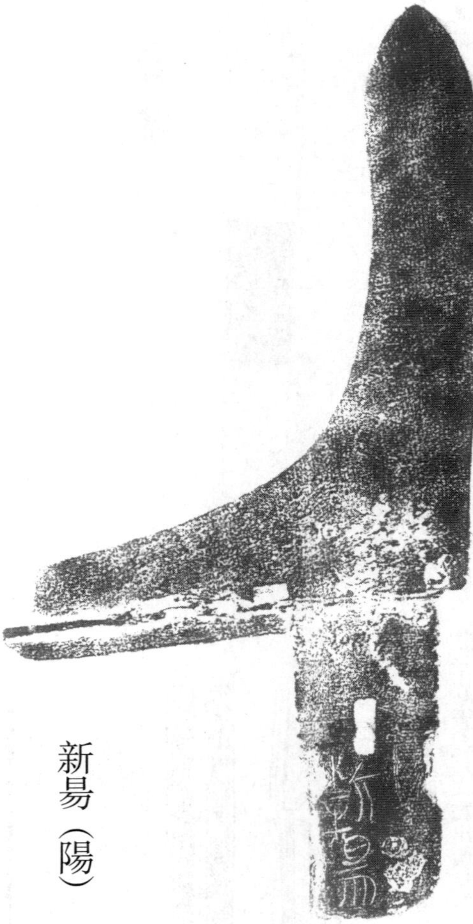

新昜（陽）

著録　韓朝、劉海洋：《新見楚國銘文兵器》，《南方文物》二〇〇四年第四期。

年代　同前。

出土時間地點　不明。

説明　私人收藏。

二六七　敚作戈〔169〕

敚乍（作）郙王戟

著録　《集成》11092

年代　同前。

出土時間地點　一九七八年湖南益陽赫山廟M4出土。

説明　現藏湖南博物院。綫圖來自《考古學報》一九八一年第四期。

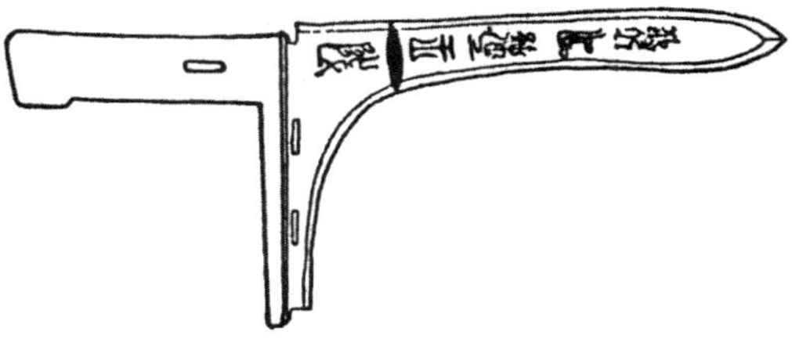

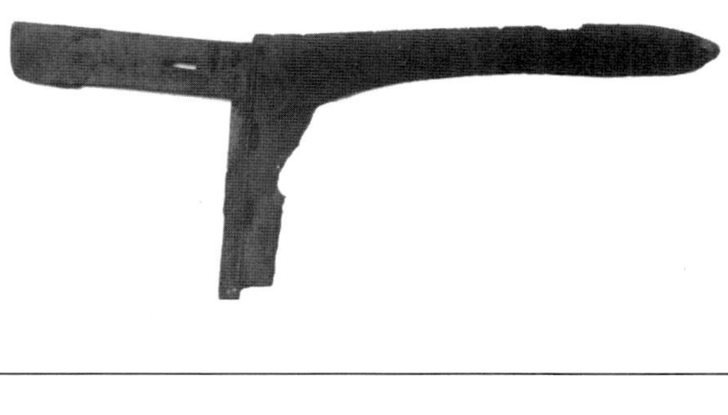

東周七期（公元前三〇〇—前二二三年）

二六八　中陽鼎〔170〕

⿱宀中（中）昜（陽），王鼎，容二十五□

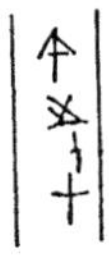

午之十七

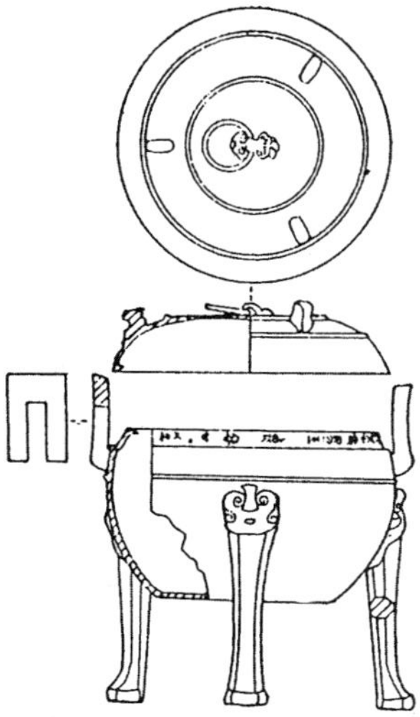

著録　常德地區文物工作隊等：《桃源三元村一號楚墓》，《湖南刊》第四集，岳麓書社一九八七年。

年代　東周七期。

出土時間地點　一九八五年湖南桃源三元村楚墓出土。

説明　現藏湖南常德博物館。圖象來源見著録。

二六九　壽春鼎〔171〕

睹官⿰肴刂（肴）

者□

壽旾（春）⿸广⿱付貝（府）貞（鼎）

著録　《集成》2397

年代　同前。

出土時間地點　天津市收集。

説明　現藏天津博物館。參見《文物》一九六四年第九期。

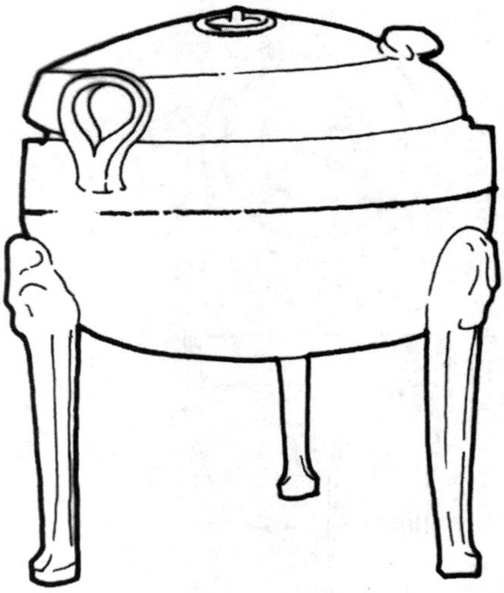

二七〇 造府鼎〔172〕

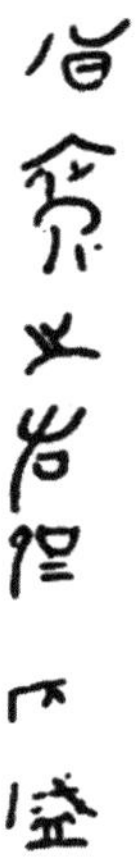

造𢊥（府）之右冶疾（？）鑄

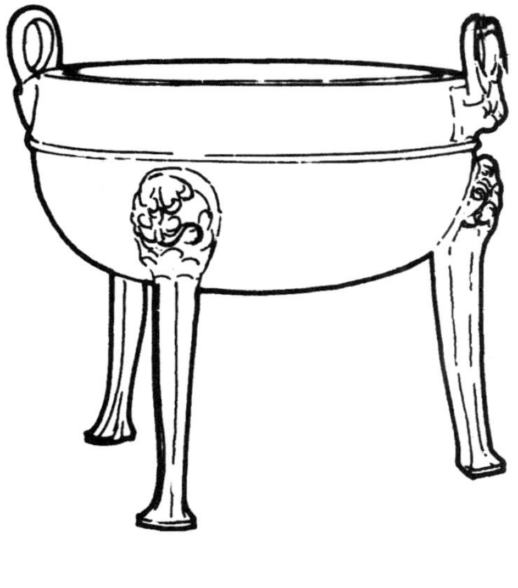

著録 《集成》2309
年代 同前。
出土時間地點 傳世器。
説明 現藏臺北故宫博物院。

二七一 䐤鼎〔173〕

䐤所告（造）饋鼎，中腏

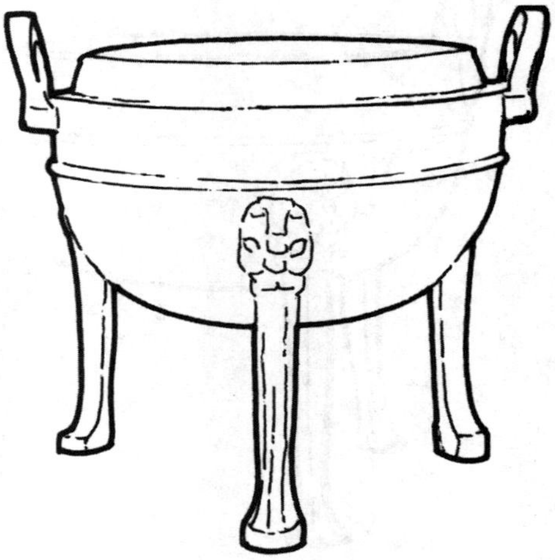

著録《集成》2302
年代 同前。
出土時間地點 同前。
説明 同前。

二七二　東陵鼎〔174〕

大右秦

東陵⿰肴刂（肴）

著録　《集成》2241

年代　同前。

出土時間地點　一九五二年浙江省文管會收集。

説明　現藏浙江省博物館。器身佚。參見《古文字研究》第十四輯。

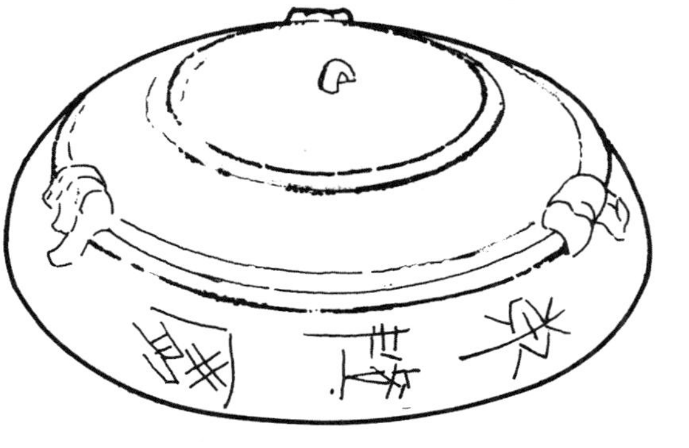

二七三　石夆刃鼎〔175〕

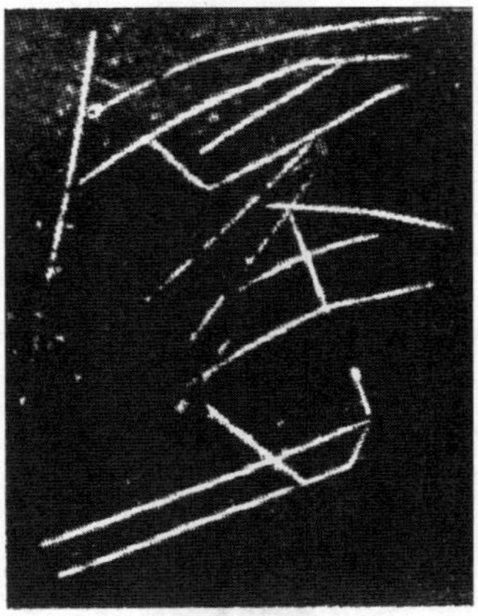

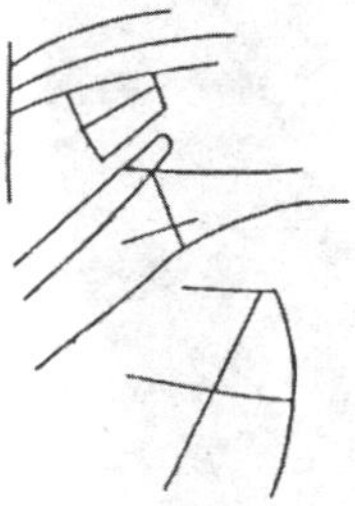

石夆刃

著錄　《集成》1801

年代　同前。

出土時間地點　湖南長沙楚墓出土。

說明　現藏湖南博物院。圖象來自《銘圖集成》。同样銘文刻於三處。

二七四　巨萓鼎〔176〕

巨萓（恒），玉

巨萓（恒），十二

其一

巨萓（恒），十九

其二

著録　《集成》2301、1994

年代　同前。

出土時間地點　一九五五年安徽蚌埠出土。

説明　現藏安徽博物院。圖象來自《銘圖集成》。參見《文物》一九五七年第七期。

二七五　楚王酓前鐈鼎〔177.1〕

楚王酓(熊)肯(前)复(作)鋁(鑄)喬(鐈)盄(鼎)以共(供)戢(歲)棠(嘗)

乍　集脰(廚)

著録　《集成》2623

年代　楚考烈王世(前二六二—前二三八年)。

出土時間地點　一九三三年安徽壽縣楚幽王墓出土。

説明　現藏故宮博物院。參見《楚釋》。

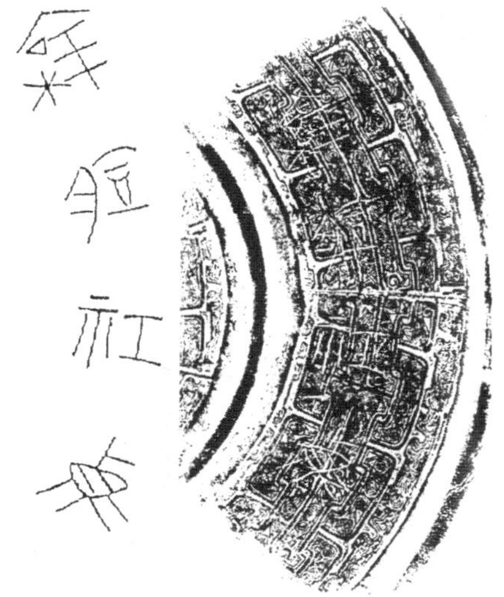

集胵（廚）𥘵鼎

二七六 楚王酓前匜鼎〔177.2〕

⿱木疋（楚）王酓（熊）肯（前）

复（作）鑄鉇（匜）鼎

以共（供）戠（歲）棠（嘗）

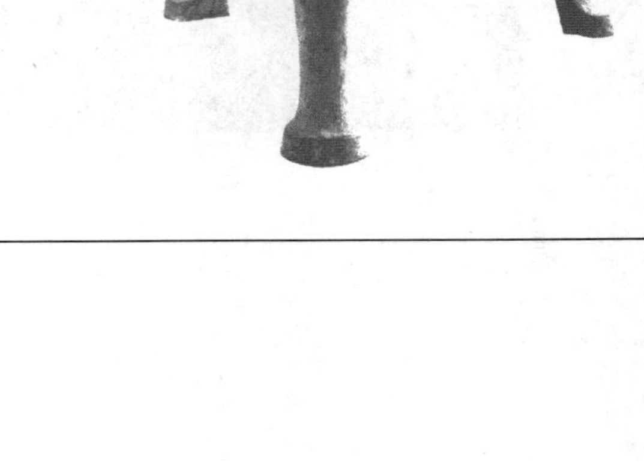

著録 《集成》2479

年代 同前。

出土時間地點 同前。

説明 現藏安徽博物院。參見《楚釋》。

二七七　楚王酓前簠〔177.3〕

其一

其二

其三

戊寅

乙

辛

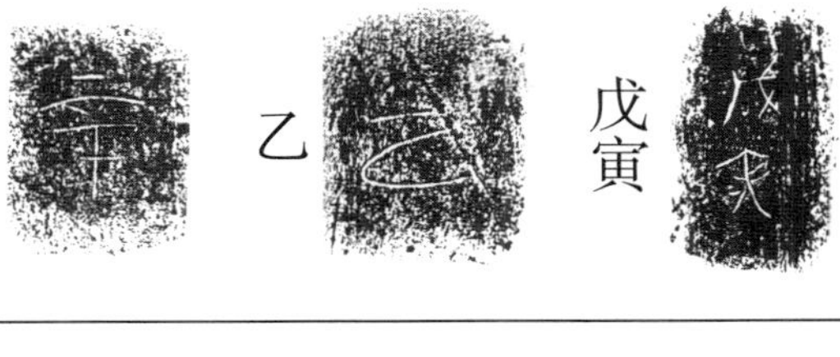

楚王酓（熊）肯（前）复（作）鑄金匿（簠）以共（供）戠（歲）祟（嘗）

著録　《集成》4549–4551

年代　同前。

出土時間地點　同前。

説明　現藏故宫博物院。參見《楚釋》。

其一

其二

其三

二七八　楚王酓前盤〔177.4〕

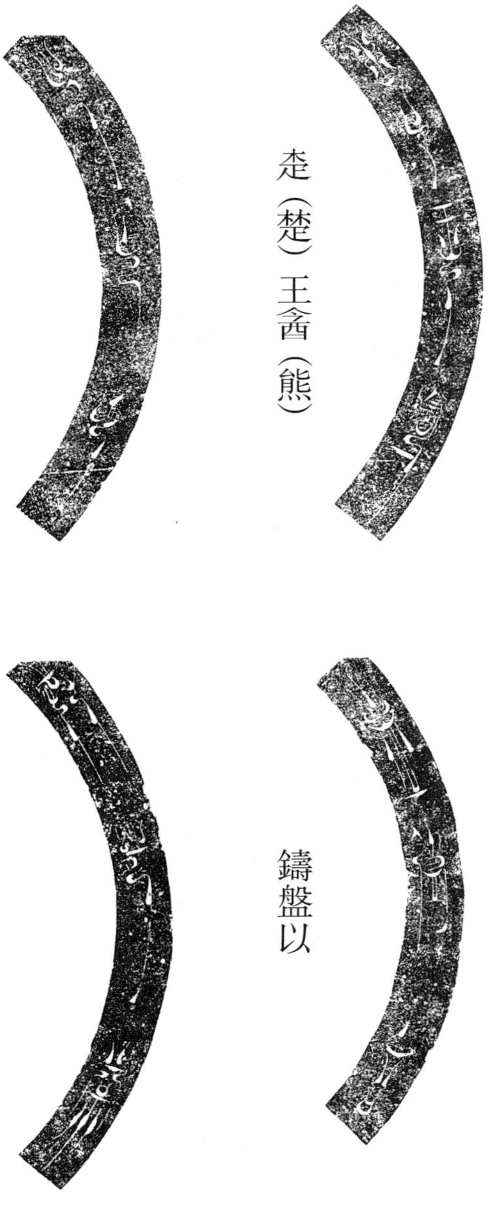

楚（楚）王酓（熊）

鑄盤以

歬（前）叏（作）爲

共（供）戢（歲）棠（嘗）

著録　《集成》10100

年代　同前。

出土時間地點　同前。

説明　此盤久已流散國外。參見劉雨、汪濤：《流散歐美殷周有銘青銅器集録》，上海辭書出版社二〇〇七年，第三四〇頁。

二七九 太子鼎〔178.1〕

大（太）子鼎

集脰（廚）

其一

集脰（廚）大（太）子鼎

其二

著録 《集成》2095–2096

年代 楚考烈王世後期。

出土時間地點 同前。

説明 現藏安徽博物院。圖象來自《安徽金文》。

二八〇　太子鎬〔178.2〕

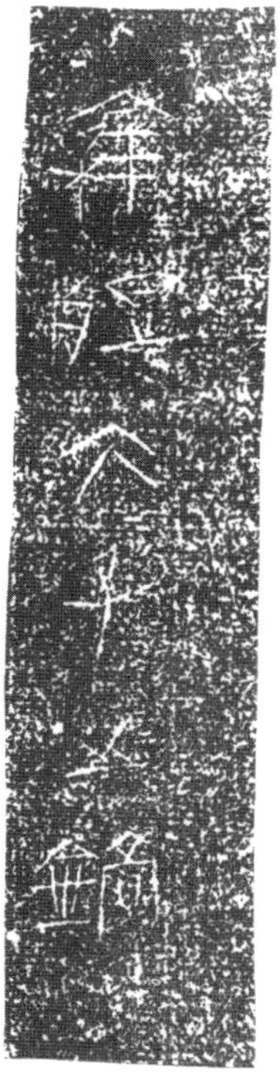

集厨　大（太）子之鎬

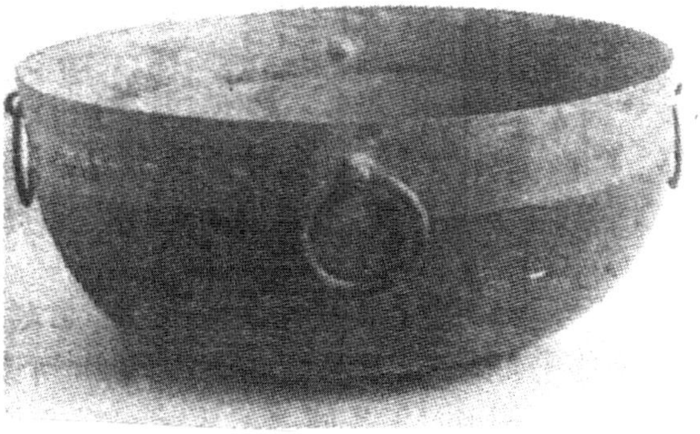

著録　《集成》10291

年代　同前。

出土時間地點　同前。

説明　現藏安徽博物院。圖象來自《楚圖典》。

二八一　楚王酓忎鼎〔179.1〕

器口

器腹

楚王酓（熊）忎（悍）戰戞（獲）兵銅，正月

吉日，窒鑄喬（鐈）鼎，以共（供）戢（歲）棠（嘗）。

冶帀（師）盤埜（野）、差（佐）秦忑爲之。

其一

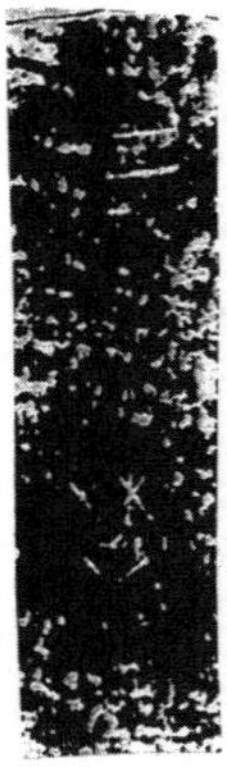

腹底

三楚

著録　《集成》2794–2795

年代　楚幽王（前二三七—前二二八年在位）四年。

出土時間地點　同前。

説明　其一藏天津博物館；其二藏中國國家博物館。圖象來自《銘圖集成》。其一另有『集脰』二字未計。

楚王酓忎戰獲兵銅，正月吉

日，窒鑄鐈鼎之盍（蓋），以供歲嘗。

冶師專（傳）秦、差（佐）苛膉爲之。

脰集

蓋口沿

蓋内

其一

其一

楚王酓忎戰獲兵銅，正月吉日，

窒鑄鐈鼎，以供歲嘗。

冶師⿱卲糸（紹）圣、佐陳共爲之。

器身

其二

楚王酓忎戰獲兵銅，正月吉日，

窒鑄鐈鼎之盍，

以供歲嘗。

冶師絮（紹）圣、佐陳共爲之。

脰集

器蓋

其二

二八二　楚王酓忎盤〔179.2〕

楚王酓忎戰獲兵銅，正月

吉日，窒鑄少（小）盤，以供歲嘗。

冶師⿱卲糸（紹）夅、差（佐）陳共爲之。

上腹部　　口沿

著録　《集成》10158

年代　同前。

出土時間地點　同前。

説明　現藏故宫博物院。參見《楚釋》。

二八三　冶秦勺〔179.3〕

冶尃（傳）秦、苛𦢊爲之

著録　《集成》9931–9932

年代　楚幽王世。

出土時間地點　同前。

説明　現藏中國國家博物館。圖象來自《楚釋》。

二八四　匕〔179.4〕

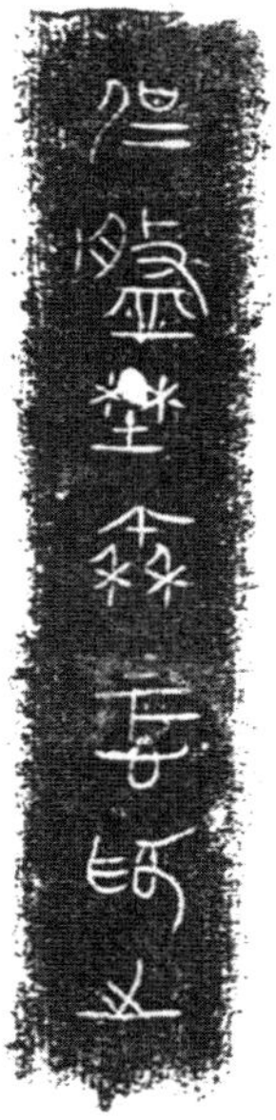

冶盤埜(野)、秦忑爲之

盤埜匕

冶紹夅、陳共爲之

紹夅匕

著録　《集成》975–978

年代　同前。

出土時間地點　同前。

説明　現藏天津博物館二件，遼寧省博物館一件，廣東廣州博物館一件。圖象來自《楚銅研》。

二八五　車飾〔179.5〕

治紹夅、陳共爲之

著録　《集成》12040

年代　同前。

出土時間地點　同前。

説明　現藏故宮博物院。

二八六　太后脰官鼎〔180〕

鑄客爲大（太）句（后）脰（廚）官爲之

著錄　《集成》2395

年代　同前。

出土時間地點　同前。

説明　現藏安徽博物院。圖象來自《楚圖典》。

二八七　王后少府鼾〔181.1〕

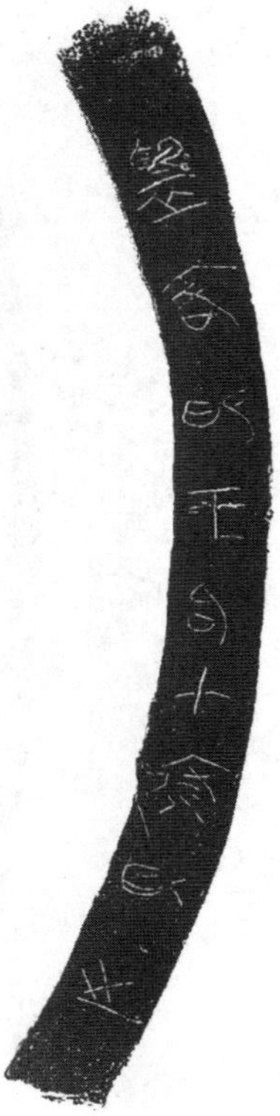

鑄客爲王句（后）小（少）𢉓（府）爲之

著録　《集成》2393；陳治軍：《安徽出土青銅器銘文研究》，黃山書社二〇一二年。

年代　同前。

出土時間地點　同前。

説明　現藏安徽博物院。圖象來自《銘圖集成》。同銘鼾二件，鼎一件（二八八號）。

二八八　王后少府鼎〔181.2〕

鑄客爲王句（后）小（少）㾞（府）爲之

著錄　《集成》2394

年代　同前。

出土時間地點　同前。

説明　現藏上海博物館。圖象來自《銘圖集成》。

二八九　王后六室簠〔181.3〕

鑄客爲王句（后）六室爲之

著録　《集成》4506–4513

年代　同前。

出土時間地點　同前。

説明　現藏安徽博物院三，天津博物館二，故宫博物院一，上海博物館一，另一件不明。圖象來自《楚圖典》。

二九〇　王后六室豆〔181.4〕

鑄客爲王句（后）六室爲之

著録　《集成》4675–4680

年代　同前。

出土時間地點　同前。

説明　現藏天津博物館二，中國國家博物館一，故宮博物院一，遼寧旅順博物館一，另一件不明。圖象來自《楚釋》。

二九一　王后六室缶〔181.5〕

鑄客爲王句（后）六室爲之

著録　《集成》10002–10003

年代　同前。

出土時間地點　同前。

説明　現一藏故宫博物院，另一件不明。

二九二　王后六室鎬〔181.6〕

鑄客爲王句（后）六室爲之

著録　《集成》10293、10578；《銘圖集成》15057–15058

年代　同前。

出土時間地點　同前。

説明　現藏安徽博物院。

二九三　大府簠〔182.1〕

大𡪫（府）之匿（簠）

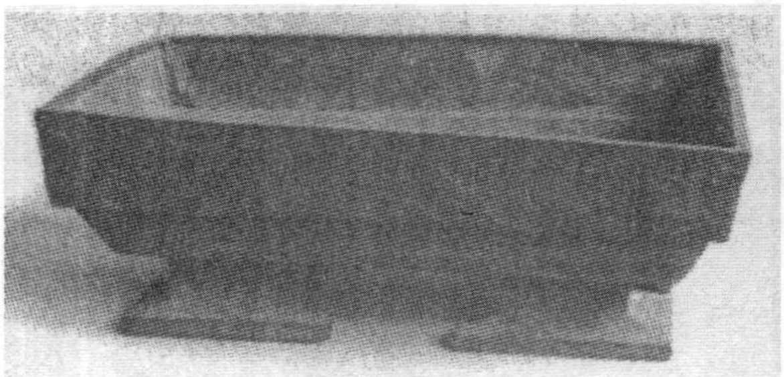

著録　《集成》4476

年代　同前。

出土時間地點　同前。

説明　現藏安徽博物院。圖象來自《楚圖典》。

二九四　大府敦〔182.2〕

大𢈔（府）之饋盞

著録　《集成》4634

年代　同前。

出土時間地點　同前。

説明　現藏故宫博物院。圖象來自《楚圖典》。

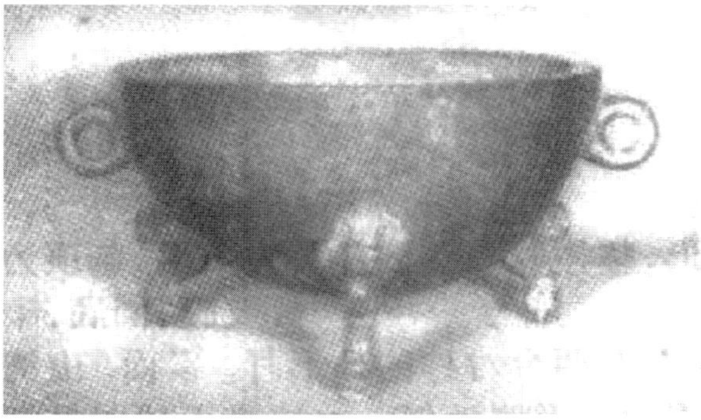

二九五　大府鎬〔182.3〕

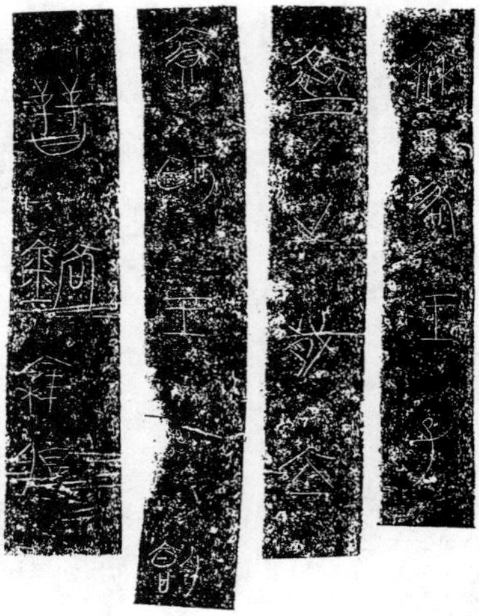

秦客王子齊之𢧵（歲），大𢋈（府）爲王□飤（飭）晉（荐）鎬。集脰（廚）

著録　《銘圖集成》15064；《安徽金文》。
年代　同前。
出土時間地點　同前。
説明　現藏安徽博物院。圖象來源見著録。

二九六　集𦉜大鼎〔183.1〕

口沿

鑄客爲集𦉜（𩞁）、告（造）𦉜（𩞁）、瞏（䙓）腋𦉜（𩞁）爲之

安邦　安邦

腹外壁、足膝

著録　《集成》2480；《安徽金文》。

年代　同前。

出土時間地點　同前。

説明　現藏安徽博物院。圖象來源見著録。

二九七　集⿱叕胢小鼎〔183.2〕

鑄客爲集⿱叕胢（餟）爲之

著録　《安徽金文》；《銘圖集成》1770

年代　同前。

出土時間地點　同前。

説明　現藏安徽博物院。圖象來源見著録。

二九八　集𦏴鼎〔183.3〕

集𦏴（餟）

著録　《集成》1807
年代　同前。
出土時間地點　同前。
説明　現藏安徽博物院。腹部『太子』二字疑僞。

二九九　集脰鼎〔184.1〕

口沿

鑄客爲集脰（廚）

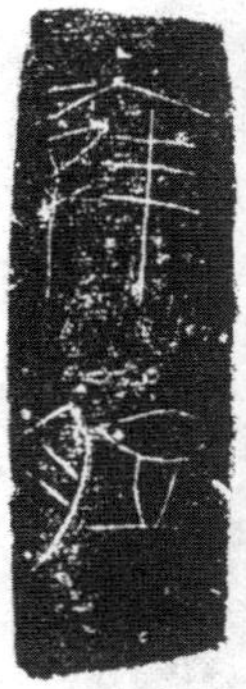

左耳

集脰（廚）

其一

其二口沿

鑄客爲集脰（廚）爲之

其三器蓋

鑄客爲集脰（廚）爲之

著録　《集成》2296–2298

年代　同前。

出土時間地點　同前。

説明　現藏安徽博物院。圖象來自《安徽金文》。

三件之一

三〇〇 集胠鎬〔184.2〕

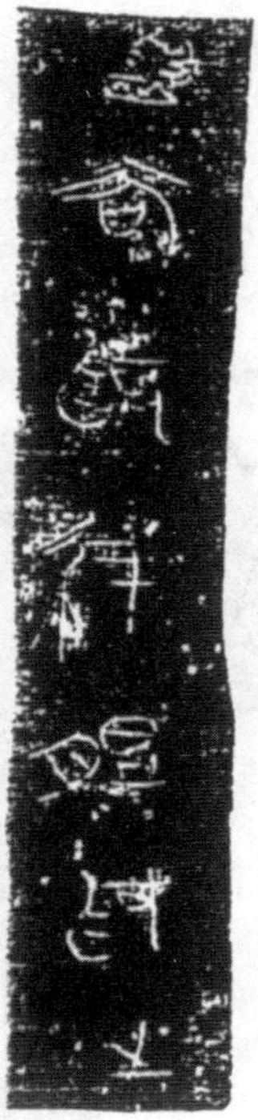

鑄客爲集胠（厨）爲之

著録 《楚圖典》。

年代 同前。

出土時間地點 同前。

説明 現藏安徽博物院。圖象來源見著録。

三〇一 集脰方爐〔185〕

鑄客爲集脰（厨）爲之

著録 《集成》10577

年代 同前。

出土時間地點 同前。

説明 現藏安徽博物院。圖象來自《安徽金文》。

三〇二 集醻鼎〔186.1〕

器蓋

器腹

鑄客爲集醻爲之

著録 《集成》2300

年代 同前。

出土時間地點 同前。

説明 現藏日本東京國立博物館。圖象來自《銘圖集成》。

三〇三 集醻盉〔186.2〕

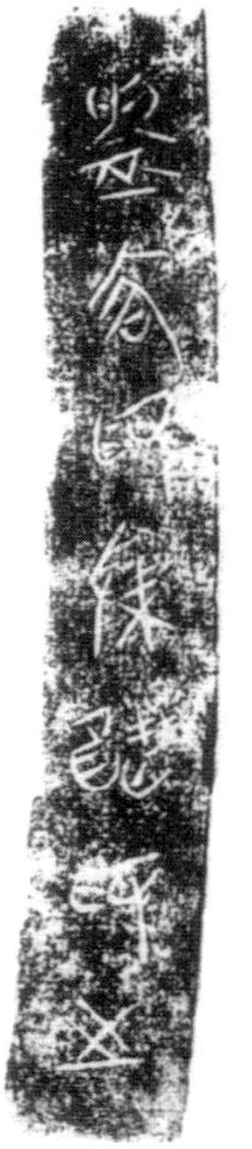

蓋銘

器銘

鑄客爲集醻爲之

著録 《集成》9420

年代 同前。

出土時間地點 同前。

説明 現藏故宮博物院。參見《江漢考古》一九八六年第四期。

三〇四 集醻爐〔186.3〕

鑄客爲集醻爲之

著録 《集成》10388

年代 同前。

出土時間地點 同前。

説明 現藏上海博物館。參見《安徽金文》。

三〇五　集𥻗鼎〔187.1〕

鑄客爲集𥻗爲之

著録　《集成》2299

年代　同前。

出土時間地點　同前。

説明　現藏安徽博物院。參見《安徽金文》。

三〇六　集𥼶甗〔187.2〕

鑄器客爲集𥼶小（少）府（府）［爲之］

著録　《集成》914

年代　同前。

出土時間地點　同前。

説明　現藏上海博物館。圖象來自《銘圖集成》。

三〇七　集□甗〔188〕

鑄客爲集□鑄爲之

著録　《銘圖集成》3303；《安徽金文》。

年代　同前。

出土時間地點　同前。

説明　現藏安徽博物院。圖象來源見著録。

三〇八　集既方爐〔189〕

鑄客爲集既（餼）鑄爲之

著録　《集成》10389

年代　同前。

出土時間地點　同前。

説明　現藏美國紐約某私人。

三〇九　辻銍匜〔190〕

鑄客爲辻銍（令）爲之

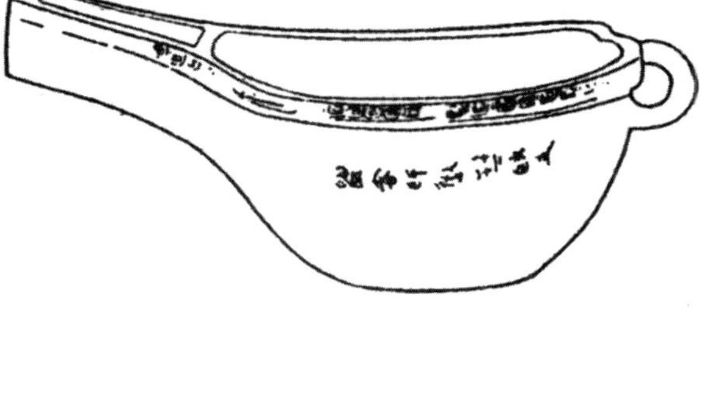

著録　《集成》10199

年代　同前。

出土時間地點　同前。

説明　現藏天津博物館。參見《安徽金文》。

三一〇 愆字大鼎〔191.1〕

銘文放大

愆

著録 《集成》1250

年代 同前。

出土時間地點 同前。

説明 現藏安徽博物院。

三一一 客豐愆鼎〔191.2〕

客豐愆

著録 《集成》1803-1806

年代 同前。

出土時間地點 同前。

說明 同前。

三一二　君夫人鼎〔192〕

君夫人之鼎

著録　《集成》2106

年代　同前。

出土時間地點　傳世器。

説明　現藏上海博物館。

三一三　大右人鑑〔193〕

大右人

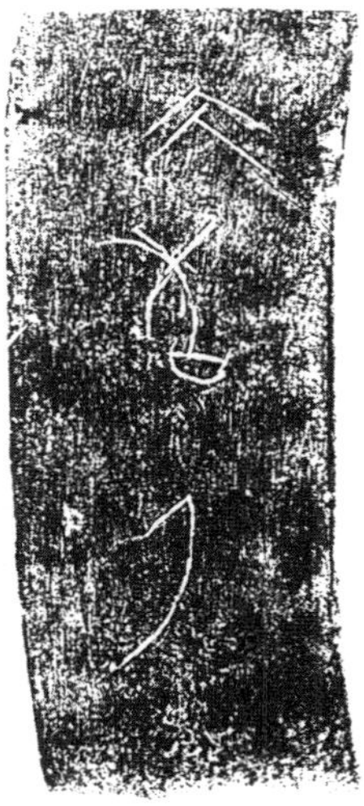

大右人

口沿左、右

著録　《集成》10287

年代　東周七期。

出土時間地點　一九三三年安徽壽縣楚幽王墓出土。

説明　現藏中國國家博物館。

三一四　羕陵公戈〔194〕

膚（盧）肎（贏）之戢（歲），羕（養）陵公迈睘（？）所郜（造），冶己女。

著録　《集成》11358

年代　同前。

出土時間地點　武漢市文物商店收集。

説明　現藏湖北武漢博物館。參見《江漢考古》一九八三年第二期。

三一五　楚高缶〔195〕

楚高

耳上

楚高

口沿

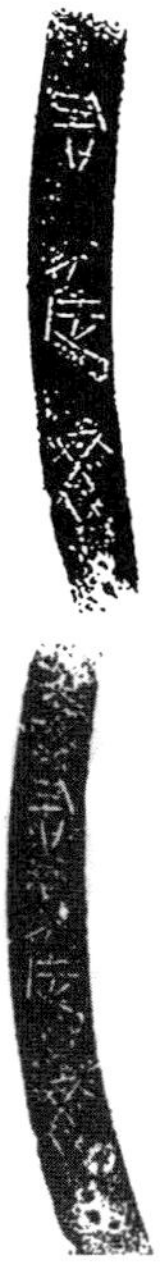

右冶君（尹）

右冶君（尹）

蓋沿

著録　《集成》9989–9990

年代　同前。

出土時間地點　一九五四年山東泰安出土。

説明　現藏中國國家博物館、山東博物館。

三一六 子熷戈〔196〕

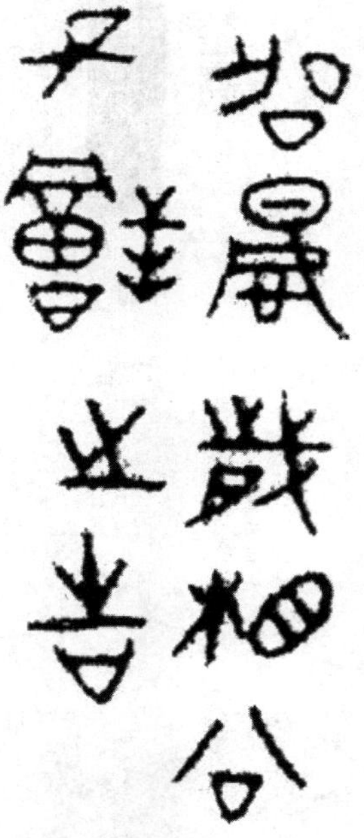

⿰⿱刅米阝（梁）⿰忄⿱日女（愝）戠（歲），相公子熷之告（造）

著録 《集成》11285

年代 同前。

出土時間地點 傳世器。

説明 現下落不明，僅有摹本。

三一七　大武闢兵戈〔197〕

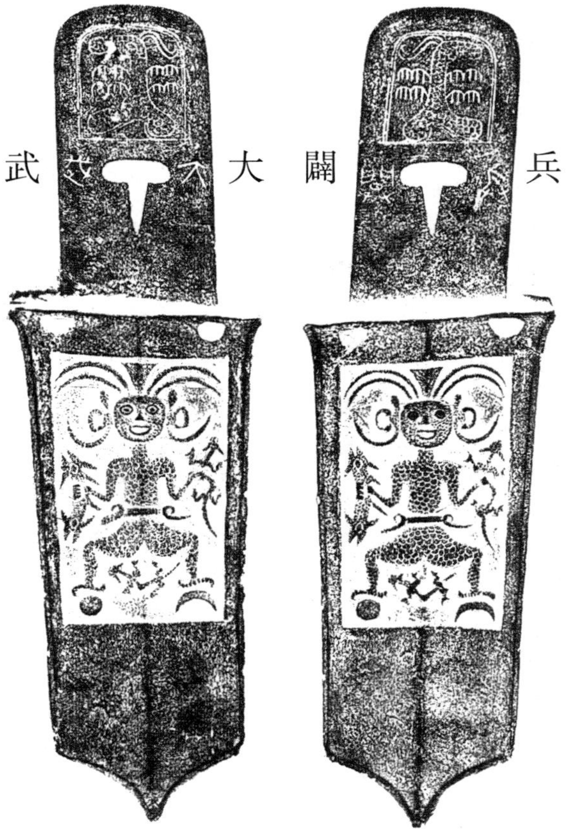

著録　《集成》11063

年代　同前。

出土時間地點　一九六〇年湖北荊門車橋出土。

説明　現藏湖北荊州博物館。参見《文物》一九六三年第一期。

三一八　緐湯劍〔198〕

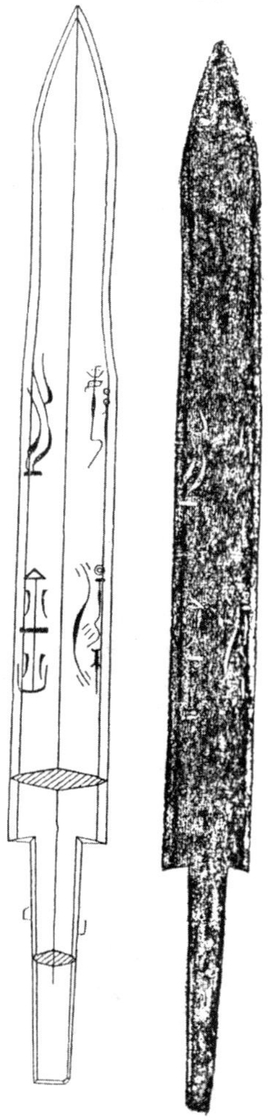

緐（繁）湯（陽）之金

著録　《集成》11582

年代　同前。

出土時間地點　一九七四年河南洛陽一墓葬出土。

説明　現藏河南洛陽博物館。拓片與綫圖來自《考古》一九八〇年第六期。

三一九 𨛜竝戈〔199〕

𨛜（兹）竝（方）杲之散（造）戈

著録 沈之瑜：《豝竝果戈跋》，《文物》一九六三年第九期。
年代 同前。
出土時間地點 一九五九年上海收集。
說明 現藏上海博物館。拓片承上海博物館周亞先生提供，圖象來源見著録。

三二〇 王孫獧戈〔200〕

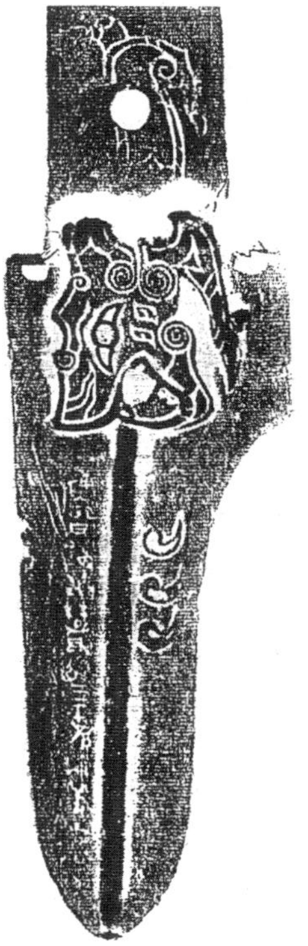

佪(思)命曰：獻與楚君監王孫獧

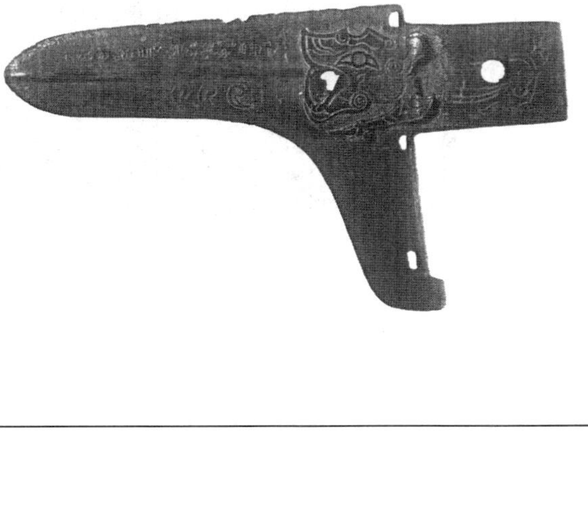

著録 周世榮：《湖南楚墓出土古文字叢考》，《湖南刊》第一集，岳麓書社一九八二年。

年代 同前。

出土時間地點 湖南收集。

説明 現藏湖南博物院。

三二一 襄城公戈〔201〕

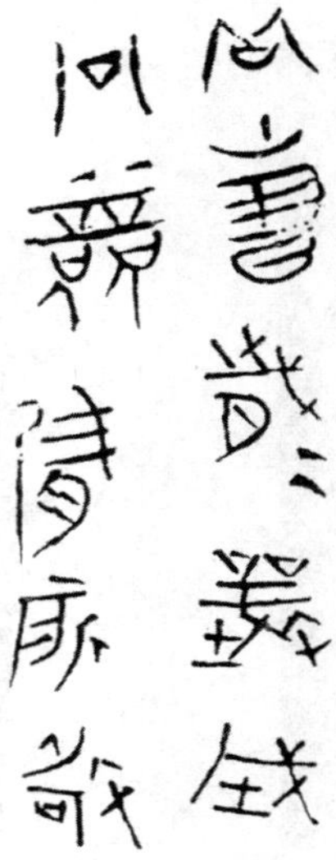

向壽之戠（歲），襄城公競（竞）脽所散（造）

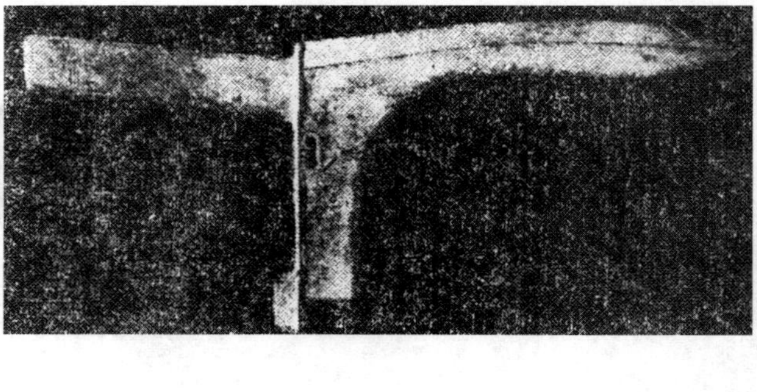

著録 周曉陸、紀達凱：《江蘇連雲港市出土襄城楚境尹戈讀考》，《考古》一九九五年第一期。

年代 同前。

出土時間地點 一九九〇年江蘇連雲港戰國墓出土。

説明 現藏南京博物院。圖象來源見著録。

三二二　大府銅牛〔202〕

大⿸广⿱付貝（府）之器

著録　《集成》10438

年代　同前。

出土時間地點　一九五六年安徽壽縣丘家花園附近出土。

説明　現藏中國國家博物館。參見《文物》一九五九年第四期。

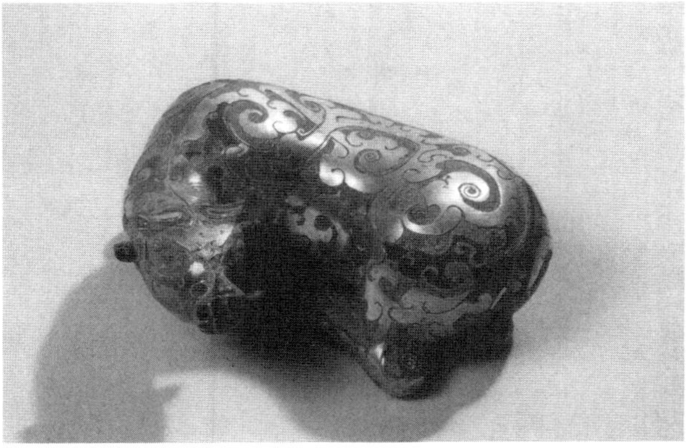

三二三　楚尚車轄〔203〕

楚尚

著録　周世榮：《湖南楚墓出土古文字叢考》，《湖南刊》第一集，岳麓書社一九八二年；又見其所撰《湖南出土戰國以前青銅器銘文考》，《古文字研究》第十輯，中華書局一九八三年。

年代　同前。

出土時間地點　湖南長沙出土。

三二四　郢大府銅量〔204〕

郢大廥（府）之爲（？）笷（筲）　笷（筲）

著録　《集成》10370

年代　同前。

出土時間地點　一九七六年安徽鳳臺出土。

說明　現藏安徽阜陽市博物館。綫圖來自《古文字研究》第七輯。參見《文物》一九七八年第五期。

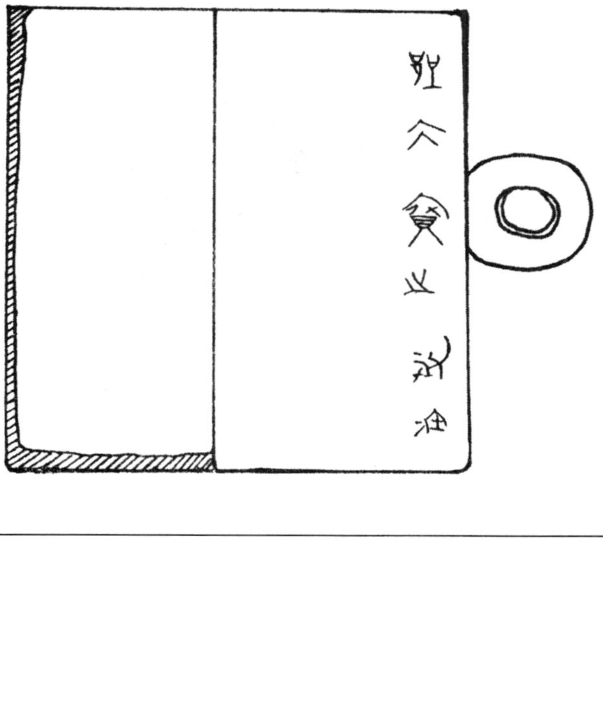

三二五 陳郢銅量〔205〕

王

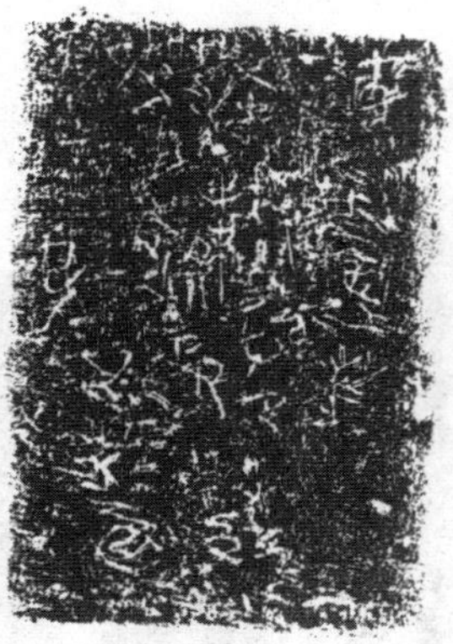

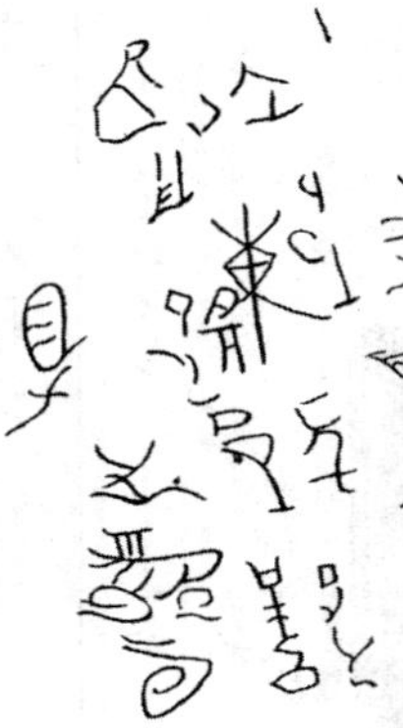

□楚□
□陳郢□
□□之□以
得

著錄 《集成》10364

年代 同前。

出土時間地點 一九五七年安徽淮南收集。

説明 現藏安徽淮南市博物館。拓片與摹本來自《古文字研究》第七輯。

三二六　分囟益砝碼〔206〕

分囟（細）益（鎰）

著録　湖南省文物考古研究所等：《湖南沅陵木馬嶺戰國墓發掘簡報》，《考古》一九九四年第八期。

年代　同前。

出土時間地點　一九九〇年湖南沅陵楚墓出土。

説明　現藏湖南省文物考古研究所。其中最大一件有銘文三字。

三二七 間益砝碼〔207〕

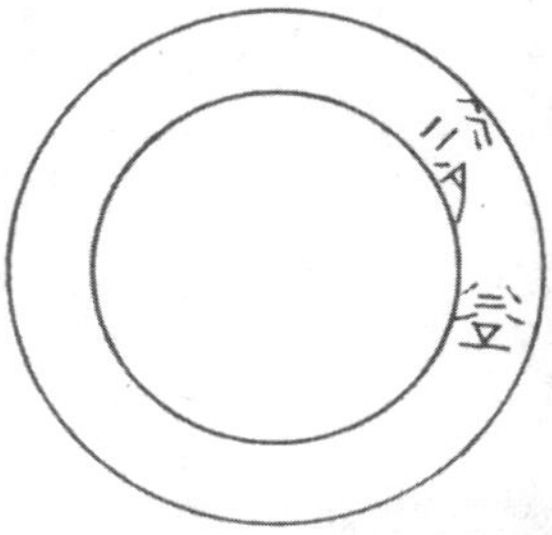

間益（鎰）

著錄 《集成》10378

年代 同前。

出土時間地點 一九四五年湖南長沙近郊出土。

說明 現藏湖南博物院。參見《考古》一九七二年第四期。其一有銘文二字。

三二八　王字衡杆〔208〕

王

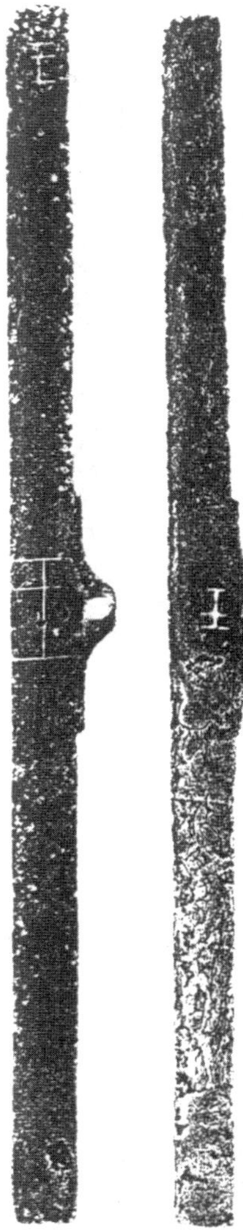

其一　其二

王□相子□戚　王

著録　《集成》10375–10376

年代　同前。

出土時間地點　傳一九三三年安徽壽縣出土。

説明　現藏中國國家博物館。參見《文物》一九七九年第四期。器身刻畫文字不清。

三二九　賢子環權〔209〕

孯（賢子）之倌鐶

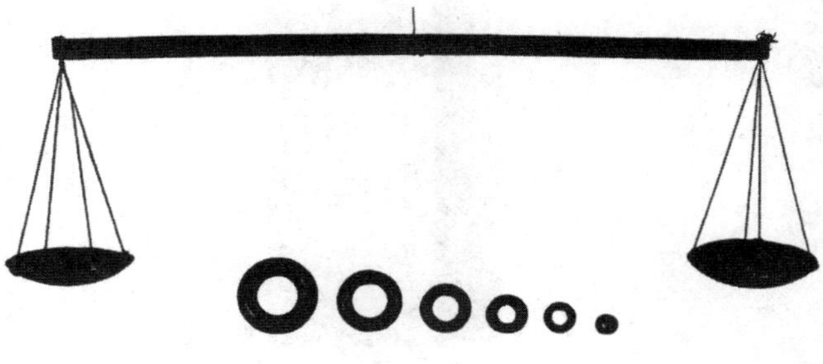

著録　《集成》10379

年代　同前。

出土時間地點　一九三三年安徽壽縣楚幽王墓出土。

説明　現藏重慶博物館。圖象來自《度量衡》。其一有銘文五字，孯爲賢子二字合文。

三三〇　楚王燈〔210〕

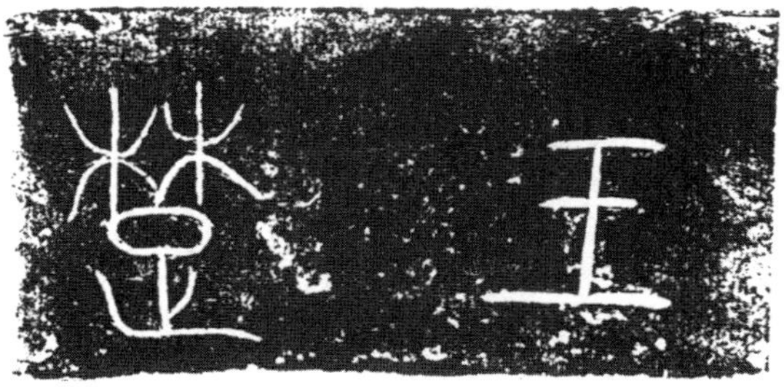

楚王

著録　《集成》10400
年代　同前。
出土時間地點　不詳。
説明　現藏故宫博物院。

三三一　龍陽燈〔211〕

龍陽邑＝（邑子）

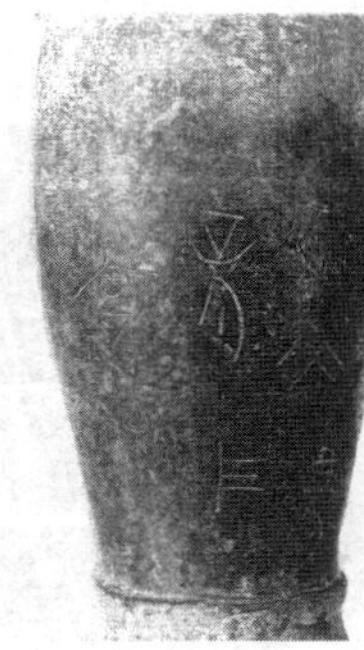

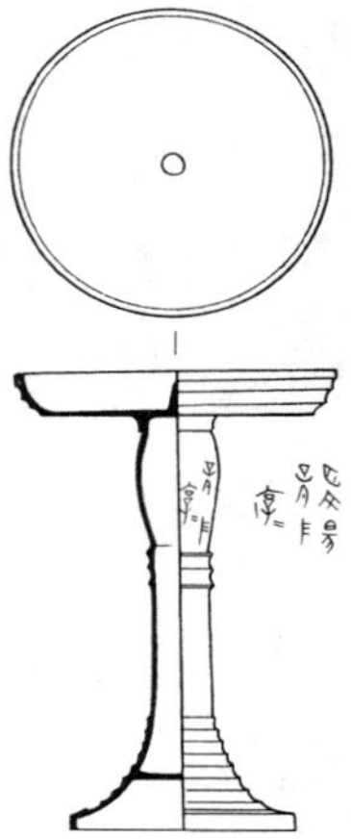

著録　西安市文物保護考古所：《西安北郊尤家莊二十號戰國墓發掘簡報》，《文物》二〇〇四年第一期。

年代　同前。

出土時間地點　一九九六年陝西西安北郊尤家莊出土。

説明　現藏西安市文物保護考古研究院。圖象來源見著録。

三三二　郪陵君豆〔212〕

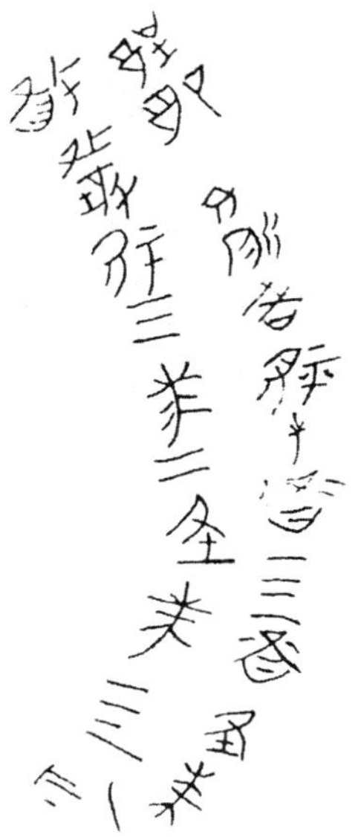

郢姬府所造貹（重）十冐四冐⿱夂圭朱。
㳄（挻）襄（鑲）貹（重）三朱二⿱夂圭朱四冞。

著録　《集成》4694–4695
年代　前二三八—前二二七年。
出土時間地點　一九七三年江蘇無錫前洲鄉出土。
説明　現藏南京博物院。參見《文物》一九八〇年第八期。

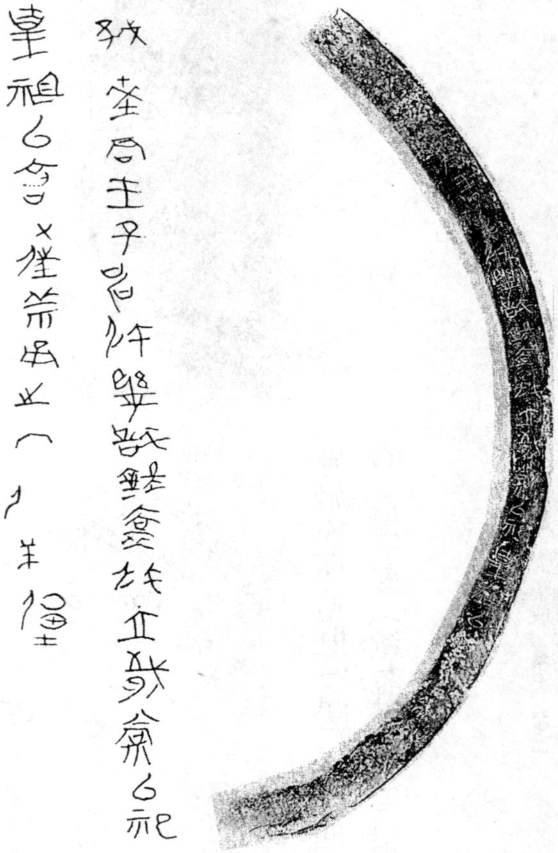

郙陵君王子申攸，𢆶（兹）散（造）鈇（箭）盍（盒），攸立（莅）戢（歲）祟（嘗），以祀皇祖，以會父佳（兄）。羕（永）甬（用）之官（館），攸無疆。

其一

䣊陵君王子申攸，绨（兹）敀（造）鈇（箭）盍（盒），攸立（莅）戢（歲）嘗（嘗），以祀皇祖，以會父⿰亻兄（兄）。羕（永）甬（用）之官（館），攸無疆。

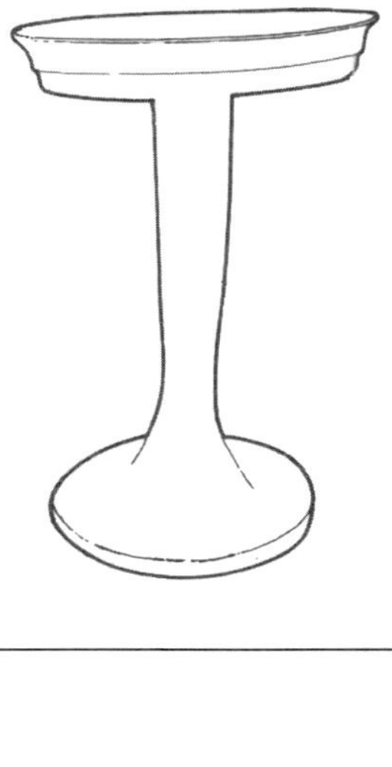

其二

三三三　䣭陵君鑑〔213〕

著録　《集成》10297

年代　同前。

出土時間地點　同前。

説明　現藏南京博物院。參見《文物》一九八〇年第八期。口部折沿背面有銘文五字。

郕陵君王子申攸，𢆶（兹）散（造）金監（鑑），攸立（莅）歲（歲）嘗（嘗），以祀皇祖，以會父佳（兄）。羕（永）甬（用）之官（館），攸無疆。

王郢姬之濫（鑑）

三三四　余訓壺〔214〕

余訫（訓）

著録　舒城縣文物管理所：《舒城縣秦家橋戰國楚墓清理簡報》，《文物研究》第六輯，黄山書社一九九〇年；《安徽金文》。

年代　東周七期。

出土時間地點　一九七八年安徽舒城秦家橋楚墓出土。

説明　現藏安徽舒城縣文物管理所。照片承陳秉新先生提供。

三三五　李倚壺〔215〕

倚李

著録　同前。

年代　同前。

出土時間地點　同前。

説明　同前。

三三六　郙駒壺〔216〕

南州茬
里郙駒

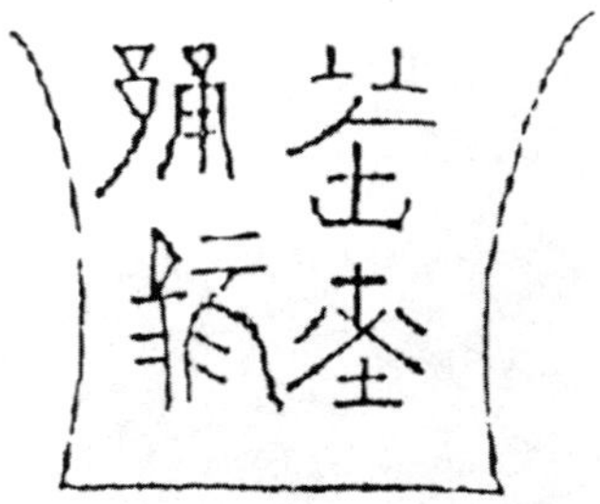

茬麦（陵）
郙駒

著録　同前。
年代　同前。
出土時間地點　同前。
説明　同前。

三三七　苛意匜〔217〕

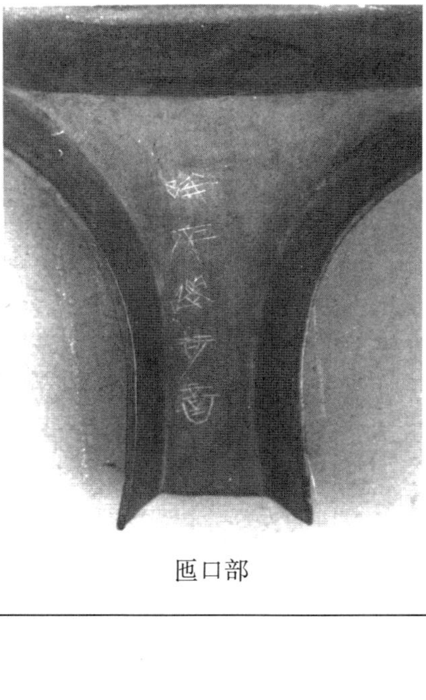

匜口部

蔡侲儔苛音（意）

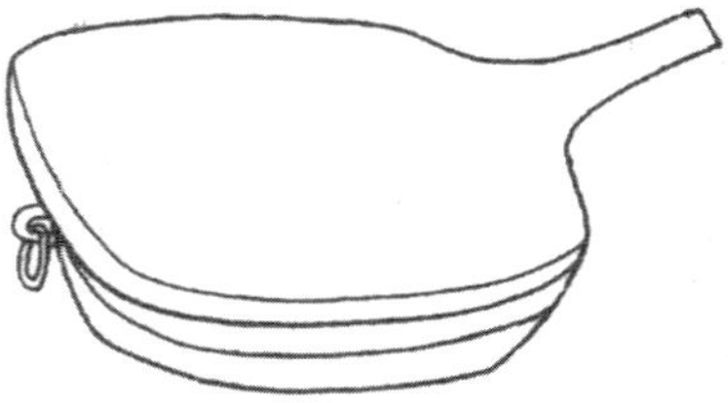

著録　同前。

年代　同前。

出土時間地點　同前。

説明　同前。

三三八　陵陽壺〔218〕

陵昜（陽）

著録　陳平：《北京出土徵集揀選青銅器的銘文》，《首都博物館叢刊》第十五期。
年代　同前。
出土時間地點　北京昌平人大常委會移交首都博物館。
説明　現藏首都博物館。拓片與照片承陳平先生提供。

三簡注

一—六、楚公冢即熊渠説，首由張亞初提出，見張亞初《論楚公冢鐘和楚公逆鎛的年代》一文，《江漢考古》一九八四年第四期。

七—八、新出楚公逆鐘銘文釋文參考：①李學勤：《試論楚公逆編鐘》，《文物》一九九五年第二期；②黄錫全、于炳文：《山西晋侯墓地所出楚公逆鐘銘文初釋》，《考古》一九九五年第二期；③李天虹《楚國銅器與竹簡文字研究》，湖北教育出版社二〇一二年，第七至十一頁。黄錫全先生曾提供拓片複印件，今采用《銘圖集成》拓片。傳世楚公逆鐘的新釋是在黄錫全新釋基礎上參用曾憲通《宋代著録楚公逆鐘銘文補釋》（載《曾憲通學術文集》）；其中第十八字，據新出楚公冢鐘有『面』形隸定爲『面』（林）。銘文新釋可參見本書《楚系金文補述》（以下簡稱《補述》）一文。

九、釋文和圖象及相關説明參見拙著《楚銅研》。

一〇—一三、參見《楚銅研》。

一四、關於此器鬲字，還見於其他器，吴振武釋爲瀝，意爲列。張亞初釋爲淄，認爲是飤的假借字。現暫如此隸定。

一五—一六、關於釁字的隸定及釋爲『眉』的論説請參閲何琳儀《戰國古文字典》第一三〇八頁。關於『寘（塞）』字，據新出清華楚簡《繫年》，應讀爲『息國』的『息』字。公元前六八四至前六八二年之間楚文王滅息，封楚公族名𤶡父者爲息公，故此銘文爲『寘（塞、息）公孫𤶡父』。

一七、關於楚王領之爲熊囏，采自何琳儀之説，見其所撰《楚王領鐘器主新探》，《東南文化》一九九九年第三期。

一八、此爲傳世器，《集成》與《三代》著録。據戈形之援部呈三角尖鋭狀，年代爲春秋早期。因銘文中有『郢』字，當屬南方楚系兵器，故編入之。

一九—二一、參見《楚銅研》。

二二、關於[illegible]之隸定，綜采黄錫全、張亞初之説酌定（見《輯證》和《集成引得》）。

二三、關於乇字及相似字形，孫稚雛、張光裕釋盂。其後趙平安隸定爲甼，讀爲葢（見《容庚先生百年誕辰紀念文集》第四五一頁）。此仍隸定爲盂。

二四、參見《楚銅研》。

二五、楚子二字下之字原釋『𧸘』，現采《楚文字編》（第五三〇頁），改釋爲『𧵩』。

二六—二九、參見《楚銅研》。

三一、關於匜名之字形，考釋者有多種意見，此不詳述，其中以釋『臾』讀爲『匜』和釋『與』讀爲『匜』兩種意見似較可信，現采釋『臾』之説，讀爲『匜』。

三三、參拙文《楚系金文訂補（之一）》（《古文字研究》第二十三輯）及本書《補述》。

三四—三八、參見《楚銅研》。三七、三八號『楚屈叔沱戟』原版爲『戈』，今改爲『戟』，論證見拙著《江漢文化與荆楚文明》，江蘇教育出版社二〇〇八年，第三四五頁。

三九、鄝，古有兩蓼國，楚於公元前六八五年至前六六五年間和前六二二年先後滅蓼；此戈可能爲滅蓼後之作。參閱何浩著《楚滅國研究》一書。

四一—四二、參見《楚銅研》。四一號器，據對新出土孄加有銘青銅器的研究，王子申和孄加同輩，其年代應爲楚莊王世，下限爲公元前六〇〇年，爲東周二期之器，名稱應改爲『嘉（加）孄盞蓋』。

四三、此器銘文，筆者在湖北省文物考古研究所觀看了原器，作器者第一字不當爲『誥』。左旁確爲言，但右旁筆畫，蓋銘和器内底銘之筆畫有異；結合起來考察，右旁似爲犬旁，這樣便可隸定爲䜼。《金文編》有狺字，據此又可隸定爲葬字。至於敢字之隸定，還可再研究。

四四、鴋，讀爲唐，《湖北鄖縣新出唐國銅器銘文考釋》一文已對這批銅器銘文作了考釋，大多移録於此。匜名之字形，該文讀爲『貴』，可商。此字形已數見，有多種釋讀意見。本書統一釋爲『臾』（臾、盥），乃匜字之異體（臾爲遺之初文，遺、匜音同，參見《戰國古文字典》第一一九二頁）。盤匜銘文第四字隸定爲『咸』，爲『一之日』合文，指夏正曆法的十一月。參見董珊：《『弌日』解》，載《文物》二〇〇七年第三期。

這三件器中，盤、匜二器爲楚式器，同出的鼎、盞亦爲楚式器，鈚則與楚器不類。唐國爲江漢間姬姓小國，《左傳·宣公十二年》杜預注：『唐，屬楚之小國。』孔穎達《正義》：『《經》不書唐侯者，爲楚私屬故。』從出土物大多爲楚式器來看，確可證唐國受楚影響之深。然畢竟其尚未滅國，故還保留非楚式特徵之鈚，無足怪也。

四五、此戈銘之鴋和四四號『鴋子盤』之『鴋』，同釋爲唐，乃唐國之器，且均出於鄖縣，墓地亦近，值得研究。

四六、邵字，右从『巨』，似爲石字。邵或許爲古國名，器出今岳陽市轄汨羅境内，也許這是此地未見於文獻記載之小國，當然也不排除器自外地因某種原因葬入此墓内。這是值得重視的又一新見楚系金文。出土的鼎、簠、盤、匜的組合和形態特徵均屬楚式，可證早在春秋中期，湘江下游的楚文化遺存已相當豐富（這一地區已報道有楚式慍兒盞，有楚城址）。請參考『著録』文章及何琳儀、程燕：《湘出二器考》，《湖南省博物館館刊》第二期，岳麓書社二〇〇五年。

四七、三九號鄝子妝戈和此戈的器主均屬鄝氏，鄝即文獻記載中的蓼國，以國名、地名爲氏稱。此戈援部中脊起凸棱，這一特點和以鄧戟（三二號）、楚屈叔沱戟（三七號）相同，其年代均應定在東周二、三期間。

四九—五〇、請參閱黄錫全考論，五〇號郾字之釋采張亞初之説（二文出處見『著録』項）。《銘圖集成》釋爲『郢子⿰言采臣』戈。

五一—五三、參拙文《楚系金文訂補（之一）》。

五四—五七、參見《楚銅研》。五四號及九二號銘文中的『鼎』字，陳劍釋爲『肆』，詳見其《甲骨金文舊釋『𩰫』之字及相關諸字新釋》，載復旦大學出土文獻與古文字研究中心編選：《探尋中華文化的基因（一）》，商務印書館二〇一八年。

五八、銘文中原釋『穌涉民人』中第二字，現改從劉釗之説，見其《金文字詞考釋》，載《第十三屆海峽兩岸中國文字學學術研討會論文集》，臺北萬卷樓圖書股份有限公司二〇〇二年。王孫遺者之者字，李家浩釋爲巤，已收入《楚文字編》。

五九—七一、⿰蒍阝子倗就是古文獻記載的蒍子馮，⿰蒍阝、蒍、鄬、薳四個字同字異體。此人公元前五五一年任令尹，前五四八年卒。

七二、楚王名據趙世綱先生發掘報告，暫衹能如此隸定，究爲何王之名，待研究。臺灣黄静吟的博士論文《楚金文研究》稱引裘錫圭、李家浩之説，亦如此隸定。李家浩認爲此字疑是『飤樊』合文，應讀爲『態樊』，指楚康王（樊爲其字），見其所撰《攻敔王姑義雒劍銘文及其所反映的歷史》，載臺北《古文字與古代史》第一輯。陳劍著文分析此字從『刀』音，與楚康王名『招』同音，見其《戰國竹書論集》，上海古籍出版社二〇一三年。

七三—七四、此二器銘文之歸入楚系，主要據其器形特徵已屬楚系，參見拙文《楚系金文訂補（續）》，《楚文化研究論集》第五集，黄山書社二〇〇三年。

七五、天王專指周天子，此鐘器主應爲江漢間某姬姓小國，因其已具楚文化因素，故可歸入楚系。

七六—七七、𪐴鐘銘釋文主要采用李家浩《𪐴鐘銘文考釋》一文，《北大中文研究》創刊號，北京大學出版社一九九八年。又有陳雙新《𪐴鐘銘文補議》，《古文字研究》第二十四輯，中華書局二〇〇二年，此文所釋有的與李文異，可參考之。

七八、鄬子辛和一一二號鄬子辛當爲同一個人。釋文參二一〇號所述賈連敏先生文。

七九、邍字即今『原』字，參見《金文編》〇二四三字條。魯字之釋采黄錫全説（見《輯證》）。

八〇—八四、參見《楚銅研》。

八五、慍字，筆者應簡報作者之請，原釋爲悉，現改爲劉釗之釋，見其《釋慍》一文，載《容庚先生百年誕辰紀念文集》。

八六—八七、參見《楚銅研》。又參見《楚文字編》第六五五頁。

八八、緒字原隸定爲蘩，現改從李家浩之釋，見《九店楚簡》六三頁。

八九、此器銘文中的䍐字，上半部分中間字形，學者們有幾種隸定，我則認爲這中間之字形疑爲『邦』字，故作此隸定。對這篇銘文的研究先後有李勇、王輝、范毓周等先生著文，在拙文《楚系金文訂補（之一）》中已作綜合討論。另程鵬萬認爲『劉彬徽怀疑它是「邦」字是可行的』，見《子湯鼎銘研究綜述》，《古文字研究》第三十三輯，中華書局二〇二〇年。

九〇、參見《楚銅研》。

九一、銘文之旃，發掘簡報認爲就是楚公子夜，暫從其説。《左傳》所記之公子夜，最晚年代爲公元前五七四年，故此器之作當在是年前後，屬東周三期。

九二、此器銘文拓片與釋文均引録自張光裕、曹錦炎主編的《東周鳥篆文字編》。此器的绝對年代，我曾據楚曆建正考定爲公元前五〇二年。（有關楚曆建正問題，可參拙文《楚國曆法的建正問題辨證》，載《古文字與古代史》第一輯。）今則考定爲前五四六年，詳參本書《補述》正文及注一九與注三七。

九三、鄬子已數見，最早見於淅川下寺楚墓。字體有鄬（兩虎倒立相對狀）、鄬、佋三形，爲一字之同音異體。古文獻則寫作『薳』『蔿』，亦爲一字同音異體。蔿氏爲楚王族中的一支。鄬子受之器，已發表有鄬子受鐘一套，鄬子受鼎銘則爲第一次見到。此鼎銘作『鎣』，登與升古音相通，升與鼾同，鎣（升）鼎即升鼎，爲禮器中的正鼎。

九四、此器和前器均爲鄬子受之器。

九五、鄬子受之器已有鐘、鼎、鬲和戟等，分出於三個楚墓，均早於墓葬年代。

九六、子璋鐘爲許國器，拙著《楚銅研》内未收入此器。此器鼓部紋飾特徵和敬事天王鐘、黬鐘相同，故歸入楚系。

九七、出土有鎛鐘八件、鈕鐘九件。鎛鐘銘文器主名全被鏟刮掉，非番子成周之鎛鐘。鈕鐘的第一、二號合爲一篇銘文，鑄有『番子成周』銘文，釋文用此二鐘之銘。第三、五號鐘有後刻『番子成周』四字，當爲番子佔有之後所改刻。其他五件鐘則爲銘文後半部，未出現器主名。以此觀之，真正屬番子成周自作之鐘衹有上述的第一、二號鈕鐘，故僅録入這兩件鐘銘予以釋文。

番即潘，楚有潘氏，楚昭王時有楚將潘子臣，楚昭王四年（公元前五〇四年），潘子臣以舟師迎戰吴國軍隊，失敗後被俘。番子成周當和潘子臣爲同一家族。番子成周自鑄之鐘爲楚鐘，其他番子成周改刻之鐘或器主名被鏟刮之鐘則非番子成周之器，然觀其形制、紋飾、字形，和番子自鑄之鐘相近，均可歸入楚系器、楚系金文。這些鐘（鎛鐘、鈕鐘）現陳列於河南博物院展廳内。筆者於二〇〇四年七月二十七日到該館參觀，承該館有關同志慨允，得以進入展室内觀摩這些器物的細部，從而得出可以歸爲楚系的認識。

對於此墓之爲楚系，拙著《楚銅研》雖略有論及，但由於對出土編鐘情況不太了解，是否可歸入楚系，存有不同看法。現據親自觀摩而得出的認識，是值得學界重視的。可參閲《固始侯古堆一號墓》，河南省文物考古研究所編著，大象出版社二〇〇四年。此墓年代可定爲東周五期（戰國早期），請參閲拙作：《近年楚系青銅器研究評述》，載《湖南省博物館館刊》第三期，已收入《楚銅研》新版附録五。

九八—一〇七、參見《楚銅研》。九九號同九八號相同，但銘文更爲清晰，且有明確的出土時地，至爲珍貴。一〇二號，銘文第一字是否讀爲襄，待考。下二字爲王孫，則第一字當爲一古國名，爲一失載之古國。第五字已查驗爲孋字。徐少華先生認爲『襄』指楚庄襄王即楚庄王，器主是楚庄王後輩子孫中某一外嫁的女子，其論文載《古文字研究》第二十九輯，中華書局二〇一二年。一〇六號之蓋銘與器銘异。

一〇八—一〇九、《集成引得》釋[illegible]爲麾。

一一〇、參見《楚銅研》。

一一一、此鐘原名秦王卑命鐘，據黄錫全、李零的研究，改稱景平王鐘（即楚平王鐘），見黄錫全、劉森淼：《『救秦戎』鐘銘文新解》，《江漢考古》一九九二年第一期。李零：《楚景平王與古多字謚——重讀『秦王卑命』鐘銘文》，《傳統文化與現代化》一九九六年第六期。又有新的見解，請參閲：董珊《出土文獻所見『以謚爲族』的楚王族——附説《左傳》『諸侯以字爲謚因以爲族』的讀法》一文，載《出土文獻與古文字研究》第二輯（復旦大學出土文獻與古文字研究中心編，復旦大學出版社二〇〇八年）。改稱『平王之定鐘』見本書『補述』。

一一二、蓋和器器主名不同，疑爲二器。李學勤則認爲『鄦子辛』之銘『疑系僞刻』。若非僞刻，則器身應和七八號器年代相同。

一一三、二〇〇四年八月上旬收到黄錫全先生電子郵件，傳來此件銘文。《銘圖集成》已録。

黄錫全論文稱：『二〇〇二年六月下旬，筆者收到一張銅器銘文拓片……據了解，此器是一盒簠的下部（器身——引者注），出於河南靠近安徽處，器物已不知下落。根據銘文内容和文字風格，此器當不僞，時代可定爲春秋晚期。』（出處見著録）

中國銅器銘文以往發現的多稱『申伯』，此器稱『申文王』，爲第一次發現。楚滅申國，何浩據史籍記載定爲楚文王之時（何浩《楚滅國研究》第一〇頁、二〇八—二一〇頁）。楊伯峻則認爲『楚平王似曾復其國』（楊氏《春秋左傳注》第一〇頁，中華書局一九八一年）。據出土金文資料，稱王的申器遲至春秋晚期已發現兩件（此件和一一五號叔姜簠），看來楊氏認爲楚平王時申又復國是可能的，這正好可解釋曾侯乙編鐘銘文中爲什麼也會有申國樂律名稱的問題。但此器稱申文王，則不太好解釋。也許申國仿效楚國稱王之例，也有代代相傳的世系，如果真如此，實可補史載之缺也。本書『補述』引用李學勤之説，其認爲『申文王』可解釋爲楚文王灭申後封申縣縣公，其孫爲縣公，可稱『申文王之孫』，請參閲。

一一四、仲姬二字下之字，衹存上半部分，疑爲彦字。

一一五、此器器形、文字特徵均屬楚系，其『紳王之孫』應理解爲申國滅亡以後，入楚爲民者。此乃申國國君後裔（子孫後代）姜姓家族（其女）之在楚者（或其女嫁於楚貴族）。

一一六、此器之王子申和四一號王子申同名，但申之字形異。史籍記載有兩個王子申，此王子申和四一號王子申非同一人，其器形特徵所顯示年代應晚於四一號王子申器，當爲楚昭王時的王子申，乃楚平王的庶出長子，楚昭王之兄，昭王時曾爲令尹，後被楚白公勝所殺，時爲楚惠王八年即公元前四七九年。這是此器的下限年代。

器最後一字爲器名，《（臺北）故宫新收青銅器王子𪓐匜》釋爲鎮。前面論及此字形已多見，筆者統一隸定爲『臾』（舁、盥），此字左旁從金，可隸定爲⿰金畀，爲匜之異體。

一一七、此鄭臧公之孫鼎，主要據鼎形爲楚式外撇足鼎，乃春秋晚期楚式鼎形態，故歸入楚系。或許這是鄭臧公之孫（非嫡長孫）由於某種原因入仕於楚或留居楚地而鑄。從銘文語式看猶存中原文化特點，故此器乃楚文化和中原文化結合之産物。

一一八、此前李學勤先生已有文考述，文名《春秋鄭器與兵方壺論釋》，原載《松遼學刊》二〇〇一年第五期，定其年代上下限爲公元前五八四年至公元前五六〇年。其下限年代或許下延至公元前五三〇年，銘文雖曰鄭太子之孫，據其器形已具楚式特徵，故可歸入楚系。鄭國之器在春秋時期受楚文化影響，在一九二三年出土的新鄭鄭公大墓青銅器中已見一斑。文獻記載春秋時期鄭國受楚控制，附楚附晉，游移不定，作爲一小國，受楚文化影響，不足怪也。

一一九—一二〇、銘文中之𡧊爲古法字。

一二一、筆者於二〇〇四年七月赴山西參加學術討論會，途經鄭州停留兩天，在河南省文物考古研究所庫房看到一批楚系銅器銘文，承發掘報告（見著録）主編之一胡永慶先生寄贈銘文拓片十二份，後收入本書，在此對河南省文物考古研究所并永慶先生致以謝忱。此器器形爲春秋晚期楚式鼎，雖爲曾國器，可歸入楚系。另請參閲《淅川和尚嶺與徐家嶺楚墓》。

一二二、曾少宰黄仲酉諸器雖屬曾國器，但從鼎的型式看，已是典型的楚式鼎，證明春秋晚期的曾國文化已屬楚文化系統（其官名少宰也似僅見之於楚國）。

一二三、此器形制、紋飾在考古簡報（《華夏考古》一九九二年第三期）和曹桂岑先生所作簡介（見著録）内已詳述，曹先生命名爲銅鎮墓獸座。器銘『曾仲𠇊（鄬）君』，乃鄬（蔿）氏仲女名『君𦛨』者出嫁於曾國所作之器。『且埶』即『祖藝』。何琳儀先生給筆者來信云：金文『祖藝』，相當《書》之『藝祖』，典籍作『祖禰』。裘錫圭認爲應該讀『祖設』，見《裘錫圭學術文集》第四卷第四五六頁。也有論者認爲這二字爲該器之器名。可參閱趙平安：《河南淅川和尚嶺所出鎮墓獸銘文和秦漢簡中的『宛奇』》，《中國歷史文物》二〇〇七年第二期。黄錦前近出新見，讀爲『頭設』。

一二五、蔡公子義工簠據器形爲楚式而定爲楚系。

一二六、此器僅存蓋。據蓋形、紋飾及銘文字體考察其年代爲春秋晚期。而應國之滅於楚則早在春秋初楚文王時期（公元前六八七—前六七九年間，參見何浩《楚滅國研究》第一〇頁）。故此『應侯之孫』應理解爲應國之子孫後代，其族人已是楚國人，可歸入楚系。

一二七—一四三、蔡侯申即蔡昭侯（公元前五一八—前四九一年）。

關於蔡侯申墓及其出土物的文化屬性，曾存在不同意見。拙著《楚銅研》中已作討論，認定其文化屬性應歸入楚系，晚於蔡侯申之蔡侯産及其他蔡器理所當然地應歸入楚系，故此期（東周四期）和下一期（東周五期）内均收入若干蔡器銘文。

一四四、關於蔡侯朔戟中之蔡侯名，曾有不同的考釋意見，經安徽省博物館李治益先生反復驗察原器，將此字隸定爲『朔』（見《文物》二〇〇〇年第八期），可信。蔡侯朔即蔡成侯，係蔡侯申之子，公元前四九〇—前四七二年在位。

一四五—一五五、均爲蔡器銘文，參見《集成》《集成釋文》《集成引得》及《東周鳥篆文字編》《銘圖集成》。

蔡侯産在位年代爲公元前四七一—前四五七年。本人之分期以公元前四五〇年爲東周四、五期界標，故歸入東周四期即春秋晚期，有的把蔡侯産器歸入戰國早期，是因分期界標年代不同所致。

關於蔡公子姬安缶，出此器的墓的年代爲戰國早期（東周五期），一般將此器年代也定在戰國早期，本書把它置之於東周四期，可能欠妥。一五三號戈蔡公子之名不清（筆畫殘），難以考定。一五五號蔡侯之名亦不明，待考。

一五六、關於舒城鼓座銘文，已有多人研究。其後何琳儀在殷滌非、陳秉新、曹錦炎等研究基礎上撰成《九里墩鼓座銘文新釋》一文（《文物研究》第十一輯，黄山書社一九九八年），本釋文多采自何文。舒城鼓座之國别，有舒、徐二國説，現綜合考察，應屬楚系器。何琳儀《戰國通論（訂補）》第一四九頁已指出『此鼓座應是戰國早期楚器』。正如在前注中已提到的由於對春秋戰國分界年代有多種劃分意見（早可到公元前四八一年，晚可到公元前四〇三年，見楊寬《戰國史》第四頁，上海人民出版社一九九一年），故何先生定戰國早期，我則定東周四期（相當於春秋晚期）。此墓内出土了蔡侯朔戟，蔡侯朔於公元前四九〇—前四七二年在位，故此鼓座之上限年代，似不早於公元前四九〇—前四七二年間（出此器之墓的年代也爲東周四期）。收入本書的舒城鼓座拓片爲陳秉新先生提供，和《集成釋文》所載稍異。二〇〇八年四月，筆者去合肥參加在安徽大學召開的第五届國際中國古文字學術研討會期間，獲知新出土古文物銘文中有與此鼓座銘文中相同的『童鹿』二字，劉信芳先生釋爲『鍾離』，乃一古國名。此鼓座的鑄造年代也可能提早一些。釋文可參閲陳治軍《安徽出土青銅器銘文研究》第二八二頁，黄山書社二〇一二年。

一五七、銘文在腹部紋飾之間，浴字僅存左半部，右旁筆畫爲紋飾所掩，以此之故，拙著《楚銅研第六章銘文編年考述内未予録列，爲免遺漏，乃録於此。

一五八、此戈銘文的『用』字爲鳥篆體，曹錦炎《鳥蟲書通考》第一四八頁認爲：『此戈文字特點與蔡公子諸器甚爲相似，故附於蔡器之末。』春秋晚期的蔡器已具楚風，因此可將此戈歸屬楚系。

一五九、參見《東周鳥篆文字編》。

一六〇、此戈和一五九號曾侯昃戈銘文相同，而字形不同，昃字多一鳥形。

一六一—一六八、曾侯郕、曾侯遡爲曾侯乙父祖輩，其上限年代爲東周四期。一六四號曾侯郕鼎和一二二號曾少宰鼎，其器形同爲楚式且爲僅見於春秋晚期的撇足鼎。由這件曾侯邸鼎，可證曾侯邸諸器年代確可早至東周四期即春秋晚期。這種先後關係賴此器之出土而得到進一步確證。一六五號曾侯邸簠爲首見，但出土時地不明，供參考。

一六九、參見《楚銅研》新版第三一四頁注二。

一七〇—一七三、楚王酓章即楚惠王，其在位年代爲前四八八—前四三二年。

在此把其戈、劍、鐘、鎛均定在其後期，即公元前四五〇—前四三二年的東周五期範圍内，也許過於主觀。之所以如此，因其鐘、鎛有明確紀年，衹好暫時把其戈、劍年代也拉後到這一年代範圍。對其戈、劍年代仍可再研究。其戈銘釋文參閲《湖南刊》第十二輯黄錦前論文，劍銘釋文參閲《銘圖集成》。

一七四—一九九、這一個總號（109）的小號是最多的。因都是曾侯乙之器，故編爲一個總號，總號下按樂器、禮用器和兵器三個部分排序爲二十六個小號。這樣的一個時空坐標，對從事歷史學、考古學研究大有好處。編鐘銘文總字數二千八百二十八字，釋文在裘錫圭、李家浩釋文基礎上采用崔憲《曾鐘銘校釋》一書（見參考書目）中的順序編列，使之更完備地成爲一部樂律學文獻。其中鄭字黄錫全釋爲『鄬』（見其《輯證》一書）。

二〇〇、四字釋文難考。也可能屬楚轄的越族文字，暫歸楚系。

二〇一、車軎上之銒字釋亦采黄錫全之説（《輯證》）。

二〇二—二〇四、參見《楚銅研》。

二〇五—二〇六、昭王之諻鼎、簋説明參見《楚銅研》。此器稱昭王，爲昭王謚號，故此器當製作於昭王已殁之後，乃楚昭王後代子孫名『諻』之人之器。參見前注一一一號引董珊之論文。

二〇七、第一字『閫』，見於《説文》。楚地名中未見名閫者。閫和陰古音相通（高亨《古字通假會典》第二二八頁）。陰爲楚地，有文獻和楚簡爲證（《左傳·昭公十九年》和《包山楚簡》）。此銘稱闇（陰）尹，應爲楚陰縣縣尹。第三字筆畫不太清楚，暫隸定爲『月敕』字。

二〇八、嬭，此爲楚王族之姓，文獻寫做芈。這是證明倗（蔿）氏乃楚王族一支的文字證據。

二〇九、倗子昃乃蔿氏家族中新見的人名。

二一〇、此器器主名待考。請參閱《淅川和尚嶺與徐家嶺楚墓》書内附賈連敏先生之文《淅川和尚嶺、徐家嶺楚墓銅器銘文簡釋》。

二一一、這是曾國姬姓的又一文字證據。乍時之訶和曾侯乙墓青銅簠等器相同，其年代也應相同。女㐬字釋爲毓，請參閱《古文字研究》第二十五輯（中華書局二〇〇四年）内董蓮池的論文。

二一二、倗氏家族的器出土於淅川下寺、和尚嶺、徐家嶺楚墓甚多，但銘文中有標明嬭（芈）姓者則爲首見。

二一三、此當爲某楚王之王子所鑄之器，『造』，或釋爲『适』，以釋『造』爲宜。

二一四、蒙字戈首由《戰國通論（訂補）》收列楚系。後有《楚圖典》和韓自强主編的書（見著録）編入蒙字劍、戈。蒙字戈、劍之歸入楚系至確。宋代王厚之輯録的《鐘鼎款識》一書中載有銅壺一件，壺上銘文和戈、劍文字相同，亦屬楚系（著録中韓自强文已提及）。

二一五、此劍通長四十五點二厘米，有四字錯金銘文（有錯金絲痕迹）。施謝捷《吴越文字彙編》收入此器，屬之越器。此劍出土於戰國楚墓，暫歸入楚系。

二一六、此劍通長六十七厘米，劍莖有雙凸箍。曹錦炎先生認爲：『從旟庶劍銘文的構形特色來看，具有明顯的楚系風格。……『旟』氏是見於楚地的一個氏姓。』（《鳥蟲書通考（增訂版）》）。但也有學者對此銘真僞提出懷疑，由於未見實物，難以判斷，亦立此存照也。

二一七、此戈銘一字，最早著録爲于省吾《録遺》（五五六號），或釋爲『邮鳥』（《東周鳥篆文字編》）。何琳儀《戰國通論（訂補）》釋爲『邵（鄖）』，屬楚系。現改從何説。

二一八、此戈銘文亦爲鳥篆文字，曹錦炎《鳥蟲書通考》認爲：『從文字風格看，當爲楚國或其鄰國之物。』施謝捷《吴越文字彙編》則屬之吴器，現暫取曹之説解，歸入楚系。

二一九—二二四、參見《楚銅研》。

二二五—二二六、二二四有坪夜君成鼎，當和此戈、戟銘之坪夜君成爲同一人。先是承河南省文物考古研究所曾曉敏同志提供部分拓片，後承該所賈連敏同志寄贈此墓發掘報告（見著録），所以全部收入坪夜君成之戈、戟銘文。葛陵坪夜君墓的年代，劉信芳、李學勤二位先後考定爲公元前三七七年（楚肅王四年），我考定爲楚悼王四年（公元前三九八年），見《葛陵楚墓的年代及相關問題的討論》，載《楚文化研究論集》第七集，岳麓書社二〇〇七年。

二二七、參見《東周鳥篆文字編》一書。

二二八、躘，應釋爲龔，讀爲共，共王指楚共王（公元前五九〇—前五六〇年在位），共王爲死謚，此戈應鑄造於楚康王世（公元前五五九—前五四五年）。共王後面二字，《新見楚國銘文兵器》（見著録）一文認爲可讀爲『止卯』，此非共王名，『共王止卯』之含意，該文認爲是『楚人在出戰前的祭祀活動中，把兇死的戰神共王的靈魂請出來，祈望他能把天神歲星挽留停止在楚國，讓敵國不能加害於楚國』。此説聊備參考。新的見解請參閲前注一一一號引董珊之論文。

二二九—二三〇、參見《楚銅研》。

二三一、此戈之許字，字形和二三〇號許之戈基本相同，年代當爲東周五期。

二三二—二三四、參見《楚銅研》。二三二號第三、四字爲新釋。

二二三五、二二三四新造戟出土於湖北北部，此則出土於湖南南部。新造爲楚官名。新造之戟、矛出土地相隔較遠，乃流傳所致。其中第四、五、六三個字的釋讀引自何琳儀、程燕的《湘出二器考》一文，載《湖南省博物館館刊》第二期，岳麓書社二〇〇五年。

二二三六、王孫豖之『豖』，據《東周鳥篆文字編》，曹錦炎釋爲『家』，又云或釋爲『豖』。

二二三七、玄膚戈在張光裕、曹錦炎主編的《東周鳥篆文字編》一書内已著録十餘件，此件詳參陳松長之文（見著録）。

二二三九、釋文參閲《淅川和尚嶺與徐家嶺楚墓》書内附賈連敏先生文。墓葬年代問題可參閲拙文《楚系青銅器研究的新進展》（載日文本《長江流域文化研究所年報》第四號）并《湖南省博物館館刊》第三期内拙文。

二二四〇、陳松長撰文（見著録）對此兩件器銘进行了考釋，認爲距末爲距來之末的省稱，『意即良弓末端的飾物』。對『商國』二字，亦反以往的解爲宋國，認爲商、上兩字古音相通，商國即上國。『這對距末的銘文字體風格相同，内容也是連貫的。……前兩句八個字是説明距末的製作者和使用距末的目的，即用它來輔佐楚國都城郢都上游地區的上國；後兩句八個字則是對其功用的具體表述，即光照上下，四方是用。』（引自陳文）李家浩、周波主宋國器之説，刊於《古文字與古代史》（第二輯）與《出土文獻與古文字研究》（第七輯）二書。

二二四一、此戈國别待考。曹錦炎認爲此戈『爲楚國的少數民族鄴國所造』（《鳥蟲書通考》第一八六頁），兹録此説以備考。現暫歸楚系。

二二四二、關於蠿書尊缶，上世紀九十年代以來已有多人論其應爲楚式器。我在《論東周青銅缶》一文（《考古》一九九四年第十期）中也作了論述，定其年代爲東周五期。二〇〇二年林清源發表的論文《欒書缶的年代、國別與器主》一文（刊臺北《『中央研究院』歷史語言研究所集刊》第七十三本第一分），在以往諸多學者研究基礎上作了詳盡的論述，定其年代爲戰國中期，器爲晉國貴族欒書的後代子孫書也『流亡楚地』所鑄。故本書將其年代改定爲東周六期，并列爲此期之首器，以示其年代可能在此期之早段。『緐』字新釋見本書『補述』。

二四三、參見《楚銅研》。銘中舊釋爲『虘』之字，改釋爲『虎』，讀爲『吾』。『虎』後一字，改釋爲『宅』，詳見黃德寬《曾姬無卹壺銘文新釋》，刊《古文字研究》第二十三輯，中華書局二〇〇二年。對曾姬壺器名及相關問題的新見解參閱范常喜《『曾姬無卹壺』器名補説》，刊《南方文物》二〇〇七年第一期。銘文新釋見本書『補述』。

二四四、參見《楚銅研》。研究又有新進展，如釋『[illegible]』爲『就』（見李零《古文字雜識》，載《于省吾教授百年誕辰紀念文集》）。釋『[illegible]』爲『歲』，釋『翟』爲『一』。『𣟴』字采用湯餘惠主編《戰國文字編》之釋；對此字有不同的釋讀，此僅采一家之言，尚可進一步研究。釋『舿』（䑸），采吴振武之説。釋『屑』，采劉釗之説。釋『𧶘』（誓），采何琳儀之説。分見《鄂君啓節『舿』字解》，載《第二届國際中國古文字學研討會論文集》（隸定之䑸在李守奎《楚文字編》中已改爲舿，仍讀爲䑸）；《讀郭店楚簡字詞札記》，載《郭店楚簡國際學術研討會論文集》，湖北人民出版社二〇〇〇年；《鄂君啓舟節釋地三則》，《古文字研究》第二十二輯，中華書局二〇〇〇年。又，關於凥字，《金文編》隸定爲『処』。《説文》同列凥、処二字，凥注音爲『九魚切』。林澐指出『實誤』，認爲『凥即處之異體……當徑讀爲處』（《林澐學術文集》第一九頁）。銘文原釋爲『油』的字新改釋爲『沽』，讀爲『湖』，詳見本書『補述』。

二四五—二四七、李家浩《傳賃龍節銘文考釋——戰國符節銘文研究之三》（《考古學報》一九九八年第一期）一文認爲這九個字的意思是『楚王雇傭從事驛傳的人』，按照『一擔』的食量供給飲食（每月），并認爲『楚國一擔爲一斛二斗』。關於龍節數量，李此文云四件，并認爲其中一件是『僞品』。但《集成》所録爲六件，現據《集成》計數爲六件。又參見李家浩《南越王墓車馹虎節銘文考釋——戰國符節銘文研究之四》（載《容庚先生百年誕辰紀念文集》）。

二四八、參見《楚銅研》。

二四九、銅量銘文最後一字，據上博楚簡，應爲『爵』字異體，參拙文《讀上博楚簡小識》，刊《考古與文物》二〇〇三年第四期。銘文倒數第二字應隸定爲杏，此字見於包山楚簡，《楚文字編》隸定爲杏，參拙文《長沙銅量銘文尾句釋讀》（載《古文字學論稿》，安徽大學出版社二〇〇八年）。尾句新考見本書『補述』。

二五〇、曹錦炎認爲『邗』下有合文符號，應爲『邑子』二字，見其所撰《鴋庶劍小考》一文（載《楚文化研究論集》第五集）。

二五一、參見《楚銅研》。

二五二、戈銘二字原釋爲『長郵』，何琳儀改釋爲『長鄐（沙）』，可從。見其所撰《古兵地名雜識》，刊《考古與文物》一九九六年第六期。

二五三、此戈第一字右旁上部殘，所釋有疑。此戈可能爲臣服於楚的某部族首領之器。

二五四、參見《楚銅研》。

二五五、邔即六，古有六國，《春秋》經『秋，楚人滅六』，時爲魯文公五年、楚穆王四年，即公元前六二二年。六即今安徽六安地帶，此器也當出土於安徽省境。楚滅六國爲縣，楚縣尹稱公，此銘文邔公當爲該縣之縣令，卲（昭）倮爲其名。昭氏爲楚王族，可知楚滅六國後，以楚王族貴族爲該縣之最高長官。胡下已殘，『王（？）』字下應缺一『戈』或『戟』字。詳見《新見楚國銘文兵器》。

二五六—二五七、參見《楚銅研》。

二五八、《新見楚國銘文兵器》言何琳儀釋第一字爲戴或菑，姑從之。

二五九、矛銘宜章爲地名，何琳儀引《讀史方輿紀要》『宜章縣漢郴縣地』，言『在今湖南桂陽東南』（見其所著《戰國古文字典》第八六〇頁）。

二六〇、出土此鐘之墓爲一大型楚墓，曹桂岑先生認爲『此墓爲楚國葉縣縣公之墓』（《楚圖典》第一〇〇頁）。惜編鐘銘文不全，或被銼磨，或被銹掩，據鐘的形制、紋飾特徵，初步判斷屬楚系。

二六一、郚字釋讀爲鄢，即楚國之鄢郢，見何琳儀《戰國通論（訂補）》第一五四頁（注云董珊、袁國華有此説），徐在國亦有文論之。

二六二、經筆者目驗湖南博物院所藏兩件的最末一字，字形的刻筆不同，難以隸定，暫釋爲沓。其『武王』之稱應非楚、秦之武王，究應如何解釋待考。一説此爲楚武王之後世族人名童沓者（董珊釋爲童胡），參閱前注一一一號引董珊之論文。

二六三、二〇〇三年筆者參加華中師範大學楚學研究所舉辦的楚學國際研討會，武漢博物館劉森淼先生提交的會議論文首次介紹了此戈銘文。臧即臧，與莊同音，讀爲莊，器主乃楚莊王之族的後裔名無咎者。

二六四、此君字車軎當爲出土此器之墓墓主邸陽君潘勝之器。我曾認爲此墓年代在公元前三六一至前三五六年間（本人學術文集《早期文明與楚文化研究》第一〇〇—一〇一頁、一九一頁），這是據墓內竹簡記事而定的。《荆州天星觀二號楚墓》（文物出版社二〇〇三年）第二一一頁認爲天星觀二號楚墓下葬年代爲公元前三五〇年至前三三〇年間，并和『天星觀一號墓（即潘勝墓）的下葬年代相當，或略早於天星觀一號墓』。我則以爲天星觀二號楚墓年代應早於公元前三五〇年，出君字車軎之墓（潘勝墓）的年代以定在公元前三六〇年至前三五〇年間爲妥。

二六五、王字刻刀出土於楚宗室貴族墓和楚郢都遺址。出此刻刀之墓年代問題：一、江陵望山一號楚墓的年代我曾認爲爲公元前三三一年（《早期文明與楚文化研究》第一九八頁）；二、包山二號楚墓年代應爲公元前三一六年（同前著第一九九頁）。楚郢都遺址内所出即紀南城遺址第三〇號臺基探方第三層所出，年代爲戰國中期（此遺址當廢於公元前二七八年秦拔郢之時）。這是迄今在楚都紀南城内所見唯一的銅器文字（另有一小璽印文字）（參閱《考古學報》一九八二年第四期）。

二六六、新昜即新陽。史載西漢時有新陽縣，治所在今安徽界首市西北，此爲戰國中期器，知新陽之設縣當可早至戰國，爲楚國所設。正如同江陵之設縣也可早至戰國楚時，均賴先秦古文字材料得知，補史書之缺。

二六七、第三字，拙著《楚銅研》對此器釋文時在注釋中説『張亞初先生與筆者交談時認爲應釋爲「⿰末阝」』。今觀蔡侯鐘銘文『余唯末小子』中的『末』字與此字之『末』字形相同，故應釋此字爲『⿰末阝』（《楚文字編》隸定爲『跊』）。（《楚銅研》内亦提到劉雨先生釋此字爲『郲』，經查驗原件上的此字筆形和楚簡上的『來』字字形有差異，故本書仍采張亞初之釋。）黄錦前釋爲『楚』字，定其年代爲東周五期。

二六八—二七二、參見《楚銅研》。

二七三、圣，何琳儀讀『鐃』，多也；刃，何讀刀，見其《戰國古文字典》第二八四、三〇二頁。又有新釋『圣』爲『錘』，重量單位，文見劉剛：《楚銅貝『圣朱』的釋讀及相關問題》，刊《出土文獻與古文字研究》第五輯。又見李天虹：《由嚴倉楚簡看戰國文字資料中『才』、『圣』兩字的釋讀》，刊《簡帛》第九輯。

二七五—二九四、參見《楚銅研》。二八一號簋，何琳儀讀涅、煎（《戰國古文字典》第一〇八九頁）。

『銍、窒』讀爲『命』或『令』，文見石小力：《壽縣朱家集銅器銘文『窒』字補釋》，刊《簡帛》第十一輯。

二九五、飭、荐二字之釋引自《著名中年語言學家自選集·李家浩卷》（以下簡稱《李家浩卷》）第一一七至一二四頁，意即『大府替楚王治荐鎬』（一二二頁）。李書此篇補記中又云『「晉」可以讀爲「祭」』（一二四頁）。

二九六—三一三、參見《楚銅研》。二九六—二九八號的『彜』字，吴振武先生釋爲『胥』，三〇一號方爐銘文中的『脰』字，吴釋爲『脞』字；以上二字均引自吴振武撰《朱家集楚器銘文辨析三則》，載《黄盛璋先生八秩華誕紀念文集》。三〇九號『銍』見前二八一號注。三一〇、三一一號的『愆』字，林澐先生釋爲『洄』。

三一四、『膚（盧）肅（贏）之歲』，前二字是人名，據包山楚簡紀年法，這是一紀年名，意即某國使者盧贏聘於楚國之年，參閲拙著《早期文明與楚文化研究》第一九二頁。又參閲《李家浩卷》第一二〇頁。

三一五、關於楚高缶的國别一直存有争議，因其上之『冶尹』二字不類楚文字。『楚高』二字乃楚人所刻，『右冶尹』應爲燕、齊人刻。可能此缶曾兩次或多次易其主，而其形制爲楚式，故歸入楚系。

三一六、『梁惬歲』，這也是省略式紀年法。此釋文參考何琳儀《戰國通論（訂補）》第一五三頁。

三一七、對大武闢兵戈的研究先後有俞偉超、馬承源、童恩正、李學勤、李家浩、黄錫全等。戈屬巴蜀式，文字爲楚系，應無問題。胡文輝認爲：『「闢（避）兵」義爲避除、弭止兵戎的傷害，是古代使用很普遍的一種軍事巫術，屬於所謂「兵陰陽」的範疇，《漢書·藝文志》兵陰陽類收入《闢兵威勝方》七十篇，正可爲證。』見其《中國早期方術與文獻叢考》第三一一頁，中山大學出版社二〇〇〇年。書中對此戈文字、圖象的研究歷程有詳述。又有論文《萬城銅器、車橋銅戈研究述評》（刊荆州博物館編《荆楚文物》第三輯，科學出版社二〇一八年）指出『一半是巴人圖象，一半是楚人圖象和文字』。

三一八、參見《楚銅研》。曹錦炎認爲：『此劍文字風格雖有楚國鳥蟲書飄逸的神采，但更多的却是晉文字豐中鋭末的特點。……此劍的國别，屬於三晋地區的可能性最大。』（《鳥蟲書通考》第一九九頁）然楚器也有作豐中鋭末者，例如楚王酓前盤銘文風格和此劍文字風格類同，故暫歸楚系。

三一九、釋文采何琳儀之説（其文載《中國歷史文物》二〇〇三年第六期）。戈形爲巴蜀系，文字爲楚系，玆方爲楚地名，故歸入楚系。

三二〇、釋文采何琳儀之説（見《戰國通論（訂補）》第一五三頁）。

三二一、『向壽之歲』，也是簡略式紀年名，參見三一四號注。襄城公爲楚之封君，參閱黄盛璋《連雲港楚墓出土襄城公競尹戈銘文考釋及其歷史地理問題》，刊《考古》一九九八年第三期。董珊釋爲『向壽之歲』（《考古》二〇〇六年第三期），本書采用。陳隆文認爲第二字釋爲『壽』字可疑，并討論相關問題（《考古》二〇〇八年第三期）。

三二二、參見《楚銅研》。

三二三、此器據周世榮先生描述爲：狀如大口小底杯，素面，口部外側刻有『楚尚』二字。

三二四、參見《楚銅研》。

三二五、銘文考釋參閱殷滌非《楚量小考》，《古文字研究》第七輯，中華書局一九八二年。又參見胡悦謙《試談安徽出土的楚國銅量》，《中國考古學會第二次年會論文集》，文物出版社一九八二年。

三二六、參閱郭偉民：《沅陵楚墓新近出土銘文砝碼小識》，《考古》一九九四年第八期。并參拙文《楚系金文訂補（之一）》，《古文字研究》第二十三輯，中華書局二〇〇二年。

三二七、原釋文爲『鈞益』，黄錫全改釋『鈞』爲『間』，即半鎰，見其《先秦貨幣研究》第二三六—二四一頁，中華書局二〇〇一年。

三二八—三二九、參見《楚銅研》。

三三一、此燈爲陝西西安市一戰國墓出土，初未注意，其後和何琳儀先生談及，他認爲從器形、字形看，似屬楚系。筆者認同，故編入本書。

三三二—三三三、參見《楚銅研》。參閲李家浩（《楚銅研》第三四八頁引李家浩文）、張亞初（《集成引得》第一〇〇頁）等人之説。

三三四—三三七、釋文參考《戰國通論（訂補）》第一五二頁。

三三八、何琳儀在考釋上海博物館藏楚簡的文章中引用過此壺銘文，認爲應屬楚系文字。然此壺形態應屬中原系統，銘文若係楚文字，當是楚人使用此器時所刻。現編入本書，立此存照。

張正明　主編
劉玉堂　執行主編

楚學文庫

楚系金文彙編

（下）

劉彬徽
劉長武　編著

長江出版傳媒
湖北教育出版社

楚系金文字表

一

卷一—卷十四

卷一

一		 二四五	二四五　一擔食之
元		 三八  五六  五八  二四二	五六　元鳴孔諻 二四二　元日己丑
天		 七五  七六  一四一	七六　不特甲天之下 一四一　天命是⿺辶匡
上		 二六  八〇	二六　上都公擇其吉金 八〇　上都府擇其吉金
⿺辶上		 二四四	二四四　⿺辶上（上）江
⿺走上		 二四九	二四九　連敖屈⿺走上（上）

下		福	祗	祭	祀	

 七七  一七四  一七四	 一七四  一七四  二四四	 五四  五六	 一四一	 二四二	 八  五四  五六	 一七三  三三二
七七　甲天之下 一七四　韋音之下角	二四四　就下蔡	五四　永受其福 五六　永受其福	一四一　豫令祗祗	二四二　以祭我皇祖	八　祀厥先高祖考 五四　敬厥盟祀	一七三　唯王五十又六祀

祖	县	且	祈 ⿸㫃斤	⿸㫃斬	斤	⿰礻工
祖			祈			
 三三二	 八	 五四  五八 祖字初文	 五四  五四	 五八  七四	 二四二	 二七五
三三二 以祀皇祖	八 祀厥先高县（祖）考	五四 皇且（祖）文考	五四 用⿸㫃斤（祈）眉壽	五八 用⿸㫃斬（祈）眉壽	二四二 以斤（祈）眉壽	二七五 集脰（廚）⿰礻工鼎

⿱尚示		⿱亦示	祓	⿸尸示	三	王
					三	王
 二七六  二七七	 二七八   三三二	 一六九	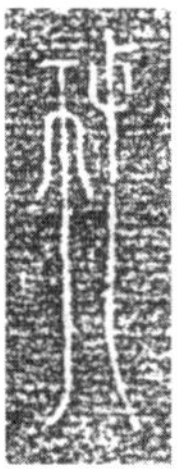 二一〇	 二四四  二四四	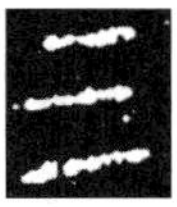 二四四	 五四  二一一  一七〇
二七六 以供歲⿱尚示（嘗）	三三二 攸立歲⿱尚示（嘗）	一六九 唯荆曆屈⿱亦示	二一〇 酷祓想	二四四 夏⿸尸示之月	二四四 屯三舟爲一䑸	二一一 平王之定 一七〇 楚王熊璋

		 一七三  一七四	一七四 文王之變商
		 一七四  一七四  二〇六	二〇六 昭王之諻
		 二三〇  二三〇	二三〇 楚王孫漁
		 二三七  二四四 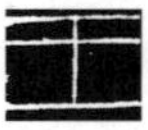 二四五	二四五 王命命傳賃
		 二四九  二六七 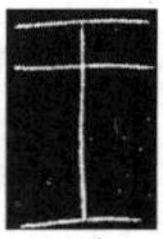 二七六	二六七 敚作郙王戟
		 二七八  二九〇	二九〇 王后六室
皇		 五四  五八 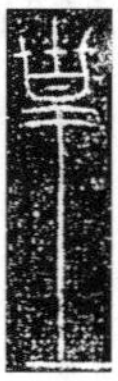 一七四	五四 皇祖文考

			皝	趪	玉	璜

 一七四  一七四	 一七四  二三二  二四二	 三三二	 五八	 五六	 二七四	 四〇
一七四 濁坪皇之商	二四二 以祭我皇祖	三三二 以祀皇祖	五八 皝皝（諻諻）熙熙	五六 趪趪（諻諻）熙熙	二七四 巨恒玉	四〇 仲芈璜食簠

字頭	字形	拓本／摹本	辭例
璋		 九六  一七〇	九六 子璋擇其吉金 一七〇 楚王熊璋
珈		 一七四  一七四	一七四 太簇之珈䪻
士		 五六  九六	五六 父兄諸士 九六 父兄諸士
中		 五六  五八  一一四	五六 中翰且揚
		 一四一  一七四	一四一 誕中厥德 一七四 中鎛
		 二四四	二四四 五十乘之中
审		 二六八	二六八 审（中）陽

屯	苛	蔡				⿰祭阝

 二四四  二四四	 二八一  二八三	 七四  一二七  一二八	 一四五  一四五	 一四六  一四六	 一四八  一四九	 八二  二四四
二四四 屯二十擔以當一車	二八一 苛膉爲之	七四 蔡侯作 一二七 蔡侯申之飤鼾	一四五 蔡侯產之用戈	一四六 蔡侯產作威教	一四九 蔡公子果之用	二四四 下⿰祭阝（蔡）

折	悊		 五六  五八	五六　肅折（哲）臧武
蒙			 二一四  二一四	二一四　蒙
蒿			 二四三	二四三　蒿閒之無匹
春	萅		 二四二	二四二　正月季萅（春）
	旾		 二六九	二六九　壽旾（春）
莅			 二七四	二七四　巨莅（恒）
莫			 二四九	二四九　莫敖臧師

芸		 二四四	二四四　就芸陽
蒧		 二四四  二四九	二四九　於蒧郢之歲
藝		 二三二	二三二　藝君凡
𠦪		 一一三	一一三　申文王之孫州𠦪(賁)

卷二

少		 七六  一七四  二四九	七六　其音贏少（小）則蕩
		 二四九  二八七	二八七　王后少府
八		 七  八 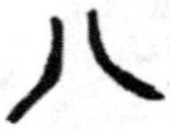 四三	七　唯八月甲申 四三　唯八月初吉
分		 三二六	三二六　分細鎰
曾		 二三  七九  一六一	二三　曾孟芈諫 七九　曾子原魯
		 一六七  一七四	一七四　羽曾

	公					

 一二五  一四八	 一  五 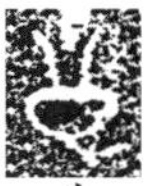 八  一六  二六	 二四三	 一九八 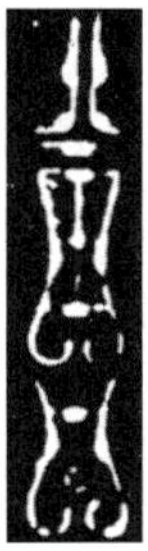 一九九	 一八六  一八八  一九六	 一七四  一七四  一八二	 一七四 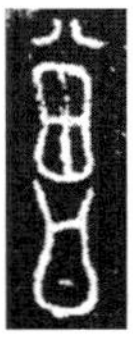 一七四
一四八 蔡公子頒	一 楚公家 八 楚公逆	二四三 曾姬無卹	一九九 曾侯乙之用戟	一八六 曾侯乙作時	一八二 曾侯乙詐時	一七四 曾侯乙作持

	余		番	審	牛	名
	余		番	審	牛	名
 一四九	 五四  五八  五八	 七六  七六  二四二	 二六  二三一	 四二	 二四四  二四四	 二三七
一四九　蔡公子果	五四　余不畏不差	二四二　余畜孫書也	二六　叔羋番妃 二三一　番中作	四二　楚王熊審	二四四　如馬如牛	二三七　王孫名之用戟

君				命		唯

 二一 七五 二〇三 二〇四	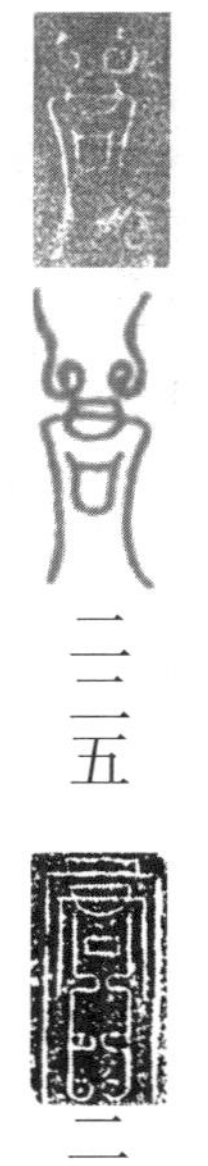 二二五 二三一	 二三三 二四四 二五〇	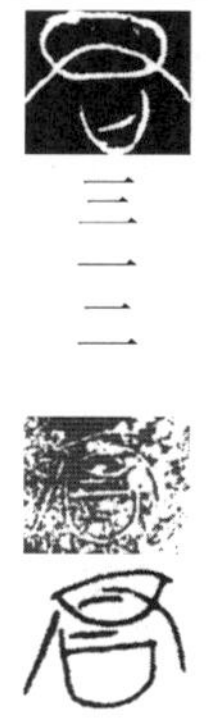 三一二 三三三	 五四 七五 一一	 二四一 二四五 二四九	 七 八
七五　以樂君子	二二五　平輿君	二三三　盛君縈 二五〇　南君陽	三三三　[illegible]陵君	五四　命（令）尹子庚 七五　自作詠命（鈴）	二四九　以命工尹	八　唯八月甲午

佳

一一

一六

一七

一九

三〇

四〇

五四

五六

七四

八〇

八八

九二

九六

一四一

一六九

一七三

二四三

一一　佳（唯）王正月初吉
三〇　佳（唯）正月初吉
五六　佳（唯）正月初吉
八八　佳（唯）正月初冬吉
一四一　佳（唯）正五月初吉
一七三　佳（唯）王五十又六祀

右

二七二

三一三

三一三

二七二　大右秦
三一三　大右人

吉				周	嚴	走

 一一  一三  一五  一七	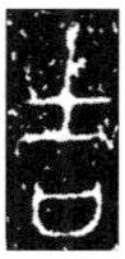 二五  二六  二七  三〇	 三四  三六  五四  五六	 七四  七九  八〇  二八一	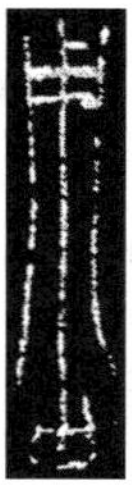 一七四  二三九	 五六   一七〇	 一九八
一一　正月初吉	二六　正月初吉	五四　正月初吉	八〇　擇其吉金	一七四　其在周爲應音 二三九　周陽之戈	五六　有嚴穆穆 一七〇　嚴恭南戉	一九八　曾侯乙之走戈

赴 赲	趩	趄	趣	前 歬	歲	戠

 一〇四	 五四 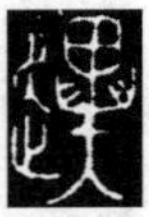 五六  五八	 二四三	 五六	 二七六  二七七  二七八	 七五  七六	 二四四  二四九  二七八
一〇四　中子賓之赲（赴）缶	五六　畏忌趩趩（翼翼）	二四三　聲趄（桓）之夫人	五六　諻諻趣趣（熙熙）	二七六　楚王熊歬（前）	七五　百歲之外以之大行 七六　千歲鼓之	二四九　問王於葴郢之戠（歲）

	正			是	徒	造 散
	正			是	徒	造
 二八二 二九五	 一一 一七 一九	 五四 五六 七三	 一四一 二四八 二八一 二八二	 五四 二四二	 二四四	 二一三 二二一 三一九
二九五　秦客王子齊之戟（歲）	一一　正月初吉庚午	五四　正月初吉丁亥	二四八　正陽	五四　子孫是制 二四二　萬世是寶	二四四　如擔徒	二二一　伯皇之散（造）戈

	部	佶	逾	逆	連	途

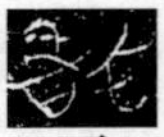 三三三	 二〇三  二五四	  二三五  二九六	  二四四	 七   八  二四四	 二四九	 一〇三
三三三 茲散（造）金鑑	二〇三 黑脊之部（造）戟 二五四 郙之新部（造）	二三五 新佶（造） 二九六 佶（造）餟	二四四 逾漢	七 楚公逆 二四四 織尹逆	二四九 連敖屈上	一〇三 途爲之盉

返	遟 逹	屖	遺	⿺辶會	⿺辶匡	遊

 一七三   二四四	 五六  一七四  一七四	 五四  五八  一七四	 五八	 四四  七六	 一四一	  二四四
一七三　返自西陽 二四四　歲一返	五六　慍恭舒逹（遟） 一七四　在申號爲遟（夷）則	一七四　爲屖（夷）則	五八　王孫遺者	四四　⿺辶會（沬）匜 七六　⿺辶會（合）奏鎗鎗	一四一　天命是⿺辶匡	二四四　葴郢之遊宮

字頭	小篆	字形	辭例
⿺辶卿		 二四五	二四五　王命命⿺辶卿（傳）賃
⿺辶與		 一六一  一六三	一六一　曾子⿺辶與之行簠 一六三　曾侯⿺辶與之用戟
⿺辶禽		 八	八　多⿺辶禽（擒）
德		 五四  五六  五八	五四　惪于政德
譓		 一四一	一四一　誕中厥譓（德）
⿰亻惪		 五八 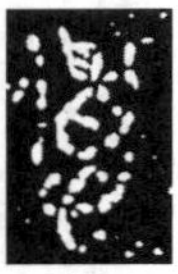  二四四	五八　延永余⿰亻惪（德） 二四四　如馬如牛如⿰亻惪（犆）
往 㞷		 二五六	二五六　陳㞷（往）

眭	後	得	御 遙	建	延	征

 二五七	 二四三	 七六	 二三三  二三三	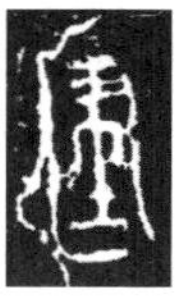 一四一	 一四一	 五八
二五七 陳眭（往）之歲	二四三 後嗣用之	七六 余臣兒難得	二三三 昭之遙（御） 二三三 盛君縈之御簠	一四一 建我邦國	一四一 延（誕）中厥德	五八 征（延）永余德

行		龢		嗣	孠	

 二四  七五 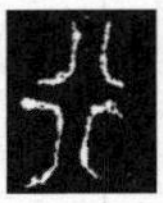 一〇八	 一二〇  一六一  一六七	  八  一九  五六	 五八  七六  九六	 二四三	 一七四  一七四	 一七四
二四　息子行 一〇八　敼之行鼎	一六七　曾侯郕之行戟	八　龢燮錫鐘 五六　自作龢鐘	七六　龢平韻諻	二四三　後嗣用之	一七四　嬴孠之羽角	一七四　嬴孠之變商

脬	⿰龠于					
 一七四  一七四	 七六  七六					
一七四　嬴脬之羽曾	七六　吹者長⿰龠于（竽）					

卷三

囂		 二四九  二四九	二四九 莫囂（敖）臧師
器		 一二  三三二	一二 媵器 三三二 大府之器
舌		 七六	七六 舌（吹）者長竽
商		 一七四  一七四	一七四 濁坪皇之涾商
		 一七四  一七四	一七四 新鐘之商
句		 二八七  二八九  二九〇	二八七 爲王句（后）少府

十		千	廿	世	言	誨

 一四  九六	 一七三  二四四	 七六	 二四三  二四九  二六八	 二四二	 一七	 五六  五八
一四　十又一月	二四四　五十乘	七六　千歲鼓之	二四三　廿（二十）又六年	二四二　萬世是寶	一七　其律其言（音）	五六　誨（謀）猷丕飭

諫	誥 卲	記	詩 䛆	䜌	諆	
			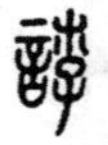			
 二三	 五六 《汗簡》古文	 八〇 ——	 一〇六 《説文》籀文	 二四二	 二六  五四  五八	 一一五
二三　曾孟芈諫	五六　王孫卲（誥）	八〇　眉壽無記（期）	一〇六　中子䛆（詩）自作飤鐈	二四二　䜌書之子孫	二六　萬年無諆（期）	一一五　眉壽無諆（期）

字頭	小篆	字形	出處
[言丌] 𧥢		 二三	二三　子𧥢（諆）
諻		 五六  二〇五  二〇六	五六　元鳴孔諻 二〇五　卲（昭）王之諻
競		 一一一  一六九  二四九	一一一　競（景）平王 一六九　救戎於楚競（境）
音		 一七四 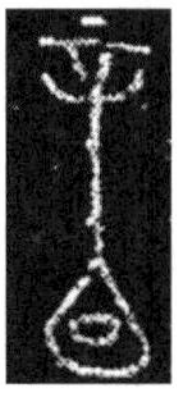 一七四	一七四　爲韋音羽角
		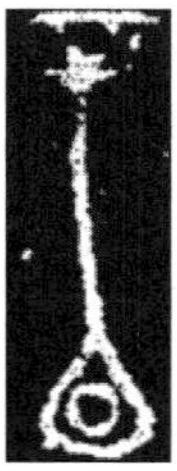 一七四	一七四　爲應音羽曾
[音歸]		 一七四  一七四	一七四　太簇之珈[音歸]
[金歸]		 一七四  一七四	一七四　獸鐘之滀[金歸]

章	僕	擇 睪			斁	樊

 一七三  二五九	 七六  七七	 二三  二六  三〇	 五四  五六  七六	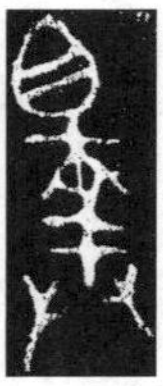 八〇  九六	 二四二	 一三  二一
一七三　楚王熊章	七六　楚成王之盟僕	二六　睪（擇）其吉金	五四　王子午睪（擇）其吉金	八〇　睪（擇）其吉金	二四二　斁（擇）其吉金	一三　樊君 二一　樊君夔

兵	共		龏 ⿱⿰龍兄廾	⿰龍兄	釁	

 二八一  二八二 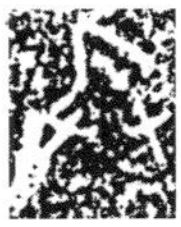 三一七	 二七六 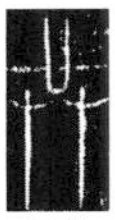 二七七  二七八	 二八一  二八二  二八四	 五四  五六  二四九	 五八   二三八	 一六  一九  二三二 《説文》釁乃亹之譌變	 四〇  四一  五四
二八一 戰獲兵銅 三一七 大武闢兵	二七六 以共（供）歲嘗	二八一 以共（供）歲嘗	五四 愠⿱⿰龍兄廾（恭）舒遅 二四九 少集尹龏（龔）賜	五八 愠⿰龍兄（恭）舒遅	一六 其亹（眉）壽無疆	五四 用祈眉壽

		 五八  七四  七六	七六 眉壽無疆
		 八八  九〇  九六	九〇 眉壽無期
		 一一五  二四二	二四二 吾以祈眉壽
革	革	  二四四	二四四 毋載金革
⿱畐鬲		 八〇  一三一	八〇 鑄其⿱畐鬲簠
⿺辶⿱畐鬲		 五四	五四 ⿱⿰鼎刂鼎彝⿺辶⿱畐鬲鼎
⿰弓⿱畐鬲		 一二	一二 賸器寶⿰弓⿱畐鬲

字頭	小篆	字形	出處
鬻		 八九	八九　子湯之鬻
爲		 二七  七九  一〇三	二七　叔嬴爲心 七九　爲孟姬鄬
		 一七四 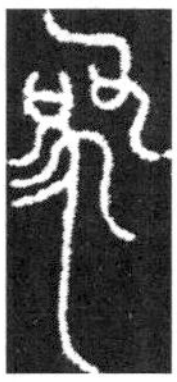 一七四	一七四　爲坪皇
		 一七四 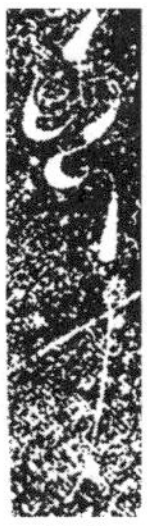 二七八	二七八　作爲鑄盤
		 二八一  二八三  二八四  二九六	二八一　苛臚爲之
		 二九九  三〇四  三〇九	三〇四　鑄客爲集醻爲之
豙		 一  二  三	一　楚公豙（家）

	埶 槷	⿰其丮 ⿱丮女 ⿰其⿱丮女	又	父		夒

 四 五	 七六 七六	 五四 五六 五八	 五六 九二 二四三	 一五 一六 五六	 五八 九六  三三三	 八
五 楚公豖（家）	七六 男子之埶（臬） 七六 男子之槷（臬）	五四 畏⿰其丮（忌）翼翼 五六 畏⿱丮女（忌）翼翼	五六 又（有）嚴穆穆 九二 十又四年	一六 公孫⿸疒旨父 五六 及我父兄諸士	三三三 以會父兄	八 龢夒鍚鐘

尹	𠭯	及	秉	反	䛀	坂

 五四  一二〇  二四九	 五六  五八	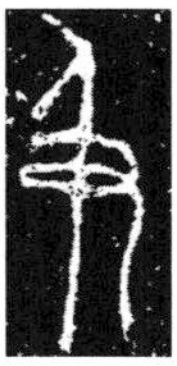 五六  五八	 六	 七六	 七六	 一七四  一七四
五四 令尹子庚 一二〇 曾都尹法	五六 中翰𠭯（且）揚	五六 及我父兄諸士	六 楚公家秉戈	七六 鑄其反鐘	七六 鑄其䛀（反）鐘	一七四 其坂（反）爲宣鐘

字頭	篆文	字形	辭例
友		 五八	五八 及我朋友
卑		 一一一	一一一 秦王卑命
事		 五六	五六 敬事楚王
肅		 五六  五八	五六 肅哲臧武
聿		 一七	一七 其聿（律）其音
𦘔		 一七四	一七四 姑𦘔（洗）之羽反
⿰先𦘔		 一七四  一七四	一七四 姑⿰先𦘔（洗）之羽

字頭	小篆	字形	出處
肂		 一七四 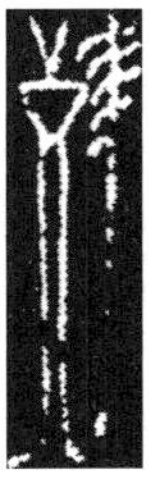 一七四	一七四　姑肂（洗）之涫宮
書		 二四二  二四二	二四二　䜌書之子孫
臣		 七六	七六　余臣兒難得
臧 [illegible]		 五六  二四九  二六三	五六　肅哲[illegible]（臧）武 二四九　莫敖臧師
殳		  一六八	一六八　曾侯邲之用殳
臤		 五四	五四　臤（緊）民之所極
寺		 一七四	一七四　曾侯乙作寺（持）

時				專	啓	政

 一七三  一七四	 一七七  一七八	 一七九  一八〇	 一八六	 五八  二八一  二八三	 八四   二四四	 五四  五八  一四一
一七三　永時（持）用享	一七七　曾侯乙詐時	一七九　曾侯乙詐時	一八六　曾侯乙詐時	五八　余專（敷）旬于國 二八一　冶師專（傅）秦	八四　王子啓疆 二四四　鄂君啓	五四　惠于政德

政	變 辡			救	攸	敗

  二四四	 一七四  一七四	 一七四  一七四  一七四	變作辡。裘錫圭曰：是爲音律而造的專字。	 一一一 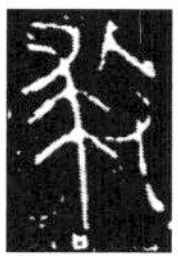 一六九	 三三三	  二四四
二四四　政（徵）於大府	一七四　文王之辡（變）商	一七四　爲穆音變商		一一一　救秦戎 一六九　晉人救戎於楚境	三三三　王子申攸	二四四　敗晉師於襄陵

攻		敚	⿰令支	教 效	⿰畏攴	⿰鬲支

 五六  二四四  二四九	 二四九	 二六七	 二三四  二四四	 一四六	 五四  五六  五八	 一〇八
五六　武于戎攻（功）	二四九　攻（工）尹穆丙	二六七　敚作郝王戟	二四四　織⿰令支（令）肒	一四六　蔡侯產作威效（教）	五四　余不⿰畏攴（畏）不差	一〇八　⿰鬲支之行鼎

用						甬

 九  一二  一三  四〇	 四一  五四  五六	 九六  一四五	 一四八  一八一	 一八六  一九八	 一九九	 二四三  三三三
九　永寶用享	五四　用享以孝	九六　用樂父兄諸士	一八一　詐時用終	一八六　作時用終	一九九　曾侯乙之用戟	三三三　永甬（用）之館

爽 曩

九二

九二　亡作昧曩（爽）

卷四

字頭	篆文	字形	出處
目		 四〇	四〇 楚屈子赤目
自		 二  五  一五  一七	二 自作寶大林鐘
		 二一  五四  五六	二一 自作盥匜
		 七六  八四  一〇一	一〇一 自作飤簠
		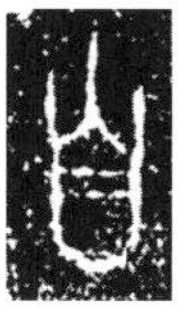 一一五  一七三	一七三 返自西陽
		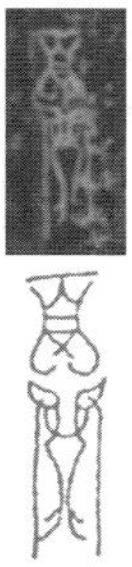 二三五  二四四	二三五 新造自詞作矛

者		百	羽 羿			翟
			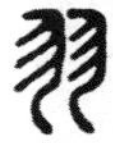			
 五六  五八  七六	 九六	 八  七五	 一七四  一七四	 一七四  一七四	 一七四	 二四四  二四四
五八　王孫遺者	九六　用樂父兄者（諸）士	八　錫鐘百肆 七五　百歲之外	一七四　新鐘之渻羿（羽）	一七四　韋音羿（羽）角	一七四　羽	二四四　歲翟（一）返

羊	群	集			難	鳴

 二四四	 九六	 二四四  二四九  二八一	 二九七  二九九  三〇四	 三〇五	 七六	 五六  五八  一四一
二四四 如載馬、牛、羊	九六 群子斨	二四九 集尹陳夏	二九九 集廚	三〇五 集賭	七六 余臣兒難得	五六 元鳴孔諻

字頭	字形	拓片	出處
鴃		 一七四  一七四	一七四　濁坪皇之鴃
		 一七四	一七四　穆鐘之鴃
烏 於		 一六九   一七四	一六九　於楚境
		 一七四  一七四	一七四　附於索宮之顛
		 二四四  二四九 於，古文烏省	二四九　問王於葴郢之歲
棄		 八三	八三　楚子棄疾
茲		 二四三	二四三　宅茲漾陵蒿間

⿱丝亅	惠		爰	受		

  三三二	 五四  五六	 五八	 二四四	 二七  二八  五四	 五六  九二	 九三  九三
三三二 ⿱丝亅（兹）造箙盒	五四 惠于政德	五八 惠于政德	二四四 就爰陵	二七 鄝伯受	五六 永受其福	九三 鄦子受

字頭	篆文	字形	辭例
𠭖 敢		 四三  一四一	四三 狤子敢
		 一四二	一四二 余非敢寧忘
⿰月敕		 二〇七	二〇七 陰尹⿰月敕
⿰月虘		 二一三	二一三 曾仲鄬君⿰月虘
脰		 二一九 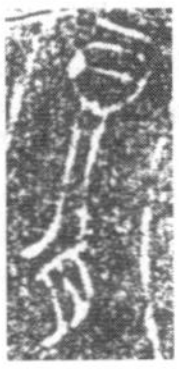 二一二  二八一	二一九 曾孫法之脰(廚)鼎
		 二九九	二九九 鑄客爲集脰(廚)爲之
脽 脾		 二四四 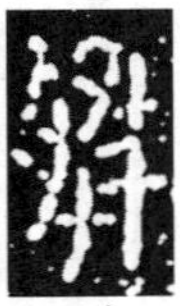 二四四	二四四 大工尹脾以王命

字頭	說文	字形	辭例
⿱叕⿰月刂		 二九六  二九七	二九七　鑄客爲集⿱叕⿰月刂（餟）
脊		 二〇三	二〇三　析君黑脊
腋		 二九六	二九六　腸腋餟
膊		 八九	八九　襄膊子湯
𣎆		 七六  一七四	七六　其音𣎆（贏）小則蕩 一七四　𣎆（贏）孯之變商
⿳亡口⿲月角凡		 一七四  一七四	一七四　⿳亡口⿲月角凡孯之在楚爲新鐘
⿱𣎆䖵		 一七四  一七四	一七四　⿱𣎆䖵（贏）孯之商

[月缶]

二八一

二八三

二八一 苛[月缶]

初

一一

一七

二六

三〇

一一 唯王正月初吉

四〇

五四

五六

五四 唯正月初吉

七四

七九

八〇

一四一

七九 唯九月初吉

則

劕

七六

一七四

一七四 其在申號爲夷劕(則)

一七四

一七四

一七四 夷則之徵曾

二四四

《説文》籀文

二四四 見其金節則毋徵

制	削	刃	角			

 五四  五四	 二四九	 二七三  二七三	 一七四  一七四	 一七四  一七四		
五四 子孫是制	二四九 鑄二十金削	二七三 石圣刃	一七四 濁姑洗之下角	一七四 爲太簇之徵顛下角		

卷五

箭	節	簋	廄	⿱竹少	⿱竹离

 二四四  二四四	 二四四  二四四	 一三一	 二〇六	 三三四	 一六九
二四四 毋載金革黽箭	二四四 鑄金節	一三一 蔡侯申之[illegible]簋	二〇六 昭王之諻之薦廄（簋）	三三四 郢大府之爲⿱竹少（筲）	一六九 唯荆⿱竹离（曆）屈栾

字頭	篆文	字形	辭例
⿱竹釗		 一七四  一七四	一七四 ⿱竹釗（姑）洗之角
		 一七四	一七四 姑洗之徵
割		 一七四  一七四	一七四 割（姑）洗之瀆宮
		 一七四  一七四  一七四	一七四 姑洗之羽
		 一七四  一七四	一七四 姑洗之羽角
箕 其		 九  一六  一七  一九	一七 其律其音
		 二七  三〇  四一  五四	五四 擇其吉金

		甘	丌	巽	差	
			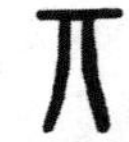			
 一一五  一七三  一七四	 一七四  二四四	 二  五  一三 《說文》古文	 一七四	 一七四  一七四	 五四  二四九	 二八一
一七三　其永持用享	二四四　見其金節	五　孫孫子子其永寶用	一七四　丌（其）在晉號爲 槃鐘	一七四　姑洗之巽	五四　余不畏不差 二四九　少工差（佐）李癸	二八一　差（佐）苛膽爲之

羨	工	巨	寘	曰	号	于

 五六	 八  一二五	 二七四	 一六	 七  一四一	 一七四  一七四  一七四	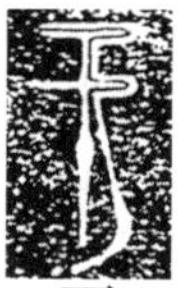 五四 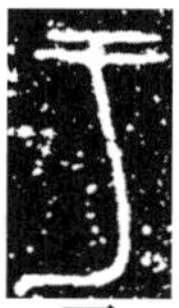 五六  七五
五六　余不畏不羨（差）	一二五　蔡公子義工	二七四　巨恒	一六　寘（塞、息）公孫㾓父	七　厥名曰 一四一　蔡侯申曰	一七四　姑洗之在楚号（號）爲呂鐘	五四　惠于政德

	平	坪				喜

 一七三	 七六	 二一一 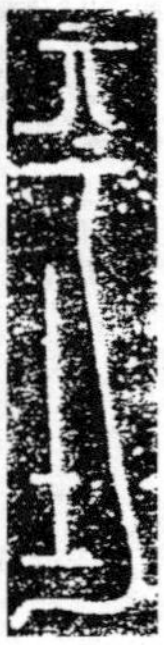 一七四	 一七四  一七四	 一七四  一七四  二二四	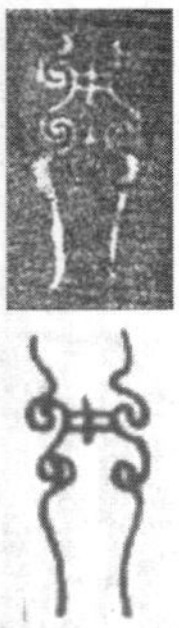 二二五	 五六  五八
一七三　寘之于西陽	七六　龢平韻諻	二一一　景坪（平）王	一七四　濁坪皇之商	一七四　爲坪皇徵角	二二五　坪（平）輿君成	五六　用宴以喜

鼓		壴	彭	嘉		豐
	鼓	壴	彭	嘉		豐
 七六  九六	 五六  七六  九六	 五八  一七四	 一四  二四四	 四一  五六  五八	 二四九	 三一一
七六　歌樂自喜	五六　永保鼓之	一七四　獸鐘之壴（鼓）	一四　申公彭宇 二四四　就彭澤	四一　作嘉芈盞盂 五六　以樂楚王諸侯嘉賓	二四九　燕客臧嘉	三一一　客豐愆

虎	虜	⿸虍魚	盧	登	盂	盛

 二四三	 五二	 二四二	 三五	 九三  九三	 二三  四一  四二	 二三三
二四三　虎（吾）宅兹漾陵	五二　發孫虜	二四二　⿸虍魚（吾）以祈眉壽	三五　王子嬰次之炒盧（爐）	九三　鄬子受之鬲登（鼾）	二三　鑄其行𦥑（盂） 四二　楚王熊審之盂	二三三　盛君縈

盆	盉 鎑	益	瀘	盅	昷	盥

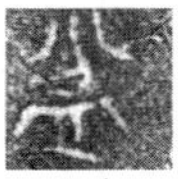 二三  二四	 一〇三	 三二六  三二七	 六二	 一〇六	 五四  五六  五八	 九  一六  七〇
二四 自作飤盆	一〇三 途爲之鎑（盉）	三二六 分細益（鎰）	六二 瀘（湯）鼎	一〇六 盅（中）子諄	五四 昷（愠）恭舒遲	九 盥盤

鋁		 二三三	二三三　昭之御鋁
盤		 一三	一三　自作盤（溋）盤
盞		 四一  一〇九	四一　盞盂
		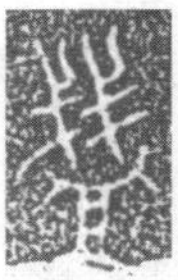 一一四  二九四	一一四　仲姬彥之盞 二九四　大府之饋盞
卹		 二四三	二四三　曾姬無卹（恤）
盍		 二八一	二八一　鐈鼎之盍（蓋）
丹		 七四	七四　鄢仲姬丹

青	既	爵	飤			

 一〇一  二一二	 一四一	 二四九 爵之異體	  八  四〇  五八	 六一  八一  一〇〇	 一〇一  二一二	 二四五  二九五
一〇一 子季嬴青 二一二 鄬子孟青羋	一四一 既聰于心	二四九 杏爵	四〇 飤簠	六一 倗之飤鬻	一〇一 飤簠	二九五 爲王□飤（飭）荐鎬

⿰食奉	饋	饗 鄉	饔	舍 舎	會	倉

 二七	 二〇五  二九四	 八  三二	 七二	 二四四	 三一  三三三	 七六
二七　⿰食奉簠	二〇五　饋鼎	八　入鄉（饗）赤金	七二　楚王饔	二四四　毋舎（予）饌食	三一　鑄其會（沬）匜 三三三　以會父兄	七六　合奏倉倉（鎗鎗）

内	缶	鈽	罍	躲 射	侯	

 八  二四四  二四四	 七三  一〇四  一〇七	 二四二	 八八	 二四四	 五六  七四  一二七	 一四五  一四六  一四六
二四四　内（入）湘	七三　自作浴缶 一〇七　蔡侯朱之缶	二四二　以作鑄鈽（缶）	八八　擇其吉□□□□罍	二四四　就彭射（澤）	五六　以樂楚王諸侯嘉賓 一二七　蔡侯申	一四六　蔡侯産

			高	市	𩫖	𩫖土

 一五九  一七三  一七四	 一七九  一八一  一八六	 一九九	  八  二四四	  二四四 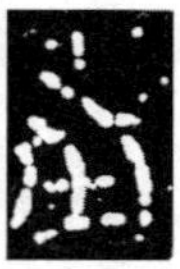 二四四	 一七四  一七四	 一七四
一五九　曾侯昃	一八六　曾侯乙	一九九　曾侯乙	八　先高祖考 二四四　就高丘	二四四　自鄂市	一七四　宣鐘之在晉號爲六𩫖（墉）	一七四　宣鐘之在晉號爲六𩫖土（墉）

就	亯		夏	夔	韋	

 二四四  二四四	 九  一一  五八	 一七三  二四九	 二四四  二四九	 二一	 一七四  一七四	 一七四
二四四　就縱陽	九　永寶用亯（享） 五八　用享以孝	一七三　永持用享 二四九　亯（享）月	二四四　逾夏 二四九　陳夏	二一　樊君夔	一七四　爲韋音羽角	一七四　韋音之變羽

乘

八六

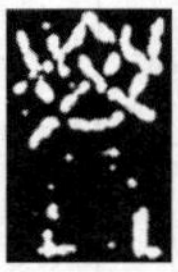

二四四

二四四

八六　鄧公乘

二四四　五十乘之中

二四四　車五十乘

卷六

字頭	小篆	字形	出處
木		 二四四	二四四 就木關
李		 二四九  三三五	二四九 少工佐李癸
松		 二四四	二四四 就松（樅）陽
朱		 一〇七	一〇七 蔡侯朱
末		 一四一	一四一 余雖末少子
果		 一四九	一四九 蔡公子果

槂	梠	槃 般	盤		樂	析 斨

 二四四	 一三	 九	 一三  二七八	 二八二 《説文》籀文從皿，不從木	 五六  五八  九六	 二〇三
二四四　毋予槂（饌）食	一三　用征梠（吕）	九　盤般（盤）	一三　自作浣盤	二八二　鑄小盤	五八　用樂嘉賓	二〇三　斨（析）君黑臀

枼	栖	檜	想	東	無	

 五八  二四二	 二四四	  二四四  二四五	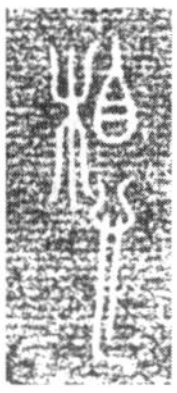 二一〇	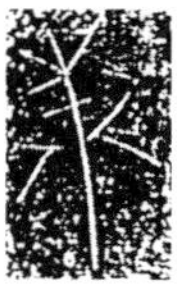 二七二	 一四  一五  一六  二六	 三四  四〇  五四  七四
五八 枼（世）萬孫子	二四四 就栖（柳）棼	二四四 二十檜（擔）	二一〇 酷祓想	二七二 東陵肴	一四 萬年無疆	五四 萬年無期

楚

字形	辭例
 七六  八〇  八八  九六	八八 眉壽無期
 一〇一  一一五  一七四	一七四 無射之宮曾
 一七四  二四三  三三二	三三二 攸無疆
 一  二  三  五	一 楚公家
 九  一一  一三  一七	一三 用保楚王
 二五  三一  四〇	三一 楚叔之孫以鄧
 四二  五六	五六 以樂楚王

						㱿 面
 六二  七六	 八一  一〇〇  一四一	 一六九  一七四  一七四	 一七四  二七六	 二七七  二七七  二七八	 二八一  二八二  三三〇	 二 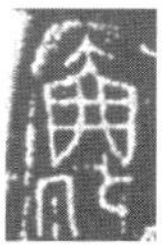 三  四  五
六二 楚叔之孫	一四一 佐佑楚王	一七四 蒞賓之在楚號爲坪皇	二七六 杢（楚）王熊前	二七八 杢（楚）王熊前	三三〇 楚王	二 作寶大㱿（林）鐘

才		叒 若	之			

 一七四  一七四	 一七四  二四三	 七六  七七 《說文》籀文	 一四  一六  二五	 二六  二七  三四	 三五  四〇  四一	 四二  六一  七五
一七四　其才（在）申號爲夷則	二四三　職才（在）王室	七七　霝色若華	一四　永寶用之	三四　永保用之	四〇　永保用之	六一　倗之飤鼎

 八八  一〇九	八八	永保用之
 一一一  一一九	一一一	景平王之定
 一二五  一三五	一二五	義工之飤簠
 一四五  一四五	一四五	蔡侯產之用
 一四九 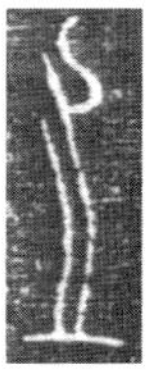 一六一	一四九	蔡公子果之用
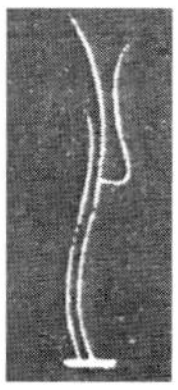 一七四  一七四	一七四	穆鐘之湆商
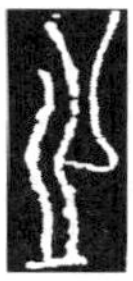 一七四 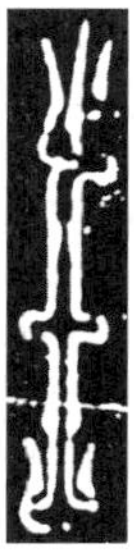 一九九	一九九	曾侯乙之用戟

					帀	
					帀	
 二一八  二三九	 二三三  二三六  二四三	 二四三  二四五  二四九	 二五四  二八二  二九四	 二九六	 二四四  二四九  二八一	 二八二
二三九 周陽之戈	二三六 王孫豖之用戈	二四三 聲桓之夫人	二九四 大府之饋盞	二九六 爲之	二四四 敗晉帀（師）於襄陵	二八二 冶師

出	南	産		華	剌 剌	

 八  二四四	 一九  二五〇	 一四五  一四五	 一四六	 七六	 一七四  一七四	 一七四  一七四
八　楚公逆出	一九　江仲羋南 二五〇　南君陽邘	一四五　蔡侯産	一四六　蔡侯産	七六　霝色若華	一七四　剌音之羽曾	一七四　剌音之羽曾

字頭	小篆	字形	辭例
國	國	 五六  五八  一四一	五六　聞于四國 一四一　建我邦國
賜	賜	 二四九	二四九　龔賜
貣	貣	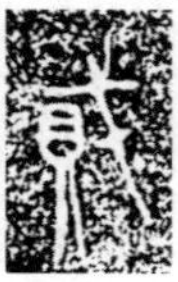 七六  七七	七六　余不貣（特）甲天之下
賸	賸	 九  二二  二六	九　羋尊賸（媵）盥盤
		 二七  四〇  七九	四〇　楚屈子赤目媵仲羋璜
賓	賓	 五六  五八  一〇四	五六　嘉賓 一〇四　中子彭（鬢）
		 一七四	一七四　蒞賓之商曾

賃	⿰貝監	⿰貝主	⿰貝分	⿰貝就	買	邦

 二四五	 二四九	 三三二	 一〇九	 二四四  二四四	 九九	  八  一四一  二九六
二四五 命傳賃	二四九 以⿰貝監杏爵	三三二 ⿰貝主（重）三朱	一〇九 ⿰貝分（賓）于⿰鬲攴之行盞	二四四 ⿰貝就（僦）鑄金節	九九 許公買	八 用保厥大邦 一四一 建我邦國

字頭	篆文	字形	出處
		 二九六	二九六 安邦
都		 一二〇	一二〇 曾都尹法
鄎		 二四	二四 鄎（息）子行
鄧		 三〇  三一  八六	三〇 楚叔之孫以鄧 八六 鄧公乘
登		 八七	八七 登（鄧）鯇
郢		 二四四  二四九	二四四 王處於蕆郢之遊宮
		  三二四	三二四 郢大府

鄂	邡	邛	⿰⿱尾土阝	⿰亩阝	⿰𡈼阝	洓

 二四四  二四四	 二四四	 一九	 二五二	 二四四	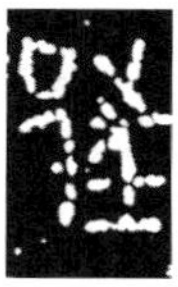 二四四	  三一九
二四四 鄦（鄂）君啓之府	二四四 就邡（方）城	一九 邛（江）仲芈南	二五二 長⿰⿱尾土阝（沙）	二四四 就⿰亩阝（郴）	二四四 就⿰𡈼阝	三一九 洓（兹）方杲之造戈

鄦		郪	郾	邚	鄔	
⿱無皿	⿱無日					⿸虍鄦
 九九  二三〇	 二三一	 三三二	 二四九	 二四四	 七四	 六六  六七
九九　⿱無皿（許）公買 二三〇　鄦（許）之造戈	二三一　⿱無日（許）公之戈	三三二　郪陵君	二四九　郾（燕）客	二四四　入邚（涓）	七四　鄔仲姬丹	六七　楚叔之孫⿸虍鄦（鄔）子佣

⿰化阝	鄀	⿰奉阝	⿰孑阝	邾	邮	⿰兆阝
 九二  一一三	 二六  八〇	 二五四	 二五〇	 二六七	 一六四  一六五  一六七	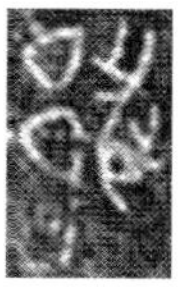  二四四
九二 ⿰化阝（鄔）子受	二六 上鄀公 八〇 上鄀府	二五四 ⿰奉阝之新造	二五〇 陽⿰孑阝之中戈	二六七 敚作邾王戟	一六四 曾侯邮	二四四 就⿰兆阝（洮）陽

⿰羕阝	⿰𡗗阝	⿰鼻阝	⿰中阝	鄝	⿰交阝	⿸广鄉

 二七  二一九	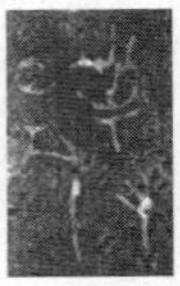 一〇〇	 一七四  一七四	 一〇四	 三九	 二五五	 一七四  一七四
二七 ⿰羕阝伯受	一〇〇 楚子夜⿰𡗗阝	一七四 ⿰鼻阝鎛	一〇四 ⿰中阝（中）子䰍	三九 鄝（蓼）子妝	二五五 ⿰交阝（⿰六阝）公昭保	一七四 爲⿸广鄉（應）音羽

字頭	字形	辭例
譍	 一七四	一七四 譍（應）音之宮
挪	 二〇四	二〇四 挪君作之
鄛	 二四四	二四四 就居鄛（巢）
⿰酓阝	 七九	七九 孟姬⿰酓阝
龏阝	 二五一	二五一 龏阝（隴）公戈
羅阝	 二四九	二四九 羅阝（羅）莫敖
邷	 四六	四六 邷子緘

⿰襄阝	鄭
 一〇二	 一一八
一〇二 ⿰襄阝（襄）王孫	一一八 鄭太子之孫

卷七

日		昧	晉		昃

 三六  二四二  二四四	 二八一  二八二	 九二	 一六九  一七四	 二四四  二九五	 三四  一五九
三六　八月初吉日 二四二　季春元日	二八一　正月吉日	九二　亡作昧爽	一七四　宣鐘之在晉號爲六墉	二四四　敗晉師於襄陵	三四　王子昊（昃） 一五九　曾侯昃

	軌	訄	杲	旇	旸	

 一六〇  二〇九	 五六	 五八	 三一九	 九一	 五六  五八  一七〇	 一七三  二三九
一六〇　曾侯戾	五六　中軌（翰）且揚	五八　中訄（翰）且揚	三一九　玆方杲之造戈	九一　楚旇（茷）之磗鼩	五八　中翰且旸（揚） 一七〇　昭旸（揚）文武	二三九　周旸（陽）之戈

	族	曑	月			

 二五〇	 一七四  一七四  一七四	 九二	 七  八  一一  一六	 一七  一九  二六  三〇	 三四  四〇 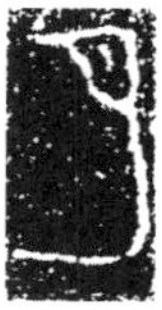 五六	 五八  七四  七九
二五〇 南君鴋（陽）邘	一七四 太族（簇）之珈[音帚]	九二 十又四年曑（三）月	七 唯八月甲申	三〇 正月初吉	五六 正月初吉	七四 正月初吉

		期 朞 具		有	盟	⿱明示

 八〇  九六  一四一	 二四二  二八一	 四一  五六  八六	 九〇  一〇一  一四一	 一四一	 五四	 五六  七六
九六 唯正十月初吉	二八一 正月吉日	四一 眉壽無朞（期） 五六 萬年無具（期）	一〇一 眉壽無具（期）	一四一 休有成慶	五四 敬厥盟祀	五六 恭厥⿱明示（盟）祀 七六 楚成王之⿱明示（盟）僕

夜	外	多	齊	鼎		

 一〇〇 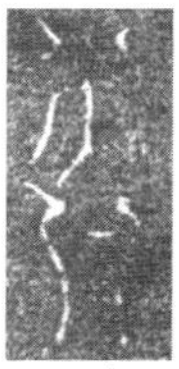 二三五	 七五	 八	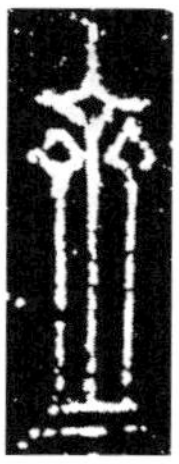 一七四  二九五	 三〇  四三  五四	 六二  八七  一〇八	 一一九  一二九  二〇五
一〇〇 楚子夜鄴 二三五 平夜（輿）君	七六 百歲之外	八 多擒	一七四 其在齊爲吕音 二九五 王子齊	三〇 鑄其繁鼎	一〇八 敂之行鼎	一一九 曾孫法之廚鼎

字	字形	出處
	 二六八  二七六  二八一	二六八 王鼎
	 三一二	三一二 君夫人之鼎
𥁰	 二七五	二七五 作鑄鐈𥁰（鼎）
⿰金⿱貞皿	 二〇九	二〇九 蔿子昃之飤⿰金⿱貞皿（鼎）
⿰鼎于 ⿱⿰鼎于皿	 三四  五九  一二七	三四 自作飤⿰鼎于
⿰鼎升	 六〇  一二八	一二八 飤⿰鼎升
⿱⿲弓止弓皿	 三三	三三 克黄之⿱⿲弓止弓皿（⿰鼎升）

⿰鼎石 沰 磸	⿰鼎它 ⿱沱皿	⿱⿰爿刂鼎	⿱緐鼎	克	禾	穆

 九〇  一〇五	 九〇  一〇五	 五四  九二	 六一  八六	 三三	 二四四	 五六  一七四
九〇 自作飤磸⿰鼎它	九〇 自作飤磸⿰鼎它	五四 自作⿱⿰爿刂鼎彝	八六 自作飤⿱緐鼎	三三 克黄之⿰鼎升	二四四 就象禾	五六 有嚴穆穆 一七四 穆鐘之湆商

			⿰音穆	年		

 一七四  一七四	 一七四 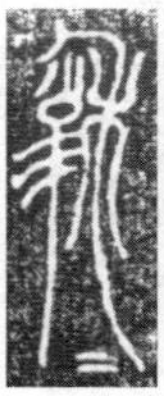 二一一	 二四九	 一七四	  八  一二  一四	 二五  二六  五四	 五六  五八  九二
一七四　穆音之商	二一一　穆穆曾孟毓	二四九　工尹穆丙	一七四　爲⿰音穆（穆）音	八　其萬年壽	五四　萬年無期	五六　萬年無期

	秦		⿰米⿱丰口	⿰米者	宅	室

 二四三	 一一一  二七二  二八一	 二八三  二九五	 二四四  二四四	 三〇五	 二四三	 二四三  二八九  二九〇
二四三　唯王二十又六年	一一一　秦王	二八三　治傅秦	二四四　集尹悼⿰米⿱丰口	三〇五　集⿰米者	二四三　吾宅兹漾陵	二四三　職在王室 二八九　王后六室

宣	亘	亘	洹	宇	定	安

 一七四	 一七四	  一七四	 一七四	 一四	 一一一  一四一	 二九六  二九六
一七四　其反爲宣鐘	一七四　其反爲亘（宣）鐘	一七四　亘（宣）鐘之宮	一七四　洹（宣）鐘之在晉號爲六墉	一四　申公彭宇	一一一　景平王之定 一四一　定均庶邦	二九六　安邦

容	寶				⿱宀⿰酉缶	⿱宀缶

 二六八	 一  二  三  四	 五  八  九  一〇	 一二  一五  一六	 二四  二六  三〇	 二四二	 四四
二六八 容二十五□	二 寶大林鐘	八 永寶	一五 永寶用之	二四 永寶之	二四二 萬世是⿱宀⿰酉缶（寶）	四四 永⿱宀缶（寶）用之

宰	客			宗	宮	

 一二二  一二二	 二四九  二八九  二九〇	 二九五  二九六  二九九	 三〇四  三〇九	 一七三  二四三	 一七四  一七四	 一七四  二四四
一二二 曾少宰	二四九 燕客臧嘉	二九九 鑄客	三〇四 鑄客	一七三 曾侯乙宗彝 二四三 用作宗彝尊壺	一七四 濁文王之宮	二四四 蔵郢之遊宮

字頭	說文	字形	辭例
寘		 一七三	一七三 寘之于西陽
宜		 二五九	二五九 宜章
寢		 一九八	一九八 曾侯乙之寢戈
窒		 二八一  二八二	二八一 窒鑄
吕		 七六  一七四  一七四	七六 余吕王之孫 一七四 號爲吕鐘
㾓		 一五  一六	一五 考叔㾓父
罶		 三三二  三三二	三三二 重十罶四罶

疾	疫	白				

 八三  一〇五	 一一七	 二七  二三一				
八三 楚子棄疾	一一七 疫子虘	二七 鄴白（伯）受 二三一 作白（伯）皇之造戈				

卷八

人		保			

 五八  七六  二四三	 三一二  三一三	 八  一九  三四	 四〇  四一  五六	 八八  九〇  九六	 一〇一  一一五
五八 鮴溺民人	三一三 大右人	八 用保厥大邦	四一 永保用之	九〇 永保用之	一一五 永保用之

倗	倀	儔	僺	休	叔	

 五九  六六  七〇	 三三七	 三三七	 二五五	  八  九二  一四一	 一五  二七  三〇	 五九  一一五
五九 楚叔之孫倗	三三七 蔡倀儔苛意	三三七 蔡倀儔苛意	二五五 邟公昭僺	八 休多擒 九二 永配厥休	一五 考叔脂父	五九 楚叔之孫倗

化	⿰比支	朼	從	丘	徵	

 一三	 七六  七七	 七六	 一五一  一五二	 二四四  二四四	 一七四  一七四	 一七四  一七四
一三 中子化	七六 ⿰比支（批）者⿱殸壽磬	七六 朼（批）者⿱殸壽磬	一五一 蔡公子從	二四四 就高丘	一七四 獸鐘之滰徵	一七四 夷則之徵曾

		監	襄	褢	求	壽

 一七四  一七四	《說文》古文徵作敚，此不從攴	 三三二	 八九  二四四  二四四	 九〇	 八	 七  一六  二二
一七四　新鐘之少徵顫		三三二　造金監（鑑）	八九　襄膞子湯 二四四　襄陵	九〇　褢自作飤⿰石鼎⿰鼎它	八　求厥用祀	七　萬年壽

					考	

 二三  二六	 四〇  四一  五四	 五八  七六  八〇	 九六  一〇一  二四二	 二六九	 八  一五	 五四 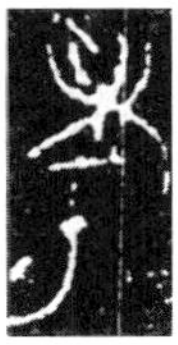 五八
二三　子孫永壽用之	四一　眉壽無期 五四　用祈眉壽	八〇　眉壽無期	二四二　以祈眉壽	二六九　壽春	八　先高祖考	五四　皇祖文考

孝	居	屈	舟	槃	⿰舟全	方

 五四  五八	  二四四	 四〇  一六九  二四九	 二四四	 一七四  一七四	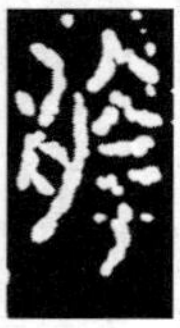 二四四	 八
五四 用享以孝	二四四 就居巢	四〇 屈子赤目 一六九 荆曆屈奈	二四四 屯三舟爲一䑸	一七四 爲槃鐘徵	二四四 屯三舟爲一⿰舟全（䑸）	八 四方首

兒	兄 甠 䚷	佳 倪	先	見	⿰見受	⿰見枼

 七六  八八	 五六  五八  七五  九六	 三三二  三三二	 八	 二四四  二四四	 二五	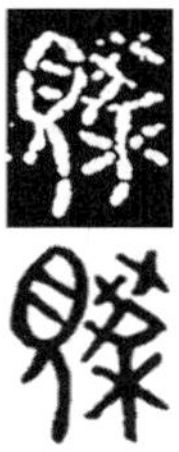 二四四
七六　余臣兒難得 八八　緒兒	五六　父䚷（兄）諸士 七五　至于父甠（兄）	三三二　以會父佳（兄） 三三二　以會父倪（兄）	八　先高祖考	二四四　見其金節	二五　楚子⿰見受	二四四　入湘就⿰見枼（誓）

歌 謌		 七六	七六 謌（歌）樂自喜
訶		 九二  一四一	九二 䵼彝訶（歌）鐘
次		 三五	三五 王子嬰次

卷九

字頭	篆文	字形	出處
頭		 一三〇	一三〇 蔡侯申之頭（廚）鼎
鎮		  八	八 鎮鹽
領		 一七	一七 楚王領（鐘）
頒		 一四八	一四八 蔡公子頒
䫍		 一七四  一七四	一七四 爲無射徵䫍
		 一七四  一七四	一七四 徵䫍下角

瀕	首	文		鬢 ⿰賓彡	司	卲
					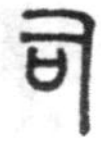	
 四四  四四  四四	  八	 五四  五八  一七四	 一七四  一七四	 一〇四	  二三五  二四四	 二〇六  二三二  二三三
四四　仲瀕兒	八　四方首	五四　皇祖文考	一七四　文王之變商	一〇四　中子⿰賓彡（鬢）	二三五　自司（詞）作矛 二四四　大司馬昭陽	二〇六　卲（昭）王之諻

		 二四四	二四四 卲（昭）陽
色		 七六	七六 霝色若華
旬		 五八	五八 余敷旬于國
茍		 九	九 季茍
敬		 五四  五六	五四 敬厥盟祀
庶		 一四一	一四一 定均庶邦
⿸广火		 三五	三五 ⿸广火（炒）爐

府	𢈔			肩	⿸厂⿰肴刂	居

 八〇	 二四四  二八七  二八八	 二九三  二九四  二九五	 三二二  三二四	 二四四	 二七二	 一七四
八〇 上都府	二八七 少𢈔（府）	二九三 大𢈔（府）之簠	三二二 大𢈔（府）之器	二四四 就肩	二七二 東陵⿸厂⿰肴刂（肴）	一七四 姑洗之宮居

字頭	小篆	字形	出處
石		 二七三  二七三	二七三 石圣刃
礨		 七六  七六	七六 批者礨（鑴）磬
磬		 七六  七六	七六 批者鑴磬
長		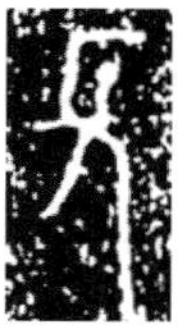 七六  二五二	七六 吹者長竽 二五二 長沙
昜		 二四四  二四四  二四八	二四四 昜（陽）丘
		 二六八	二六八 中昜（陽）
鄸		 二四四	二四四 大司馬昭鄸（陽）

暘	象	豫				

 四四  四四  四四	  二四四	 一四一				
四四 暘（唐）子仲瀕兒	二四四 就象禾	一四一 豫令祇祇				

卷十

馬	嗎	盧	法 𡧍	獲 隻	猷

 二四四  二四四	 二四三	 二〇六	 二一九  二二〇	 二八一  二八二	 五八
二四四 如馬、如牛	二四三 無嗎	二〇六 昭王之諻之盧（薦）簋	二一九 曾孫𡧍（法） 二二〇 曾都尹𡧍（法）	二八一 戰隻（獲）兵銅	五八 謀猷（猷）丕飭

憖	焚	諻	煌	黬 ⿰墨敢	赤	大

 五六	 二四四	 七六	 七六	 七六  七七	 八  四〇	 二  五  八
五六　謀憖（猷）丕飭	二四四　就柳焚（棼）	七六　龢平韻諻（諻）	七六　龢平韻煌（諻）	七六　黬擇吉金 七七　⿰墨敢（黬）擇吉金	八　赤金九萬鈞 四〇　屈子赤目	八　大邦

			喬	壺	罤	鐸

 一一二  一七四	 二七二  二八〇  二九四	 三一七 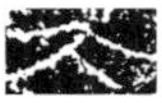 三二二	 二七五  二八一	 二四三	  一七四 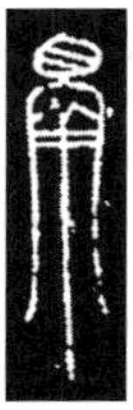 一七四	 一七四  一七四
一七四 大（太）簇	二七二 大右秦	三二二 大府	二八一 鑄喬（鐈）鼎	二四三 宗彝尊壺	一七四 無罤（射）	一七四 無鐸（射）

奏		 七六	七六　合奏鎗鎗
夫		 八  一七四  二四三	八　夫工四方首 一七四　夫（太）簇
		 三一二	三一二　君夫人
⿰舍夫		 五四  五八	五四　慍恭⿰舍夫（舒）遲
立		 三三二  三三二	三三二　攸立（莅）歲嘗
竝		  三一九	三一九　兹竝（方）杲之造戈
囟		 三二六	三二六　分囟（細）鎰

心	慶	恖	忓	惄 恚	恁	慍

 二七  五八	 一四一	  一四二	 二八一	 五四  五八	 五八	 八五
五八　余恁訇心	一四一　休有成慶	一四二　既恖（聰）于心	二八一　楚王酓忓（悍）	五四　惄（淑）于威儀	五八　余恁訇心	八五　慍兒自作

忑	⿱卲心	愆	⿱侃心	⿱訓心		

 二八一	 二四四  二四四	 三一〇  三一一	 一四一	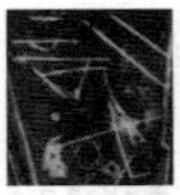 三三四		
二八一 秦忑	二四四 集尹⿱卲心（悼）糈	三一一 客豊愆	一四一 不⿱侃心（愆）不忒	三三四 余⿱訓心（訓）		

卷十一

江	沱	沅	漢	灘	漾

 七五  二四四  二四四	 三七  三八	  二四四	 七五	  二四四  二四四	 二四三
七五 江漢之陰陽 二四四 上江	三七 屈叔沱	二四四 入資、沅	七五 江漢之陰陽	二四四 上灘（漢）	二四三 漾陵

湘		 二四四	二四四　入湘
沽		 二四四	二四四　逾沽（湖）
湆		 一七四	一七四　濁文王之湆宮
歆		 一七四	一七四　姑洗之歆商
濁		 一七四  一七四	一七四　濁新鐘之徵
		 一七四  一七四	一七四　濁坪皇之湆商
		 一七四	一七四　濁文王之少商

澧	湯	浴 浴	⿰氵繇	瀘 ⿰氵膚	溺	灅

 二四四	 七六  八九	 六七  六七	 二四四	 二四四	 五八	 二四四
二四四　入資、沅、澧	七六　贏小則湯（蕩） 八九　襄膊子湯	六七　浴（浴）缶	二四四　入資、沅、澧、⿰氵繇	二四四　入⿰氵膚（瀘）江	五八　龢溺民人	二四四　入灅（耒）

沰	澬	永				

 一〇五	 二四四	 二   八  九	 一四  一六  二六	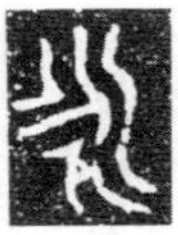 三〇  三六  四〇	 四一  五四  五六	 八〇  九二  九六
一〇五 沰盜	二四四 入澬（資）	二 永寶	一六 永寶用之	三〇 永寶用之	五四 永受其福	九二 永配厥休

	羕		冬	冶	⿱雨焱	霝

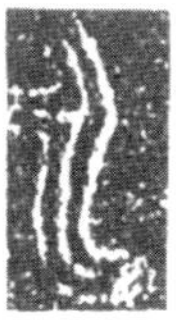 一一五  一七三	 八六  一〇一  三一四	 三三三	 八八	 二八二  二八三  三一四	 八二	 七六
一七三 永持用享	一〇一 羕（永）保用之 三一四 羕（養）陵公	三三三 羕（永）用之館	八八 正月初冬吉	二八二 冶師紹圣 三一四 冶己女	八二 王孫⿱雨焱（飆）	七六 霝色若華

靁		 七	七 大靁（雷）鐘
鯇		 八七	八七 鄧鯇
𩼓		 二三〇	二三〇 王孫𩼓（漁）
非		 一四一	一四一 余非敢寧忘
州		 一一三	一一三 中文王之孫州賁

卷十二

字	篆文	字形	辭例
孔		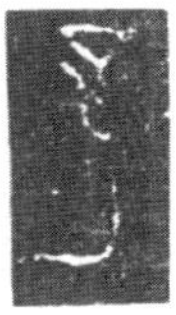 五六 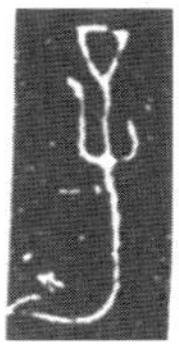 五八	五六　元鳴孔諻
不		 五四  五六 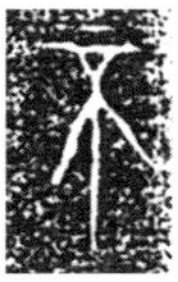 七六	五四　余不畏不差 七六　不特甲天之下
		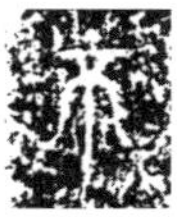 一四一  二四四	一四一　有虔不易 二四四　不見其金節則徵
至		 七五	七五　至于父兄
姪		 三〇九	三〇九　爲辻姪（令）爲之
西		 一七二  一七三	一七二　返自西陽

閒 閘	闌	闡	闢	聖	聞	闇

 二四三	 五四  五六  五八	 二四四  二四四  二四四	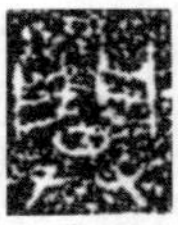 三一七	 五八  二四三	 五六  二四九	 二〇七
二四三　漾陵蒿閘（閒）	五四　闌闌（簡簡）肅肅	二四四　毋徵於闡（關）	三一七　大武闢兵	五八　肅哲聖武 二四三　聖（聲）桓之夫人	五六　聞于四國 二四九　聞（問）王於蔵郢	二〇七　闇（陰）尹

字頭	篆文	字形	辭例
職 戠		 二四三	二四三　戠（職）在王室
女		 二四四 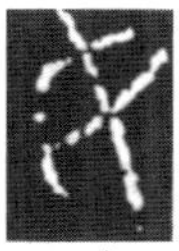 二四四  三一四	二四四　女（如）馬 三一四　治己女
姜		 一一五	一一五　叔姜
姬		 七三  七四  七九	七三　孟滕姬
		 一一四  二四三	一一四　仲姬彥
嬦		 二一一	二一一　曾嬦（孟）毓
妃		 二六	二六　番妃

妹	嬭				嬰	妥
		⿰女⿱旦爾		⿱旦爾	㛄	

 二七	 一九  四一	 九  二二  四〇	 二二	 一二	 三五  三六	 一七四 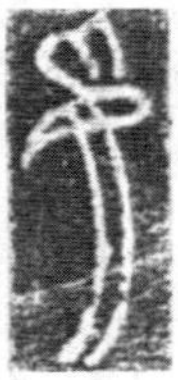 一七四
二七　元妹叔嬴	四一　王子申作嘉嬭（羋）盞盂	九　楚季苟作⿰女⿱旦爾（羋）尊	二二　鄢子孟青⿰女⿱旦爾（羋）	一二　⿱旦爾（羋）媵	三五　王子㛄（嬰）次	一七四　妥（蕤）賓之在楚

字頭	小篆	字形	辭例
		 一七四	一七四 妥（蕤）賓之羽曾
嬴		 一一  一二  二七	一一 楚嬴
		 一〇一	一〇一 子季嬴青
妝		 三九	三九 蓼子妝之用
㛢		 二二一  二二一	二二一 曾孟㛢（鯍）
母		 二四四  二四四	二四四 母（毋）徵
威		 五四  五六 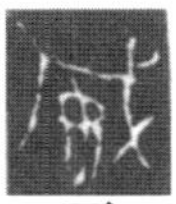 五八	五四 淑于威儀

民	弗	也	氒		⿰口氒	戈

 五四  五八	 二三四	 二四二	  八  五四  五六	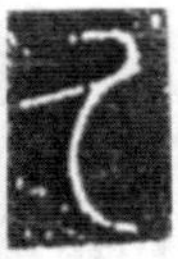 九二	 一四一	 六   一七〇
五四　緊民之所極	二三四　自令弗戟	二四二　余畜孫書也	八　用保氒（厥）大邦	九二　永配氒（厥）休	一四一　誕中⿰口氒（厥）德	六　楚公家秉戈 一七〇　作轄戈

			戟		鉾	戎

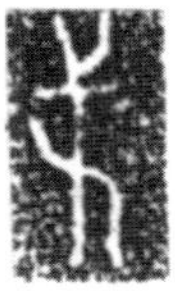 一九八 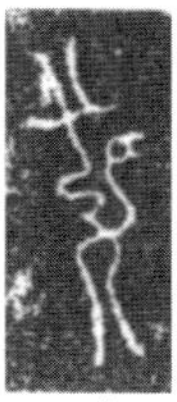 二三二	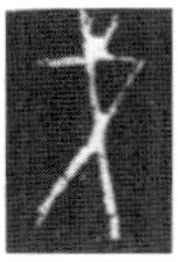 二三九  二五〇	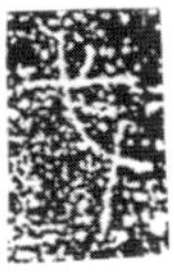 二五一	 一六七  一九九	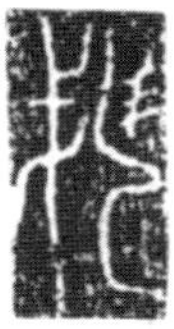 一九九  二三四	 二〇三	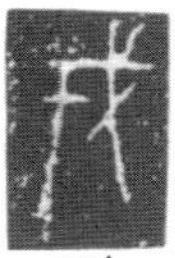 五六 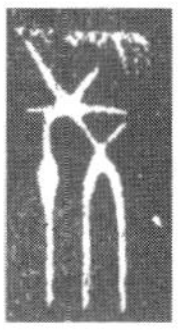 一一一  一六九
一九八　曾侯乙之用戈	二三九　周陽之戈	二五一　隴公戈	一六七　曾侯郕之行戟	二三四　新造自令弗戟	二〇三　析君黑肩之造鉾（戟）	五六　武于戎功

戉		  一七〇	一七〇 南戉用
戰		 二八一 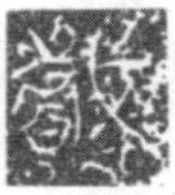 二八二	二八一 戰獲兵銅
武		 五六  五八	五六 武于戎功
		  一七〇  三一七	一七〇 昭揚文武
戢		 五六	五六 肅哲臧戢（武）
貣		 七六	七六 余不貣（特）甲天之下
敱		 七六	七六 羸小敱（則）蕩

⿱廾戈	我		義		亡	乍

 二〇二	 五四  五六 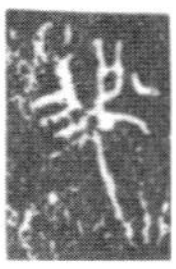 一四一	 二四二	 五四  五六  五八	 一一五	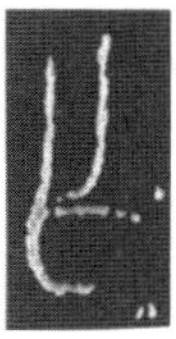 九二	 二  五  八  九
二〇二 陽作⿱廾戈（拱）戈	五四 于我皇祖文考 一四一 建我邦國	二四二 以祭我皇祖	五四 淑于威義（儀）	一一五 蔡公子義工	九二 亡作昧爽	二 自乍（作）寶大林鐘

					詐	
 一二  一一七  一二七 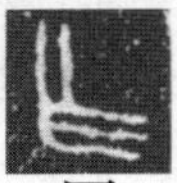 四一	 九〇  一〇一  一一八	 一三七  一四六  一六六	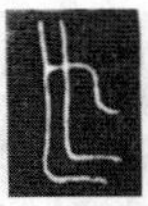 一七三  一八八  二三五	 二四三	 一八一  一八二	 一八二  一八六
一一七　自乍（作）鈴鐘	一〇一　自乍（作）飤簠	一四六　蔡侯產乍（作）威教	二三五　自詞乍（作）矛	二四三　用乍（作）宗彝尊壺	一八一　曾侯乙詐時用終	一八六　曾侯乙詐時用終

怎	⿱乍又		⿰乍支	⿰乍又	匽	𠥓

 一八六	 二七六  二七七	 二七七  二七八	 九二	 二四二	 五六  五八  九六	 一四  一五  二五  二六
一八六 曾侯乙怎（作）時用終	二七六 ⿱乍又（作）鑄匜鼎	二七八 ⿱乍又（作）爲鑄盤	九二 亡⿰乍支（作）昧爽	二四二 以⿰乍又（作）鑄缶	五六 用匽（宴）以喜	一五 自作尊𠥓（簠）

					匜 錍 鉈	畀 盥

 二七  五二  七九	 八二  一二三  一一五	 一二〇  一二五	 一六一  二三三  二七七	 二九三	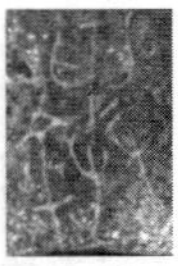  一一六  二七六	 四四 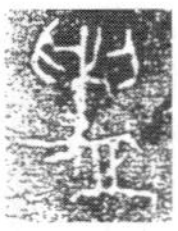 一二二
五二　自作飤𠤳（簠）	八二　作蔡姬飤𠤳（簠）	一二〇　曾都尹法之行𠤳（簠）	二三三　盛君縈之御𠤳（簠）	二九三　大府之𠤳（簠）	一一六　王子申之鎗錍（匜） 二七六　作鑄鉈（匜）鼎	四四　沫畀（匜） 一二二　黃仲酉之行盥（匜）

盅它	發	孫				

 一一  一六  二一  二一	 五二	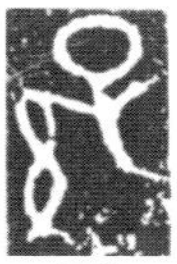 二 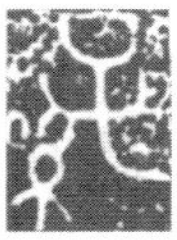 一一 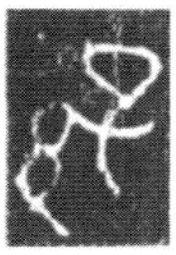 一六	 二二 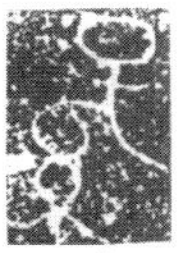 二三  三〇	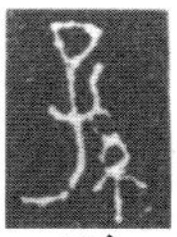 五六 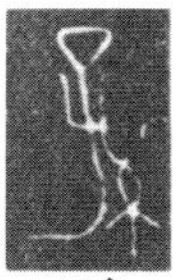 五八 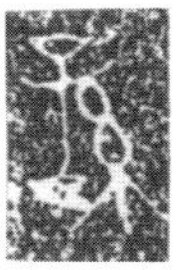 五九	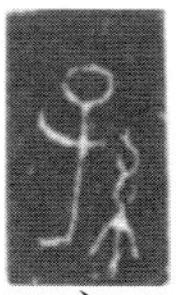 六二 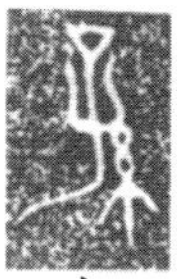 七六 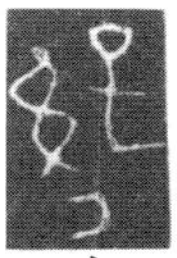 八〇	 九六  一一九 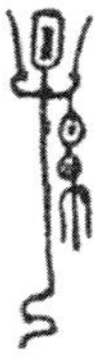 二二〇
一六 自作盥盅（匜） 二一 自作盥它（匜）	五二 發孫虜	二 孫子其永寶	二三 子孫永壽用之	五九 楚叔之孫	八〇 孫孫永寶用之	一一九 曾孫法

二四二 纊書之子孫

二三七

二四二

二四二

卷十三

字頭	篆文	字形	辭例
紹 繛		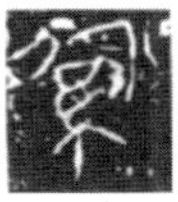 二八二	二八二 治師繛（紹）圣
終		 一七四	一七四 坪皇之終
冬		 一七四  一八一  一八六	一八一 曾侯乙詐時用終
紳		 一一三  一一五  一二七	一一五 紳（申）王之孫
		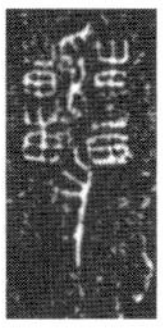 一三二  一七四	一三二 蔡侯紳（申）
		 一七四	一七四 其在紳（申）號爲夷則

字頭	篆文	字形	辭例
縈		 二三三	二三三　盛君縈
緒 蕠		 八八	八八　蕠（緒）兒
縢		 七三	七三　孟縢（塍）姬
織 裁		 二四四  二四四	二四四　裁（織）尹逆
緐		 三〇  八四   二四四	三〇　鑄其緐（繁）鼎
⿸广緐		 四三  八一	八一　楚子适之飤⿸广緐
彝 ⿰金彝		 九二  一七三	九二　作鬻⿰金彝（彝）歌鐘 一七三　作曾侯乙宗彝

邎 ⿰彳彝	秦	裁	⿱⿰囟虫⿰囟虫	黽	二	亟

 五四  二四三	 一七四  一七四	 四六	 八	  二四四	 二七四	 五四
五四 自作⿱刖鼎邎（彝）⿺辶䰜鼎 二四三 作宗⿰彳彝（彝）尊壺	一七四 附於秦（索）宮之韻	四六 邵子裁（緘）	八 鎮⿱⿰囟虫⿰囟虫入饗赤金	二四四 毋載金革黽箭	二七四 巨荁十二	五四 緊民之所亟（極）

字	小篆	字形	辭例
凡		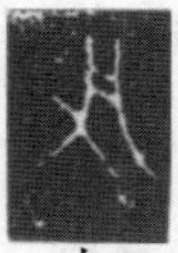 七六  二三二	七六 汎及君子父兄
均		 七六  七六  一四一	七六 龢平均（韻）諻 一四一 定均庶邦
城		  二四四	二四四 就方城
𡍮		 二七三  二七三  二八二	二七三 石𡍮刃 二八二 紹𡍮
墨		 二〇三	二〇三 析君墨（黑）𦝩
毁		  二四四	二四四 以毁於五十乘之中
野 埜		 二八一  二八四 野字古文	二八一 盤埜（野）

字頭	篆文	字形	辭例
當		 二四四	二四四 以堂（當）一車
⿱刑田		 一六九	一六九 唯⿱刑田（荆）曆屈栾
畜		 二四二	二四二 余畜孫書也
疆		 四〇  七五  七六	四〇 眉壽無疆
		  三三二	三三二 攸無疆
黄		 一七四  一七四	一七四 黄鐘之商角
		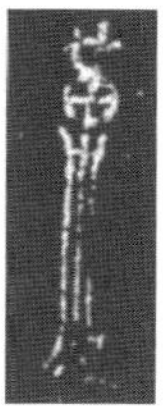 一七四	一七四 爲黄鐘徵

男

七六

七七

七六　男子之執(臬)

卷十四

金	金	 二七  三〇 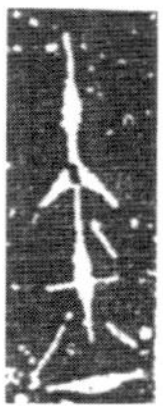 五四	三〇 擇其吉金
		 五六 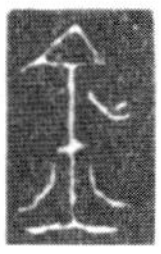 五八  七三	五六 擇其吉金
		 八〇  九六  一〇一	八〇 擇其吉金
		 二四二  二四四  二四九	二四四 鑄金節
		 二七七	二七七 鑄金簠
銅	銅	 二八一  二八二	二八一 戰獲兵銅

字頭	字形	拓片	辭例
錫 鍚		 一  八	一 自鑄鍚（錫）鐘 八 錫鐘
鐈		 一〇六	一〇六 鄧子午之飤鐈
鑄		 一  二一 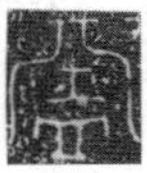 二五  二六	一 自鑄鍚鐘
		 三〇  三一  七九	三〇 鑄其繁鼎
		 八〇  二四二  二四四	二四四 鑄金節
		 二四九	二四九 鑄二十金削
盄		 二七五  二七七  二七八	二七五 盄（鑄）鐈鼎

		 二八七  二九〇  二九七	二八七 鑄客
		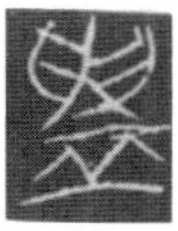 二九九  三〇九	三〇九 鑄客
鎬		 二八〇  二九五	二八〇 太子之鎬
鈞		  八	八 赤金九萬鈞
鈴		 一七	一七 自作鈴鐘
鉈 鉇		 二七六	二七六 作鑄鉇（匜）鼎
鐘		 一  二  三  四	二 寶大林鐘

				鎛	鐸 鋘	鈚

 八  一七  一九  五六	 五八  七六  九六	 一七四  一七四	 一七四  一七四	 一七四  一七四	 二八  一七四	 四四
八　自作龢夔鍚鐘	九六　自作龢鐘	一七四　穆鐘之湆商	一七四　爲呂鐘	一七四　中鎛	二八　白受之鋘（鐸）	四四　鑄其御鈚

鉺	尻	所	斨	新		

 二〇一	 二四四	 五四  五四  三一四	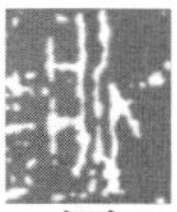 四五 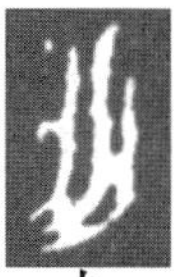 九六	 一七四  一七四	 一七四  一七四  一七四	 二三五  二五四
二〇一　君廣鉺	二四四　王尻（處）於葴郢	五四　民之所極	四五　唐子斨 九六　群子斨	一七四　濁新鐘之徵	一七四　新鐘之變徵	二五四　鄀之新造

升	矛 敄	車	載	⿰車差	⿰車睪	軠

 二〇八 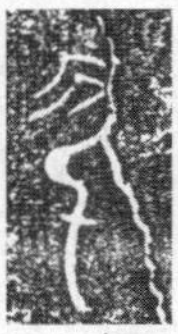 二〇八	 七一   二三五	 二四四	 二四四  二四四	 一四一	 一七〇	 二〇一
二〇八　盂升𠦑	七一　倗之用矛 二三五　自詞作敄（矛）	二四四　車五十乘	二四四　毋載金革	一四一　⿰車差（佐）佑楚王	一七〇　作⿰車睪戈	二〇一　君軠（廣）鉦

官	陵		陽	陰	阢	陳 陲

 二八六 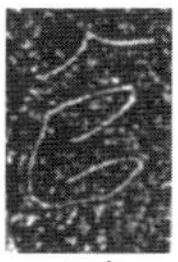 三三二	 二四三  二四四  二四四	 二七二  三三二  三三三	 七五	 七五	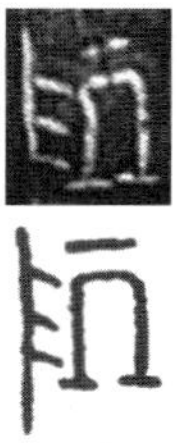 二四四	 二一〇  二四九  二五六
三三二 永用之官（館）	二四三 漾陵	二七二 東陵 三三二 郹陵君	七五 江漢之陰陽	七五 江漢之陰陽	二四四 織令阢	二一〇 永陳之尊缶 二四九 集尹陳夏

		 二八二  二八四	二八四　陳共爲之
四		 八  五六  九二  二四〇	八　四方首 五六　聞于四國
五		 一四一 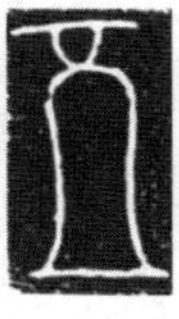 一七三	一七三　唯王五十又六祀
		 二四四  二六八	二六八　容二十五□
六		 八〇  一七三  一七四	八〇　唯正六月初吉 一七四　在曾號爲六墉
		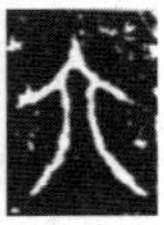 二四三  二八九  二九〇	二四三　唯王二十又六年
七		 二六八	二六八　午之十七

九	萬		邁	獸		獸

  八 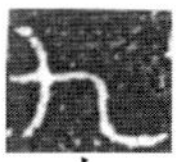 七九	  八  一一  一五	 二六  四三 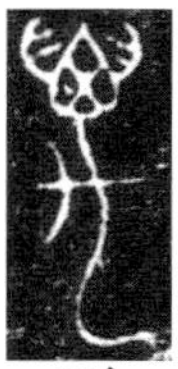 五八	 五六  二四二	 五四 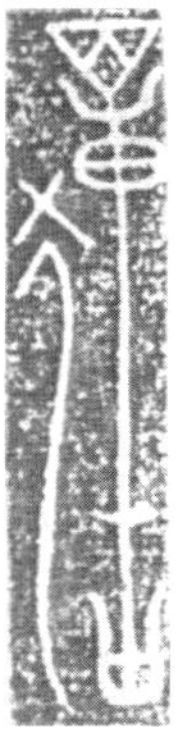 一七四	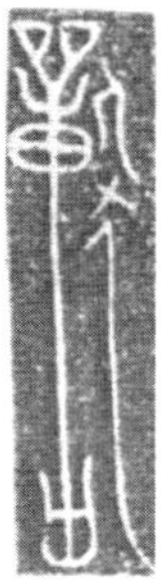 一七四  一七四	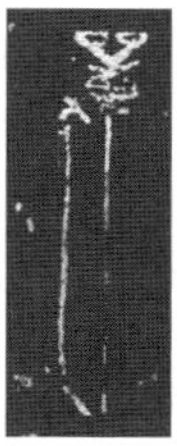 一七四
八　九萬鈞 七九　唯九月初吉	八　其萬年壽 一一　其萬年子孫永用享	四三　萬年無疆	二四二　邁（萬）世是寶	五四　簡簡獸獸（肅肅）	一七四　獸鐘之渻鐊	一七四　濁獸（獸）鐘之徵

甲	乙				丙	丁

 七  七六	 一七三  一八二	 一八六  一八八  一九二	 一九九	 二四四	 二四九	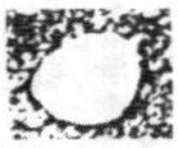 一五  一七  二六 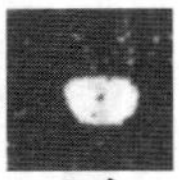 三〇
七　唯八月甲申 七六　余不特甲天之下	一七三　作曾侯乙宗彝	一九二　曾侯乙詐時用終	一九九　曾侯乙之用戟	二四四　乙亥之日	二四九　工尹穆丙	二六　唯正月初吉丁亥

	戊	成		己	庚	

 四〇  五四  五六  五八	 九二 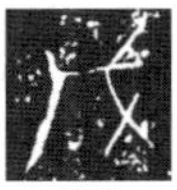 二七七	 七六  七六  一四一	  二三五	 二四二  二四九 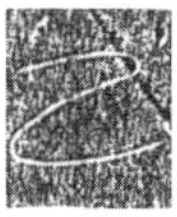 二七七	 一〇 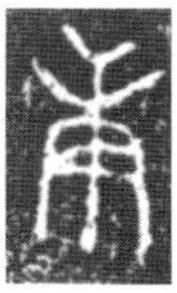 一六 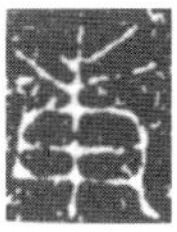 二五	 五四  七九  一四一
四〇　唯正月初吉丁亥	九二　月唯戊申	七六　楚成王 一四一　休有成慶	二三五　平輿君成	二四二　正月季春元日己丑 二四九　享月己酉之日	一〇　正月初吉庚午	五四　令尹子庚

辛		 一四  一一二  二七七	一四 唯正十又一月辛子 一一二 鄬子辛
癸		 二四九	二四九 工佐李癸
子		 二  一一  一三  一四	二 孫子其永寶
		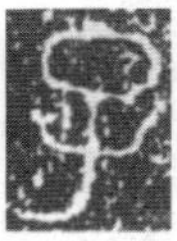 二五  二六  三四	二六 子子孫孫永寶用之
		 四〇  四一 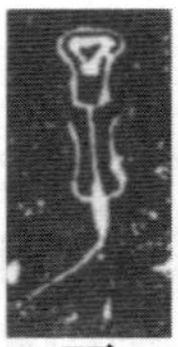 五四	五四 子孫是制
		 七四  七九  一二五	七九 曾子原魯
		 一六一  二一二  二四二	二一二 鄬子孟青芈

	字	季	孟	丑	訇	寅

 二七九 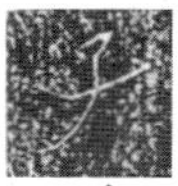 三三二	 二一三	 九  一〇一  二四二	 二三  七三  七九  一四一	 二四二	 五八	 二七七
三三二　王子申	二一三　王字（子）造	九　楚季苟 二四二　正月季春	七三　孟滕姬 一四一　初吉孟庚	二四二　元日己丑	五八　余恁訇心	二七七　戊寅

字頭	篆文	字形	辭例
卯		 二三八	二三八　龔（共）王之卯
以 㠯		 三〇  五四  五六  七五	三〇　楚叔之孫㠯（以）鄧
		 二四二  二四九  二八二	二四九　以命工尹
㠯		 五八  一七〇	五八　用享㠯（以）孝
		 二七六 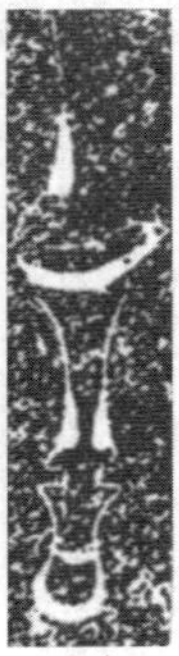 二七八	二七六　以供歲嘗
午		 八  一一  一六	八　唯八月甲午
		 五四  一〇六	五四　王子午

申		酉 栖	醓	配	酓	

 四一  七九  九二	  三三三	 二四四  二四九	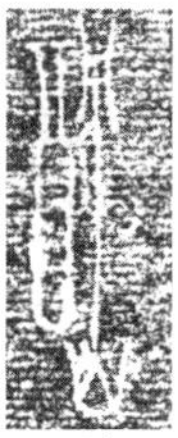 二一〇  二一〇	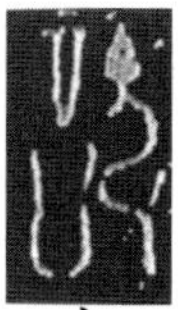 九二	 四二  一七〇 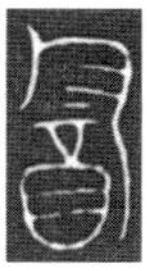 一七三	 二七六  二七八
四一 王子申	三三三 郪陵君王子申	二四四 就栖（柳）棼 二四九 享月己酉之日	二一〇 醓祓想之飤簠	九二 永配厥休	四二 楚王酓（熊）審	二七八 楚王酓（熊）前

		 二八一	二八一　楚王酓（熊）悍
醻		 三〇二  三〇四	三〇四　鑄客爲集醻爲之
⿰爿酉		 一二四	一二四　曾仲姬之⿰爿酉（醬）壺
尊		 二四三	二四三　宗彝尊壺
⿰阝尊		 九  一五  六六	六六　倗之⿰阝尊（尊）缶
		 一三五	一三五　蔡侯申之⿰阝尊（尊）缶
亥		 一五  三一  四〇	四〇　正月初吉丁亥

 五四  五六  五八	 二四四					
五四 正月初吉丁亥	二四四 乙亥之日					

合文

字頭	字形	出處
一車	 二四四	二四四　一車
一䑣	 二四四	二四四　一䑣（䑸）
二十	 二四三  二四九	二四三　二十又六年
亯月	 二四九	二四九　亯（享）月
之歲	 二五七	二五七　陳往之歲
賢子	 三三九	三三九　賢子

之日	大夫	子子	孫孫	造戈	一之日	
 二四九	 一四一	 一  五  四〇	 一  九  二七	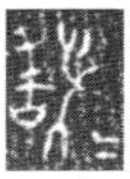 二三八	 四四  四四	
二四九　己酉之日	一四一　君子大夫	一　孫孫子子其永寶	二七　子子孫孫其永用之	二三八　龔王之卯之造戈	四四　唯正月咸（一之日）	

二 檢字索引

一畫

一 六五二
乙 八〇四

二畫

八 六六二
十 六七七
又 六八四
人 七四九
二 七九一
七 八〇二
九 八〇三
丁 八〇四

三畫

上 六五二
下 六五三
三 六五五
士 六五八
千 六七七
及 六八五
刃 七〇一
丌 七〇四
工 七〇五
于 七〇五
才 七二二
之 七二二
大 七六四
女 七七七
也 七八〇
亡 七八三
凡 七九二
己 八〇五
子 八〇六

四畫

元 六五二
天 六五二
王 六五五
中 六五八
屯 六五九
少 六六二
分 六六二
公 六六三
牛 六六四
廿 六七七
父 六八四
尹 六八五
反 六八五
友 六八六
殳 六八七
巨 七〇五
曰 七〇五
丹 七一〇
内 七一三
木 七一七
市 七二四
日 七三五
月 七三七
化 七五一
方 七五四
文 七五八
夫 七六六
心 七六七
孔 七七五
不 七七五
戈 七八〇
升 八〇〇
阢 八〇一
五 八〇二
六 八〇二
丑 八〇七
以 八〇八
午 八〇八

五畫

且	六五四
玉	六五七
右	六六六
正	六六九
句	六七六
世	六七七
用	六九一
目	六九三
号	七〇五
平	七〇六
市	七一四
末	七一七
出	七二五
邛	七二九
邔	七三一
外	七三九
禾	七四一
白	七四八
朼	七五一
丘	七五一
兄	七五五
司	七五八
石	七六一
立	七六六
永	七七二
冬	七七三 七八九
母	七七九
民	七八〇
弗	七八〇
戊	七八二
乍	七八三
匜	七八六
尻	七九九
矛	八〇〇
四	八〇二
甲	八〇四
丙	八〇四
戉	八〇五
卯	八〇八
目	八〇八
申	八〇九

六畫

辻	六五二
斥	六五四
名	六六四
吉	六六七
延	六七三
行	六七四
舌	六七六
共	六八一
聿	六八六
臣	六八七
寺	六八七
自	六九三
百	六九四
羽	六九四
羊	六九五
缶	七一三
朱	七一七
叒	七二二
邦	七二七
邡	七二九
邧	七三〇
邶	七三一
邨	七三二
有	七三八
多	七三九
年	七四二
宅	七四三
亘	七四四
宇	七四四
安	七四四
吕	七四七
休	七五〇
考	七五三
舟	七五四
先	七五五
次	七五六
色	七五九
旬	七五九
囟	七六六
江	七六九
州	七七四
至	七七五
西	七七五
妃	七七七
㚏	七八〇
戎	七八一
垐	七九二
成	八〇五
字	八〇七

亥 八一〇

七畫

⿱土止 六五二
祀 六五三
⿱日女 六五四
⿰礻工 六五四
⿱宀中 六五八
折 六六〇
芸 六六一
余 六六四
君 六六五
走 六六七
返 六七一
⿱屮土 六七二
⿰彳止 六七三
言 六七七
兵 六八一
坂 六八五
攸 六八九
攻 六九〇
甬 六九一
初 七〇〇
角 七〇一
李 七一七
邾 七三一
⿰凶阝 七三一
⿰石阝 七三三
克 七四一
求 七五二
孝 七五四
⿰亻兄 七五五
見 七五五
邵 七五八
居 七六〇
⿱宀之 七六三
赤 七六四
忐 七六七
忑 七六八
沅 七六九
治 七七三
妥 七七八
妝 七七九
我 七八三
复 七八五
⿰乍又 七八五
⿷匚舌 七八五
均 七九二
男 七九四
車 八〇〇
辛 八〇六
酉 八〇九

八畫

祈 六五四
⿸尸示 六五五
苛 六五九
昔 六六〇
命 六六五
隹 六六六
周 六六七
往 六七二
建 六七三
⿱彐子 六七四
秉 六八五
卑 六八六
事 六八六
者 六九四
於 六九六
受 六九七
制 七〇一
其 七〇三
坪 七〇六
虎 七〇八
盂 七〇八
卹 七一〇
青 七一一
舍 七一二
松 七一七
果 七一七
析 七一八
東 七一九
若 七二二
⿰次阝 七二九
⿰兆阝 七三一
昃 七三五
杲 七三六
夜 七三九
⿷匚目 七四四
定 七四四

九畫

十畫

十一畫

十二畫

十三畫

覷 六八五	賃 七二七	慍 七六七	十四畫	䐑 六九八	鄢 七三〇	漾 七六九	十五畫
肅 六八六	盼 七二七	愻 七六八		翯 六九九	鄭 七三二	潽 七七〇	
肂 六八七	鄝 七三二	溺 七七一		膞 六九九	鄭 七三四	聞 七七六	
數 六九〇	鄝 七三二	聖 七七六	蔡 六五九	羸 六九九	齊 七三九	詐 七八四	就 六五七
群 六九五	鄐 七三三	義 七八三	葴 六六一	殹 七〇二	糬 七四三	緒 七九〇	璜 六五七
節 七〇二	盟 七三八	黽 七九一	德 六七二	箕 七〇三	寢 七四七	緐 七九〇	璋 六五八
鼓 七〇七	罧 七三八	毀 七九二	誨 六七七	嘉 七〇七	監 七五二	銅 七九五	審 六六四
豊 七〇七	領 七五七	當 七九三	誥 六七八	鈷 七一三	壽 七五二	盥 七九六	遺 六七一
虜 七〇八	頌 七五七	鈴 七九七	誟 六七八	槂 七一八	艖 七五四	鉺 七九九	適 六七二
盞 七一〇	暘 七六二	鉈 七九七	僕 六八〇	槃 七一八	歌 七五六	軖 八〇〇	德 六七二
會 七一二	煌 七六四	新 七九九	臧 六八七	賓 七二六	嗎 七六三	隮 八一〇	諆 六七八
想 七一九	誂 七六四	載 八〇〇	誁 六八九	鄧 七二八	歖 七六六		樊 六八〇
楚 七二〇	睪 七六五		鳴 六九五	鄦 七三〇	漢 七六九		槷 六八四

字	頁碼
縢	七二六
賹	七二七
⿱無皿	七三〇
鄦	七三二
諔	七三六
鬖	七三七
⿰鼎石	七四一
⿰鼎它	七四一
襄	七五二
謌	七五六
鎮	七五七
憖	七六四
霝	七七三
闌	七七六
闇	七七六
嬭	七七八
嬰	七七八
⿸广縣	七九〇
錫	七九六
醓	八〇九

十八畫

字	頁碼
趩	六六八
⿱召金	七一〇
餺	七一二
⿰盧阝	七三〇
⿰龍阝	七三三
盧	七六三
鯇	七七四
職	七七七
⿱畐黽	七七八
縢	七九〇
織	七九〇
彝	七九〇
邎	七九一
鎬	七九七
鎛	七九八

十九畫

字	頁碼
嚴	六六七
譓	六七二
䜌	六七八
龏	六八一
難	六九五
濾	七〇九
⿰韋土	七一四
賦	七二七
⿰亶阝	七三四
寶	七四五
瀕	七五八
瀘	七七一
彊	七九三
⿰車睪	八〇〇
獸	八〇三

二十畫

字	頁碼
⿰龠于	六七五
競	六七九
贏	六九九
⿰䍃刂	七〇三
饋	七一二
饗	七一二
讙	七三三
盬	七四〇
⿱雨灬	七七三
鐈	七九六
鐘	七九七

二十一畫

字	頁碼
藝	六六一
囂	六七六
觀	六八一
疊	七一三
夔	七一五
鐸	七六五 七九八
灋	七七一
灃	七七一
闢	七七六
孀	七七八
𢔋	七九一
醻	八一〇

二十二畫

字	頁碼
旛	六五四
穌	六七四
鬻	六八二
鬻	六八三
竅	七二一
鼎	七四一
灘	七六九
斆	七七四
鑄	七九六

二十三畫

字	頁碼
鬲	六八二
變	六八九
黝	七六四
霝	七七四

二十四畫

字	頁碼
彝	六八一
鬢	七五八
齒	七九一

二十五畫及以上

字	頁碼
蠱	六九九
諺	七四二
黝	七六四
鍋	六七九
豐	六八一
邊	六八二
蠶	七四一
礌	七六一
鏻	七九〇
鬴	六七九
饋	七一二

附录

一 曾侯乙編鐘鐘架和挂鐘構件文字

青銅爬虎套環（下二7）

懸挂狀

拆開狀

1號鐘（下一1）

3

2

姑洗之大羽

1

⿱竹缶（姑）肆（洗）之大羿（羽）

1. 架　2、3. 挂（虎 1、2）

大羽

4

5

大羽

6

大

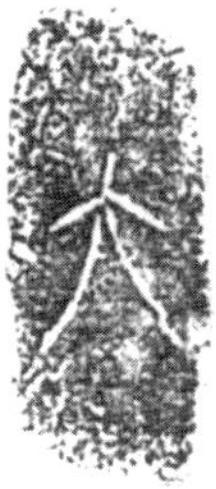

7

羽

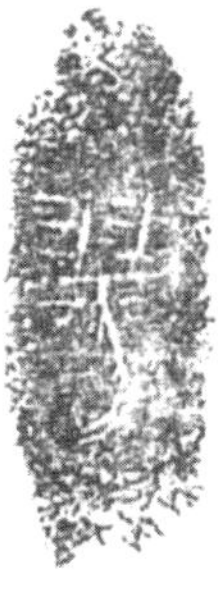

8

4、5. 搭杆（1、2）　6. 插銷　7、8. 鈎

2號鐘（下一2）

姑洗之大宫

1

姑洗之宫

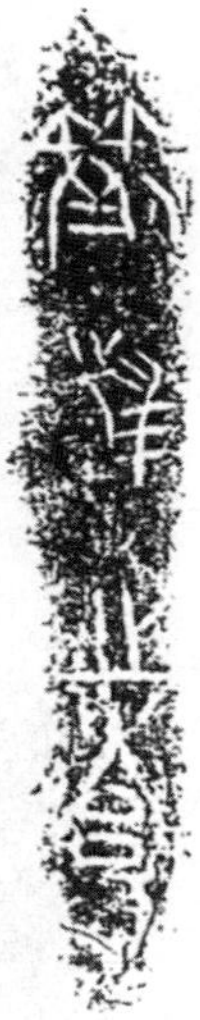

2

3

1. 架　2、3. 挂（虎1、2）

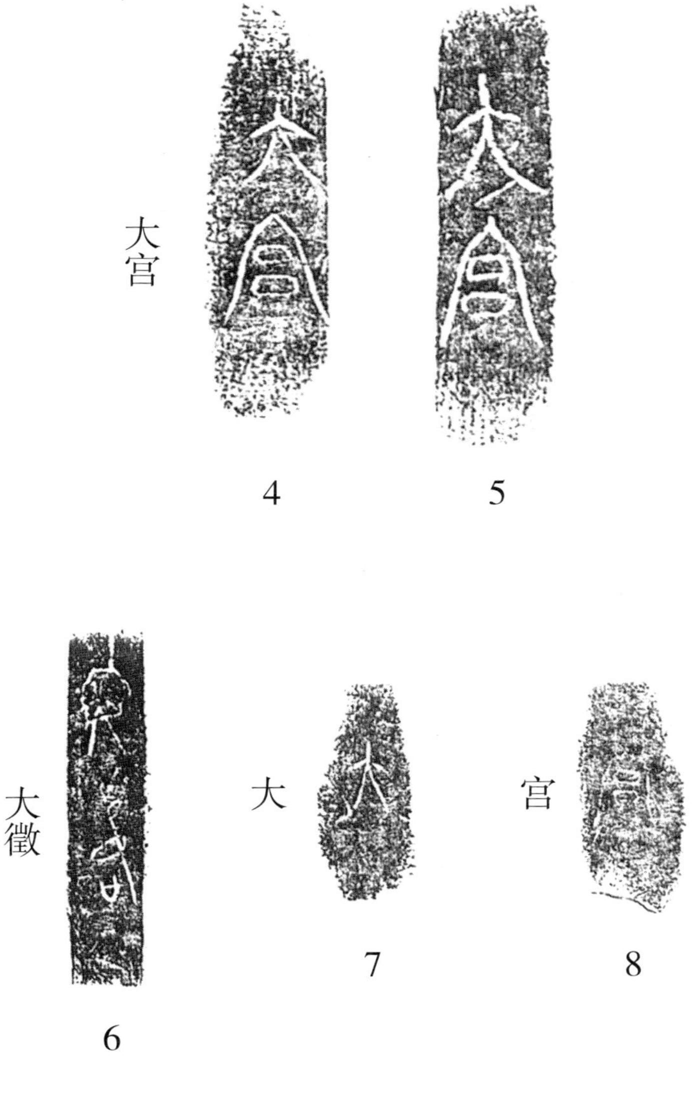

4、5. 搭杆（1、2） 6. 插銷 7、8. 鉤

3號鐘（下二10）

姑洗之商

2

3

姑洗之商

1

大商

4

5

6

1. 架　2、3. 挂（虎1、2）　4. 插銷
5、6. 搭杆（1、2）

4號鐘（下二9）

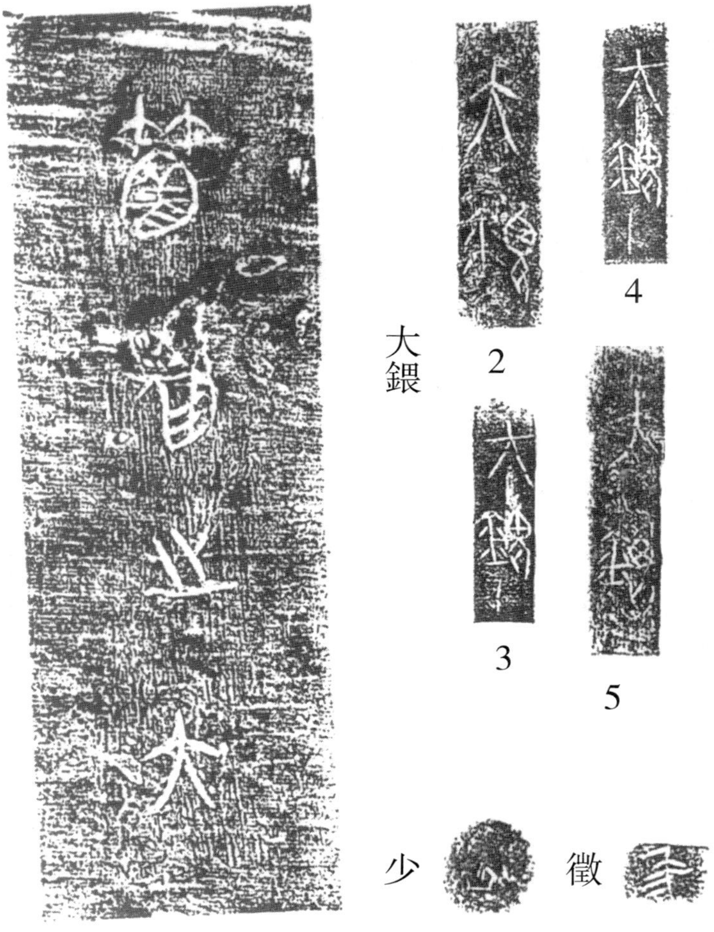

姑洗之大［鋇］

大鋇

少

徵

1　2　3　4　5　6　7

1. 架　2. 插銷　3、4. 搭杆（1、2）　5. 鈎　6、7. 鍵釘

5號鐘（下二8）

1

姑洗之大徵

2

3

姑洗之少徵

4

大宮

1.架　2、3.挂（虎1、2）　4.插銷

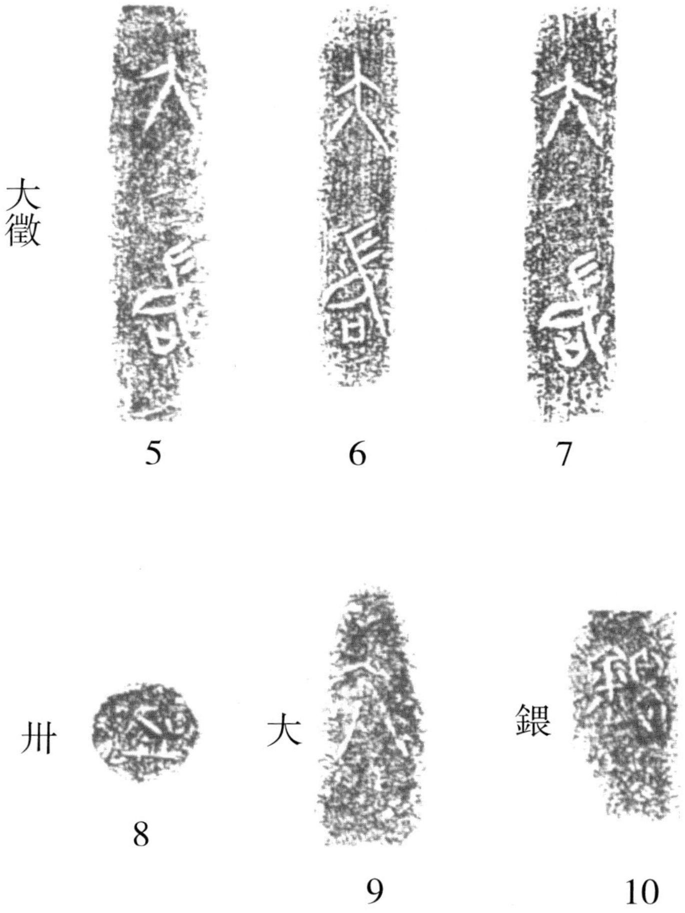

5、6. 搭杆（1、2）　7. 鈎　8–10. 鍵釘

6號鐘（下二7）

3

姑洗之少羽

2

姑洗之少羽

1

姑洗之大羽

5

羽

4

少

1.架　2、3.挂（虎1、2）　4、5.環

7號鐘（下一3）

姑洗之羽曾

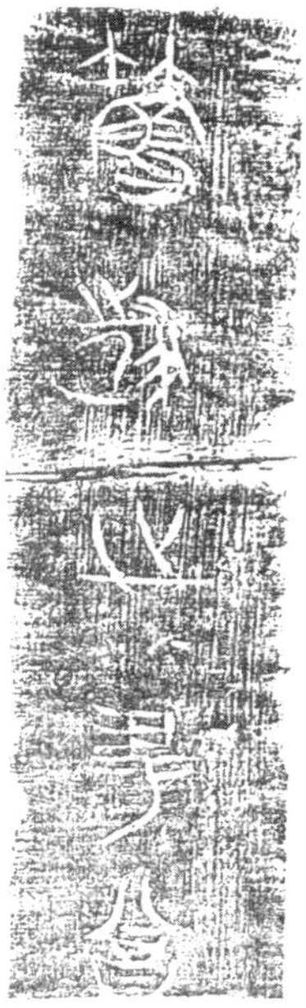

1

2

3

羽曾

4

5

少徵

6

曾（？）

7

1. 架　2、3. 挂（虎1、2）　4、5. 搭杆（1、2）　6. 插銷　7. 鍵釘

8號鐘（下二5）

姑洗之商

1

2

3

姑洗之徵頔

4

姑洗之宮

5

1、2. 挂（几1、2）　3、4. 曲（1、2）　5. 鉤

9號鐘（下二4）

姑洗之徵顧

1

2

3

姑洗之商

4

1、2. 挂（几 1、2）　3、4. 曲（1、2）

10號鐘（下二|3）

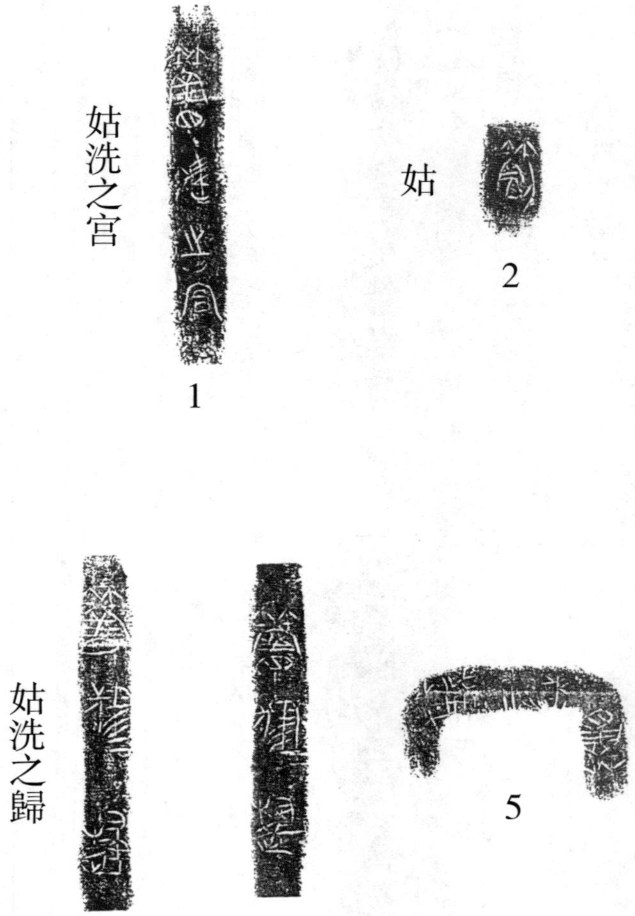

1、2. 挂（几1、2）　3、4. 曲（1、2）　5. 鈎

11號鐘（下二2）

姑洗之商頔

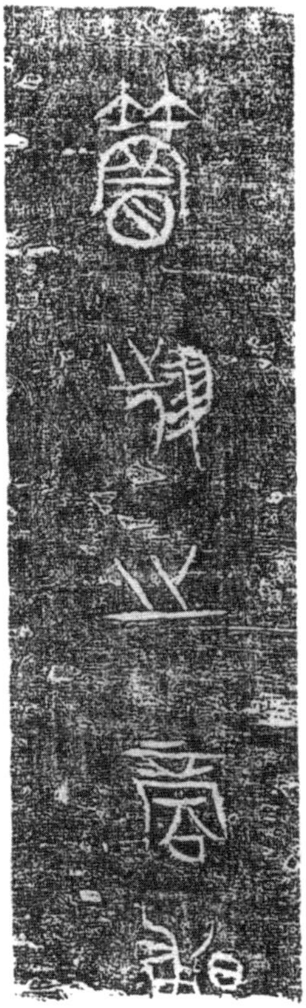

1

2

3

商頔

4

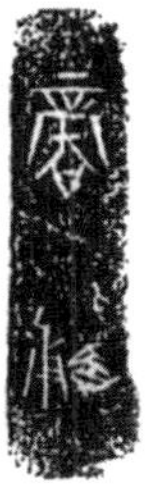

5

羽曾

6

1. 架　2、3. 挂（虎 1、2）　4、5. 搭杆（1、2）　6. 插銷

12 號鐘（下二1）

姑洗之少徵

1

姑洗之少徵

2

姑洗之大徵

3

少徵

4

5

商顧

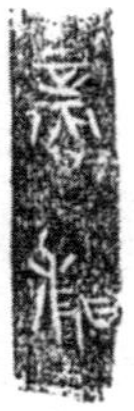

6

羽曾

7

1. 架　2、3. 挂（虎 1、2）　4、5. 搭杆（1、2）　6. 插銷　7. 鉤

13號鐘（中三10）

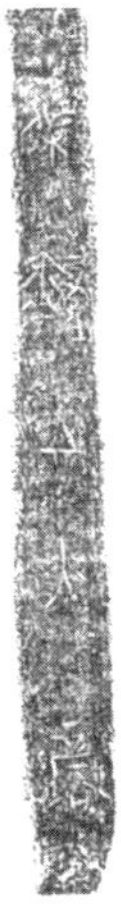

保（黃）鐘之大商

2

姑洗之徵

1

保（黃）鐘之大商

4

⿰王亘鐘之大商

3

1. 架　2. 挂（框）　3、4. 鍵（1、2）

14號鐘（中三9）

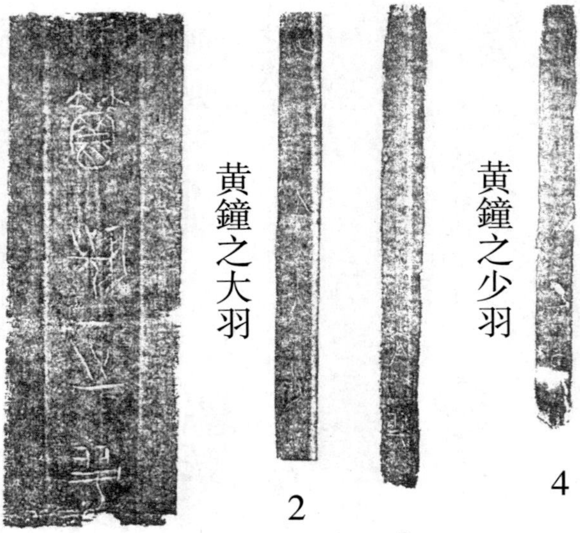

姑洗之羽

黃鐘之大羽

黃鐘之少羽

1　2　3　4

1. 架　2. 挂（框）　3、4. 鍵（1、2）

15號鐘（中三8）

姑洗之宮

1

黄鐘之少商

2

黄鐘之少羽

3

黄鐘之大羽

4

1.架　2.挂（框）　3、4.鍵（1、2）

16號鐘（中三7）

4

3

黄鐘之大宮

2

瑄鐘之大宮

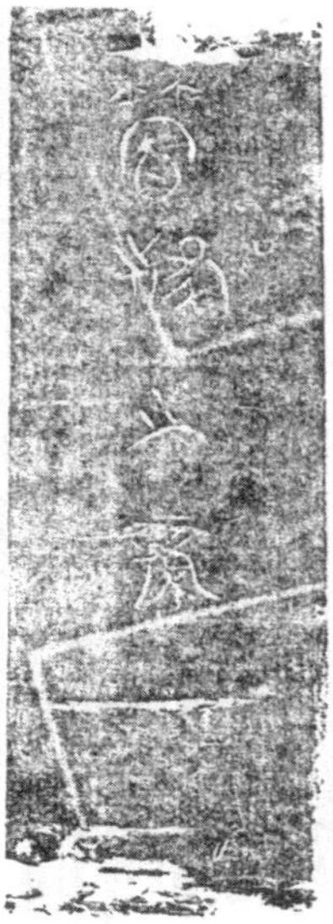

1

姑洗之商

1. 架　2. 挂（框）　3、4. 鍵（1、2）

17號鐘（中三6）

4

黃鐘之少商

3

黃鐘之宮角

2

贏孠之大羽

1

姑洗之宮角

1. 架　2. 挂（框）　3、4. 鍵（1、2）

18號鐘（中三5）

黃鐘之少羽之反

4

3

瑄鐘之少羽

2

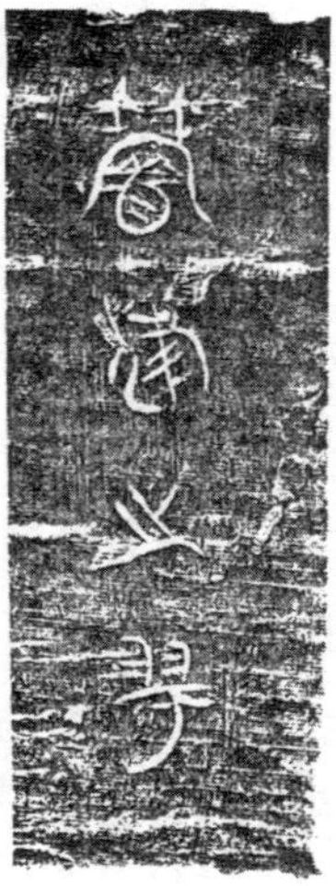

姑洗之羽

1

1. 架　2. 挂（框）　3、4. 鍵（1、2）

19號鐘（中三4）

4

3

黃鐘之大徵

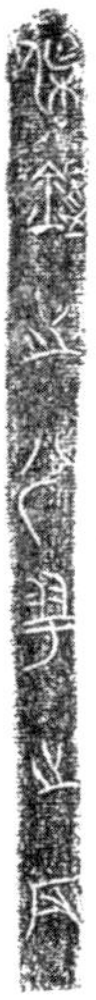

2

黃鐘之少羽之反

1

姑洗之商

1. 架　2. 挂（框）　3、4. 鍵（1、2）

20號鐘（中三3）

姑洗之宮角

1

黃鐘之少宮角

2

黃鐘之少商

3

黃鐘之少之反

4

1.架　2.挂（框）　3、4.鍵（1、2）

21號鐘（中三2）

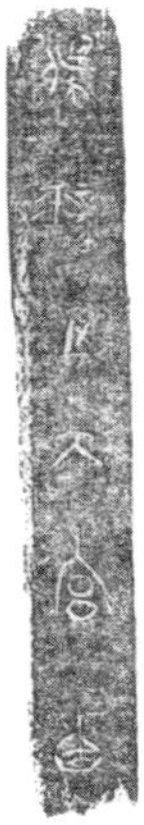

黄鐘之大宫角

4

3

黄鐘之宫角

2

姑洗之商角

1

1.架　2.挂（框）3、4.鍵（1、2）

22 號鐘（中三1）

4

黃鐘之大商

3

瑄鐘之少商之反

2

嬴孠之大徵

1

姑洗之羽

1. 架　2. 挂（框）　3、4. 鍵（1、2）

23號鐘（中二12）

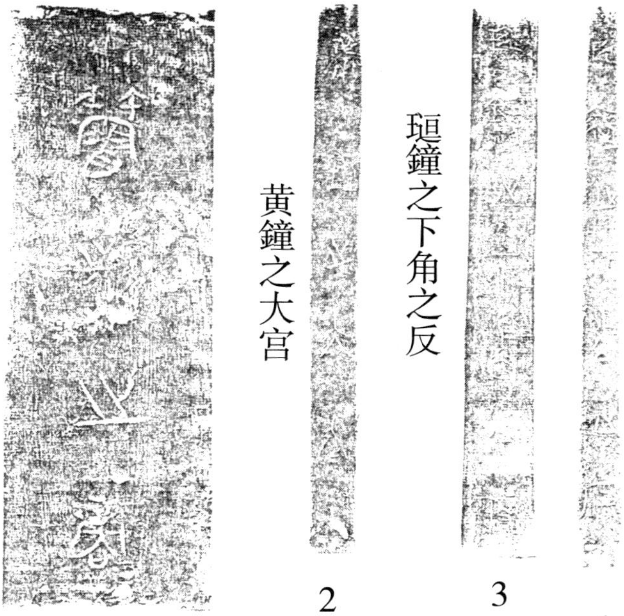

1.架　2.挂（框）　3、4.鍵（1、2）

24 號鐘（中二11）

姑洗之宮角

1

嬴孠之大商

2

3

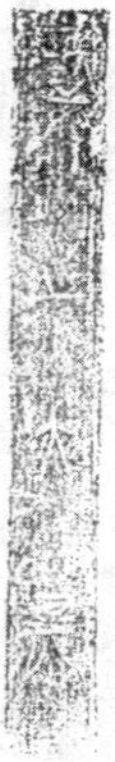

4

1.架　2.挂（框）　3、4.鍵（1、2）

25號鐘（中二10）

4

瑄鐘之大商

3

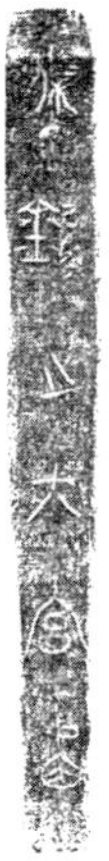

黃鐘之大宮角

2

姑洗之商角

1

1.架　2.挂（框）　3、4.鍵（1、2）

26號鐘（中二9）

贏孠之大宮

3

𤨣鐘之大商

2

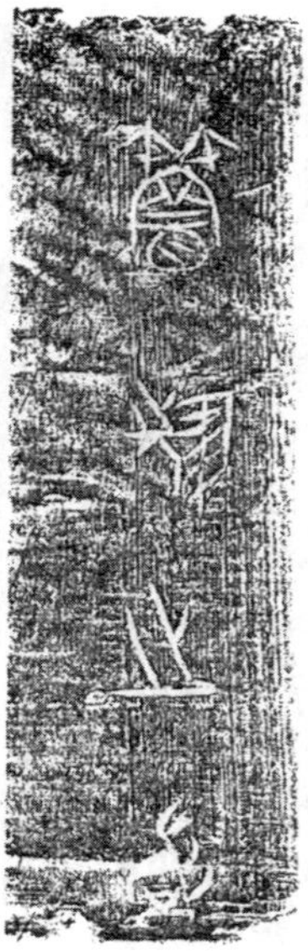

姑洗之徵

1

1. 架　2. 挂（框）　3. 鍵（1）

27號鐘（中二8）

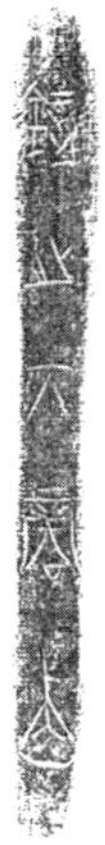

3

[瑄] 鐘之大商角

2

瑄鐘之大商角

1

姑洗之羽

1. 架　2. 挂（框）　3. 鍵（1）

28號鐘（中二7）

瑄鐘之少商之反

4

贏孠之大羽

3

贏孠之下角

2

姑洗之宮

1

1. 架　2. 挂（框）　3、4. 鍵（1、2）

29號鐘（中二6）

4

3

2

瑄鐘之大宮角

1

姑洗之商

1. 架　2. 挂（框）　3、4. 鍵（1、2）

30號鐘（中二5）

4

3

嬴孠之少商

2

瑄鐘之少商

1

姑洗之下角

1. 架　2. 挂（框）　3、4. 鍵（1、2）

31號鐘（中二4）

嬴孠之下角

4

瑄鐘之下角

3

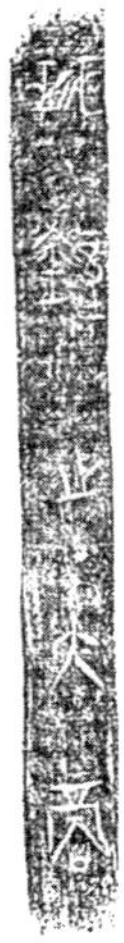

瑄鐘之大商

2

姑洗之少羽

1

1.架　2.挂（框）　3、4.鍵（1、2）

32 號鐘（中二3）

4

嬴孠之少羽

3

2

珆鐘之下角

1

姑洗之少商

1. 架　2. 挂（框）　3、4. 鍵（1、2）

33號鐘（中二2）

瑄鐘之少羽

4

嬴孠之大羽

3

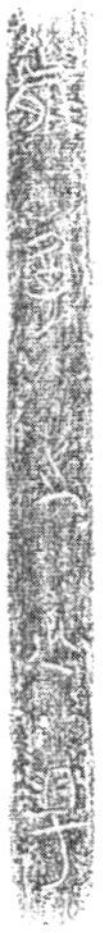

嬴孠之少羽

2

姑洗之角反

1

1.架　2.挂（框）　3、4.鍵（1、2）

34 號鐘（中二1）

4

贏孠之少商之反

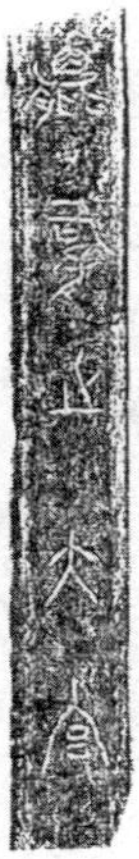

3

贏孠之大宫

2

𤩽鐘之少商之反

1

姑洗之羽反

1.架　2.挂（框）　3、4.鍵（1、2）

35號鐘（中一11）

琯鐘之大徵

3

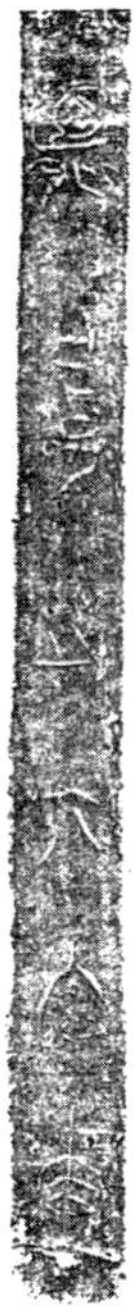

贏孠之大宮角

2

姑洗之商

1

1. 架　2. 挂（框）　3. 鍵（1）

36號鐘（中一10）

1

2

3

4

1. 架　2. 挂（框）　3、4. 鍵（1、2）

37號鐘（中一9）

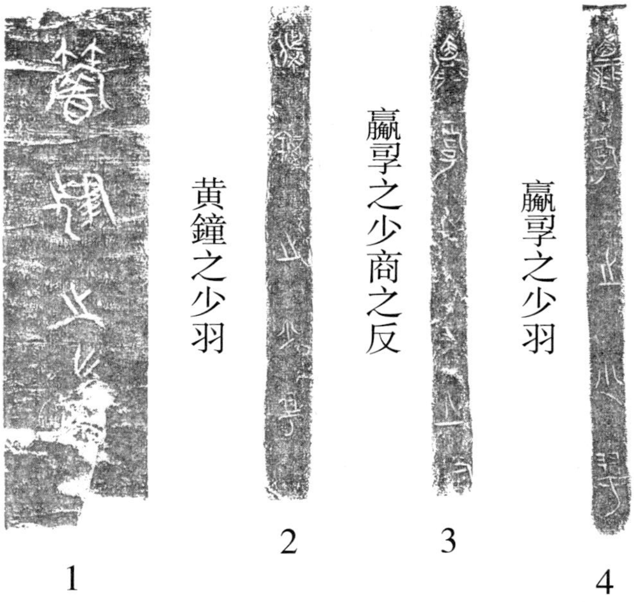

1.架　2.挂（框）　3、4.鍵（1、2）

38號鐘（中一8）

贏孠之大徵

4

3

坦鐘之大徵

2

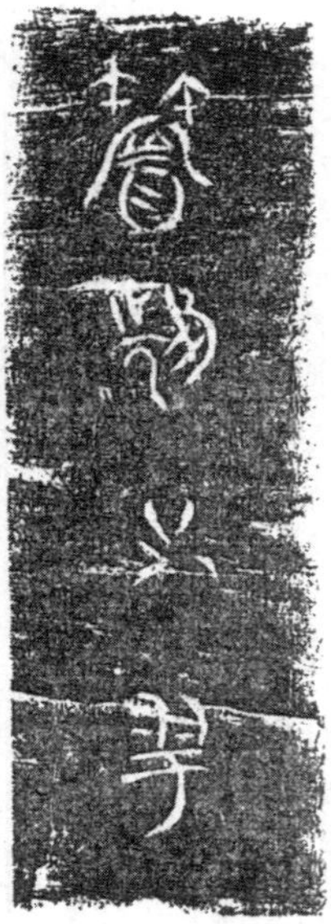

姑洗之羽

1

1.架　2.挂（框）　3、4.鍵（1、2）

39號鐘（中一7）

姑洗之宮

1

嬴孠之大宮

2

瑄鐘之大宮

3

4

1. 架　2. 挂（框）　3、4. 鍵（1、2）

40號鐘（中一6）

黃鐘之大宮角

4

3

𤩽鐘之少羽之反

2

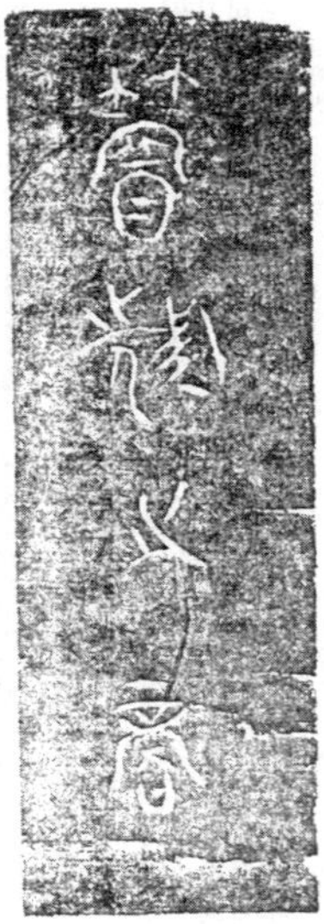

姑洗之商

1

1. 架　2. 挂（框）　3、4. 鍵（1、2）

41號鐘（中一5）

姑洗之下角
1

瑄鐘之下角之反
2

贏孠之大宮角
3

4

1. 架　2. 挂（框）　3、4. 鍵（1、2）

42號鐘（中一4）

瑄鐘之少羽之反

4

瑄鐘之大商

3

𣎆孠少商之反

2

姑洗之少羽

1

1.架　2.挂（框）　3、4.鍵（1、2）

43號鐘（中一3）

瑄鐘之少少商

4

瑄鐘之大商角

3

嬴孠之少商

2

姑洗之少商

1

1. 架　2. 挂（框）　3、4. 鍵（1、2）

説明　44—64號鐘無架挂文字。

鐘下二6

4

3

2

姑洗之宮

1

姑洗之徵顀

1.架　2.挂（几1）　3、4.曲（1、2）

説明　楚王酓章作曾侯乙鎛位置上的架挂文字。此處原應是7號鐘（下一3）的懸挂處。

【注釋】

曾侯乙編鐘的木質鐘架上有刻文共計一百八十七字。『刻文内容均爲懸鐘位置的標記，以各鐘正鼓音在姑洗均中的稱謂刻在梁上，表示該鐘應懸挂的位置。』（《曾侯乙墓》第一二七頁）但有的刻文和鐘的位置不合。

挂鐘構件爲銅質，各類挂鐘構件共有銘文七百四十字。『字係鎸刻，字體不甚規整，筆畫深淺粗細不均，一些曲折勾點均被簡單的横直代替，使字形顯得呆拙。字均直書，每件字數不等。』（《曾侯乙墓》第一二八頁）木質横梁刻文、銅構件銘文和編鐘銘文總計有三千七百五十五字，其字形有同有異，例如『姑洗』二字中之『姑』字，刻文和鐘銘同字而異體，有必要收入附録（雖爲木質刻文，非金文，但和編鐘自爲一套，故編入之）。

兩幅圖象采自《中國音樂文物大系·湖北卷》，其餘拓片采自《曾侯乙墓》。

二 曾侯乙編磬文字

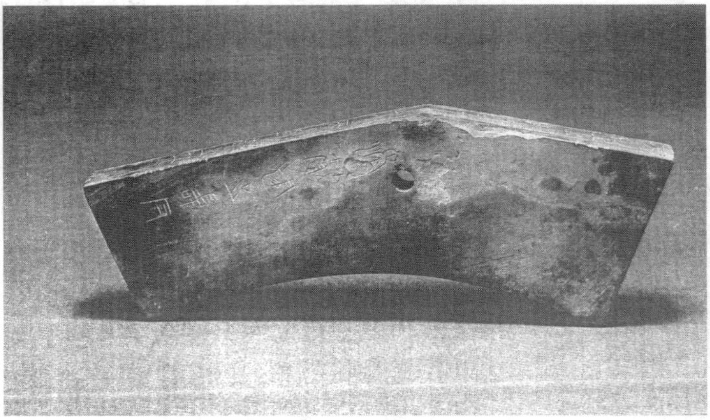

上層磬塊·上·3

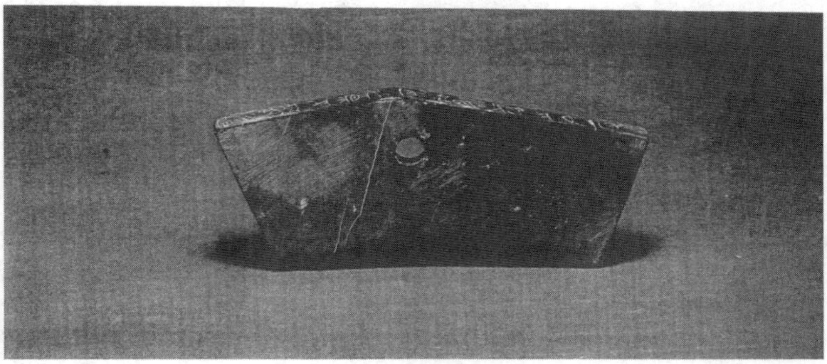

下層磬塊·下·6

上·3

首：廿三

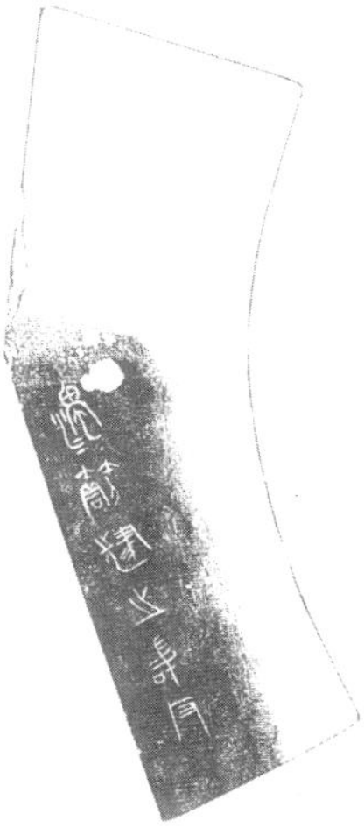

面：濁姑洗之徵反。

上：坪皇之鈌，文王之少商，新鐘之巽。

下：新鐘之巽，濁穆鐘之壴，濁姑洗之終。

上·4

首：廿八

上：坪皇之壴反、文王之終反。

下：新鐘之少羽曾，濁獸鐘之鴃，濁穆鐘之大商。

尾：濁姑洗之巽。

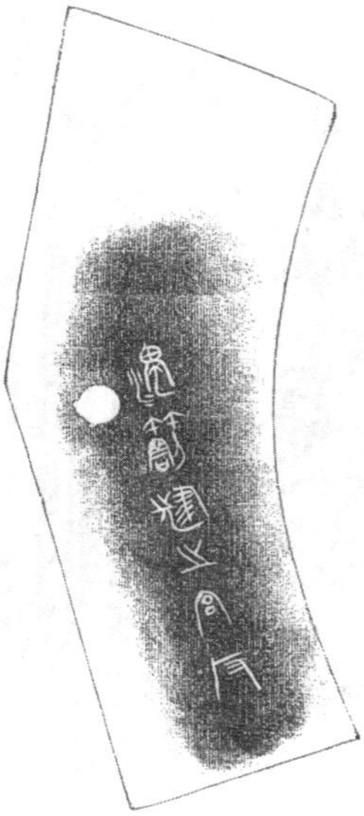

面：濁姑洗之宮反。

上·7

首：八

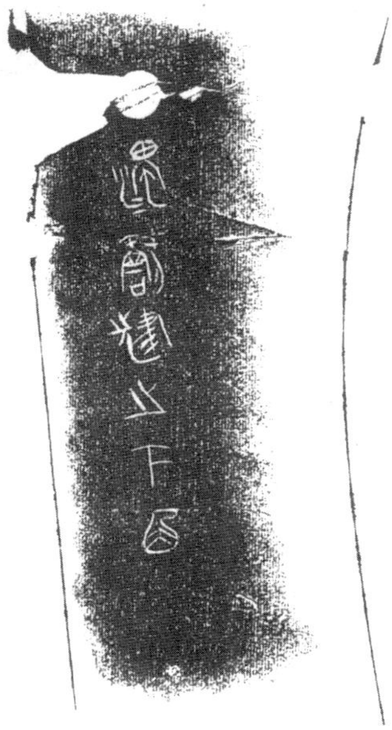

面：濁姑洗之下角。

上：新鐘之羽，獸鐘之徵。

下：新鐘之羽，濁坪皇[之]商，濁文王之宫。

上·8

首：六

上：文王之羽，新鐘之徵。

下：新鐘之徵，濁坪皇之宮。

面：濁姑洗之商。

上·9

上：文王之宮，坪皇之商，姑洗之䣄。

下：新鐘之大商曾，濁獸鐘之羽，濁穆鐘之徵。

下·1

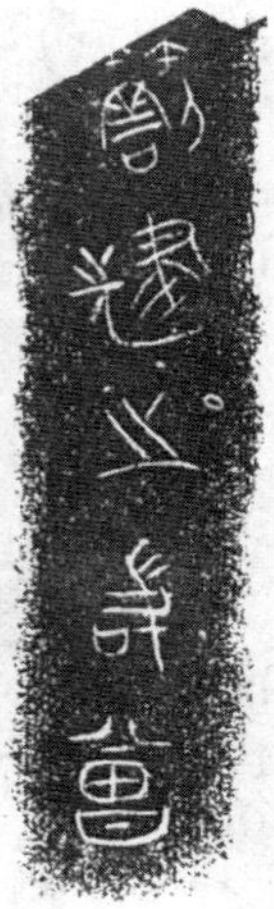

面：濁姑洗之徵曾。

上：……鐘之瘖。

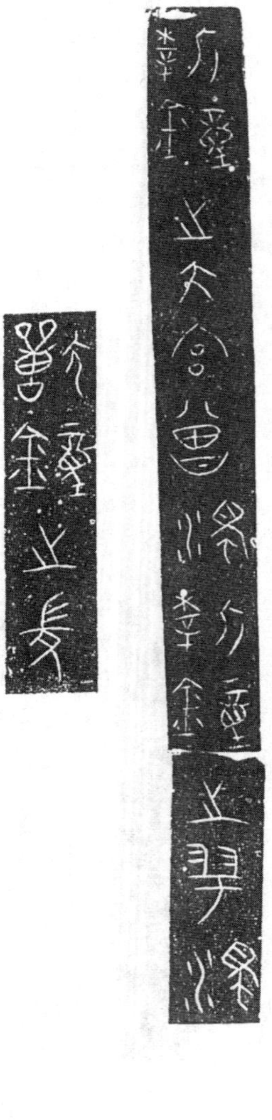

下：新鐘之大宮曾，濁新鐘之羽，濁獸鐘之徵。

下·6

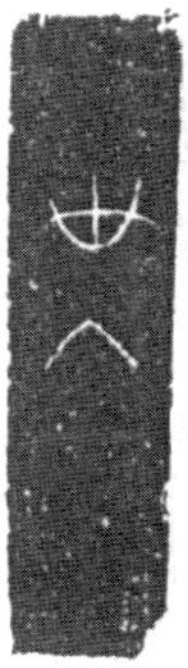

首：卅六

上：穆鐘之壴反，姑洗之終反。

下：新鐘之少羽顮之反，濁獸鐘之

尾：巽反。

下·7

面：濁姑洗之羽顀。

上：姑洗之龤宮……穆鐘之龤商。

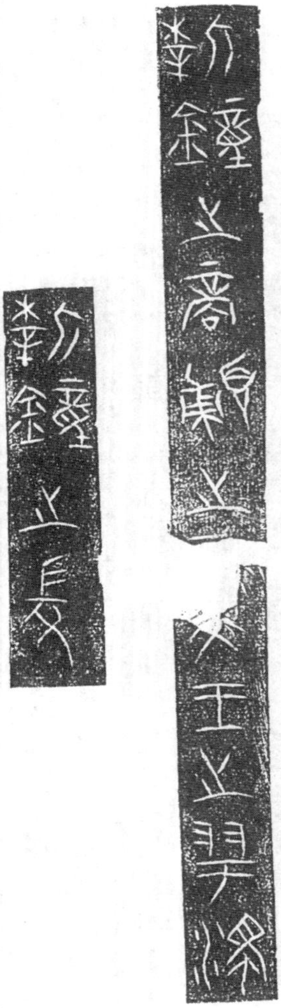

下：新鐘之商顀之［龤，濁］文王之羽，濁新鐘之徵。

下·9

面：濁姑洗之商曾。

上：坪皇之終，姑[洗之羽]。

下：新鐘之大徵曾，濁新鐘之下角，濁獸鐘之商，濁穆鐘之宮。

【注釋】

曾侯乙編磬出土時已經部分損坏（正處於盜洞口之下），磬塊上的文字有的已不存，保存下來的文字共計七百零八個（其中墨書十二個），刻文文字内一般填有朱漆，有的文内朱漆也已不存在。《曾侯乙墓》公佈其中九件磬塊的刻文拓片，今全收録。

曾侯乙編磬文字和曾侯乙編鐘銘文一樣記有樂律名和樂律關係。『「濁姑洗」作爲標音總綱幾乎在每塊磬上出現。此外，使用較多的是「新鐘」律，該律不但幾乎見諸各磬，甚至還在同一磬塊上重複出現。』（《曾侯乙墓》第一四五頁）

曾侯乙編磬和曾侯乙編鐘同屬楚文化系統。論者認爲：『濁姑洗實爲楚律名』，『濁姑洗是楚律的始發律』，『「濁姑洗」（B）是曾侯乙編磬的標準律』（崔憲《曾鐘銘校釋》第一八〇—一八一頁）。既然曾侯乙編磬文字所顯示的全爲楚律，且其文字風格具有楚風，故此將其編入本書，以便讀者結合曾侯乙編鐘銘文一起考察和使用這批編磬文字資料。

兩幅圖象采自《中國音樂文物大系·湖北卷》，其餘拓片采自《曾侯乙墓》。

三　楚貨幣文字

楚銅貝

巽

夆

全

君

行

忻

安

貝

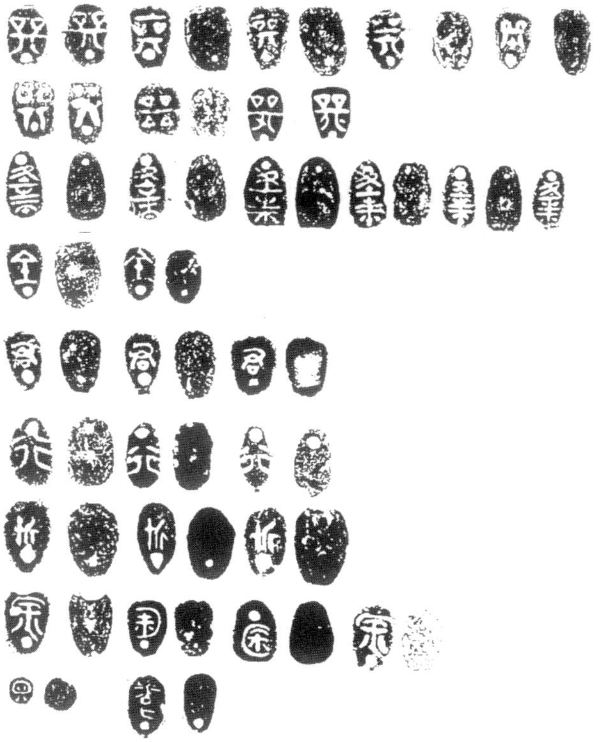

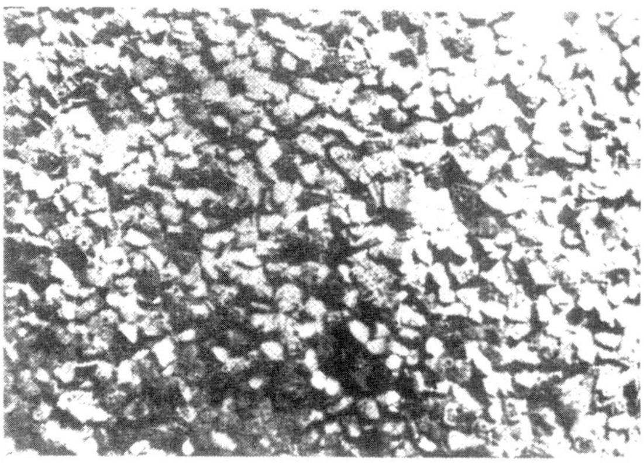

山東曲阜董大城村出土的楚銅貝

楚銅貝

巽

楚布幣

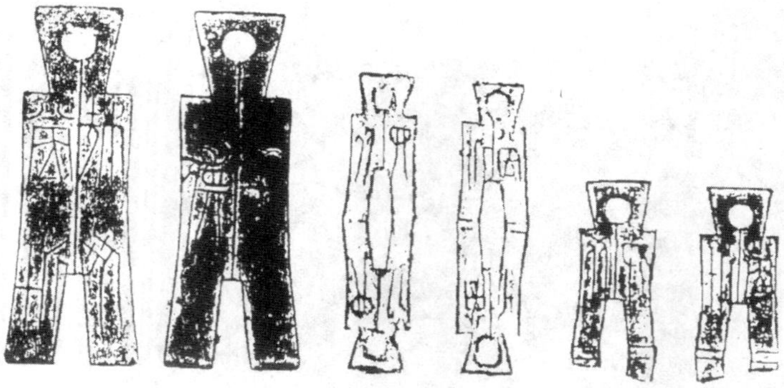

橈比(幣)堂(當)忻(釿)

説明 五枚銅貝爲湖南博物院藏。

楚銅錢牌

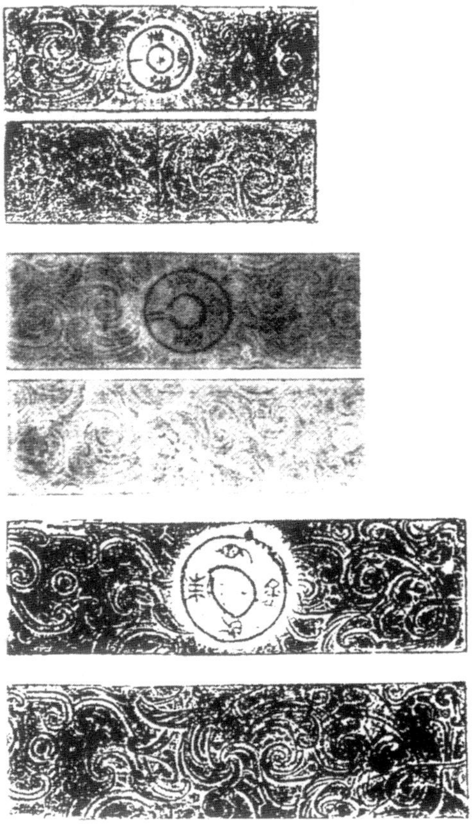

視金一朱、視金二朱、視金四朱

視金四朱

説明 右銅錢牌爲湖南博物院藏。

楚金版、金餅、金塊、銀塊

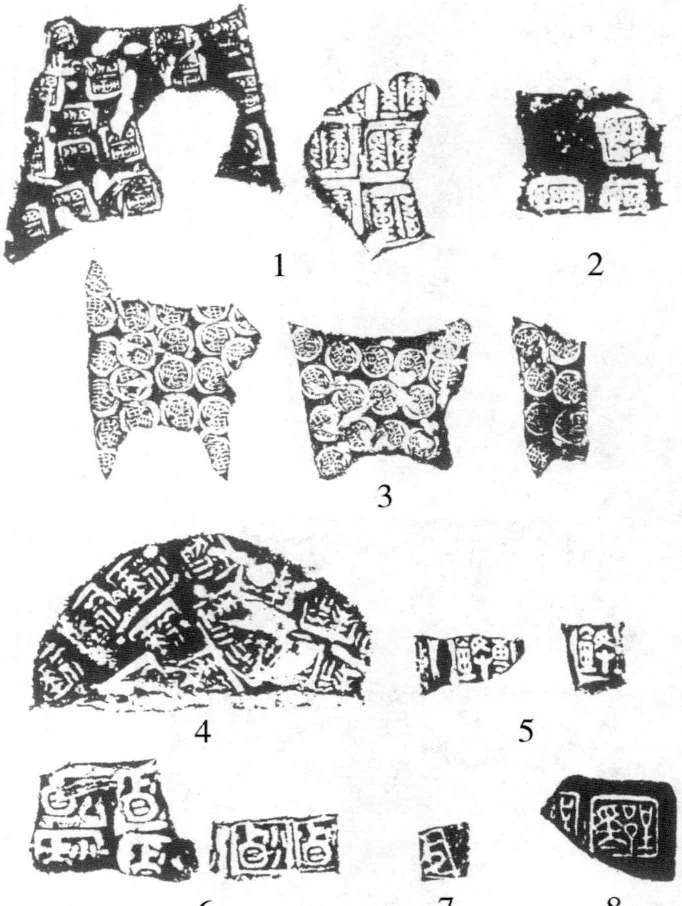

1.“陳爯”金版、金塊　2.“鄗爯”金塊　3.“盧金”金版
4.“羕陵”金餅　5.“専爯”金塊　6.“少卣”金塊
7.“中”金塊　8.“郢爯”銀塊

楚金版

1

2

1. 安徽壽縣出土（5 號　“郢爯”方印 22 個）
2. 江蘇盱眙出土（“郢爯”方印 54 個，另有半印 6 個）

咸陽出土的金餅

“陳爯”

江蘇盱眙出土的銅壺、金獸和壺内36塊金幣

其中“郢爯”金版11塊，爲楚幣，金餅則屬秦漢時期

郢爯金塊及安徽壽縣出土的銅印戳

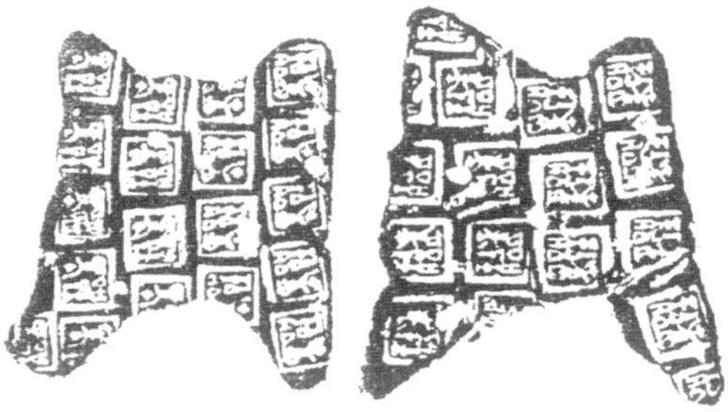

安徽阜南三塔出土的完整龜形金版

安徽阜陽郢爯、陳爯金餅的背、側刻文

安徽阜陽出土的楚金版

阜南朱大灣出土“郢爯”

阜南朱大灣出土“郢爯”

阜南朱大灣出土“郢爯”

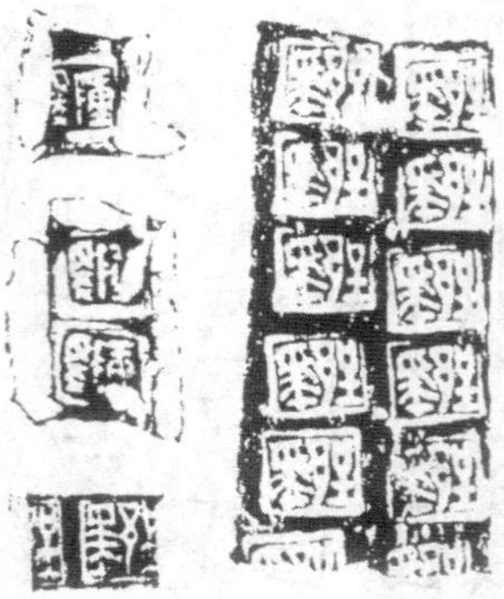

臨泉艾亭、鲖城出土“陳爯”“郢爯”

說明 拓片采自韓自强主編《阜陽·亳州出土文物文字篇》。

【注釋】

楚貨幣文字中除銅質的銅貝、布幣、錢牌文字屬金文外，還有黄金質的金版、金餅及銀塊上的文字，雖非金文，但同屬楚系貨幣，乃一并編入之，呈現完整的楚貨幣文字，有利於楚貨幣的綜合研究。

楚國貨幣的考古發現，以銅貝出土数量最多。『銅貝有字的，爲楚國所特有』。有字銅貝中，又以作『哭』狀的巽貝數量最多，占銅貝的99%以上。例如一九六三年在湖北孝感野豬湖出土『巽』字貝四千七百四十五枚；一九八七年河南固始出土『巽』字貝四千七百餘枚；一九七二年山東曲阜董大城村出土『巽』字貝一坑，計有一万五千九百七十八枚；一九八五年安徽肥西新倉鄉出土『巽』字貝一万一千二百三十一枚。『據不完全調查、統計，全國已出土楚銅貝一百餘次，約計十五萬餘枚。』（以上參見黄錫全《先秦貨幣通論》）這就是説，以一枚貝一個文字計，單楚國錢幣中的銅貝文字數量就高達十五萬餘字。如果這麽總計，楚系金文字數已近二十萬字。從數量上看，楚系金文無疑在幾大區系金文中獨占鰲頭，值得驚訝和贊嘆！

銅貝上文字的考釋以往多有分歧，現在大多已得到公認，簡説如下：

巽字貝，對貝文『哭』，曾出現過多達九種釋讀意見。現一般傾向於釋『巽』即『鐉』，可讀如『錢』。

桊，曾有五六種釋讀意見，現一般作此種隸定，究應如何釋讀，尚無定論。

全，過去有釋爲『金』或『百』的。黄錫全主張讀爲『全』。釋爲『安』的貝文，也係黄錫全所考。其他釋『君』『行』『忻』『貝』者大多無異議。

布幣有大、小兩種。大布正面四字、背面二字，小布正面背面各二字。古文字界對其考釋，長期存在不同意見，近據新出文字資料，認識正漸趨一致，大布正面四字當釋爲『橈比（幣）堂（當）忻（釿）』，讀爲『大幣當釿』，意即這種高大的布幣一枚相當一釿。大布背面二字，釋爲『七傎』或『十傎』。小布四字釋讀爲『四币當釿』。這種大小布幣已發現了三百餘枚。

楚銅錢牌早在清代就已發現并在古錢書内有著録，然對其國別、年代、性質不明。上世紀八十年代以來在湖北大冶、陽新、蘄春等地出土多枚，研究者認爲：『將銅錢牌定爲戰國時期楚國的特殊貨幣當無大疑問。』（《先秦貨幣通論》第三八三頁）

楚國金幣主要有金版、金餅兩類。上世紀九十年代就已有學者統計楚金幣出土數量至夥，其重量已超過三十公斤。在兩千多年前的戰國時代，有這樣的黄金鑄幣重量，真令人驚嘆！金幣是稱量貨幣，即用天平砝碼稱其重量，便於流通使用。天平砝碼有的有銘文，已編入彙編正文，故有必要附録這些金幣文字。金幣文字有：郢爯、陳爯、鄗爯、鑪金、羕陵、専爯、少貞、中。

楚銀幣發現很少，在湖南長沙、安徽壽縣出土過『郢爯』銀幣，安徽還發現了銀質『巽』字貝。

對楚貨幣及其文字僅作以上簡要説明，詳可參閱黄錫全《先秦貨幣通論》第七章《楚國貨幣》。拓片與圖象未作説明者均采自黄錫全先生此書，特此致謝。

四　楚系金文研究的新進展及相關問題

楚系金文是出土楚系文字資料中和簡帛文字同樣重要的兩大類資料之一。筆者於一九九一年撰成、一九九五年出版的《楚系青銅器研究》一書〔1〕，其中第六章《楚系青銅器銘文編年考述》，對以往發現的楚系金文予以綜合整理。此後的十多年來，又新發現較多楚系金文，有的是具有重要歷史價值的新發現。這些新發現以及楚系簡帛文字的大批出土，促進了楚系金文研究，一些原來不識或誤釋的字得到正確考釋，使楚系金文研究前進到一個新階段。

一

楚系金文研究的新進展、新階段，主要體現在以下三個方面：

（一）文字考釋方面的新進展。

首先是單字的考釋，經過古文字學界的共同努力，以往不識或誤釋或釋讀不準確的字，獲得了共識。最明顯的例子如『歲』字，此前有多種不同的隸定與考釋，黄錫全《『歲郢』辨析》一文曾作綜合考察，在諸家之説基礎上認爲應當釋爲『歲』〔2〕。郭店楚簡出土和發表之後，知此字確爲『歲』字，一錘定音，已成定論。又如『⿱羽能』字，在鄂君啓節銘文中讀爲『一』，也成定論。

正由於古文字特别是楚文字的新發現和古文字學者的努力，若干疑難字相繼得到解讀。這方面的例子甚多，還可舉出以下單字：釋『愠』、釋『頌』、釋『間』、釋『虎』讀『吾』等等〔3〕。

其次，對單篇銘文的通讀有了新進展。例如對傳世楚公逆鐘銘文，曾憲通據新出土的楚公逆鐘銘文在原有考釋基礎上補正了若干字，使釋讀更爲通順、準確〔4〕。

又如何琳儀對舒城鼓座銘文〔5〕、李家浩對黬鐘銘文〔6〕、周鳳五對鄂君啓節銘文〔7〕、黃德寬對曾姬無卹壺銘文〔8〕、黃盛璋對襄成公戈銘文〔9〕等新釋新見迭出，都取得可喜的收獲。

再次，對某一類楚系金文的研究有了新進展，例如黃錫全對楚貨幣文字（包括非金文文字）有系統而深入的研究〔10〕，李家浩對龍節一類文字的研究〔11〕等。

（二）楚系金文内容的研究，即楚系金文的史學價值及在學術研究中的地位、作用。

首先在於對新的重要發現的闡釋，例如，新出楚公逆鐘有長達六十八字銘文，李學勤、黃錫全等先生除就文字作考釋外，還着重對其歷史意義作了研究〔12〕。其後作進一步論考者也不乏其人，都對這一重要新發現予以高度評價。

就楚系金文作歷史、考古、地理、文獻等諸多學科方面考察的論著甚多。例如何琳儀釋鄂節中的『𧶠』，讀爲『誓』，引《水經注》，認爲此地即在長沙北郊〔13〕。李零關於楚景平王與古多字謚的探析、關於下寺楚墓銘文的考證〔14〕，李家浩關於龍節内容中『傳賃』的史學研究等等，此處不再詳列。

值得再提到的是關於曾侯乙編鐘銘文的研究，音樂界方面的學者在古文字學者銘文考釋的基礎上從樂律學角度對編鐘銘文的序列作了重新排定，并對其所表現的樂律學内容作了通盤考察與研究，其成果值得肯定〔15〕。

當然，楚系金文中至今仍有若干疑難字待考，其銘文内容也有值得進一步發掘與探索之處。因此，楚系金文文字的釋讀與内容的探索，還大有可爲。

（三）楚系金文資料的整理研究。

拙著《楚系青銅器研究》出版之後，就其中楚系青銅器銘文研究方面的評論值得介紹一下，例如《出土楚文獻文字研究綜述》一文（李守奎撰，《古籍整理研究學刊》二〇〇三年第一期）有以下評述：

「把楚國銅器銘文作爲一個完整的研究對象進行綜合研究是從八十年代開始的。主要有劉彬徽的《楚國有銘銅器編年概述》（一九八四）和李零的《楚國銅器銘文編年滙釋》（一九八六）……劉彬徽的《楚系青銅器》（一九九五）（筆者按：即《楚系青銅器研究》）第六章《楚系青銅器銘文編年考述》後出轉精，結合器形研究，斷代更有依據；内容也更爲豐富，是研究楚銅器銘文重要參考資料。……應當以楚銅器銘文爲對象，編著一部文字編，以見楚銅器銘文字形的全貌。」

關於楚銅器銘文的年代分期，《楚系銘文分期研究》一文（鄒芙都撰，《四川大學學報》哲學社會科學版二〇〇三年第三期）有以下評述：「劉彬徽……將楚銅器墓、銅器群分爲西周晚期、東周一至七期；在此基礎上，根據上述斷代標準，結合銘文内證和文獻記載，對楚系銘文的絶對和相對年代進行了系統考述，并將其分爲七期，對每一期的起止年代作了估定。……七期分法突破了以往那種六期分法，完全符合楚國歷史和楚銅器本身的發展演變規律，對我們充分利用楚銅器資料進行研究有極大價值。……以銘文字形等標準對其（楚系銘文）進行分期，恰能與劉先生的分期法相吻合，證明了七期分法的科學性。」

拙著出版多年以後，隨着新發現的增加和研究的深入，感到有訂補的必要，先後已作兩次訂補〔16〕。擬在此基礎上，滙集新出土、新發現的楚系金文作進一步的訂補。經與湖北教育出版社協定，開始編撰新的《楚系金文彙編》（包括字表）〔17〕。

近十多年來，關於楚系金文的工具書甚多，最早爲一九九二年之《輯證》〔18〕。接着有《安徽金文訂補》（一九九八年），大部分爲楚系金文〔19〕。何琳儀的《戰國古文字典》〔20〕和湯餘惠主編的《戰國文字編》〔21〕，均把戰國古文字分系編排，其中的楚系文字包括了楚系金文；二〇〇三年出版的《楚文字編》也包含楚系金文〔22〕，這都是方便讀者的楚系金文研究工具書。

此外，在一些全國性的字書中也包括楚系金文，如《殷周金文集成》及《釋文》與《引得》〔23〕，劉雨等編著的《近出殷周金文集録》〔24〕等。

還有張光裕、曹錦炎主編的《東周鳥篆文字編》〔25〕及曹錦炎的《鳥蟲書通考》〔26〕，内中有若干新見楚系金文，值得重視。

何琳儀之《戰國文字通論》修訂本已出版，其中對楚系金文亦新增不少論述，值得重視〔27〕。

二

以下討論與楚系金文研究相關的一個問題。

關於曾侯乙編鐘及銘文的文化屬性問題，學界基本上認爲應歸屬楚文化系統。但是有學者在一九九八年撰文對此予以否定〔28〕。該文從幾個方面予以分析，最後的結論是：『曾侯乙編鐘循着西周已形成的編鐘雙音結構及規範而發展，它不是楚鐘，也不是楚文化的産物，衹是曾、楚及其他國家音樂交流的工具。我們應該把它放在周文化的範疇來審視。』這一看法值得討論。楚鐘有楚國的鐘和楚文化系統之鐘的區别。周文化有西周文化、東周文化之分。這種時空概念的區别是很重要的。本文因限於篇幅，不可能與該文所談的所有論據一一討論，并且本人在音樂學上是外行，故在此衹提出幾點質疑，以供進一步討論。

（一）宏觀考察，曾侯乙編鐘是曾國的編鐘，而非楚國的編鐘，這是可以達成共識的。問題是它應否歸屬楚文化系統？歸屬楚文化系統即是説它雖然不是楚國的但有楚文化特徵。時代的巨輪駛入東周這一歷史河段，周王朝名存實亡，統一的西周文化因春秋五霸、戰國七雄的崛起而四分五裂。李學勤先生將其劃分爲七個文化圈，其中『中原文化圈』是指地處黄河中游的周（東周王朝已縮小爲僅轄今洛陽地帶的幾個縣）和三晋（不含趙國北部）地區。在夏商和西周時期整個中原文化有着核心優勢，對周圍文化有很大影響，但到東周時期其影響日趨減弱。長江中游的楚國則後來居上，春秋早中期就已北上問鼎中原，開始形成自成一系的楚文化，并向四周擴展其影響。戰國早期曾國國君的墓葬中表示其身份等級的九鼎八簋，其九鼎已是與周式鼎迥異的楚式束腰平底鼎。曾侯乙墓及其出土遺物包括編鐘在内，祇能歸屬楚文化系統。而若歸入三晋文化爲主的中原文化系統，則顯得不倫不類。且東周時期的東周文化已分裂爲不同的文化系統，因此，已不可能籠統地稱爲周文化。如果把概念明確一點，應可采取張正明先生的看法：『從楚文化形成之時起，華夏文化就分成了北南兩支，北支爲中原文化，雄渾如觸砥柱而下的黄河；南支即楚文化，清奇如穿三峽而出的長江。這北南兩支華夏文化是上古中國燦爛文化的表率，而與時代大致相當的古希臘和古羅馬的文化遥相輝映。』[29]楚文化早在春秋中晚期就已形成，晚至戰國時期作爲楚國附屬國的曾國，其文化屬性歸爲楚文化系統，應是無可非議的事。

（二）微觀考察，看看曾侯乙編鐘所具楚文化特徵。

第一，曾侯乙編鐘樂律學上的楚文化特徵。我於此無研究，祇能引述現有的研究成果，不妨在此介紹一下黄翔鵬先生的博士研究生崔憲在其所著《曾侯乙編鐘鐘銘校釋及其律學研究》一書中所論及的兩種看法。其一，曾侯乙編鐘十二律排列爲『蕤賓下生』，這正是『後世人們不甚了解的一種楚制』，『曾侯鐘律以弦律——「均鐘」調律并記録了楚制……鐘銘以自成系統的律名，都與楚樂存在着某種必然的聯繫』[30]。其二，關於十二律的旋宫轉調，在中國古代有兩種方法——右旋法和左旋法。『經深入研究，人們發現曾侯鐘銘的記寫方式，完整詳盡地體現出它的旋宫屬於「右旋」系統。』[31]『這和《周禮》記載的中原西周「爲調式」——左旋旋宫法不同，是一種重視宫均、重視音樂實踐而不重視所謂禮儀制度規範的音樂理論總結……荆楚樂律體系不僅在當時的中國，而且在當時的世界上處於同學科的絶對領先地位。』[32]以上與中原文化不同的兩個特點，足以表明曾侯乙編鐘的楚系文化屬性[33]。

第二，從文字學角度來看曾侯乙編鐘銘文，無論從字的外觀還是從其字形結構看，無疑均具楚文化特徵。著名古文字學者裘錫圭先生早就分析了曾鐘中諸如『坪』『新』等文字，指出『正如曾國跟楚國在政治上的關係一樣，在戰國初期，曾楚二國文字的關係也非常密切』[34]。又有古文字學者認爲『很多曾國文字實際就是典型的楚國文字』[35]。古文字學者編撰字書一類工具書，例如《戰國古文字典》《戰國文字編》等，均按五個區系——秦系、楚系、齊系、晋系、燕系來分列字表，都是把曾侯乙編鐘銘文歸於楚系，絶無歸於中原晋、齊等系之舉。這種文字系别之分更足以表明曾侯乙編鐘應歸屬楚文化系統[36]。

把曾侯乙編鐘的文化屬性歸屬楚系，并不是否認其中有不少中原文化因素，因爲楚文化也是在中原商、西周文化的基礎上發展起來的，楚文化本身也有中原文化因素。楚文化是華夏文化的南支，中華上古文化是華夏文化南、北二支的有機組成，是二元耦合的文化，可以説『你中有我，我中有你』。南北兩支文化已水乳交融在一起，它們之所以可以區别，乃是地域文化特徵使然。我們在討論曾侯乙編鐘的文化屬性時，必須把握這種共性與個性、同與異的辯證關係，這樣，庶幾可以在這個問題上達成共識。

【注釋】

〔1〕湖北教育出版社一九九五年。

〔2〕黃錫全：《『蒧郢』辨析》，《楚文化研究論集》第二集，湖北人民出版社一九九一年。

〔3〕劉釗：《釋愠》，《容庚先生百年誕辰紀念文集》，廣東人民出版社一九九八年；何琳儀：《楚王領鐘器主新探》，《東南文化》一九九九年第三期；黃錫全：《試説楚國黃金貨幣稱量單位『半鎰』》，《江漢考古》二〇〇〇年第一期；黃德寬：《曾姬無卹壺銘文新釋》，《古文字研究》第二十三輯，中華書局二〇〇二年。

〔4〕曾憲通：《宋代著録楚公逆鐘銘文補釋》，收入《曾憲通學術文集》，汕頭大學出版社二〇〇二年。

〔5〕何琳儀：《九里墩鼓座銘文新釋》，《文物研究》第十一輯，黃山書社一九九八年。

〔6〕李家浩：《黝鐘銘文新釋》，《北大中文研究》第一輯，北京大學出版社一九九八年，收入其自選集《著名中年語言學家自選集·李家浩卷》，安徽教育出版社二〇〇二年。

〔7〕周鳳五：《鄂君啓節新釋》，轉引自《古文字與古文獻》（臺北楚文化研究會一九九九年印）内周鳳五先生論文。

〔8〕同〔3〕黃德宽文。

〔9〕黃盛璋：《連雲港楚墓出土襄城公競尹戈銘文考釋及其歷史地理問題》，《考古》一九九八年第三期。

〔10〕黃錫全：《先秦貨幣通論》，紫禁城出版社二〇〇一年（見第七章《楚國貨幣》）。

〔11〕李家浩：《傳賃龍節銘文考釋戰國符節銘文研究之三》，《考古學報》一九九八年第一期，收入《著名中年語言學家自選集·李家浩卷》。

〔12〕李學勤：《試論楚公逆編鐘》，《文物》一九九五年第二期；黃錫全、于炳文：《山西晉侯墓地所出楚公逆鐘銘文新釋》，《考古》一九九五年第二期。

〔13〕何琳儀：《鄂君啓舟節釋地三則》，《古文字研究》第二十二輯，中華書局二〇〇〇年。
〔14〕李零：《楚景平王與古多字謚——重讀『秦王卑命』鐘銘文》，《傳統文化與現代化》一九九六年第六期；又《再論淅川下寺楚墓——讀〈淅川下寺楚墓〉》，《文物》一九九六年第一期。
〔15〕崔憲：《曾侯乙編鐘鐘銘校釋及其律學研究》，人民音樂出版社一九九七年。
〔16〕劉彬徽：《楚系金文訂補（之一）》，《古文字研究》第二十三輯，中華書局二〇〇二年；又《楚系金文訂補（續）》，《楚文化研究論集》第五集，黄山書社二〇〇三年。
〔17〕即本書。
〔18〕黄錫全：《湖北出土商周文字輯證》，武漢大學出版社一九九二年。
〔19〕崔恒昇：《安徽出土金文訂補》，黄山書社一九九八年。
〔20〕何琳儀：《戰國古文字典——戰國文字聲系》，中華書局一九九八年。
〔21〕湯餘惠：《戰國文字編》，福建人民出版社二〇〇一年。
〔22〕李守奎：《楚文字編》，華東師範大學出版社二〇〇三年。
〔23〕中國社會科學院考古研究所編：《殷周金文集成》一—十八册，中華書局一九八四—一九九四年；中國社會科學院考古研究所編：《殷周金文集成釋文》，香港中文大學中國文化研究所二〇〇一年；張亞初：《殷周金文集成引得》，中華書局二〇〇一年。
〔24〕劉雨、盧岩：《近出殷周金文集録》，中華書局二〇〇二年。
〔25〕張光裕、曹錦炎：《東周鳥篆文字編》，香港翰墨軒出版有限公司一九九四年。
〔26〕曹錦炎：《鳥蟲書通考》，上海書畫出版社一九九九年。
〔27〕何琳儀：《戰國文字通論》（訂補），江蘇教育出版社二〇〇三年。

〔28〕馮光生：《曾侯乙編鐘文化屬性分析》，《黄鐘》（武漢音樂學院學報）一九九八年第三期。

〔29〕張正明：《楚文化史》，上海人民出版社一九八七年。

〔30〕同〔15〕。

〔31〕同〔15〕。

〔32〕楊匡民、李幼平：《荆楚歌樂舞》，湖北教育出版社一九九七年。

〔33〕曾侯乙編鐘鐘律主要采用與周律名不同的楚十二律名，也是楚系特徵之一。

〔34〕裘錫圭：《談談隨縣曾侯乙墓的文字資料》，《文物》一九七九年第七期。

〔35〕同〔27〕。

〔36〕關於曾侯乙編鐘可歸入楚文化系統的問題，本人在《曾侯乙編鐘》一書中有一篇長篇論文《曾侯乙編鐘的考古學意义》進行了論述，可資參考，見第六六九—六八〇頁。此書爲八開本精裝四大册，由鄒衡、譚維四主編，金城出版社、西苑出版社二〇一五年出版。

（本文原爲筆者於二〇〇三年參加湘鄂豫皖四省楚文化研究會第八次年會時提交的學術論文，後收入《楚文化研究論集》第六集，湖北教育出版社二〇〇五年。附於本書時，在内容上作了必要的補充）

五　楚季編鐘及其他新見楚銘銅器研究

近幾年來楚國、楚系青銅器中的有銘楚器又有新的重要發現，其中尤以楚季編鐘的出土最爲引人注目，本人曾譽之爲『石破天驚』的重大發現。本文即以楚季編鐘的論述爲重點，綜述近幾年來的有銘楚器。

一　楚季編鐘研究

（一）發現情況

二〇一二年六月在湖北宜昌市境東南的長江北岸一處施工地段，發現了有銘文的楚國銅器和西周楚文化遺址，消息不脛而走，網絡上也在熱傳，先有湖北省文物考古界和古文字學者觀察了出土物，之後於八月十六日宜昌市邀請北京、湖南和本省專家進行論證，并於十七日舉行了新聞發佈會，向外界正式公開這一重要發現。筆者有幸被邀請到現場進行考察和研討。《中國文物報》迅即於八月二十二日對這一重要發現予以報道，摘引如下：

湖北宜昌發現西周重要遺址

6月18日下午，宜昌在廂涵工程施工過程中發現銅鼎、編鐘等文物，施工方立即報告宜昌市文物局。6月19日至24日，8月3日至9日，宜昌市文化局和宜昌博物館分别兩次組織調查勘探人員，趕到萬福埫文物出土現場進行搶救性發掘并對周邊地帶進行勘探。經過探尋共發現三個灰坑，分别編號爲H1、H2和H3。從勘探情況看，遺址自西北向東南方呈不規則形分佈……

H1南北直徑156厘米、東西殘長110厘米、殘深70厘米。內分兩層，坑形規範、壁陡光平，出土很多陶器，器形有鬲、尊、豆、罐、瓿等殘件。內夾雜很多黑木炭和灰燼。推測銅鐘和銅鼎都出土於該坑之內……萬福垴遺址共搶救出土青銅器12件，其中編鐘11件、鼎1件。編鐘均屬甬鐘，其中一件鉦部有銘文爲『楚季寶鐘厥孫乃獻于公公其萬年受厥福』。銅鼎立耳較大微外撇，厚方唇，下腹大於上腹，牛首形蹄足，腹飾扉棱和鳳紋，有少量地紋。陶器經初步修復，器形有鬲、簋、尊、甗、粗柄豆等。經北京大學考古文博學院教授李伯謙、高崇文，湖北省文物考古研究所研究員陳振裕、孟華平，湖南省博物館研究員劉彬徽等專家會商認定，宜昌萬福垴遺址出土的青銅鼎、青銅編鐘及銘文和陶器，時代屬於西周中晚期，是楚文化考古的重大發現和突破。發現地點所在的枝江是早期楚文化探索的中心區域之一。此次發現的『楚季』『公』等人物是研究早期楚國的重要資料，在我國南方地區尚屬首次發現，填補了我國早期楚文化研究的空白，對未來楚文化研究將産生積極影響。

在此期間，《湖北日報》《楚天金報》《三峽商報》等報紙及『荆楚網』『簡帛研究網』等網絡媒體均廣爲報道、評論。宜昌博物館接着又以彙報材料爲基礎，撰成《宜昌萬福垴編鐘出土及遺址初步勘探》（以下引述該文簡稱《萬福垴鐘》）在《中國文物報》二〇一二年九月二十八日刊出，使外界對這一發現更爲瞭解。該文將出土楚季編鐘共11件分爲形制不同的三個式别，這有助於進一步研究；指出這批文物所在的遺址面積爲5.5萬平方米，乃較爲單一的西周楚文化遺址。該文對此次發現再次强調：『萬福垴遺址是一處非常重要的周代遺址……一次性出土西周編鐘達十多件，在湖北還是首次，全國一次性出土如此多的西周楚編鐘也是首次。』該文援引高崇文的話説：『20世紀70至80年代中國歷史博物館原館長俞偉超先生（已故）帶着學術課題率領北大、武大和湖北省考古所、宜昌博物館等單位的師生及考古工作者，在枝江、當陽、遠安等沮漳河一帶苦苦尋找多年而未找到的早期楚文化遺存這次突然出現，這發現意義特別重大、非同小可，其學術價值不可估量。』該文提到，在『宜昌萬福垴遺址考古發現學術討論會』上劉彬徽無比興奮地説：『這批文物的被發現在學術界「石破天驚」。』

（二）關於楚季編鐘年代的討論

《中國文物報》以上兩篇報道，根據當時專家們的意見，將該遺址出土物的年代定爲西周中晚期。現在看來，對這個年代還可再討論。將該遺址出土的銅鼎和陶器的年代定爲西周中期，應該没有問題，問題在於編鐘的年代。其年代能否早到西周中期？特别是有楚季銘文的鐘，字爲後刻，後刻的時代會不會很晚？因此，必須對這些編鐘的年代作出較爲準確的判斷。這是個前提性和基礎性的問題，衹有先討論這個問題才能進一步談其他學術問題。目前，也確實存在不同的看法需要認真分析、討論。據筆者所知，當前主要有以下幾種意見：

第一種意見定爲西周中晚期之際。例如《南方文物》二〇一二年第三期有文認爲：『萬福垴甬鐘的年代，或可能早至西周中晚期之間。當然萬福垴鐘銘文鏨刻年代較晚，是要區别於甬鐘澆鑄年代的。』[一]

第二種意見把有銘甬鐘年代定在西周晚期周厲王時。這是發於『簡帛網』的一篇文章，此文作者以較長篇幅論述甬鐘銘文中的『楚季』是楚國國君熊渠的少子摯疵，其封王『當周夷王之事，那麽「厥孫」鑄造編鐘，應在周厲王時期，也就是西周晚期偏早』[2]。

第三種意見定在西周晚期周宣王時，認爲是楚國國君季徇（熊徇）之器[3]。

對於以上三種關於年代的看法，筆者一直在反復思考。二〇一二年九月二十二至二十五日，筆者在復旦大學參加中國古文字研究會第十九届學術年會期間，提出了第四種關於年代的看法：『楚季鐘的年代爲西周中期前段，同出其他甬鐘年代處於西周早期後段至西周中期前段年代範圍内，不會晚至西周晚期……此遺址年代應爲西周中期晚段。』[4] 在這次學術討論會上，僅是表達了以上看法，并未詳細論證。并且在會議討論中，有學者仍認爲應定在西周晚期。因此，爲了更詳細地論述我的看法，否定將其年代定在西周中晚期之際或西周晚期等年代偏晚的看法，有必要在此作詳細論述。

鑒於『楚季』銘文爲後刻，其年代應稍晚於鑄造甬鐘的年代，可分爲兩個問題考察。

1. 關於甬鐘的鑄造年代

前述《中國文物報》載《萬福堖鐘》一文將出土的 11 件甬鐘分爲 3 種形制，其Ⅰ式爲刻有『楚季』銘文的甬鐘；Ⅱ式爲有小乳丁界欄的甬鐘；Ⅲ式爲無小乳丁而有圈點紋界欄的甬鐘。經筆者現場觀察，這三個式别確爲三個形制有差異的類别，可稱之爲不同的三型，而這三型正好可對應於《西周青銅器分期斷代研究》[5]（以下簡稱《斷代》）一書中的Ⅰ、Ⅱ、Ⅲ型。《萬福堖鐘》的Ⅱ式對應於《斷代》的Ⅰ型，Ⅲ式對應於Ⅱ型，Ⅰ式對應於Ⅲ型。《斷代》Ⅰ型甬鐘年代最早者爲陝西寶雞竹園溝 M7 西周墓出土的甬鐘（圖一），『年代屬康昭之際』[6]，相對年代爲西周早期偏晚。與之對應的《萬福堖鐘》Ⅱ式（圖四，1）和竹園溝 M7 甬鐘年代相同，也應早到西周早期偏晚。

《斷代》Ⅱ型甬鐘年代最早者也出自竹園溝 M7（圖二，1），『爲西周早期康昭之際器』[7]，與之對應的《萬福堖鐘》Ⅲ式（圖二，2）的年代也應和竹園溝同型鐘年代相同，爲西周早期偏晚。

《斷代》的Ⅲ型鐘一爲陝西扶風莊白 1 號青銅器窖藏出土（圖三，1）。二爲山西曲沃晉侯墓地 M8 盜掘出土的晉侯穌鐘丙型鐘（圖三，2），和《萬福堖鐘》Ⅰ式（圖三，3；圖四，2）對應，其正鼓部紋樣相同。晉侯穌鐘有鏨刻的長篇銘文，銘文内容表明爲西周晚期周厲王時之器，但晉侯穌鐘甲乙丙三型鐘的鑄製年代都要早於周厲王。音樂學研究專家王子初認爲其甲乙型鐘年代爲『西周初期』，其丙型鐘年代

『推前至恭王時期是有一定理由的』[8]。恭王時期的相對年代爲西周中期前段，這同樣是《萬福塪鐘》Ⅰ式的年代。

萬福塪鐘的三個式别對應於《斷代》一書甬鐘的三個型，《斷代》指出Ⅰ、Ⅱ、Ⅲ型鐘可以同時并存，表明這三個型的鐘年代相近。萬福塪鐘的年代也應作如此觀，其年代爲西周早期後段至西周中期前段。這就是筆者對萬福塪編鐘鑄製年代的看法。對這些編鐘實物作過考察的高至喜先生也認爲，其年代有的可以早到西周早期偏晚，更加强了筆者堅持這一看法的自信，從而可以認定前述關於其年代晚至西周中晚期之際和西周晚期的看法不可信，相信待這11件編鐘詳細材料公佈以後，可以進一步驗證筆者的這一看法。

2. 關於鑿刻『楚季』銘文甬鐘（圖四，3）的下限年代

這些包括『楚季』銘文甬鐘在内的編鐘出自西周遺址内，故鑿刻『楚季』銘文甬鐘的使用年代應和遺址年代相同。出土陶器是判斷遺址年代的最重要依據，有的論者也認爲『年代下限如何，則還需要分析同出陶器』[9]。參與考察研究的專家們一致認爲這些陶器，如陶鬲等（圖四，4；圖五，1、2）肯定比當陽趙家湖楚墓最早年代的西周晚期[10]要早得多，可以考慮爲西周中期。它和當陽趙家湖等沮漳河兩岸發現的西周楚文化遺存有一脈相承的演變關係。在此還可補充的是：在萬福塪遺址以西的長江北岸，考古工作者配合三峽水利工程建設，發掘了宜昌上磨塪遺址，『獲得了一批西周中期至春秋時期的重要遺存……第六層遺存斷爲西周中期，第五層遺存定爲西周晚期至春秋中期……上磨塪第六層出土的A組陶器（見本文圖六——引者注）的時代爲西周中期，這樣早期楚民族文化的年代上限便從西周晚期追溯到了西周中期……早期楚民族文化是上磨塪遺存的主流，上磨塪是早期楚民族活動的遺址。三種（還有B、C的巴文化和商周的周梁玉橋文化——引者注）陶器并存的情况又説明早期楚民族文化尚處於其形成的初期』[11]。將上磨塪遺址第六層西周中期陶器和萬福塪遺址出土陶器對比，發現二者有着驚人的相似之處，因此也應

定萬福塯遺址年代爲西周中期，所出的銅鼎（圖五，3）可以早到西周中期前段，出土編鐘的使用年代也應爲西周中期，包括鏨刻『楚季』銘文甬鐘，其字體形態也具西周中期特點。

這些甬鐘的鑄製年代爲西周早期後段至西周中期前段，刻製銘文的年代則爲西周中期後段，編鐘使用年代和遺址年代大體同時，上限年代爲西周早期後段至西周中期前段，下限年代止於西周中期後段，不會晚到西周晚期。這就是筆者對鏨刻『楚季』銘文年代和編鐘使用年代的結論性看法。并且也同樣相信，待到陶器詳細材料公佈和下一步遺址發掘新材料的出土，還可進一步驗證這一結論性看法。

（三）關於『楚季』鐘銘文的解釋

有了以上對楚季編鐘年代的科學考察爲基礎，就可以對鐘的銘文作出合理解釋。

楚季銘文共有17字：楚季寶鐘，氒（厥）孫廼（乃）獻于公，公其萬年受氒（厥）福。這些銘文不存在疑難字要考釋，而對其解釋則出現不同的説法，下面分別討論。

1. 關於對『楚季』的解釋

文獻記載楚有『季氏』。《世本·氏姓篇》載『楚季氏，楚若敖生楚季，因氏焉』。楚君若敖於公元前七九〇—前七六四年在位，若按《世本》所云，若敖生楚季至其成年已進入春秋初年。傳世有『楚季苟』盤，年代爲春秋早期[12]，似可印證『楚季氏』始於春秋早期。而前述『楚季』鐘年代已早至西周中期後段，表明『楚季氏』應早在若敖以前就已存在了。有的學者正是看到了這一點，認定『我們如果援引「若敖生楚季」的文獻，將「楚季鐘」的年代定在春秋早期偏晚，那就與考古事實不相符合了。因此必須另闢蹊徑，尋找與考古學年代相符合的「楚季」其人』[13]。『楚季』其人是誰？筆者在此提出新的看法。

討論這一問題的前提是前述所論定的甬鐘年代爲西周早期後段至西周中期前段，在這個年代範圍内有誰可以稱得上是『楚季』得氏之始祖？在《史記》等文獻中似乎難找到綫索，可喜的是在清華簡《楚居》

中已有記載可查，現將其中一段引録如下：

> 穴酓（鬻熊）遲徙於京宗，爰得妣戲，逆流載水，厥狀聶耳，乃妻之，生侸叔、麗季……抵今曰楚人。至酓（熊，下同）狂亦居京宗。至熊繹與屈紃，使鄀嗌卜，徙於夷宅……〔14〕

引文中的麗季就是《史記・楚世家》中的熊麗。筆者認爲『侸叔』的直系後裔都可稱『楚叔』，晚至春秋中晚期出土的幾件有銘文的『楚叔之孫』的青銅器可證〔15〕。則『麗季』的直系後裔同樣可以稱之爲『楚季』。熊麗之孫熊繹繼承國君，爲大宗，其弟輩爲小宗，是爲『楚季氏』，延續至春秋早期有上述『楚季苟』爲其裔孫。

楚季得氏之始在楚君熊繹之世，熊繹之世當周成王世，則『楚季厥孫』約當周康王、昭王世，相對年代爲西周早期後段，這與萬福堖編鐘年代可早至西周早期後段是相符的，證明我這一新的看法應是可靠的。

2. 關於對『厥孫乃獻于公』的解釋

先談『厥孫』的『孫』，這個『孫』既可解釋爲祖父與孫的關係，也可解釋爲『裔孫』，即『楚季氏』的後代子孫，考慮到銘文刻製的年代已晚到西周中期後段，故應以解釋爲『裔孫』爲宜。

再談對於『公』的解釋。現已出現一種解釋：『「公」有可能與「楚季」爲同一人，或可稱爲「楚季公」……孫子給祖父作器貢獻給健在的祖父。』〔16〕這種解釋可靠嗎？答案是否定的。因爲已有研究者作出了很明確的界定：『依銘文的通例，若作器所爲之人有公稱且是器主人之父祖，則既舉其公稱又明言是己之父祖。如西周早期宜侯夨簋銘文云「宜侯夨揚王休，作虞公父丁尊彝」，再如西周中期畢鮮簋銘文云

「畢鮮作皇祖益公尊簋」。若僅舉公稱而不言是己之父祖，則器主人與作器所爲之人當是君臣關係……器主人爲之作器若不明言是己之父祖，當是君臣關係。』[17] 對此，唐蘭等前輩學者及現今學者李學勤、裘錫圭等人都主此説[18]。楚季鐘銘文正是衹單稱『公』，而不稱自己的父、祖，故其『公』必定與楚季之孫爲君臣關係，『公』必爲楚國國君，這應是定論，且楚國在西周時期的國君均自稱爲公，如楚公豥鐘、戈和楚公逆鐘等有銘楚器可證[19]。

復次，再談楚『公』應相當於楚國的哪個國君。前面已論定後刻『楚季』銘文的下限年代爲西周中期晚段，西周中期止於周夷王之世，據《史記·楚世家》，熊渠當周夷王之時，因之，這個作爲國君的『公』，應不晚於熊渠之世。楚季厥孫『獻于公』所指的國君有可能指楚君熊渠或其父、祖輩的國君。這是較爲準確的解釋。

根據以上考證，這17字銘文的文意應當作如下解讀：楚季氏家族的珍寶樂鐘，在西周中期後段其某代裔孫也是楚王的臣子，在楚都邑所在地隆重地奉獻給當世的某代楚國國君，祝願國君某某萬萬年永遠幸福安康。

（四）楚季編鐘及同出遺物的學術研究價值及其歷史文化意義

宜昌萬福瑙遺址出土的這批重要文物已引起歷史學、考古學、古文字學等多學科研究者的廣泛關注和熱議，并得到高度評估。本文限於篇幅，衹重點談兩個方面的問題。

1. 爲西周甬鐘源流關係的探討提供了極有價值的新的重要資料

關於西周早期甬鐘的起源問題，存在南北兩説，在此不擬詳作介紹。通過筆者最近的瞭解，可肯定南方起源説是正確的。此説最先由高至喜先生首倡[20]，近年高先生又再次著文《論早期甬鐘起源於湘江中下游地區》，認爲『甬鐘的起源地以寧鄉黄材的可能性最大』[21]。曹瑋《西周前期南北方鐘的比較與北傳路綫》一文中也肯定：『南方出現甬鐘的年代上要早於關中，因此，傳播的方向是由南向北的趨勢也是一目瞭然的。』[22]音樂學研究專家王子初有同樣的觀點：『北方地區無法找到甬鐘的起源……甬鐘應該起源於南方青銅鐃。』[23]他還提出：『北傳的路綫可能有兩條，一條是經湖北東南部的揚越之地直接傳入北方，另一條可能是經楚地再傳入周人地區。』[24]高至喜先生也提出過同樣觀點[25]。在這北傳的兩條路綫中以哪一條的可能性爲大呢？這在此前還難以判明。

現在好了，有宜昌萬福垴編鐘的出土，銘文清楚表明爲楚國國君宗親貴族『楚季氏』所有，且多達11件。這一新材料證明北傳路綫是經過楚地的，是楚人在甬鐘北傳中起了重要的橋樑和南北交融作用。因此，有必要重新評估楚人在甬鐘北傳并進而導致西周『禮樂制度』形成的重大歷史作用，也就是説要重新評估楚國在西周早期的歷史文化地位。這是評估宜昌萬福垴西周遺址重要學術價值很重要的一個方面，值得進一步深入研討。

2.爲西周時期楚居丹陽地望的確認提供了新的重要證據

關於西周時期楚都丹陽的南、北兩説之爭，迄今均各有所據。筆者雖一貫主張南説，認定『沮漳河流域是楚早期居留地，丹陽應在荆山以南至沮漳河流域。』[26]但苦於一直未找到這個地域的西周早中期遺存，以致主張北説者似乎已占上風。現在好了，在宜昌萬福垴遺址出土了有文字記載的楚人遺物，成爲西周中期楚人在此居留的鐵證，爲主南説者注入了强心劑。故筆者在宜昌舉辦的新聞發佈會上，面對衆多新聞媒體記者，發出了『石破天驚』的讚歎！

正如前面引文中提到的，考古工作者以往在沮漳河兩岸一直難以找到楚文化早期遺址，而今在沮漳河以西不遠的萬福垴突然冒出了西周早中期的楚人遺物，年過八旬的宜昌博物館老館長高應勤也興奮地説，假若俞偉超先生在世會高興得跳起來。真是應了那句古詩：『衆裏尋他千百度，驀然回首，那人却在燈火闌珊處！』真的要好好感謝工程部門認真保護文物的高尚精神〔27〕。

這個早期楚文化遺址之所以重要，在於能與歷史文獻記載和新出土文獻相互印證。《史記・楚世家》：『秦將白起遂拔我郢，燒先王墓夷陵。』《中國古今地名大辭典》：『夷陵縣，本楚先王墓名，漢置縣，故城有五，皆在湖北宜昌縣，一在縣東，晋宋以前故城也。』〔28〕由此可知，萬福垴遺址應屬古夷陵地域範圍，這地域内有『楚先王墓』。筆者在現場考察，見到此遺址東北面不遠就有連綿不斷的山脈，未來很有可能在那裏找到楚先王墓。

這個位於今宜昌地域的古夷陵更有新見出土文獻爲證。這就必須緊接前引清華簡《楚居》的話予以佐證：『至熊繹……徙於夷宅……至熊只、熊⿰舟旦、熊樊及熊賜、熊⿺辶巨（渠），盡居夷宅。熊渠徙居發漸。至熊朔、熊摯居發漸。熊摯徙居旁屽，至熊延自旁屽徙居喬多。至……熊咢（鄂）及若敖熊儀皆居喬多。至武王……曰郢，至文王……徙居爲郢……至獻惠王徙襲爲郢……』〔29〕爲免引文過長，中間省略了一些文句，但必須引至楚惠王乃居『爲郢』。

先談《楚居》的夷宅。這個夷宅在何地？近期已有學者作了考證，論定『《楚居》的「夷宅」，應該讀爲「夷陵」，指代楚都「丹陽」』〔30〕。這一看法有古文字學和古文獻學依據，可以信從。宜昌古稱夷陵，也是共識。出土楚季鐘等文物的萬福垴遺址正好位於古夷陵地域，也就是處在西周楚都丹陽地域内，楚宗室貴族和楚季氏族人長久居住在這個楚國都邑地域，其後代子孫在都邑所在地獻其寶鐘於楚國國君便是順理成章之事！

還可進一步推論，熊繹至熊渠『盡居夷宅』即夷陵，其相對年代正好是西周早期至中期，與萬福垴編鐘三個型別的年代相同，證明這些編鐘的使用年代就在楚都丹陽時期。西周中期以後楚王所居已由夷宅先後徙居『發漸』『旁屽』『喬多』等地，這些地點於今無考，但總不應該超出沮漳河流域。從萬福垴遺址向東直至沮漳河東西兩邊都爲廣闊的江漢平原，楚國歷史發展正是由西向東再向北，至武王、文王所居之郢已處於沮漳河兩岸東至今荆州地域。荆州區西北、沮漳河東岸的陰湘城爲史前古城，西周時期還在沿用[31]。它有没有可能是楚王所居留的古城呢？這有待於今後的考古工作去求證。那麽，西周中期以後的楚國王室及貴族遺物應到萬福堖遺址以東的某地去尋找。傳世和新出西周晚期楚公豪鐘、戈及楚公逆編鐘應是熊渠及熊渠以後楚君居留於萬福堖遺址以東沮漳河兩岸的某地所鑄造和使用之楚器。

以上所論，表明萬福堖遺址及出土楚季鐘等重要文物對確認楚在西周時期中心地域和都城所在地，對早期楚文化的認知，提供了至爲關鍵的新的重要證據。因此，這一重要發現，對楚國歷史文化研究和先秦歷史文化研究來説，其學術意義無論怎麽高估都不爲過。

二　其他新見楚銘銅器研究

以上第一部分專論楚季青銅編鐘，這是近年新見最重要的楚器。以下將分述新見較重要的十項有銘青銅楚器。在這些具銘楚器中，有的是發掘出土的，有的是流散收藏的，均已見諸報道，限於本文篇幅，大多不再詳作介紹，僅對在研究中出現的不同意見，諸如年代判斷、銘文解釋及有關歷史文化問題等方面存在的争議，提出個人的見解，有的顯爲創見，按年代早晚關係分述。

（一）楚王領甗

這是二〇一〇年出版的《近出殷周金文集録二編》[32]收録的一件楚器，銘文共7行36字，其中重文二：『唯八月初吉丁亥，楚王領媵徐季嬭（芈）遡母媵甗，用享以孝，用祈萬年眉壽，子子孫孫永寶用之。』（圖七，1）。

銘文表明，此甗是楚王領爲嫁到徐國的楚國女子季芈遡母所作的媵器。銘文無疑難字、内容也較明白，成問題的是其年代。有論者認爲銘文中『楚王領』爲楚靈王〔33〕，公元前五四〇年—前五二九年在位。這個年代按通常的分期法已至春秋晚期，按本人的分期法是在東周三、四期之際，亦即春秋中晚期之際。經筆者反復查閲有關論述與資料，可以認定這個年代是不確的，應予更正。理由如下：

第一，在此之前已有同名的傳世楚王領鐘。在拙著《楚銅研》中，『曾考慮可能是楚王堵敖即熊囏（艱）（前六七六年—前六七二年）之鐘』〔34〕。後經何琳儀先生進一步考定爲熊艱之器，故本人《楚系金文彙編》〔35〕一書采納此説，將其列入東周一期之末，爲接近前六七二年之器，其相對年代應爲春秋早期偏晚。這一論斷比前述論者將楚王領甗定爲楚靈王器即春秋晚期器要早得多。筆者對楚王領鐘的這個年代的看法至今仍深信不疑。

既然楚王領鐘年代這麼早，同屬一人之青銅甗的年代也應相同。

第二，論者列舉楚地和山東境内有關春秋戰國時期的青銅甗作了長篇論述（并附許多插圖），顯然有點小題大做，因爲衹要比較一下西周晚期至春秋中期的甗，就可將此楚王領甗的年代定下來。

此楚王領甗的形制、紋飾特點和湖北隨州季氏梁墓所出甗（圖七，2）及山東曲阜魯國故城M48出土的魯仲齊甗（圖七，3）最爲相似，二者年代爲春秋早中期之際和春秋早期〔36〕。在此要指出論者忽視了三器一個共同的特點，即其足底緣均無臺階狀，較晚的則有臺階狀。這是判斷年代早晚關係很重要的一個原則。西周晚期至春秋早期流行無臺階狀足，而春秋早期以後則流行臺階狀蹄足，這種足形演變更多見於青銅鼎足。參閲《中國青銅器綜論》〔37〕所列春秋早期至春秋中期鼎、甗的圖形就可對這種足部演變情況一目瞭然。

根據以上兩個方面的論述，可證主張爲楚靈王之説是不可信的，應以楚王熊囏之説爲是，這就是爲什麼要討論此楚王領甗的緣由所在。

（二）楚系寬兒缶與寬兒鼎

這是筆者近年新見的楚系青銅器。二〇一〇年十月張懋鎔先生惠贈筆者一本他的學術文集《古文字與青銅器論集》（第三輯），內有《寬兒缶小議》一文，此前因拙著《楚金文》未收録，張先生『曾徵詢劉彬徽先生的意見，他也認爲寬兒器應屬楚系青銅器』[38]。此文詳介此器云：『近來見到一件寬兒缶，通高37.9、蓋高8.3、口徑22.8、兩耳間距49、腹寬40、腹深32.7、圈足徑21.3厘米……圈形捉手中央飾渦紋，渦紋外側飾兩周重環紋，捉手內壁飾蟠螭紋。蓋面上飾兩周綯索紋，兩周綯索紋之間是三角紋，三角紋內填以蟠螭紋，蓋折沿部分飾有一周三角紋。肩、腹交界處及上腹部各有一周綯索紋，兩周綯索紋上下飾有細密的蟠螭紋……蓋內鑄銘文5行，每行6字，共30字：「唯正八月初吉壬申，蘇公之孫寬兒擇其吉金，自作行缶，眉壽無期，永保用之。」此器碩大飽滿，紋飾細密清爽，一絲不苟，緑銹、藍銹堅實，呈顆粒狀分佈，銘文纖細但挺拔遒勁，字形頎長而舒展秀美，器上的範綫穿過紋飾，鑄造痕迹明顯，可見寬兒缶是一件真器，當無疑問。』以上引文較長，一是引述紋飾的必要（照片上看不清楚），二是鑒於目前市面上僞器充斥，故較長引述其爲真器的看法，這對於鑒別器之真僞是有助益的。

其實，寬兒缶不止這一件，據吴鎮烽先生編著的《商周青銅器銘文暨圖像集成》，知有兩件，另一件形制、紋飾全同，但大小尺寸微異[39]。多此一件更證寬兒缶之爲真器無疑（圖八，1、2）。

除了寬兒缶，寬兒作器還有一件現藏臺北故宫博物院的寬兒鼎。《楚銅研》《楚金文》均未收録，特補録於此。此器『通高27.1、口徑19.9厘米，重5260克……裝飾風格與寬兒缶相近，也是用數周綯索紋來區分紋飾帶，蓋與器上的蟠螭紋、三角紋與寬兒缶也很接近。蓋內鑄銘文30字：唯正八月初吉壬申，蘇公之孫寬兒擇其吉金，自作食繁，眉壽無期，永保用之』（圖八，3、4）[40]。

寬兒之缶和鼎的銘文除器名不同之外，字數相同，行文格式一致，字形書體也極相似，肯定出自同一人之手。

根據鼎、缶的形制、紋飾及字體特點，可以斷其年代爲東周三期且偏早，相對年代爲春秋中期。

從寬兒缶、鼎銘文可知寬兒爲蘇公之孫。蘇國歷史源遠流長，可追溯到夏代以前，曾一度被夏所滅而在殷周又復國，西周晚期至春秋早期蘇國興旺，有多件銘文爲證，之後又一度衰落，至春秋中期尚存。從這兩器來看，『受到楚文化的强烈影響，即寬兒一支可能在春秋中期或者稍晚依附了楚國……推測寬兒的居處在豫南或鄂北……寬兒很可能是楚的一個封君。他自稱蘇公之孫，是要標榜自己出身名門世家，但鼎、缶所顯示的文化因素與自家的傳統文化已大相徑庭，不亦悲乎？從另一方面則可以説明楚國當時是如何强大，以至於將伊洛流域的古國也統統籠絡在自己的文化圈内了』[41]。筆者曾説過：『中國青銅器發展的第二個高峰是在春秋戰國時期，楚國和楚文化系統青銅器處於這第二高峰的頂級高度。「水往低處流」，楚系銅器對外影響與流傳肯定是存在的。』[42]以上所述新見寬兒缶和鼎及下面將要論述的新見楚器，均是印證上述看法的實例，都是對楚文化發展處於華夏文化發展前列的見證。

（三）南陽楚申縣貴族墓地的有銘楚器

在河南南陽市城區，幾十年來配合工程建設發掘了春秋時期楚國貴族墓葬、車馬坑數十座，近年更出土大批有銘青銅器。有論者將這些貴族墓葬分爲兩區，一爲楚申縣陣亡將士墓地。『墓主人朝向全部朝東，自西向東成排分佈，排列有序，全部爲男性，墓葬西側有小型車馬坑。靠近西側一組相對年代較早，爲春秋中期，向東多春秋晚期墓葬。』[43]其中大型墓出土有『楚屈喜之用』青銅戈[44]，被認爲是楚屈喜墓，春秋晚期的『蔡侯班』戈（即蔡靈侯，公元前五三一年被楚靈王所殺）、『義子曰』鼎和『許子佗』[45]敦銘文青銅器也出於這個墓地。

第二個墓區爲楚申縣彭氏家族墓地。『墓主人頭向全部朝南，自北向南兩兩成組依次排開，以最北的

「申公彭宇」墓時代最早、地位顯赫，顯然是目前所發現的整個墓地的宗祖……爾後向南爲其兒子、孫子輩們的墓葬……大部分出有珍貴的銅器銘文，這些銘文多與彭姓、申公等關係密切。自北向南分别有「申公彭宇」墓、「申公之孫彭無所」墓、「申公之孫彭子射」夫婦異穴合葬墓、「申公彭壽」夫婦異穴合葬墓、「彭啓」夫婦異穴合葬墓以及不久前發掘的貴族墓（未經除銹整理）……它們自北向南成六排排列。該墓地時代從春秋中期偏早（應爲春秋早期偏晚——引者注）一直延續到春秋晚期。』[46]

這個彭氏家族墓地的青銅器銘文目前祇發表了彭氏兩人之器，即一爲『彭無所』鼎、簠（圖九，1、2）[47]，二爲彭射之器，其年代爲東周三期，相當於春秋中期偏晚[48]。彭射銘文器有17件，且其銘有繁簡之别，有必要分别引録。

兩件盂鼎銘文：申公之孫彭子射兒擇其吉金自作食盂，眉壽無期，永保用之（圖十，1）。

三件緐鼎銘文：彭子射之行緐（繁）（圖十，2）。

四件銅簠銘文：彭子射兒自作食䀇（簠），其眉壽無期，永保用之（圖十，3）。

兩件尊缶銘文：彭射之䤼（尊）（圖十，4a、4b）。

湯鼎、浴缶、盤、匜各一件，其名和繁鼎自名均同爲『彭子射』。湯鼎銘：彭子射之湯鼎。浴缶銘：彭子射之御缶。盤銘：彭子射之行盤。匜銘：彭子射之行會臾（匜）（圖十，5a~5d）。

一件長柲戈和一件戟則祇自名一個『射』字，全銘3字：射之用（圖十，6）。

綜上所述，此人之名繁簡不同，可歸納爲五式：（1）申公之孫彭子射兒；（2）彭子射兒；（3）彭子射；（4）彭射；（5）射。由此可知其本名就是『射』字，加『兒』是謙辭，加『子』是尊稱，加『彭』是氏稱，加『申公之孫』是官名（或國族名），這爲瞭解先秦姓氏名提供了重要的新資料，由此及彼，以往所見金文中的『某兒』之『某』均指其名，而非氏名、國名，例如過去有論者把『緒兒缶』[49]

解爲緒（都）國之器，顯然不對，衹能説明『緒』僅是其名而已。

綜前所述，這一彭氏家族墓地，已先後發掘了共五代人墓葬，最早的是彭宇墓，楚文王滅申後（約前六八八年）以申俘『彭仲爽』爲令尹，彭宇應是其子，是『楚文王取申置縣後的第一任縣公』[50]。其後代『彭子壽曾任過申縣的縣公，這是春秋時期南陽的一個顯赫家族，是楚用申人治申的一個成功範例』[51]。筆者在二〇一一年四省楚文化研究會年會期間承南陽市文物考古隊王鳳劍先生介紹了此彭氏族人墓地較多的情況，更感到這批資料對楚系銅器研究的重要意義。就在筆者寫作此文時，《中國文物報》二〇一二年十二月七日刊發了李長周《從南陽申公壽墓的銘文説起》一文，公佈了四件銅器銘文，銅簠銘文二：彭子壽擇其吉金，自作食簠，其眉壽無期，永保用之；申公壽擇其吉金，自作食簠，其眉壽無期，永保用之。銅盤銘文：壽之朕盤。匜銘：壽之會臾（匜）。該文認爲此彭子壽和《左傳》哀公四年（前四九一年）所記的『申公壽餘』是一個人。但由於其銅器圖象等資料未發表，更深入的研究要待所有資料公佈後才行。

（四）許公寧之有銘楚系銅器

河南葉縣舊縣四號春秋墓被盜掘後經文物部門搶救性發掘，獲得一批銅器，其中有銘文的爲五件戈，一件銘文爲：⿱無皿（許，下同）公寧之用戈；一件銘文爲：許公之造走戈；三件爲：許公之車戈（圖十一，1a~1c）[52]。《簡報》據出土的精美典型楚⿰鼎升（圖十一，2a、2b）等楚器和文獻記載，認定此墓就是許靈公（名寧）之墓。許靈公於前五七六年舉國遷至楚國葉縣，前五四七年卒，這也是此墓之年代，相對年代爲東周三期後段，相當於春秋中晚期之際。

作爲楚國附庸國的許國，在它衰落期的墓葬内仍出土了精美的銅器，其子之簠（許公買簠，《楚銅研》第三二四頁），其孫之敦（許子佗盞盂）均爲典型楚銅器。這正是前面所談『水往低處流』的楚文化影響至大的實例。前述『蘇公之孫寬兒』是中原夏商舊族，『申公之孫彭射』也是南陽申國舊族，許公更在南陽之北，地近中原，於此可見楚文化之北漸、北傳。高度發展的楚青銅文化、荆楚文明確已步入華夏文明前列，對華夏文化的形成、發展功莫大焉。

（五）楚系鍾離公有銘青銅器

近年在安徽蚌埠和鳳陽發掘了兩座大型墓，編號爲雙墩M1和卞莊M1，出土了兩代鍾離國君的青銅器等重要文物〔53〕。由於此兩墓墓坑形制奇異，埋葬方式特別，故應首先辨明其年代與文化屬性。

1. 此兩墓年代已有論者進行了研究，認爲蚌埠的鍾離君墓年代爲春秋中期，絶對年代約爲『前五六〇年前後』，鳳陽鍾離君之子墓年代約晚於蚌埠鍾離君墓『二三十年』〔54〕。按筆者《楚銅研》分期法約爲東周三期中段和東周四期早段。但卞莊M1出土的鼎有向外彎曲之撇足鼎，和淅川下寺楚墓M11相似，故卞莊M1相對年代可能爲春秋晚期偏晚。

2. 這兩座墓出土的文物有多種文化因素，其楚文化因素至爲明顯。雙墩M1出土的鼎、簠、盤、盉、匜和年代相近的淅川下寺楚墓同類器形制相同，顯然已受到楚器的影響。卞莊M1青銅鼎、簠、浴缶、爐、盤、匜所受楚器影響更深，鼎的外撇足（圖十三，1）和浴缶形態乃典型楚式風格。兩墓出土盂形豆之源可追溯到西周中晚期楚遺址、墓葬出土的陶質盂形豆〔55〕。從這些有楚器風格的青銅禮器考察，是以楚文化因素爲主的，故此兩墓從出土物看已可歸屬楚文化系統。當然由於其墓葬形制獨特且出土物中無表示墓主身份的典型楚式束腰平底升鼎，表明其楚文化因素與非楚文化因素各有千秋。這種情況是有其歷史文化背景的。

見於歷史文獻記載，鍾離爲嬴姓之國，與徐國有別〔56〕。其國都城址至今猶存。春秋中期以後，楚向東發展，先後與徐、吴争鋒，在江淮地區争奪激烈，都以鍾離城爲要塞。前六四五年楚敗徐後，楚應已控管鍾離〔57〕。之後吴楚争奪，幾經易手，楚强歸楚，吴勝屬吴，成爲兩國争奪的前沿。據《左傳》昭公四年（前五三八年），冬，楚『箴尹宜咎城鍾離』以備吴，杜預注：『鍾離爲楚邑。』這正是楚影響鍾離文化，以至卞莊 M1 的青銅器比雙墩 M1 更多楚文化因素的歷史背景。

3. 雙墩 M1 鍾離公柏銘文器

甲、簠銘：兩種。第一種有兩件銘文爲：唯正月初吉丁亥，童麗（鍾離）君柏擇其吉金作其飤匿（簠）（圖十二，1）。第二種有兩件銘文爲：柏之匿。此爲在器底的三字刻銘〔58〕。

乙、鐘銘：一套九件，每件有基本相同的銘文：唯王正月初吉丁亥，童麗（鍾離）君柏作其行鐘，其童麗（鍾離）之金（圖十二，2a、2b）。

丙、戟銘：其戈頭有銘文七字：童麗（鍾離）公柏之用戟（圖十二，3）。

丁、戈銘：胡部刻銘『童麗公柏獲徐人』，其内部原有鑄銘『徐子白佁此之元戈』。另一件戈原鑄銘『徐王容取吉金自作其元用戈』。表明此鍾離公在戰争中奪獲了徐王之戈〔59〕。

4. 鍾離公柏之季子康鎛鐘，卞莊 M1 出土，共五件，銘文相同：唯正月初吉丁亥，余萬邑（厥）于之孫童麗（鍾離）公柏之季子康擇其吉金自作龢鐘之皝，鏐鏐鍴鍴，柏之季康是良，以從我師行，以樂我甫（父）䀐（兄），其眉壽無疆，子子孫孫永保是𢛚（尚）（圖十三，2a、2b）。

5. 玄孫鍾離公𩵦之鼓座銘文。此銘文拓片摹本釋文已録入《楚金文》一書，在此不重複。已有論者認爲此鍾離公𩵦爲上述鍾離公康之孫，對銘文釋文也有所補充，可參閲〔60〕。出土此銘文鼓座的墓葬應爲楚系墓葬，鼓座及所出之墓的楚文化程度更深化。

鍾離公三代之器顯示楚文化向東影響不斷增强，這與前面論述的楚文化向北影響不斷强化情景相同，都是楚國、楚文化向北、向東發展歷程的物證。

（六）曾公子弃疾銅器

二〇一一年九月在湖北隨州義地崗發掘的六號墓内出土了一批有銘文的青銅器，《簡報》認定此墓墓主爲曾（隨）國貴族，自銘『曾公子弃疾』[61]。墓的年代爲春秋晚期，也是出土青銅器的年代。

兹列出有銘文的銅器：

鼎2件，銘文：曾公子弃疾之行鼎（圖十四，1）。

甗1件，銘文：曾公子弃疾之登（升）甗（圖十四，2）。

簠2件，銘文：曾公子弃疾之登（升）簠（圖十四，3）。

壺2件，銘文：曾公子弃疾之行壺（圖十四，4）。

浴缶1件，銘文：曾公子弃疾之行缶（圖十四，5）。

斗1件，銘文：曾公子弃疾之赴（浴）斗（圖十四，6a、6b）。

此墓墓主、年代很明確，銘文也不難辨識，與《簡報》不同者一是將『去』改釋爲『弃』，徐在國先生據清華簡的類似字形將此字改釋爲『弃』可信[62]。二是將『御（？）』改釋爲『赴』通『浴』，這是筆者所爲[63]。

（七）仲嬭加鼎

討論此器之前要説明的是：按本文以年代早晚爲序論述的體例來説，因此器年代爲東周二期，理應排在本文之（二）或（三）之後，爲什麼要排在此？這就要説一點理由，那就是因牽涉到曾、隨關係，故排在（六）曾器之後。

這件有銘青銅器爲某收藏家收藏，經曹錦炎先生著文介紹[64]，又經張昌平先生再論證其年代爲春秋中期，并指出：『香港某古玩店也有一件隨仲嬭加鼎，其器形、紋飾、銘文均與本文所述之鼎相同，但有一些細微差別，兩者應該并非同一件器。這種情況説明，隨仲嬭加鼎可能是在近年才出土發現。』[65]這種情況表明此器應爲真品無疑。筆者近年對古玩市場和收藏界爆出的若干楚國、楚系器一直存有疑惑，例如澳門崇源的一群有銘楚器，已有上十篇文章論述、研究，但筆者總覺存疑，故不敢加入到這種討論中去。但對於這件『仲嬭加鼎』，則覺其真實性無可置疑。

現列出此器圖象及銘文（圖十五），銘文鑄在器内底，反書，5行28字：唯王正月初吉丁亥，楚王媵隨仲嬭（嬭）加食緐，其眉壽無期，子孫永保用之。

『隨』爲國名，銘文表明這是楚王給他二女兒（楚王嬭姓，即文獻之『羋』）出嫁『隨』國的媵器。這是青銅器中首次見到『隨』這個國名，曹錦炎先生認爲這是『曾』『隨』爲兩個國家，而不是一國二名的證據：『隨仲嬭加鼎的發現，説明「曾」即是「曾」，「隨」即是「隨」，兩者不可混同，「曾隨一國二名」之説也就不攻自破。』[66]

但現在看來，這個結論似乎過於武斷，正當筆者也在反復思考之時，看到高成林先生《隨仲嬭加鼎淺議》一文，其看法頗合我意，特引録之，他認爲：『這件銅器是楚國製作的銅器，不是真正意義上的隨國銅器。「隨」是楚王對其女兒所嫁之國的稱呼。在目前發現的東周諸國青銅器中，對於國名的稱呼，有本國青銅器自銘（自稱）和他國青銅器稱呼（他稱）不同的情况。』[67] 他接着列舉了有關例子説明之，得出的結論性看法與前述兩國論針鋒相對：『結合先秦文獻和東周青銅器中一國兩名的情况，我們仍不能排除曾、隨一國兩名的可能性……在根據考古材料下結論時必須慎之又慎，不能僅憑一兩例孤證就輕易得出一個結論。』[68]

這種看法應較爲客觀。這種孤例還有出土的新蔡楚簡甲三：25中有『隨侯』一名[69]，爲什麽叫『隨侯』？合理的解釋是隨爲國都之名，楚人以國都之名稱其國，有如魏國以國都在大梁，故魏國可稱梁國。這種以國都爲國名之説此前也有人論説過，應可信。因此，就現有見到的少數例證來説還不足以推翻『曾隨一國二名』之説，故在此再强調這一點。

（八）淅川徐家嶺M11有銘銅器

淅川徐家嶺十一號墓的發掘簡報及出土銅器先後於二〇〇八年、二〇〇九年發表〔70〕，對出土阤夫人孎鼎的銘文也多有考釋〔71〕。二〇一二年十月在復旦大學召開中國古文字研究會第十九屆年會，黄錦前提交論文《淅川徐家嶺M11出土文字資料及相關問題》對此墓出土的青銅器銘文作了全新的考釋〔72〕，與先前的考釋相較，應較爲可信，現轉録如下：

小口鼎釋文：唯正月初吉，歲在涒灘，孟甲，在奎之際，邩（蔿）夫人孎擇其吉金，作鑄赴鼎，以和御湯，長賴之，其吉，永壽無疆，邩（蔿）大尹嬴作之，後民勿忘（圖十六）。

浴缶銘文：邩（蔿）夫人巠之赴鍂（缶）。

上述釋文將簡報所釋的文字作了較大改釋，最重要的一處是將原釋『孟春』改釋爲『孟甲』〔73〕。黄錦前據鼎、缶銘文不同意墓主爲『蔿夫人』之説，認爲『該墓的墓主，可能并非女性，而應系男性，當即小口鼎銘文中的邩大尹嬴』〔74〕，并認爲小口鼎銘文中的蔿夫人孎和浴缶銘文中的蔿夫人巠應是蔿大尹的妻室。黄錦前并將小口鼎的年代由原定的春秋晚期改定爲戰國早期前段。此墓年代從簡報所發的鼎、壺、浴缶圖象看，定爲戰國早期是可信的，小口鼎的鑄製年代稍早一點是可能的，但不會早到春秋晚期。

（九）競畏青銅矛

二〇〇六年六月，在湖南張家界且住崗野貓溝一座戰國中期土坑墓内出土了一批銅器，保存比較完好的有素面鼎1件、雲雷紋越式鼎1件、單環紐杯1件、釜1件、寬格劍2件、戈2件、單紐矛2件、雙紐銘文矛1件，是近年來湖南地區出土戰國銅器中較爲豐富完好的一次重要發現，尤其是其中的雙紐銘文矛，是湖南乃至全國出土戰國銅矛中都很少見的一件珍貴文物（圖十七）〔75〕。

這件雙紐銘文矛通長23.5厘米，雙紐與矛刃有機地連成一體。矛上有銘文12字：競畏自作粹矛，用揚文德武剌（烈）。

『競』應是氏名，楚平王在出土文字資料中稱『景平王』，『景』通『競』，『競氏』爲楚平王後裔的一支，這已成爲學界共識。『競』之後的畏字爲競氏之名，爲文獻缺載的名字。銘文大意是競畏自作純美之矛，用以昭揚競（景）氏家族的文德武功。考慮到其行文格式與楚王酓璋戈銘文基本相同，楚王酓璋即楚惠王（前四八八—前四三二年在位），也可以認爲此矛的年代或許可早至楚惠王世，相對年代爲戰國早期。

楚平王後裔競（景）氏家族之青銅器在張家界出土，值得重視，它爲何會出在這裏？有何歷史文化背景？聯繫湖南西北部相傳有楚平王時築的『黄楚城』（又名『采菱城』）、楚惠王時的『白公城』、楚惠王時平定白公勝之亂的勇將申鳴的『申鳴城』和『申鳴墓』[76]，可知楚平王、惠王時期有大批楚人在湘西北活動。這樣看來，楚平王後裔競（景）氏的遺物出現於湘西北的楚墓内就不足爲奇了。

（十）新見砝碼刻文

近年在湖北荆州黄山墓地編號爲40的楚墓内出土了戰國中晚期之際的有刻文砝碼，同出有仿銅陶壺1件、銅天平盤2件、銅蟻鼻錢6件[77]。

銅砝碼一套4件，其第2、3、4件分別刻有『一兩一』『□兩』『半（？）兩』等字（圖十八），表明其『重量大致是以倍數遞增的，標示着中等重量值……有三件陰刻銘文，爲重量標識』[78]。這種呈倍數遞增標識尚未見於以往的砝碼刻文，雖出土於一座小楚墓中，其歷史文化信息同樣值得重視。

以上綜論近年新見楚銘銅器，都是研究楚國乃至先秦歷史文化的重要新資料，有助於深入闡明兩周時期的早期文明進程。需要説明的是本文僅論述了近年新見楚銘銅器中的一個部分，還有不少新見楚銘銅器未在本文論述之中，其中有相當多的有銘楚器尚未正式公佈，不便在此論列〔79〕。有的有銘銅器是否可歸屬楚國或楚文化系統，尚存争議，對這種未能定論者，衹好暫且不録、不論。本文所論或有欠妥甚至錯誤之處，敬望方家、同仁指正爲感。

附記：二〇一二年十二月在汨羅一工程取土場出土了一件青銅豬磬，筆者曾到現場考察，感到這是很重要的新發現，有必要及時補記。在二〇一三年一月八日湖南省文物考古研究所召開的年度彙報會上，印發的《2012 湖湘文化考古之旅》内有報道，摘引於下：《汨羅市白塘鄉曹家村劉家塅出土青銅豬磬》：『豬磬爲寬扁形，兩面紋飾、裝飾相同。通長 52、高 28、厚 1.5 厘米，重 13.05 公斤，保存完整……』出土此磬處可能爲商代晚期遺址，此磬年代據形制考察，也可能爲商代晚期，其年代應和青銅大鐃等寧鄉爲中心的湘江下游出土的晚商青銅器相同，上海博物館收藏的同型青銅磬據云出自湘陰縣境（《上海博物館集刊》第九期，陳佩芬文）。聽説汨羅江流域以往也出過此類青銅磬，由此推測青銅磬當鑄製於湘江下游地區。這爲本文所述高至喜等學者主張的早期甬鐘起源於中國南方湘江中下游地區又添一有力佐證。

圖一　西周Ⅰ型銅甬鐘（陝西寶雞竹園溝 M7 出土），對應《萬福瑙鐘》Ⅱ式鐘

1

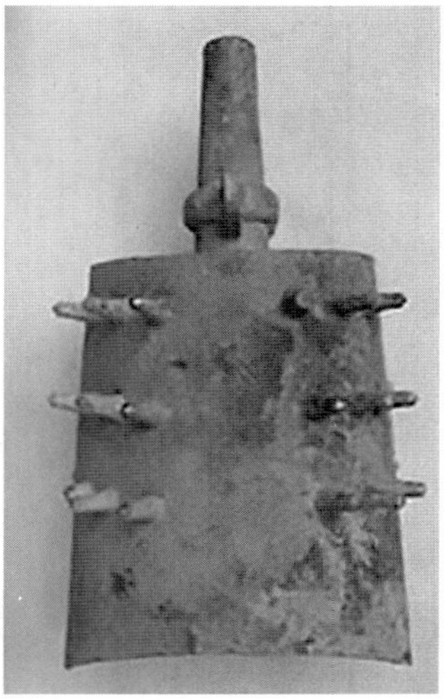

2

圖二　西周Ⅱ型銅甬鐘
1. 陝西寶雞竹園溝 M7 出土
2. 湖北宜昌萬福瑙遺址出土Ⅲ式鐘，對應《斷代》Ⅱ型鐘

1

2

3

圖三　西周Ⅲ型銅甬鐘及其正鼓部紋樣

1. 陝西扶風莊白 1 號青銅器窖藏出土

2. 山西曲沃晉侯墓地 M8 出土

3. 湖北宜昌萬福垴遺址出土Ⅰ式鐘，對應《斷代》Ⅲ型鐘

1　2　3　4

圖四　銅器、陶器一組（湖北宜昌萬福瑙遺址出土）
1. Ⅱ式銅編鐘　2. Ⅰ式銅編鐘
3. 楚季銅編鐘銘文　4. 陶鬲

1

2

3

圖五　陶器、銅器一組（湖北宜昌萬福垴遺址出土）
1. 陶鬲　2. 陶簋　3. 銅鼎

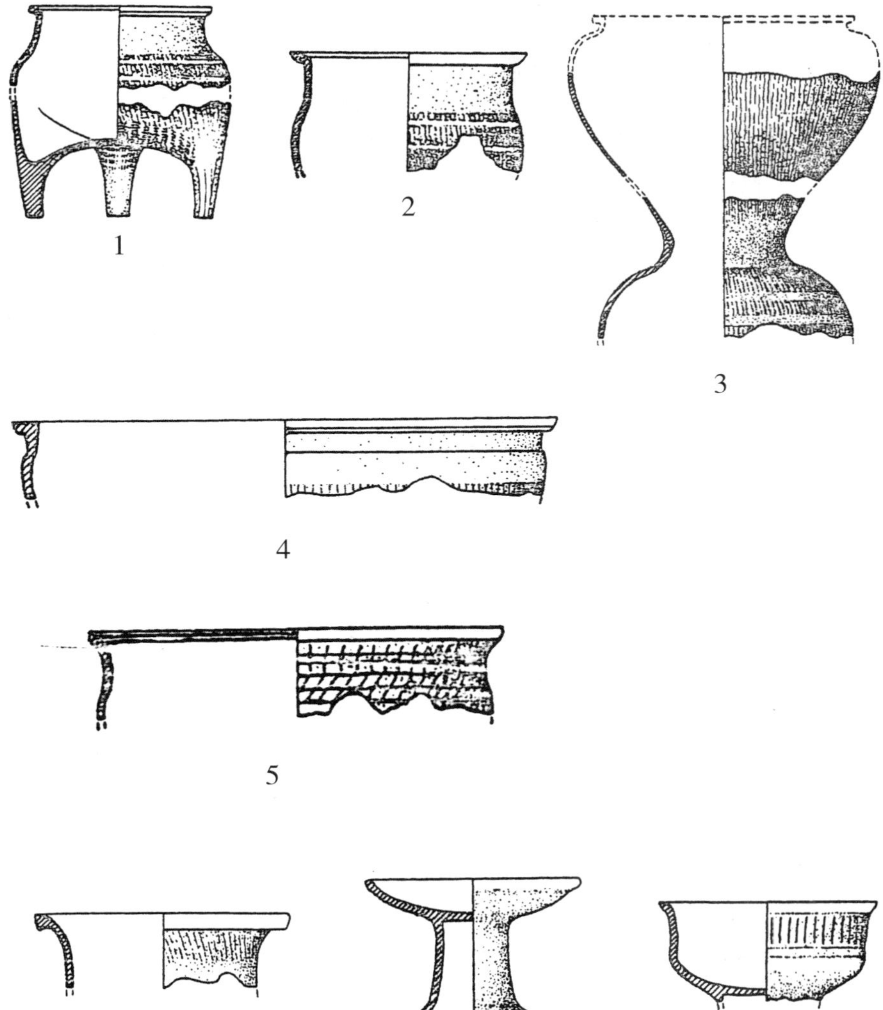

圖六　陶器一組（湖北宜昌上磨堖遺址出土）
1. 小口鬲　2. 大口鬲　3. 甗　4. 盆　5. 黑陶盂
6. 長頸罐　7. 粗柄豆　8. 簋

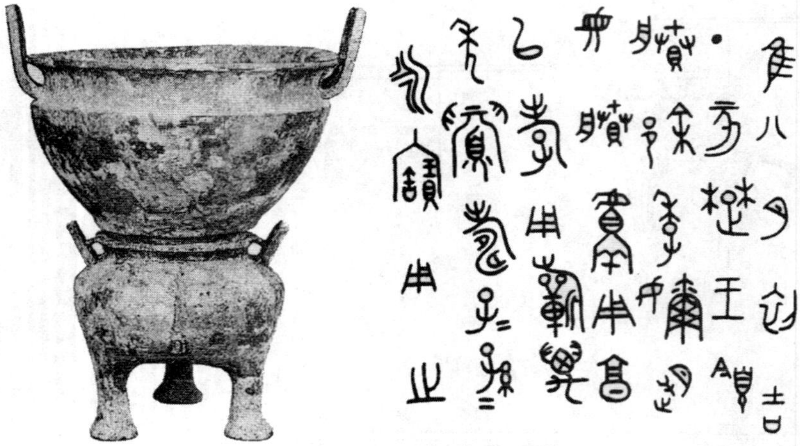

1

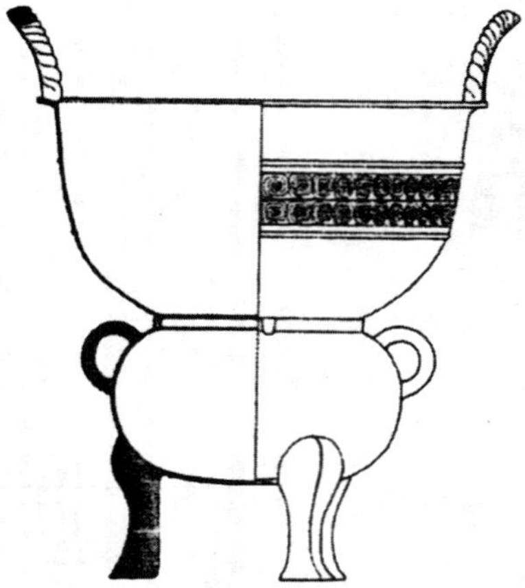

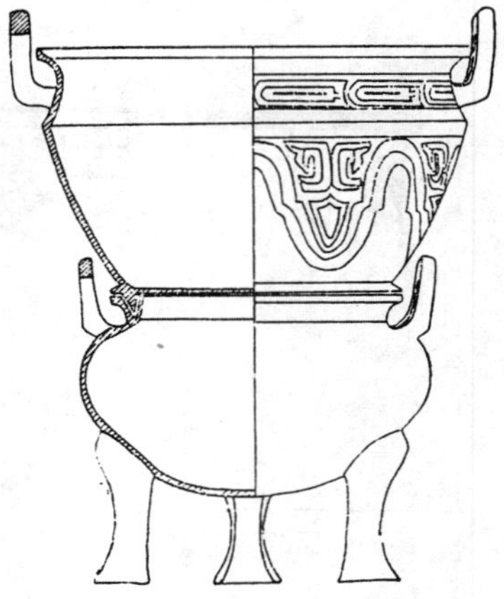

2　　　　　　　　3

圖七　銅甗一組
1. 楚王領銅甗與銘文
2. 季氏梁甗（湖北隨州季氏梁墓出土）
3. 魯仲齊甗（山東曲阜魯國故城 M48 出土）

1

2

3

4

圖八　寬兒缶與寬兒鼎
1、2. 寬兒缶及銘文
3、4. 寬兒鼎及銘文

1

2

圖九　彭無所簠及銘文

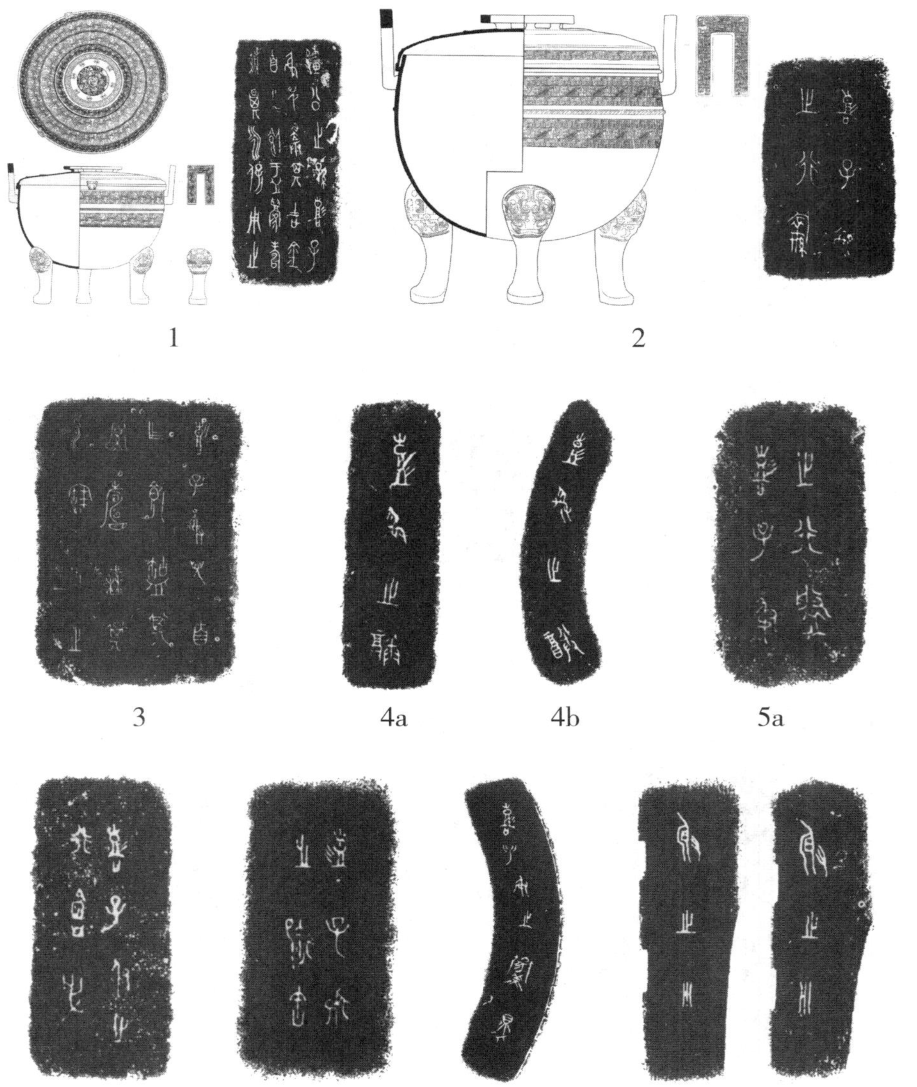

圖十　彭射銘文銅器一組

1、2. 彭子射兒鼎與銘文　3. 彭子射兒簠銘文　4a、4b. 彭射尊缶銘文

5a. 彭子射盤銘文　5b. 彭子射匜銘文　5c. 彭子射缶銘文

5d. 彭子射湯鼎銘文　6. 射戈、射戟銘文

1a

1b

1c

2a

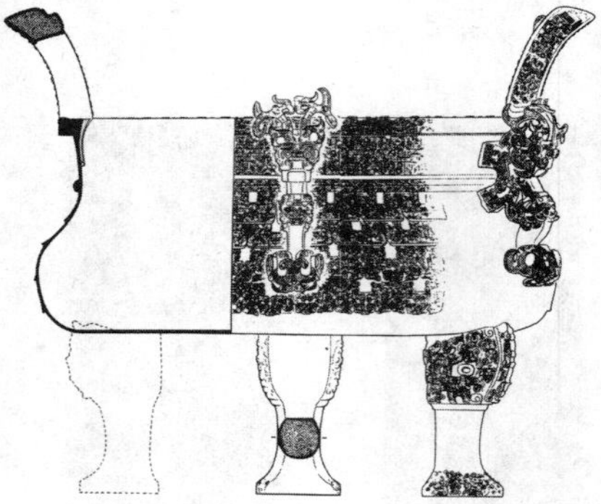

2b

圖十一　許公寧銘文銅器一組（河南葉縣許公寧墓出土）
1a. 寧戈銘文　1b. 車戈銘文　1c. 徒戈銘文
2a、2b. 銅鼎及綫圖

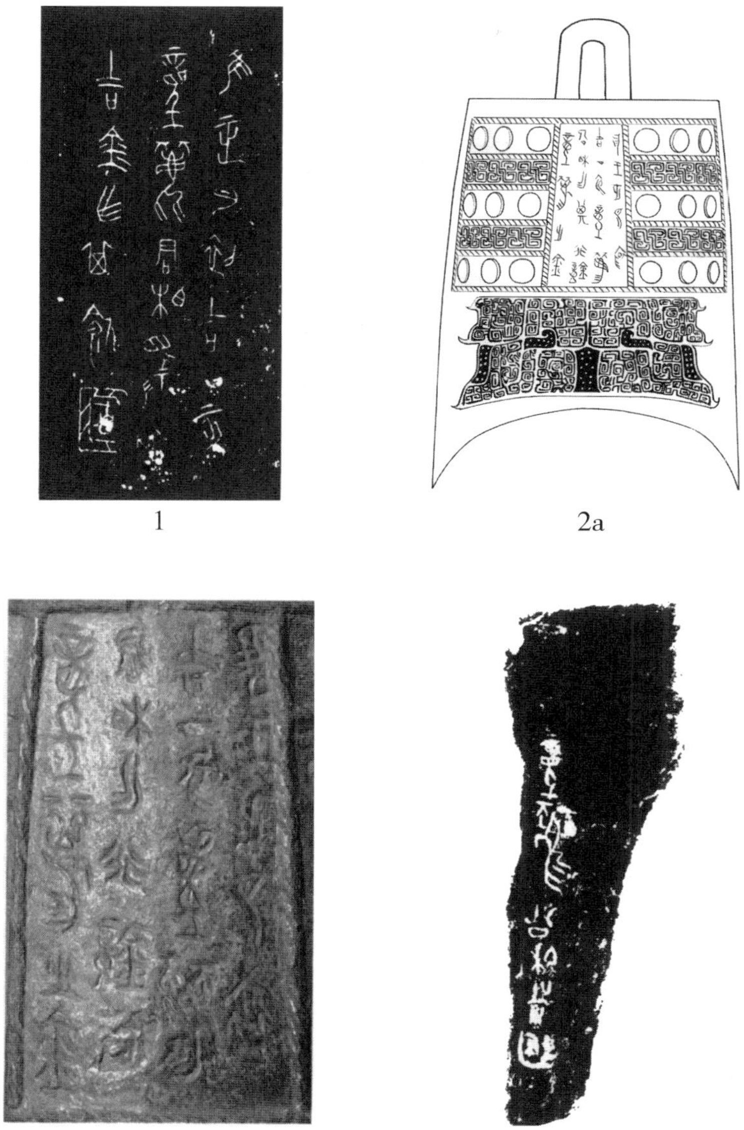

圖十二　鍾離公銘文銅器一組（安徽蚌埠雙墩 M1 出土）
1. 銅簠銘文　2a、2b. 銅鐘及銘文　3. 銅戈銘文

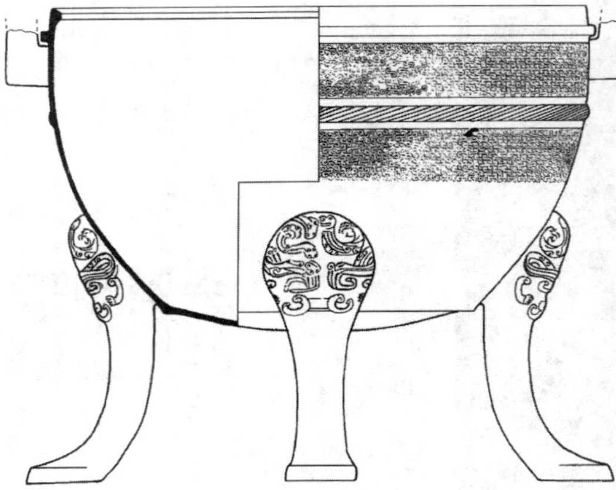

1

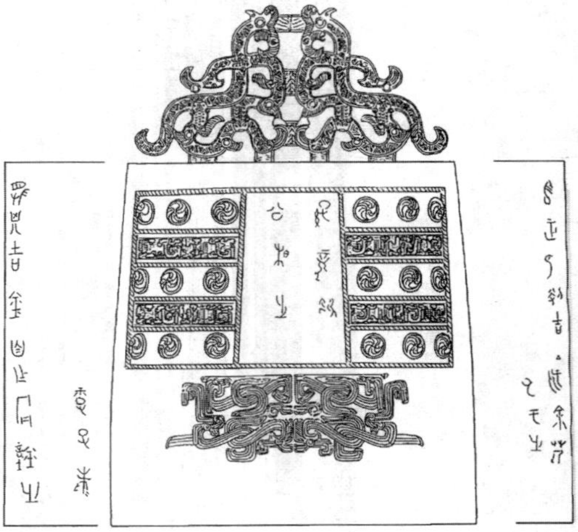

2a

2b

圖十三　鍾離公銅器一組（安徽鳳陽卞莊 M1 出土）
1. 銅鼎　2a、2b. 銅鎛鐘及銘文

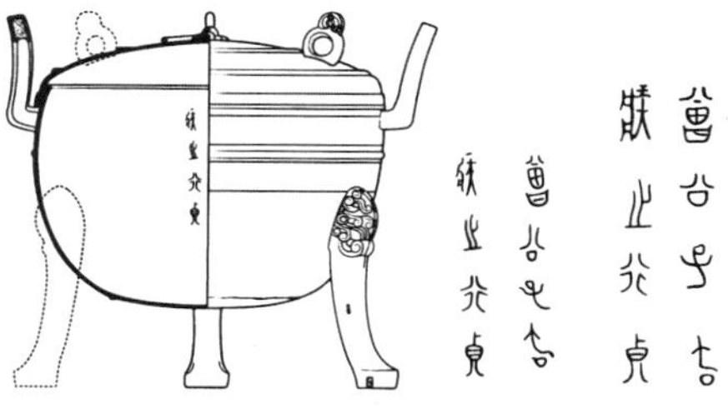

1

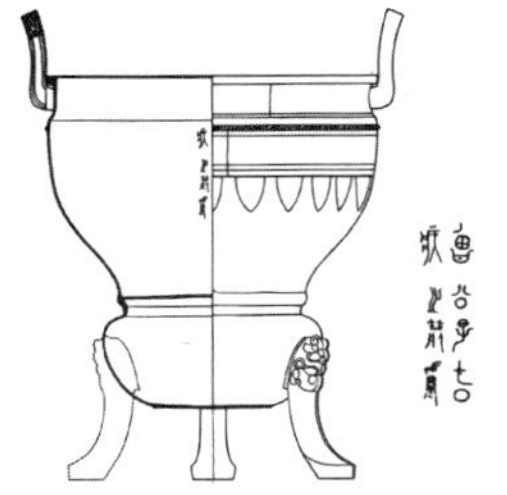

2

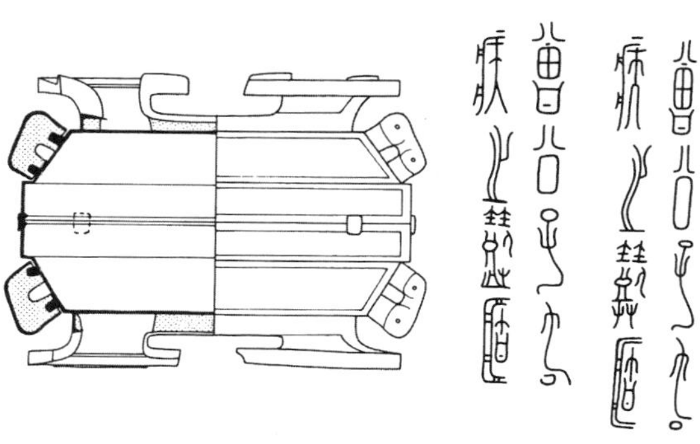

3

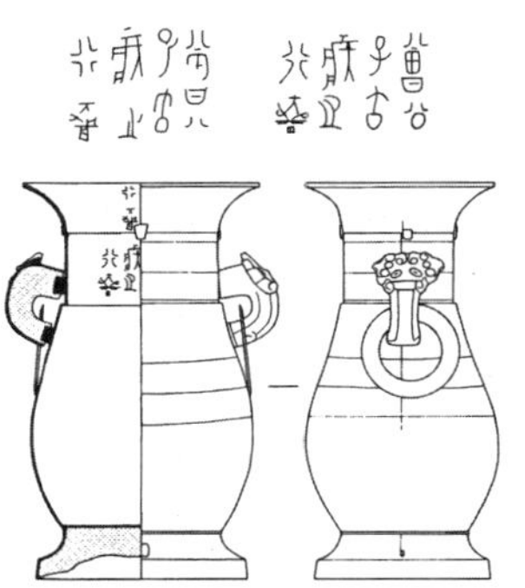

4

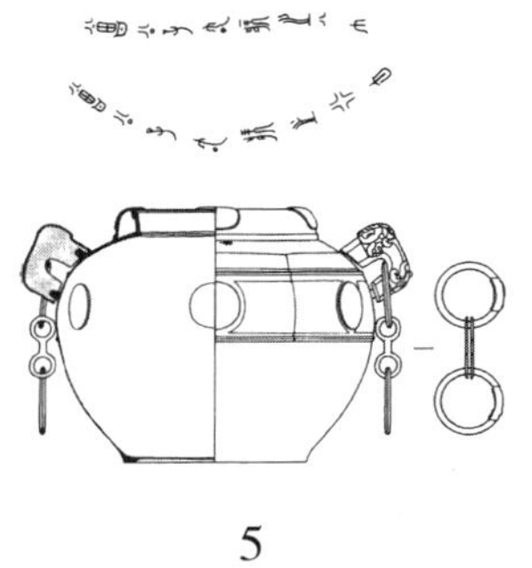

5

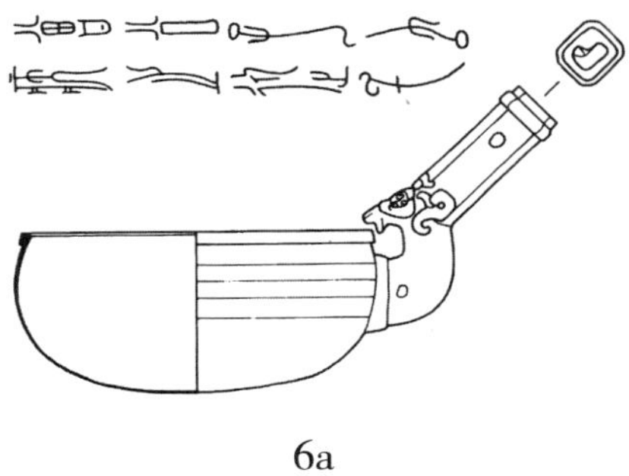

6a

6b

圖十四　曾公子弃疾銘文銅器一組（湖北隨州義地崗 M6 出土）
1. 銅鼎及銘文　2. 銅甗及銘文　3. 銅簠及銘文
4. 銅壺及銘文　5. 銅缶及銘文　6a、6b. 銅斗及銘文

圖十五　仲嬭加鼎及銘文

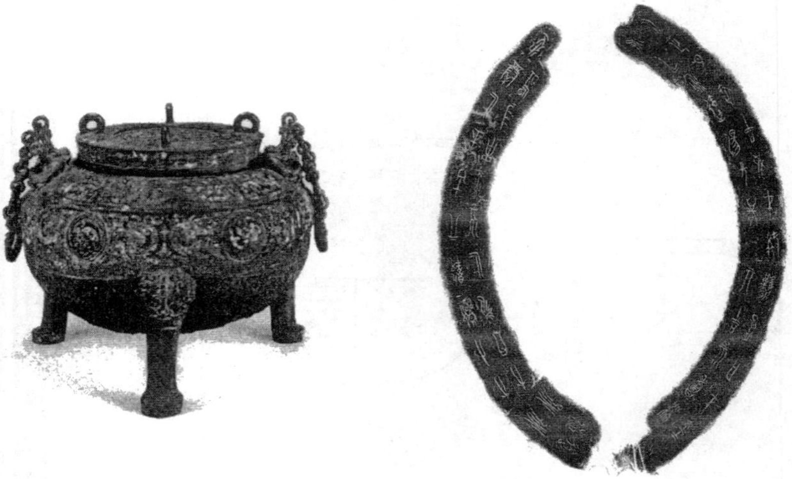

圖十六　阤夫人孎鼎及其肩部銘文

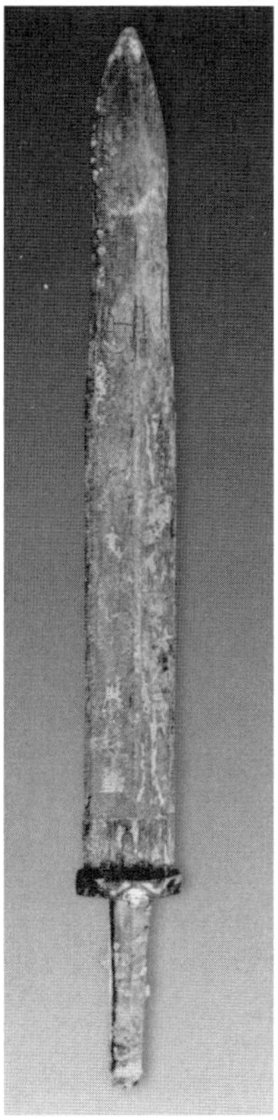

圖十七　競畏青銅矛

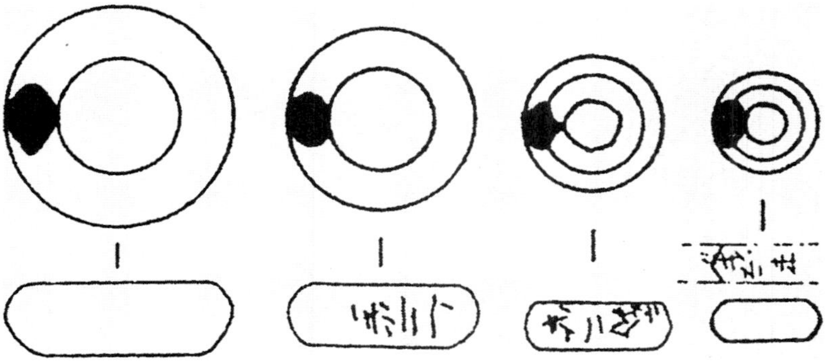

圖十八　砝碼及銘文

【注釋】

〔1〕〔9〕張昌平：《吉金類系——楚公冢鐘》，《南方文物》二〇一二年第三期。

〔2〕〔13〕〔16〕武家璧：《『楚季』其人與『楚季鐘』的年代》，『簡帛網』二〇一二年八月二十二日首發。據清華簡《楚居》，熊渠有三子并封三王的記載不可信，熊摯疵非熊渠少子。可參閱《中國史研究》二〇一一年第一期李守奎之文。

〔3〕本文稿交館刊編輯部之後，筆者又看到了兩篇論文，均定『楚季』爲楚國君季徇（熊徇）：郭德維：《楚季寶鐘之我見》，《江漢論壇》二〇一二年第十一期；李學勤：《試談楚季編鐘》，《中國文物報》二〇一二年十二月七日。

〔4〕見此會打印的『發言提要』。在金文組討論中彭裕商、張懋鎔等先生認爲楚季編鐘年代的確較早。此發言提要已於二〇一二年十二月十一日發佈於復旦大學出土文獻與古文字研究中心網站上。本文萬福堖遺址出土器物圖象資料承蒙宜昌博物館提供，特此致謝。

〔5〕王世民、陳公柔、張長壽：《西周青銅器分期斷代研究》，第一六一—一八一、二六八頁，文物出版社一九九九年。

〔6〕同〔5〕，第一六三頁。

〔7〕同〔5〕，第一六四頁。

〔8〕王子初：《晉侯蘇鐘的音樂學研究》，《文物》一九九八年第五期。高西省著文所定年代和王子初先生的看法相同，見《文物》二〇一〇年第八期。

〔10〕湖北省宜昌地區博物館、北京大學考古系：《當陽趙家湖楚墓》，文物出版社一九九二年。第二〇八頁：『第一期第一段：西周晚期』。在第一九九頁說：這段的陶器『與當陽、枝江一帶西周中晚期遺址中的同類陶器相

似』。

〔11〕楊權喜：《宜昌上磨堖周代文化遺存的討論》，載北京大學考古文博學院編《考古學研究（五）》，科學出版社二〇〇三年。該遺址的發掘簡報見《考古》二〇〇〇年第八期。

〔12〕劉彬徽：《楚系青銅器研究》（簡稱《楚銅研》），第二九一頁注二，湖北教育出版社一九九五年。

〔14〕〔29〕清華大學出土文獻研究與保護中心編：《清華大學藏戰國竹簡（壹）》，中西書局二〇一〇年。

〔15〕如淅川下寺春秋楚墓有年代早晚關係的楚叔之孫以鄧、楚叔之孫蒍子倗；江蘇吴縣何山楚墓出土的春秋晚期器有『楚叔之孫途爲』銘文，請參閱《楚銅研》第三〇四、三二六頁。

〔17〕賈海生：《周代禮樂文明實證》，第一五—一六頁，中華書局二〇一〇年。

〔18〕參閱裘錫圭：《翼城大河口西周墓地出土鳥形盉銘文解釋》，《中國史研究》二〇一二年第三期。該文指出鳥形盉銘文中的『「公命」的「公」是對君主（指非帝王的君主）的尊稱』。

〔19〕請參閱《楚銅研》第二八五—二九一頁。

〔20〕高至喜先生早在《中國南方出土商周銅鐃概論》一文中提出：『甬鐘是由南方的大鐃直接演變來的。』此文刊《湖南考古輯刊》第二集，岳麓書社一九八四年。之後，他又多次撰文予以再討論，有關論文見他的學術文集《商周青銅器與楚文化研究》，岳麓書社一九九九年。

〔21〕〔25〕高至喜：《論早期甬鐘起源於湘江中下游地區》，《湖南省博物館館刊》第六輯，岳麓書社二〇一〇年。

〔22〕曹瑋：《西周前期南北方鐘的比較與北傳路綫》，載高崇文等主編：《長江流域青銅文化研究》，科學出版社二〇〇二年。後收入其論文集《周原遺址與西周銅器研究》，科學出版社二〇〇四年。

〔23〕王子初：《中國音樂考古學》，第一四六頁，福建教育出版社二〇〇三年。

〔24〕同〔23〕，第一四七頁。

〔26〕筆者早在一九八〇年發表的《試論楚丹陽和郢都的地望與年代》（《江漢考古》一九八〇年第一期）一文中已主張丹陽先秭歸後枝江説，此後直至現在，在南北兩説中多次著文堅持南説。引文見拙作：《關於楚鄂地之謎和楚都丹陽之謎的思考》，載《楚文化研究論集》第九集，上海古籍出版社二〇一一年。

〔27〕二〇一二年八月十七日宜昌市舉辦新聞發佈會時表彰并獎勵該工程部門現金十萬元。

〔28〕臧勵龢等編：《中國古今地名大辭典》第三〇〇頁，商務印書館香港分館，一九三一年初版，一九八二年重印。

〔30〕李家浩：《談清華戰國竹簡〈楚居〉的『夷宅』及其他——兼談包山楚簡的『埯人』等》，載李學勤主編：《出土文獻》第二輯，中西書局二〇一一年。

〔31〕賈漢清：《從環壕聚落到古城聚落——陰湘城遺址》，載荆州博物館編：《荆州重要考古發現》，文物出版社二〇〇九年。

〔32〕劉雨、嚴志斌：《近出殷周金文集録二編》第一二四號器，中華書局二〇一〇年。

〔33〕嚴志斌：《楚王領探討》，《考古》二〇一一年第八期。

〔34〕請參閲《楚銅研》第三〇二頁。

〔35〕劉彬徽、劉長武：《楚系金文彙編》（簡稱《楚金文》），湖北教育出版社二〇〇九年。此書新版即本書。

〔36〕季氏梁甗，簡報（《文物》一九八〇年第一期）定年代爲春秋中期，據共出器物觀察，應爲春秋中期偏早或可早到春秋早中期之際。魯仲齊甗，在前注〔33〕文内已定春秋早期。

〔37〕朱鳳瀚：《中國青銅器綜論》，第一五三三—一八三五頁，上海古籍出版社二〇〇九年。

〔38〕張懋鎔：《古文字與青銅器論集》第三輯，第七九頁，科學出版社二〇一〇年。

〔39〕據吳鎮烽先生光盤云收藏者爲西安張茂功。此光盤已正式出版爲《商周青銅器銘文暨圖像集成》，上海古籍出版社二〇一二年。

〔40〕同〔38〕，第七六—七七頁。

〔41〕同〔38〕，第七七—七九頁。

〔42〕劉彬徽：《近年楚系青銅器研究評述》，載《湖南省博物館館刊》第三期，岳麓書社二〇〇六年。

〔43〕〔46〕喬保同：《南陽八一路楚申縣貴族墓地埋葬制度初探》，載《楚文化研究論集》第九集，上海古籍出版社二〇一一年。

〔44〕屈喜戈及其銘文已收入《楚金文》。

〔45〕林麗霞、王鳳劍：《南陽市近年出土的四件春秋有銘銅器》，《中原文物》二〇〇六年第五期。其中彭無所器的鼎銘『申公之孫』，簠銘稱『彭公之孫』，『義子曰』鼎之『義』原釋爲『養』，『佗』字缺釋，此據黄錦前先生所釋。

〔47〕徐少華：《彭器、彭國與楚彭氏考論》，載《古文字與古代史》第二輯，臺北『中研院』史語所會議論文集之九，二〇〇九年。該文定此器爲春秋晚期，指爲彭宇之族人。又可參閲徐少華：《春秋楚申公序列疏補》，載《楚文化研究論集》第十集，湖北美術出版社二〇一一年。

〔48〕〔50〕〔51〕南陽市文物考古研究所：《河南南陽春秋楚彭射墓發掘簡報》，《文物》二〇一一年第三期。

〔49〕見〔12〕，拙著第三二四頁云：『論者謂指下鄀之鄀。此説可商，蔡兒應爲人名。』

〔52〕平頂山市文物管理局、葉縣文化局：《河南葉縣舊縣四號春秋墓發掘簡報》，《文物》二〇〇七年第九期。

〔53〕A. 安徽省文物考古研究所等：《安徽蚌埠雙墩一號春秋墓發掘簡報》，《文物》二〇一〇年第三期；闞緒杭主編：《鍾離君柏墓》，文物出版社二〇一三年。B. 安徽省文物考古研究所等：《鳳陽大東關與卞莊》，科學出版社二〇一〇年。

〔54〕徐少華：《蚌埠雙墩與鳳陽卞莊兩座墓葬年代析論》，《文物》二〇一〇年第八期。胡長春、闞緒杭在《古文字研究》第二十九輯上著文認爲雙墩M1年代在前五二〇—前五〇〇年，這年代可靠性是存在的。

〔55〕劉彬徽：《江漢淮間春秋青銅器研究》，二〇一一年參加在武漢大學召開的『楚簡楚文化與先秦歷史文化國際學術研討會』的論文。已收入該會議論文集，湖北教育出版社二〇一三年出版。

〔56〕陳立柱、闞緒杭：《鍾離國史稽考》，載《楚文化研究論集》第十集，湖北美術出版社二〇一一年。

〔57〕同〔53〕B，第一八二頁。

〔58〕此三字刻銘未見〔53〕A之簡報，此見陳治軍：《安徽出土青銅器銘文研究》，第三六頁，黃山書社二〇一二年。

〔59〕同前注陳治軍之書，又見〔56〕之文。釋文可參閱《古文字研究》第二十九輯內有胡長春、闞緒杭之文。

〔60〕同〔58〕陳治軍之書。

〔61〕湖北省文物考古研究所等：《湖北隨州義地崗曾公子去疾墓發掘簡報》，《江漢考古》二〇一二年第三期。

〔62〕徐在國：《曾公子弃疾銘文補釋》，『簡帛網』二〇一二年十月三十一日首發。

〔63〕我曾認爲赴、趈是浴的通假字，可讀『浴』（拙著《早期文明與楚文化研究》，第一六七頁，岳麓書社二〇〇一年），近閱廣瀨薰雄《釋『卜缶』》（《古文字研究》第二十八輯，中華書局二〇一〇年），文中認爲可讀爲『沐』，特録記於此。

〔64〕〔66〕曹錦炎：《『曾』、『隨』二國的證據——論新發現的隨仲嬭加鼎》，《江漢考古》二〇一一年第四期。

〔65〕張昌平：《隨仲嬭加鼎的時代特徵及其他》，《江漢考古》二〇一一年第四期。

〔67〕高成林：《隨仲嬭加鼎淺議》，《江漢考古》二〇一二年第一期。

〔68〕同前注。二〇一三年一月二十三日《楚天快報》報道，近日在湖北隨州文峰塔墓地出土一件銘文戈：隨大司馬獻有之行戈。這是新中國成立以來經科學發掘出土的隨國青銅器，主持發掘的黃鳳春先生認爲還是可說曾、

隨爲一國二名。

〔69〕河南省文物考古研究所：《新蔡葛陵楚墓》，大象出版社二〇〇三年。

〔70〕A. 河南省文物管理局南水北調文物保護辦公室等：《河南淅川縣徐家嶺 11 號楚墓》，《考古》二〇〇八年第五期；B. 王長豐、喬保同：《河南南陽徐家嶺 M11 新出阸夫人嬭鼎》，《中原文物》二〇〇九年第三期。

〔71〕A. 王長豐、郝本性：《河南新出「阸夫人嬭鼎」銘文紀年考》，《中原文物》二〇〇九年第三期；B. 馮時：《阸夫人嬭鼎銘文及相關問題》，《中原文物》二〇〇九年第六期。

〔72〕〔74〕黄錦前：《淅川徐家嶺 M11 出土文字資料及相關問題》，二〇一二年十月於復旦大學召開的「中國古文字研究會第十九届年會」的參會論文。此文另刊《考古與文物》二〇一九年第四期。

〔73〕黄錦前：《楚系銘文中「孟庚」與「孟甲」》，《中原文物》二〇一二年第四期。

〔75〕陳松長：《湖南張家界新出戰國銅矛銘文考略》，《文物》二〇一一年第九期。第二字該文缺釋，釋爲「畏」采自黄錦前的看法。

〔76〕A. 曹傳松：《湘西北楚城調查與探討——兼談有關楚史幾個問題》，載《楚文化研究論集》第二集，湖北人民出版社一九九一年；B. 劉彬徽：《江漢文化與荆楚文明》第五章第一節《楚城概况》、第四節《楚城及其建築的歷史地位》，江蘇教育出版社二〇〇八年。

〔77〕〔78〕荆州博物館：《湖北荆州黄山墓地 40 號戰國楚墓發掘簡報》，《江漢考古》二〇〇七年第四期。

〔79〕例如河南上蔡郭莊楚貴族墓出土有多件楚國楚系有銘銅器，有的已在網絡上或個別刊物上被討論，但資料未正式發表，不便論列。

（本文原刊《湖南省博物館館刊》第九輯，岳麓書社二〇一三年）

六　楚系金文補述

在本書納入《荆楚文庫》即將重新出版之際，必須對其初版後的新見楚系金文和研究的新進展擇要予以補述。

壹　新見楚系金文

一、楚季鐘及其他十項新見楚系金文

楚季鐘於二〇一二年六月出土，當年八月二十二日《中國文物報》以《湖北宜昌發現西周重要遺址》爲題予以報道。此遺址内出土編鐘12件〔1〕，其中一件有銘文17字：『楚季寶鐘，厥孫乃獻于公，公其萬年受厥福。』筆者有幸親赴宜昌參與出土現場考察和論證會，會後寫成《楚季編鐘及其他新見楚銘銅器研究》一文，於二〇一三年發表〔2A〕。在此文内同時論述自本書初版後至二〇一二年的十項新見楚系金文：1. 楚王領甗銘；2. 寬兒鼎、缶銘；3. 河南南陽楚申縣貴族墓楚系金文；4. 楚系許公寧墓銅銘；5. 安徽鍾離國墓楚系金文；6. 楚系曾公子弃疾銅銘；7. 仲芈加鼎銘；8. 淅川徐家嶺M11出土楚器銘；9. 湖南出土競畏矛銘；10. 荆州出土砝碼刻文。

筆者此文是本書初版後的一個階段性總結論述，特收入新版附録，不再在此詳論，但對此文所論楚季鐘需加補充論述，由於對楚季鐘的年代及其出土遺址的年代有分歧意見，筆者又著文推斷鐘的鑄造和刻銘年代爲西周早期晚段至西周中期（圖一），出土鐘的遺址年代爲西周早期晚段至西周晚期〔2B〕。

二、楚太師鐘、鎛銘文

二〇一三年朱鳳瀚先生公佈了已流散國外、現藏以色列耶路撒冷國家博物館的十一件有銘銅編鎛〔3〕。

這與先前已入藏上海博物館的九件有銘鈕鐘爲同一人之器。筆者於二〇一一年對上博藏鐘在周亞先生研究的基礎上作了進一步論述[4]，現先録銘文於下：『唯王正月初吉庚午，楚太師鄧乂慎，慎淑温恭，武于戎功，用其吉金自作鈴鐘，和鳴且鍠，用宴用饎，用樂庶侯及我父兄，既温既忌，余保乂楚王，威儀遲遲，萬年毋改，子子孫孫永寶鼓之。』鈕鐘和鎛鐘銘文基本相同，不同的是僅在『鄧』字後多一『子』字。

筆者認爲器主爲鄧乂慎，其『應鑄於楚武王稱王之後和楚文王在位期間的近三十年間』[5]。朱鳳瀚先生云：『劉彬徽先生認爲上海博物館所藏編鐘年代上限可由銘文中「余保乂楚王」得知，應不早於楚武王始稱王之年（前七〇四年），可從，則此套鐘、鎛的年代即應大約在春秋早期晚葉（這裏所謂稱「春秋早期」是約指前七七〇年至前六七〇年間）。』[6]筆者在拙文中指出：『這套鐘9件成組且有長達71字銘文，乃春秋早期迄今爲止最重要的一組青銅器，爲填補空白的重器，是連接西周中晚期楚公冢鐘、楚公逆鐘和春秋中晚期楚王孫誥編鐘等之間樂器的承前啓後的重要環節，具有十分重要的學術意義和研究價值。』（圖二，1、2）[7]

三、楚克黄之壺、豆銘文

二〇一三年公佈了在淅川和尚嶺墓地收繳的『克黄之壺』的器形與銘文（圖三，1）[8]。

二〇一二年《銘圖集成》六一三二號公佈了克黄豆器形與銘文：楚叔之孫克黄之錡（圖三，2）[9]。

有研究者認爲：『……從克黄方壺的紋飾和銘文特徵看，其鑄造年代不早於春秋晚期後段；其器主不可能是春秋中期的箴尹克黄，衹能是同名的另一人；與克黄方壺同出的克黄鼎，自然也是同一人之器……克黄鼎不是「目前發現的最早的楚式升鼎」……克黄錡不早於春秋晚期後段……克黄就是和尚嶺M1的墓主。』[10]

研究者以上説法看上去似乎順理成章，但仔細推敲，仍有疑點。第一，克黄壺的年代不一定要晚至春秋晚期後段，其年代爲東周三、四期之間。第二，克黄豆已流散國外，難以見到原器，難以仔細考察其紋飾和字體。第三，克黄之升鼎，本書納入東周二期之末，克黄升鼎和克黄豆的字體、紋飾都有年代早晚的差異，年代早的是升鼎。第四，克黄是誰？或許是年代早晚有差異而同名的兩個人。第五，和尚嶺M1墓主是誰？還須繼續討論，擬另行文，在此暫不詳述。

四、楚競之漁鼎銘文

二〇一三年公佈了河南上蔡郭莊M1出土的一件青銅鼎及其銘文（圖四，1）[11]。其銘文爲：唯王八月丁丑，競之漁自作𤖼彝𩰫𥁰，用供盟祀。

競，讀爲『景』，景氏爲楚國王族三大族之一。黄錦前認爲競之漁與楚王孫漁戟、矛銘文中的漁爲同一個人[12]，并參考何琳儀之説，認爲就是《左傳》哀公十七年（前四七八年）記載的公孫朝[13]。此年代爲東周四期即春秋晚期。觀其鼎形態，三足向外彎撇，亦是春秋晚期的特徵。此器出自郭莊M1，應爲此墓墓主之器。王孫漁戟銘收入本書東周五期，現應據之改編入東周四期内。新見王孫漁矛銘補録於此（圖四，2）。值得注意的是，出土王孫漁矛的湖北荆門左冢楚墓的年代已晚至戰國中期晚段[14]，其矛要早於墓葬年代百多年。

此鼎銘中的器名『𥁰』字，和包山楚簡遣策中的器名『鑐』字是同一個字，此前有學者將包山楚簡中的此字另釋[15]。筆者肯定此字應如發掘報告所釋，并在二〇一〇年發表的一篇論文中又予以肯定[16]。

五、楚系曾侯編鐘及其他重要曾器銘文

二〇一四至二〇一五年相繼公佈了湖北隨州文峰塔墓地出土的春秋中晚期至戰國早中期的屬於楚系的曾國銅器銘文，下分三小項叙述。

（一）文峰塔 M1 出土的曾侯與（『與』是曾侯之名）編鐘（圖五）和鬲的銘文[17]。

曾侯與編鐘保存較完整者有兩組，第一組銘文一百六十九字，現據多位學者的考釋[18]，今以通行文字寫出：

唯王正月吉日甲午，曾侯與曰：『伯適上帝，佐佑文武，達殷之命，撫定天下。王逝命南公，營宅汭土，君庇淮夷，臨有江夏。周室之既卑，吾用燮就楚。吴持有衆庶，行亂，西征，南伐，乃加於楚。荆邦既刷，而天命將誤，有嚴曾侯，業業厥聲，親博武功，楚命是靖，復定楚王，曾侯之靈。穆穆曾侯，壯武威忌，恭寅齋盟，伐武之表，懷燮四方。余申固楚成，整復曾疆，擇彼吉金，自作宗彝，和鐘鳴皇，用孝以享于辟皇祖，以祈眉壽，大命之長，其純德降余，萬世是尚。』（圖五，1）

第二組銘文不全，僅引述其前面一段文字：唯王十月□日庚午，曾侯與曰：余稷之玄孫，穆善敦敏，畏天之命，定徇曾土，恭寅齋盟，吾以祈眉壽……（圖五，2）

鬲銘：曾侯與之行鬲

簡報認定 M1 墓主就是曾侯與，指出第一組鐘銘記載了公元前五〇六年吴伐楚入郢之史事，鑄鐘年代依周曆、夏曆推斷，第一組鐘『鑄於公元前四九七年正月甲午』，第二組鐘『鑄於公元前四七三年或五〇四年……推斷 M1 的年代爲春秋晚期』。筆者認爲此時之曾國已成爲楚之附庸國，應使用楚國的建丑曆法，推算第一組鐘鑄於公元前五〇二年，第二組鐘爲同年十月所鑄。[19]

這兩組編鐘銘文非常重要，對於解決西周早期至春秋時期曾國族姓的問題和曾、隨是一國二名的問題，提供了至爲關鍵的材料，是十分重要的金文史料。

（二）文峰塔 M4 出土一件甬鐘（圖六），因墓被盜，實際不止此數，銘文不全，在此僅引録以下幾句：徇驕壯武，佐佑楚王，弗討是許。穆穆曾侯，威忌温恭……[20]

此銘文的重要性在於記載了其時的曾（隨）國早已臣服於楚國。看前述M1銘文有『佐佑文武』即佐佑周文王、武王。此銘『佐佑楚王』，即表示如同輔佐周文王、武王一樣，忠心輔佐楚王，自比爲楚王的臣子。銘文有『弗討是許』，即楚國不征討隨國，正如文獻所載『以隨之僻小，密邇於楚，楚實存之，世有盟誓，至於今未改……』[21]這銘文印證了楚隨的結盟及隨附庸於楚。正是有楚隨結盟關係，在吴師伐楚入郢之後，乃得有隨國之助，『復定楚王』（見M1曾侯與編鐘銘）。發掘簡報云『M4的年代當在春秋晚期偏早』，其陶器『罐的年代接近春秋中期』。楚隨這種結盟關係及附庸關係，可追溯到更早的時期。《左傳》和《史記》都記載楚國早在楚武王時期就與隨國訂下了盟約[22]。考古發現也證明在春秋中期以降，曾（隨）國雖存，但已納入楚文化系統[23]。

曾侯編鐘及其他曾國貴族青銅器又有重要新發現。《中國文物報》二〇二〇年五月八日報道二〇一九年度全國十大考古新發現之七爲『湖北隨州棗樹林春秋曾國貴族墓地』：『曾公求、曾侯寶和曾侯得三組曾侯墓葬與其車坑、馬坑及相關不同級别貴族墓的發掘，彌補了春秋中期曾國考古的缺環，以考古發掘構建了最完整的周代封國歷史材料。……曾國歷史從傳世文獻記載不明，到考古揭示出清晰的國君世系、社會階層、文化面貌，體現出考古寫史的重要作用和意義。……出土的大量青銅禮樂器，對於深入探討周代的禮樂文化面貌及其變遷提供了重要資料。』《江漢考古》二〇一九年第三期的考古簡報也指出：『曾侯寶及夫人隨仲羋加墓葬的發現，證明了曾即爲隨，從而爲「曾隨之謎」基本畫上了句號。隨仲羋加、加羋等銘文銅器（同期公佈了加羋編鐘銘文及考釋——引者注）也爲研究曾楚關係提供了新資料。』在此，筆者要對楚曾關係作的補充説明是，加嬭（羋）作爲楚國王室之女子嫁給曾國國君爲妻（銘文記述她丈夫早逝，她代理其夫國君之位治理曾國），她帶來了楚器，傳入了楚文化因素，加羋編鐘的形制、紋飾沿襲了東周一期的楚王領鐘、楚太師鐘的形態特徵；其青銅鼎（見本書附録五）、簠（圖七）、浴缶具有東周二期楚鼎、楚簠、楚浴缶的形态特徵。《江漢考古》二〇二〇年第一期在討論曾公求編鐘年代時認爲加芈編鐘年代爲公元前六二三年，這個年代正在東周二期的年代範圍内，故應納入楚系青銅器東周二期（圖八）。二〇二一年六月承蒙發掘領隊郭長江研究員告知，出土的嬭（芈）加之缶、盤、匜等都有和仲芈加鼎鼎銘『楚王媵隨仲嬭加』基本相同之文字。這樣隨仲芈加墓葬青銅禮器群之鼎、簠、缶、盤、匜連同其編鐘，均屬楚系青銅器東周二期，這是此期内有銘文記録的楚王族女子典型器群，僅此一見，彌足珍貴，有十分重要的歷史學、考古學研究意義。

（三）曾侯丙和曾國貴族銅器銘文

文峰塔 M18 爲亞字形大墓。『發現一座戰國曾侯丙墓，其年代略晚於曾侯乙墓，約爲戰國中期偏早，這是繼曾侯乙墓和葉家山西周曾侯墓地後所發現的又一代曾侯墓，補充了西周早期至戰國時期曾侯的世系。』[24]這個墓因被盜嚴重，現衹公佈兩件方缶銘文（圖九）。

曾侯丙之沐缶硤以爲長事（蓋内銘）

曾侯沐缶硤以爲（缶耳上）

關於曾侯的世系，根據現有金文資料可以串聯起六代連續的世系：文峰塔 M4 某代曾侯→曾侯昃→曾侯與→曾侯郕→曾侯乙→曾侯丙。這是前後繼位的六代曾侯。徐少華曾論述曾侯昃、曾侯與、曾侯郕的年代關係：『從曾侯昃至曾侯乙應是先後相繼的四位曾侯，其次序爲：曾侯昃→曾侯遻→曾侯郕→曾侯乙，在位時間約從公元前五三〇（或稍晚）至前四三三年之間……這四位曾侯之間的關係，均爲父死子繼亦或其間含有兄弟相承，還需要更多考古資料的證明。』[25]他在另一文中更細化年代關係，即『曾侯乙當即位於公元前四五五年前後。以曾侯乙爲基點，再向前推算，曾侯郕約公元前四八〇—四五五年左右在位，則曾侯與在位可能是公元前五一〇—前四八〇年之間或前後不遠』[26]。

二〇〇九年本書初版時早已認爲：『曾侯郕、曾侯遡爲曾侯乙父祖輩，其上限年代也許要早到公元前四五〇年之前，即可早到東周四期。』[27]這和上述徐少華的看法相同。更可注意的是，本書收録的曾侯郕鼎（一六四號），其蹄足向外彎撇，正是東周四期即春秋晚期的特徵，是曾侯郕鼎年代的物證，也可證筆者把東周四期和東周五期（春秋晚期和戰國早期）的分界年代定在公元前四五〇年（或稍前數年）是可信的。

曾侯丙墓同一墓地其他墓内出土曾國貴族有銘銅器較多，此處從略。

以上所述新見金文，僅是舉其重要的予以補述。重要者也可能還有。這些年來亦有多部彙編金文資料的書相繼出版，例如劉雨等的《近出殷周金文集録》一、二編，臺灣鍾柏生、陳昭容等的《新收殷周青銅器銘文暨器影彙編》。更有吴鎮烽以一人之力編著的《商周青銅器銘文暨圖像集成》及其續編、三編。這些書内都包含有本書已録或未録的新見楚系金文。

貳　楚系金文研究近況略述

楚系金文研究的近況有的在前面第一部分提到了，在本文這第二部分也祇是擇要補述。

一、楚系金文的年代學研究

筆者自從寫作《楚系青銅器研究》[28]以來，一直信守郭沫若早年的名言：『夫彝銘之可貴在足以徵史，苟時代不明，國别不明，雖有亦無可徵。』年代學是一切研究的前提和基礎。爲此，筆者在編著《楚系金文彙編》時將東周金文納入一至七期先後排列。楚系東周金文之七期分期法，現已得到較多學者贊同，例如彭裕商、鄒芙都、黄錦前等學者的書、文都予引述[29]，『證明了七期分期法的科學性』[30]。

楚系銅器年代學研究也出現了不同的看法，例如二〇一五年發表的《楚系青銅器的分期與年代》[31]。該文將春秋中期早段列爲楚系銅器第一期，而春秋早期的不計，這是欠妥的。筆者在《楚系青銅器研究》一書中列出几組銅器劃入東周一期即春秋早期。其一爲申公彭宇之器（本書一四號），其年代鐵定爲春秋早期，器主爲楚申縣縣公〔32〕，肯定屬楚系青銅器（楚系金文）東周一期。其二爲𤖼父之器（本書一五、一六號），年代稍晚的匜銘爲『塞公孫𤖼父』，此『塞』字根據清華簡中的《繫年》應讀爲『息』，指息國，楚文王於公元前六八四至前六八二年之間滅息置縣，此器當作於前六八二年之後不久，而『考叔𤖼父』器則應作於前六八二年之前不久，都在東周一期年代範圍内。近期報道的『塞公屈顙』戈〔33〕，雖其年代在春秋早期之後，但可證明楚滅息之後應已封楚王族於息地，故得有『塞公孫』之稱〔34〕。因此，𤖼父組銅器群應歸屬楚系東周一期即春秋早期，是無庸置疑的。現更有前述春秋早期的楚太師鐘、鎛爲證，故楚系東周一期應鐵定以春秋早期爲是，把春秋早期排除在楚銅器（包括金文）分期序列之外的看法顯然不妥，應予否定，特在此予以强調。

關於楚系銅器及其金文的分期與年代研究，還可補述下列四項。

（一）淅川和尚嶺、徐家嶺楚墓和固始侯古堆 M1 都有不少楚系金文，論定了墓葬年代就明確了墓内這些楚系金文的下限年代（有的金文早於墓葬年代）。筆者於二〇〇五年就予以討論并確定其年代，至今看來仍是準確的〔35〕。其中和尚嶺楚墓出土的倗（蔿、鄬、薳）子受鐘、鎛的年代，本書初版歸入東周四期，在『簡注』中，針對有學者用周曆推定爲楚惠王十四年之説〔36〕，筆者據楚國曆法建丑爲正之説〔37〕，推斷其年代早於楚惠王十四年，可改定爲楚昭王十四年〔38〕。近見到《薳子受銅器銘文『亡作』試解及其年代推斷——楚曆建丑説新證》一文〔39〕，推斷其年代爲楚康王十四年即公元前五四六年。該文并指出：『這也爲劉彬徽提出的「楚曆建丑説」提供了新的證據。』爲此，筆者對其鐘、鎛形制、紋飾再做對比研究，其鐘體紋樣中未見東周四期浮雕式點紋凸起之變形蟠螭紋。從這點看，年代要早於平王之定鐘、曾侯與鐘，即其年代要早於楚昭王世，將之提早到東周三期的楚康王世可信。銘文中的年月日，據楚曆建丑驗證，若合符節，故可將其年代改定爲楚康王十四年即公元前五四六年。

（二）本書一一一號平王之定鐘原名競平王鐘，在『簡注』中已補充引述了董珊之文，據其文此鐘應非競平王之鐘，競平王就是楚平王，這鐘乃楚平王王族之人名定者之鐘，故應更名爲『平王之定鐘』。其後，董珊又認爲此人是楚平王之子昭王之庶兄〔40〕。銘文中『秦王』二字并非指秦國之王。清華大學藏戰國竹簡《楚居》篇内有楚王居於『秦溪之上』的記載，學者們認爲銘文中的秦王指居於秦溪之上的楚王的簡稱，是以地名『秦』字而簡稱之爲『秦王』，這個秦王應指楚昭王〔41〕。有學者認爲此鐘可能作於楚昭王前期，約在公元前五一五年—前五〇六年之間〔42〕。兹均録以存考。關於武王之童戈（本書二六二號）曾有楚、秦兩國武王之争。據董珊之文，爲楚武王王族後裔之戈，其年代爲戰國中期〔43〕。

（三）關於荆篙鐘（本書一六九號）的年代，因出土此鐘的信陽楚墓年代爲戰國中期，原定其年代和此墓同時。近期再考察其形制、紋飾，其年代可提早。已故著名音樂學家黄翔鵬先生早已指出對此鐘『測音與排比音階的結果反映了「荆篙」鐘的音響設計年代當在「倗」鐘（筆者注，指王孫誥鐘）之後，「曾侯乙」鐘之前。即在春秋、戰國之間』〔44〕。據筆者之七期分法，當在東周四、五期之際，特此説明。

（四）新蔡平夜君成墓的年代，筆者論定爲公元前三九八年〔45〕，和有的學者所論相合〔46〕。則本書所列平夜君成之鼎、戈、戟年代下限必在前三九八年。

二、楚系金文字詞考釋與相關問題研究

近些年來由於大批楚簡的相繼公佈，促進了對楚系金文字詞與相關問題的深入研究，特别是有助於其中一些疑難字詞的釋讀。本文不擬詳加羅列和引述，并且已有學者在作積累式的整理研究。例如黄錦前的博士論文《楚系銅器銘文研究》（二〇〇九年）〔47〕和他博士後期間的論文《楚系銅器銘文新研》（二〇一〇—二〇一二年）〔48〕。其中有的也已形成單篇發表，例如二〇一五年關於『盞盂』的研究，二〇一六年關於『石沱』的考釋〔49〕，可資參閲。

二〇一二年出版的李天虹著《楚國銅器與竹簡文字研究》[50]，對楚公冡鐘、楚公逆鐘、淅川下寺楚倗氏墓銅器、鄂君啓節、壽縣朱家集楚王室銅器等銅器銘文中一些文字的新釋及相關問題論述，同樣彙集了多人的最新研究及自己的見解。例如楚公逆鐘68字銘文中的第25字，曾被釋爲『厥』字，此書引述陳劍之文，改釋爲『人』字，銘文斷句、文意也出現不同意見，作者提出了自己的看法，等等。

關於對字詞及文意的新釋再做以下五項補述。

（一）本書收録有『申文王之孫』和『申王之孫』兩件銘文銅器（一一三和一一五號），以往多認爲申曾復國，故稱王。現引李學勤《楚國申氏兩簠讀釋》的新解[51]：『最近因工作繹讀劉彬徽等先生《楚系金文彙編》……想着重討論的，是兩件春秋晚期的簠銘，一件……依原行款寫出釋文：……申文王之孫……另一件……也依原行款寫其釋文：……申王之孫……學者或以爲這是申曾稱王，并於當時復國的證據……復國稱王之説是和史實不合的……申氏的後裔都是「文王之孫」，簠銘「申文王之孫」意即文王之孫的申氏……「文王之孫」可省作「王之孫」，所以「申王之孫」意即作爲王之孫的申氏……』李氏此説值得重視，特較多地予以引述。

（二）本書二四三號曾姬無卹壺銘文釋文吸收了學者研究的成果，比之拙著《楚系青銅器研究》書内的釋文前進了一步[52]。經近些年學者們的研究，其釋讀又有新進展，如馮時認爲『無卹』非曾姬名字[53]，又如二〇一七年新見一篇論文，評介了衆多學者的見解，提出己見，頗有新意[54]。

（三）本書二四四號鄂君啓節銘文文字也有再研究。例如本書釋爲『舿』之字，有學者認爲應改釋爲『航』[55]。關於銘文中原被釋爲『油』的字，認識又有反復。筆者注意到『楚簡中「由」、「古」二字尚難區别，待考』[56]。在二〇一五年召開的湘鄂豫皖楚文化研究會第十四次年會上，筆者提交的論文中便寫下如下的話：『筆者的認識也經歷了一個「否定之否定」過程。筆者一九九五年出版的《楚系青銅器研究》一書沿用前輩學者看法將此字讀爲「湖」字。之後因古文字學者多改釋爲「油」字，筆者在《楚系金文彙編》一書改用「油」字說。現在經筆者反復檢索、思考，認爲劉和惠先生之說可信，并補充上博簡、盛君縈簠銘文字形新證，是時候來一個「否定之否定」，回到釋讀爲「沽、湖」之舊說』〔57〕。對這一『否定之否定』的見解，希望能引起進一步的討論。

（四）本書二四九號燕客銅量銘文有新研，對其尾句四字銘文，筆者曾著文新釋〔58〕。另有學者在二〇一二年發表的論文中，將倒數第二字釋讀爲『故』，并對尾句文意也作新解〔59〕。

（五）緐書尊缶（本書二四二號）銘文中的『緐』字也有新解，李學勤讀缶銘的緐爲鑾，『屬於在楚國的鑾氏』〔60〕。二〇一四年李守奎據清華簡《楚居》，認爲此字『可以讀爲「連」』。包山簡中「緐」氏與「連」氏都很常見，很可能是同一個姓氏的異寫，是楚人固有姓氏，也許就是季連之後』〔61〕。以上考釋的進展，值得重視。

這一『補述』，字數之多已超原先的設想，衹能就此打住，遺漏和不足之處，在所難免，祈盼讀者指正爲感。

二〇一八年十一月完稿

二〇二一年六月校補

年代 \ 分型	A 型	B 型	C 型
西周早期晚段	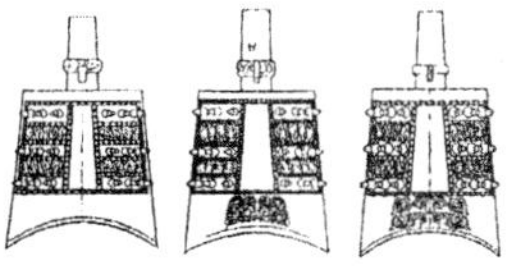 3 4 5	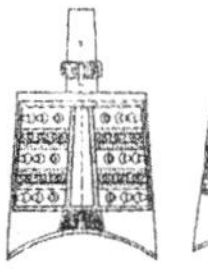 1 2	
西周中期早段	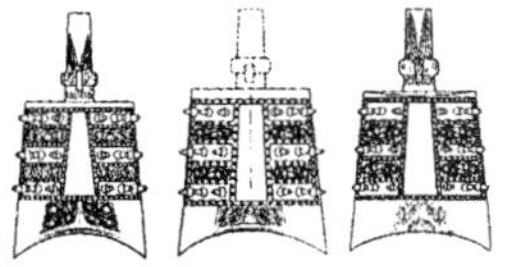 6 11 12		
西周中期晚段			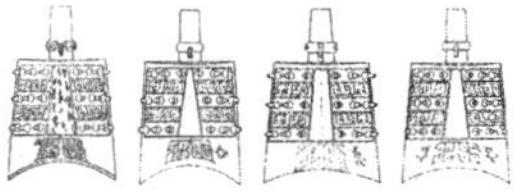 7 8 9 10

圖一上　湖北宜昌萬福垴遺址出土的西周早中期甬鐘分期圖

　　下　萬福垴楚季鐘（上圖 7 號鐘）十七字銘文照片

圖二1　楚太師鈕鐘照片、拓片之一

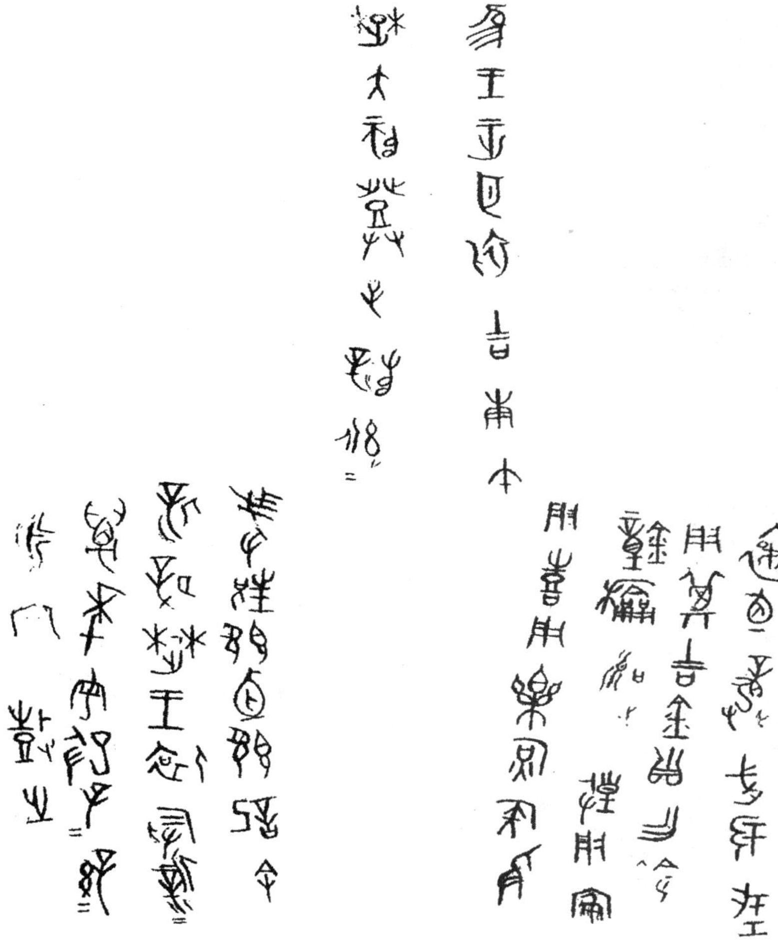

圖二 2　楚太師鎛鐘銘文摹本（8 號鎛）

圖三 1　克黃之壺與銘文照片

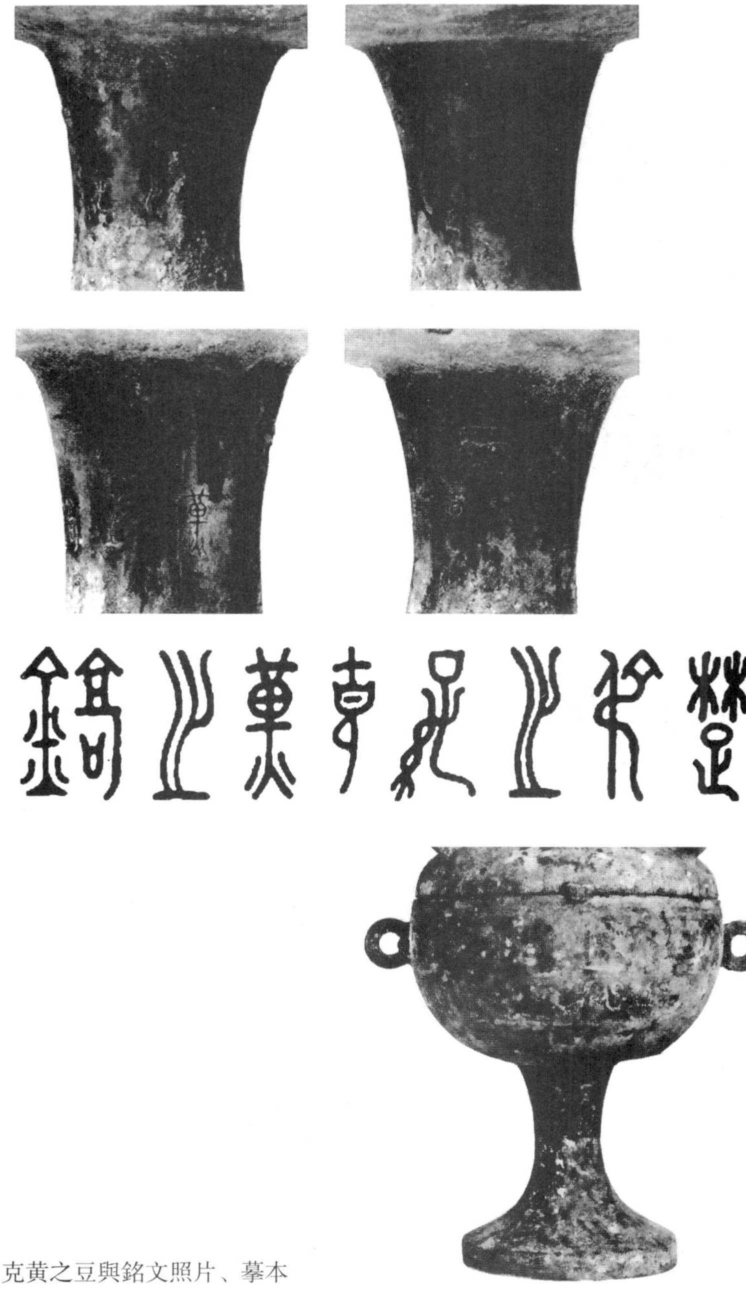

圖三 2　克黃之豆與銘文照片、摹本

圖四1　競之漁鼎與銘文照片

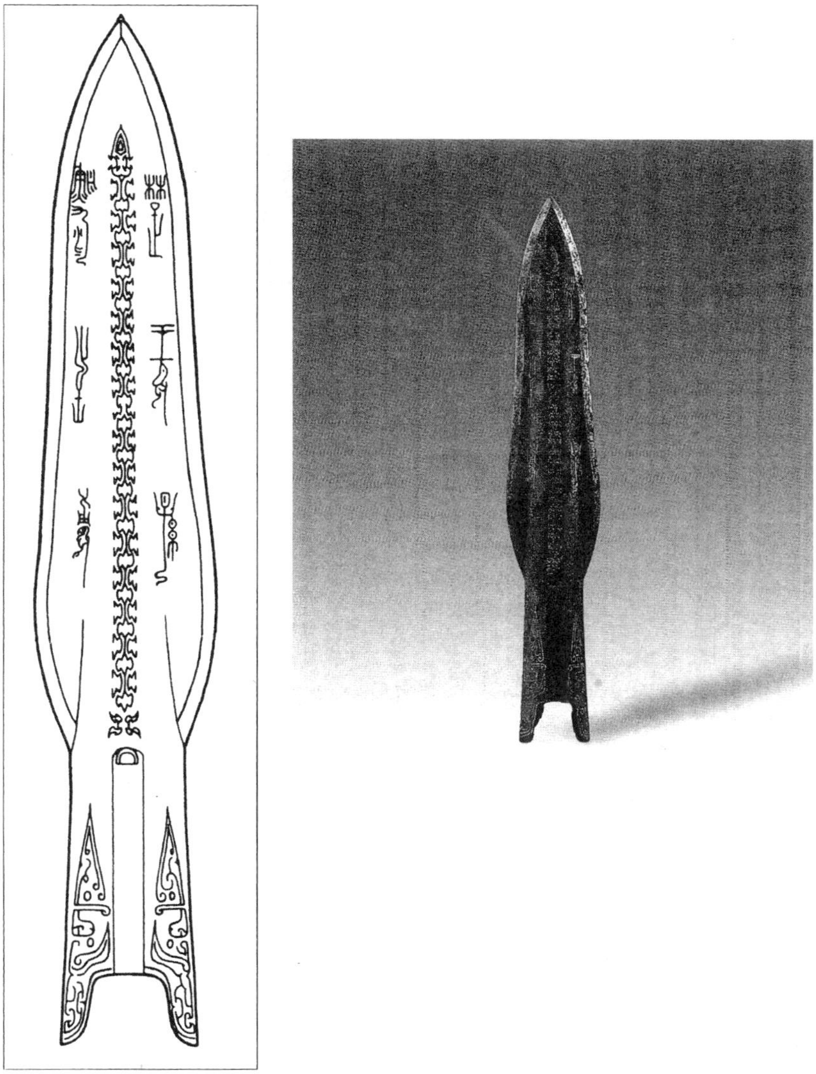

圖四2　楚王孫漁矛照片、綫圖

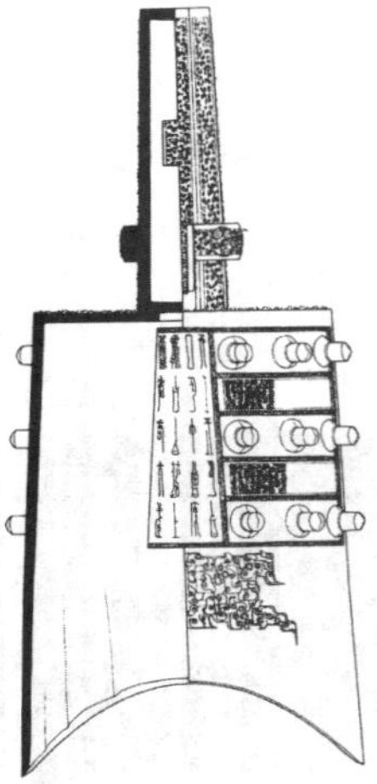

1

2

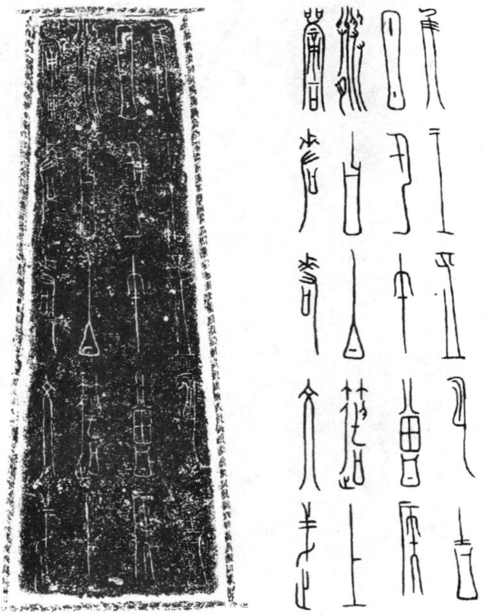

3

圖五 1-1　曾侯與編鐘 M1：1

1. 綫圖　2. 照片　3. 正面鉦部銘文拓片及摹本

1

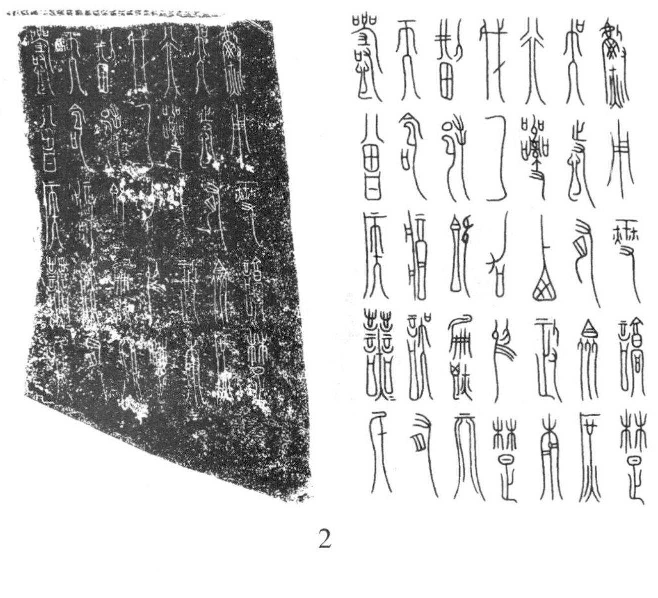

2

圖五 1–2　曾侯與編鐘 M1：1
1. 正面左鼓部銘文拓片及摹本
2. 背面右鼓部銘文拓片及摹本

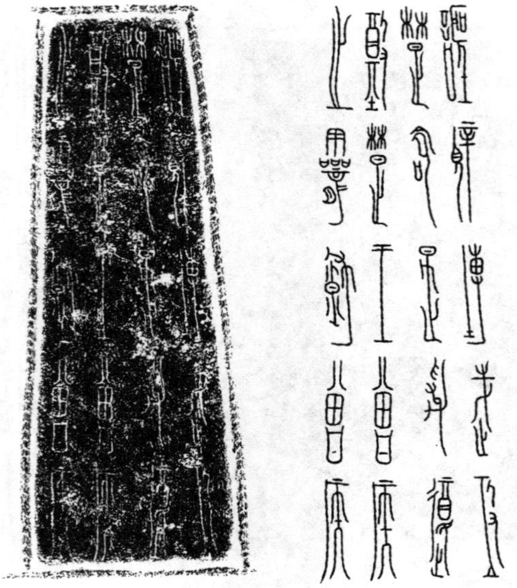

1

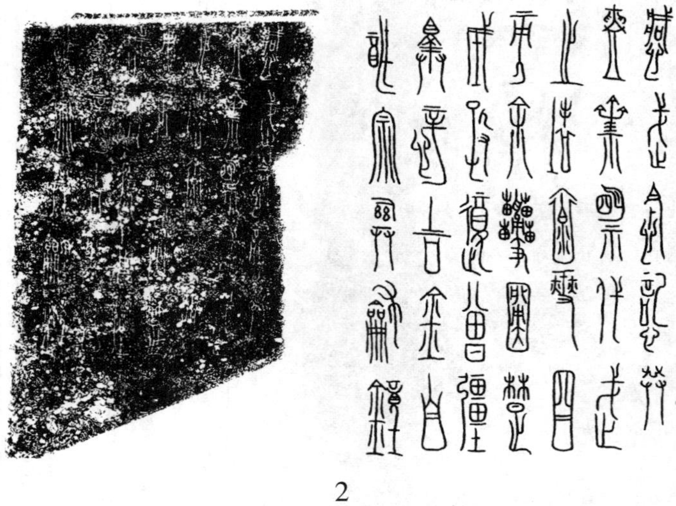

2

圖五 1–3　曾侯與編鐘 M1：1
1. 背面鉦部銘文拓片及摹本
2. 背面左鼓部銘文拓片及摹本

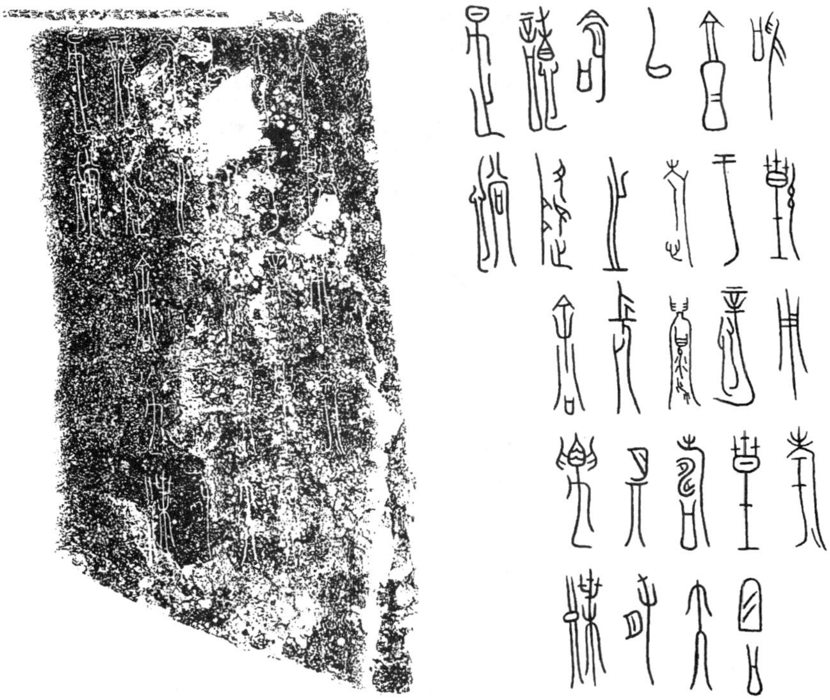

圖五 1–4　曾侯與編鐘 M1：1
正面右鼓部銘文拓片及摹本

1

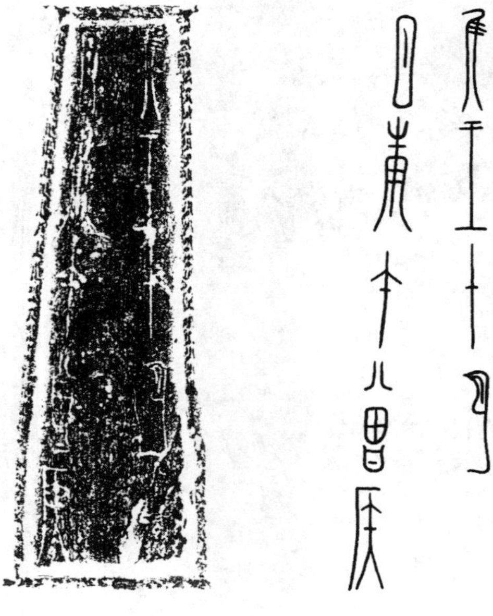

2

圖五 2–1　曾侯與編鐘 M1：3
1. 照片　2. 正面鉦部銘文拓片及摹本

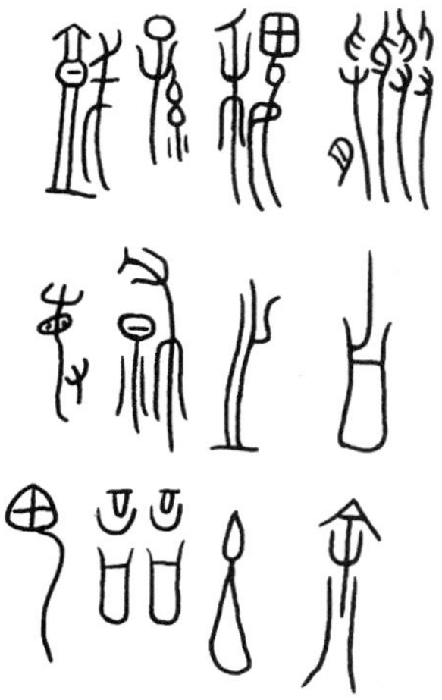

1

3

2

圖五 2–2　曾侯與編鐘 M1：3

1. 正面左鼓部銘文摹本　2. 背面右鼓部銘文摹本　3. 背面鉦部銘文摹本

1

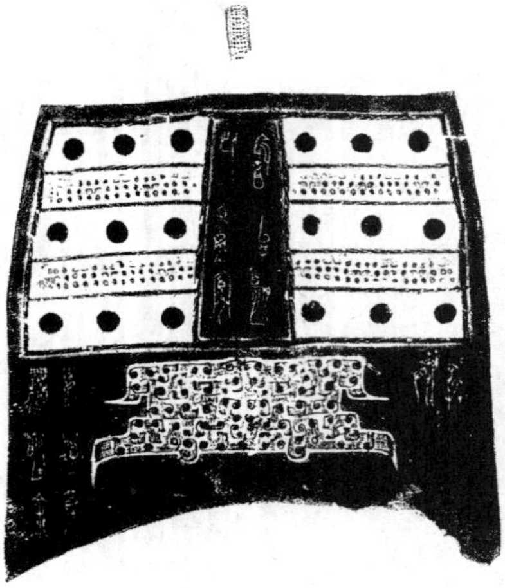

2

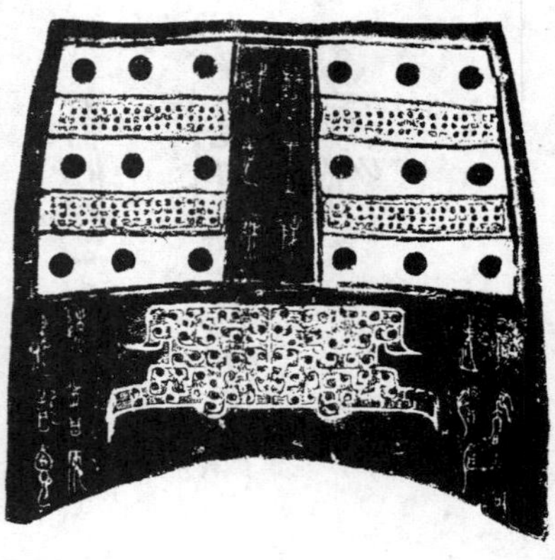

3

圖六　湖北隨州文峰塔墓地出土甬鐘 M4：016
1. 照片　2. 正面拓片　3. 背面拓片

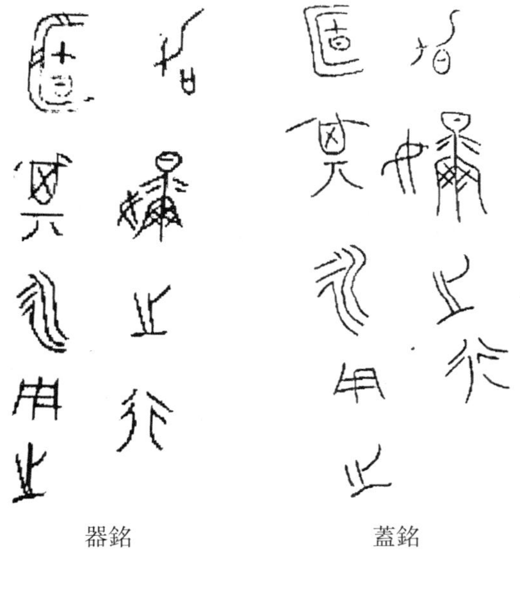

器銘　　蓋銘

加嬭（芈）之行
𠥍（簠），其永用之。

圖七　加芈簠照片、摹本及釋文
資料來源：隨州市博物館等：《追回的寶藏——隨州市打擊文物犯罪成果薈萃》，武漢大學出版社二〇一九年

一

二

三

四

圖八1　加芈編鐘一、二、三、四照片（合爲一篇銘文）
資料來源：1.《江漢考古》二〇一九年第三期；
2.《銘圖集成》第三編

正面

背面

圖八 2–1　鐘一銘文拓片

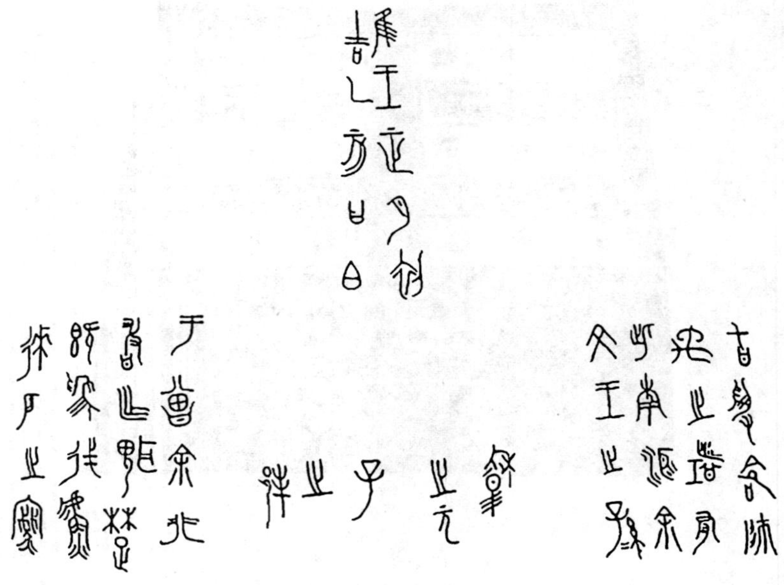

①隹（唯）王正月初吉乙亥，曰：白（伯）

②舌（括）受命，帥禹之堵（緒），有此南洍（汜）。余文王之孫=（孫子），

③穆之元子，之邦

④于曾。余非敢作䰧（佴），楚既爲代（代），膚（吾）徠匹之。㝉（毖）

圖八 2-2　鐘一正面銘文摹本及釋文

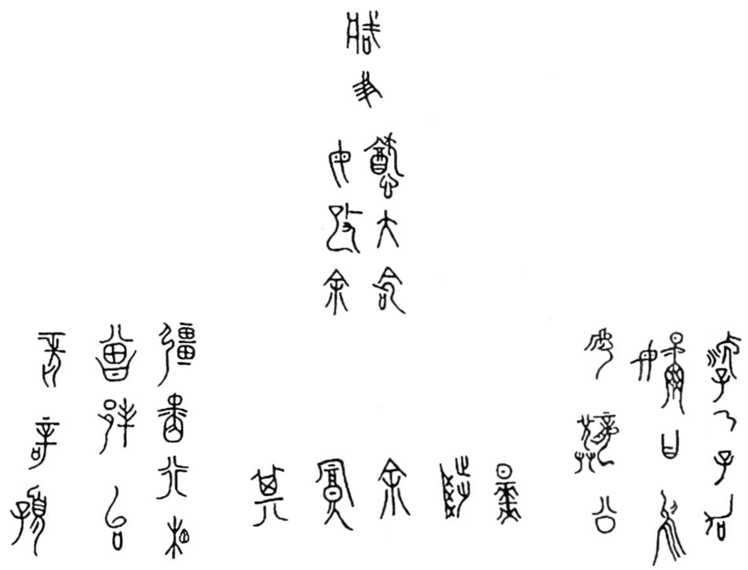

⑥孛（冲）乃（？）子加嬭（羋）曰：烏（嗚）虖（呼）！龏（龔）公

⑦[日/棗]（早）陟，余復（保）其

⑤臧（壯）我悈，大命毋改。余

⑧彊啚（鄙），行柏（伯）曾邦，台（以）長辝夏。

圖八 2-3　鐘一背面銘文摹本及釋文

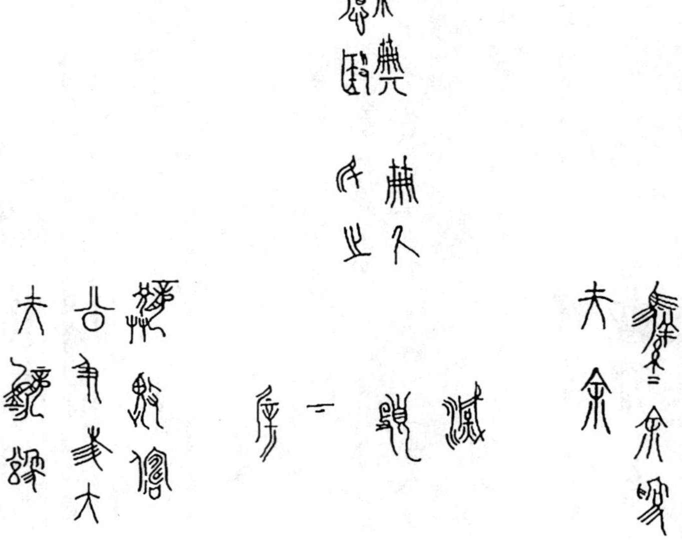

⑨余典册氒（厥）德，殹（繄）民之

⑩氏巨，攸攸驍驍。余［爲婦］爲夫。余

⑪滅顗（没）下（舒）屖（遲），

⑫龏（恭）畏儔公及我大夫，龍龍豫

圖八 3-1　鐘二正面銘文摹本及釋文

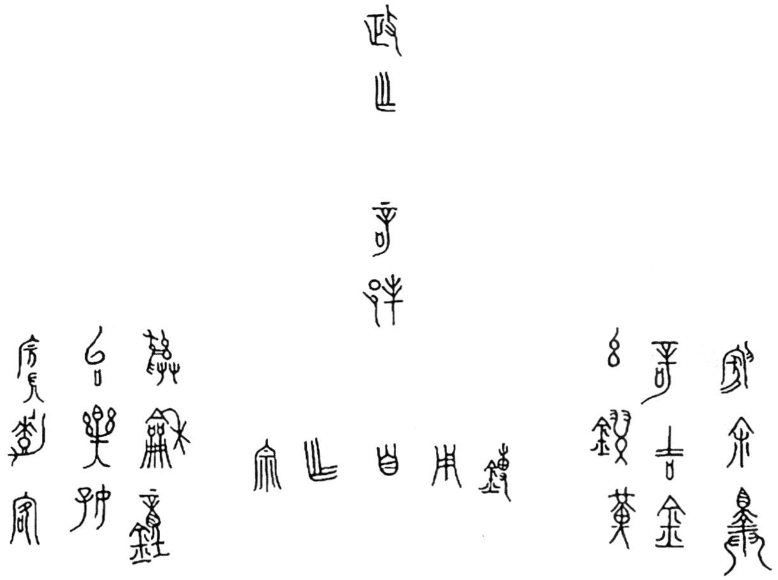

⑬ 政，作辥邦

⑭ 家。余擇辥吉金玄鏐黄

⑮ 鎛，用自作宗

⑯ 彝龢鐘，台（以）樂好賓嘉客、

圖八 3-2　鐘二背面銘文摹本及釋文

⑰父䖨（兄）及我

⑱大夫，用孝用享，受福無

⑲疆。孱其平

⑳龢，休淑孔煌，大夫

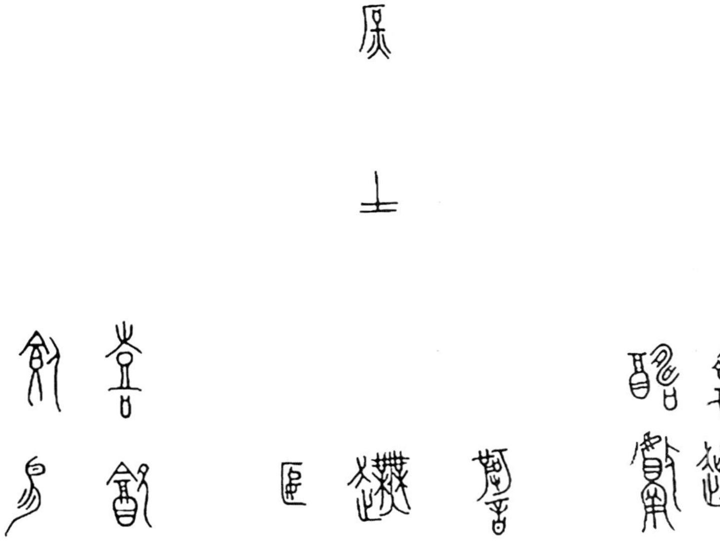

㉑庶士，

㉒齊齊翼翼，酬獻

㉓歌舞，宴

㉔喜（饎）飲食，易（賜）

圖八4　鐘三銘文摹本及釋文

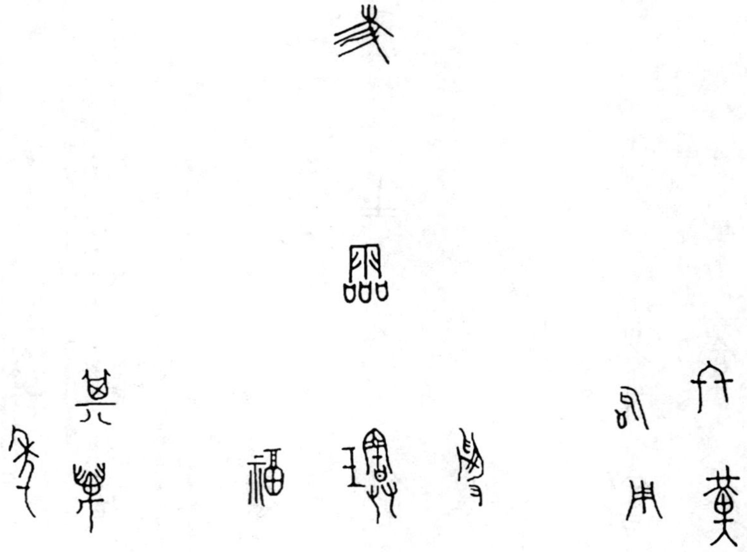

㉕我霝

㉖冬(終)黃耇，用

㉗受寶福，

㉘其萬年

㉙毋改，

㉚至于孫子，

㉛石（庶）保用之。

圖八5　鐘四銘文摹本及釋文

圖九　曾侯丙缶照片與銘文拓片

【注釋】

〔1〕報紙報道11件，之後又在被挖出來的堆土中發現一件，故共12件（另出青銅鼎、劍、斧各一件及陶器多件）。

〔2〕劉彬徽：A.《楚季編鐘及其他新見楚銘銅器研究》，《湖南省博物館館刊》第九輯，岳麓書社二〇一三年；B.《論萬福垴楚遺址及其出土楚季編甬鐘的年代與相關問題》，《湖南省博物館館刊》第十三輯，岳麓書社二〇一七年。參閱：1.李伯謙：《宜昌萬福垴遺址發掘引發的思考》，《黄河・黄土・黄種人》二〇一八年第二期；2.馬仁傑、崔劍峰、黄文新、史德勇、向光華：《宜昌萬福垴遺址青銅器的科技分析及相關考古學問題》，《江漢考古》二〇一九年第五期。此二文和筆者之文均斷其年代爲西周時期。

〔3〕朱鳳瀚：《關於以色列耶路撒冷國家博物館所藏楚大師編鎛》，《楚簡楚文化與先秦歷史文化國際學術研討會論文集》，湖北教育出版社二〇一三年。

〔4〕劉彬徽：《楚系青銅器研究續論》，《湖南省博物館館刊》第七輯，岳麓書社二〇一一年；周亞：《楚大師登編鐘及相關問題的認識》，《上海博物館集刊》第十一期，上海書畫出版社二〇〇八年。

〔5〕同〔4〕劉彬徽文。

〔6〕同〔3〕，見該書第四六頁。

〔7〕同〔4〕劉彬徽文。二〇一四年中西書局出版的《出土文獻》第五輯内有李守奎關於此鐘、鎛之文，可參閱。

〔8〕淅川縣博物館編著：《淅川楚國青銅器精粹》，中州古籍出版社二〇一三年。

〔9〕吴鎮烽編著：《商周青銅器銘文暨圖像集成》（簡稱《銘圖集成》），上海古籍出版社二〇一二年。

〔10〕馮峰：《克黄器與淅川遠氏墓群》，《湖南考古輯刊》第十一集，科學出版社二〇一五年。

〔11〕曹瑋主編：《南國楚寶　驚采絶艷——楚文物珍品展》，三秦出版社二〇一三年。展覽是在秦始皇帝陵博物院舉辦的東周時期地域文化系列展之一，筆者爲楚文物展覽方案及圖録的審稿者。郭莊M1出土的其他銘文尚待正式公佈。

〔12〕黄錦前：《楚系銅器銘文新研》，詳下注〔48〕。

〔13〕何琳儀：《戰國文字通論（訂補）》第一五三頁正文、第一七五頁注37，江蘇教育出版社二〇〇三年。

〔14〕湖北省文物考古研究所等：《荆門左冢楚墓》第一七一頁，文物出版社二〇〇六年。該書附録許道勝所撰《新出楚王孫⿱⿰氵⿰言舟夊矛》一文。

〔15〕陳偉等著：《楚地出土戰國簡册（十四種）》，第一二八頁注112轉引一學者另釋此字，經濟科學出版社二〇〇九年。

〔16〕劉彬徽：《『鐈』字考釋兼論楚系鼎制》，《湖南省博物館館刊》第六輯，岳麓書社二〇一〇年。

〔17〕湖北省文物考古研究所等：《隨州文峰塔M1（曾侯與墓）、M2發掘簡報》，《江漢考古》二〇一四年第四期。

〔18〕參閲凡國棟、李學勤、曹錦炎、李天虹等人之文（刊《江漢考古》二〇一四年第四期）和李零之文（刊《江漢考古》二〇一五年第一期）。

〔19〕此年代論證見筆者在二〇一八年九月召開的曾侯乙編鐘出土四十周年學術研討會上提交的論文《曾侯乙編鐘文化源流新識》（此文已刊《江漢考古》二〇二二年第五期）。文内所述楚國曆法歲首冬柰建丑，筆者在二〇一九年召開的湘鄂豫皖楚文化研究會第十六次年會上又提交長篇論文《楚國曆法建丑新證》（《江漢考古》二〇二一年第四期），提出更可信的科學依據，是經得起歷史檢驗的結論。

〔20〕湖北省文物考古研究所等：《湖北隨州文峰塔墓地 M4 發掘簡報》，《江漢考古》二〇一五年第一期。

〔21〕見《左傳》定公四年（公元前五〇六年）。

〔22〕見《左傳》桓公八年（公元前七〇四年）：「乃盟而還。」《史記·楚世家》：楚武王「與隨人盟而去」。

〔23〕參閱拙作《從近年出土曾器看楚文化對曾國的影響》，收入拙著《早期文明與楚文化研究》，岳麓書社二〇〇一年。又參閱拙作《曾侯乙編鐘的考古學意義》，收入鄒衡、譚維四主編的《曾侯乙編鐘》下册，北京金城出版社、西苑出版社二〇一五年。

〔24〕湖北省文物考古研究所等：《湖北隨州市文峰塔東周墓地》，《考古》二〇一四年第七期。此墓地出土銘文器甚多，有『曾大司馬』『曾大工尹』『曾子』『曾孫』及其他貴族之銘文，并有『隨大司馬』銘文青銅戈等。

〔25〕徐少華：《曾侯昃戈的年代及相關曾侯世系》，《古文字研究》第三十輯，中華書局二〇一四年。

〔26〕徐少華：《論隨州文峰塔一號墓的年代及其學術價值》，《江漢考古》二〇一四年第四期。

〔27〕本書初版《楚系金文彙編》第四九五頁，湖北教育出版社二〇〇九年。

〔28〕拙著《楚系青銅器研究》，湖北教育出版社一九九五年。此書將東周時期楚系青銅器分爲七期，每期早晚二組共十四組，進行了較詳論證。此書已收入《荆楚文庫》，湖北教育出版社二〇一九年出版。

〔29〕彭裕商：《春秋青銅器年代綜合研究》，中華書局二〇一一年，引述筆者七期分法，見第三頁；鄒芙都：《楚系銘文綜合研究》，巴蜀書社二〇〇七年；黄錦前：《楚系銅器銘文研究》，博士論文，二〇〇九年。

〔30〕同〔29〕鄒芙都書，第二三七頁。

〔31〕袁艷玲、張聞捷：《楚系青銅器的分期與年代》，《考古學報》二〇一五年第四期。該文將楚系青銅器限定在東周時期。

〔32〕楚文王滅申爲公元前六八七—前六八四年，見何浩著《楚滅國研究》第一一頁，武漢出版社一九八九年。

徐少華認爲彭宇在『楚文王始置申縣時即被委爲第一任申縣縣公』，見其論文《春秋楚申公序列疏補》，載《楚文化研究論集》第十集，湖北美術出版社二〇一一年。

〔33〕此戈最先由黄錫全論述，見其論文《記新見塞公屈顙戈》，載北京大學考古文博學院編：《考古學研究（六）——慶祝高明先生八十壽辰暨從事考古研究五十年論文集》，科學出版社二〇〇六年。筆者《楚系金文訂補（之三）》（《湖南省博物館館刊》第四輯，岳麓書社二〇〇七年）一文已指出這是『塞』爲楚王族封地的物證。

〔34〕拙著《楚系青銅器研究》早已指出：『「塞公孫⿸疒言父」即楚王族公孫⿸疒言父之封於塞地者。』其銅器組合、形制、紋飾均具春秋早期特徵，筆者又已著文再論證其鼎、簠已具楚文化特徵，請參閱拙作《春秋戰國時代青銅器研究的新進展與新思考》，《湖南省博物館館刊》第十四輯，岳麓書社二〇一八年。『塞公孫』與本書一一三號『申文王之孫』、一一五號『申公之孫』同例，都指楚王族之人，請參閱李學勤《楚國申氏兩簠讀釋》，《江漢考古》二〇一〇年第二期。

〔35〕見二〇〇五年筆者應邀赴日本早稻田大學參加學術討論會的講演稿，日文版刊載在日本早稻田大學《長江流域文化研究所年報（第四號）》，二〇〇六年；中文版以《近年楚系青銅器研究評述》爲題載入《湖南省博物館館刊》第三期，岳麓書社二〇〇六年。此文對和尚嶺、徐家嶺楚墓和固始侯古堆墓年代作了進一步確認。

〔36〕趙世綱：《鄎子受鐘與鄂國史迹》，《江漢考古》一九九五年第一期。

〔37〕關於楚國曆法建正問題，最早是上個世紀八十年代末筆者研究湖北荆門包山楚簡（筆者是竹簡整理小組組長）時，提出楚曆建丑，并首次著文斷定包山楚簡中七個以事紀年年代，其最晚的一年爲公元前三一六年，乃該墓的下葬年代（此文收入考古發掘報告《包山楚墓》一書內），這個年代現已爲學界廣泛接受，已成共識。但對楚曆建正則存不同觀點，有建亥、建子、建丑、建寅等多種看法，爲此筆者的長篇論文《楚國曆法的建正問題辨證》（載臺北『中研院』史語所編輯出版的《古文字與古代史》第一輯，二〇〇七年），力證楚曆建丑爲正。近年又找到更可

信的證據證實楚曆建丑符合歷史實際，楚曆建丑完全可信（見前注之〔19〕），㑥子受鐘銘曆日爲建丑曆法，則是考古所見年代最早的一例物證。

〔38〕拙作：《楚系金文訂補（之一）》，《古文字研究》第二十三輯，中華書局二〇〇二年。

〔39〕馬超、胡長春：《薳子受銅器銘文『亡作』試解及其年代推斷——楚曆建丑説新證》，《四川文物》二〇一七年第二期。薳（鄬）子受銅器及銘文在《淅川和尚嶺與徐家嶺楚墓》一書内有詳細報道。

〔40〕〔41〕董珊：《救秦戎銅器群的解釋》，《江漢考古》二〇一二年第三期。

〔42〕黄錫全：《古文字與古貨幣文集》第三二六頁，文物出版社二〇〇九年。

〔43〕參見拙作：《『武王』戈及其銘文綜考》，《湖南省博物館館刊》第十輯，岳麓書社二〇一四年。此文内引述了董珊之文，并介紹了與『武王之某』字例相同的戰國時期『昭王之信戈』，出該戈的墓葬年代爲戰國中晚期之際，證此昭王之信戈亦爲昭王王族後裔名信者之戈。

〔44〕黄翔鵬：《先秦編鐘音階結構的斷代研究》，《江漢考古》一九八二年第二期。

〔45〕拙作：《葛陵楚墓的年代及相關問題的討論》，《楚文化研究論集》第七集，岳麓書社二〇〇七年。拙文據楚曆建丑曆法推算其年代爲公元前三九八年。

〔46〕宋華强：《新蔡葛陵楚簡初探》第一三五頁，武漢大學出版社二〇一〇年。

〔47〕承他郵贈此論文審定本，其導師爲黄德寬教授。

〔48〕承他用電子郵件傳來，其導師爲林澐教授。

〔49〕黄錦前：A.《説盞盂——兼論楚系盞盂的形態與功能》，刊《湖南考古輯刊》第十一集，科學出版社二〇一五年（文中引述二〇一一年出版的《余崗楚墓》所載『叔皇之孫鰞之食盞』等新見金文材料）；B.《東周金文『石沱』正解》，《江漢考古》二〇一六年第一期。

〔50〕李天虹：《楚國銅器與竹簡文字研究》，湖北教育出版社二〇一二年。

〔51〕李學勤：《楚國申氏兩簠讀釋》，《江漢考古》二〇一〇年第二期。收入其《三代文明研究》，商務印書館二〇一一年。

〔52〕例如黄德寬：《曾姬無卹壺銘文新釋》，《古文字研究》第二十三輯，中華書局二〇〇二年。文中對「無卹」後面一字釋爲「虎」讀爲「吾」字、對「吾」字後面一字引用何琳儀説釋爲「宅」字的正確意見，均録入本書之釋文内。

〔53〕馮時：《曾姬壺銘文柬釋》，出處見注〔3〕之論文集。

〔54〕張立東：《曾姬方壺銘文考釋》，《中原文物》二〇一七年第六期。

〔55〕A. 董珊：《簡帛文獻考釋論叢》第七二、七三頁，上海古籍出版社二〇一四年。B. 陳劍：《試説戰國文字中寫法特殊的「亢」和從「亢」諸字》，氏著《戰國竹書論集》，上海古籍出版社二〇一三年。此文對「航」字作詳細論述，其中提及裘錫圭於一九九八年就已指出另一銅銘中有「航」字。

〔56〕同〔15〕，第八四頁。

〔57〕拙作：《鄂王城遺址考察與思考》，收入《楚文化研究論集》第十二集，上海古籍出版社二〇一七年。

〔58〕拙作：《長沙銅量銘文尾句釋讀》，載《古文字學論稿》，安徽大學出版社二〇〇八年。

〔59〕劉波：《釋楚郾客銅量中的「故」字》，《江漢考古》二〇一二年第一期。

〔60〕李學勤：《𦉜書缶釋疑》，氏著《中國古代文明研究》，華東師範大學出版社二〇〇五年。

〔61〕李守奎：《清華簡〈系年〉「也」字用法與攻吾王光劍、𦉜書缶的釋讀》，《古文字研究》第三十輯，中華書局二〇一四年。

參考書目

傳統文獻書目略去。以下略依出版年代爲序，左側有黑點者爲簡稱。

金文編　容庚　一九二五年初版，中華書局一九八五年第四版

兩周金文辭大系圖録考釋　郭沫若　一九三二年影印本，科學出版社一九五七年增訂，上海書店出版社一九九九年精印

三代吉金文存　羅振玉　一九三七年初版，中華書局一九八三年重印

商周彝器通考　容庚　一九四一年哈佛燕京學社鉛印本

商周金文録遺　于省吾　科學出版社一九五七年

殷周青銅器通論　容庚、張維持　科學出版社一九五八年，文物出版社一九八四年重印

金文詁林　周法高　香港中文大學一九七四年，臺北『中央研究院』歷史語言研究所一九八二年出版《金文詁林補》

中日歐美澳紐所見所拓所摹金文彙編　巴納、張光裕　臺北藝文印書館一九七八年

古文字類編　高明　中華書局一九八〇年

金文著録簡目　孫稚雛　中華書局一九八一年

金文總集　嚴一萍　臺北藝文印書館一九八三年

國際中國古文字學研討會論文集（第一至四届）　香港中文大學一九八三、一九九三、一九九七、二〇〇三年

殷周金文集成　十八册　中國社科院考古研究所　中華書局一九八四—一九九四年
東周與秦代文明　李學勤　文物出版社一九八四年
商周青銅器銘文選　馬承源　文物出版社一九八六—一九九〇年
文字學概要　裘錫圭　商務印書館一九八八年
戰國文字通論　何琳儀　中華書局一九八九年，江蘇教育出版社二〇〇三年出訂補本
古字通假會典　高亨　齊魯書社一九八九年
楚滅國研究　何浩　武漢出版社一九八九年
秦銅器銘文編年集釋　王輝　三秦出版社一九九〇年
包山楚簡　文物出版社一九九一年
湖北出土商周文字輯證　黄錫全　武漢大學出版社一九九二年
古文字與殷周文明　王慎行　陝西人民教育出版社一九九二年
戰國銘文選　湯餘惠　吉林大學出版社一九九三年
金文編訂補　陳漢平　中國社會科學出版社一九九三年
古文字通假釋例　王輝　臺北藝文印書館一九九三年
東周鳥篆文字編　張光裕、曹錦炎　香港翰墨軒出版有限公司一九九四年
楚系青銅器研究　劉彬徽　湖北教育出版社一九九五年，新版收入『荆楚文庫』，湖北教育出版社二〇一九年出版
望山楚簡　中華書局一九九五年
古代中國青銅器　朱鳳瀚　南開大學出版社一九九五年，增補本更名爲《中國青銅器綜論》，上海古

籍出版社二〇〇九年出版
于省吾教授百年誕辰紀念文集　吉林大學出版社一九九六年
曾侯乙編鐘鐘銘校釋及其律學研究　崔憲　人民音樂出版社一九九七年
安徽出土金文訂補　崔恒昇　黄山書社一九九八年
戰國古文字典——戰國文字聲系　何琳儀　中華書局一九九八年
吴越文字彙編　施謝捷　江蘇教育出版社一九九八年
徐中舒先生百年誕辰紀念文集　巴蜀書社一九九八年
容庚先生百年誕辰紀念文集　廣東人民出版社一九九八年
郭店楚墓竹簡　文物出版社一九九八年
鳥蟲書通考　曹錦炎　上海書畫出版社一九九九年，上海辭書出版社二〇一四年出增訂版
郭店楚簡研究・第一卷文字編　張光裕、袁國華　臺北藝文印書館一九九九年
楚文物圖典　高至喜　湖北教育出版社二〇〇〇年
九店楚簡　中華書局二〇〇〇年
殷周金文集成釋文　中國社科院考古研究所　香港中文大學中國文化研究所二〇〇一年
殷周金文集成引得　張亞初　中華書局二〇〇一年
上海博物館藏戰國楚竹書（一）（二）（三）　馬承源　上海古籍出版社
二〇〇一、二〇〇二、二〇〇三年
四版《金文編》校補　嚴志斌　吉林大學出版社二〇〇一年
戰國文字編　湯餘惠　福建人民出版社二〇〇一年

先秦貨幣通論　黄錫全　紫禁城出版社二〇〇一年
楚文字編　李守奎　華東師範大學出版社二〇〇三年
秦系文字研究——從漢字史的角度考察　陳昭容　臺北『中央研究院』歷史語言研究所二〇〇三年
古文字譜系疏証　黄德寬　商務印書館二〇〇七年
商周青銅器銘文暨圖像集成　吴鎮烽　上海古籍出版社二〇一二年　續編（二〇一六年）、索引（二〇一九年）、三編（二〇二〇年）均由上海古籍出版社出版

學術集刊

古文字研究　有關各輯　中華書局
華學　有關各輯
出土文獻與古文字研究　有關各輯
出土文獻研究　有關各輯
上海博物館集刊　有關各期
湖南考古輯刊　有關各集
古文字與古代史　有關各輯　臺北『中央研究院』歷史語言研究所
湖南省博物館館刊　有關各輯
楚文化研究論集　有關各集　楚文化研究會編
中國古文字研究（第一輯）　吉林大學出版社一九九九年

學者文集

甲骨文字釋林　于省吾　中華書局一九七九年

新出青銅器研究　李學勤　文物出版社一九九〇年，人民美術出版社二〇一六年出增訂版
古文字論集　裘錫圭　中華書局一九九二年
朱德熙古文字論集　朱德熙　中華書局一九九五年
林澐學術文集　林澐　中國大百科全書出版社一九九八年
李零自選集　李零　廣西師範大學出版社一九九八年
古文字論叢　黄錫全　臺北藝文印書館一九九九年
古璽印與古文字論集　王人聰　香港中文大學文物館二〇〇〇年
早期文明與楚文化研究　劉彬徽　岳麓書社二〇〇一年
高明論著選集　高明　科學出版社二〇〇一年
著名中年語言學家自選集·李家浩卷　李家浩　安徽教育出版社二〇〇二年
曾憲通學術文集　曾憲通　汕頭大學出版社二〇〇二年
古文字與青銅器論集（第一至六輯）　張懋鎔　科學出版社二〇〇二至二〇一九年
林澐學術文集（二）　林澐　科學出版社二〇〇八年
裘錫圭學術文集　裘錫圭　復旦大學出版社二〇一二年
張政烺文集　中華書局二〇一二年

圖録文獻

考古圖　宋吕大臨　乾隆十七年（一七五二）亦政堂重修本
雙劍誃吉金圖録　于省吾　一九三四年
·楚器圖釋·　劉節　一九三五年

新鄭彝器　河南通志館一九三七年
安徽博物館籌備處所藏楚器圖録（第一集）　安徽博物館籌備處　一九五三年
楚文物展覽圖録　楚文物展覽會　北京歷史博物館一九五四年
壽縣蔡侯墓出土遺物　安徽省博物館等　科學出版社一九五六年
山東文物選集·普查部分　山東省文物管理處等　文物出版社一九五九年
中國古代度量衡圖集　國家計量總局等　文物出版社一九八四年
江陵雨臺山楚墓　湖北省荆州地區博物館　文物出版社一九八四年
安徽省博物館藏青銅器　安徽省博物館　上海人民美術出版社一九八七年
中國青銅器　馬承源　上海古籍出版社一九八八年
曾侯乙墓　湖北省博物館　文物出版社一九八九年
商周青銅酒器特展圖録　臺北故宫博物院一九八九年
西漢南越王墓　廣州市文物管理委員會等　文物出版社一九九一年
淅川下寺春秋楚墓　河南省文物研究所等　文物出版社一九九一年
臺北故宫青銅兵器圖録　臺北故宫博物院一九九五年
中國音樂文物大系　黄翔鵬　大象出版社一九九六年
中國青銅器全集（一〇）　中國青銅器全集編委會　文物出版社一九九八年
長沙楚墓　湖南省博物館等　文物出版社二〇〇〇年
泉屋博古·中國古銅器編　日本泉屋博古館二〇〇二年
晋國奇珍——山西晋侯墓群出土文物精品　上海博物館　上海人民美術出版社二〇〇二年

淅川和尚嶺與徐家嶺楚墓　河南省文物考古研究所等　大象出版社二〇〇四年
長江流域文化研究所年報（第四號）（日文）　日本早稻田大學二〇〇六年
新收殷周青銅器銘文暨器影彙編　鍾柏生、陳昭容、黄銘崇、袁國華　臺北藝文印書館二〇〇六年
曾國青銅器　湖北省文物考古研究所　文物出版社二〇〇七年

初版後記

本書的編撰工作於二〇〇一年啓動，歷時三年，現在終於定稿了，在此期間不免要穿插一些其他的學術活動，佔用了一些時間，但主要精力則是全身心投入了本書的工作。從事這一課題，雖過去已有一定基礎，但要編成一本高質量的書，也確非易事。在以下幾方面特費精力和時日：

第一，資料的收集、整理，力求全面、準確。楚系金文特别是新出土、新發現的楚系金文，不遺餘力地多方搜求。這方面，由於我長期在文博考古單位工作，與文博考古界有着廣泛的聯系，常可親自觀摩實物，比非文博界人士有較好的優勢；在文博考古界的朋友也多，許多新資料的收集和訪求最爲清晰的拓片（或複印件），都得到了文博考古界新老朋友的大力支持、幫助。這就保證了資料的可靠性、權威性。

第二，年代的考定。本書所列楚系金文，力求準確地按其年代先後（絶對年代和相對年代）爲序，因此，不但要做古文字研究，還要有考古學研究，要考察楚系金文所在的器物形制、紋飾乃至鑄造工藝等方面的時代特徵，結合文字特徵以確定每件楚系青銅器上金文的年代。我曾多年從事田野考古工作，對考古年代學研究極爲重視，也取得了相應成果。楚系金文研究的基礎也在於首先要解決年代問題。『夫彝銘之可貴，在足以徵史，苟時代不明，國别不明，雖有亦無可徵』（《兩周金文辭大系圖録考釋》序文），郭沫若此語乃至理名言。因之，本書雖爲彙編，却不是按常見的金文字數多少或器類不同編排，而是按年代先後編排，形成本書的一大特色。爲做好這一以年代爲序的編排，也花費了筆者不少時間、精力。

第三，釋文力求準確，尤注意古文字研究的最新成果，儘量吸收這些新成果。楚系金文中的一些疑難字、歧釋字，往往衆説紛紜，各執一詞。這就需要花費大量時間查閲各種論著、書刊，擇其善者而從之，或以己意考定之。這方面，我似乎比一般的文物考古界專業人員又具優勢，因我一九八三年曾師從于省吾先生及其弟子，在吉林大學舉辦的于省吾先生主持的古文字研究進修班學習，打下了古文字研究的初步基礎，使得我在有古文字資料的考古學研究上如虎添翼，可以更好地進行考古學的年代學的研究。一九八三年以後，歷屆全國性的古文字學術會議，我幾乎都參加了，有機會及時掌握古文字研究的最新成果，結識的古文字學界朋友較多，其中有的朋友如何琳儀、黄錫全、羅運環等先生聯系甚爲密切，給了我許多具體的幫助。應該説，本書所收楚系金文的釋文反映了當前楚系文字研究的最新進展。

第四，關於字表的編排，我也做了點小小的創新，即把在本書出現的音近或同音，并且同義的異體字置於一處編排，這也是和已出版的字書稍有不同之處，竊以爲更有利非古文字學界的人士利用這些成果。

第五，我的工作一直在與時俱進，在補編中收入新見的楚系金文。編定後於二〇〇四年七月赴山西開會之後途經鄭州停留時，在河南省文物考古研究所新老朋友幫助下，又看到一些即將發表的楚系金文，現得到朋友的支持，及時予以提供，又續補書中。今後楚文字還將層出不窮，以後新見之資料衹好另找機會續補了。爲了對此前楚系金文研究的新進展有一個概括性了解，特附入了我在四省楚文化研究會二〇〇三年十月召開的年會上提供的論文，并作了適當的增補、修改。我想這對讀者是有益的。

值此書即將付梓之時，謹向支持、幫助過我的文博考古界、古文字學界、學術界其他方面的新老朋友，和湖北教育出版社的鼎力支持、責任編輯孫艷魁的具體幫助，均致以崇高的敬意和由衷的感謝。我在湖南省博物館工作雖已退休，此書的編撰仍得到了本館陳建明館長等領導和有關部門同仁的大力支持、幫助，也深致謝忱。

本書雖已盡力而爲，然畢竟是在近古稀之年勉力而爲，雖有老伴李咏君、吾兒劉長武協助，仍肯定有不少疏漏紕繆之處，誠盼讀者方家指正爲感。

劉彬徽

二〇〇四年九月一日

初版補記

本書一校和二校做了一些必要的修改和補充。現已是二〇〇八年，從本書稿交出版社至今已三年有餘，這期間又有許多新發現的楚系金文資料陸續刊佈，祇選擇了較重要的銘文在補編内增補四個編號。此次校閲，對圖版中的若干器物圖象進行了替换或補入了較好的圖象，并對圖象來源加了説明。例如楚公豙鐘的前三件存於日本京都泉屋博古館，二〇〇五年我應日本早稻田大學工藤元男先生邀請，赴日本參加學術會議，有機會到泉屋博古館參觀，看到了心儀已久的楚公豙鐘原件；同行的森和君并購贈該館圖録，内有精印的楚公豙鐘彩色圖版，現已補入本書。又如二〇〇六年應臺北『中央研究院』歷史語言研究所的邀請，參加該所舉辦的『第一屆古文字與古代史學術研討會』，經和臺北故宫博物院聯系，有幸看到了從庫房提取出來的曾姬無卹壺原件（另一件已在該院陳列展覽室内看到），該院出版的圖録内收有此器的彩色圖版，現已補入本書。在我已到古稀之年時能應邀參加這兩次學術會議，受益甚大，特誌此不忘。

近年來，金文資料的整理研究，又有新成果問世。例如中華書局於二〇〇七年推出了新版《殷周金文集成》。《中國文物報》二〇〇六年二月八日的一篇文章中，介紹臺北『中央研究院』歷史語言研究所的鍾柏生、陳昭容、黄銘崇、袁國華四位先生，合編完成《新收殷周青銅器銘文暨器影彙編》一書，即將由臺北藝文印書館出版（該書已於二〇〇六年四月出版，承陳昭容、袁國華二位先生惠贈，我於二〇〇八年二月收到，在此謹致謝忱）。中國社會科學院考古研究所編纂的大型文獻彙編《金文文獻集成》（中國古文字大系的一種）也已出版。上列三書和相關金文綜研類的書均有助於楚系金文的進一步研究。鑒於本書體例的獨特性，適可以和上列諸書互補，相信對楚系金文研究、古文字研究乃至先秦歷史文化研究，將發揮其獨特的助推作用。

對給予本書大力支持的有關單位、個人，對本書圖版的資料提供者和單位，在此再次致謝、致敬。

劉彬徽

二〇〇七年十二月十五日一校補記

二〇〇八年七月五日二校續記

再版後記

湖北省重點出版工程《荆楚文庫》，是繼承、弘揚中華優秀傳統文化的重大文化工程，謹表由衷祝賀。本書有幸入選這一文庫，感謝有關部門、單位、個人對此書的評估、推薦。

本書的編著『需要將史學、考古學、古文字學等多學科結合起來研究』（見本書『前言』）才能成功。自本書出版以來，得到各界廣泛重視，許多著作、論文對本書的引用率相當高，一些專家以多種方式予以讚譽。著名古文字學家、中國古文字研究會會長、吉林大學前副校長吴振武教授來信説此書『資料豐富、體例完備，處處體現吾兄高見，信爲必傳之作……』著名歷史學家、青銅器研究專家、北京大學出土文獻與古代文明研究所主任朱鳳瀚教授來信説『先生深厚學術功力與心血，并見是書……』對上述兩位教授的讚語，雖感過譽，然覺得是書確係心血結晶，故特録存以自慰。現值新版機遇，負責此書新版工作的湖北教育出版社學術文化編輯部高度重視，和編著者共同商議，決定對本書體例作適當調整，主要是將初版正編與補編合爲一編，統一編號，并將補編文字收入字表。由於工作量較大，且編著者劉彬徽已年過八秩，短期内難以獨自完成，出版社乃指定青年編輯李晋陽同志予以協助，共同高質量完成這一重要的新版工作。在此對湖北教育出版社領導和編輯同仁的大力支持，深表敬意和衷心感謝。考慮到近年又新發現不少重要楚系金文，需與時俱進，乃有『楚系金文補述』之作，并有必要附録兩篇關於楚系金文研究的論文，以饗讀者。

劉彬徽

二〇二〇年五月於長沙新版初校

二〇二二年十二月校定，時年已八秩又六

新版小記

本書初版爲國家古籍整理『十五』規劃出版項目之一，湖北教育出版社於二〇〇九年出版之後，廣受好評。近年湖北省重點出版工程《荆楚文庫》收入此書，二〇二三年四月出版。原國家新聞出版署『八五』重點出版項目《楚學文庫》於二十世紀九十年代出版後對推進楚文化研究，弘揚祖國優秀傳統文化起到了重要作用，先後榮獲第十届中國圖書奬和第三届國家圖書奬，近年，湖北教育出版社決定將此文庫推出增修新版，并將本書納入新版《楚學文庫》，深感榮幸。本書《荆楚文庫》版對近十多年來考古出土的楚系金文重要新資料及其研究新成果予以增補，内容更加充實，因出版時間較近，直接收入新版《楚學文庫》。『幸甚至哉，歌以詠志』（曹操《步出夏門行·觀滄海》），乃借此詩句聊以詠志抒情。是爲記。

劉彬徽

二〇二三年十一月於長沙徽齋